변호사시험 대비

민사소송법 연습

선택형 문제 및 해설

변호사시험 대비

민사소송법 연습

선택형 문제 및 해설

오창수 지음

머리말

2009년 우리나라 법조인 양성 시스템의 일대 전기를 마련한 법학전문대학원 체제가 출범하고 제1기, 제2기 졸업생들이 제1회 및 제2회 변호사시험을 통하여 신규 변호사로 배출되었다. 현재 상황에서 변호사시험 선발인원이 증가하지 않는 한 다수의 탈락자가 생길 수밖에 없고, 제4회 변호사시험 이후로는 평균 합격률이 응시자 대비 50% 내외로 가게 된다.

법학전문대학원은 법학자를 양성하는 기관이 아니라 변호사를 만들어내는 교육기관이고, 변호사시험은 변호사로서의 실무능력을 검증하기 위한 시험이다. 로스쿨 3년 과정에서 변호사로서 활동하는 데 필요한 기본적인 내용을 습득하려면 우선 기본법에 충실할 것이 전제되어야 한다. 변호사시험 과목이기도 한 공법, 민사법, 형사법은 변호사로서 활동하는 데 가장 기본적이고 핵심적인 분야이다.

그중에서도 민사가 제일 중요함은 두말할 나위가 없다. 전국의 지방법원에서 접수되는 사건의 70% 정도가 민사사건이다. 개업변호사로서는 민사에 정통하지 않으면 안 된다.

민법, 상법 등 실체법과 민사소송법, 민사집행법 등을 아우르는 민사법은 범위가 실로 방대하고, 해도 해도 끝이 없을 정도로 밑 빠진 독에 물 붓기 식 공부가 될 수 있다. 제대로 배우고 익히지 않으면 똑같은 문제를 1년 후에 다시 푼다고 해도 제대로 풀지 못하는 수가 있다.

로스쿨 3년은 시간 싸움이고 다독 싸움이다. 민사법은 변호사를 하려고 하는 사람으로서는 반드시 극복해야 할 과목이다. 특히 민사소송법과 민사집행법 등 민사절차법을 제대로 익혀야 민사사건 실무를 처리할 수 있다.

변호사시험은 선택형과 논술형(사례형과 기록형)으로 출제되고, 논술형 시험 만점과 선택형 시험 만점의 비율은 3:1이다. 그리고 선택형과 기록형의 만점 비율이 동일하게 돼 있다. 선택형은 법률지식 측정정형 위주로 통합형은 15% 내외로 출제된다. 따라서 시험전략으로서는 선택형에서 80% 이상을 득점하게 되면 사례형이나 기록형에서 미진한 부분을 커버할 수 있다. 선택형 시험을 무시하는 경향이 있으나, 생각보다 선택형의 비중이 높은 점을 명심해야 한다. 그리고 선택형 시험은 정확한 지식을 요구한다.

지금까지 민법, 헌법, 형법 등 사법시험 1차 과목에 들어 있는 분야는 객관식 문제집들이 많이 출간되었으나, 변호사시험에서 처음으로 출제되는 민사소송법 분야에 관해서는 변호사시험에 대비할 만한 수준 높은 선택형 문제집이 별로 눈에 띄지 않는 실정이다.

이 책은 위와 같은 문제 상황을 염두에 두고 선택형 문제를 통하여 민사소송법 전반을 공부하고 점검할 수 있도록 출제된 문제들로 구성되었다. 판례는 2013년 전반까지 최신판례를 최대한 반영하였다. 단순히 민사소송법 선택형 문제로서만이 아니라 민사소송법의 쟁점과 판례의 입장을 정확하게 알 수 있도록 배려하였다.

부록으로 제1회 및 제2회 변호사시험 기출문제와 지금까지 시행된 모의고사 문제들을 풀어봄으로써 수험생들로 하여금 변호사시험의 출제경향을 파악하고 민사소송법 공부의 방향을 가늠할 수 있도록 하였다.

2013년의 무더운 여름에 이 책의 문제와 해설을 꼼꼼히 읽고 교정을 보아준 제주대학교 법학전문대학원 김소정, 이소현 원생에게 감사한다. 아울러 어려운 출판환경 속에서도 이 책을 발간해준 한국학술정보(주) 출판사업부 권성용 대리님께도 감사의 말씀을 드린다.

2013. 11.

제주바다가 보이는 아라벌 연구실에서

오창수

CONTENTS

제1장 총 론

문1. 다음 설명 중 옳지 않은 것은? (다툼이 있는 경우 판례에 의함)

① 소송법률관계는 공법적인 법률관계로서 소송의 대상인 사법상의 법률관계와는 구별할 필요가 있다.

② 배상명령절차에서는 범죄로 인하여 발생한 직접적인 물적 피해와 치료비 손해뿐만 아니라 위자료도 배상명령을 받을 수 있다.

③ 교통사고처리특례법에 의하면 교통사고로 피해자로 하여금 불구 또는 불치나 난치의 질병에 이르게 하는 등 중상해를 입혀도 종합보험에 가입한 경우 가해자에게 동법 제3조 제2항 단서의 예외사유가 없는 한 공소를 제기할 수 없다.

④ 검찰의 무혐의결정은 확정된 형사판결과 동일한 증거가치가 부여되는 것은 아니다.

⑤ 甲은 학교로 가던 중 乙이 운전하는 승용차에 치여 중상을 입었다. 경찰의 조사결과 이 사고는 甲이 신호등 있는 횡단보도를 신호를 무시하고 무단횡단하다가 발생한 것으로 乙에게는 과실이 없는 것으로 밝혀져 '혐의 없음' 불기소처분을 받았다. 甲은 乙에게 형사상 과실이 없는 것으로 밝혀진 경우에도 乙을 상대로 민사상 손해배상청구를 할 수 있다.

〈해설〉 정답 ③

① 소송법률관계는 공법적인 법률관계로서 소송의 대상인 사법상의 법률관계와는 명백히 구별하여야 한다.

② 종전에는 정신적 손해(위자료)에 대해서는 별도의 민사소송을 제기하여야 했으나, 2005.12.14. 개정 소송촉진 등에 관한 특례법에 의하여 위자료도 배상명령을 받을 수 있도록 하였다.

③ 헌법재판소의 위헌결정(2009.2.26. 선고 2005헌마764 결정)에 따라 개정된 교통사고처리특례법(2010.1.25. 개정) 제4조 제1항 제2호는 피해자가 신체의 상해로 인하여 생명에 대한 위험이 발생하거나 불구 또는 불치나 난치의 질병에 이르게 된 경우에는 보험 또는 공제에 가입한 경우에도 공소를 제기할 수 있도록 하였다.

④ 관련 형사사건에서 확정된 사실판단은 특별한 사정이 없는 한 민사재판에서 유력한 증거가 된다고 할 것이나, 피고가 원고로부터 사기죄 등으로 고소를 당하였다가 그 형사사건에서 무혐의결정을 받았고, 이에 대한 원고의 항고 및 재항고가 기각되었다는 사정만으로는 이 사건과 관련된 확정된 형사판결이 있는 경우에 해당한다고 할 수 없는 것이므로 원심판결이 수사기관에서의 무혐의결정 내용을 증거로 채용하지 아니하였다 하더라도 거기에 관련 형사판결의 증명력 등에 관한 법리오해의 위법이 있다고 할 수도 없다(대법원 2001.5.8. 선고 2000다43284, 43291, 43307 판결).

⑤ 민사소송과 형사소송은 목적과 심판절차를 달리하기 때문에 형사절차에서 피고인이 불기소처분을 받았다고 하여 민사상의 과실까지 없다고는 할 수 없다(이시윤, p.8 참조). 따라서 甲이 학교로 가던 중 乙이 운전하는 승용차에 치여 중상을 입었으나, 경찰의 조사결과 이 사고는 甲이 신호등 있는 횡단보도를 신호를 무시하고 무단횡단하다가 발생한 것으로 乙에게는 과실이

없는 것으로 밝혀져 '혐의 없음' 불기소처분을 받았다고 하더라도 甲은 乙을 상대로 민사상 손해배상청구를 할 수 있다.

문2. 민사소송과 행정소송의 관계에 관한 다음 설명 중 <u>옳은</u> 것을 모두 묶은 것은? (다툼이 있는 경우 판례에 의함)

㉠ 재개발조합장 등 임원의 선·해임을 둘러싼 법률관계는 민사소송사항이다.

㉡ 교원은 공립학교 교원이나 사립학교 교원을 동일하게 대우하므로 사립학교 교직원의 근로관계도 행정소송사항이다.

㉢ 국가배상법에 의한 손해배상청구는 행정소송사항이다.

㉣ 민사법원은 행정처분에 취소사유가 있는 경우에도 그 효력을 부인할 수 있다.

㉤ 민사소송사항을 행정소송사항으로 소제기하거나 또는 그 역으로 행정소송사항을 민사소송사항으로 소를 제기한 경우 소를 각하한다.

㉥ 등록상표가 무효심판절차에서 등록무효로 확정되지 전에 침해소송담당 법원이 그 등록에 무효사유가 있다는 이유로 상표권침해금지 및 손해배상청구를 기각할 수 있다.

---

① ㉠, ㉢   ② ㉡, ㉤   ③ ㉣, ㉤
④ ㉠, ㉥   ⑤ 답이 없다

〈해설〉 정답 ④

㉠ 판례는 민사소송사항으로 본다(대법원 2009.9.24. 선고 2009마168, 169 판결).

㉡ 사립학교 교직원의 근로관계는 민사소송사항이다.

㉢ 2013.11.1. 현재 국가배상법에 의한 손해배상청구가 민사소송사항이나, 국가를 상대로 한 손해배상, 손실보상 및 부당이득금 반환청구소송의 관할을 기존 민사법원에서 행정법원으로 바꾸는 행정소송법 개정작업 중이다.

㉣ 행정처분에는 공정력이 있으므로 무효가 아닌 단순 취소사유가 있음에 불과한 흠이 있는 경우에도 행정쟁송절차로 취소되기 전에는 민사법원이 그 효력을 부인할 수 없다(대법원 1999.8.20. 선고 99다20179 판결).

㉤ 판례는 이 경우 관할법원으로 이송하도록 하고 있다(대법원 1997.5.30. 선고 95다28960 판결).

㉥ 대법원 2012.10.18. 선고 2010다103000 전원합의체 판결

문3. 다음 설명 중 옳은 것을 모두 묶은 것은? (다툼이 있는 경우 판례에 의함)

> ㉠ 사립학교 교원에 대한 징계처분에 관해서는 학교법인을 상대로 민사소송으로 징계처분의 유·무효를 다툴 수 있을 뿐 행정소송으로 구제받을 수 없다.
>
> ㉡ 공정거래위원회의 과징금처분에 대한 불복의 소는 서울행정법원에 제기할 수 있다.
>
> ㉢ 중앙관서장의 보조금반환청구소송은 민사소송사항이다.
>
> ㉣ 특허발명에 대한 무효심결이 확정되기 전에는 특허권에 기초한 침해금지 또는 손해배상 등의 청구소송에서 특허발명의 진보성에 대하여 심리·판단할 수 없다.
>
> ㉤ 공익사업을 위한 토지 등의 취득 및 보상에 관한 법률에 의한 보상금의 증 감청구는 민사소송사항이다.
>
> ㉥ 국·공유재산의 처분에 관한 분쟁은 행정소송사항이다.

① ㉠, ㉡, ㉥   ② ㉢, ㉣   ③ ㉡, ㉤
④ ㉣   ⑤ 답이 없다

〈해설〉 정답 ⑤

㉠ 사립학교 교원에 대한 징계처분에 관해서는 학교법인을 상대로 민사소송으로 징계처분의 유·무효를 다툴 수도 있고, 교육부 소청심사위원회에 소청심사청구를 거친 후 그 결정에 대하여 행정소송을 제기할 수도 있다.

㉡ 서울고등법원이 제1심법원이다(독점규제 및 공정거래에 관한 법률 제55조).

㉢ 행정소송사항이다(대법원 2012.3.15. 선고 2011다17328 판결).

㉣ 특허발명에 대한 무효심결이 확정되기 전이라고 하더라도 특허발명의 진보성이 부정되어 특허가 특허무효심판에 의하여 무효로 될 것임이 명백한 경우에는 특허권에 기초한 침해금지 또는 손해배상 등의 청구는 특별한 사정이 없는 한 권리남용에 해당하여 허용되지 아니한다고 보아야 하고, 특허권침해소송을 담당하는 법원으로서도 특허권자의 그러한 청구가 권리남용에 해당한다는 항변이 있는 경우 당부를 살피기 위한 전제로서 특허발명의 진보성에 대하여 심리·판단할 수 있다(대법원 2012.1.19. 선고 2010다95390 전원합의체 판결).

㉤ 행정소송사항이다. 동법 제85조 참조.

㉥ 민사소송사항이다(대법원 1991.11.8. 선고 90누9391 판결).

문4. 다음 중 판례가 민사소송사항으로 보지 <u>않는</u> 것으로만 묶인 것은?

> ㉠ 행정관청이 관리하는 건물의 임대차계약
>
> ㉡ 국·공유재산의 처분에 관한 분쟁
>
> ㉢ 서울시지하철공사 직원에 대한 징계처분불복
>
> ㉣ 국가·공공단체에 대한 급여청구
>
> ㉤ 공유수면매립사업으로 인한 관행어업권자의 손실보상청구
>
> ㉥ 농협총회결의무효·부존재확인

① ㉠, ㉡, ㉥   ② ㉢, ㉣, ㉤, ㉥   ③ ㉤

④ ㉥   ⑤ 답이 없다

〈해설〉 정답 ③

㉤ 행정소송사항이다(대법원 2001.6.29. 선고 99다56468 판결).

문5. 다음 설명 중 판례의 입장으로 <u>옳지 않은</u> 것은?

① 주택재건축정비사업조합(종전의 재개발조합)의 관리처분계획안에 대한 총회결의의 무효확인소송은 민사소송사항이다.

② 근로복지공단의 보험급여결정에 불복하는 자는 근로복지공단의 보험급여결정을 대상으로 항고소송을 제기하는 등으로 구체적 권리를 인정받아야 하고, 구체적인 권리가 발생하지 않은 상태에서 근로복지공단을 상대로 보험급여의 지급을 구하는 소송을 바로 제기하는 것은 허용되지 않는다.

③ 민사소송에 의하여 조세부과처분이 당연무효임을 전제로 부당이득반환청구를 할 수 있다.

④ 행정소송에 관하여 행정소송법에 특별한 규정이 없는 사항에 대해서는 민사소송법의 규정이 준용되므로, 원칙적으로 변론주의가 지배하는 행정소송에서도 직권조사사항에 관한 것이 아닌 이상 실기한 공격 또는 방어의 방법의 각하에 관한 민사소송법 제149조 제1항이 준용된다.

⑤ 과세처분이 당연무효라고 볼 수 없는 한 과세처분에 취소할 수 있는 위법사유가 있다 하더라도 그 과세처분은 행정행위의 공정력 또는 집행력에 의하여 그것이 적법하게 취소되기 전까지는 유효하다 할 것이므로, 민사소송절차에서 그 과세처분의 효력을 부인할 수 없다.

〈해설〉 정답 ①

① 도시 및 주거환경정비법상 행정 주체인 주택재건축정비사업조합을 상대로 관리처분계획안에 대한 조합 총회결의의 효력 등을 다투는 소송은 행정처분에 이르는 절차적 요건의 존부나 효력 유무에 관한 소송으로서 그 소송결과에 따라 행정처분의 위법 여부에 직접 영향을 미치는 공법상 법률관계에 관한 것이므로, 이는 <u>행정소송법상의 당사자소송에 해당한다</u>(대법원 2009.9.17. 선고 2007다2428 전원합의체 판결).

② 대법원 2010.2.25. 선고 2009다98447 판결

③ 대법원 1995.4.28. 선고 94다55019 판결

④ 대법원 2003.4.25. 선고 2003두988 판결

⑤ 대법원 1999.8.20. 선고 99다20179 판결

문6. 민사소송과 행정소송의 관계에 관한 다음 설명 중 옳은 것을 모두 묶은 것은? (다툼이 있는 경우 판례에 의함)

> ㉠ 사립학교 교원에 대한 징계처분에 관해서는 학교법인을 상대로 민사소송으로 징계처분의 유·무효를 다툴 수 있을 뿐 행정소송으로 구제받을 수 없다.
>
> ㉡ 공정거래위원회의 과징금처분에 대한 불복의 소는 서울행정법원에 제기할 수 있다.
>
> ㉢ 중앙관서장의 보조금반환청구소송은 민사소송사항이다.
>
> ㉣ 불법행위로 인한 민사상의 손해배상청구의 가능 여부는 본건 행정처분이 취소되는 여부와는 관계없이 별도의 입장에서 판단될 수 있다.
>
> ㉤ 국가에 대한 납세의무자의 부가가치세 환급세액 지급청구는 민사소송사항이다.
>
> ㉥ 행정소송은 변론주의가 지배하는 민사소송과 달리 직권주의가 지배한다.

① ㉠, ㉡, ㉢   ② ㉣, ㉤   ③ ㉥

④ ㉣   ⑤ 답이 없다

〈해설〉 정답 ④

㉠ 사립학교 교원에 대한 징계처분에 관해서는 학교법인을 상대로 민사소송으로 징계처분의 유·무효를 다툴 수도 있고, 교육부 소청심사위원회에 소청심사청구를 거친 후 그 결정에 대하여 행정소송을 제기할 수도 있다.

㉡ 서울고등법원이 제1심법원이다(독점규제 및 공정거래에 관한 법률 제55조).

㉢ 행정소송사항이다(대법원 2012.3.15. 선고 2011다17328 판결).

㉣ 대법원 1974.3.12. 선고 73누228 판결

㉤ 최근의 대법원전원합의체 판결은 <u>행정소송법상의 당사자소송으로 본다</u>(대법원 전원합의체 2013.3.21. 선고 2011다95564 판결).

ⓗ 판례는 행정소송에도 원칙적으로 변론주의가 지배하는 것으로 본다(대법원 2001.1.16. 선고 99두8107 판결).

문7. 민사소송과 가사소송의 관계에 관한 다음 설명 중 가장 적절하지 <u>않은</u> 것은? (다툼이 있는 경우 판례에 의함)

① 일반 민사사건을 가사사건으로 오해하여 가정법원에 소를 제기하거나 그 반대의 경우에는 관할위반을 이유로 하여 관할법원에 사건을 이송하여야 한다.

② 상속회복청구사건과 유언무효사건은 가사소송사건이다.

③ 이혼 등을 원인으로 한 손해배상청구는 민사법원이 아닌 가정법원에 제기하여야 한다.

④ 이혼사건에 있어서도 재판상 화해가 허용된다.

⑤ 가사소송사건과 가사비송사건은 병합이 허용된다.

〈해설〉 정답 ②

② 가사소송은 특별민사소송절차이나, 재산상속사건과 유언무효사건은 가사소송법 제2조 제1항 각 호에 열거하고 있지 아니하므로(열거주의) 일반 민사소송으로 다루고 있다(이시윤, p.12; 호문혁, pp.58~59). 다만 양친자관계존부확인소송은 가사소송법에 열거되지 않은 사건임에도 가사사건으로 취급하고 있다(대법원 1993.7.16. 선고 92므372 판결).

문8. 민사소송과 다른 소송의 관계에 관한 다음 설명 중 가장 적절하지 <u>않은</u> 것은? (다툼이 있는 경우 판례에 의함)

① 상업등기는 비송사건절차법의 적용을 받지 않는다.

② 조세환급금청구소송은 공법상의 당사자소송이다.

③ 영업정지처분을 한 경우에 있어 이미 그 영업정지기간이 만료되었다면 그 취소를 구할 법률상의 이익이 없다 할 것이나, 불법행위로 인한 민사상의 손해배상청구의 가능 여부는 행정처분이 취소되는지와는 관계없이 별도로 판단할 수 있다.

④ 하천구역에 편입되어 국유로 된 토지에 대한 손실보상청구는 민사소송의 대상이 아니다.

⑤ 국가 또는 지방자치단체에 근무하는 청원경찰에 대한 징계처분에 대한 불복은 행정소송에 의한다.

〈해설〉 정답 ②

① 상업등기에 관해서는 상업등기법(2008.4.1. 시행)이 적용된다(김홍엽, p.13). 종전에는 상업등기도 비송사건으로 비송사건절차법의 적용을 받았다(이시윤, p.12; 호문혁, p.60은 상사비송사건으로 회사의 경매, 사채, 회사의 청산, 상업등기 등을 들고 있으나 상업등기법이 반영되지 않았다).

② 부당이득반환을 구하는 민사소송이다. 대법원 2009.9.10. 선고 2009다11808 판결 참조

③ 대법원 1974.3.12. 선고 73누 228 판결(김홍엽, p.9).

④ 대법원 1979.3.27. 선고 76다2941 판결

⑤ 대법원 1993.7.13. 선고 92다47564 판결

문9. 다음 중 비송사건에 관한 설명 중 옳은 것은? (다툼이 있는 경우 판례에 의함)

① 부양료의 구상청구사건은 소송사건이다.

② 파산·개인회생·회생사건은 소송사건이다.

③ 유아인도청구는 소송사건이다.

④ 비송사건은 기판력이 없으나, 불이익변경금지의 원칙은 적용된다.

⑤ 비송사건절차법에 의하여야 할 사건을 통상의 민사소송절차에 의하여 제소한 경우나 그 역의 경우 이송하여야 한다.

〈해설〉 정답 ①

① 소송사건이다. 대법원 2012.12.27. 선고 2011다96932 판결 참조.

② 비송사건이다.

③ 유아인도·부양료 또는 양육비지급청구는 비송사건이다.

④ 불이익변경금지의 원칙도 적용되지 않는다.

⑤ 판례는 비송사건절차법에 의하여야 할 사건을 통상의 민사소송절차에 의하여 제소한 경우나 그 역의 경우 각하하여야 한다는 입장이다. 이에 대해서는 학설로는 이송설이 통설이다(이시윤, p.14).

문10. 다음 중 비송사건이 아닌 것으로만 묶인 것은? (다툼이 있는 경우 판례에 의함)

> ㉠ 민사조정사건 및 가사조정사건
>
> ㉡ 등기관의 처분에 대한 이의사건

ⓒ 과태료사건

ⓔ 가족관계등록부에 관하여 가정법원의 확정판결에 의한 정정사건

ⓜ 법정지상권자의 지료청구의 소(민법 제366조)

ⓗ 아버지를 정하는 소(민법 제845조)

ⓢ 공유물분할의 소

① ㉠, ㉡　　　　② ㉢, ㉣, ㉤　　　　③ ㉣

④ ㉭, ㉫　　　　⑤ 답이 없다

〈해설〉 정답 ③

㉠㉡㉢은 비송사건에 속한다.

㉣ 가족관계등록부에 관하여 확정판결에 의한 정정(가족관계의 등록 등에 관한 법률 제107조)에 의한 것이 아닌 가정법원의 허가에 의한 정정(동법 제104조, 제105조)의 경우는 비송사건이다 (김홍엽, p.13).

㉤㉭㉫은 이른바 형식적 형성의 소로서 그 실질은 비송사건이다.

문11. ADR에 대한 다음 설명 중 옳은 것으로만 묶인 것은? (다툼이 있는 경우 판례에 의함)

ⓐ 조정조서는 재판상 화해와 같은 효력을 가진다.

ⓑ 조정에 갈음하는 결정이나 화해권고결정도 성질상 조정이다.

ⓒ 조정이 성립되면 더 이상 다툴 수 있는 방법이 없다.

ⓓ 국가배상법상 국가배상심의회의 배상결정을 재판상 화해로 간주한다.

ⓔ 중재판정은 확정판결과 동일한 효력이 있다.

ⓕ 조정이 성립되지 아니한 경우 조정절차에서의 당사자 또는 이해관계인의 진술은 민사소송에서 원용할 수 있다.

① ㉠, ㉢, ㉤　　　　② ㉠, ㉤　　　　③ ㉠, ㉣, ㉤

④ ㉠, ㉤, ㉭　　　　⑤ ㉠, ㉢, ㉤, ㉭

〈해설〉 정답 ②

ⓑ 조정이 성립되지 않을 때에는 법관이 직권으로 강제조정(조정에 갈음하는 결정)을 할 수 있는 데 법원의 화해권고결정이나 강제조정은 당사자 사이의 합의를 기초로 하는 것이 아니므로 조

정이 아니다. 화해권고결정이나 강제조정은 당사자의 이의신청이 있으면 그 효력을 상실한다.

ⓒ 조정이 성립되어 재판상 동일한 효력을 가지는 경우 그 효력은 준재심에 의하여 예외적으로 다툴 수 있다.

ⓔ 국가배상심의회의 배상결정을 재판상 화해로 간주하는 구 국가배상법 제16조는 헌법재판소의 위헌결정에 따라 1997.12.13. 삭제되었다.

ⓗ 비송절차인 조정절차와 소송절차는 준별되는 것이므로 원용하지 못한다. 민사조정법 제23조 참조.

문12. 조정과 중재에 관한 다음 설명 중 가장 적절하지 않은 것은? (다툼이 있는 경우 판례에 의함)

① 조정조서에 인정되는 확정판결과 동일한 효력은 소송물인 권리관계의 존부에 관한 판단에만 미친다.

② 법원조정은 조정담당판사, 상임조정위원, 조정위원회 외에 수소법원 조정도 할 수 있다.

③ 특수임무수행자 보상에 관한 법률 제17조의 2(이 법에 따른 특수임무수행자 보상위원회의 보상금 등의 지급결정은 신청인이 동의한 때에는 특수임무수행 또는 이와 관련한 교육훈련으로 입은 피해에 대하여 민사소송법의 규정에 따른 재판상 화해가 성립된 것으로 본다)에 관해서는 헌법재판소의 합헌결정이 있었다.

④ 중재합의가 있는 사건이 법원에 제소된 경우 피고가 중재합의항변을 하면 법원은 그 소를 각하한다.

⑤ 중재판정은 확정판결과 동일한 효력이 있으므로 중재판정에 기한 강제집행을 하기 위해서는 중재판정문에 집행문을 부여받아 집행을 할 수 있다.

〈해설〉 정답 ⑤

① 조정은 당사자 사이에 합의된 사항을 조서에 기재함으로써 성립하고 조정조서는 <u>재판상의 화해 조서와 같이 확정판결과 동일한 효력이 있으며 창설적 효력을 가지는 것이어서 당사자 사이에 조정이 성립하면 종전의 다툼 있는 법률관계를 바탕으로 한 권리·의무관계는 소멸하고 조정의 내용에 따른 새로운 권리·의무관계가 성립한다.</u> 이러한 조정조서에 인정되는 확정판결과 동일한 효력은 소송물인 권리관계의 존부에 관한 판단에만 미친다고 할 것이므로, 소송절차 진행 중에 사건이 조정에 회부되어 조정이 성립한 경우 소송물 이외의 권리관계에도 조정의 효력이 미치려면 특별한 사정이 없는 한 그 권리관계가 조정조항에 특정되거나 조정조서 중 청구의 표시 다음에 부가적으로 기재됨으로써 조정조서의 기재 내용에 의하여 소송물인 권리관계가 되

었다고 인정할 수 있어야 한다(대법원 2011.9.8. 선고 2009다91903, 91910 판결).
② 수소법원도 직권조정을 할 수 있다.
③ 특수임무수행자 보상에 관한 법률 제17조의 2(이 법에 따른 특수임무수행자보상위원회의 보상금 등의 지급결정은 신청인이 동의한 때에는 특수임무수행 또는 이와 관련한 교육훈련으로 입은 피해에 대하여 민사소송법의 규정에 따른 재판상 화해가 성립된 것으로 본다)에 관해서는 헌법재판소 2011.2.24. 선고 2010헌바199 결정으로 합헌결정이 있었다.
④ 중재법 제9조 참조.
⑤ 집행판결을 받아야 집행을 할 수 있다. 중재법 제37조 참조.

문13. 다음 중 법률에 의하여 인정되는 행정위원회 등에 의한 조정이 아닌 것은?

> ㉠ 지방변호사회의 조정
> ㉡ 저작권위원회의 조정
> ㉢ 행정심판위원회의 조정
> ㉣ 공정거래위원회의 조정
> ㉤ 노동위원회의 조정
> ㉥ 형사조정

① ㉠, ㉢, ㉣   ② ㉡, ㉢, ㉤   ③ ㉠
④ ㉥   ⑤ 답이 없다

〈해설〉 정답 ①
㉠ 변호사법에 지방변호사회의 조정에 관한 근거규정이 없다.
㉡ 저작권법 제112조. 저작권위원회의 조정조서는 재판상의 화해와 동일한 효력이 있다. 다만, 당사자가 임의로 처분할 수 없는 사항에 관한 것은 그러하지 아니하다(동법 제117조 제2항).
㉢ 행정심판위원회는 기각, 각하, 처분의 취소·변경을 할 수 있고, 사정재결도 할 수 있으나 조정에 관한 근거규정은 없다. 행정심판법 제43조 이하.
㉣ 독점규제 및 공정거래에 관한 법률에 의하면 공정거래위원회는 조정을 할 수 있는 근거가 없고, 동법에 의해 설립된 한국공정거래조정원에서 조정을 할 수 있다. 동법 제48조의 7.
㉤ 노동조합 및 노동관계조정법 제61조 제2항. 노동위원회의 조정서의 내용은 단체협약과 동일한 효력을 가진다(동법 제61조 제2항).
㉥ 범죄피해자보호법 제41조는 검사는 피의자와 범죄피해자 사이에 형사분쟁을 공정하고 원만하게 해결하여 범죄피해자가 입은 피해를 실질적으로 회복하는 데 필요하다고 인정하면 당사자의 신청 또는 직권으로 수사 중인 형사사건을 형사조정에 회부할 수 있도록 하고 있다. 형사조정을 담당하기 위하여 각급 지방검찰청 및 지청에 형사조정위원회를 둔다(동법 제42조). 검사는 형사사건을 수사하고 처리할 때 형사조정 결과를 고려할 수 있으나, 형사조정이 성립되지 아니하였다는 사정을 피의자에게 불리하게 고려하여서는 아니 된다(동법 제45조 제4항).

문14. 다음 중 민사소송의 '적정' 이상을 실현하기 위한 제도로만 묶인 것은?

> ㉠ 무변론판결제도
> ㉡ 석명의무와 지적의무
> ㉢ 소송절차의 중단·중지제도
> ㉣ 변론준비절차
> ㉤ 재정기간 불준수의 경우 실권효
> ㉥ 실기한 공격방어방법에 대한 각하
> ㉦ 구술주의와 직접주의

① ㉠, ㉡, ㉢   ② ㉢, ㉤, ㉦   ③ ㉡, ㉦
④ ㉡, ㉥, ㉦   ⑤ ㉣, ㉤

〈해설〉 정답 ③

㉠ 경제이상을 실현하기 위한 제도
㉡㉦ 적정이상을 실현하기 위한 제도
㉢ 공평이상을 실현하기 위한 제도
㉣㉤ 신속이상을 실현하기 위한 제도

문15. 다음 중 민사소송의 '신속' 이상을 실현하기 위한 제도가 <u>아닌</u> 것은?

> ㉠ 무변론판결제도
> ㉡ 독촉절차와 제소전화해절차
> ㉢ 소송절차의 중단·중지제도
> ㉣ 변론준비절차
> ㉤ 재정기간 불준수의 경우 실권효
> ㉥ 실기한 공격방어방법에 대한 각하
> ㉦ 구술주의와 직접주의

① ㉠, ㉢, ㉦   ② ㉢, ㉦   ③ ㉠, ㉡, ㉣
④ ㉠, ㉦   ⑤ ㉣, ㉤

〈해설〉 정답 ①

㉠ 경제이상을 실현하기 위한 제도

ⓒ 공평이상을 실현하기 위한 제도

ⓐ 적정이상을 실현하기 위한 제도

문16. 신의칙에 관한 설명 중 <u>옳지 않은</u> 것만으로 묶인 것은? (다툼이 있는 경우 판례에 의함)

> ㉠ 신의칙 위반 여부는 당사자의 주장이 없더라도 법원이 직권으로 조사하여 판단하는 직권조사사항이다.
>
> ㉡ 신의칙에 반하여 제기된 소는 소의 이익이 없어 부적법 각하하게 되고, 그에 반하는 소송행위는 무효로 된다.
>
> ㉢ 신의칙위반의 소송행위도 판결이 확정된 경우 이를 당연무효의 판결이라 할 수 없다.
>
> ㉣ 강행법규를 위반한 자가 스스로 그 약정의 무효를 주장하는 것은 신의칙에 반한다.
>
> ㉤ 권리자가 소송에서 제3자로서 증인으로 나서기 위해 다른 사람에게 한 권리양도는 소송상태의 부당형성으로 신의칙에 반한다.
>
> ㉥ 선박을 편의치적(便宜置籍)시켜 소유, 운영할 목적으로 설립한 형식상의 회사(Paper Company)는 그 선박의 소유권을 주장하여 그 선박에 대한 가압류집행의 불허를 구할 수 없다.

① ㉠, ㉢, ㉤   ② ㉡, ㉢   ③ ㉣
④ ㉣, ㉥   ⑤ 답이 없다

〈해설〉 정답 ③

㉣ 강행법규를 위반한 자가 스스로 그 약정의 무효를 주장하는 것이 신의칙에 위배되는 권리의 행사라는 이유로 그 주장을 배척한다면, 이는 오히려 강행법규에 의하여 배제하려는 결과를 실현시키는 셈이 되어 입법취지를 완전히 몰각하게 되므로 달리 특별한 사정이 없는 한 위와 같은 주장은 신의칙에 반하는 것이라고 할 수 없다.

㉥ 선박을 편의치적(便宜置籍)시켜 소유, 운영할 목적으로 설립한 형식상의 회사(Paper Company)가 그 선박의 실제소유자와 외형상 별개의 회사이더라도 그 선박의 소유권을 주장하여 그 선박에 대한 가압류집행의 불허를 구하는 것은 편의치적이라는 편법행위가 용인되는 한계를 넘어서 채무를 면탈하려는 불법목적을 달성하려고 함에 지나지 아니하여 신의칙상 허용될 수 없다(대법원 1989.9.12. 선고 89다카678 판결).

문17. 신의칙에 관한 설명 중 옳지 않은 것만으로 모두 묶인 것은? (다툼이 있는 경우 판례에 의함)

> ㉠ 주식양도인이 양수인에게 주권을 교부할 의무를 이행하지 않고 그 후의 임시주주총회결의의 부존재확인청구를 하는 것은, 주권교부의무를 불이행한 자가 오히려 그 의무불이행상태를 권리로 주장함을 전제로 하는 것으로서 신의성실의 원칙에 반하는 소권의 행사이다.
>
> ㉡ 부적법한 당사자표시정정·추가신청인데도 동의한 피고가 본안판결선고 후 위 신청의 부적법을 문제 삼는 것은 신의칙에 반한다.
>
> ㉢ 준소비대차가 가압류의 효력에 반하여 무효임을 전제로 구채무에 대해 추심을 마친 채권자가 다시 당사자 사이에서는 그 효력의 유효함을 전제로 신채무의 추심을 주장하는 것은 신의칙에 반한다.
>
> ㉣ 어떤 사실에 관한 법률적 평가를 달리하여 주장하는 것만으로는 금반언의 원칙이나 신의성실의 원칙에 반한다고 할 수 없다.
>
> ㉤ 유치권을 고의적으로 작출함으로써 경매절차에서 유치권의 최우선순위 담보권으로서의 지위를 부당하게 이용하는 행위는 소송상태의 부당형성으로 신의칙에 반한다.
>
> ㉥ 피상속인의 사망으로 인하여 1차 상속이 개시된 후 그 1차 상속인 중 1인이 사망하여 2차 상속이 개시되었는데, 2차 상속의 공동상속인 중 1인이 친권자로서 다른 공동상속인인 수인의 미성년자를 대리하여 1차 상속재산에 관하여 1차 상속의 공동상속인들과 상속재산 분할협의를 체결한 경우, 위 상속재산 분할협의에 참가한 1차 상속의 공동상속인 중 1인이 ㄱ 상속재산 분할협의가 무효라고 주장하는 것은 신의칙에 반한다.

① ㉠, ㉢   ② ㉡, ㉣   ③ ㉤, ㉥

④ ㉥   ⑤ 답이 없다

〈해설〉 정답 ④

㉥ 피상속인의 사망으로 인하여 1차 상속이 개시된 후 그 1차 상속인 중 1인이 사망하여 2차 상속이 개시되었는데, 2차 상속의 공동상속인 중 1인이 친권자로서 다른 공동상속인인 수인의 미성년자를 대리하여 1차 상속재산에 관하여 1차 상속의 공동상속인들과 상속재산 분할협의를 체결한 사안에서, **강행법규인 민법 제921조에 위배되는 위 상속재산 분할협의에 참가한 1차 상**

속의 공동상속인 중 1인이 그 상속재산 분할협의가 무효라고 주장하는 것이 모순행위금지의 원칙이나 신의칙에 반하는 것이라고 할 수 없고, 민법 제921조에 의하여 무효가 되는 것은 위 상속재산 분할협의 전체이며, 2차 상속의 공동상속인 사이의 상속재산 분할협의에 한정되는 것이 아니라고 한 사례(대법원 2011.3.10. 선고 2007다17482 판결).

문18. 다음 〈사례〉에 관한 〈설명〉 중 가장 <u>옳지 않은</u> 것으로만 묶인 것은? (다툼이 있는 경우 판례에 의함)

〈사례〉

(1) 甲의 모(母)는 甲의 인장을 도용하여 甲이 발행인이 되고 A를 수취인으로 한 약속어음과 위 약속어음의 지급에 관한 공정증서촉탁의 대리권을 B에게 수여한다는 내용의 위임장을 위조한 뒤 이를 A, B에게 교부하여 A, B는 공증사무소에 위 약속어음의 지급에 관한 공정증서작성을 촉탁하여 이 사건 약속어음에 관한 공정증서(이하 이 사건 '집행증서'라 한다)가 작성되었다.

(2) 약속어음 채권자인 A는 이 사건 집행증서에 기하여 甲 소유의 X 부동산에 강제경매신청을 하여 乙이 그 강제경매절차에서 위 부동산을 매수하였다. 그런데 甲은 위 경매절차가 개시된 이래 매각허가결정이 있기까지 위 강제경매절차가 진행 중인 사실을 알면서도 그 집행권원인 이 사건 집행증서가 무효라는 주장을 한 바 없고, 또한 매각허가결정 이후 집행권원상의 채무를 모두 변제하였다는 이유로 항고, 재항고를 제기하였으나 기각되어 매각허가결정이 확정되자 배당기일에 매각대금 일부를 수령하면서 나머지 매각대금이 근저당권자에게 배당되어서는 아니 된다는 배당이의의 소를 제기하여 승소한 후 나머지 매각대금도 모두 수령하였다.

(3) 甲은 이 사건 집행증서가 대리권 흠결이 있는 공정증서이므로 무효이고 이에 기하여 이루어진 강제경매도 무효라고 주장하였고, 乙은 甲이 집행인낙에 대한 추인의 의사표시를 하였거나 무권리자의 처분행위를 묵시적으로 추인하였고, 그렇지 않다고 하더라도 甲의 주장은 신의칙에 반한다는 등의 주장을 하였다.

<설명>

㉠ X 부동산에 대한 위 강제경매절차는 위조된 약속어음을 대상으로 하여 무
권대리인의 촉탁에 따라 작성된 실체적으로 무효인 집행증서를 바탕으로
하여 이루어진 것으로서 일응 무효라 할 것이다.

㉡ 甲이 무권리자(母)의 처분행위를 매수인인 乙에 대하여 묵시적으로 추인한
것으로 볼 것이므로 甲은 그 집행권원의 무효를 사유로 하여 대항할 수 없다.

㉢ 공정증서상의 집행인낙의 의사표시는 공증인에 대하여 그 의사표시를 공증
하는 방식으로 하여야 하므로, 그러한 방식에 의하지 아니한 추인행위에
의해서는 채무자가 실체법상의 채무를 부담하게 됨은 별론으로 하고 무효
의 집행권원이 유효하게 될 수는 없다.

㉣ 이 사건 집행증서는 甲을 대리할 권한이 없는 자의 촉탁에 의하여 작성된
것으로서 무효이므로 이를 집행권원으로 하여 이루어진 위 강제경매는 집
행채무자인 甲에 대한 관계에서는 그 효력이 생기지 아니하여 그 매수인
인 乙이 이 사건 부동산의 소유권을 취득하지 못한다.

㉤ 乙은 甲에게 乙 명의로 경료된 이 사건 부동산에 관한 소유권이전등기의
말소등기절차를 이행할 의무가 없다.

㉥ 집행채무자로 표시된 甲이 매수인인 乙에 대하여 공정증서의 무효임을 이
유로 이에 기하여 이루어진 강제경매도 무효라고 주장하는 것은 금반언
및 신의칙에 위반된다.

① ㉠, ㉢, ㉤   ② ㉡, ㉣   ③ ㉣, ㉤, ㉥
④ ㉣   ⑤ ㉣, ㉥

〈해설〉 정답 ②

㉢ 대법원 1991.4.26. 선고 90다20473 판결
㉤㉥ 대법원 1992.7.28. 선고 92다7726 판결(상세한 설명은 오창수, pp.33~36 참조).

문19. 다음 설명 중 신의칙의 적용에 관한 판례의 입장으로 가장 옳지 않은 것은?

① 피고들이 이 사건 소는 원고의 형인 A가 그가 이 사건 토지 3필지를 시효
취득하였음을 청구원인으로 하여 소유권이전등기절차의 이행을 청구하였던

사건과 실질적으로 동일한 소송으로서, 원고가 그 사건에서는 증인으로 출석하여 자신이 A를 대리하여 위 각 토지를 관리하였다고 증언하였다가 A의 패소로 확정되자, 이번에는 자신이 소유의 의사로 위 각 토지를 점유, 관리하여 시효취득하였음을 청구원인으로 하여 이 사건 소유권이전등기절차이행청구의 소를 제기한 경우, 이 사건 소는 금반언의 원칙 및 신의칙에 위배되지 아니한다.

② 원고는 전소에서 이 사건 토지에 대한 피고의 점유사실을 극력부인하고 원고 측이 점유하여 왔다고 주장·입증하여 이에 의하여 승소판결을 받아 그것이 확정되자 태도를 바꿔 이제는 피고가 이건 토지를 불법으로 점유하여 왔다고 주장하면서 전소에서의 주장과 모순 반대되는 사실을 내세워 부당이득반환을 구하는 것은 소송상의 신의칙에 현저히 반하는 것으로서 권리보호의 자격 또는 이익이 없는 부적법한 소이다.

③ 매매계약의 무효 또는 해제를 주장하면서 그 매매대금의 반환을 구하는 소를 제기하고 그 소송계속 중에 이중의 이득을 얻으려는 목적으로 매매계약이 유효함을 주장하여 그 이행을 구하는 별도의 소를 제기한 경우 그러한 원고의 소제기는 신의칙에 위반되는 것으로 허용될 수 없다.

④ 혼인 외의 자가 친생자관계의 부존재를 확인하는 대가로 금원 등을 지급받으면서 추가적인 금전적 청구를 포기하기로 합의한 경우에 이에 반하여 인지청구를 하고 그 확정판결에 따라 상속분상당가액지급청구를 하더라도 신의칙 위반으로 보기 어렵다.

⑤ 상속개시 전에 상속포기의 약정을 한 경우에 상속개시 후 상속권을 주장하는 것은 신의칙에 반하지 않는다.

〈해설〉 정답 ②

① 판례는 타인이 제기한 소송에 증인으로 출석하여 증언한 내용과 배치되는 사실을 청구원인으로 하여 소를 제기한 것이 금반언의 원칙이나 신의칙에 위반되지 아니한다고 보고 있다. 대법원 1991.3.12. 선고 90다17507 판결

② 대법원 1984.10.23. 선고 84다카855 판결: 별소에서 피고의 점유사실을 부인하고 피고의 취득시효주장을 다투던 원고가 본소에서 피고의 불법점유를 원인으로 부당이득금반환청구를 함에 이르렀다 하여도 별소에서 원고가 시효취득요건사실을 부인하고 반증을 제출한 것은 상대방의 시효취득주장에 대한 방어방법으로서의 진술 및 입증에 불과한 것이며, 그 소송에서 피고가 패소한 것은 피고가 그 주장사실에 대한 입증을 다하지 못한 데 기인한 것이고, 또 별소에서는

피고가 이건 부동산을 1959.3.13.부터 20년간 소유의 의사로 평온, 공연하게 점유함으로써 시효취득하였는지가 그 쟁점임에 반해서 본소에서는 피고가 이건 부동산을 1972.1.1.부터 1981.12.31.까지 점유하고 있었는지가 쟁점으로서 두 소송의 쟁점이 서로 다른 것이라면 본 소송이 신의칙에 반하는 것으로서 권리보호의 이익이 없는 부적법한 것이라고 할 수 없다.

③ 대법원 2005.12.23. 선고 2004다55698 판결
④ 대법원 2007.7.26. 선고 2006므2757, 2764 판결
⑤ 대법원 1998.7.24. 선고 98다9021 판결

문20. 다음 중 신의칙의 적용에 관한 판례의 태도로 옳지 않은 것으로만 묶인 것은?

> ㉠ 피상속인이 사망할 때까지 비록 17년여 동안 장기간에 걸쳐 공동상속인 중 1인 명의로 원인 없이 경료된 소유권이전등기의 말소등기청구권을 다른 상속인들이 행사하지 않은 경우에도, 그 의무자 측의 입장에서 권리자가 그 권리를 행사하지 않으리라고 신뢰할 만한 정당한 기대를 갖게 되었다고 볼 수 있는 특단의 사정을 찾아보기 어려운 경우에는 실효의 원칙을 적용할 수 없다.
>
> ㉡ 친자관계의 직접 당사자인 호적상 부모가 사망한 때로부터 오랜 기간 경과한 후에 친생자관계존부확인의 소를 제기하였다 하더라도 그것만으로 신의칙에 반하는 소송행위라고 볼 수 없다.
>
> ㉢ 학교법인의 경영권을 타에 양도하기로 결의함에 따라 그 법인 이사직을 사임한 사람이 현 이사로부터 지급받은 금원에 대한 분배금을 받지 못하자 학교법인의 이사로서의 직무수행의사는 없으면서 오로지 학교법인이나 현 이사들로부터 다소의 금원을 지급받을 목적만으로 학교법인의 이사회결의 부존재확인을 구하는 것은 권리보호의 자격 내지 소의 이익이 없는 부적법한 소이다.
>
> ㉣ 요증사실의 증거자료에 훨씬 용이하게 접근할 수 있다고 하는 사정만으로는 피고가 원고들의 증명활동에 협력하지 않는다고 하여 이를 민사소송법상의 신의성실의 원칙에 위배되는 것이라고 할 수 없다.
>
> ㉤ 회사가 외형상으로는 법인의 형식을 갖추고 있으나 법인의 형태를 빌리고 있는 것에 지나지 아니하고 실질적으로는 완전히 그 법인격의 배후에 있는 사람의 개인기업에 불과하거나, 그것이 배후자에 대한 법률적용을 회피하기 위한 수단으로 함부로 이용되는 경우에는, 회사는 물론 그 배후자인 타인에 대해서도 회사의 행위에 관한 책임을 물을 수 있고, 그 회사에 대

한 판결의 집행력도 배후자에게 미친다.

ⓑ 중재심판을 먼저 거쳐야 한다는 주장은 사건에 관하여 본안에 관한 변론을 하기 전에 하여야 하고, 그러한 항변을 제출함이 없이 본안에 관한 실질적인 변론을 하여 본안의 심리에 들어간 후에는 그러한 방소항변을 제출할 수 없다.

① ㉠, ㉡   ② ㉢, ㉣   ③ ㉤, ㉥
④ ㉣   ⑤ 답이 없다

〈해설〉 정답 ④

㉠ 대법원 1995.2.10. 선고 94다31624 판결
㉡ 대법원 2004.6.24. 선고 2004므405 판결
㉢ 대법원 1974.9.24. 선고 74다767 판결
㉣ 대법원 1996.4.23. 선고 95다23835 판결
㉤ 판례는 절차의 명확성 때문에 집행력은 배후자에게 미치지 않는 것으로 보고 있다.
㉥ 대법원 1996.2.23. 선고 95다17083 판결

문21. 신의칙의 적용에 관한 다음 설명 중 옳지 않은 것은? (다툼이 있는 경우 판례에 의함)

① 甲의 乙에 대한 청구의 관할법원은 전주인데, 丙을 넣어 乙과 공동피고로 한 것은 실제로 丙을 상대로 청구할 의사도 없으면서 단지 丙의 주소지를 관할하는 서울 법원에 관할권을 생기게 하기 위한 것이라면 관할선택권의 남용으로 신의칙에 위배된다.

② 권리자가 자신의 권리를 행사할 수 있는 기회가 충분히 있었음에도 불구하고 상당한 기간이 지나도록 그 권리를 행사하지 아니하여 의무자인 상대방으로 하여금 이제는 권리자가 권리를 더 이상 행사하지 아니할 것이라고 신뢰하게 할 만한 상황이 되었는데, 권리자가 새삼스레 그 권리를 행사하는 것은 위와 같은 신의성실의 원칙상 허용되지 아니한다.

③ 주권교부의무를 이행하지 아니한 자가 주주총회결의부존재확인청구를 하는 등 권리주장을 하는 것은 신의칙에 위배된다.

④ 강제집행의 면탈을 위하여 위장이혼·재산분할을 하였다가 이제 와서 이혼무효확인의 소를 제기하는 것은 가사소송에서는 객관적 진실을 우선시켜야

하기 때문에 신의칙에 위배되는 것이 아니다.

⑤ 제1심에서는 이사회의 소집절차가 적법함을 전제로 한 주장을 하였다가 제2심에 이르러서는 그 소집절차의 하자를 주장한 것이 금반언의 원칙이나 신의성실의 원칙에 반한다고 할 수 없다.

〈해설〉 정답 ④

① 대법원 2011.9.29.자 2011마62 결정
② 대법원 2011.4.28. 선고 2010다89654 판결
③ 대법원 1991.12.13. 선고 90다카1158 판결
④ 이 경우에는 선행행위와 모순되는 거동으로 신의칙에 반한다. 이시윤, p.31 참조.
⑤ 이 경우에는 어떤 사실에 대한 법률적 평가를 달리하여 주장하는 것으로 신의칙 위반이 아니다. 대법원 2010.6.24. 선고 2010다2107 판결

문22. 다음 설명 중 소권의 남용으로 신의칙상 허용되지 않는 경우가 <u>아닌</u> 것은? (다툼이 있는 경우 판례에 의함)

① 어느 분쟁해결을 위하여 적정한 판단을 받을 수 있도록 마련된 보다 더 간편한 절차를 이용할 수 있었음에도 그 절차를 이용하지 않는 경우

② 사실심에 일부청구가 계속 중이어서 청구취지의 확장으로 용이하게 청구할 수 있음에도 불구하고 별도로 소를 제기하는 경우

③ 원고가 전소의 소송물과 다른 소송물로 후소를 제기한 경우

④ 법원에서 수회에 걸쳐 같은 이유로 재심청구가 기각당하여 확정되었음에도 불구하고 법률상 받아들여질 수 없음이 명백한 이유를 들어 같은 내용의 재심청구를 거듭하는 경우

⑤ 중혼 성립 후 10여 년이 지나 혼인취소소송을 제기한 경우

〈해설〉 정답 ③

① 대법원 2002.9.4. 선고 98다17145 판결
② 대법원 1996.3.8. 선고 95다46319 판결(김홍엽, p.30)
③ 이 경우 당사자와 사실관계가 동일하다는 사유만으로 후소의 제기를 소권의 남용이나 신의칙 위반에 해당한다고 볼 수 없다. 대법원 2006.7.13. 선고 2004다36130 판결
④ 대법원 2005.11.10. 선고 2005재다303 판결
⑤ 대법원 1993.8.24. 선고 92므907 판결(김홍엽, p.29)

문23. 다음 설명 중 옳은 것을 모두 묶은 것은? (다툼이 있는 경우 판례에 의함)

ㄱ 민사소송법은 사법이다.

ㄴ 상소제기기간은 강행규정이다.

ㄷ 우리나라 법원에서 외국인들 사이의 민사소송사건은 외국의 민사소송법을 적용한다.

ㄹ 不提訴합의와 소취하합의는 허용되나, 不執行의 합의는 허용되지 않는다.

ㅁ 신의칙위반의 소송행위를 간과하고 판결한 경우 확정 전에는 상소, 확정 후에는 재심으로 취소할 수 있다.

ㅂ 신의칙에 반하여 제기된 소는 그 청구를 기각한다.

① ㄱ, ㄴ　　　　② ㄴ, ㄷ, ㄹ　　　　③ ㄴ

④ ㄴ, ㄹ　　　　⑤ ㄹ, ㅁ, ㅂ

〈해설〉 정답 ③

ㄱ 민사소송법은 민사법원의 소송절차를 규율하는 법으로 그 성질은 공법이다.

ㄴ 공익성에 근거를 두고 엄격한 준수가 요구되는 법원의 구성, 제척, 전속관할, 당사자능력, 상소제기기간 등은 강행규정이다.

ㄷ 어느 나라를 막론하고 소송에는 법원 소재지법, 즉 법정지법을 적용하는 것을 원칙으로 한다.

ㄹ 부집행의 합의도 허용된다(대법원 1996.7.26. 선고 95다19072 판결).

ㅁ 당연무효의 판결이라 할 수 없으므로 재심의 대상이 되지 않는다.

ㅂ 판례는 부적법 각하한다.

문24. 다음 설명 중 신의칙상 허용되는 경우인 것은? (다툼이 있는 경우 판례에 의함)

① A는 B와 사이에 원고 회사의 경영권을 둘러싼 분쟁이 생기자 자신의 원고 회사에 대한 대여금 채권을 형인 C에게 양도함으로써 C로 하여금 그 양수금 채권에 기한 공정증서를 작성한 후 그에 기한 강제집행을 통하여 원고 회사로부터 그 채권을 회수할 목적으로 위 대여금 채권을 양도한 경우

② 지방자치단체에 의하여 도로로 점유·관리되어 온 토지의 소유권자가 그 토지에 관한 소유 명의를 타인에게 이전하고, 그 토지의 점유·사용에 따른 부당이득반환채권을 양도한 경우

③ 다수의 채권자가 채권자단의 대표에게 자신들의 채권을 양도하고 그 양도된

채권을 피담보채권으로 한 근저당권을 양수인 명의로 설정받은 경우

④ 수표의 수취인이 발행인과의 분쟁으로 인한 인적 항변에 의하여 수표금을 지급받지 못하게 될 것이 예상되자 제3자를 통한 소제기로 승소판결을 받아 수표금을 지급받기 위하여 제3자를 피배서인으로 하여 수표의 배서양도를 한 경우

⑤ 채권자가 A가 채무자에 대하여 대여금채권을 갖고 있는 것처럼 꾸며 소송을 제기하게 하고 채권자가 소지하고 있는 당좌수표를 증거로 제출할 수 있도록 교부한 경우

〈해설〉 정답 ③

① 불허: 대법원 2010.1.14. 선고 2009다55808 판결
② 불허: 대법원 2006.6.27. 선고 2006다463 판결
③ 허용: 대법원 2002.12.6. 선고 2000다4210 판결
④ 불허: 대법원 2007.12.13. 선고 2007다53464 판결
⑤ 불허: 대법원 1983.5.24. 선고 82다카1919 판결

문25. 다음 설명 중 옳지 않은 것을 모두 묶은 것은? (다툼이 있는 경우 판례에 의함)

> ㉠ 신의칙은 민사소송의 이상이다.
> ㉡ 언론중재위원회의 중재결정은 확정판결과 동일한 효력이 있다.
> ㉢ 허위주소를 기재하여 공시송달을 한 경우 항소의 방법으로 불복할 수 있다.
> ㉣ 외국인이 본국법에 의하여 소송능력이 없는 때에는 우리나라의 법률에 의하여 소송능력이 있는 경우에도 소송무능력자로 본다.
> ㉤ 하천구역에 편입되어 국유로 된 토지에 대한 손실보상청구는 민사소송의 대상이 아니다.
> ㉥ 소권의 남용과 소권의 실효는 구별된다.

① ㉠, ㉤   ② ㉠, ㉢, ㉣   ③ ㉠, ㉢

④ ㉠, ㉢, ㉣   ⑤ ㉠, ㉥

〈해설〉 정답 ②

㉠ 신의칙은 민사소송의 이상을 실현하기 위한 수단일 뿐 신의칙 자체가 그 이상은 아니다.

㉢ 판례는 추후보완상소 또는 재심을 인정한다.

㉣ 반대: 민소법 제57조 참조.

제2장 법원과 관할

문1. 다음 중 준사법기관에 의한 전심절차의 소속기관으로 옳은 것으로만 묶인 것은?

> ㉠ 국토교통부장관 소속의 해양안전심판원
> ㉡ 특허법원 소속의 특허심판원
> ㉢ 국무총리 소속의 중앙행정심판위원회
> ㉣ 기획재정부장관 소속의 조세심판원
> ㉤ 국무총리 소속의 공정거래위원회
> ㉥ 대통령 소속의 인권위원회

① ㉠, ㉡   ② ㉢, ㉤, ㉥   ③ ㉣, ㉤

④ ㉤   ⑤ 답이 없다

〈해설〉 정답 ④

㉠ 해양안전심판원은 해양수산부 소속이다(해양사고의 조사 및 심판에 관한 법률 제3조). 이시윤, p.54는 국토해양부 소속의 해난심판원으로 되어 있으나, 이는 잘못된 것임.

㉡ 특허심판원은 특허청장 소속이다(특허법 제132조의 2).

㉢ 중앙행정심판위원회는 「부패방지 및 국민권익위원회의 설치와 운영에 관한 법률」에 따른 국민권익위원회에 둔다(행정심판법 제6조 제2항).

㉣ 국세기본법 제67조에 의하면 조세심판원은 국무총리 소속이다. 종전의 국세심판원은 재정경제부장관 소속이었다(이시윤, p.54는 기획재정부 산하의 조세심판원으로 되어 있으나 이는 잘못되었음).

㉤ 독점규제 및 공정거래에 관한 법률 제35조

㉥ 국가인권위원회는 독립기구이다.

문2. 민사재판권에 관한 다음 설명 중 옳은 것으로만 묶인 것은? (다툼이 있는 경우 판례에 의함)

> ㉠ 국제재판관할권의 문제는 어느 나라의 소송법을 적용할 것인가의 문제(법정지법)와 어느 나라의 실체법을 적용할 것인가의 문제(준거법)와 구별하여야 한다.
> ㉡ 준거법과 국제재판관할권은 서로 같은 이념에 의하여 지배되는 것이기 때문에, 국제재판관할권은 준거법에 따라서 결정된다.
> ㉢ 재판권의 존재는 소송요건이고 법원의 직권조사사항이므로 재판권이 없음이 명백하면 판결로 소를 각하한다.

ㄹ 변론의 결과 재판권의 부존재가 판명되면 판결로써 소를 각하하여야 하고, 이를 간과하고 본안판결을 한 경우에는 상소 또는 재심에 의하여 다툴 수 있다.

ㅁ 외국국가가 판결절차에서 재판권 면제를 포기한 경우에는 집행절차에서 재판권 면제를 포기한 것으로 본다.

ㅂ 외국국가를 제3채무자로 하는 채권압류 및 추심명령도 원칙적으로 허용된다.

① ㄱ　　　　　② ㄱ, ㄴ　　　　　③ ㄱ, ㄴ, ㄷ

④ ㄱ, ㄴ, ㄷ, ㄹ　　　　　⑤ ㄱ, ㅁ, ㅂ

〈해설〉 정답 ①

ㄱ 이시윤, p.57 참조

ㄴ <u>준거법은 어느 국가의 실질법 질서에 의하여 분쟁을 해결하는 것이 적절한가의 문제임에 반하여, 국제재판관할권은 어느 국가의 법원에서 재판하는 것이 재판의 적정, 공평을 기할 수 있는가 하는 서로 다른 이념에 의하여 지배되는 것이기 때문에, 국제재판관할권이 준거법에 따라서만 결정될 수는 없는 점</u>, 더구나 오늘날 외국적 요소가 있는 법률관계에 관하여 재판관할과 별도로 준거법에 관한 합의를 하는 경우가 드물지 않은 점에 비추어 보면, 이 사건에 적용될 준거법이 중국법이라고 하더라도 그러한 사정만으로 이 사건 소와 대한민국 법원과의 실질적 관련성을 부정하는 근거로 삼기에 부족하다(대법원 2010.7.15. 선고 2010다18355 판결).

ㄷ 판례는 재판권 없음이 명백한 경우에는 유효하게 소장부본을 송달할 수 없는 경우에 해당하므로 <u>재판장의 명령으로 소장을 각하할 것이라고 한다</u>(대법원 1975.5.23.자 74마281 결정). 이시윤, p.61 참조. 이에 대해서는 재판권이 없는 경우인지가 명백한지가 불명확할 뿐만 아니라 외국국가의 경우에는 특별한 사정이 없는 한 사법적 행위에 대해서는 우리나라의 법원이 민사재판권을 행사할 수 있는 경우가 있으며, 그 외의 경우라도 재판권면제를 포기할 여지가 있을 수 있으므로 재판장은 소장각하명령을 하지 않고 소장부본과 기일의 통지를 하여야 한다는 견해가 있다. 김홍엽, p.53 참조.

ㄹ 상소에 의하여 다툴 수 있으나, 판결확정 후에는 재심청구를 할 수 없다. 재판권의 부존재는 재심사유가 아니다. 이 경우에는 판결이 확정되어도 무효이다. 이시윤, p.61; 김홍엽, p.53 참조.

④ 외국국가가 판결절차에서 재판권 면제를 포기한 경우에도 강제집행을 하기 위해서는 별개로 집행절차에서 재판권 면제를 명시적으로 포기해야 한다. 헌재 1998.5.28. 선고 96헌마44 결정 참조.

⑤ 대법원 2011.12.13. 선고 2009다16766 판결: 피압류채권의 당사자가 아닌 집행채권자가 해당 국가를 제3채무자로 한 압류 및 추심명령을 신청하는 경우, 우리나라 법원은, 해당 국가가 국제협약, 중재합의, 서면계약, 법정에서 진술 등의 방법으로 그 사법적 행위로 부담하는 국가의 채무에 대하여 압류 기타 우리나라 법원에 의하여 명하여지는 강제집행의 대상이 될 수 있다는 점에 대하여 명시적으로 동의하였거나 또는 우리나라 내에 그 채무의 지급을 위한 재산을

따로 할당해 두는 등 우리나라 법원의 압류 등 강제조치에 대하여 재판권 면제 주장을 포기한 것으로 볼 수 있는 경우 등에 한하여 그 해당 국가를 제3채무자로 하는 채권압류 및 추심명령을 발령할 재판권을 가진다.

문3. 다음 중 민사재판권이 미치는 인적범위에 속하는 것으로만 묶인 것은? (다툼이 있는 경우 판례에 의함)

> ㉠ 주한미군의 공무집행 중의 불법행위
> ㉡ 외교관 개인 부동산에 관한 소송
> ㉢ 외국의 원수·수행원 및 그 가족
> ㉣ UN 및 그 산하 특별기구, 그 기구의 대표자·직원
> ㉤ 대한민국 대통령
> ㉥ 외국의 사법적 행위 중 외국의 주권적 활동에 대한 부당한 간섭이 될 우려가 없는 경우

① ㉠, ㉡　　　② ㉠, ㉡, ㉤　　　③ ㉡
④ ㉠, ㉥　　　⑤ ㉡, ㉤

〈해설〉 정답 ①

㉠ SOFA 제23조 참조.
㉡ 외교관 개인 부동산에 관한 소송의 경우에는 치외법권이 미치지 아니한다. 이시윤, pp.55～56; 김홍엽, p.38 참조.
㉤ 재판권은 국적을 불문하고 국내에 있는 모든 사람에게 미치고 대통령이라고 해서 예외가 아니다.
㉥ 대법원 전원합의체 1998.12.17. 선고 97다39216 판결

문4. 주한미군의 지위에 관한 다음 설명 중 옳은 것으로 모두 모은 것은? (다툼이 있는 경우 판례 내지 다수설에 의함)

> ㉠ 미군 군대의 구성원이나 고용원 등이 계약의 체결 및 이행과 직접 관련하여 행한 불법행위를 원인으로 한 계약상대방의 손해배상청구는 국가배상법의 전치절차를 거쳐 미합중국을 피고로 하여 제기할 수 있다.
> ㉡ 주한미공군 전투기들이 사격장에서 야간사격훈련을 하면서 소음피해를 입은 한국주민들이 미합중국을 피고로 하여 손해배상청구를 할 수 있다.

ⓒ 공무집행 중인 미군의 구성원이나 고용원의 불법행위로 인하여 대한민국 국민이 손해를 입었을 경우에는 손해발생에 미군 측에 전적인 책임이 있는 경우에는 미국정부를 상대로 손해배상청구를 할 수 있다.

ⓔ 미군 영내에서 미군헌병이 대한민국 국민을 적법절차 없이 체포·구금한 경우 미합중국이 피해자가 입은 손해를 책임이 있다.

ⓜ 미군 부대의 오·폐수, 기름의 유출로 인한 환경오염피해에 대하여 대한민국이 국가배상법에 따른 배상책임을 진다.

ⓗ 대한민국 국민이 미군에 의한 살인이나 강간 등 각종 범죄로 손해를 입은 경우 바로 가해 미군을 상대로 대한민국 법원에 손해배상청구를 할 수 있다.

① ㄱ, ㄴ, ㄷ   ② ㅁ, ㅂ   ③ ㄹ, ㅁ, ㅂ

④ ㅁ   ⑤ 답이 없다

〈해설〉 정답 ④

ㄱ 한미행정협정 제23조 제5항은 위와 같은 청구권이라고 하더라도 그것이 '계약에 의한 청구권(contractual claim)'인 경우에는 대한민국이 처리할 대상에서 제외하도록 규정하고 있으므로 위 '계약에 의한 청구권'의 실현을 위한 소송은 계약 당사자인 미합중국을 상대로 제기할 수 있다고 할 것인바, 여기에서 말하는 계약에 의한 청구에는 계약의 당사자인 미합중국에 대한 계약의 이행청구와 계약불이행을 원인으로 한 손해배상청구뿐만 아니라, 계약의 체결 및 이행 사무를 담당하는 미합중국 군대의 구성원이나 고용원 등이 계약의 체결 및 이행과 직접 관련하여 행한 불법행위를 원인으로 한 계약 상대방의 손해배상청구도 포함된다고 할 것이다. 그리고 계약에 의한 청구권에 기하여 미합중국을 피고로 하여 소송을 제기하는 경우에는 위 민사특별법 제2조가 적용되지 않는다고 보아야 할 것이므로 그 법 제4조가 규정한 국가배상법상의 전치절차를 거쳐야 하는 것은 아니라고 할 것이다(대법원 1997.12.12. 선고 95다29895 판결).

ㄴ 주한미공군 전투기들이 비행기지에서 야간이착륙훈련을 하면서 소음피해를 입은 한국주민들이 미합중국을 피고로 하여 손해배상청구를 할 수 없다(이시윤, p.56).

ㄷ 한미행정협정(SOFA)에 의하면 미군용 차량의 공무수행 중 발생한 교통사고로 인한 손해, 미군부대의 오·폐수, 기름의 유출로 인한 환경오염피해, 미군의 각종 군사훈련으로 인한 소음, 폭발사고 등으로 인한 손해 등 공무집행 중인 미군의 구성원이나 고용원의 불법행위로 인하여 대한민국 국민이 손해를 입었을 경우에는 손해발생에 미군 측에 전적인 책임이 있는 경우에도 대한민국을 피고로 손해배상청구를 할 수 있다.

ㄹ 대한민국이 배상책임을 진다.

ㅁ 먼저 국가배상심의위원회에 배상신청을 하고, 대한민국이 배상금을 산정하여 미국 당국에 통보하면 통보를 받은 미군 당국이 배상금 지급여부와 액수를 결정하고 피해자가 미군 당국이 제의한 보상금에 만족하지 못할 경우 가해 미군을 상대로 대한민국 법원에 손해배상청구를 할 수 있다.

문5. 다음 중 **옳은** 것으로 모두 모은 것은? (다툼이 있는 경우 판례 내지 다수설에 의함)

㉠ 일본국을 피고로 하여 우리나라 법원에 1910년 한일합방조약의 무효확인을 구할 수 있다.

㉡ 국가는 국제법과 국제관례상 다른 국가의 재판권에 복종하지 않게 되어 있으므로 특히 조약에 의하여 예외로 된 경우나 스스로 외교상 특권을 포기하는 경우를 제외하고는 외국을 피고로 하여 우리나라의 법원이 재판권을 행사할 수는 없다.

㉢ 외국국가가 자발적으로 판결을 이행하지 아니하는 경우 집행절차에서의 재판권 면제에 관한 명시적 포기가 없는 한 국내에 소재한 외국국가의 재산은 어떠한 경우에도 강제집행을 할 수 없다.

㉣ 대법원판례는 외국인 사이의 가사소송사건에 관해서는 특단의 사정이 없는 한 피고의 주소지가 우리나라에 있어야 우리나라에서 재판할 수 있다는 입장이다.

㉤ 미군 구내의 고압전주의 시설하자로 감전사고가 발생한 경우 한국정부는 국가배상법에 따른 배상책임을 진다.

㉥ 미군 군대의 구성원이나 고용원 등이 계약의 체결 및 이행과 직접 관련하여 행한 불법행위를 원인으로 한 계약상대방의 손해배상청구는 국가배상법의 전치절차를 거쳐 미합중국을 피고로 하여 제기할 수 있다.

---

① ㉠, ㉡, ㉢　　② ㉢, ㉣, ㉥　　③ ㉣

④ ㉣, ㉤　　⑤ ㉣, ㉤, ㉥

〈해설〉 정답 ④

㉠ 사법적 행위가 아니므로 일본국을 피고로 하여 한국법원이 재판권을 행사할 수 없다.

㉡ 우리나라의 영토 내에서 행하여진 외국의 私法的 행위가 주권적 활동에 속하는 것이거나 이와 밀접한 관련이 있어서 이에 대한 재판권의 행사가 외국의 주권적 활동에 대한 부당한 간섭이 될 우려가 있다는 등의 특별한 사정이 없는 한, 외국의 사법적 행위에 대해서는 당해 국가를 피고로 하여 우리나라의 법원이 재판권을 행사할 수 있다(대법원 1998.12.17. 선고 97다39216 전원합의체 판결).

㉢ 이 경우에도 국내에 소재한 외국국가의 재산으로서 사법적 활동에 사용되는 상업적 목적의 재산에 한하여 강제집행의 대상이 된다. 김홍엽, p.41 참조.

ⓔ 대법원판례는 외국인 사이의 가사소송사건에 관해서는 특단의 사정이 없는 한 피고의 주소지가 우리나라에 있어야 우리나라에서 재판할 수 있다는 입장이다. 판례는 피고주소지주의를 따른다.

ⓜ 대법원 1970.9.29. 선고 70다1938 판결

ⓑ 한미행정협정 제23조 제5항은 위와 같은 청구권이라고 하더라도 그것이 '계약에 의한 청구권 (contractual claim)'인 경우에는 대한민국이 처리할 대상에서 제외하도록 규정하고 있으므로 위 '계약에 의한 청구권'의 실현을 위한 소송은 계약 당사자인 미합중국을 상대로 제기할 수 있다고 할 것인바, 여기에서 말하는 계약에 의한 청구에는 계약의 당사자인 미합중국에 대한 계약의 이행청구와 계약불이행을 원인으로 한 손해배상청구뿐만 아니라, 계약의 체결 및 이행 사무를 담당하는 미합중국 군대의 구성원이나 고용원 등이 계약의 체결 및 이행과 직접 관련하여 행한 불법행위를 원인으로 한 계약 상대방의 손해배상청구도 포함된다고 할 것이다. 그리고 계약에 의한 청구권에 기하여 미합중국을 피고로 하여 소송을 제기하는 경우에는 위 민사특별법 제2조가 적용되지 않는다고 보아야 할 것이므로 그 법 제4조가 규정한 국가배상법상의 전치절차를 거쳐야 하는 것은 아니라고 할 것이다(대법원 1997.12.12. 선고 95다29895 판결).

문6. 주한미군의 민사재판권과 관련하여 다음 설명 중 옳지 않은 것은? (다툼이 있는 경우 판례에 의함)

① 한미행정협정(SOFA) 제23조에 의하여 주한미군의 구성원과 내국인이 아닌 고용원(카투사 포함)의 공무집행 중의 불법행위에 대해서는 한국법원의 민사재판권이 면제된다.

② 주한미군의 공무집행 중의 불법행위에 대해서는 대한민국을 피고로 하여야 하고, 이 경우 대한민국이 소송담당자가 된다.

③ 주한미군의 공무집행과 관련 없는 불법행위에 대해서는 가해자인 미국 군인이나 고용원 등을 상대로 제소하여야 한다.

④ 계약당사자가 미합중국인 경우 계약상의 청구권의 실현을 위한 소송은 미합중국을 상대로 제소할 수 있다.

⑤ 미군부대의 식당종업원에 대한 해고처분 등에 대하여 미합중국을 피고로 하여 해고무효확인 등의 소송을 제기할 수 있고, 이 경우 미합중국의 법률상 대표자는 국무부장관이 된다.

〈해설〉 정답 ⑤

⑤ 우리나라 영토 내에서 행하여진 외국의 사법적 행위에 대해서는 외국의 주권적 활동에 부당한 간섭우려 등 특별한 사정이 없는 한 당해 국가를 피고로 하여 우리나라 법원이 재판권을 행사할 수 있다(대법원 전원합의체 1998.12.17. 선고 97다39216 판결). 미합중국이 피고가 되는 경우 미합중국을 대표하는 자는 법무부장관이다.

문7. 다음 중 사법보좌관의 업무가 <u>아닌</u> 것으로만 묶인 것은?

> ㉠ 집행문의 부여
>
> ㉡ 소송비용액확정절차에서의 법원의 사무
>
> ㉢ 독촉절차에서의 법원의 사무
>
> ㉣ 부동산강제경매 및 임의경매절차에서의 법원의 사무
>
> ㉤ 채권압류 및 전부명령 또는 추심명령에서의 법원의 사무
>
> ㉥ 제소명령절차에서의 법원의 사무
>
> ㉦ 가압류·가처분의 집행취소절차에서의 법원의 사무

① ㉠   ② ㉣, ㉤   ③ ㉡, ㉥

④ ㉦   ⑤ 답이 없다

〈해설〉 정답 ①

　㉠ 법원사무관 등의 업무이고 나머지는 사법보좌관의 업무이다(사법보좌관규칙 제2조 참조).

문8. 변호사와 당사자의 관계에 관한 다음 설명 중 <u>옳지 않은</u> 것은? (다툼이 있는 경우 통설·판례에 의함)

① 소송대리를 위임받은 변호사는 위임사무의 종료단계에서 패소판결이 있었던 경우에는 의뢰인으로부터 상소에 관하여 특별한 수권이 없는 때에도 그 판결을 점검하여 의뢰인에게 불이익한 계산상의 잘못이 있다면 의뢰인에게 그 판결의 내용과 상소하는 때의 승소가능성 등에 대하여 구체적으로 설명하고 조언하여야 할 의무가 있다.

② 변호사의 소송위임사무처리에 대한 보수에 관하여 의뢰인과의 사이에 약정이 있는 경우에 위임사무를 완료한 변호사는 특별한 사정이 없는 한 약정된 보수액을 전부 청구할 수 있는 것이 원칙이기는 하지만, 의뢰인과의 평소부터의 관계, 사건 수임의 경위, 착수금의 액수, 사건처리의 경과와 난이도, 노력의 정도, 소송물의 가액, 의뢰인이 승소로 인하여 얻게 된 구체적 이익과 소속변호사회의 보수규정, 기타 변론에 나타난 제반 사정을 고려하여 약정된 보수액이 부당하게 과다하여 신의성실의 원칙이나 형평의 원칙에 반한다고 볼 만한 특별한 사정이 있는 경우에는 예외적으로 상당하다고 인정되는 범위 내의 보수액만을 청구할 수 있다고 보아야 한다.

③ 사건위임에 있어서 보수약정이 없는 경우 보수를 청구할 수 없다.

④ 변호사의 고의·과실로 인한 손해배상책임이 법무법인은 법인에게, 법무법인(유한)은 담당변호사와 법인에게, 법무조합은 담당변호사에게 있다.

⑤ 변호사와 당사자와의 관계는 위임계약관계로 본다.

〈해설〉 정답 ③

① 대법원 2004.5.14. 선고 2004다7354 판결
② 대법원 2009.7.9. 선고 2009다21249 판결
③ 변호사에게 계쟁 사건의 처리를 위임함에 있어서 그 보수 지급 및 수액에 관하여 명시적인 약정을 아니 하였다 하여도, 무보수로 한다는 등 특별한 사정이 없는 한 응분의 보수를 지급할 묵시의 약정이 있는 것으로 봄이 상당하고, 이 경우 그 보수액은 사건 수임의 경위, 사건의 경과와 난이 정도, 소송물 가액, 승소로 인하여 당사자가 얻는 구체적 이익과 소속 변호사회 보수규정 및 의뢰인과 변호사 간의 관계, 기타 변론에 나타난 제반 사정을 참작하여 결정함이 상당하다(대법원 1995.12.5. 선고 94다50229 판결).

문9. 국제재판관할에 관한 다음 설명 중 옳지 않은 것은? (다툼이 있는 경우 판례에 의함)

① 미국 하와이 주의 법률에 의해 설립된 외국법인의 서울사무소에 근무하는 외국인 직원들이 부당해고를 이유로 그 외국법인을 상대로 우리나라 법원에 손해배상청구를 한 경우 우리나라 국내에 재판관할권이 인정된다.

② 국내은행이 중국법에 의하여 설립된 중국법인을 피고로 하여 신용장금액의 지급을 구하는 소를 국내법원에 제기한 경우 피고가 서울에 피고의 영업소를 두고 있다고 하더라도 이 사건 소송이 위 영업소의 업무와 관련이 없고 위 영업소는 이 사건 신용장과 관련하여 통지은행으로서도 관여한 바 없는 경우에는 대한민국이 재판관할권을 행사할 수 없다.

③ 한국에서 발생한 중국 항공기 추락사고로 사망한 중국인 승무원의 유가족이 중국 항공사를 상대로 대한민국 법원에 손해배상청구소송을 제기한 경우, 대한민국 법원의 국제재판관할권이 인정된다.

④ 대한민국 회사가 일본 회사에게 러시아에서 선적한 냉동청어를 중국에서 인도하기로 하고 그 대금은 선적 당시의 임시 검품 결과에 따라 임시로 정하여 지급하되 인도지에서 최종 검품을 하여 최종가격을 정한 후 위 임시가격과의 차액을 정산하기로 한 매매계약에서, 그 차액 정산에 관한 분쟁은 최종 검품 여부 및

그 결과가 주로 문제 되므로 인도지인 중국 법원이 분쟁이 된 사안과 가장 실질적 관련이 있는 법원이나, 대한민국 법원에도 당사자 또는 분쟁이 된 사안과 실질적 관련이 있어 국제재판관할권을 인정할 수 있다.

⑤ 미국에 머물고 있던 한국의 국회의원인 원고가 국내의 상대 정당인 피고를 상대로, 피고가 인터넷 홈페이지에 원고에 대한 허위내용을 게재하여 원고가 국회의원선거에 낙선함에 따라 입은 손해에 대한 배상청구사건은 미국법원에 재판관할권이 없다.

〈해설〉 정답 ②

① 대법원 1992.7.28. 선고 91다41897 판결
② 대법원 2000.6.9. 선고 98다35037 판결: 국내은행이 중국법에 의하여 설립된 중국법인을 피고로 하여 신용장금액의 지급을 구하는 소를 국내법원에 제기한 경우 피고는 그 주된 사무소를 중국 내에 두고 있기는 하나, 또한 대한민국 서울 종로구 서린동 33. 영풍빌딩 20층에 피고의 영업소를 두고 있고, <u>이 사건 소송이 위 영업소의 업무와 관련이 없고 위 영업소는 이 사건 신용장과 관련하여 통지은행으로서도 관여한 바 없다 할지라도</u> 이러한 사정만으로 이 사건에 관하여 대한민국이 재판관할권을 행사하는 것이 당사자 간의 공평이나 재판의 적정, 신속 등 조리에 반하는 특별한 사정이 있다고 보이지는 아니하므로 국내에 재판관할권이 있다고 판시한 사례 – 수정역추지설의 입장이다.
③ 대법원 2010.7.15. 선고 2010다18355 판결
④ 대법원 2008.5.29. 선고 2006다71908, 71915 판결
⑤ 대법원 2003.9.26. 선고 2003다29555 판결

문10. 국제재판관할에 관한 다음 설명 중 옳지 않은 것은? (다툼이 있는 경우 통설·판례에 의함)

① 국제재판관할은 어느 국가의 법원에서 재판하는 것이 재판의 적정·공평을 기할 수 있는가의 문제이고, 준거법은 어느 국가의 실질법(국제사법을 제외한 실체법) 질서에 의하여 분쟁을 해결하는 것이 적절한가의 문제로서 국제재판관할권이 준거법에 따라서만 결정될 수 없다.

② 판례는 국제사법 전문개정(2001.4.7. 법률 제6465호, 2001.7.1. 시행) 전후를 불문하고, 섭외사건에 관하여 국내의 재판관할을 인정할지는 기본적으로 우리나라 민사소송법의 토지관할에 관한 규정에 의한 재판적이 국내에 있을 때에는 섭외사건에 관한 소송에 관해서도 우리나라에 재판관할권이 있다고 인정함이 상당하다는 입장이다.

③ 민사소송법의 토지관할규정을 참작하면 관할권이 있다고 판단되더라도 외국의 권리나 그 이해에만 관계되는 소송 등과 같이 국제재판관할권이 인정되지 않는 경우가 있다.

④ 민사소송법의 토지관할규정을 참작하면 관할권이 없어도 국제재판관할권을 인정하여야 하는 긴급·보충관할이 인정된다.

⑤ 국제재판관할권이 없는 경우에는 소송의 이송이 허용되지 않고 소를 각하한다.

〈해설〉 정답 ②

② 판례는 국제사법 전문개정 후에는 그 이전에서와 같이 토지관할규정을 전제로 판단하지 않고 국제사법 제2조 제1항에 따른 당사자 또는 분쟁된 사안과 대한민국과의 실질적 관련성 유무를 판단한 다음, 이어 국제사법 제2조 제2항에 따라 국제재판관할의 특수성을 충분히 고려하여 국제재판관할권 행사에 문제가 있는지를 검토하고 있다. 김홍엽, p.47 참조.

문11. 다음 중 국내법원의 국제재판관할권이 인정될 수 <u>없는</u> 것으로만 묶인 것은?

> ㉠ 외국에 있는 부동산소송
> ㉡ 한국에 주소가 없는 외국인 부부의 이혼사건
> ㉢ 외국에 등록된 특허권의 양도계약의 이행을 구하는 소
> ㉣ 대한민국 내에 주소를 두고 영업을 영위하는 자가 미국의 도메인 이름 등록기관에 등록·보유하고 있는 도메인 이름에 대한 미국의 국가중재위원회의 이전 판정에 불복하여 제기한 소송
> ㉤ 김해공항 인근에서 발생한 중국 항공기 추락사고로 사망한 중국인 승무원의 유가족이 중국 항공사를 상대로 대한민국 법원에 손해배상청구소송을 제기한 사건
> ㉥ 외국법인 등이 대한민국 내에 사무소, 영업소 또는 업무담당자의 주소를 갖고 있으나, 외국법인의 대한민국 지점의 영업에 관한 것이 아닌 분쟁

① ㉠, ㉡　　　　② ㉠, ㉡, ㉢　　　　③ ㉠, ㉡, ㉢, ㉥

④ ㉠, ㉡, ㉥　　　⑤ ㉠, ㉤, ㉥

〈해설〉 정답 ①

㉠ 부동산은 영토를 구성하기 때문에 그 나라에 전속적이므로 소재지국의 전속관할이다.

㉡ 대법원 1994.2.21.자 92스26 결정

㉢ 특허권은 등록국법에 의하여 발생하는 권리로서 법원은 다른 국가의 특허권 부여행위와 그 행위의 유효성에 대하여 판단할 수 없으므로 등록을 요하는 특허권의 성립에 관한 것이거나 유·무효 또는 취소 등을 구하는 소는 일반적으로 등록국 또는 등록이 청구된 국가 법원의 전속관할에 속하는 것으로 볼 수 있으나, 그 주된 분쟁 및 심리의 대상이 특허권의 성립, 유·무효 또는 취소와 관계없는 특허권 등을 양도하는 계약의 해석과 효력 유무일 뿐인 그 양도계약의 이행을 구하는 소는 등록국이나 등록이 청구된 국가 법원의 전속관할에 속하는 것으로 볼 수 없다(대법원 2011.4.28. 선고 2009다19093 판결).

㉣ 대법원 2005.1.27. 선고 2002다59788 판결

㉤ 2002년 김해공항 인근에서 발생한 중국 항공기 추락사고로 사망한 중국인 승무원의 유가족이 중국 항공사를 상대로 대한민국 법원에 손해배상청구소송을 제기한 사안에서, 민사소송법상 토지관할권, 소송당사자들의 개인적인 이익, 법원의 이익, 다른 피해 유가족들과의 형평성 등에 비추어 위 소송은 대한민국과 실질적 관련이 있다고 보기에 충분하므로, 대한민국 법원의 국제재판관할권을 인정하였다(대법원 2010.7.15. 선고 2010다18355 판결).

㉥ 대법원 2000.6.9. 선고 98다35037 판결

문12. 다음 〈사례〉에 관한 설명 중 대법원판례의 입장이 <u>아닌</u> 것은?

> <사례>
> 일제강점기에 국민징용령에 의하여 강제징용되어 일본국 회사인 미쓰비시중공업 주식회사(이하 '구 미쓰비시'라고 한다)에서 강제노동에 종사한 대한민국 국민 甲 등이 대한민국법원에 구 미쓰비시가 해산된 후 새로이 설립된 미쓰비시중공업 주식회사(이하 '미쓰비시'라고 한다)를 상대로 국제법 위반 및 불법행위를 이유로 한 손해배상과 미지급 임금의 지급을 구하는 소를 제기하였다.

① 미쓰비시가 일본법에 의하여 설립된 일본 법인으로서 주된 사무소를 일본국 내에 두고 있으나 대한민국 내 업무 진행을 위한 연락사무소가 소제기 당시 대한민국 내에 존재하고 있었던 점, 대한민국은 구 미쓰비시가 일본국과 함께 甲 등을 강제징용한 후 강제노동을 시킨 일련의 불법행위 중 일부가 이루어진 불법행위지인 점, 피해자인 甲 등이 모두 대한민국에 거주하고 있고 사안의 내용이 대한민국의 역사 및 정치적 변동 상황 등과 밀접한 관계가 있는 점, 甲 등의 불법행위로 인한 손해배상청구와 미지급임금 지급청구 사이에는 객관적 관련성이 인정되는 점 등에 비추어 대한민국은 사건 당사자

및 분쟁이 된 사안과 실질적 관련성이 있다는 이유로, 대한민국 법원의 국제재판관할권이 인정된다.

② 甲 등이 미쓰비시를 상대로 동일한 청구원인으로 일본국에서 제기한 소송의 패소확정판결을 받았다면 위 패소확정판결의 기판력이 이 사건 소를 제기한 甲 등에게 미치지 않는다.

③ 甲 등은 미쓰비시에 대하여 승소확정판결을 받고 이 판결에 따라 일본 내 미쓰비시에 대한 재산에 대하여 강제집행을 할 수 있다.

④ 구 미쓰비시와 실질적으로 동일한 법적 지위에 있는 미쓰비시가 소멸시효의 완성을 주장하여 甲 등에 대한 불법행위로 인한 손해배상채무 또는 임금지급채무의 이행을 거절하는 것은 현저히 부당하여 신의성실의 원칙에 반하는 권리남용으로서 허용될 수 없다.

⑤ 일본의 국가권력이 관여한 반인도적 불법행위나 식민지배와 직결된 불법행위로 인한 손해배상청구권이 '대한민국과 일본국 간의 재산 및 청구권에 관한 문제의 해결과 경제협력에 관한 협정'(청구권협정)의 적용대상에 포함되었다고 보기는 어렵다.

〈해설〉 정답 ③

③ 일본 법원에서 집행판결을 받아야 집행할 수 있다. 기타는 대법원 2012.5.24. 선고 2009다22549 판결 참조.

문13. 법원과 관할에 관한 다음 설명 중 옳은 것을 모두 모은 것은? (다툼이 있는 경우 판례에 의함)

┌───┐

㉠ 재판은 헌법소원의 대상이 아니므로 법원이 헌법재판소가 위헌으로 결정한 법령을 적용한 경우에도 헌법소원의 대상이 되지 않는다.

㉡ 단독사건 중 소송목적의 값이 8,000만 원을 초과하는 사건은 항소심으로 이심되면 고등법원이 제2심 법원이 된다.

㉢ 대법원 전원합의체는 대법원장 포함 13인의 대법관으로 구성되고, 소부는 4인의 대법관으로 구성된다. 대법원 전원합의체나 소부의 합의는 모두 과반수의 의견으로 정한다.

㉣ 법관의 誤判에 대하여 국가는 배상책임이 없다.

└───┘

ⓜ 집행관은 각 지방법원 및 그 지원에 배치되어 강제집행과 소송서류의 송달 등의 업무를 취급하나, 국고로부터 봉급을 받지 않고 당사자로부터 집행관 수수료를 지급받아 그 수입을 충당하기 때문에 공무원이라고 할 수 없다. 따라서 집행관의 위법집행으로부터 손해를 입은 경우에는 집행관을 상대로 민사상 손해배상청구를 해야 하고 국가를 상대로 손해배상청구를 할 수는 없다.

ⓗ 관할위반의 경우에는 원칙적으로 직권으로 이송한다. 이 경우 판례는 당사자에게는 이송신청권이 없다는 입장이다.

① ㄱ, ㄷ, ㄹ   ② ㄴ, ㅁ   ③ ㄷ, ㅂ

④ ㅂ   ⑤ 답이 없다

〈해설〉 정답 ④

ㄱ 이 경우에는 헌법소원의 대상이 된다. 헌재 1997.12.24. 선고 96헌마176 결정

ㄴ 종전에는 소송목적의 값이 8,000만 원을 넘고 1억 원 이하의 사건은 고등법원으로 이심되었으나, 2010.12.13. 개정 민사 및 가사소송의 사물관할에 관한 규칙 제4조의 폐지로 단독사건의 항소심은 전부 지방법원 본원 항소부의 관할로 변경되었다.

ㄷ 소부의 대법관 사이에 의견이 일치하지 아니한 때에는 전원합의체에서 심판한다(법원조직법 제7조 제1항).

ㄹ 대법원 2003.7.11. 선고 99다24218 판결 참조

ㅁ 집행관은 공무원의 지위에 있고, 집행관의 위법집행으로부터 손해를 입은 경우에는 국가를 상대로 손해배상청구를 할 수 있다.

ㅂ 대법원전원합의체 판결은 당사자의 이송신청권을 부인한다.

문14. 법관의 제척·기피에 관한 다음 설명 중 옳은 것을 모두 모은 것은? (다툼이 있는 경우 판례에 의함)

ⓖ 당사자가 주식회사일 때 법관이 그 회사의 주주인 때에도 제척사유에 해당한다.

ⓛ 판례는 당사자가 품는 불공정한 재판을 받을지도 모른다는 주관적 의혹만으로는 기피이유에 해당하지 않는다고 봄으로써 사실상 기피이유가 된다고 본 예는 거의 없다.

ⓒ 법관이 최종변론 전의 변론준비·변론·증거조사 또는 기일지정과 같은

소송지휘상의 재판이나 판결선고에만 관여한 경우는 법관의 제척원인이 되는 전심관여(前審關與)에 해당하지 않는다.

ⓔ 판례는 법원이 기피신청을 받았음에도 소송절차를 정지하지 아니하고 변론을 종결하여 판결선고기일을 지정하였다고 하더라도 종국판결에 대한 불복절차에 의하여 그 당부를 다툴 수 있을 뿐 이에 대하여 별도로 항고로써 불복을 할 수 없다고 한다.

ⓜ 법관이 사건의 당사자와 사실혼관계에 있는 때에는 제척사유가 된다.

ⓗ 종중소송에서 재판부의 구성법관이 종중의 구성원이라는 사유만으로 제척이유가 되는 것은 아니다.

① ㄱ, ㄴ, ㄷ   ② ㄴ, ㄷ   ③ ㄴ, ㄷ, ㄹ
④ ㅁ, ㅂ   ⑤ 답이 없다

〈해설〉 정답 ③

ⓐ 민사소송법 제41조 제1호는 법관 또는 그 배우자나 배우자이었던 사람이 사건의 당사자가 되거나, 사건의 당사자와 공동권리자·공동의무자 또는 상환의무자의 관계에 있는 때에는 직무집행에서 제척되도록 되어 있다. 따라서 당사자가 주식회사일 때 법관이 그 회사의 주주나 회사채권자인 때에도 여기에 해당되지 않는다(이시윤, p.78).

ⓒ 판결의 선고에만 관여한 경우에도 전심관여에 해당하지 않는다(이시윤, p.79).

ⓜ 사건의 당사자와 사실혼이나 약혼관계에 있는 경우는 제척사유에 해당하지 않는다(이시윤, p.78).

ⓗ 판례는 반대. 대법원 2010.5.13. 선고 2009다102254 판결

문15. 다음 〈사례〉에 관한 설명 중 옳지 않은 것은? (다툼이 있는 경우 판례에 의함)

<사례>
甲은 자신이 제기한 소송의 심리를 담당한 서울중앙지방법원 항소심 재판부에 대하여 주장사실을 입증하고자 A에 대한 증인신문을 신청하였으나 위 재판부의 재판장은 위 신청을 기각하고 변론을 종결하였다. 甲으로서는 위 재판장의 위와 같은 부당한 재판진행으로 인하여 공정한 재판을 기대하기 어려운 사정이 있어 위 재판장에 대하여 기피를 신청하였다. 甲은 본안사건의 변론이 종결된

> 이후에 이 사건 기피신청을 하였고, 재판부는 위 기피신청에 불구하고 민사소송법 제48조 단서의 규정에 의하여 본안사건에 대한 종국판결을 선고하고, 甲의 기피신청을 각하하였다. 甲은 이 각하결정에 대하여 즉시항고를 제기하였다.

① 민사소송법 제43조 제1항에서 규정하는 '법관에게 재판의 공정을 기대하기 어려운 사정이 있는 때'라 함은 재판장의 소송지휘에 대하여 불만이 있다거나 사건에 관하여 법관이 표명한 바에 비추어 재판이 불리하거나 불공정하게 될지도 모른다고 추측할 만한 주관적인 사정이 있는 때를 말하는 것이 아니고, 통상인의 판단으로서 법관과 당해 사건과의 관계로 보아 불공정한 재판을 할 것이라는 의혹을 갖는 것이 합리적이라고 인정될 만한 객관적인 사정이 있는 때를 의미하는 것이다.

② 법관에 대한 기피신청에 불구하고 본안사건 담당 법원이 민사소송법 제48조 단서의 규정에 의하여 본안사건에 대하여 종국판결을 선고한 경우에는 그 담당 법관을 그 사건의 심리재판에서 배제하고자 하는 기피신청의 목적은 사라지는 것이므로 기피신청에 대한 재판을 할 이익이 없게 된다.

③ 기피당한 법관도 소송지연을 목적으로 한 신청임이 분명한 때에는 스스로 기피신청을 각하할 수 있다.

④ 지방법원 항소부 소속 법관에 대한 제척 또는 기피신청이 제기되어 민사소송법 제45조 제1항의 각하결정 또는 소속 법원 합의부의 기각결정이 있은 경우에 이에 대하여 즉시항고를 제기하면 사건은 고등법원으로 송부된다.

⑤ 기피신청이 있으면 소송절차를 정지하여야 하나, 기피신청을 각하하는 경우 더 이상 소송절차가 정지되지 아니한다.

〈해설〉 정답 ④

① 대법원 1992.12.30.자 92마783 결정
② 대법원 1991.6.14.자 90두21 결정 등 참조.
③ 민소법 제45조의 간이각하제도.
④ 지방법원 항소부 소속 법관에 대한 제척 또는 기피신청이 제기되어 민사소송법 제45조 제1항의 각하결정 또는 소속 법원 합의부의 기각결정이 있은 경우에 이는 항소법원의 결정과 같은 것으로 보아야 할 것이고, 이 결정에 대해서는 대법원에 재항고하는 방법으로 다투어야 한다.
⑤ 민소법 제48조 단서 참조.

문16. 다음 중 민사소송법 제41조 제5호에 따라 법관이 불복사건의 이전심급의 재판에 <u>관여한 때</u>인 것은? (다툼이 있는 경우 통설·판례에 의함)

> ㉠ 환송·이송되기 전의 원심판결
> ㉡ 재심소송에 있어서 재심대상인 확정판결
> ㉢ 청구이의의 소에 있어서 그 대상 확정판결
> ㉣ 본안소송에 대한 관계에서 가압류·가처분에 관한 재판
> ㉤ 집행정지신청사건에 대하여 집행권원을 성립시킨 본안재판
> ㉥ 본안소송의 재판장에 대한 기피신청사건의 재판

① ㉠, ㉡, ㉢   ② ㉠   ③ ㉡, ㉢, ㉣
④ ㉠, ㉤, ㉥   ⑤ 답이 없다

〈해설〉 정답 ⑤

모두 전심관여가 아니다. 환송·이송되기 전의 원심판결의 경우 별도의 제척규정(제436조 제3항)이 있다.

문17. 다음 〈사례〉에 관한 설명 중 <u>옳지 않은</u> 것으로만 묶인 것은? (다툼이 있는 경우 판례에 의함)

> <사례>
> (1) 원고(甲)와 피고(乙) 사이의 제1심 재판에서 甲이 승소하자 乙은 2007.11.26. 제1심판결에 불복하여 항소를 제기하였다. 이에 항소심 법원은 2008.5.28. 제1차 변론기일통지서를 乙에게 송달하였는데 그 기일은 2008.6.10. 14:00이었다.
> (2) 乙은 2008.6.9. 17:30경 항소심 법원에 재판부 구성원 전부에 대한 기피신청서를 접수하였고, 항소심 법원은 2008.6.19. 위 기피신청에 대하여 각하결정을 하였으며, 위 결정은 2008.6.26. 乙에게 고지되었고, 위 각하결정에 대하여 乙이 2008.7.3. 대법원에 즉시항고를 하였으나, 2008.9.12. 乙의 즉시항고가 기각되어 확정되었다.
> (3) 한편 항소심 법원은 '2008.6.10. 14:00'를 제1차 변론기일로 지정하였고, 乙은 2008.5.28. 변론기일통지서를 송달받고도 2008.6.10. 14:00 변론기일에 출석하지 아니하였고, 甲은 출석하였으나 변론하지 아니하였다.

> (4) 항소심 법원은 '2008.6.24. 15:30'을 제2차 변론기일로 지정하였고, 乙은 2008.6.20. 변론기일통지서를 송달받고도 2008.6.24. 15:30 변론기일에 출석하지 아니하였고, 甲은 출석하였으나 변론하지 아니하였다.
>
> (5) 乙이 2008.7.23. 기일지정신청을 함에 따라, 항소심 법원은 '2008.8.26. 16:30'을 제3차 변론기일로 지정하였고, 乙은 2008.7.30. 변론기일통지서를 송달받고도 2008.8.26. 16:30 변론기일에 출석하지 아니하였고, 甲은 출석하였으나 변론하지 아니하였다.

① 양쪽 당사자가 2회에 걸쳐 기일을 해태(출석하지 않거나 출석하여도 변론을 하지 않는 것을 의미한다)한 후 1월 내에 기일지정 신청을 하지 않거나 그 기일지정신청에 의하여 정한 변론기일에 다시 양쪽 당사자가 기일을 해태하면 항소를 취하한 것으로 간주한다.

② 법원은 기피신청이 있는 경우에는 그 재판이 확정될 때까지 소송절차를 정지하여야 한다. 다만, 기피신청이 각하된 경우 또는 종국판결을 선고하거나 긴급을 요하는 행위를 하는 경우에는 그러하지 아니하다.

③ 위 기피신청에 대한 각하결정 전에 이루어진 원심 제1차 변론기일의 진행 및 위 각하결정이 피고에게 고지되기 전에 이루어진 원심 제2차 변론기일의 진행은 모두 민사소송법 제48조의 규정을 위반하여 쌍방불출석의 효과를 발생시킨 절차상 흠결이 있다.

④ 위와 같이 민사소송법 제48조의 규정을 위반하여 쌍방불출석의 효과를 발생시킨 절차 위반의 흠결이, 그 후 위 기피신청 각하결정의 확정으로 치유되므로 피고의 항소는 2008.8.26. 항소취하 간주로 종료되었다.

⑤ 기피신청을 각하하는 결정이 확정되었다는 사정만으로 민사소송법 제48조의 규정을 위반하여 쌍방불출석의 효과를 발생시킨 절차 위반의 흠결이 치유된다고 할 수는 없다.

〈해설〉 정답 ④

④ 위 기피신청에 대한 각하결정 전에 이루어진 원심 제1차 변론기일의 진행 및 위 각하결정이 피고에게 고지되기 전에 이루어진 원심 제2차 변론기일의 진행은 모두 민사소송법 제48조의 규정을 위반하여 쌍방불출석의 효과를 발생시킨 절차상 흠결이 있고, 특별한 사정이 없는 이상, 그 후 위 기피신청을 각하하는 결정이 확정되었다는 사정만으로 민사소송법 제48조의 규정을

위반하여 쌍방불출석의 효과를 발생시킨 절차 위반의 흠결이 치유된다고 할 수는 없다. 그런데 도 원심은, 만연히 민사소송법 제48조의 규정을 위반하여 쌍방불출석의 효과를 발생시킨 절차 위반의 흠결이, 그 후 위 기피신청을 각하하는 결정이 확정되었다는 사정만으로 치유된다고 보 아 피고의 항소는 2008.8.26. 항소취하 간주로 종료되었다고 판단하였는바, 이러한 원심의 판단에는 민사소송법 제48조의 해석을 잘못하여 판결의 결론에 영향을 미친 위법이 있다(대법 원 2010.2.11. 선고 2009다78467, 78474 판결).

문18. 관할에 관한 다음 설명 중 옳은 것은? (다툼이 있는 경우 판례에 의함)

① 임의관할뿐만 아니라 전속관할에 대해서도 합의관할이나 변론관할이 인정 된다.

② 어음금이나 수표금 청구사건도 소송목적의 값이 1억 원을 초과하면 합의부 관할이 되고, 합의부의 법정관할에 속하는 사건도 재량으로 단독재판으로 돌릴 수 있다(재정단독).

③ 가사소송사건을 일반민사사건으로 잘못 알고 지방법원에 소를 제기한 경우 에는 소를 각하하고, 행정사건을 일반민사사건으로 잘못 알고 지방법원에 소를 제기한 경우 그 법원에 관할권이 있으면 심리하고 관할이 아니라면 관 할법원으로 이송한다.

④ 甲이 乙을 상대로 소송목적의 값이 5,000만 원인 대여금청구의 소를 제기 하여 단독재판부에서 심리 중에 乙이 甲을 상대로 소송목적의 값이 1억 2,000만 원인 물품대금의 반소청구를 한 경우 반소에 관하여 甲이 관할위반 의 항변을 하지 않고 본안변론을 한 경우에는 합의부로 이송할 필요가 없다.

⑤ 소가(소송목적의 값)의 산정은 소제기 시를 표준으로 하는 것이 아니라 변론 종결 시를 기준으로 정한다. 따라서 소제기 시 문제의 부동산이 5,000만 원 이어서 단독판사 관할이었는데 변론종결 시 부동산가격의 상승으로 1억 원 을 초과한 경우 합의부의 관할이 된다.

〈해설〉 정답 ④

① 전속관할에 대해서는 합의관할이나 변론관할이 인정되지 않는다.
② 어음금이나 수표금 청구사건은 소송목적의 값이 1억 원을 초과 여부를 불문하고 단독판사 관할 이다.
③ 가사소송사건을 일반민사사건으로 잘못 알고 지방법원에 소를 제기한 경우에는 가정법원으로 이송한다.
④ 민소법 제269조 제2항 참조.

⑤ 소가(소송목적의 값)의 산정은 소제기 시를 표준으로 하므로 소제기 시 문제의 부동산이 5,000만 원이어서 단독판사 관할이었는데 변론종결 시 부동산가격의 상승으로 1억 원을 초과한 경우에도 합의부로 관할변경이 되지 않는다.

문19. 관할에 관한 다음 설명 중 <u>옳지 않은</u> 것은? (다툼이 있는 경우 판례에 의함)

① 합의관할은 관할의 발생이라는 소송법상의 효과를 낳는 소송행위로서 소송계약의 일종으로, 통설은 합의에 흠(통정허위표시, 착오, 사기 등)이 있을 때 민법의 규정이 유추적용되지 않는다고 본다.

② 관련청구의 재판적이 공동소송의 경우에도 적용되는지에 관하여 민사소송법 제25조 제2항은 필수적 공동소송의 경우에는 적용된다는 입장을 따르고 있다.

③ 판례는 근로계약의 당사자가 분쟁이 발생하기 전에 대한민국 법원의 국제재판관할권을 배제하기로 하는 내용의 합의를 하였다고 하더라도, 그러한 합의는 국제사법 제28조 제5항에 위반하는 것이어서 아무런 효력이 없다고 한다.

④ 합의관할은 전속적 합의관할의 경우에도 임의관할이고, 따라서 원고가 합의를 무시한 채 다른 법정관할법원에 소를 제기하여도 피고가 이의 없이 본안변론을 하면 변론관할이 생긴다.

⑤ 관할의 합의와 동시에 체결되는 사법상의 계약이 무효·취소·해제된 경우에도 관할의 합의에는 아무런 영향이 없다.

〈해설〉 정답 ①

① 합의관할은 관할의 발생이라는 소송법상의 효과를 낳은 소송행위로서 소송계약의 일종으로, 통설은 합의에 흠(통정허위표시, 착오, 사기 등)이 있을 때 민법의 규정이 유추적용된다고 본다(이시윤, p.106). 다만 일단 소송절차에 들어간 뒤에는 소송절차의 안정을 위하여 관할의 합의에 있어서 흠이 있다는 이유로 취소할 수 없다(김홍엽, p.81).

문20. 재판관할권에 관한 다음 설명 중 <u>옳지 않은</u> 것으로만 묶인 것은? (다툼이 있는 경우에는 판례에 의함)

> ㉠ 미군부대의 식당 종업원에 대한 해고처분에 대하여 종업원이 대한민국 법원에 미합중국을 상대로 해고무효확인 및 임금청구의 소를 제기할 수 있다.

ⓛ 외국국가에 대한 민사재판권이 인정되는 경우에는 외국국가에 대한 강제집행도 가능하다.

ⓒ 계약당사자인 미합중국에 대한 계약의 이행청구와 계약불이행을 원인으로 하는 손해배상청구 등은 우리나라의 민사재판권이 미치지 않는다.

ⓔ 주한미군의 공무집행에 관련 없는 불법행위 때문에 손해를 입었을 경우에는 우리나라의 민사재판권이 미친다.

ⓜ 주한미군의 군사훈련으로 인한 폭발사고로 한국주민이 손해를 입은 경우 손해발생에 미국 측에 책임이 있는 경우에도 대한민국정부가 대한민국법령에 따라 손해를 배상하여야 한다.

ⓗ 국제재판관할권은 배타적인 것이 아니라 경합할 수 있다.

① ㄱ, ㄹ, ㅁ   ② ㄴ, ㄷ, ㄹ   ③ ㄹ, ㅁ

④ ㄴ, ㄷ   ⑤ ㄴ, ㄷ, ㅂ

〈해설〉 정답 ④

ⓛ 외국국가에 대한 민사재판권이 인정된다고 하여 외국국가에 대한 강제집행이 가능하다는 의미는 아니다. 다만 국내에 소재하는 외국의 재산으로서 私法的 활동에 사용되는 것에 대해서는 원칙적으로 강제집행을 할 수 있다. 따라서 私法的 활동이 아닌 대사관저나 미군시설물 등 외교, 군사 등의 시설물에 대해서는 강제집행을 할 수 없다.

ⓒ 계약에 의한 청구권의 경우에는 우리나라의 민사재판권이 미친다.

문21. 다음 〈사례〉에 관한 설명 중 <u>옳지 않은</u> 것은? (다툼이 있는 경우 판례에 의함)

<사례>
미국 국적을 갖고 있는 甲이 미국 시민권자인 乙을 상대로 대한민국 법원에 이혼 및 양육자지정 등 청구의 소를 제기하였다.

① 외국인 사이의 가사소송사건에 관해서는 특단의 사정이 없는 한 피청구인의 주소지가 우리나라에 있으면 우리나라에서 재판할 수 있다.

② 이 경우 이혼사유의 준거법은 파탄주의를 따르고 있는 미국법에 의한다.

③ 미국 국적을 보유한 원·피고가 모두 선택에 의한 주소(domicile of choice)를 대한민국에 형성한 상태에서 대한민국 법원에 제기된 이혼, 친권자 및

양육자지정청구에 관해서는 원·피고의 현재 주소(domicile)가 소속된 법정지의 법률이 준거법이 되어야 할 것이므로, 이 사건에 대해서는 이혼, 친권자 및 양육자지정 등을 규율하는 법정지법인 우리 민법을 적용하여야 한다.

④ 국제사법 제10조는 "외국법에 의하여야 하는 경우에 그 규정의 적용이 대한민국의 선량한 풍속 그 밖의 사회질서에 명백히 위반되는 때에는 이를 적용하지 아니한다"라고 규정하고 있는데, 이는 대한민국 법원이 외국적 요소가 있는 소송사건에 대하여 준거법으로 외국법을 적용해야 할 경우에 이로 인하여 대한민국의 선량한 풍속 그 밖의 사회질서에 명백히 위반되는 결과가 발생하는지 등을 심리해야 한다는 것일 뿐이고, 이와는 달리 대한민국 법원이 국내법을 적용함으로 인하여 외국법상의 공서양속에 위반하는 결과가 야기되는지를 심리해야 한다는 취지는 아니다.

⑤ 외국에서 이혼 및 출생자에 대한 양육자지정의 재판이 선고된 외국인 부부 사이의 출생자에 관하여 부부 중 일방인 청구인이 상대방을 상대로 친권을 행사할 자 및 양육자의 변경심판을 청구하고 있는 사건에 있어서, 우리나라의 법원이 재판권을 행사하기 위해서는, 상대방이 우리나라에 주소를 가지고 있을 것을 요하는 것이 원칙이고, 그렇지 않는 한 상대방이 행방불명 또는 이에 준하는 사정이 있거나 상대방이 적극적으로 응소하고 있는 등의 예외적인 경우를 제외하고는, 우리나라의 법원에 재판관할권이 없다.

〈해설〉 정답 ②

② 미국 국적을 보유한 원·피고가 모두 선택에 의한 주소(domicile of choice)를 대한민국에 형성한 상태에서 대한민국 법원에 제기된 이 사건 이혼, 친권자 및 양육자지정청구에 관해서는 원·피고의 현재 주소(domicile)가 소속된 법정지의 법률이 준거법이 되어야 할 것이므로, 결국 '준거법 지정 시의 반정'에 관한 국제사법 제9조 제1항 등을 유추적용한 '숨은 반정'의 법리에 따라서 이 사건에 대해서는 이혼, 진권자 및 양육자지정 등을 규율하는 법정지법인 우리 민법을 적용하여야 한다.

문22. 다음은 국제재판관할에 관한 설명이다. 옳지 않은 것은? (다툼이 있는 경우 판례에 의함)

① 당사자 간의 공평, 재판의 적정, 신속 및 경제를 기한다는 기본이념에 따라 국제재판관할을 결정하여야 하고, 구체적으로는 소송당사자들의 공평, 편의

그리고 예측가능성과 같은 개인적인 이익뿐만 아니라 재판의 적정, 신속, 효율 및 판결의 실효성 등과 같은 법원 내지 국가의 이익도 함께 고려하여야 하며, 이러한 다양한 이익 중 어떠한 이익을 보호할 필요가 있을지는 개별 사건에서 법정지와 당사자의 실질적 관련성 및 법정지와 분쟁이 된 사안과의 실질적 관련성을 객관적인 기준으로 삼아 합리적으로 판단하여야 한다.

② 국내에 토지관할권이 없는 등 실질적 관련성이 없어도 예외적으로 국제재판관할권을 인정하여야 할 경우가 있다.

③ 대한민국의 베트남전 참전군인들이 미국 법인인 제초제 제조회사들에 의하여 제조되어 베트남전에서 살포된 고엽제의 유해물질(TCDD)로 인하여 각종 질병을 얻게 되었음을 이유로 위 참전군인들 또는 그 유족들이 위 고엽제 제조회사들을 상대로 대한민국 법원에 제조물책임 또는 일반불법행위책임에 기한 손해의 배상을 구하는 사안에서, 대한민국 법원이 위 고엽제 제조회사들의 재산소재지 또는 불법행위지의 법원으로서 국제재판관할권을 가진다.

④ 대한민국 내에 주소를 두고 영업을 영위하는 자가 미국의 도메인 이름 등록기관에 등록·보유하고 있는 도메인 이름에 대한 미국 국가중재위원회의 이전 판정에 불복하여 서울중앙지방법원에 제기한 소송에 관하여 대한민국 법원에 국제재판관할이 존재하지 아니한다.

⑤ 준거법은 어느 국가의 실질법 질서에 의하여 분쟁을 해결하는 것이 적절한가의 문제임에 반하여, 국제재판관할권은 어느 국가의 법원에서 재판하는 것이 재판의 적정, 공평을 기할 수 있는가 하는 서로 다른 이념에 의하여 지배되는 것이기 때문에, 국제재판관할권이 준거법에 따라서만 결정될 수는 없다.

〈해설〉 정답 ④

④ 대한민국 내에 주소를 두고 영업을 영위하는 자가 미국의 도메인 이름 등록기관에 등록·보유하고 있는 도메인 이름에 대한 미국의 국가중재위원회의 이전 판정에 불복하여 제기한 소송에 관하여 분쟁의 내용이 대한민국과 실질적 관련성이 있다는 이유로 대한민국 법원의 국제재판관할권을 인정한 사례(대법원 2005.1.7. 선고 2002다59788 판결).

문23. 다음 중 법관의 제척사유가 <u>아닌</u> 것을 모두 모은 것은? (다툼이 있는 경우 통설·판례에 의함)

> ㉠ 법관이 당사자의 이혼한 남편인 경우
> ㉡ 법관이 사건의 당사자와 약혼관계에 있을 때
> ㉢ 당사자가 주식회사일 때 법관이 그 회사의 채권자인 때
> ㉣ 법관이 한쪽 당사자 소송대리인의 사위인 경우
> ㉤ 법관이 사건 당사자와 이종사촌 간인 경우
> ㉥ 종중규약을 개정한 종중총회결의무효확인소송에서 합의부 배석판사가 그 종중의 구성원인 경우

① ㉠, ㉡, ㉢   ② ㉢, ㉥   ③ ㉡, ㉢, ㉣
④ ㉡, ㉢, ㉣, ㉤   ⑤ ㉡, ㉢, ㉥

〈해설〉 정답 ③

㉠ 법관의 배우자였던 사람이 당사자인 경우에도 제척사유가 된다. 제41조 제1호 참조.
㉡ 통설은 제41조 제1호의 배우자는 과거와 현재의 배우자를 가리키고 사실혼이나 약혼관계는 포함되지 않는 것으로 본다. 이시윤, p.78.
㉢ 당사자가 주식회사일 때 법관이 그 회사의 주주나 회사채권자인 경우는 제척이유가 아니다. 이시윤, p.78 참조.
㉣ 기피사유는 별론으로 하고 제척사유는 아니다.
㉤ 민소법 제41조 제2호 참조.
㉥ 판례는 이 경우 제척사유로 본다. 대법원 2010.5.13. 선고 2009다102254 판결

문24. 다음 중 법관의 제척사유로서의 전심관여에 해당하는 것으로 <u>옳은</u> 것을 모두 모은 것은? (다툼이 있는 경우 통설·판례에 의함)

> ㉠ 불복사건의 이전심급의 판결의 선고에 관여한 경우
> ㉡ 재심소송에 있어서 재심대상의 확정판결
> ㉢ 청구이의의 소에 있어서 그 대상 확정판결
> ㉣ 본안소송에 대한 관계에서 가압류 또는 가처분에 대한 재판
> ㉤ 집행정지사건에 대하여 집행권원을 성립시킨 본안재판
> ㉥ 본안소송의 재판장에 대한 기피신청사건의 재판

① ㄱ, ㄴ, ㄷ   ② ㄴ, ㄷ, ㄹ, ㅁ   ③ ㄴ, ㄷ

④ ㅂ   ⑤ 답이 없다

〈해설〉 정답 ⑤

판례는 모두 전심관여로 보지 않는다.

문25. 다음은 기피에 관한 설명이다. <u>옳지 않은</u> 것은? (다툼이 있는 경우 판례에 의함)

① 재판장의 소송지휘에 대한 불만만으로는 기피신청을 할 수 없다.

② 소송대리인도 그 고유의 권한으로 기피권이 있다.

③ 같은 종류의 사건에 대하여 불리한 판결을 행한 바 있다는 사정은 기피사유가 되지 않는다.

④ 법원이 기피신청을 받았음에도 소송절차를 정지하지 아니하고 변론을 종결하여 판결선고기일을 지정하였다고 하더라도 종국판결에 대한 불복절차에 의하여 그 당부를 다툴 수 있을 뿐 이에 대하여 별도로 항고로써 불복할 수 없다.

⑤ 기피당한 법관 스스로도 일정한 경우 기피신청을 각하할 수 있다.

〈해설〉 정답 ②

② 기피신청은 당사자만이 할 수 있고, 소송대리인은 당사자의 대리인으로서만 기피신청을 할 수 있다.

문26. 다음 설명 중 <u>옳지 않은</u> 것을 모두 고른 것은? (다툼이 있는 경우 다수설 또는 판례에 의함)

> ㉠ 과거와 같은 내용의 중복기피신청에 대하여 기피당한 법관이 스스로 신청을 각하할 수 있다.
>
> ㉡ 소송상 화해에 관여한 법관이 그 화해내용에 따른 목적물의 인도소송에 관여하는 것은 전심관여라 볼 수 없다.
>
> ㉢ 제척이유가 있는 법관도 종국판결의 선고에 관여할 수 있다.
>
> ㉣ 기피신청이 소송의 지연을 목적으로 하는 것이 분명한 경우에는 그러한 신

청을 받은 법관은 스스로 신속하게 신청을 각하할 수 있다.

ⓜ 기피신청에 대한 각하결정 전에 이루어진 변론기일의 진행 및 위 각하결정이 당사자에게 고지되기 전에 이루어진 변론기일의 진행은 모두 민사소송법 제48조의 규정을 위반하여 쌍방불출석의 효과를 발생시킨 절차상 흠결이 있고, 특별한 사정이 없는 이상, 그 후 위 기피신청을 각하하는 결정이 확정되었다는 사정만으로 민사소송법 제48조의 규정을 위반하여 쌍방불출석의 효과를 발생시킨 절차 위반의 흠결이 치유된다고 할 수 없다.

ⓗ 기피이유가 있음을 알고서도 당사자가 당해 법관 앞에서 본안에 관하여 변론하거나 변론준비기일에서 진술한 때에는 기피권을 상실한다.

① ㉠, ㉡, ㉢　　② ㉲, ㉳　　③ ㉣, ㉦

④ ㉲　　　　　⑤ 답이 없다

〈해설〉정답 ⑤

전부 맞는 설명임.

문27. 다음 중 전속관할규정이 <u>없는</u> 것을 모는 것은?

㉠ 재심사건

㉡ 정기금판결에 대한 변경의 소

㉢ 독촉절차

㉣ 심급관할 중 비약상고

㉲ 회사관계사건

㉳ 파산·개인회생·회생사건

① ㉠, ㉡, ㉣　　② ㉢, ㉣　　③ ㉢, ㉣, ㉲

④ ㉣　　　　　⑤ 답이 없다

〈해설〉정답 ④

㉢ 제463조 참조.

㉣ 직분관할 중 심급관할은 비약상고의 경우에 한하여 임의관할이다.

문28. 사물관할에 관한 다음 설명 중 옳은 것을 모두 묶은 것은?

> ㉠ 소유권보존등기가 이루어지고 이에 터 잡아 근저당권설정등기가 경료된 후 그 소유등기명의가 전전 이전된 동일 부동산에 대하여 소유권보존등기명의자, 근저당권자 및 전득자 등을 공동피고로 하여 제기된 소유권보존등기, 근저당권설정등기, 소유권이전등기의 각 말소를 구하는 소송에 있어서는 한 개의 소로써 주장하는 수 개의 청구의 경제적 이익이 동일하거나 중복되는 때에 해당하므로 중복되는 범위 내에서 흡수되고 그중 가장 다액인 청구의 가액을 소가로 한다.
>
> ㉡ 소액사건의 심리 중에 반소, 청구의 변경 등으로 인하여 합의사건으로 변경된 경우 변론관할 유무를 불문하고 사건을 합의부로 이송하여야 한다.
>
> ㉢ 해고무효확인의 소의 소송목적의 값은 5,000만 100원이다.
>
> ㉣ 조세소송에 있어서는 청구금액의 1/3을 소송목적의 값으로 보며 또 소송목적의 값의 상한을 30억 원으로 한다.
>
> ㉤ 국가를 상대로 낙찰자지위확인을 구하는 소는 소송목적의 값을 계산할 수 없는 소이다.
>
> ㉥ 가정법원의 합의부는 소송목적의 값이 1억 원을 초과하는 다류 가사소송사건을 제1심으로 심판한다.

① ㉠, ㉤, ㉥   ② ㉡, ㉣, ㉤   ③ ㉣, ㉤

④ ㉠, ㉣, ㉤   ⑤ ㉠, ㉣, ㉤, ㉥

〈해설〉 정답 ④

㉠ 대법원 1998.7.27.자 98마938 결정

㉡ 변론관할이 생기지 아니한 경우에 한하여 사건을 합의부로 이송한다.

㉢ 2,000만 100원이다.

㉣ 이시윤, p.94 참조.

㉤ 대법원 1994.12.2. 선고 94다41454 판결

㉥ 가사소송사건의 경우 소송목적의 값이 5,000만 원을 초과하는 다류 가사소송사건을 가정법원 합의부에서 심판한다.

문29. 관할 및 소송목적의 값에 관한 다음 설명 중 <u>옳지 않은</u> 것을 모두 묶은 것은?

> ㉠ 소비자단체소송과 증권 관련 집단소송은 지방법원 본원합의부의 관할이다.
> ㉡ 파산·개인회생·회생 등 도산사건이 서울 동·서·남· 북부지방법원 관할일 경우에는 서울중앙지방법원이 집중관할한다.
> ㉢ 지방법원 단독판사와 지방법원 합의부는 소송상으로 별개의 법원이다.
> ㉣ 소송목적의 값이 1억 원인 사건은 합의부의 관할이다.
> ㉤ 비재산권상의 소는 민사소송 등 인지규칙에서 소송목적의 값을 2,000만 100원으로 보므로 단독사건이다.
> ㉥ 주주대표소송에서 패소한 피고가 항소·상고하는 경우에도 그 상소심의 소송목적의 값은 여전히 5,000만 100원으로 봄이 상당하다.

① ㉠, ㉢, ㉣, ㉥   ② ㉣, ㉤, ㉥   ③ ㉤, ㉥

④ ㉣, ㉤   ⑤ ㉡, ㉣, ㉤, ㉥

〈해설〉 정답 ④

㉢ 조직상 별개의 법원은 아니나 소송상으로 별개의 법원이다.
㉣ 소송목적의 값이 '1억 원 이하'(미만이 아님)의 사건은 단독판사의 관할이다.
㉤ 비재산권상의 소는 소가를 산정할 수 없는 때에 해당하고 합의부의 관할이다.
㉥ 대법원 2009.6.25.자 2008마1930 결정

문30. 다음 중 단독판사의 관할이 <u>아닌</u> 것은? (다툼이 있는 경우 판례에 의함)

① 액면 금 10억 원의 약속어음금 청구사건
② 금융기관이 원고가 된 대여금·구상금·보증금 청구사건
③ 자동차사고 및 산업재해로 인한 손해배상청구사건
④ 한 개의 소로써 대여금 5,000만 원과 매매대금 6,000만 원 등 단독판사의 관할에 속하는 각각의 청구가 병합되어 그 합산한 가액이 1억 원을 초과하는 경우
⑤ 각 단독판사 관할의 청구를 법원의 변론병합결정에 의하여 하나의 절차에 병합하여 병합된 각개 청구의 소송목적의 값의 합산액이 1억 원을 초과하는 경우

<해설> 정답 ④

④ 한 개의 소로써 여러 개의 청구를 하는 때에는 그 가액을 합산하여 그에 의하여 사물관할을 정하므로(제27조 제1항) 여러 개의 청구의 경제적 이익이 별개인 경우에는 합산하여 소송목적의 값을 정한다. 따라서 본 사례의 경우에는 합의부의 관할이 된다.

⑤ 변론병합의 경우에는 그 관할권의 유무는 원고가 청구를 확장하거나 또는 별개의 청구를 추가한 경우와는 달리 소제기 당시를 표준으로 하여야 하므로 병합된 각개 청구의 소송목적의 값의 합산액을 표준으로 하지 않는다. 대법원 1966.9.28.자 66마322 결정

문31. 소송목적의 값(訴價)의 산정에 관한 다음 설명 중 옳지 않은 것은? (다툼이 있는 경우 판례에 의함)

① 원고가 피고에게 "피고는 원고로부터 금 1억 원을 지급받음과 동시에 건물을 명도하라"는 청구를 한 경우 1억 원을 공제한 건물의 가액이 소송목적의 값이 된다.

② 사해행위취소청구의 경우 취소되는 법률행위의 목적의 가액이 소송목적의 값이 된다.

③ 소비자단체소송의 경우 소송목적의 값은 5,000만 100원이다.

④ 재산권에 관한 소로서 그 소송목적의 값을 계산할 수 없는 것의 소송목적의 값은 2,000만 100원이다.

⑤ 소액사건이 제소 후 그 목적물의 시가가 상승한 경우에도 소액사건으로 취급한다.

<해설> 정답 ①

① 이 경우에는 건물의 가액이 소가이지 여기에서 1억 원을 공제할 것이 아니다.

문32. 소송목적의 값(訴價)의 산정에 관한 다음 설명 중 옳지 않은 것은? (다툼이 있는 경우 판례에 의함)

① 토지인도청구와 함께 그 지상의 건물철거청구를 한 경우 인도청구부분만이 소송목적의 값이 된다.

② 원금과 이자 및 지연손해금을 함께 청구하는 경우에는 원금만이 소송목적의 값이 된다.

③ 해고무효확인청구와 그 해고의 무효를 전제로 하는 임금지급청구가 하나의

소로써 병합된 경우 그중 다액인 청구가액을 소송목적의 값으로 본다.

④ 주 채무자와 연대보증인을 공동피고로 하거나 여러 사람의 연대채무자들을 공동피고로 하는 대여금청구는 다액인 청구가액을 소송목적의 값으로 한다.

⑤ 소유권보존등기명의자와 이전등기명의자를 각 피고로 한 말소등기청구의 경우 두 개의 청구의 값을 합산한다.

〈해설〉 정답 ⑤

⑤ 이 경우에는 합산하는 것이 아니라 중복되는 범위 내에서 흡수되고 그중 다액인 청구가액을 소송목적의 값으로 한다.

문33. 토지관할에 관한 다음 설명 중 옳은 것으로만 묶인 것은? (다툼이 있는 경우 판례에 의함)

> ㉠ 피고가 국가인 경우 보통재판적은 서울중앙지방법원 또는 수원지방법원이다.
> ㉡ 불법행위로서 가해행위지와 손해발생지가 다른 경우 가해행위지와 손해발생지가 모두 재판적이 된다.
> ㉢ 대한민국에 마지막 주소도 없었던 재외동포, 외국인, 외국법인 등을 피고로 하는 때에는 서울중앙지방법원이 관할법원이 된다.
> ㉣ 보통재판적과 특별재판적이 경합하는 경우 특별재판적이 우선한다.
> ㉤ 어음수표에 관한 소는 그 발행지의 법원에 제기할 수 있다.
> ㉥ 부동산 매매대금의 지급을 구하는 소는 부동산 소재지 법원에 제기할 수 있다.
> ㉦ 사해행위취소에 따른 원상회복으로서의 소유권이전등기 말소등기의무의 이행지는 채권자인 원고의 주소지이다.

① ㉠, ㉡, ㉢, ㉦   ② ㉡, ㉣, ㉤, ㉥   ③ ㉡

④ ㉡, ㉢   ⑤ 답이 없다

〈해설〉 정답 ④

㉠ 피고가 국가인 경우 국가를 대표하는 관청인 법무부가 소재하는 과천시를 관할하는 수원지방법원 안양지원 또는 대법원 소재지인 서울중앙지방법원에 관할이 있다.

㉡ 이 경우에는 관할의 경합이 있다.

㉢ 민사소송규칙 제6조.

㉣ 보통재판적과 특별재판적이 경합하는 경우 원고는 임의로 관할을 선택하여 제소할 수 있다.

ⓜ 지급지 법원이다. 민소법 제9조.

ⓗ 부동산이 있는 곳이 특별재판적이 되는 부동산에 관한 소는 부동산소유권 존부확인, 소유권에 기한 인도청구 등 부동산 자체에 관한 소만을 의미하고, 부동산 매매대금청구의 소는 채무이행지법원이 특별재판적이 된다.

ⓢ 채권자가 사해행위의 취소와 함께 수익자 또는 전득자로부터 책임재산의 회복을 구하는 사해행위취소의 소를 제기한 경우 그 취소의 효과는 채권자와 수익자 또는 전득자 사이의 관계에서만 생기는 것이므로, 수익자 또는 전득자가 사해행위의 취소로 인한 원상회복 또는 이에 갈음하는 가액배상을 하여야 할 의무를 부담한다고 하더라도 이는 채권자에 대한 관계에서 생기는 법률효과에 불과하고 채무자와 사이에서 그 취소로 인한 법률관계가 형성되는 것은 아니다. 뿐만 아니라, 이 경우 채권자의 주된 목적은 사해행위의 취소 그 자체보다는 일탈한 책임재산의 회복에 있는 것이므로, <u>사해행위취소의 소에 있어서의 의무이행지는 '취소의 대상인 법률행위의 의무이행지'가 아니라 '취소로 인하여 형성되는 법률관계에 있어서의 의무이행지'라고 보아야 할 것이다.</u> 부동산등기의 신청에 협조할 의무의 이행지는 성질상 등기지의 특별재판적에 관한 민사소송법 제19조에 규정된 '등기할 공무소 소재지'라고 할 것이므로, <u>원고가 사해행위취소의 소의 채권자라고 하더라도 사해행위취소에 따른 원상회복으로서의 소유권이전등기 말소등기의무의 이행지는 그 등기관서 소재지라고 볼 것이지, 원고의 주소지를 그 의무이행지로 볼 수는 없다</u>(대법원 2002.5.10.자 2002마156 결정).

문34. 다음 중 관할합의의 요건이 <u>아닌</u> 것으로만 묶인 것은? (다툼이 있는 경우 판례에 의함)

> ㉠ 당사자 간에 앞으로 발생할 모든 법률관계에 관한 소송에 대한 합의관할도 유효하다.
> ㉡ 임의관할뿐만 아니라 전속관할에 관해서도 합의할 수 있다.
> ㉢ 관할합의는 소제기 전에 가능함은 물론 소제기 후에도 가능하다.
> ㉣ 한 개의 법원을 합의관할로 정할 수도 있고, 여러 개의 법원을 관할법원으로 정할 수도 있다.
> ㉤ 합의의 방식은 구술로도 가능하다.
> ㉥ 원고가 정하는 법원에 관할권을 인정하는 합의도 유효하다.

① ㉠, ㉡, ㉢, ㉥　　　② ㉠, ㉡, ㉤, ㉥　　　③ ㉠, ㉡, ㉤

④ ㉠, ㉡　　　　　　⑤ 답이 없다

〈해설〉 정답 ②

㉠ 합의의 대상인 소송이 특정되어야 하므로 포괄적 합의는 무효이다.

㉡ 제1심 토지관할과 임의관할에 한하여 합의할 수 있고 전속관할이 정해져 있는 경우에는 합의할

수 없다.

ⓒ 관할합의의 시기에는 제한이 없다. 소제기 후에 하는 합의는 소송이송의 전제로서 의미가 있다.

ⓔ 전국의 모든 법원을 관할법원으로 하는 합의가 아닌 이상 수 개의 법원을 정하여도 무방하다.

ⓜ 당사자의 의사를 명확히 하기 위하여 관할의 합의는 서면으로 하여야 한다.

ⓗ 이러한 합의는 피고가 될 사람에게 뜻하지 않은 불이익을 주어 심히 공평을 해치기 때문에 무효로 본다.

문35. 국제재판관할의 합의에 관한 설명 중 옳지 않은 것은? (다툼이 있는 경우 판례에 의함)

① 국제재판관할권은 당사자의 합의에 의해서도 발생할 수 있고, 변론관할도 가능하다.

② 외국인이 우리나라 재판권에 복종할 의사가 있는 때에는 국제재판관할권을 갖는다.

③ 판례는 대한민국 법원의 관할을 배제하고 외국의 법원을 관할법원으로 하는 전속적인 국제관할의 합의가 유효하기 위해서는, 당해 사건이 대한민국 법원의 전속관할에 속하지 아니하고, 지정된 외국법원이 그 외국법상 당해 사건에 대하여 관할권을 가지면 된다고 한다.

④ 일본국에 거주하던 채권자와 채무자가 돈을 대차하면서 채권자 주소지 법원을 제1심 관할법원으로 하는 전속적 관할합의를 하였는데, 그 후 위 채권이 국내에 주소를 둔 내국인에게 양도되어 외국적 요소가 있는 법률관계가 된 경우, 위 관할합의의 효력이 이에 미치지 아니하여 대한민국 법원에 재판관할권이 있다.

⑤ 甲이 乙에게서, 乙이 특허권자 또는 출원인으로 된 일본국 내 특허권 또는 특허출원과 그 특허발명들에 대응하는 일본국 외에서의 특허출원 및 등록된 특허권 일체와 관련한 모든 권리를 무상양도받기로 하는 계약을 체결하면서, 위 양도계약과 관련한 분쟁이 발생할 경우 관할법원을 대한민국 법원으로 하기로 하는 관할합의도 유효하다.

〈해설〉 정답 ③

③ 판례는 〈1〉 당해 사건이 대한민국 법원의 전속관할에 속하지 아니하고, 〈2〉 지정된 외국법원이 그 외국법상 당해 사건에 대하여 관할권을 가져야 하는 외에, 〈3〉 당해 사건이 그 외국법원에 대하여 합리적인 관련성을 가질 것 등 세 가지 요건 외에 그와 같은 전속적 관할합의가 현저하

게 불합리하고 불공정하지 않는 한 그 관할합의는 유효하다는 입장이다. 대법원 2011.4.28. 선고 2009다19093 판결 등.
④ 대법원 2008.3.13. 선고 2006다68209 판결
⑤ 대법원 2011.4.28. 선고 2009다19093 판결

문36. 합의관할에 관한 다음 설명 중 <u>옳지 않은</u> 것으로만 묶인 것은? (다툼이 있는 경우 판례에 의함)

> ㉠ 원고가 전속관할합의를 무시한 채 다른 법정관할법원에 소를 제기하여도 피고가 이의 없이 본안변론하면 변론관할이 생긴다.
>
> ㉡ 관할합의의 효력은 대출금채권을 양수한 특정승계인에게 미치지 아니한다.
>
> ㉢ 근저당권설정자와 근저당권자 사이에 이루어진 관할합의의 효력은 부동산 양수인에게 미치지 않는다.
>
> ㉣ 甲 회사와 乙 회사의 보증인 간에 그 보증채무의 이행에 관련된 분쟁에 관하여 甲 회사가 제소법원을 임의로 선택할 수 있다고 한 약정의 효력은 그 약정당사자가 아닌 乙 회사에게까지는 미칠 수 없다.
>
> ㉤ 외국법원의 관할을 배제하고 대한민국법원을 관할법원으로 하는 전속적 합의의 경우에는 외국법원만을 배타적으로 관할법원으로 하는 전속적 합의와 같은 요건을 갖출 필요가 없다.
>
> ㉥ 할부거래 또는 방문판매자 등 특수판매업자와의 거래에서 약관에 의한 합의관할을 정하는 것이 허용된다.

① ㉠, ㉡, ㉢   ② ㉡, ㉢, ㉣   ③ ㉡, ㉤, ㉥
④ ㉤, ㉥   ⑤ 답이 없다

〈해설〉 정답 ③

㉠ 합의관할은 전속적 합의관할의 경우에도 임의관할이다. 전속적 합의관할은 전속관할이 아니다.

㉡ 대법원 2006.3.2.자 2005마902 결정: 관할의 합의는 소송법상의 행위로서 합의 당사자 및 그 일반승계인을 제외한 제3자에게 그 효력이 미치지 않는 것이 원칙이지만, 관할에 관한 당사자의 합의로 관할이 변경된다는 것을 실체법적으로 보면, 권리행사의 조건으로서 그 권리관계에 불가분적으로 부착된 실체적 이해의 변경이라 할 수 있으므로, <u>지명채권과 같이 그 권리관계의 내용을 당사자가 자유롭게 정할 수 있는 경우에는, 당해 권리관계의 특정승계인은 그와 같이 변경된 권리관계를 승계한 것이라고 할 것이어서, 관할합의의 효력은 특정승계인에게도 미친다</u>고 할 것이다.

© 대법원 1994.5.26.자 94마536 결정: 관할의 합의의 효력은 부동산에 관한 물권의 특정승계 인에게는 미치지 않는다고 새겨야 할 것인바, 부동산 양수인이 근저당권 부담부의 소유권을 취 득한 특정승계인에 불과하다면(근저당권 부담부의 부동산의 취득자가 그 근저당권의 채무자 또 는 근저당권설정자의 지위를 당연히 승계한다고 볼 수는 없다), 근저당권설정자와 근저당권자 사이에 이루어진 관할합의의 효력은 부동산 양수인에게 미치지 않는다.

② 대법원 1988.10.25. 선고 87다카1728 판결

◎ 판례는 같은 요건을 갖추어야 한다는 입장이다. 대법원 2011.4.28. 선고 2009다19093 판결 이시윤, p.106 참조.

⊕ 할부거래에 관한 법률 제44조 및 방문판매 등에 관한 법률 제46조에서 약관에 의한 합의관할 을 배제하기 위하여 제소당시의 소비자의 주소지를 관할하는 법원을 전속관할로 정하고 있다.

문37. 변론관할에 관한 설명 중 가장 옳지 <u>않은</u> 것은? (다툼이 있는 경우 판례에 의함)

① 원고가 전속관할을 위반하여 소를 제기한 경우에는 변론관할이 생기지 않는다.

② 소의 취하 또는 각하 후에 다시 제기하는 재소에는 변론관할의 효력이 미치 지 않는다.

③ 피고가 본안에 관하여 제출한 준비서면이 진술간주된 경우에는 변론관할이 생기지 않는다.

④ 피고가 주위적으로 소각하판결을, 예비적으로 청구기각판결을 구한 경우 본 안에 대하여 변론 내지 진술을 한 것으로 본다.

⑤ 원고가 5,000만 원의 대여금청구사건에서 1억 2,000만 원으로 청구취지를 확 장한 경우 피고가 이의 없이 본안변론을 하면 단독판사에 변론관할이 생긴다.

⟨해설⟩ 정답 ④

④ 판례는 반대: 대법원 2010.7.22. 선고 2009므1861,1878 판결(김홍엽, p.90)

문38. 다음 설명 중 관할에 관한 대법원판례의 입장이 <u>아닌</u> 것은?

① 변호사 甲과 乙 사찰이, 소송위임계약으로 인하여 생기는 일체 소송은 전주 지방법원을 관할법원으로 하기로 합의하였는데, 甲이 乙 사찰을 상대로 소 송위임계약에 따른 성공보수금 지급청구소송을 제기하면서 乙 사찰의 대표 단체인 丙 재단을 공동피고로 추가하여 丙 재단의 주소지를 관할하는 서울 중앙지방법원에 소를 제기한 것은 관할선택권의 남용으로서 신의칙에 위반

하여 허용될 수 없으므로 관련재판적에 관한 민사소송법 제25조는 적용이 배제되어 서울중앙지방법원에는 甲의 乙 사찰에 대한 청구에 관하여 관할권이 인정되지 않는다.

② 변호사 甲이 乙과의 소송대리 위임계약에 따라 성공보수금 지급을 구하는 소를 제기한 경우, 성공보수금 지급채무는 민법 제467조 제2항 단서에서 의미하는 '영업에 관한 채무' 혹은 甲의 변호사 사무소가 위 조항에서 의미하는 '영업소'라고 볼 수 있으므로 甲의 변호사 사무소 소재지법원에 관할권이 있다.

③ 담보취소 신청사건은 담보제공결정을 한 법원 또는 그 기록을 보관하고 있는 법원이 관할하도록 되어 있고, 여기서 '담보제공결정을 한 법원 또는 그 기록을 보관하고 있는 법원'은 수소법원을 가리키고, 이는 직분관할로서 성질상 전속관할에 속한다.

④ 甲이 乙을 상대로 乙과 甲의 배우자 A 사이의 부정한 행위로 인하여 甲이 A와 협의이혼을 함으로써 甲의 혼인관계가 파탄에 이르렀음을 원인으로 위자료 3,000만 원 및 이에 대한 지연손해금의 지급을 구하는 소를 제기한 경우 이는 이혼을 원인으로 하는 제3자에 대한 손해배상청구에 해당하고, 가정법원의 전속관할에 속한다.

⑤ 甲이 乙에게서, 乙이 특허권자 또는 출원인으로 된 일본국 내 특허권 또는 특허출원과 그 특허발명들에 대응하는 일본국 외에서의 특허출원 및 등록된 특허권 일체와 관련한 모든 권리를 무상양도받기로 하는 계약을 체결하면서, 위 양도계약과 관련한 분쟁이 발생할 경우 관할법원을 대한민국 법원으로 하기로 한 전속적 국제관할합의가 현저하게 불합리하거나 불공정하여 공서양속에 반한다고 볼 수 없으므로, 위 전속적 국제관할합의는 유효하다.

〈해설〉 정답 ②

① 대법원 2011.9.29.자 2011마62 결정

② 대법원 2011.4.22.자 2011마10 결정: 변호사 甲이 乙과의 소송대리 위임계약에 따라 성공보수금 지급을 구하는 소를 제기한 사안에서, 성공보수금 지급채무가 민법 제467조 제2항 단서에서 의미하는 '영업에 관한 채무'라거나 혹은 甲의 변호사 사무소가 위 조항에서 의미하는 '영업소'라고 볼 수는 없고, 이때 乙의 이행채무는 지참채무로서 甲의 주소지 관할법원에 관할권이 있다고 한 사례.

③ 대법원 2011.6.30.자 2010마1001 결정: 근저당권설정등기 말소소송의 수소법원인 지방법원 합의부가 경매절차 정지를 명하면서 담보제공결정을 하였는데, 담보취소 신청사건에서 수소법

원이 아닌 지방법원 단독판사가 담보취소결정을 한 사안에서, 위 담보취소결정은 전속관할을 위반하였다는 이유로 제1심결정을 취소하고 사건을 제1심 관할법원인 지방법원 합의부로 이송한 사례.

④ 대법원 2010.3.25. 선고 2009다102964 판결

⑤ 대법원 2011.4.28. 선고 2009다19093 판결

문39. 소송의 이송에 관한 다음 설명 중 옳은 것을 모두 모은 것은? (다툼이 있는 경우 판례에 의함)

> ㉠ 상소장을 원심법원 이외의 법원에 제출한 경우 상소장을 제출받은 법원은 상소장을 원심법원에 이송하고, 이 경우 상소기간 도과 여부 판단에 있어서 상소제기의 시기는 원심법원 이외의 법원에 최초로 상소장이 제출된 때로 본다.
>
> ㉡ 재심의 소가 재심제기기간 내에 제1심법원에 제기되었으나 재심사유 등에 비추어 항소심판결을 대상으로 한 것이라 인정되어 위 소를 항소심법원에 이송한 경우에 있어서 재심제기기간의 준수 여부는 항소법원에 이송된 때를 기준으로 할 것이다.
>
> ㉢ 특별항고만이 허용되는 재판의 불복에 대해서는 당사자가 특히 특별항고라는 표시와 항고법원을 대법원으로 표시하지 아니하였다고 하더라도 그 항고장을 접수한 법원으로서는 이를 특별항고로 보아 소송기록을 대법원에 송부하여야 한다.
>
> ㉣ 비송사건을 민사소송사건으로 혼동하여 제소한 경우 비송사건의 관할법원으로 이송하여야 한다.
>
> ㉤ 관할위반의 경우 당사자에게는 이송신청권이 인정되지 않고, 이송신청기각 결정에 대한 즉시항고나 특별항고도 허용되지 않는다.
>
> ㉥ 관할위반에 의한 이송결정에 대하여 즉시항고를 할 수 없다.

① ㉠, ㉡, ㉣   ② ㉡, ㉤   ③ ㉢, ㉤

④ ㉢, ㉤, ㉥   ⑤ ㉢, ㉣, ㉤, ㉥

〈해설〉 정답 ③

㉠ 판례는 원심법원 이외의 법원에 상소장을 제출한 경우 상소제기의 효력이 없고, 다만 상소장을 제출받은 법원은 상소장을 기록송부의 형식으로 원심법원에 송부하여야 한다는 입장이다. 이

경우 상소기간 도과 여부의 판단에 있어서 상소제기 시기는 원칙적으로 원심법원 이외의 법원에 최초로 상소장이 제출된 때가 아니라 상소장이 기록송부의 형식으로 원심법원에 송부되어 접수된 때로 보고 있다. 김홍엽, pp.91~92 참조.
ⓛ 제1심법원에 제기된 때를 기준으로 한다. 대법원 1984.2.28. 선고 83다카1981 전원합의체 판결
ⓒ 대법원 2009.5.20.자 2009그70 결정
ⓔ 판례는 부적법한 소로서 각하하여야 한다는 입장이다(김홍엽, p.98). 통설은 반대(이시윤, p.116).

문40. 관할위반에 관한 다음 설명 중 옳지 않은 것은? (다툼이 있는 경우 다수설 내지 판례에 의함)

① 항소심법원에 제기하여야 할 재심의 소를 제1심법원에 제기한 경우 항소심법원으로 이송한다.

② 상급심법원을 제1심법원으로 하여 소를 제기한 경우 관할권 있는 제1심법원으로 이송한다.

③ 단독사건에 대하여 항소를 하면서 고등법원에 항소를 제기한 경우 관할 항소법원으로 이송한다.

④ 원고가 고의 또는 중대한 과실 없이 행정소송으로 제기하여야 할 사건을 민사소송으로 잘못 제기한 경우 수소법원으로서는 만약 그 행정소송에 대한 관할도 동시에 가지고 있는 경우라면, 행정소송으로서의 전심절차 및 제소기간을 도과하였거나 행정소송의 대상이 되는 처분 등이 존재하지도 아니한 상태에 있는 등 행정소송으로서의 소송요건을 결하고 있음이 명백하여 행정소송으로 제기되었더라도 어차피 부적법하게 되는 경우가 아닌 이상, 원고로 하여금 항고소송으로 소 변경을 하도록 하여 그 1심법원으로 심리·판단하여야 한다.

⑤ 도시 및 주거환경정비법상의 주택재건축정비사업조합을 상대로 관리처분계획안에 대한 총회결의의 무효확인을 구하는 소를 민사소송으로 제기한 경우 전속관할이 행정법원에 있으므로 이 소를 각하한다.

〈해설〉 정답 ⑤

④ 대법원 1999.11.26. 선고 97다42250 판결
⑤ 대법원 전원합의체 2009.9.17. 선고 2007다2428 판결: 주택재건축정비사업조합의 관리처분계획에 대하여 그 관리처분계획안에 대한 총회결의의 무효확인을 구하는 소가 관할을 위반하여

민사소송으로 제기된 후에 관할 행정청의 인가·고시가 있었던 경우 따로 총회결의의 무효확인만을 구할 수는 없게 되었으나, 이송 후 행정법원의 허가를 얻어 관리처분계획에 대한 취소소송 등으로 변경될 수 있음을 고려하면, 그와 같은 사정만으로 이송 후 그 소가 부적법하게 되어 각하될 것이 명백한 경우에 해당한다고 보기 어려우므로, 위 소는 관할법원인 행정법원으로 이송함이 상당하다고 한 사례.

문41. 소송의 이송에 관한 다음 설명 중 <u>옳지 않은</u> 것은? (다툼이 있는 경우 다수설 내지 판례에 의함)

① 비송사건에 해당함에도 불구하고 소의 형식으로 제기할 경우 소를 각하한다.

② 관할위반의 경우에는 법원이 직권으로 이송하고 당사자에게는 이송신청권이 없다.

③ 소액사건의 경우에도 상당하다고 인정하면 지방법원 합의부로 이송할 수 있다.

④ 원고가 고의 또는 중대한 과실 없이 행정소송으로 제기하여야 할 사건을 민사소송으로 잘못 제기한 경우 수소법원으로서는 만약 그 행정소송에 대한 관할도 동시에 가지고 있는 경우라면, 행정소송으로서의 전심절차 및 제소기간을 도과하였거나 행정소송의 대상이 되는 처분 등이 존재하지도 아니한 상태에 있는 등 행정소송으로서의 소송요건을 결하고 있음이 명백하여 행정소송으로 제기되었더라도 어차피 부적법하게 되는 경우가 아닌 이상, 원고로 하여금 항고소송으로 소 변경을 하도록 하여 그 1심법원으로 심리·판단하여야 한다.

⑤ 상소기록을 송부받은 법원(상급심법원)이 적법한 관할법원임에도 불구하고 하급심법원으로 잘못 이송한 경우 상급심법원의 하급심법원으로의 이송결정은 하급심법원을 구속하지 아니 한다.

〈해설〉 정답 ⑤

⑤ 이 경우 이송결정은 하급심법원을 구속한다. 대법원 2009.4.15.자 2007그154 결정

문42. 다음 설명 중 심판의 편의에 의한 재량이송이 인정되는 것을 모두 묶은 것은? (다툼이 있는 경우 판례에 의함)

> ㉠ 불법행위지이며 피고 주소지이고 동시에 증인 및 증거서류의 소재지법원으로 이송신청한 때
>
> ㉡ 양쪽 대리인의 사무소가 있는 곳의 관할법원에 제기한 경우에 불법행위지이며 증인이 있는 곳의 법원으로 이송신청한 때
>
> ㉢ 소송의 증거가 될 형사기록이 있고 몇몇 증인이 거주하고 있는 법원으로 이송신청한 때
>
> ㉣ 신청인이 소송을 수행하는 데 많은 비용과 시간이 소요된다거나 관련사건이 다른 법원에서 심리됨으로 말미암아 결론을 달리하는 판결이 선고될 우려가 있는 때
>
> ㉤ 수형자가 국가를 상대로 손해배상을 청구한 사안에서, 대한민국이 '수형자의 민사소송을 위한 장거리 호송에 소요되는 상당한 인적·물적 비용'이 소요될 때
>
> ㉥ 교통사고나 응급치료에 관한 자료를 확보하기에 용이하다거나 진료기록에 대한 감정이나 담당 의사들에 대한 증인신문 등 증거조사를 실시하기에 용이한 법원으로 이송신청한 때

① ㉡, ㉣   ② ㉡, ㉤   ③ ㉡, ㉣

④ ㉡, ㉣, ㉤, ㉥   ⑤ 답이 없다

〈해설〉 정답 ⑤

㉣ 판례는 전속관할의 규정에 위반한 이송결정도 기속력을 갖는다고 하면서 다만 전속관할인 심급관할을 위반한 이송결정의 기속력은 이송받은 같은 심급의 법원과 하급심법원에만 미치고, 상급심 법원에는 미치지 않는다는 입장이다.

㉤ 대법원 2010.3.22.자 2010마215 결정: 수형자가 국가를 상대로 손해배상을 청구한 사안에서, 대한민국이 수형자의 관리 주체로서 부담하는 '수형자의 민사소송을 위한 장거리 호송에 소요되는 상당한 인적·물적 비용'은 행정적인 부담이지 소송상대방으로서 부담하는 것이 아니어서, 민사소송법 제35조에서 말하는 '현저한 손해 또는 지연을 피하기 위하여 이송이 필요한 사정'에 해당되지 않는다고 본 사례.

문43. 이송의 효과에 관한 다음 설명 중 <u>옳지 않은</u> 것을 모두 묶은 것은? (다툼이 있는 경우 통설·판례에 의함)

> ㉠ 이송받은 법원은 잘못된 이송이라도 다시 이송한 법원으로 되돌리는 반송(返送)이나 다른 법원으로 넘기는 전송(轉送)을 할 수 없다.
> ㉡ 전속관할위반의 이송의 경우에도 원칙적으로 구속력이 있다.
> ㉢ 심급관할위반의 이송의 경우에는 그 구속력이 상급심법원까지는 미치지 아니한다.
> ㉣ 심급관할위반의 이송의 경우 그 구속력이 하급심과 같은 심급의 법원에도 미치지 아니한다.
> ㉤ 이송받은 뒤 소의 변경 등으로 새로 관할법원이 생긴 경우에도 구속력이 미친다.
> ㉥ 이송결정이 확정되었을 때에는 처음 소제기에 의한 시효중단, 기간준수의 효력은 그대로 유지 계속된다.

① ㉡, ㉢, ㉣, ㉤　　② ㉢, ㉣, ㉤　　③ ㉠, ㉢, ㉣
④ ㉢, ㉣, ㉥　　⑤ ㉣, ㉤

〈해설〉 정답 ⑤

㉤ 이 경우에는 구속력이 미치지 아니한다.

제3장 당사자와 대리인

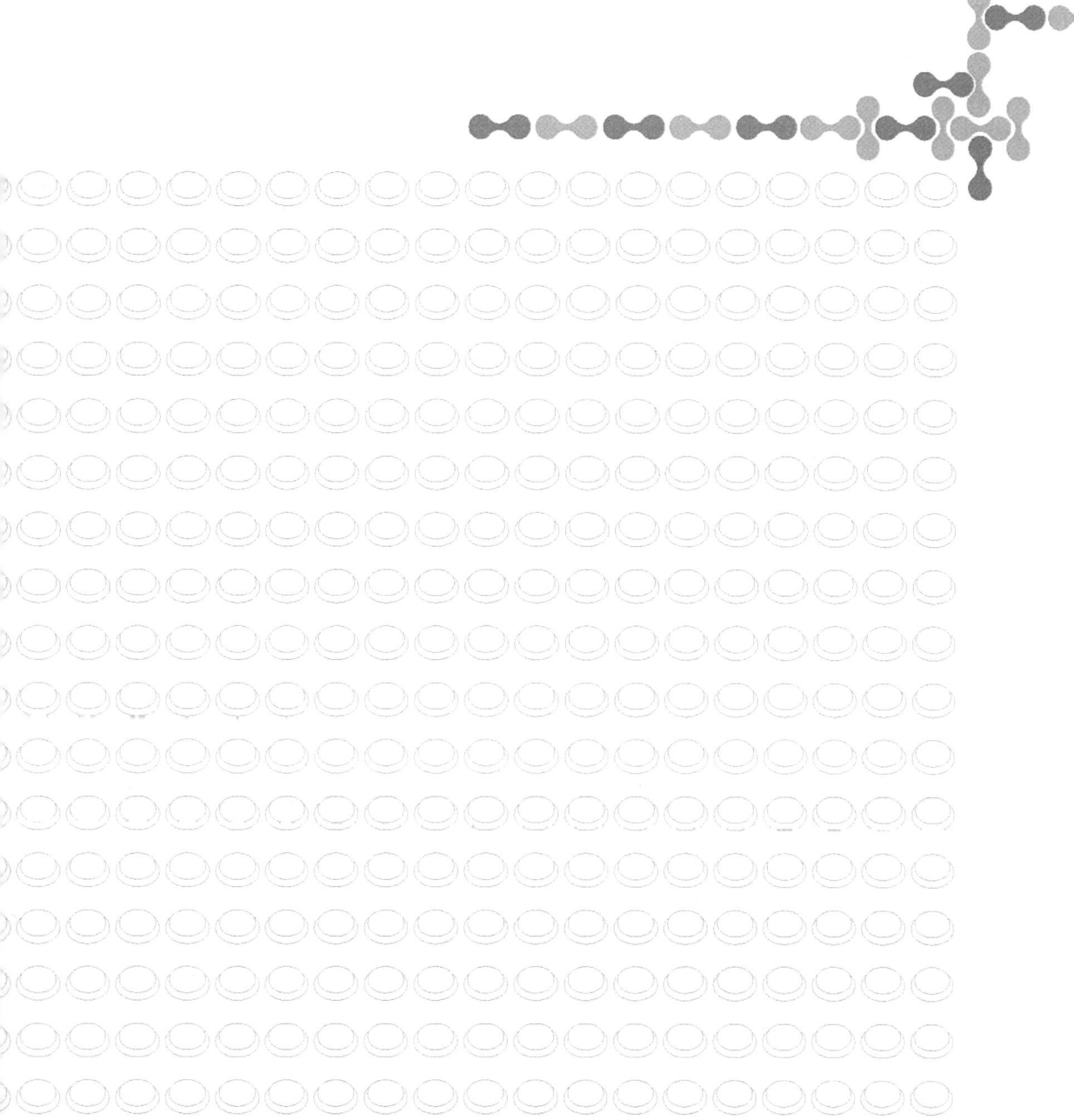

문1. 당사자에 관한 다음 설명 중 **옳은** 것만으로 묶인 것은? (다툼이 있는 경우 판례에 의함)

> ㉠ 법정대리인도 당사자이다.
>
> ㉡ 보조참가인은 당사자가 아니므로 원고는 피고의 보조참가인이 될 수 있다.
>
> ㉢ 파산선고를 받은 자도 당사자이다.
>
> ㉣ 실체법상의 권리자＝원고, 의무자＝피고는 일치하는 개념이다.
>
> ㉤ 소송사건이나 비송사건이나 당사자대립을 필요로 하는 점에서 동일하다.
>
> ㉥ 법인의 대표이사도 당사자이다.

① ㉠, ㉡, ㉥　　　② ㉣, ㉤　　　③ ㉡

④ ㉢　　　　　　　⑤ 답이 없다

〈해설〉 정답 ④

㉠ 법정대리인과 소송대리인은 당사자가 아니다.

㉡ 당사자대립주의에 반하므로 부적법하다. 보조참가인은 자기 이름으로 판결을 요구하거나 요구받는 사람이 아니므로 당사자가 아니고, 단지 당사자의 승소보조를 위해 자기 이름으로 소송을 수행하는 종된 당사자일 뿐이다.

㉢ 파산선고를 받은 사람은 자기의 권리, 의무라고 해도 그에 대한 관리처분권을 상실하기 때문에 소송에서 당사자가 될 수 없다. 이 경우에는 관리처분권을 가진 파산관재인이 당사자가 된다.

㉣ 실질적 당사자개념과 형식적 당사자개념은 동일한 것이 아니다.

㉤ 당사자대립을 필요로 하는 소송사건과 반드시 두 당사자 사이의 대립을 필요로 하지 않는 편면적 구조인 비송사건은 다르다.

㉥ 당사자가 아니고 법정대리인일 뿐이다.

㉦ 소송담당자로 당사자이다.

문2. 당사자대립주의에 관한 다음 설명 중 **옳은** 것으로 모두 묶인 것은? (다툼이 있는 경우 판례에 의함)

> ㉠ 원고는 피고의 보조참가인이 될 수 있다.
>
> ㉡ 공무원의 의원면직처분에 대한 무효확인을 구하는 소송의 계속 중 당해 공무원이 사망한 경우 당해 공무원의 아들은 아버지의 명예회복을 위하여 위 소송을 수계할 수 있다.

ⓒ 이혼소송계속 중 배우자의 일방이 사망한 경우 이 사건 이혼소송은 청구인의 사망과 동시에 종료한다.

ⓔ 甲이 乙을 피고로 한 대여금청구소송이 계속 중 乙이 사망하였으나, 乙에게 상속인이 있는지 없는지가 불명인 경우 위 소송은 종료된다.

ⓜ 청산종결을 마친 법인을 상대로 한 소의 제기도 가능하다.

ⓗ 제주특별자치도 교육감이 도를 대표하여 제주특별자치도 도지사가 대표하는 제주특별자치도를 상대로 소유권 확인의 소를 제기할 수 있다.

① ㉠, ㉡, ㉢   ② ㉢, ㉣   ③ ㉤, ㉥

④ ㉢   ⑤ 답이 없다

〈해설〉 정답 ④

㉠ 당사자대립주의에 반하므로 부적법하다.

㉡ 공무원으로서의 지위는 일신전속권으로서 상속의 대상이 되지 않으므로, 의원면직처분에 대한 무효확인을 구하는 소송은 당해 공무원이 사망함으로써 중단됨이 없이 종료된다(대법원 2007.7.26. 선고 2005두15748 판결).

㉢ 재판상 이혼청구권은 부부의 일신전속의 권리이므로 이혼소송계속 중 배우자의 일방이 사망한 경우에는 상속인이 그 소송절차를 수계할 수 없음은 물론이고, 또 그러한 경우에 검사가 이를 수계할 수 있는 특별한 규정도 없으므로 이 사건 소송은 청구인의 사망과 동시에 종료하였다고 해석함이 상당하다(대법원 1982.10.12. 선고 81므53 판결).

㉣ 법원에서 선임한 상속재산관리인이 피고 乙의 소송절차를 수계한다.

㉤ 소송에 있어서는 두 당사자 사이의 대립을 필요로 하기 때문에 당사자 한쪽이 이미 사망한 자이거나 청산종결등기로 소멸한 법인인 경우에는 부적법 각하하여야 한다.

㉥ 지방자치단체로서의 도는 한 개의 법인이 존재할 뿐이고, 다만 사무의 영역에 따라 도지사와 교육감이 별개의 집행 및 대표기관으로 병존할 뿐이므로 도 교육감이 도를 대표하여 도지사가 대표하는 도를 상대로 제기한 소유권 확인의 소는 자기가 자기를 상대로 제기한 것으로 권리보호의 이익이 없어 부적법하다(대법원 2001.5.8. 선고 99다69341 판결).

문3. 당사자표시정정에 관한 다음 설명 중 옳지 않은 것은? (다툼이 있는 경우 판례에 의함)

① 당사자는 소장에 기재된 표시 및 청구의 내용과 원인사실을 합리적으로 해석하여 확정하여야 하고, 확정된 당사자와의 동일성이 인정되는 범위 내에서는 항소심에서도 당사자의 표시정정이 허용된다.

② 재심원고가 재심대상판결 확정 후에 이미 사망한 당사자를 그 사망사실을 모르

고 재심피고로 표시하여 재심의 소를 제기하였을 경우에 사실상의 재심피고는 사망자의 상속인이고 다만 그 표시를 그릇한 것에 불과하다고 해석함이 타당하므로 사자를 재심피고로 하였다가 그 후 그 상속인들로 당사자 표시를 정정하는 소송수계신청은 적법하다.

③ 종회의 대표자로서 소송을 제기한 자가 그 종회 자체로 당사자표시변경신청을 한 경우, 그 소의 원고는 자연인인 대표자 개인이고 그와 종회 사이에 동일성이 인정된다고 할 수 없어 그 당사자표시정정신청은 허용될 수 없다.

④ 당사자표시정정이 이루어지지 않아 잘못 기재된 당사자를 표시한 본안판결이 확정되어도 그 확정판결은 당연무효가 아니고, 그 확정판결의 효력은 잘못 기재된 당사자와 동일성이 인정된 범위 내에서는 적법하게 확정된 당사자에게 미친다.

⑤ 정보공개거부처분을 받은 개인이 자신의 명의로 취소소송을 제기하였다가 항소심에서 원고의 표시를 개인에서 시민단체로 정정하면서 그 단체의 대표자로 자신의 이름을 기재한 당사자표시정정신청도 허용된다.

〈해설〉 정답 ⑤

① 당사자는 소장에 기재된 표시 및 청구의 내용과 원인사실을 합리적으로 해석하여 확정하여야 하고, 확정된 <u>당사자와의 동일성이 인정되는 범위 내에서라면 항소심에서도 당사자의 표시정정을 허용하여야 한다.</u> 대법원 1996.10.11. 선고 96다3852 판결

② 대법원 1983.12.7. 선고 82다146 판결

③ 대법원 1996.3.22. 선고 94다61243 판결

④ 대법원 2011.1.27. 선고 2008다27615 판결(이시윤, p.127).

⑤ 불허: 대법원 2003.3.11. 선고 2002두8459 판결

문4. 당사자표시정정에 관한 다음 설명 중 옳지 않은 것은? (다툼이 있는 경우 판례에 의함)

① 공유물분할청구의 소에서 공동소송인 중의 1인이 이미 사망한 자인 경우 상고심에서도 당사자표시정정의 방법으로 상속인으로 그 표시를 정정할 수 있다.

② 원고가 자신의 표시를 '사단법인 한국장애인부모회'(중앙회)에서 '사단법인 한국장애인부모회 전라북도지회'(전북지회)로 표시를 정정한 경우 소장에는 비록 원고가 중앙회인 것처럼 기재되어 있기는 하나, 원고의 표시 중 '소관'란에는 전북지회를 의미하는 '전라북도 장애인부모회'를 함께 기재함으로써 실질적인 소송당사자가 전북지회라는 뜻을 표시한 바 있다면, 이 사건의 원고는 소장의 일부

기재에도 불구하고 전북지회로 확정되었다고 봄이 상당하다.

③ 채무자 乙의 A 은행에 대한 채무를 대위변제한 보증인 甲이 채무자 乙의 사망
사실을 알면서도 그를 피고로 기재하여 소를 제기한 사안에서, 채무자 乙의 상
속인이 실질적인 피고이고 다만 소장의 표시에 잘못이 있었던 것에 불과하므로,
보증인 甲은 채무자 乙의 상속인으로 피고의 표시를 정정할 수 있다.

④ 임야의 소유자인 甲이 매도증서에 자신의 성명을 乙로 잘못 기재함에 따라 임
야에 관한 등기부 및 구 토지대장에도 소유명의자가 乙로 잘못 기재된 사안에
서, 위 등기부상 소유명의자인 乙을 상대로 진정명의회복을 원인으로 한 소유권
이전등기절차의 이행을 구하는 소송을 제기하여 공시송달에 의하여 받은 승소확
정판결의 효력이 동일한 당사자로 인정되는 甲에게 미친다.

⑤ 甲이 피고를 회생채무자 乙로 표시한 경우 피고를 그 관리인으로 표시정정을
할 수 있다.

〈해설〉 정답 ①

① 공유물분할청구의 소는 분할을 청구하는 공유자가 원고가 되어 다른 공유자 전부를 공동피고로
하여야 하는 필수적 공동소송으로서 공유자 전원에 대하여 판결이 합일적으로 확정되어야 하므
로, 공동소송인 중 1인에 소송요건의 흠이 있으면 전 소송이 부적법하게 된다. 그리고 민사소
송에서 소송당사자의 존재나 당사자능력은 소송요건에 해당하고, 이미 사망한 자를 상대로 한
소의 제기는 소송요건을 갖추지 않은 것으로서 부적법하며, 상고심에 이르러서는 당사자표시정
정의 방법으로 그 흠결을 보정할 수 없다(대법원 2012.6.14. 선고 2010다105310 판결).
② 대법원 2011.7.28. 선고 2010다97044 판결
③ 대법원 2011.3.10. 선고 2010다99040 판결
④ 대법원 2011.1.27. 선고 2008다27615 판결
⑤ 대법원 1999.1.26. 선고 97후3371 판결

문5. 다음 〈사례〉에 관한 설명 중 **옳지 않은** 것은? (다툼이 있는 경우 판례
에 의함)

> <사례>
> 원고는 '순천향교수습위원회'와 '성균관'(대표자 A)을 공동피고로 하여 소를 제
> 기하였다가 순천향교수습위원회는 대외적으로 성균관 또는 순천향교와는 별도의
> 사회적 활동을 하고 권리·의무의 주체가 되는 독립된 단체라고 볼 수 없어 당
> 사자능력이 없으므로, 위 피고 순천향교수습위원회의 표시를 피고 '순천향교'로

정정하고, 피고 성균관을 피고 '재단법인 성균관'으로, 대표자를 '이사 B'로 당사자표시정정신청을 하였다.

① 피고 '순천향교'로의 표시정정은 당사자의 변경이 아니라 표시정정에 해당한다.

② 순천향교 수습위원회가 성균관 또는 순천향교의 내부기관에 불과하고 당사자능력도 없다면, 법원은 원고가 정정신청한 '순천향교'가 당사자의 올바른 표시이며 동일성이 인정되는지를 살피고, 그 확정된 당사자로 피고의 표시를 정정하도록 하는 조치를 취하여야 한다.

③ 피고 '성균관'을 '재단법인 성균관'으로 표시를 정정하는 것은 동일성의 범위 내로서 허용된다.

④ 원고가 소장에 위 피고의 대표자를 A로 잘못 표시함으로써 적법한 대표자가 아닌 A 또는 그로부터 소송을 위임받은 변호사에 의하여 이 사건 소송이 수행되어 왔다고 하더라도, 원고가 스스로 위 피고의 대표자를 정당한 대표권이 있는 B로 정정함으로써 그 흠결을 보정하였다면, 법원으로서는 원고의 보정에 따라 정당한 대표자에게 다시 소장의 부본을 송달하여야 하고, 소장 송달에 의하여 소송계속의 효과가 발생함에 따라 정당한 대표자가 종전의 소송행위를 추인하는 경우에 소송관계가 성립한다.

⑤ 위와 같은 피고의 대표권 흠결의 보정은 항소심에서도 가능하다.

〈해설〉 정답 ④

④ 정당한 대표자가 종전의 소송행위를 추인하는지와는 관계없이 소송관계가 성립한다. 대법원 1996.10.11. 선고 96다3852 판결 참조(오창수, pp.106~109).

문6. 다음 〈사례〉에 관한 설명 중 옳지 않은 것은? (다툼이 있는 경우 판례에 의함)

<사례>
甲(원고)은 2005.4.1. A가 국민은행으로부터 대출받는 국민주택자금에 대하여 신용보증을 하였고, A가 위 신용보증에 기하여 국민은행으로부터 1억 원을 대출받은 후 위 대출원리금을 상환하지 않자 2006.8.20. 국민은행에 대출원리금을 대위변제하였다. 그런데 A는 2005.10.1. 사망하였고

乙(피고)이 A의 상속인이다. 甲은 2011.7.30. A를 피고로 한 구상금청구의 소를 제기하면서 A의 사망사실이 기재된 주민등록초본을 첨부하였다. 甲은 2011.8.3. A의 상속인임을 확인할 수 있는 가족관계증명서 등에 대한 사실조회를 신청하였고, 그 사실조회결과에 따라 2011.9.10. 이 사건 피고의 표시를 A에서 乙로 정정하는 당사자표시정정신청서를 제출하였다.

① 판례는 원고가 피고의 사망 사실을 모르고 사망자를 피고로 표시하여 소를 제기한 경우에, 청구의 내용과 원인사실, 당해 소송을 통하여 분쟁을 실질적으로 해결하려는 원고의 소제기 목적 내지는 사망 사실을 안 이후 원고의 피고표시정정신청 등 여러 사정을 종합하여 볼 때에, 실질적인 피고는 당사자능력이 없어 소송당사자가 될 수 없는 사망자가 아니라 처음부터 사망자의 상속자이고 다만 그 표시에 잘못이 있는 것에 지나지 않는다고 인정되면 사망자의 상속인으로 피고의 표시를 정정할 수 있다는 입장이므로(대법원 2006.7.4.자 2005마425 결정 참조), 이 사건에서와 같이 甲이 A의 사망사실을 알면서 A를 피고로 하여 제기한 소는 사망자를 상대로 한 소로서 부적법 각하되어야 한다.

② 이 사건 청구의 내용과 원인사실, 당해 소송을 통하여 분쟁을 실질적으로 해결하려는 원고의 소제기 목적, 소제기 후 바로 사실조회신청을 하여 상속인을 확인한 다음 피고표시정정신청서를 제출한 사정 등에 비추어 보면, 이 사건의 실질적인 피고는 당사자능력이 없어 소송당사자가 될 수 없는 사망자인 A가 아니라 처음부터 사망자의 상속인인 乙이고 다만 소장의 표시에 잘못이 있었던 것에 불과하므로, 원고는 A의 상속인으로 피고의 표시를 정정할 수 있다.

③ 이 사건 보증보험금의 구상채권은 상행위로 인한 것으로서 5년의 소멸시효기간이 적용되고, 그 소멸시효는 이 사건 보증보험금의 지급일인 2006.8.20.부터 진행한다.

④ 甲의 이 사건 소는 그로부터 5년이 경과되기 전인 2011.7.30. 이 사건 소가 제기되었음이 기록상 명백하므로 甲의 구상채권은 시효소멸한 것으로 볼 수 없다.

⑤ 당사자표시정정에 해당함에도 임의적 당사자변경에 해당한다고 잘못 판단하거나, 임의적 당사자변경에 해당함에도 당사자표시정정에 해당한다고 잘못 판단하여 소송당사자가 아닌 사람을 소송당사자로 취급하여 변론을 진행시키고 판결을 선고한 경우, 진정한 당사자와의 사건은 아직 당해 법원에서 변론도 진행시키지 않은 채 계속 중이므로 진정한 당사자는 그 판결에 대하여 상소를 제기할 것이

아니라 당해 법원에 그 사건에 대한 변론기일지정신청을 하여야 한다.

〈해설〉 정답 ①

① 대법원 2011.3.10. 선고 2010다99040 판결 참조(오창수, pp.109~111)

문7. 다음 〈사례〉에 관한 〈보기〉의 설명 중 <u>옳지 않은</u> 것은? (다툼이 있는 경우 판례에 의함)

<사례>

甲은 2001.10.27.경 A에게 5,000만 원을 대여하였는데 A가 2007.4.7.자로 사망하고, A의 1순위 상속인인 망인의 자녀 B, C의 상속포기신고가 2007.10.6.자로 수리되었다. 이에 따라 망인 A의 형제인 乙 등 4인이 그 2순위 상속인으로서 위 대여금채무를 상속하였다. 甲은 2011.10.25.경 위 1순위 상속인인 B, C를 피고로 하여 대여금청구의 소를 제기하였다가 이 사건 대여금채권이 성립한 때부터 10년이 지난 후인 2012.2.19.자로 피고를 위 2순위 상속인인 乙 등으로 바꾸는 피고경정신청서를 제1심법원에 제출하였다.

<보기>

㉠ 甲은 처음에 A의 1순위 상속인들의 상속포기사실을 알지 못하고 그들을 상대로 이 사건 소를 제기하였다가 제1심 소송 도중에 이를 알게 되어 피고를 위 망인의 적법한 상속인인 피고들로 바꾸어 달라고 법원에 신청한 것임을 알 수 있다.

㉡ 이 사건 청구의 내용과 원인사실, 원고의 소제기 목적 및 위 피고경정신청의 경위와 시점 등 여러 사정을 종합하여 볼 때, 원고가 의도한 이 사건 소의 실질적인 피고는 상속포기의 소급효로 말미암아 처음부터 상속채무에 관한 법률관계의 당사자가 될 수 없는 1순위 상속인이 아니라 적법한 상속채무자인 2순위 상속인인 피고들이라 할 것인데 다만 그 표시에 잘못이 있는 것에 지나지 아니하여 피고표시정정의 대상이 된다.

㉢ 위 사례가 변경 전후 당사자의 동일성이 인정됨을 전제로 진정한 당사자를 확정하는 표시정정의 대상으로서의 성질을 지니는 이상 비록 소송에서 피고의 표시를 바꾸면서 피고경정의 방법을 취하였다 해도 피고표시정정으로서의 법적 성질 및 효과는 잃지 않는다.

ⓔ 이 사건 소의 진정한 당사자로 확정되는 피고들이 상속한 이 사건 대여금채
무는 甲이 시효기간 경과 후인 2012.2.29. 피고경정신청서를 제출하였으므로
시효소멸된 것으로 보아야 한다.

ⓜ 사망자를 피고로 하여 제소한 제1심에서 甲이 상속인으로 당사자표시정정을
함에 있어서 일부상속인을 누락시킨 탓으로 그 누락된 상속인이 피고로 되지
않은 채 제1심판결이 선고된 경우에 甲은 항소심에서 그 누락된 상속인을 다
시 피고로 정정추가할 수 있다.

① ㉠, ㉡, ㉢   ② ㉣   ③ ㉣, ㉤

④ ㉤   ⑤ 답이 없다

〈해설〉 정답 ③

㉠~㉢ 대법원 2009.10.15. 선고 2009다49964 판결의 내용이다.

㉣ 이 사건 소의 진정한 당사자로 확정되는 피고들이 상속한 이 사건 대여금채무는 그 소멸시효기
간(2011.10.27.)이 지나기 전의 이 사건 소의 제기(2011.10.25.)로써 시효의 진행이 중단된
것으로 보아야 할 것이다.

㉤ 사망자를 피고로 하여 제소한 제1심에서 원고가 상속인으로 당사자표시정정을 함에 있어서 일
부상속인을 누락시킨 탓으로 그 누락된 상속인이 피고로 되지 않은 채 제1심판결이 선고된 경
우에 원고는 항소심에서 그 누락된 상속인을 다시 피고로 정정추가할 수 없다. 판례가 사망자
를 당사자로 하는 소송에서 허용하는 당사자표시정정은 통상의 표시정정과는 다르다. 사망자를
상속인으로 표시정정하는 경우에는 1심에서만 가능하나, 통상의 표시정정은 항소심에서도 가능
하다.

문8. 다음 설명 중 당사자표시정정을 할 수 <u>없는</u> 것으로만 묶인 것은? (다툼
이 있는 경우 판례에 의함)

㉠ 피고 주식회사 신세계가 피고의 표시를 회사분할된 주식회사 이마트로 변경
하여 달라고 신청한 경우

㉡ 교육부로 기재된 것을 대한민국으로 표시정정하는 경우

㉢ 회사의 대표이사이었던 A 개인 명의로 제기된 소송에서 그 개인을 회사로
정정하는 경우

㉣ 당사자가 A고등학교로 표시된 것을 학교법인으로 표시정정을 하는 경우

㉤ 제주시를 피고로 하여 부당이득반환청구의 소를 제기하였다가 피고를 제주특

별자치도로 표시정정하는 경우

ⓗ 필수적 공동소송이 아닌 사건에서 소송 도중에 당사자를 추가하는 경우

① ㉠, ㉡, ㉢, ㉣　　② ㉠, ㉢, ㉥　　③ ㉠, ㉢

④ ㉠, ㉢, ㉤, ㉥　　⑤ ㉢, ㉥

〈해설〉 정답 ②

㉠ 피고 주식회사 신세계가 피고의 표시를 회사분할된 주식회사 이마트로 변경하여 달라고 신청한 사안에서, 당사자표시변경은 당사자로 표시된 자와 동일성이 인정되는 범위 내에서 표시만을 변경하는 경우에 한하여 허용되는 것인데, 주식회사 신세계와 주식회사 이마트는 법인격의 동일성이 있다고 볼 수 없으므로 당사자표시변경의 대상이 된다고 볼 수 없고, 신청을 소송수계 신청으로 선해하더라도 소송물과 관련된 권리의무관계가 회사분할에 의하여 주식회사 신세계에서 주식회사 이마트로 승계되었다고 인정할 수 없어 위 신청을 받아들일 수 없다고 한 사례(대법원 2012.7.26. 선고 2010다37813 판결).

㉡ 명백한 당사자무능력자의 표시를 정정할 수 있다.

㉢ 당사자의 동일성이 인정되지 않으므로 원칙적으로 표시정정이 허용되지 않는다.

㉣ 학교는 당사자능력이 없으므로 명백한 당사자무능력자의 표시를 바르게 정정할 수 있다.

㉤ 행정시인 제주시와 서귀포시는 민사소송법상 당사자능력이 없으므로 당사자능력이 있는 제주특별자치도로 표시정정이 가능하다.

㉥ 대법원 1991.6.14. 선고 91다91다8333 판결 참조.

문9. 당사자의 확정과 관련하여 다음 설명 중 판례의 입장이 <u>아닌</u> 것은?

① 원고 종중의 대표자로 자처하면서 소송을 제기한 자에게 적법한 대표권이 있는지가 피고의 항변으로 소송의 쟁점이 되어 당사자들의 공격방어와 법원의 심리 능을 거쳐 그에게 적법한 대표권이 없다는 사실이 밝혀지게 된 경우, 법원은 그 대표권의 흠결에 관하여 보정을 명하거나 원고 종중에 대표자 표시정정을 촉구할 의무가 없다.

② 피고 국민은행의 부서로서의 '리스크관리본부' 또는 그 부서의 장인 '리스크관리본부장'을 피고 국민은행과 별개, 독립의 당사자능력이 있는 법인이나 법인 아닌 사단 또는 재단이라고 볼 근거는 없으므로 원고가 당초에 피고의 표시에 '국민은행 리스크관리본부장 피고 A'라고 기재한 것은 단순히 피고 A의 지위 내지 신분을 표시하여 특정하는 의미를 가질 뿐이라고 할 것이므로 당사자인 피고로 되는 것은 피고 A 개인이라고 볼 수밖에 없다.

③ 제1심판결에서 피고로 특정된 대한민국이 항소를 제기하면서 항소장의 표지 등에 '항소인(피고) 목포시'라고 기재한 사안에서, 이는 착오에 의하여 그 당사자 표시를 일부 그르친 데 불과하고, 이러한 당사자 표시의 오기는 항소심 계속 중이라도 언제든지 정정이 허용되는 것으로서 대한민국이 원심법원에 위 보정서를 제출하여 그 오기를 정정함으로써 항소의 제기는 적법한 것으로 되었다.

④ 甲이 공사도급계약상의 수급인은 그 계약 명의인인 乙이라고 하여 乙을 상대로 소송을 제기하였다가 심리 도중 변론에서 피고 측 답변이나 증거에 따라 이를 번복하여 수급인이 보조참가인 丙이라고 하면서 피고경정을 할 수 없다.

⑤ A 주식회사 대표이사 원고 甲으로 기재한 경우와 같이 당사자가 법인인지 대표자 개인인지 불분명한 경우 소를 각하한다.

〈해설〉 정답 ⑤

① 대법원 2010.5.27. 선고 2010두2609 판결: 원고 종중의 대표자로 자처하면서 소송을 제기한 자에게 적법한 대표권이 있는지가 피고의 항변으로 소송의 쟁점이 되어 원심에서 당사자들의 공격방어와 법원의 심리 등을 거쳐 그에게 적법한 대표권이 없다는 사실이 밝혀지게 된 경우라면, 법원은 이 사유를 들어 소를 각하하면 되는 것이지 이러한 경우에까지 그 대표권의 흠결에 관하여 보정을 명한다거나 원고 종중에 대표자 표시정정을 촉구할 의무가 법원에 있다고는 할 수 없다.

② 대법원 2008.4.10. 선고 2007다86860 판결

③ 대법원 1999.1.26. 선고 97후3371 판결

④ 대법원 1997.10.17.자 97마632 결정

⑤ 당사자가 법인인지 대표자 개인인지 불분명하거나(예컨대 ○○주식회사 대표이사 원고 ○○○로 기재한 경우) 당사자표시에 착오가 있는 때에는 이를 분명하게 하기 위한 석명이 필요하다. 소장에 표시된 당사자표시를 정정케 조치를 취함이 없이 바로 소를 각하할 수는 없다.

문10. 다음 설명 중 옳지 않은 것은? (다툼이 있는 경우 판례에 의함)

① 甲이 乙을 상대로 소유권이전등기청구소송을 제기하였는데 丙이 자기가 乙이라고 소송에 응소하여 乙 명의의 패소판결을 받은 경우 표시설에 의하면 피모용자인 乙이 당사자이고 모용자인 丙은 당사자가 아니다.

② 소송계속 중에 성명모용사실이 판명되면 위 ①의 경우 丙의 소송관여를 배제하고 진정한 피고 乙에게 기일통지를 하여야 한다.

③ 위 ①의 경우 법원이 성명모용사실을 간과하고 본안판결을 선고한 경우에, 그 판결은 乙에게 미치고, 이 경우에는 무권대리인이 대리권을 행사한 경우

와 같이 판결의 확정 전에는 상소, 확정 후에는 재심의 소를 제기하여 판결의 효력을 배제하여야 한다.

④ 甲이 소송을 제기하면서 乙의 주소를 허위로 기재하여 그 허위주소로 소송서류가 송달되어 A가 그 서류를 송달받아 무변론승소판결을 받고 그 판결정본 역시 그 허위의 주소로 송달된 경우 乙에게는 재심의 소가 허용된다.

⑤ 甲이 乙 모르게 乙을 상대로 소유권이전등기청구소송을 제기하여 승소판결을 받고 이 확정판결에 기하여 甲 명의의 소유권이전등기가 마쳐진 경우 乙은 항소나 재심의 제기에 의한 판결취소 없이 바로 원상회복으로 등기말소청구를 할 수 있다.

〈해설〉 정답 ④

④ 판례는 송달과정에서의 피고 모용의 경우에는 항소로 구제되며 재심은 불가하다는 입장이다(공시송달의 경우에는 추후보완상소 또는 재심으로).

⑤ 제1심판결에 기하여 피고 명의로 소유권이전등기 시에는 항소제기에 의한 판결취소 없이 바로 원상회복으로 등기말소청구를 할 수 있다(김홍엽, p.116 참조). 다만, 법인이나 비법인사단에 있어서 대표자 자격참칭의 경우에는 적법한 송달로 유효하고 진정한 대표자는 재심으로 구제받을 수 있다.

문11. 다음은 법인격부인과 당사자의 확정에 관한 설명이다. 옳지 않은 것은? (다툼이 있는 경우 판례에 의함)

① 기존회사가 채무를 면탈할 목적으로 기업의 형태·내용이 실질적으로 동일한 신설회사를 설립하였다면, 신설회사의 설립은 기존회사의 채무면탈이라는 위법한 목적달성을 위하여 회사제도를 남용한 것이므로, 기존회사의 채권자에 대하여 위 두 회사가 별개의 법인격을 갖고 있음을 주장하는 것은 신의성실이 원칙상 허용될 수 없다 할 것이어서 기존회사의 채권자는 위 두 회사 어느 쪽에 대하여서도 채무의 이행을 청구할 수 있다.

② 판례는 법인격의 남용과 形骸化를 개념상 구별하고 있으나, 소송상 취급을 달리하고 있지는 않다.

③ 법인격부인의 법리에 따라 법인과 법인격의 배후자를 동시에 당사자로 취급하는 것은 가능하고, 법인과 배후자를 공동피고로 하는 경우에는 필수적 공동소송이 된다.

④ 기존회사의 채무면탈을 위하여 신설회사를 설립하는 것이 아니라 이미 설립된 회사를 이용하는 경우에는 법인격남용의 법리가 적용된다.

⑤ 형식적 당사자인 명목상의 회사에 대한 판결의 기판력이나 집행력이 실질적 당사자인 배후자에게는 미치지 않는다.

〈해설〉 정답 ③

② 판례는 법인격의 남용(회사의 배후자에 대한 법률적용을 회피하기 위한 수단으로 법인제도를 이용하는 경우)과 形骸化(회사가 외형상으로는 법인의 형식을 갖추고 있으나, 법인의 형태를 빌리고 있는 것에 지나지 아니하고 실질적으로 완전히 그 법인격에 배후에 있는 타인의 개인 기업에 불과한 경우)를 개념상 구별하고 있으나, 소송상 취급을 달리하고 있지는 않다.

③ 법률상 합일확정의 필요는 없으므로 통상공동소송이 된다.

④ 판례는 어느 회사가 채무를 면탈할 목적으로 기업의 형태·내용이 실질적으로 동일한 이미 설립되어 있는 다른 회사를 이용한 경우에도 적용된다고 한다(대법원 2011.5.13. 선고 2010다94472 판결).

문12. 다음 〈사례〉에 관한 〈보기〉의 설명 중 옳지 않은 것을 모두 모은 것은? (다툼이 있는 경우 다수설·판례에 의함)

> **〈사례〉**
> 甲은 소제기 전에 乙이 사망한 사실을 모르고 乙을 피고로 하여 소를 제기하였다.

> **〈보기〉**
> ㉠ 소제기 이전에 乙이 사망한 자임이 판명되면 법원은 피고표시정정 또는 피고경정이 없는 경우 판결로 소를 각하한다.
> ㉡ 甲은 乙이 이미 사망한 사람임을 모르고 제소한 경우 피고는 상속인이라고 하여 甲은 乙의 상속인으로 당사자표시정정을 할 수 있다.
> ㉢ 乙의 상속인이 현실적으로 소송에 관여하여 소송수행을 한 경우에는 상속인에게 그 소송수행의 결과나 판결의 효력을 인수시킴이 옳다.
> ㉣ 법원이 乙이 사망한 사실을 간과하고 본안판결을 한 경우 판결이 확정되어도 기판력이나 그 밖의 효력이 생기기 아니한다.
> ㉤ 乙의 사망사실을 간과한 판결은 상속인에게 미친다.
> ㉥ 乙의 사망사실을 간과한 판결은 상소나 재심의 대상이 되지 않는다.

① ㉠, ㉢, ㉤　　　② ㉢, ㉤　　　③ ㉢

④ ㉤　　　　　　　⑤ 답이 없다

〈해설〉 정답 ②

㉢ 표시설에 의하는 한 판결이 상속인에게 미치지 않는다.

문13. 다음 〈사례〉에 관한 설명 중 옳지 않은 것은? (다툼이 있는 경우 판례에 의함)

> **＜사례＞**
> 甲은 乙을 상대로 대여금청구의 소를 제기하여 소송계속 중 乙이 사망하였으나, 그를 위한 소송대리인이 선임되어 있었으므로 소송절차가 중단되지 않고 그대로 진행되었다. 甲이 乙의 법정상속인으로 A와 B가 재산상속인이 되었다고 하여 이들을 수계인으로 하는 소송수계신청을 하면서 乙에게 구하였던 청구금액을 상속분에 맞게 청구취지 및 청구원인을 변경하였다. 제1심 법원은 A, B에 대한 甲의 청구를 일부인용하는 판결을 선고하였다. A, B의 항소로 항소심 계속 중 甲은 乙의 상속인으로 C, D가 누락된 것을 발견하고 C, D에 대하여 추가로 소송수계신청을 하였다.

① 당사자가 사망하였으나 소송대리인이 있어 소송절차가 중단되지 아니한 경우 원칙적으로 소송수계라는 문제가 발생하지 아니하고 소송대리인은 상속인들 전원을 위하여 소송을 수행하게 된다.

② 그 사건의 판결은 누락된 상속인을 포함한 상속인들 전원에 대하여 효력이 있다.

③ 이 사건 제1심판결의 효력은 당사자표시에서 누락되었음에도 불구하고 乙의 정당한 상속인인 C, D에게도 그들의 상속지분만큼 미치는 것이고 乙의 대리인에게 상소제기에 관한 특별수권이 없는 경우라면 심급대리의 원칙상 이 판결의 정본이 소송대리인에게 송달된 때에 소송절차는 중단되는 것이며, 소송수계를 하지 아니한 C와 D에 관해서는 현재까지도 중단상태에 있다.

④ 乙의 소송대리인이 상소제기의 특별수권을 부여받고 있었다면 항소제기기간은 진행되고, 제1심판결 중 C, D의 상속지분에 해당하는 부분은 그들이나 소송대리인이 항소를 제기하지 아니한 채 항소제기기간이 도과하여 이미 그

판결이 확정되었다.

⑤ 甲으로서는 C, D에 대하여 항소심에서 소송수계신청을 할 수 있다.

〈해설〉 정답 ⑤

⑤ 판례는 이 사건에서 항소심에서 새삼스럽게 소송수계신청을 할 필요도 없고 할 수도 없다 할 것이므로 이 사건 소송수계신청은 부적법하다고 보고 있다.

문14. 당사자표시정정과 당사자경정에 관한 다음 설명 중 옳지 않은 것은? (다툼이 있는 경우 판례에 의함)

① 당사자표시정정(訂正)은 당사자의 표시를 잘못하였을 경우에 그 동일성을 유지하는 범위 안에서 이를 바로잡는 것으로서, 이는 종전의 당사자를 교체하고 새로운 제3자를 당사자로 바꾸는 당사자경정(更正)과는 다르다.

② 소장에 표시된 당사자가 잘못된 경우에 당사자표시를 정정케 하는 조치를 취함이 없이 바로 소를 각하할 수는 없다.

③ 당사자표시정정이나 당사자변경은 공히 원고나 피고 전부 허용된다.

④ 피고의 경정은 원고의 신청에 의해서만 가능하고, 원고가 피고를 잘못 지정한 것이 분명한 경우라야 하며, 교체 전후를 통하여 소송물이 동일하여야 하고, 제1심 법원이 변론을 종결할 때까지만 가능하다.

⑤ 피고표시정정은 피고의 동의를 요하지 않으나 피고의 경정은 피고의 동의를 요한다.

〈해설〉 정답 ③

③ 당사자표시정정은 원고나 피고 전부 허용되나, 당사자변경은 피고경정의 형태로 피고나 피신청인의 경정만이 허용되고, 소제기자인 원고나 신청인의 경정은 허용되지 않는다.

문15. 다음 설명 중 옳지 않은 것으로만 묶인 것은? (다툼이 있는 경우 판례에 의함)

㉠ 당사자의 '확정'과 당사자의 '특정'의 주체는 원고이다.

㉡ 당사자표시정정신청 불허결정에 대해서는 항고의 방법으로 다툴 수 있다.

㉢ 실재하지 않은 사망자 명의로 제기된 소는 처음부터 부적법한 것이어서 동

인의 재산상속인들의 소송수계신청은 허용될 수 없다.

㉣ 피고(재심원고)가 재심대상 판결에 대하여 재심을 제기할 당시 피고는 사망하였는데 그 표시를 사망자 그대로 표시하였다 하더라도 그것이 그 상속인들에 의하여 실제 제기되었음이 인정되는 경우에는 당사자표시정정을 할 수 있다.

㉤ 피고의 사망사실을 모르고 판결이 선고되고 확정된 경우에는 그 판결은 당연무효의 판결이다.

㉥ 소장이 제1심법원에 접수되기 전에 공동원고의 한 사람이 사망한 경우에는 그 원고명의의 제소는 부적법한 것으로서 그 부분은 각하할 수밖에 없다.

① ㉠, ㉡, ㉤   ② ㉠, ㉤   ③ ㉠, ㉢, ㉣

④ ㉠   ⑤ 답이 없다

〈해설〉정답 ④

㉠ 법원에 의한 당사자의 '**확정**'은 원고에 의한 당사자의 '**특정**'을 전제로 한다. 당사자 특정의 주체는 원고이고, 당사자 확정의 주체는 법원이다.

문16. 다음 설명 중 옳지 않은 것은? (다툼이 있는 경우 판례에 의함)

① 당사자의 사망으로 소송절차가 중단된 경우 상속인이 여럿 있다고 하더라도 그 소송이 필수적 공동소송이 아닌 한 수계신청은 상속인 각자가 개별적으로 할 수 있고, 따라서 수계신청을 한 상속인에 대해서만 중단이 해소되고, 수계신청을 하지 아니한 상속인에 대해서는 여전히 소송이 중단된 상태에 있다.

② 사망한 자가 당사자로 표시된 판결에 기하여 사망자의 승계인을 위한 또는 사망자의 승계인에 대한 강제집행을 실시하기 위해서는 민사집행법 제31조를 준용하여 승계집행문을 부여받아야 한다.

③ 상속인이 소송을 수계하여 그 상속인 명의로 판결하였으나, 다른 상속인이 추가로 있음을 알게 된 경우 누락된 상속인에 대해서는 그 심급에서 절차가 중단되어 있는 것으로 보고, 소송을 수계했던 상속인이 제기한 상소심절차에서 소송수계신청을 할 수 없다.

④ 소송계속 중 어느 일방 당사자의 사망에 의한 소송절차 중단을 간과하고 변

론이 종결되어 판결이 선고된 후 적법한 상속인들이 수계신청을 하여 판결을 송달받아 상고하거나 또는 사실상 송달을 받아 상고장을 제출하고 상고심에서 수계절차를 밟더라도 그 수계와 상고는 사망자를 대상으로 한 것이므로 당연무효가 된다.

⑤ 당사자가 사망하였으나 그를 위한 소송대리인이 있는 경우에는 소송절차가 중단되지 아니하고, 그 소송대리인은 상속인들 전원을 위하여 소송을 수행하게 되어 그 사건의 판결은 상속인들 전원에 대하여 효력이 있다. 이때 소송대리인에게 상소의 특별수권이 부여된 경우 소송대리인이 판결정본을 송달받고 상소기간이 도과한 경우에는 소송대리인의 대리권이 소멸함과 동시에 판결이 확정된다.

〈해설〉 정답 ④

① 대법원 1993.2.12. 선고 92다29801 판결
② 대법원 1998.5.30.자 98그7 결정
③ 대법원 1993.2.12. 선고 92다29801 판결 참조.
④ 대법원 2003.11.14. 선고 2003다34038 판결: 판결이 선고된 후 적법한 상속인들이 수계신청을 하여 판결을 송달받아 상고하거나 또는 사실상 송달을 받아 상고장을 제출하고 상고심에서 수계절차를 밟은 경우에도 그 수계와 상고는 적법한 것이라고 보아야 하고, 그 상고를 판결이 없는 상태에서 이루어진 상고로 보아 부적법한 것이라고 각하해야 할 것은 아니다.
⑤ 대법원 1992.11.5.자 91마342 결정

문17. 다음 〈사례〉에 관한 설명 중 옳지 않은 것은? (다툼이 있는 경우 판례에 의함)

<사례>

(1) X는 처 Y 사이에 장녀(甲), 장남(乙1), 차남(乙2) 등의 자녀를 두었다. X는 乙1, 乙2를 상대로 이 사건 부동산들은 X가 취득하거나 신축하여 아들들에게 그 소유명의를 신탁하여 둔 부동산이었는데, 그 후 부동산실명법의 시행으로 피고들이 완전한 소유권을 취득하여 그 부동산을 부당이득하였으므로 부당이득을 원인으로 한 소유권이전등기절차의 이행 등을 구하는 소를 제기하였다. X는 자신을 대리한 변호사 A에 의하여 제기된 이 사건 제1심 소송계속 중인 2003.8.24. 사망하였는데 그 상속인으로는 처인

> Y와 자녀인 甲과 乙 1, 2 등이 있었다.
>
> (2) Y로부터 다시 소송위임을 받은 A변호사는 제1심에서 Y가 X의 재산 전체를 포괄유증 받은 것으로 보고 공동상속인 중 Y만을 소송수계인으로 하여 소송수계신청을 하였고, 이에 제1심은 2005.9.8. Y만을 소송수계인으로 한 원고 전부 패소판결을 선고하였으며, 위 판결을 송달받은 A변호사는 2005.10.5. 위 판결에 대하여 항소를 제기하였다.
>
> (3) X의 제1심 소송대리인이었던 A변호사는 상소제기에 관한 특별수권을 부여받았으나(소송대리위임장에 부동문자로 특별수권이 부여되어 있었다), X 사망 후 Y로부터 새로이 소송위임을 받았을 뿐 그 밖에 X의 나머지 상속인들과의 관계에서는 그 소송대리인 지위에서 사임한 일도 없고 그들로부터 별도로 다시 소송위임을 받은 일도 없다.
>
> (4) 그런데 Y는 X의 상속재산을 포괄유증을 받은 것이 아니라 특정유증을 받은 것으로 밝혀졌고, X의 재산은 Y를 포함한 甲과 乙 1, 2에게 공동상속된 것이다. X의 공동상속인 중의 일부인 甲은이 사건 소송이 항소심법원에 계속 중인 2006.11.14. 소송수계신청을 하였다. 한편, Y도 이 사건 항소심 소송계속 중인 2006.12.9. 사망하여 자녀인 甲과 乙 1, 2가 Y의 공동상속인이 되었다.

① X의 제1심 소송대리인이었던 A 변호사는 상소제기의 특별수권도 부여받은 사실이 인정되므로, 제1심 판결 중 망 X의 상속인 중 원고들에 대해서는 그들이나 소송대리인이 항소를 제기하지 아니한 채 항소제기기간이 도과하여 이미 그 판결이 확정되었다고 할 것이고, 따라서 원고들이 항소심에서 망 X의 소송수계인으로서 신청한 소송수계신청은 부적법하다.

② 망인의 소송대리인에게 상소제기에 관한 특별수권이 부여되어 있는 경우에는, 그에게 판결이 송달되더라도 소송절차가 중단되지 아니하고 상소기간은 진행하는 것이므로 상소제기 없이 상소기간이 지나가면 그 판결은 확정되나, 한편 망인의 소송대리인이나 상속인 또는 상대방 당사자에 의하여 적법하게 상소가 제기되면 그 판결이 확정되지 않는다.

③ 당사자 표시가 잘못되었음에도 망인의 소송상 지위를 당연승계한 정당한 상속인들 모두에게 효력이 미치는 판결에 대하여 그 잘못된 당사자 표시를 신뢰한 망인의 소송대리인이나 상대방 당사자가 그 잘못 기재된 당사자 모두

를 상소인 또는 피상소인으로 표시하여 상소를 제기한 경우에는, 상소를 제기한 자의 합리적 의사에 비추어 특별한 사정이 없는 한 정당한 상속인들 모두에게 효력이 미치는 위 판결 전부에 대하여 상소가 제기된 것으로 보는 것이 타당하다.

④ 이 사건 항소로 인하여 제1심판결 전부에 대하여 확정이 차단되고 항소심절차가 개시되었으며, 다만 제1심에서 이미 수계한 Y 외에 망인의 나머지 상속인들 모두의 청구부분과 관련하여서는 항소제기 이후로 소송대리인의 소송대리권이 소멸함에 따라 그 소송절차는 중단된 상태에 있었다고 보아야 한다.

⑤ 따라서 항소심으로서는 망인의 정당한 상속인인 甲의 이 사건 소송수계신청을 받아들여 그 부분 청구에 대해서도 심리 판단하여야 한다.

〈해설〉 정답 ①

① 대법원 2010.12.23. 선고 2007다22859 판결에 의하여 파기된 원심판결의 내용이다.

문18. 다음 〈사례〉로 한 설명 중 가장 옳지 않은 것은? (다툼이 있는 경우 판례에 의함)

<사례>

乙에게 1억 원의 채권을 가지고 있는 甲은 2013.3.3. 乙을 상대로 대여금청구의 소를 제기하였다.

① 乙이 2012.2.24. 교통사고로 이미 사망한 사실이 밝혀진 경우 이미 죽은 사람이 피고이며, 따라서 실재하지 않은 당사자를 상대로 한 것으로서 부적법 각하하여야 하나, 이 경우 소송실무에서는 당사자표시정정신청제도를 이용하는 것이 보통이다.

② 법원이 乙의 사망사실을 모른 채 소송을 진행하여 무변론판결이 선고된 경우 이 판결은 무효이고, 甲은 이 판결에 기하여 乙의 상속인들을 상대로 강제집행을 할 수 없다. 乙의 상속인들은 위 판결에 대하여 재심을 청구할 수 있다.

③ 법원이 위 사망사실을 모른 채 소송을 진행하였고, 乙의 상속인들이 대리인을 선임하는 등 소송에 관여하여 판결에까지 이른 경우 상속인들이 판결의

효력을 받아야 하고, 위 판결에 기한 강제집행을 수용하여야 한다.

④ 제3자인 丙이 乙이라고 하여 응소하여 법원이 丙이 乙인줄 알고 乙을 피고로 하여 판결을 선고하였다면 그 판결의 효력은 乙에게 미친다. 이때 乙로서는 아직 판결이 확정되기 전이라면 상소로, 판결이 이미 확정되었다면, 재심의 소를 제기하여 구제받을 수 있다.

⑤ 乙이 소송계속 중인 2013.4.1.에 사망한 경우, 상속인들이 乙의 소송상의 지위를 수계하게 되고, 사망 이후 상속인의 수계 시까지 소송절차는 중단된다.

〈해설〉 정답 ②

② 법원이 사망사실을 모른 채 乙을 상대로 판결을 하였다면 이 판결은 무효이다. 甲은 이 판결에 기하여 乙의 상속인들을 상대로 강제집행을 할 수 없다. 그리고 이 판결에 대하여 재심을 인정할 것인가가 문제 되나, 재심은 판결이 유효한 것을 전제로 하므로 재심의 제기를 인정할 것도 못 된다. 결국 乙의 상속인들은 위 판결의 무효를 주장하면 된다.

문19. 다음 설명 중 당사자표시정정에 관한 판례의 입장이 <u>아닌</u> 것은?

① 원고의 표시를 '대한예수교장로회 순천순광교회 대표자 담임목사 김철호'에서 '원고(선정당사자) 김철호'로 변경한 당사자표시정정을 할 수 있다.

② 비록 소장의 당사자 표시가 착오로 잘못 기재되었음에도 소송계속 중 당사자표시정정이 이루어지지 않아 잘못 기재된 당사자를 표시한 본안판결이 선고·확정된 경우, 그 확정판결의 효력은 적법하게 확정된 당사자에 대해서는 미치지 않는다.

③ 회사의 대표이사가 개인 명의로 소를 제기한 후 회사를 당사자로 추가하고 그 개인 명의의 소를 취하함으로써 당사자의 변경을 가져오는 당사자추가신청은 부적법한 것이다.

④ 제1심법원이 제1차 변론준비기일에서 부석법한 당사자표시정정신청을 받아들이고 피고도 이에 명시적으로 동의하여 제1심 제1차 변론기일부터 정정된 원고인 회사와 피고 사이에 본안에 관한 변론이 진행된 다음 제1심 및 원심에서 본안판결이 선고되었다면, 당사자표시정정신청이 부적법하다고 주장할 수 없다.

⑤ 원고가 피고 A 주식회사는 피고 B 주식회사와는 전혀 별개의 법인임에도 피고 A 주식회사를 피고 B 주식회사로 피고표시정정신청을 하자, 제1심 법

원이 피고 B 주식회사를 피고로 취급하여 변론을 진행하고 판결을 선고한 경우 이러한 법원의 조치에는 소송당사자 아닌 자를 소송당사자로 보고 소송을 진행하여 판결을 한 위법이 있고, 원고와 피고 A 주식회사 사이의 사건은 아직 제1심 판결이 선고되지 않은 채 제1심 법원에 계속 중이다.

〈해설〉 정답 ②

① 대법원 1996.12.20. 선고 95다26773 판결
② 대법원 2011.1.27. 선고 2008다27615 판결: 소송당사자가 누구인가는 소장에 기재된 표시 및 청구의 내용과 원인사실 등 소장의 전 취지를 합리적으로 해석하여 확정하여야 하고, 비록 소장의 당사자 표시가 착오로 잘못 기재되었음에도 소송계속 중 당사자표시정정이 이루어지지 않아 잘못 기재된 당사자를 표시한 본안판결이 선고·확정된 경우라 하더라도 그 확정판결을 당연무효라고 볼 수 없을뿐더러, 그 확정판결의 효력은 잘못 기재된 당사자와 동일성이 인정되는 범위 내에서 위와 같이 적법하게 확정된 당사자에 대하여 미친다고 보아야 한다.
③ 대법원 1998.1.23. 선고 96다41496 판결
④ 대법원 2008.6.12. 선고 2008다11276 판결
⑤ 대법원 2009.10.29. 선고 2009다54744, 54751 판결

문20. 다음 중 민사소송법상의 당사자능력자로만 묶인 것은? (다툼이 있는 경우 판례에 의함)

> ㉠ 태아
> ㉡ 제주대학교
> ㉢ 파산법인
> ㉣ 헌법재판소
> ㉤ 외국인
> ㉥ 실종기간이 만료되었으나 실종선고가 확정되지 않은 실종자
> ㉦ 실종선고가 되지 않은 부재자

① ㉠, ㉡, ㉢, ㉣, ㉤   ② ㉠, ㉢, ㉤   ③ ㉢, ㉤
④ ㉢, ㉤, ㉥, ㉦   ⑤ ㉢, ㉣, ㉤

〈해설〉 정답 ④

㉠ 판례는 이른바 정지조건설의 입장에서 태아의 당사자능력을 부인한다.
㉡ 제주대학교는 국립대학으로서 당사자능력이 없다.

ⓒ 법인은 비록 해산·파산되어도 청산·파산의 목적범위 내에서 법인격이 유지되고 당사자능력을 보유하며, 청산이 종결되어야 당사자능력을 잃는다.

ⓔ 국가의 기관은 당사자능력이 없다.

ⓜ 외국인도 내국인과 같은 당사자능력이 있다.

ⓗ 실종선고의 효력이 발생하기 전에는 실종기간이 만료된 실종자라 하여도 소송상 당사자능력을 상실하는 것은 아니므로 <u>실종선고 확정 전에는 실종기간이 만료된 실종자를 상대로 하여 제기</u>된 소도 적법하고 실종자를 당사자로 하여 선고된 판결도 유효하며 그 판결이 확정되면 기판력도 발생한다. 대법원 1992.7.14. 선고 92다2455 판결

ⓢ 대법원 2008.6.26. 선고 2007다11057 판결: 부재자의 생사가 분명하지 아니한 경우, 부재자는 법원의 실종선고가 없는 한 사망자로 간주되지 아니하며, 부재자의 재산관리인이 부재자의 대리인으로서 소를 제기하여 그 소송계속 중에 부재자에 대한 실종선고가 확정되어 그 소제기 이전에 부재자가 사망한 것으로 간주되는 경우에도, 실종선고의 효력이 발생하기 전에는 실종기간이 만료된 실종자라 하여도 소송상 당사자능력을 상실하는 것은 아니므로, 실종선고가 확정된 때에 소송절차가 중단되어 부재자의 상속인 등이 이를 수계할 수 있을 뿐이고, 위 소제기 자체가 소급하여 당사자능력이 없는 사망한 자가 제기한 것으로 되는 것은 아니다.

문21. 다음 중 민사소송법상의 당사자능력자가 <u>아닌</u> 것으로만 묶인 것은? (다툼이 있는 경우 판례에 의함)

> ㉠ 치외법권자
> ㉡ 북한주민
> ㉢ 국가와 지방자치단체
> ㉣ 법무부장관
> ㉤ 전국버스운송사업조합연합회공제조합
> ㉥ 서울대학교
> ㉦ 서울대학교병원

① ㉠, ㉡, ㉣, ㉤   ② ㉠, ㉣, ㉤, ㉥, ㉦

③ ㉣, ㉤   ④ ㉣, ㉤, ㉥, ㉦   ⑤ ㉢, ㉣

〈해설〉 정답 ③

㉠ 치외법권자도 당사자능력이 있으므로 원고로서 스스로 제소할 수 있고, 치외법권을 포기하면 피고로 될 수 있다.

㉡ 북한주민도 당연히 당사자능력이 있고, 북한주민이 한국법원에 친자확인소송 및 상속회복청구소송을 제기하여 승소하거나 조정이 성립된 예도 있다.

㉢ 국가와 지방자치단체는 민법상 권리능력을 갖고 당사자능력이 있다.

ⓔ 국가나 지방자치단체의 기관임에 그치는 행정청은 행정소송의 피고가 될 수 있으나, 민사소송에서는 당사자가 될 수 없다.

ⓜ 전국버스운송사업조합연합회 산하의 부속기관에 불과하고 민사소송에서는 당사자가 될 수 없다.

ⓗ 서울대학교는 국립대학법인 서울대학교설립운영에 관한 법률에 의해 법인격이 부여되었다.

ⓢ 서울대학교병원 및 국립대학병원은 독립된 법인으로 되어 있다(서울대학교병원설치법 제2조 및 국립대학병원설치법 제2조 참조).

문22. 사단 및 비법인사단의 당사자능력에 관한 판례의 입장으로만 모두 묶인 것은?

> ㉠ 사단법인의 하부조직은 사단법인과는 별개의 독립된 당사자능력이 있는 비법인사단이 될 수 없다.
>
> ㉡ 재단법인 성균관과 비법인사단으로서의 성균관은 동일한 단체이다.
>
> ㉢ 제주대학교는 특허출원을 할 수 없다.
>
> ㉣ 아파트입주자대표회의, 아파트부녀회도 비법인사단으로 당사자능력이 인정된다.
>
> ㉤ 행정청도 민사소송의 당사자능력이 있다.
>
> ㉥ 상가번영회도 비법인사단으로 당사자능력이 인정된다.

① ㉠, ㉡, ㉤   ② ㉠, ㉢, ㉣, ㉤   ③ ㉣, ㉥
④ ㉢, ㉣, ㉥   ⑤ ㉣, ㉤, ㉥

〈해설〉 정답 ④

㉠ 판례는 사단법인의 하부조직의 하나라 하더라도 단체로서의 실체를 갖추고 독자적인 활동을 하고 있다면 사단법인과는 별개의 독립된 비법인사단으로 보고 있다.

㉡ 원고 성균관은 원고 법인의 설립 이전부터 이미 독자적인 존립목적과 대표기관을 갖고 활동을 하는 등 법인 아닌 사단으로서의 실체를 가지고 존립하여 왔으므로 그 후 설립된 원고 재단법인 성균관의 정관 일부 조항을 가지고 원고 성균관의 단체성을 부정하여 위 법인의 기관에 불과하다고 볼 수는 없다(대법원 2004.11.12. 선고 2002다46423 판결).

㉢ 대법원 1997.9.26. 선고 96후825 판결 대부분의 대학에는 산업교육진흥 및 산학협력촉진에 관한 법률에 따라 특수법인인 산학협력단이 설치되어 있다.

㉣ 공동주택의 입주자대표회의는 동별 세대수에 비례하여 선출되는 동별 대표자를 구성원으로 하는 법인 아닌 사단이므로, 동별 대표자의 선출결의의 무효확인을 구하는 것은 결국 입주자대표회의의 구성원의 자격을 다투는 것이어서 입주자대표회의는 그 결의의 효력에 관한 분쟁의 실질적인 주체로서 그 무효확인소송에서 피고적격을 가진다(대법원 2008.9.25. 선고 2006다

86597 판결). 아파트에 거주하는 부녀를 회원으로 하여 입주자의 복지증진 및 지역사회 발전 등을 목적으로 설립된 아파트 부녀회가 회칙과 임원을 두고서 주요 업무를 월례회나 임시회를 개최하여 의사결정하여 온 경우에 법인 아닌 사단의 실체를 갖추고 있다고 본 사례(대법원 2006.12.21. 선고 2006다52723 판결).

ⓜ 행정청은 행정소송의 당사자(피고)가 될 수 있으나 민사소송의 당사자능력이 없다.

ⓗ 대법원 1992.10.9. 선고 92다23087 판결

문23. 자연부락(동리)의 당사자능력에 관한 다음 설명 중 <u>옳지 않은</u> 것은? (다툼이 있는 경우 판례에 의함)

① 자연부락이 그 부락 주민을 구성원으로 하여 고유목적을 가지고 의사결정기관과 집행기관인 대표자를 두어 독자적인 활동을 하는 사회조직체라면 비법인사단으로서의 권리능력 내지 당사자능력을 가진다.

② 행정법상 동리는 시·읍·면의 하나의 행정구역으로서 법률상 독립한 인격을 향유하지 못하는 것이나, 그 지역 내에 조직된 동리회는 당사자능력이 인정된다.

③ 법인 아닌 사단의 분열은 허용되지 아니하지만, 법인 아닌 사단의 구성원 중 일부가 탈퇴하여 새로운 법인 아닌 사단을 설립하는 경우에 종전의 법인 아닌 사단에 남아 있는 구성원들이 자신들이 총유의 형태로 소유하고 있는 재산을 새로이 설립된 법인 아닌 사단의 구성원들에게 양도하는 것은 허용된다.

④ 권리능력 없는 사단인 부락의 구성원 중 일부가 제기한 소송에서 당사자인 원고의 표시를 부락으로 정정함은 당사자의 동일성을 해하는 것으로서 허용되지 아니한다.

⑤ 부락민들의 총유재산인 임야에 관한 소송은 부락의 대표자가 부락총회의 결의를 거쳐 제기할 수 있다.

〈해설〉 정답 ⑤

⑤ 비법인사단인 부락 자체의 명의로 부락총회의 결의를 거쳐 제기할 수 있다.

문24. 사찰의 당사자능력에 관한 다음 설명 중 옳지 않은 것은? (다툼이 있는 경우 판례에 의함)

① 독립된 단체를 이루고 있는 사찰은 그 사찰 및 주지취임등록처분의 유무에 불구하고 권리능력 없는 사단 또는 재단으로서의 독립된 권리능력과 소송상의 당사자능력을 가지고 그 단체의 규약에 따라 선정된 대표자가 당해 사찰을 대표한다.

② 통상 '전통사찰의 보존 및 지원에 관한 법률'상의 전통사찰은 비법인재단으로 보고, 일반사찰의 경우에는 구체적인 사안에 따라 법인격 없는 사단 또는 재단으로 보나, 불교목적시설인 개인사찰은 당사자능력이 없는 것으로 본다.

③ 대한불교조계종 총무원은 당사자능력이 없다.

④ 사찰의 대표자가 다른 구성원들의 의사에 반하여 당초 가입·등록하고자 했던 종단과의 단절을 일방적으로 선언하고, 그 사찰을 종지가 다른 타 종단에 등록함과 아울러 관할 관청에 종교단체 등록을 한 경우 사찰의 분열이 인정되지 않으나 신도회의 분열은 인정된다.

⑤ 불교신도들이 모여 법회 등을 열어 오다가 규약을 제정하여 시행함과 동시에 그 규약에 따라 소집된 신도회에서 회장과 부회장 및 그 외의 운영위원들을 선출하여 조직을 갖추고 그때부터 회장을 중심으로 법회 및 포교활동을 해 왔다면 이 신도회는 사찰과는 별개의 독립된 단체로서 비법인사단으로 당사자능력이 있다.

〈해설〉 정답 ④

④ 일단 사찰이 성립한 이상 그 분열은 인정되지 않고 그 요소의 하나인 신도회도 분열될 수 없는 것이며, 일부 승려나 신도들이 사찰이 내세우는 종지 또는 사찰의 운영에 반대하여 탈종한다거나 신도회에서 탈퇴하였다 하더라도 이를 가리켜 사찰 또는 신도회가 분열되었다고 할 수는 없다. 사찰의 대표자가 다른 구성원들의 의사에 반하여 당초 가입·등록하고자 했던 종단과의 단절을 일방적으로 선언한 것은 그 사찰에 대하여 탈퇴의 의사표시를 한 것으로 그로써 그 사찰에 대한 권리·의무를 상실하므로, 그 후 대표자가 그 사찰을 종지가 다른 타 종단에 등록함과 아울러 관할 관청에 종교단체 등록을 하였다 하더라도 이미 그 사찰에 대한 권리·의무를 상실한 대표자의 등록행위가 그 사찰에 어떠한 영향을 미칠 수는 없으며, 이는 별도의 종교단체를 창설하는 효력밖에 없다(대법원 1997.12.9. 선고 94다41249 판결).

문25. 교회의 당사자능력에 관한 다음 설명 중 옳지 않은 것은? (다툼이 있는 경우 판례에 의함)

① 원고 교회가 다수의 교인들에 의하여 조직되고, 일정한 종교활동을 하고 있으며 그 대표자가 정하여져 있다면 비법인사단으로서 당사자능력이 있고, 원고 교회의 구성원이 소수라고 하여도 단체로서의 실체를 부정할 수는 없다.

② 대체로 개신교회의 경우 단위종교단체(지교회)는 비법인사단으로 보고 그 지교회를 포괄하는 교단교회(포괄종교단체: 교단, 교파, 노회, 종단)는 단순한 종교적 내부관계로 본다.

③ 가톨릭교회의 경우에도 기독교 교회와 같이 각 교구별 단위 성당이 비법인사단으로 당자자능력이 있다.

④ 일부 교인들이 교회를 탈퇴하여 그 교회 교인으로서의 지위를 상실하게 되면 탈퇴가 개별적인 것이든 집단적인 것이든 이와 더불어 종전 교회의 총유재산의 관리처분에 관한 의결에 참가할 수 있는 지위나 그 재산에 대한 사용·수익권을 상실하고, 종전 교회는 잔존 교인들을 구성원으로 하여 실체의 동일성을 유지하면서 존속하며 종전 교회의 재산은 그 교회에 소속된 잔존 교인들의 총유로 귀속됨이 원칙이다.

⑤ 교단에 소속되어 있던 지교회의 교인들의 일부가 소속 교단을 탈퇴하기로 결의한 다음 종전 교회를 나가 별도의 교회를 설립하여 별도의 대표자를 선정하고 나아가 다른 교단에 가입한 경우, 그 교회는 종전 교회에서 집단적으로 이탈한 교인들에 의하여 새로이 법인 아닌 사단의 요건을 갖추어 설립된 신설 교회라 할 것이어서, 그 교회 소속 교인들은 더 이상 종전 교회의 재산에 대한 권리를 보유할 수 없다.

〈해설〉 정답 ③

③ 가톨릭교회의 경우 각 교구별로 재단법인을 설립하여 별도의 법인형태를 갖추고 있다(예컨대, 재단법인 천주교 서울대교구 유지재단). 가톨릭교회 각 교구 산하의 성당이나 종립대학은 당사자능력이 없다.

문26. 종중의 소송상 취급에 관한 다음 설명 중 <u>옳지 않은</u> 것은? (다툼이 있는 경우 판례에 의함)

① 종중이란 공동선조의 후손들에 의하여 그 선조의 분묘수호 및 봉제사와 후손 상호 간의 친목을 목적으로 형성되는 자연발생적인 종족단체로서 그 선조의 사망과 동시에 그 후손에 의하여 성립하며, 종중의 규약이나 관습에 따라 선출된 대표자 등에 의하여 대표되는 정도로 조직을 갖추고 지속적인 활동을 하고 있다면 비법인사단으로서의 단체성이 인정된다.

② 종중의 성립을 인정함에 있어 반드시 특별한 명칭의 사용 및 서면화된 중중규약이 있거나 종중의 대표자가 선임되어 있는 등 조직을 갖추어야 성립한다.

③ 고유한 의미의 종중은 공동선조의 후손들에 의하여 그 선조의 분묘수호와 제사 및 후손 상호 간의 친목을 목적으로 형성되는 자연발생적인 종족단체로서 그 성립을 위하여 특별한 조직행위를 필요로 하지 아니하고 그 선조의 사망과 동시에 그 자손에 의하여 성립된다.

④ 고유한 의미의 종중이 아니라 하더라도 독립된 단체로서의 실체를 인정할 수 있을 경우에는 비법인 사단으로서의 단체성을 인정할 수 있다.

⑤ 종중에 유사한 비법인사단은 반드시 총회를 열어 성문화된 규약을 만들고 정식의 조직체계를 갖추어야만 비로소 단체로서 성립하는 것이 아니라, 실질적으로 공동의 목적을 달성하기 위하여 공동의 재산을 형성하고 일을 주도하는 사람을 중심으로 계속적으로 사회적인 활동을 하여 온 경우에는 이미 그 무렵부터 단체로서의 실체가 존재한다고 보아야 한다.

〈해설〉 정답 ②

② 종중의 성립을 인정함에 있어 반드시 특별한 명칭의 사용 및 서면화된 중중규약이 있어야 하거나 종중의 대표자가 선임되어 있는 등 조직을 갖추어야 성립하는 것은 아니다(법원 1996.3.12. 선고 94다56999 판결).

문27. 비법인재단의 당사자능력에 관한 다음 설명 중 <u>옳지 않은</u> 것은? (다툼이 있는 경우 판례에 의함)

① 유치원이 어린이 보육을 위하여 원사를 신축하고 관계당국으로부터 개원허가를 받았으며 한편으로 교육법에 따른 원칙을 제정하여 계속 운영하여 왔

다면 이는 법인 아닌 재단이라 할 것이고 설립자가 관리인으로서 당사자능력
이 있다.

② 재단법인이 유치원을 설치·운영하고 있다면 유치원은 당사자능력이 있다.

③ 유치원이 설립자와 독립하여 독자적인 존재와 활동을 할 수 있는 정도가 아
니라면 법인 아닌 재단이라고는 할 수 없어 당사자능력을 인정할 수 없다.

④ 대학교장학회 등 계속적인 목적에 제공된 재산으로서 출연자 자신으로부터
독립하여 존재하며 대외적으로 이를 관리하는 관리인이 정해져 있으면 비법
인재단이 된다.

⑤ 대한예수교장로회총회 산하 신학연구원의 운영·관리를 위하여 대한예수교
장로회총회 신학연구원이사회가 위 총회와는 별도로 위 이사회 자신의 기관
과 그 대표자를 두고 있고 기본재산을 보유하면서 별도의 재정으로 운영하
고 있는 경우에도, 위 이사회는 위 총회의 단순한 내부기구가 아니라 그와
는 별개의 비법인 재단에 해당된다.

〈해설〉 정답 ②

② 당사자능력이 없다.

⑤ 대한예수교장로회총회 산하 신학연구원의 운영·관리를 위하여 대한예수교장로회총회 신학연구
원이사회가 위 총회와는 별도로 위 이사회 자신의 기관과 그 대표자를 두고 있고 기본재산을
보유하면서 별도의 재정으로 운영하고 있다면, 위 이사회는 실제의 거래사회에서 위 장로회총
회의 이름으로 단체적 사회활동을 하고 있다기보다는 위 이사회 자신의 이름으로 단체적 사회
활동을 하고 있다고 볼 여지가 훨씬 더 많은 것으로 보이고, 그와 같이 위 이사회가 자신의 이
름으로 단체적 사회활동을 하고 있다면 위 총회의 단순한 내부기구가 아니라 그와는 별개의 비
법인 재단에 해당된다(대법원 1998.7.24. 선고 96누14937 판결).

문28. 조합의 소송상 취급에 관한 다음 설명 중 옳지 않은 것은? (다툼이 있는 경우 판례에 의함)

① 변호사법상의 법무조합은 민법상의 조합규정을 준용함에도 당사자능력을 인정한다.

② 민법상의 조합의 실체를 갖는 것은 당사자능력이 부정된다.

③ 영농조합법인과 영어조합법인은 조합이다.

④ 주택정비사업조합은 법인이다.

⑤ 당사자능력에 관해서는 원고에게 그 증명책임이 있다.

<해설> 정답 ③

③ 영농조합법인과 영어조합법인은 법인이다(농어업경영체 육성 및 지원에 관한 법률 제16조 제3항).

문29. 다음 설명 중 옳지 않은 것은? (다툼이 있는 경우 판례에 의함)

① 의류제조업체인 A 회사가 부도를 내자, A 회사의 채권자들은 정관이나 규약을 작성하지는 아니한 채 다만 甲, 乙, 丙 등 10인을 대표자로 선임하여 A 회사 채권단을 구성하고 위 대표자들에게 채권회수를 위한 일체의 권한을 위임한 경우, 이를 조합으로 본다.

② B주택조합은 조합원 96명이 주택건설을 목적으로 결성한 단체로서 조합원의 가입 탈퇴에 따른 변동에 관계없이 주택건설사업이라는 단체고유의 목적을 가지고 그 단체로서 존속하며, 그 대표의 방법, 총회의 운영, 재산의 관리 기타 사단으로서의 주요한 사항이 정관에 의하여 확정되고 단체로서의 조직을 갖추고 있다면 B주택조합은 그 명칭에 관계없이 그 실체는 이른바 비법인사단이라고 볼 것이고, 위 주택조합의 실체가 비법인사단이라면 위 주택조합이 사업 주체가 되어 신축 완공한 이 사건 아파트는 조합재산으로서 조합원 전원의 총유로 귀속된다.

③ C 회사의 채권자들이 그 채권을 확보할 목적으로 구성한 청산위원회가 단체고유의 목적을 가지고 의결기관인 총회 및 집행기관인 대표자를 두는 등 일정한 조직을 갖추어 탈퇴·사망 등으로 인한 구성원의 변경에 관계없이 단체 그 자체로 존속하며, 대표방법, 총회의 운영, 재산의 관리 기타 단체로서의 주요사항이 확정되어 있어, 권리능력 없는 사단으로서의 실체를 가진다.

④ 甲과 乙이 공동수급체를 결성하여 제주국제자유도시개발공사로부터 아라지구 택지조성공사를 공동으로 수급하여 그 공사를 공동으로 진행함에 있어서 乙이 공동수급체의 대표자로 행동하고 있었던 경우, 이 공동수급체는 기본적으로 비법인사단의 성질을 가지는 것으로 본다.

⑤ 조합 업무를 집행할 권한을 수여받은 업무집행조합원은 조합재산에 관하여 조합원으로부터 임의적 소송신탁을 받아 자기 이름으로 소송을 수행하는 것이 허용된다.

〈해설〉 정답 ④

① A 회사 채권단은 A 회사의 채권자들이 채권을 회수할 목적으로 구성한 단체로서, 대표자 10인을 선임하여 채권 회수를 위한 일체의 권한을 위임하였을 뿐, 정관 또는 규약을 제정하거나 사단으로서의 실체를 갖추기 위한 일체의 조직행위가 없었고, 사단으로서의 실체를 인정할 만한 조직, 그 재정적 기초, 총회의 운영, 재산의 관리 기타 단체로서의 활동에 관한 입증도 없으므로, 이를 비법인사단으로 볼 수 없다(대법원 1999.4.23. 선고 99다4504 판결).

② 대법원 1994.4.26. 선고 93다51591 판결

③ 대법원 1996.6.28. 선고 96다16582 판결

④ 공동수급체는 기본적으로 민법상의 조합의 성질을 가지는 것으로 본다(대법원 2000.12.12. 선고 99다49620 판결).

⑤ 대법원 1997.11.28. 선고 95다35302 판결

문30. 조합의 소송상 취급에 관한 다음 설명 중 옳지 않은 것을 모은 것은? (다툼이 있는 경우 판례에 의함)

㉠ 부동산의 공동매수인들이 전매차익을 얻으려는 '공동의 목적 달성'을 위하여 상호 협력한 것에 불과하고 이를 넘어 '공동사업을 경영할 목적'이 있었다고 인정되지 않는 경우에도 이들 사이의 법률관계는 민법상 조합관계에 있다.

㉡ 甲이 금전을 출자하면 乙이 골재 현장에서 골재를 생산하여 그 이익금을 50:50으로 나누어 분배하기로 하는 내용의 동업계약에서, 乙이 위 골재현장에 필요한 유류를 공급받으면서 그 상대방에게 조합을 위한 것임을 표시하지 아니하였다 하더라도 상법 제48조에 따라 그 유류공급계약의 효력은 본인인 조합원 전원에게 미친다.

㉢ 공동수급체가 공사를 시행함으로 인하여 도급인에 대하여 가지는 채권은원칙적으로 공동수급체 구성원에게 합유적으로 귀속하는 것이어서 특별한 사정이 없는 한 구성원 중 1인이 임의로 도급인에 대하여 출자지분 비율에 따른 급부를 청구할 수 없고, 구성원 중 1인에 대한 채권으로써 그 구성원 개인을 집행채무자로 하여 공동수급체의 도급인에 대한 채권에 대하여 강제집행을 할 수 없다.

㉣ 민법상의 조합에 있어서 조합규약이나 조합결의에 의하여 자기 이름으로 조합재산을 관리하고 대외적 업무를 집행할 권한을 수여받은 업무집행 조합원은 당연히 조합재산에 관한 소송에 관하여 자기 이름으로 소송을 수

행할 수 있다.

㉤ 조합의 업무집행조합원을 법률상의 소송대리인으로 볼 수 없다.

㉥ 조합의 경우에도 조합원이 하는 보존행위에 관한 능동소송과 조합채무에 관하여 조합원 개인의 책임에 기한 수동소송은 필수적 공동소송이 아니다.

① ㉠, ㉣　　　　② ㉡, ㉤, ㉥　　　　③ ㉣, ㉤

④ ㉢, ㉣　　　　⑤ ㉠, ㉣, ㉤

〈해설〉 정답 ①

㉠ 대법원 2012.8.30. 선고 2010다39918 판결: 수인이 부동산을 공동으로 매수한 경우, 매수인들 사이의 법률관계는 공유관계로서 단순한 공동매수인에 불과할 수도 있고, 그 수인을 조합원으로 하는 동업체에서 매수한 것일 수도 있는데(대법원 2002.6.14. 선고 2000다30622 판결, 대법원 2009.12.24. 선고 2009다75635, 75642 판결 등 참조), 부동산의 공동매수인들이 전매차익을 얻으려는 '공동의 목적 달성'을 위하여 상호 협력한 것에 불과하고 이를 넘어 '공동사업을 경영할 목적'이 있었다고 인정되지 않는 경우에는 이들 사이의 법률관계는 공유관계에 불과할 뿐 민법상 조합관계에 있다고 볼 수 없다(대법원 2004.4.9. 선고 2003다60778 판결, 대법원 2010.2.11. 선고 2009다79729 판결 등 참조). 공동매수의 목적이 전매차익의 획득에 있을 경우 그것이 공동사업을 위하여 동업체에서 매수한 것이 되려면, 적어도 공동매수인들 사이에서 그 매수한 토지를 공유가 아닌 동업체의 재산으로 귀속시키고 공동매수인 전원의 의사에 기하여 전원의 계산으로 처분한 후 그 이익을 분배하기로 하는 명시적 또는 묵시적 의사의 합치가 있어야만 할 것이고, 이와 달리 공동매수 후 매수인별로 토지에 관하여 공유에 기한 지분권을 가지고 각자 자유롭게 그 지분권을 처분하여 대가를 취득할 수 있도록 한 것이라면 이를 동업체에서 매수한 것으로 볼 수는 없다(대법원 2007.6.14. 선고 2005다5140 판결 참조).

㉡ 대법원 2009.1.30. 선고 2008다79340 판결: 민법 제114조 제1항은 "대리인이 그 권한 내에서 본인을 위한 것임을 표시한 의사표시는 직접 본인에게 대하여 효력이 생긴다"라고 규정하고 있으므로, 원칙적으로 대리행위는 본인을 위한 것임을 표시하여야 직접 본인에 대하여 효력이 생기는 것이고, 한편 민법상 조합의 경우 법인격이 없어 조합 자체가 본인이 될 수 없으므로, 이른바 조합대리에 있어서는 본인에 해당하는 모든 조합원을 위한 것임을 표시하여야 하나, 반드시 조합원 전원의 성명을 제시할 필요는 없고, 상대방이 알 수 있을 정도로 조합을 표시하는 것으로 충분하다. 그리고 상법 제48조는 "상행위의 대리인이 본인을 위한 것임을 표시하지 아니하여도 그 행위는 본인에 대하여 효력이 있다. 그러나 상대방이 본인을 위한 것임을 알지 못한 때에는 대리인에 대해서도 이행의 청구를 할 수 있다"고 규정하고 있으므로, 조합대리에 있어서도 그 법률행위가 조합에게 상행위가 되는 경우에는 조합을 위한 것임을 표시하지 않았다고 하더라도 그 법률행위의 효력은 본인인 조합원 전원에게 미친다. 이는 단지 실체법상 조합대리에 있어서 본인의 표시 문제에 관한 것으로 소송상 당사자 표시의 방법으로 원용할 것

은 아니다(김홍엽, p.134).

ⓒ 대법원 2012.5.17. 선고 2009다105406 전원합의체 판결: 공동이행방식의 공동수급체는 기본적으로 민법상의 조합의 성질을 가지는 것이므로(대법원 2000.12.12. 선고 99다49620 판결 등 참조), 공동수급체가 공사를 시행함으로 인하여 도급인에 대하여 가지는 채권은 원칙적으로 공동수급체의 구성원에게 합유적으로 귀속하는 것이어서 특별한 사정이 없는 한 구성원 중 1인이 임의로 도급인에 대하여 출자지분의 비율에 따른 급부를 청구할 수 없고, 구성원 중 1인에 대한 채권으로써 그 구성원 개인을 집행채무자로 하여 공동수급체의 도급인에 대한 채권에 대하여 강제집행을 할 수 없다(대법원 1997.8.26. 선고 97다4401 판결, 대법원 2001.2.23. 선고 2000다68924 판결 등 참조). 그러나 공동이행방식의 공동수급체와 도급인이 공사도급계약에서 발생한 채권과 관련하여 공동수급체가 아닌 개별 구성원으로 하여금 그 지분비율에 따라 직접 도급인에 대하여 권리를 취득하게 하는 약정을 하는 경우와 같이 공사도급계약의 내용에 따라서는 공사도급계약과 관련하여 도급인에 대하여 가지는 채권이 공동수급체의 구성원 각자에게 그 지분비율에 따라 구분하여 귀속될 수도 있고(대법원 2002.1.11. 선고 2001다75332 판결 참조), 위와 같은 약정은 명시적으로는 물론 묵시적으로도 이루어질 수 있다.

ⓡ 업무집행조합원을 선임하는 것과 임의적 소송신탁을 하는 것은 별개의 문제이므로 업무집행조합원으로 선임되었다고 하여 이를 근거로 소송신탁이 되었다고 볼 수 없다. 업무집행조합원이 대외적인 업무집행권을 갖고 있는 경우에도 소송에 관하여 조합원으로부터 별도의 임의적 소송신탁을 받을 것이 필요하다(김홍엽, p.135 참조). 대법원 1984.2.14. 선고 83다카1815 판결: 임의적 소송신탁은 탈법적인 방법에 의한 것이 아닌 한 극히 제한적인 경우에 합리적인 필요가 있다고 인정될 수 있는 것인바, 민법상의 조합에 있어서 조합규약이나 조합결의에 의하여 자기 이름으로 조합재산을 관리하고 대외적 업무를 집행할 권한을 수여받은 업무집행 조합원은 조합재산에 관한 소송에 관하여 조합원으로부터 임의적 소송신탁을 받아 자기 이름으로 소송을 수행하는 것이 허용된다고 할 것이다.

ⓜ 민법 제709조는 업무집행조합원에게 대리권이 있는 것으로 추정하고 있을 뿐이고 달리 다른 법률상 소송대리인의 경우와 같이 재판상 대리에 관하여 명시적 규정을 두고 있지 아니할 뿐만 아니라 업무집행조합원을 법률상 소송대리인으로 보는 경우 대리권의 범위가 지나치게 불명확하여 법원이나 소송상대방에게 예측할 수 없는 불이익을 줄 수 있으므로 업무집행조합원을 법률상 소송대리인으로 보기 어렵다(김홍엽, p.136). 업무집행조합원을 법률상 대리인으로 보고 그에게 소송대리권이 있다고 해석할 수 있다는 입장으로는 이시윤, p.137 참조.

ⓥ 김홍엽, p.134 참조,

문31. 당사자능력에 관한 다음 설명 중 옳지 않은 것은? (다툼이 있는 경우 통설·판례에 의함)

① 비법인사단·재단에 소송법상 당사자능력이 인정되므로 그 사단·재단이 권리자의무자가 되고, 강제집행에 있어서도 사단·재단 자체가 집행당사자가 된다.

② 비법인사단·재단이 받은 판결의 기판력·형성력은 당사자인 사단이나 재단

에만 미치고, 사단의 구성원이나 출연자 개인은 그 효력을 받지 아니한다.

③ 당사자능력 유무는 소제기 시를 기준으로 법원의 직권조사사항이므로 소제기 시에는 조합이었으나, 변론종결 시에 법인화된 경우 소를 각하한다.

④ 당사자능력이 없어 소각하판결을 하여야 하는데도 이를 간과하고 본안판결을 하고 이 판결이 확정되었을 때에 이 판결이 당연무효의 판결이다.

⑤ 어떠한 단체가 실제로 존재하지 않음에도 불구하고 그 단체가 존재하고 그 대표자로 표시된 자가 대표자 자격이 있는 자인 것으로 오인하여 가처분결정이 내려졌다고 하더라도, 그 단체가 실제로 존재하지 않는다면 그 가처분결정은 누구에게도 효력을 발생할 수 없는 무효인 결정이다.

〈해설〉 정답 ③

③ 이를 각하할 것이 아니라 능력취득자의 추인도 불필요하다(이시윤, p.138). 어떤 단체가 비법인사단으로서 당사자능력을 가지는가 하는 것은 소송요건에 관한 것으로서 사실심의 변론종결일을 기준으로 판단하여야 한다(대법원 1997.12.9. 선고 97다18547 판결).

④ 판례는 당사자능력을 간과한 판결은 당연무효로 확정력이 없다고 보고 있다.

문32. 다음 설명 중 옳지 않은 것은? (다툼이 있는 경우 판례에 의함)

① 당사자능력 없는 자가 제기한 가처분에 대한 이의신청 또는 항고는 부적법한 것으로서 각하되어야 한다.

② 실종자를 당사자로 한 판결이 확정된 후에 실종선고가 확정되어 그 사망간주의 시점이 소제기 전으로 소급하는 경우에는 위 판결 자체가 소급하여 당사자능력이 없는 사망한 사람을 상대로 한 판결로서 무효가 된다.

③ 실종자에 대하여 공시송달의 방법으로 소송서류가 송달된 끝에 실종자를 피고로 하는 판결이 확정된 경우에는 실종자의 상속인으로서는 실종선고 확정 후에 실종자의 소송수계인으로서 위 확정판결에 대하여 소송행위의 추후보완에 의한 상소를 하는 것이 가능하다.

④ 사망한 사람을 당사자로 하여 선고된 판결은 당연무효로 확정력이 없어 이에 대한 재심의 소는 부적법하다.

⑤ 쓰레기매립장 설립에 따른 주민들의 권익 보호를 위하여 그 주민들 중 일부를 구성원으로 하고, 의사결정기관으로서의 총회와 그 집행기관을 갖추고, 쓰레기매립장 설립에 따른 주민들의 권익보호를 위하여 독자적인 활동을 하

고 있다면 비법인사단으로서의 실체를 갖추어 당사자능력이 있다.

〈해설〉 정답 ②

① 대법원 2008.7.11.자 2008마520 결정
② 비록 실종자를 당사자로 한 판결이 확정된 후에 실종선고가 확정되어 그 사망간주의 시점이 소
   제기 전으로 소급하는 경우에도 위 판결 자체가 소급하여 당사자능력이 없는 사망한 사람을 상
   대로 한 판결로서 무효가 된다고는 볼 수 없다(대법원 1992.7.14. 선고 92다2455 판결).
③ 대법원 1992.7.14. 선고 92다2455 판결
④ 대법원 1994.12.9. 선고 94다16564 판결
⑤ 대법원 2008.5.29. 선고 2007다63683 판결

문33. 당사자능력에 관한 다음 설명 중 <u>옳지 않은</u> 것을 묶은 것은? (다툼이 있는 경우 다수설·판례에 의함)

> ㉠ 당사자무능력자가 당사자능력을 다투어 상소를 제기하였을 때 상소를 각하한다.
> ㉡ 당사자능력의 유무에 관하여 자백이 있으면 법원은 이에 구속된다.
> ㉢ 당사자능력이 없어 소각하판결을 하여야 하는데도 이를 간과하고 본안판결
>   을 하였을 때에는 확정 전이면 상소에 의하여 취소할 수 있다.
> ㉣ 당사자능력이 없어 소각하판결을 하여야 하는데도 이를 간과하고 본안판결
>   을 하였을 때에는 확정 후에는 재심으로 다툴 수 있다.
> ㉤ 소제기 당시부터 당사자능력이 없는 경우에 올바른 당사자능력자로 고칠
>   수 있는 경우에는 당사자표시정정을 허용한다.
> ㉥ 소제기 후 소송계속 중에 당사자능력을 상실한 때에는 소송수계사유가 된다.

① ㉠, ㉡, ㉣   ② ㉠, ㉡, ㉥   ③ ㉡, ㉣, ㉤
④ ㉡   ⑤ 답이 없다

〈해설〉 정답 ①

㉠ 당사자무능력자도 당사자능력을 다투어 상소를 제기하는 한도 내에서는 능력자로 취급되고 이
   러한 경우 상소를 각하하여서는 아니 된다(김홍엽, p.138; 이시윤 pp.141~142).
㉡ 당사자능력은 본안판결을 받기 위해 필요한 소송요건으로 그 존부는 직권조사사항이다.
㉣ 다수설은 재심을 허용하지 않는다. 이 경우 간과한 판결이 확정된 경우에는 당해 사건에 관해
   서는 당사자능력이 있는 것으로 취급한다. 이시윤, p.142; 김홍엽 pp.138~139 등.

문34. 당사자적격에 관한 다음 설명 중 <u>옳지 않은</u> 것을 묶은 것은? (다툼이 있는 경우 다수설·판례에 의함)

> ㉠ 甲이 乙을 채무자라고 주장하여 대여금청구의 소를 제기하였으나, 丙이 채무자임이 판명된 경우 甲의 乙에 대한 청구는 기각된다.
>
> ㉡ 근저당권설정자 또는 그로부터 소유권을 이전받은 제3취득자는 피담보채무가 소멸된 경우 또는 근저당권설정등기가 당초부터 원인무효인 경우 등에 근저당권자로부터 양수인 앞으로의 근저당권 이전이 무효라는 사유를 내세워 양수인을 상대로 근저당권설정등기의 말소를 구할 수 있다.
>
> ㉢ 등기의무자, 즉 등기부상의 형식상 그 등기에 의하여 권리를 상실하거나 기타 불이익을 받을 자(등기명의인이거나 그 포괄승계인)가 아닌 자를 상대로 한 등기의 말소절차이행을 구하는 소는 당사자적격이 없는 자를 상대로 한 부적법한 소이다.
>
> ㉣ 부동산의 종전 또는 현재의 소유자이거나 근저당권설정계약상 당사자가 아닌 근저당권의 피담보채무에 관한 채무자도 근저당권설정등기의 말소등기를 구할 수 없다.
>
> ㉤ 가등기가 이루어진 부동산에 관하여 제3취득자 앞으로 소유권이전등기가 마쳐진 후 그 가등기가 말소된 경우 그 가등기의 회복등기청구는 종전 소유자를 상대로 하여야 한다.
>
> ㉥ 민사소송 중 재산권상의 청구에 관해서는 소송물인 권리 또는 법률관계에 관하여 관리처분권을 갖는 권리 주체 이외의 자에게 당사자적격이 없다.

① ㉠, ㉡, ㉢   ② ㉡, ㉣, ㉥   ③ ㉡, ㉤, ㉥
④ ㉡, ㉣, ㉤   ⑤ ㉢, ㉤, ㉥

〈해설〉 정답 ③

㉠ 甲의 乙에 대한 청구를 기각할 것이지 각하할 것이 아니다(이시윤, p.144).

㉡ 대법원 2003.4.11. 선고 2003다5016 판결: 근저당권 이전의 부기등기는 기존의 주등기인 근저당권설정등기에 종속되어 주등기와 일체를 이루는 것으로서 기존의 근저당권설정등기에 의한 권리의 승계를 등기부상 명시하는 것일 뿐 그 등기에 의하여 새로운 권리가 생기는 것이 아니므로, 근저당권설정자 또는 그로부터 소유권을 이전받은 제3취득자는 피담보채무가 소멸된 경우 또는 근저당권설정등기가 당초부터 원인무효인 경우 등에 근저당권의 현재의 명의인인 양수인을 상대로 주등기인 근저당권설정등기의 말소를 구할 수 있으나, 근저당권자로부터 양수인

앞으로의 근저당권 이전이 무효라는 사유를 내세워 양수인을 상대로 근저당권설정등기의 말소를 구할 수는 없다.

ⓒ 대법원 1994.2.25. 선고 93다39225 판결 이 판례의 입장에 대해서는 당사자적격을 그르친 경우가 아니라 피고본안적격을 그르친 경우라는 비판이 있다. 이시윤, p.143.

ⓓ 근저당권이 설정된 부동산의 종전 소유자는 근저당권설정계약에 기하여, 또 현재 소유자는 자신의 소유권에 기하여 각기 피담보채무의 소멸이나 원인무효를 원인으로 하여 그 근저당권설정등기의 말소를 청구할 수 있지만, 부동산의 종전 또는 현재의 소유자이거나 근저당권설정계약상 당사자가 아닌 근저당권의 피담보채무에 관한 채무자에 불과한 자는 근저당권의 말소등기에 관하여 직접적인 법률상 이해관계가 있는 등기부상 이해관계인이라 볼 수 없어 위 근저당권설정등기의 말소를 청구할 당사자적격이 없다[대전지법 2008.9.5. 선고 2007가단30192 판결: 확정].

ⓔ 가등기가 이루어진 부동산에 관하여 제3취득자 앞으로 소유권이전등기가 마쳐진 후 그 가등기가 말소된 경우 그와 같이 말소된 가등기의 회복등기절차에서 회복등기의무자는 가등기가 말소될 당시의 소유자인 제3취득자이므로, 그 가등기의 회복등기청구는 회복등기의무자인 제3취득자를 상대로 하여야 한다(대법원 2009.10.15. 선고 2006다43903 판결).

ⓕ 대법원 2012.5.10. 선고 2010다87474 판결: 재산권상의 청구에 관해서는 소송물인 권리 또는 법률관계에 관하여 관리처분권을 갖는 권리 주체에게 당사자적격이 있음이 원칙이다. 다만 제3자라고 하더라도 법률이 정하는 바에 따라 일정한 권리나 법률관계에 관하여 당사자적격이 부여되거나 본래의 권리 주체로부터 그의 의사에 따라 소송수행권을 수여받음으로써 당사자적격이 인정되는 경우가 있으나, 이러한 임의적 소송신탁은 민사소송법 제87조가 정한 변호사대리의 원칙이나 신탁법 제7조가 정한 소송신탁의 금지를 잠탈하는 등의 탈법적 방법에 의하지 않은 것으로서 이를 인정할 합리적 필요가 있다고 인정되는 경우에 한하여 제한적으로만 허용된다.

대법원 1984.2.14. 선고 83다카1815 판결: 민사소송 중 재산권상의 청구에 관해서는 소송물인 권리 또는 법률관계에 관하여 관리처분권을 갖는 권리 주체에게 당사자적격이 있다고 함이 원칙이나 비록 제3자라고 하더라도 법률이 정하는 바에 따라 일정한 권리나 법률관계에 관하여 당사자적격이 부여되는 경우와 본래의 권리 주체로부터 그의 의사에 따라 소송수행권을 수여 받음으로써 당사자적격을 인정하는 경우도 허용된다고 풀이한 것이다. 물론 이와 같은 임의적 소송신탁은 우리나라 법제하에서는 그 허용되는 경우라는 것은 극히 제한적이라고밖에 할 수 없을 것이나 탈법적 방법에 의한 것이 아니고(소송대리를 변호사에 한하게 하고 소송신탁을 금지하는 것을 피하는 따위)이를 인정하는 합리적 필요가 있다고 인정되는 경우가 있을 것이므로 따라서 민법상의 조합에 있어서 조합규약이나 조합결의에 의하여 자기의 이름으로 조합재산을 관리하고 대외적 업무를 집행할 권한을 수여받은 업무집행조합원은 조합재산에 관한 소송에 관하여 조합원으로부터 임의적 소송신탁을 받아 자기의 이름으로 소송을 수행하는 것은 허용된다.

문35. 당사자적격의 존부판단과 본안판단에 관한 다음 설명 중 옳지 않은 것은? (다툼이 있는 경우 통설·판례에 의함)

① 원고 주장 자체로 당사자적격이 판가름되며, 그 판단은 청구의 당부의 판단

에 흡수된다.

② 이행의 소에서 당사자적격은 소송물인 이행청구권이 자신에게 있음을 주장하는 자에게 있는 것이고, 실제로 이행청구권이 존재하는지는 본안심리를 거쳐서 판명되어야 할 사항이다.

③ 이행의 소에 있어서 본안심리의 결과 당사자적격이 없는 경우에는 소를 각하하여야 한다.

④ 일반적으로 당사자적격이 없다고 다투는 것은 본안심리의 대상이 되는 이행청구권의 존부에 관한 주장으로 본다.

⑤ 이행의 소에 있어서 주장 자체로 당사자적격이 없음이 명백한 경우에는 본안판단에 들어가 심리판단하지 않고 소를 각하한다.

〈해설〉 정답 ③

① 대법원 1989.7.25. 선고 88다카26499 판결: 급부의 소에 있어서는 원고의 청구 자체로서 당사자적격이 판가름되고 그 판단은 청구의 당부의 판단에 흡수되는 것이므로 자기의 급부청구권을 주장하는 자가 정당한 원고이고 의무자로 주장된 자가 정당한 피고이다.

② 대법원 2005.10.7. 선고 2003다44387, 44394 판결

③ 본안심리결과 실제 이행청구권자나 의무자가 아님이 판명되면 청구기각의 판결을 할 것이고, 당사자적격의 흠결이라고 하여 소를 각하할 것은 아니다(이시윤, p.145).

④ 김홍엽, p.140.

⑤ 판례의 입장이다. 김홍엽, pp.140∼141 참조.

문36. 다음 〈사례〉에 관한 다음 설명 중 **옳지 않은** 것은? (다툼이 있는 경우 판례에 의함)

<사례 1>

甲은 乙의 丙에 대한 보증금반환채권을 가압류하였다.

<사례 2>

甲은 乙의 丙에 대한 보증금반환채권에 대하여 압류 및 추심명령을 얻어 그 명령이 제3채무자인 丙에게 송달되었다.

<사례 3>

甲은 乙의 丙에 대한 보증금반환채권에 대하여 압류 및 전부명령을 얻어 그 명령이 제3채무자인 丙에게 송달되었다.

---

① <사례 1>의 경우 乙은 丙을 상대로 보증금반환청구의 소를 제기할 수 있다.

② <사례 2>의 경우 丙에 대한 이행의 소는 추심채권자 甲만이 제기할 수 있고 채무자 乙은 피압류채권에 대한 이행소송을 제기할 당사자적격을 상실하고, 乙의 丙에 대한 소는 각하된다.

③ <사례 2>의 경우 甲이 채권압류 및 추심명령에 대한 신청취하 및 추심포기서를 제출한 경우에는 乙은 상실되었던 당사자적격을 회복한다.

④ <사례 3>의 경우 채권에 대한 압류 및 전부명령이 확정된 경우에는 乙은 더 이상 丙에 대한 채권을 행사할 수 없다.

⑤ <사례 3>의 경우 채권에 대한 압류 및 전부명령이 확정된 경우 乙의 丙에 대한 소는 각하된다.

〈해설〉 정답 ⑤

③ 甲이 이 사건 보증금반환채권에 관하여 채권압류 및 추심명령을 받음으로써 乙은 丙에 대하여 피압류채권인 이 사건 보증금반환채권의 지급을 구하는 소를 제기할 당사자적격을 상실하였다는 이유로 이 사건 소를 각하한 경우에도 甲이 이 판결선고 후에 위 채권압류 및 추심명령에 대한 신청취하 및 추심포기서를 제출하였다면 乙은 이 사건 보증금반환채권의 지급을 구하는 소를 제기할 수 있는 당사자적격을 회복한다(대법원 2010.11.25. 선고 2010다64877 판결).

⑤ 소각하가 아니라 청구기각이다.

문37. 다음 중 확인의 소의 당사자적격에 관한 판례의 입장을 모두 묶은 것은?

> ㉠ 미등기 토지나 건물에 관하여 국가를 상대로 소유권확인의 소를 제기할 수 있다.
>
> ㉡ 정당한 공탁금수령권자이면서도 공탁공무원으로부터 공탁금의 출급을 거부당한 자는 직접 국가를 상대방으로 하여 민사소송으로써 그 공탁금의 지급을 구하거나 국가를 상대로 공탁금출급청구권의 확인의 소를 제기할 수 있다.
>
> ㉢ A 대학 교수 甲이 대학교수 乙의 A 대학교 교수지위확인을 구할 법률상의 이익이 있다.
>
> ㉣ 주지 개인을 상대로 주지지위확인의 소를 구할 수 있다.
>
> ㉤ A 종중이 둘로 분열되어 甲과 乙이 서로 대표자라고 다투게 되자 甲이 자신이 종중의 대표자라고 주장하면서 乙을 상대로 A 종중 대표자 지위의 확인을 구할 수 있다.

    ⓗ 아파트입주자대표회의 구성원이 입주자대표회의를 피고로 하여 동별 대표
    자의 선출결의의 무효확인을 구할 이익이 있다.

  ① ㉠, ㉡, ㉣   ② ㉠, ㉢, ㉤   ③ ㉥
  ④ ㉤, ㉥   ⑤ 답이 없다

〈해설〉 정답 ③

㉠ 건물의 경우 가옥대장이나 건축물관리대장의 비치·관리업무는 당해 지방자치단체의 고유사무
로서 국가사무라고 할 수도 없고, 아파트에 관하여 국가를 상대로 한 소유권확인판결을 받는다
고 하더라도 그 판결은 부동산등기법 제131조 제2호에 해당하는 판결이라고 볼 수 없어 이를
근거로 소유권보존등기를 신청할 수도 없다(대법원 1999.5.28. 선고 99다2188 판결).

㉡ 정당한 공탁금수령권자이면서도 공탁공무원으로부터 공탁금의 출급을 거부당한 자는 그 법률상
지위의 불안·위험을 제거하기 위하여 공탁자인 <u>사업시행자를 상대방으로 하여</u> 그 공탁금출급
권의 확인을 구하는 소송을 제기할 이익이 있다(대법원 2007.2.9. 선고 2006다68650,
68667 판결).

㉢ 대법원 1996.5.31. 선고 95다26971 판결

㉣ 대법원 2011.2.10. 선고 2006다65774 판결

㉤ 종중이 둘로 분열되어 甲과 乙이 서로 대표자라고 다투게 되자 甲이 자신이 종중의 대표자라
고 주장하면서 乙을 상대로 그 지위의 확인을 구한 경우 종중이 아닌 개인은 피고적격이 없다.

㉥ 대법원 2008.9.25. 선고 2006다86597 판결

문38. 단체 내부의 분쟁과 당사자적격에 관한 다음 설명 중 <u>옳은</u> 것은? (다툼이 있는 경우 판례에 의함)

    ㉠ 단체 외부의 제3자는 단체결의부존재나 무효확인의 소를 제기할 수 없다.
    ㉡ 학교법인의 이사회결의에 무효사유가 있는 경우 이해관계인은 누구나 무효
    확인의 소를 제기할 수 있다.
    ㉢ 학교법인이 아닌 이사 개인을 상대로 학교법인 이사회의 이사선임결의의
    존부나 효력 유무의 확인판결을 받을 수 없다.
    ㉣ 학교법인을 상대로 이사선임결의의 존부나 효력 유무의 확인판결을 구하면
    서 아울러 이사 개인을 피고로 하여 이사 지위의 부존재확인판결 등을 구
    할 수 있다.
    ㉤ 주주총회결의 무효확인 및 취소소송, 이사회결의무효확인의 소의 피고적격

자는 문제의 결의에 의하여 선출된 대표자 개인이다.

ⓗ 임시의 지위를 정하기 위한 이사직무집행정지가처분에 있어서 피신청인이 될 수 있는 자는 회사이다.

① ㄱ, ㄴ, ㄷ, ㅂ   ② ㄴ, ㄷ   ③ ㄴ, ㄷ, ㄹ

④ ㄴ, ㄷ, ㅂ   ⑤ ㅁ, ㅂ

〈해설〉 정답 ②

ㄱ 제소권자에 제한이 없으므로 확인의 이익이 있으면 누구든 이러한 소를 제기할 수 있다.

ㄴ 대법원 2011.9.8. 선고 2009다67115 판결: 학교법인의 이사회결의에 대한 무효확인의 소를 제기할 수 있는 자가 누구인지에 관하여 사립학교법이나 민법 등에 특별한 규정이 없으므로, 통상 확인의 소의 경우처럼 확인의 이익 내지 법률상 이해관계를 갖는 자는 누구든지 원고적격을 가진다고 보아야 할 것이고, 나아가 확인의 소에서 확인의 이익은 원고의 권리 또는 법률상 지위에 현존하는 불안·위험이 있고 그 불안·위험을 제거하기 위하여 확인판결을 받는 것이 가장 유효적절한 수단일 때에만 인정된다.

ㄷ 대법원 2010.10.28. 선고 2010다30676, 30683 판결

ㄹ 이 경우에도 학교법인이 아닌 이사 개인을 상대로 한 확인판결은 학교법인에 그 효력이 미치지 아니하여 즉시확정의 이익이 없으므로 그러한 확인판결을 구하는 소송은 부적법하다. 대법원 2010.10.28. 선고 2010다30676, 30683 판결

ㅁ 피고적격자는 회사이다. 대법원 1982.9.14. 선고 80다2425 전원합의체 판결

ㅂ 피신청인적격자는 당해 이사이다. 대법원 1982.2.9. 선고 80다2424 판결

문39. 확인의 소에 관한 다음 설명 중 옳지 않은 것은? (다툼이 있는 경우 판례에 의함)

① 확인의 소의 대상은 반드시 원·피고 간의 법률관계에 한하고 원·피고의 일방과 제3자 또는 제3자 상호 간의 법률관계는 확인의 소의 대상이 될 수 없다.

② 조합의 이사장선임결의 부존재확인소송에 있어서, 조합 내의 이사장 선임결의상의 하자를 둘러싸고 일어난 분쟁을 종국적으로 해결하는 데에는 조합만을 당사자로 하여 그 확인을 구하는 것으로 족하고 그 외에 선임된 이사장 개인에 대해서는 따로 그 확인을 구할 필요가 없다.

③ 권리관계에 대하여 당사자 사이에 아무런 다툼이 없어 법적 불안이 없으면 원칙적으로 확인의 이익이 없다고 할 것이나, 피고가 권리관계를 다투어 원

고가 확인의 소를 제기하였고 당해 소송에서 피고가 권리관계를 다툰 바 있다면 특별한 사정이 없는 한 항소심에 이르러 피고가 권리관계를 다투지 않는다는 사유만으로 확인의 이익이 없다고 할 수 없다.

④ 무효 또는 존재하지 않는 주주총회결의의 이름으로 대표이사직을 해임당한 사람은 그가 주주이거나 아니거나를 불문하고 주주총회결의무효확인 또는 그 부존재확인의 청구를 할 수 있다.

⑤ 단체 내부의 분쟁에 관한 본안소송의 피고적격이 회사 내지 단체에 있는 경우, 대표자 내지 반대이익을 가진 사람은 보조참가 등 소송참가를 할 수 있다.

〈해설〉 정답 ①

① 대법원 1990.11.13. 선고 90다카13427 판결: 확인의 소의 대상은 반드시 원·피고 간의 법률관계에 한하지 않고 원·피고의 일방과 제3자 또는 제3자 상호 간의 법률관계라도 원고의 권리 또는 법적 지위에 현존하는 위험, 불안이 있고, 이를 제거하기 위해서는 위 법률관계를 확인의 대상으로 삼아 원·피고 간에서 확인판결에 의하여 즉시로 확정할 법률상의 이익이 있고, 또한 그것이 가장 유효적절한 수단이 될 때에는 역시 확인의 이익이 있다.

② 대법원 1996.4.12. 선고 96다6295 판결

③ 대법원 2009.1.15. 선고 2008다74130 판결

④ 대법원 1962.1.25. 선고 4294민상525 판결

⑤ 김홍엽, p.137 참조.

문40. 다음 설명 중 옳지 않은 것은? (다툼이 있는 경우 판례에 의함)

① 주주총회결의부존재확인소송 또는 신주발행 무효·부존재확인의 소에 있어서 피고가 될 수 있는 자는 당해 주식회사로 한정된다.

② 채권자가 채권자취소권을 행사하려면 사해행위로 인하여 이익을 받은 자나 전득한 자를 상대로 그 법률행위의 취소를 청구하는 소송을 제기하여야 되는 것으로서 채무자를 상대로 그 소송을 제기할 수는 없다.

③ 고유필수적 공동소송에서 공동소송인 일부만 소송을 제기하거나 공동소송인 일부만을 상대로 소송을 제기한 때에는 그 소는 부적법하다.

④ 당사자적격이 없음을 간과하고 행한 본안판결이 확정된 경우 재심사유가 된다.

⑤ 주주총회결의취소소송은 주주, 이사, 감사만이 제기할 수 있다.

<해설> 정답 ④

④ 이러한 판결은 정당한 당사자로 될 사람에게 그 효력이 미치지 아니하므로 무효의 판결이고 확정되더라도 재심사유가 되지 않는다.

문41. 다음 <보기> 중 제3자가 권리관계의 주체인 사람과 함께 소송수행권을 갖는 병행형 법정소송담당으로만 모두 묶인 것은? (다툼이 있는 경우 통설·판례에 의함)

> <보기>
> ㉠ 선정당사자
> ㉡ 채권자대위소송을 하는 채권자
> ㉢ 채권자취소소송을 하는 채권자
> ㉣ 채권질의 채권자
> ㉤ 공유자 전원을 위해 보존행위를 하는 공유자
> ㉥ 채권추심명령을 받은 압류채권자
> ㉦ 주한미군에 대한 손해배상소송에서의 대한민국

① ㉠, ㉡, ㉣, ㉤, ㉥   ② ㉡, ㉢, ㉣, ㉤   ③ ㉠, ㉡, ㉣, ㉤

④ ㉡, ㉣, ㉤   ⑤ ㉡, ㉤, ㉦

<해설> 정답 ④

㉠ 임의적 소송담당
㉡ 병행형 법정소송담당
㉢ 소송담당이 아님
㉣ 병행형 법정소송담당
㉤ 병행형 법정소송담당
㉥ 갈음형 법정소송담당
㉦ 갈음형 법정소송담당

문42. 다음 〈보기〉 중 제3자가 권리관계의 주체인 사람에 갈음하여 소송수
행권을 갖는 갈음형 법정소송담당으로만 모두 묶인 것은? (다툼이 있
는 경우 통설·판례에 의함)

> 〈보기〉
> ㉠ 유언집행자
> ㉡ 상속재산관리인
> ㉢ 부재자재산관리인
> ㉣ 주주대표소송의 주주
> ㉤ 파산재단에 관한 소송에 있어서 파산관재인
> ㉥ 수표의 추심위임배서의 피배서인
> ㉦ 금융기관의 연체대출금의 회수위임을 받은 한국자산관리공사

① ㉠, ㉡, ㉢, ㉣, ㉤   ② ㉠, ㉡, ㉤   ③ ㉠, ㉣, ㉤, ㉥
④ ㉠, ㉡   ⑤ ㉣, ㉤, ㉥, ㉦

〈해설〉 정답 ②

㉠ 갈음형 법정소송담당
㉡ 갈음형 법정소송담당(대법원 2007.6.28. 선고 2005다55879 판결)
㉢ 부재자의 법정대리인
㉣ 병행형 법정소송담당
㉤ 갈음형 법정소송담당
㉥ 임의적 소송담당
㉦ 임의적 소송담당

문43. 채권자대위소송에 대한 다음 설명 중 옳지 않은 것으로만 묶인 것은?
(다툼이 있는 경우 판례·통설에 의함)

> ㉠ 채권자대위소송에서 피보전채권이 인정되지 않으면 당사자적격의 부존재로
> 그 대위소송은 각하되어야 한다.
> ㉡ 채권자가 대위권을 행사할 당시 이미 채무자가 그 권리를 재판상 행사하였
> 을 때에는 설사 패소의 확정판결을 받았더라도 채권자는 채무자를 대위하
> 여 채무자의 권리를 행사할 당사자적격이 없다.

ⓒ 채권자가 채무자에 대한 채권을 보전할 필요가 인정되지 아니하는 경우에는 채권자대위소송은 부적법하다.

ⓡ 채권자가 채무자를 상대로 소유권이전등기절차이행의 소를 제기하여 패소의 확정판결을 받게 되면 채권자는 채무자의 제3자에 대한 권리를 행사하는 채권자대위소송에서 그 확정판결의 기판력으로 말미암아 더 이상 채무자에 대하여 동일한 청구원인으로 소유권이전등기청구를 할 수 없으므로 그러한 권리를 보전하기 위한 채권자대위소송은 그 요건을 갖추지 못하여 부적법하다.

ⓜ 채권자가 채무자에 대한 채권을 보전하기 위하여 제3채무자를 상대로 채무자의 제3채무자에 대한 채권에 기한 이행청구의 소를 제기하는 한편, 채무자를 상대로 피보전채권에 기한 이행청구의 소를 제기한 경우, 채무자가 그 소송절차에서 소멸시효를 원용하는 항변을 하였고, 그러한 사유가 현출된 채권자대위소송에서 심리를 한 결과, 실제로 피보전채권의 소멸시효가 적법하게 완성된 것으로 판단되면, 채권자는 더 이상 채무자를 대위할 권한이 없게 된다.

ⓗ 채권자대위소송에서 당사자적격이 없는 채무자는 자기 이익을 보호받기 위하여 공동소송적 보조참가나 공동소송참가의 방법으로 소송참가를 할 수 있다.

① ㉠, ㉡, ㉣, ㉤, ㉥ ② ㉣, ㉤, ㉥ ③ ㉡, ㉣, ㉤, ㉥
④ ㉣, ㉥ ⑤ 답이 없다

〈해설〉 정답 ⑤

전부 판례 또는 통설의 입장이다.

문11. 유언집행자의 소송상의 지위에 관한 다음 설명 중 옳지 않은 것은? (다툼이 있는 경우 판례에 의함)

① 유언집행자는 유증의 목적인 재산의 관리 기타 유언의 집행에 필요한 모든 행위를 할 권리의무가 있으므로, 유증목적물에 관하여 경료된, 유언의 집행에 방해가 되는 다른 등기의 말소를 구하는 소송에 있어서는 유언집행자가 이른바 법정소송담당으로서 원고적격을 가진다.

② 유언집행자는 유언의 집행에 필요한 범위 내에서는 상속인과 이해상반되는

사항에 관해서도 중립적 입장에서 직무를 수행하여야 하므로, 유언집행자가 있는 경우 그의 유언집행에 필요한 한도에서 상속인의 상속재산에 대한 처분권은 제한되며 그 제한 범위 내에서 상속인은 원고적격이 없다.

③ 민법 제1103조 제1항은 "지정 또는 선임에 의한 유언집행자는 상속인의 대리인으로 본다"고 규정하고 있으나, 이 조항은 유언집행자의 행위의 효과가 상속인에게 귀속함을 규정한 것이지, 유언집행자의 소송수행권과 별도로 상속인 본인의 소송수행권도 언제나 병존함을 규정한 것은 아니다.

④ 유언자가 지정 또는 지정위탁에 의하여 유언집행자의 지정을 한 후에 그 유언집행자가 사망·결격 기타 사유로 자격을 상실한 경우에는 상속인이 민법 제1095조에 의하여 유언집행자가 된다.

⑤ 유언집행자가 수인인 경우 유언집행자에게 유증의무의 이행을 구하는 소송은 유언집행자 전원을 피고로 하는 고유필수적 공동소송이다.

〈해설〉 정답 ④

④ 이 경우에는 유언집행자를 선임하여야 하고, 이 경우 유언집행에 필요한 한도에서 상속인의 상속재산에 대한 처분권은 여전히 제한되며, 그 제한범위 내에서 상속인의 원고적격은 인정될 수 없다(대법원 2010.10.28. 선고 2009다20840 판결).

문45. 다음 설명 중 법정소송담당으로 직무상의 당사자에 해당하는 것은?
(다툼이 있는 경우 판례에 의함)

① 주한미군에 대한 손해배상소송에 있어서 미군 측을 위해 나서는 대한민국
② 해양사고구조료청구에 있어서의 선장
③ 증권 관련 집단소송에 있어서의 대표당사자
④ 소비자단체소송에 있어서의 소비자단체
⑤ 조합의 업무집행조합원

〈해설〉 정답 ②

① 갈음형 법정소송담당이다.
② 가사소송사건에서 피고적격자 사망 후의 검사와 마찬가지로 직무상의 당사자이다.
③ 법원의 허가에 의한 소송담당이다.
④ 법원의 허가에 의한 소송담당이다.
⑤ 임의적 소송담당이다.

문46. 임의적 소송담당에 관한 다음 설명 중 <u>옳지 않은</u> 것은? (다툼이 있는 경우 판례에 의함)

① 수표의 수취인이 발행인과의 분쟁으로 인한 인적 항변에 의하여 수표금을 지급받지 못하게 될 것이 예상되자 제3자를 통한 소제기로 승소판결을 받아 수표금을 지급받기 위하여 제3자를 피배서인으로 하여 수표의 배서양도를 한 경우, 이러한 배서는 제3자로 하여금 소송행위를 하게 하는 것을 주된 목적으로 하는 소송신탁에 해당하여 무효이다.

② 원고의 남편인 A는 제1심 법정에서 원고 측 증인으로 출석하여, 자기가 사업상 시간이 없기 때문에 처인 원고로 하여금 소송을 제기하여 수행케 하고자 이 사건 채권양도를 하였다고 진술한 바 있고, 원고가 A의 증언과는 다른 원인이나 목적에 기하여 이 사건 채권을 양수하였다고 볼 만한 자료를 전혀 찾아볼 수 없을 뿐만 아니라, 피고가 제1심에서부터 위와 같은 소송신탁의 주장을 하고 있음에도 불구하고 원고 측에서는 원심에 이르기까지 이 사건 채권양도의 원인에 대하여 달리 납득할 만한 답변을 하지 아니하고 있음을 알 수 있는 사정에서 이 사건 채권양도는 소송행위를 하게 함을 주목적으로 한 것으로 볼 수밖에 없다.

③ 건설공사 수급인들이 공동협정서에 터 잡아 상호 출자하여 신축공사 관련 사업을 공동으로 시행하기로 하는 내용을 약정함으로써 건설공동수급체를 결성한 경우 그들 사이에는 민법상 조합이 성립하므로 조합 업무를 집행할 권한을 수여받은 업무집행 조합원은 조합재산에 관하여 조합원으로부터 임의적 소송신탁을 받아 자기 이름으로 소송을 수행할 수 있다.

④ 음악저작물에 관하여 공연권까지 신탁받은 바 없는 사단법인 음악저작권협회가 음악저작권자로부터 공연권에 관한 침해금지소송을 신탁받을 합리적 필요성이 있다.

⑤ 소송을 주목적으로 신탁한 것인지를 정함에 있어서는 수탁자가 반드시 직접 소송을 수행함을 요하지 아니하고 소송대리인에게 위임하는 경우에도 이를 인정할 수 있다.

〈해설〉 정답 ④

① 수표의 숨은 추심위임배서가 소송행위를 하게 하는 것을 그 주된 목적으로 하는 경우에는 신탁법 제7조를 위반하는 권리이전행위이므로 무효이고, 소송행위를 하게 하는 것이 주목적인지는 추심위임배서에 이르게 된 경위와 방식, 추심위임배서가 이루어진 후 제소에 이르기까지의 시간적 간격, 배서인과 피배서인 간의 신분관계 등 여러 상황에 비추어 판단하여야 한다(대법원 2007.12.13. 선고 2007다53464 판결).
② 대법원 1996.3.26. 선고 95다20041 판결
③ 대법원 2001.2.23. 선고 2000다68924 판결
④ 대법원 2012.5.10. 선고 2010다87474 판결: 음악저작물에 관하여 공연권까지 신탁받은 바 없는 사단법인 음악저작권협회가 음악저작권자로부터 공연권에 관한 침해금지소송을 신탁받을 합리적 필요성은 없다.
⑤ 대법원 2006.6.27. 선고 2006다463 판결

문47. 제3자의 소송담당에 관한 다음 설명 중 옳지 않은 것은? (다툼이 있는 경우 판례에 의함)

① 채권자대위소송에 있어서 제3채무자는 피보전채권의 시효소멸항변을 할 수 있다.
② 다수의 채권자가 채권자단의 대표에게 자신들의 채권을 양도하고 그 양도된 채권을 피담보채권으로 한 근저당권을 양수인 명의로 설정받은 경우, 다수 당사자가 권리를 행사하는 불편함을 없애고 채권의 효율적인 회수를 하기 위하여 채권양도를 한 점 등 제반 사정에 비추어 그 채권양도는 소송행위를 하게 하는 것이 주목적이었다고 볼 수 없다.
③ 당사자적격에 관한 사항은 소송요건에 관한 것으로서 사실심의 변론종결 시를 기준으로 법원이 이를 직권으로 조사하여 판단하여야 하고, 비록 당사자가 사실심 변론종결 시까지 이에 관하여 주장하지 아니하였다고 하더라도 상고심에서 새로이 이를 주장·증명할 수 있다.
④ 당사자적격의 흠을 간과한 확정판결은 무효이다.
⑤ 회생절차개시 결정 후 관리인이 신고채권에 이의한 경우 관리인을 상대로 물품대금청구를 할 수 없다.

〈해설〉 정답 ①

① 채권자가 채권자대위권을 행사하여 제3자에 대하여 하는 청구에 있어서, 제3채무자는 채무자가 채권자에 대하여 가지는 항변으로 대항할 수 없고, 채권의 소멸시효가 완성된 경우 이를 원용할 수 있는 자는 원칙적으로는 시효이익을 직접 받는 자뿐이고, 채권자대위소송의 제3채무

자는 이를 행사할 수 없다(대법원 2004.2.12. 선고 2001다10151 판결). 다만 채권자가 채무자에 대한 채권을 보전하기 위하여 제3채무자를 상대로 채무자의 제3채무자에 대한 채권에 기한 이행청구의 소를 제기하는 한편, 채무자를 상대로 피보전채권에 기한 이행청구의 소를 제기한 경우, 채무자가 그 소송절차에서 소멸시효를 원용하는 항변을 하였고, 그러한 사유가 현출된 채권자대위소송에서 심리를 한 결과, 실제로 피보전채권의 소멸시효가 적법하게 완성된 것으로 판단되면, 채권자는 더 이상 채무자를 대위할 권한이 없게 된다(대법원 2008.1.31. 선고 2007다64471 판결).

② 대법원 2002.12.6. 선고 2000다4210 판결

③ 대법원 2010.2.25. 선고 2009다85717 판결

④ 예컨대 부부를 당사자로 하지 않은 혼인무효 · 취소판결, 주주 아닌 자가 제기하여 받은 주주총회결의취소판결은 무효로 된다. 이시윤, p.147 참조.

⑤ 대법원 2011.5.26. 선고 2011다10310 판결: 채무자 회생 및 파산에 관한 법률(이하 '법'이라 한다)에 의한 회생절차에 참가하고자 하는 회생채권자는 회생채권 신고를 하여야 하고(법 제148조 제1항), 신고된 회생채권에 대하여 이의가 제기된 때에는 이의자 전원을 상대방으로 하여 법원에 채권조사확정재판을 신청할 수 있으며(법 제170조 제1항), 그 재판에 불복하는 자는 채권조사확정재판에 대한 이의의 소를 제기할 수 있다(법 제171조 제1항). 다만 회생절차개시 당시 회생채권에 관한 소송이 계속 중인 경우 회생채권자는 회생채권 신고를 하고, 신고된 회생채권에 대하여 이의가 제기된 때에는 이의자 전원을 소송 상대방으로 하여 소송절차를 수계하여야 한다(법 제172조 제1항). 따라서 회생절차가 개시된 후 회생채권자가 회생채권 이의자를 상대로 회생채권 이행을 구하는 소를 제기하거나, 회생절차개시 당시 회생채권에 관한 소송이 계속 중이지 않은 회생채권자가 법 제170조와 제171조에 규정된 절차를 거치는 대신에 회생권확정을 구하는 소를 제기하는 것은 부적법하다(갑이 을 회사에 대한 회생절차개시 결정 이후 관리인 병을 상대로 물품대금 이행과 회생채권 확정을 구하는 소를 제기한 것이 적법한지가 문제 된 사안에서, 회생절차에서 갑이 신고한 회생채권에 대하여 병이 이의를 하였으므로, 갑은 병을 상대방으로 하여 법원에 채권조사확정의 재판을 신청하고 그 재판 결과에 따라 채권조사확정재판에 대한 이의의 소를 제기하여 채권의 존부나 범위를 다투어야 하며, 회생절차개시결정 후 병을 상대로 물품대금 이행이나 회생채권 확정을 구하는 소를 제기한 것은 부적법하다고 한 사례).

문48. 공동주택 입주자대표회의 지위에 관한 다음 설명 중 옳지 않은 것은? (다툼이 있는 경우 판례에 의함)

① 집합건물에 있어서 공용부분이나 구분소유자의 공유에 속하는 건물의 대지 또는 부속시설을 제3자가 불법으로 점유하는 경우에 그 제3자에 대하여 방해배제와 부당이득의 반환 또는 손해배상을 청구하는 법률관계는 구분소유자에게 단체적으로 귀속되는 법률관계가 아니고 공용부분 등의 공유지분권에 기초한 것이어서 그와 같은 소송은 1차적으로 구분소유자가 각각 또는

전원의 이름으로 할 수 있다.

② 집합건물에 관하여 구분소유관계가 성립하면 동시에 법률상 당연하게 구분소유자의 전원으로 건물 및 그 대지와 부속시설의 관리에 관한 사항의 시행을 목적으로 하는 단체인 관리단이 구성되고, 관리단집회의 결의에서 관리인이 선임되면 관리인이 사업집행에 관련하여 관리단을 대표하여 위 ①에서와 같은 재판상 또는 재판외의 행위를 할 수 있다.

③ 공동주택관리규약에서 입주자대표회의가 공동주택의 구분소유자를 대리하여 공용부분 등의 구분소유권에 기초한 방해배제청구 등의 권리를 행사할 수 있다고 규정하고 있는 경우 이러한 규약내용은 효력이 있다.

④ 입주자대표회의는 공동주택의 구분소유자들로부터 하자보수에 갈음한 손해배상청구권을 양도받아 사업 주체를 상대로 아파트입주자대표회의가 당사자가 되어 소송을 제기할 수 있다.

⑤ 아파트에 발생한 하자와 관련된 손해배상청구는 구분소유자들 전원이 원고가 되어 소를 제기해야만 하는 필수적 공동소송이 아니다.

〈해설〉 정답 ③

① 집합건물법에 의한 하자보수에 갈음하는 손해배상청구권은 특별한 사정이 없는 한 구분소유자 등 권리자에게 전유부분의 지분비율에 따라 분할 귀속하는 것이 원칙이므로, 구분소유자 등 권리자는 각자에게 분할 귀속된 하자담보추급권을 개별적으로 행사하여 분양자를 상대로 손해배상청구의 소를 제기할 수 있다.

② 대법원 2012.9.13. 선고 2009다23160 판결

③ 주택건설촉진법 제38조, 공동주택관리령 제10조의 규정에 따라 성립된 입주자대표회의는 공동주택의 관리에 관한 사항을 결정하여 시행하는 등의 관리권한만을 가질 뿐으로 구분소유자에게 고유하게 귀속하는 공용부분 등의 불법 점유자에 대한 방해배제청구 등의 권리를 재판상 행사할 수 없고, 또 집합건물의 소유 및 관리에 관한 법률 부칙 제6조에 따라서 집합주택의 관리방법과 기준에 관한 주택건설촉진법의 특별한 규정은 그것이 위 법률에 저촉하여 구분소유자의 기본적인 권리를 해하면 효력이 없으므로 공동주택관리규약에서 입주자대표회의가 공동주택의 구분소유자를 대리하여 공용부분 등의 구분소유권에 기초한 방해배제청구 등의 권리를 행사할 수 있다고 규정하고 있다고 하더라도 이러한 규약내용은 효력이 없다.

④ 대법원 2008.12.24. 선고 2008다48490 판결

⑤ 대법원 2012.9.13. 선고 2009다23160 판결

문49. 소송능력에 대한 다음 설명 중 옳은 것으로만 묶인 것은? (다툼이 있는 경우 판례에 의함)

> ㉠ 증인이나 당사자 본인신문을 받는 경우에도 소송능력이 필요하다.
> ㉡ 소송능력이 없는 자도 법정대리인이 될 수 있다.
> ㉢ 외국인의 경우 소송능력을 본국법에 의하여 정하기 때문에 본국법상 소송무능력자는 한국법에 의하여 소송능력자인 경우에도 소송무능력자로 본다.
> ㉣ 피성년후견인이 아닌 의사무능력자에 대해서도 법정대리인의 대리를 인정한다.
> ㉤ 법정대리인이 처분을 허락한 재산에 대해서도 미성년자의 소송능력은 인정되지 아니한다.
> ㉥ 미성년자가 법정대리인의 허락을 얻어 영업에 관한 법률행위를 하는 경우 그 범위 내에서 소송능력이 인정된다.
> ㉦ 소송무능력자의 소송행위나 소송무능력자에 대한 소송행위는 취소할 수 있다.

① ㉠, ㉡, ㉣, ㉤, ㉥   ② ㉣, ㉤, ㉥   ③ ㉡, ㉣, ㉤, ㉥
④ ㉣, ㉥   ⑤ ㉡, ㉣, ㉤, ㉥

〈해설〉 정답 ②

㉠ 증거방법으로서 증거조사의 대상이 되는 경우에는 소송능력이 필요 없다.
㉡ 소송능력이 없는 자는 법정대리인이 될 수 없다.
㉢ 본국법상 소송무능력자라 하여도 한국법상 소송능력자라면 소송능력자로 본다.
㉣ 대법원 1993.7.27. 선고 93다8986 판결
㉤ 이시윤, p.152; 김홍엽, p.159 참조.
㉥ 이시윤, p.152; 김홍엽, p.159 참조.
㉦ 소송무능력자의 소송행위나 소송무능력자에 대한 소송행위는 무효이다.

문50. 소송능력에 관한 다음 설명 중 옳지 않은 것은? (다툼이 있는 경우 판례에 의함)

① 상급심에서 소송무능력자가 한 하급심의 소송행위를 추인할 수 있다.
② 소송능력은 개개의 소송행위의 유효요건이고, 소송무능력을 간과하고 본안판결을 한 경우 그 판결은 당연무효의 판결이다.
③ 미성년자에 의하여 제기된 소는 부적법 각하하여야 한다.
④ 소제기 뒤 소송계속 중에 소송능력을 상실한 경우 법정대리인이 소송절차를

수계할 때까지 소송절차가 중단된다.

⑤ 판결정본이 무능력자에게만 송달되고 법정대리인에게 송달되지 않으면 상소기간이 진행되지 않는다.

〈해설〉 정답 ②

② 당연무효라 할 수 없고, 당사자는 상소나 재심으로 다툴 수 있다.

문51. 변론능력에 관한 다음 설명 중 옳지 않은 것은? (다툼이 있는 경우 판례에 의함)

① 상소권의 포기나 관할의 합의 등 당사자 간의 소송행위에 있어서 변론능력은 필요 없다.

② 진술금지의 재판의 효력은 진술금지를 명한 기일에만 한정하는 것이 아니라 그 심급 이후의 변론 전부에 미친다.

③ 원고 또는 피고가 진술금지의 재판과 함께 변호사선임명령을 받은 경우 새 기일까지 변호사를 선임하지 아니한 때에는 법원은 결정으로 소 또는 상소를 각하할 수 있다.

④ 법원이 변론능력에 흠이 있음을 간과하고 종국재판을 한 경우 상소 또는 재심의 소가 허용되지 않는다.

⑤ 선정당사자가 진술금지와 함께 변호사선임명령을 받았지만 이 사실을 선정자에게 통지하지 아니한 경우에는 변호사 불선임을 이유로 소를 각하할 수 없다.

〈해설〉 정답 ③

③ 피고 등 소극적 당사자가 선임명령을 받은 경우에는 아무런 제재가 없다. 민소법 제144조 제4항 참조.

문52. 다음 〈보기〉 중 옳은 것을 모두 고른 것은? (다툼이 있는 경우 판례에 의함)

<보기>
㉠ 특별대리인도 법정대리인이다.
㉡ 선정당사자도 대리인이다.

ⓒ 유언집행자도 상속인의 대리인이다.

ⓔ 상속재산관리인도 상속인의 법정대리인이다.

ⓜ 법원의 선임명령을 받아 선임된 대리인은 법정대리인이다.

ⓗ 부재자재산관리인도 소송상의 법정대리인이다.

① ㉠, ㉤, ㉧ 　② ㉧, ㉪ 　③ ㉠, ㉤, ㉧, ㉪

④ ㉠ 　⑤ ㉠, ㉧

〈해설〉 정답 ⑤

㉠ 소송상의 특별대리인은 개개의 소송절차에서 법원이 선임한 법정대리인이다.

ⓛ 선정당사자는 소송담당자로 대리인이 아니다.

ⓒ 다수설과 판례는 유언집행자를 소송담당자로 본다.

ⓔ 판례는 소송담당자로 보고 있다.

ⓜ 대리인의 선택은 본인이 한 것이므로 임의대리인이다.

ⓗ 법원이 선임한 부재자재산관리인은 소송상의 법정대리인이다.

문53. 다음 설명 중 판례의 입장이 <u>아닌</u> 것은? (다툼이 있는 경우 판례에 의함)

① 피상속인의 사망으로 인하여 1차 상속이 개시되고 그 1차 상속인 중 1인이 다시 사망하여 2차 상속이 개시된 후 1차 상속의 상속인들과 2차 상속의 상속인들이 1차 상속의 상속재산에 관하여 분할협의를 하는 경우에 2차 상속의 공동상속인인 친권자가 수인의 미성년자 법정대리인으로서 상속재산 분할협의를 할 수 있다.

② 甲이 그의 처인 乙을 상대로 하여 제기한 이혼청구사건에 甲의 父인 A가 甲은 의사능력이 전무하고 기동조차 불가능한 식물인간상태에 있으므로 甲의 형인 B를 甲을 위한 특별대리인으로 선임신청을 할 수 있다.

③ 비법인사단과 그 대표자 사이의 이익이 상반되는 사항에 관한 소송행위에 있어서는 위 대표자에게 대표권이 없으므로, 달리 위 대표자를 대신하여 비법인사단을 대표할 자가 없는 한 이해관계인은 특별대리인의 선임을 신청할 수 있다.

④ 사실상 의사능력을 상실한 상태에 있어 소송능력이 없는 사람에 대하여 소송을 제기하는 경우에도 특별대리인을 선임할 수 있다.

⑤ 식물인간이 된 남편이 아내 상대의 간통이혼청구에서 후견인이 아내인 때 어머니를 특별대리인으로 선임신청을 할 수 있다.

〈해설〉 정답 ①

① 대법원 2011.3.10. 선고 2007다17482 판결: 상속재산에 대하여 소유의 범위를 정하는 내용의 공동상속재산 분할협의는 그 행위의 객관적 성질상 상속인 상호 간 이해의 대립이 생길 우려가 없다고 볼 만한 특별한 사정이 없는 한 민법 제921조의 이해상반되는 행위에 해당한다. 그리고 피상속인의 사망으로 인하여 1차 상속이 개시되고 그 1차 상속인 중 1인이 다시 사망하여 2차 상속이 개시된 후 1차 상속의 상속인들과 2차 상속의 상속인들이 1차 상속의 상속재산에 관하여 분할협의를 하는 경우에 2차 상속인 중에 수인의 미성년자가 있다면 이들 미성년자 각자마다 특별대리인을 선임하여 각 특별대리인이 각 미성년자를 대리하여 상속재산 분할협의를 하여야 하고, 만약 2차 상속의 공동상속인인 친권자가 수인의 미성년자 법정대리인으로서 상속재산 분할협의를 한다면 이는 민법 제921조에 위배되는 것이며, 이러한 대리행위에 의하여 성립된 상속재산 분할협의는 피대리자 전원에 의한 추인이 없는 한 전체가 무효이다.
② 대법원 1987.11.23.자 87스18 결정
③ 대법원 1992.3.10. 선고 91다25208 판결
④ 대법원 1993.7.27. 선고 93다8986 판결
⑤ 위 대법원 1987.11.23.자 87스18 결정은 특별대리인선임신청을 배척한 원심결정을 파기하였다.

문54. 다음 〈사례〉에 관한 설명 중 옳지 않은 것은? (다툼이 있는 경우 판례에 의함)

<사례>
甲은 부친 A와 함께 직접 乙 은행을 방문하여 금 5,000만 원을 대출받고 금전소비대차약정서 및 근저당권설정계약서에 날인하였으나, 甲이 어릴 때부터 지능지수가 낮아 정규교육을 받지 못한 채 가족의 도움으로 살아왔고, 위 계약일 2년 8개월 후 실시된 신체감정결과 지능지수는 73, 사회연령은 6세 수준으로서 이름을 정확하게 쓰지 못하고 간단한 셈도 불가능하며, 甲의 본래 지능수준도 이와 크게 다르지 않을 것으로 추정된다는 감정결과가 나왔다. 乙 은행이 근저당권이 설정된 甲 소유의 부동산에 관하여 담보권실행을 위한 임의경매를 신청하여 B에게 매각되고 甲의 형 C가 甲의 특별대리인으로 선임되어 위 대출계약 및 근저당권설정계약의 무효를 주장하고 있다.

① 의사무능력자이지만 아직 금치산선고까지 받지 않은 자도 소송무능력자에

준하여 특별대리인을 선임할 수 있다.

② 甲이 위 계약 당시 결코 적지 않은 금액을 대출받고 이에 대하여 자신 소유의 부동산을 담보로 제공함으로써 만약 대출금을 변제하지 못할 때에는 근저당권의 실행으로 인하여 소유권을 상실할 수 있다는 일련의 법률적인 의미와 효과를 이해할 수 있는 의사능력을 갖추고 있었다고 볼 수 없고, 따라서 위 계약은 의사능력을 흠결한 상태에서 체결된 것으로서 무효이다.

③ 의사무능력자가 채권자와 사이에 금전소비대차계약을 체결하고 그 대여금채권을 담보하기 위하여 자신의 소유의 부동산에 근저당권을 설정하여 준 후 위 근저당권에 기한 임의경매절차가 진행되어 최고가매수인에 대한 매각허가결정이 확정되고 그 매각대금에 대한 배당절차가 진행된 경우에, 의사무능력자의 법정대리인 등은 위 근저당권설정계약의 무효를 주장하여 매수인을 상대로 소유권의 취득을 다툴 수 있지만, 이와 별도로 배당금을 수령할 권리가 없는 근저당권자에게 배당이 이루어지는 것을 저지하기 위하여 배당절차에서 위 근저당권 및 피담보채권의 부존재를 주장하여 채권자의 배당액에 대하여 이의하고 나아가 채권자를 상대로 배당이의 소송을 제기하는 것도 가능하다.

④ 의사무능력자 甲의 사실상의 후견인이었던 아버지 乙의 보조를 받아 의사무능력자가 자신의 명의로 대출계약을 체결하고 의사무능력자 소유 부동산에 관하여 근저당권을 설정한 후, 의사무능력자의 형 C가 특별대리인으로 선임되어 위 대출계약 및 근저당권설정계약의 효력을 부인하는 것은 신의칙에 반하여 허용되지 않는다고 할 수 없다.

⑤ 의사무능력자가 자신이 소유하는 부동산에 근저당권을 설정해주고 금융기관으로부터 금원을 대출받아 이를 제3자에게 대여한 경우 대출로써 받은 이익이 위 제3자에 대한 대여금채권 또는 부당이득반환채권의 형태로 현존하므로, 금융기관은 대출거래약정 등의 무효에 따른 원상회복으로서 위 대출금 자체의 반환을 구할 수는 없더라도 현존 이익인 위 채권의 양도를 구할 수 있고, 위 이익이 현존하지 않음은 금융기관이 입증하여야 한다.

〈해설〉 정답 ⑤

④ 의사무능력자의 사실상의 후견인이었던 아버지의 보조를 받아 의사무능력자가 자신의 명의로

대출계약을 체결하고 의사무능력자 소유 부동산에 관하여 근저당권을 설정한 후, 의사무능력자의 여동생이 특별대리인으로 선임되어 위 대출계약 및 근저당권설정계약의 효력을 부인하는 경우에, 이러한 무효 주장이 거래관계에 있는 당사자의 신뢰를 배신하고 정의의 관념에 반할 것 같은 예외적인 경우에 해당하지 않는 한, 의사무능력자에 의하여 행하여진 법률행위의 무효를 주장하는 것이 신의칙에 반하여 허용되지 않는다고 할 수 없다(대법원 2006.9.22. 선고 2004다51627 판결).

⑤ 이익이 현존하지 않음은 의사무능력자 측에 입증책임이 있다(대법원 2009.1.15. 선고 2008다58367 판결).

문55. 특별대리인의 선임에 관한 다음 설명 중 <u>옳지 않은</u> 것은? (다툼이 있는 경우 판례에 의함)

① 무능력자 본인은 특별대리인선임신청을 할 수 없다.

② 양모가 미성년자를 상대로 한 소유권이전등기소송에서 법원은 특별대리인을 선임하여야 한다.

③ 특별대리인 선임신청기각결정에 대해서는 항고할 수 있으나, 선임결정에 대해서는 항고할 수 없다.

④ 특별대리인이 소를 제기하고 유지하는 행위를 함에는 후견인과 같은 특별수권을 필요로 한다.

⑤ 특별대리인은 선임된 당해소송에서 법정대리인과 같은 권한을 갖는다.

〈해설〉 정답 ④

④ 판례는 이 경우 특별수권을 요하지 않는다고 한다. 대법원 1983.2.8. 선고 82므34 판결: 민사소송법 제58조에 따라 선임된 특별대리인은 그 선임결정에 따라서 상대방이 제기한 소송에 응소할 수 있을 뿐만 아니라 스스로 소송을 제기하고 이를 수행할 수 있고 그와 같은 소송행위를 함에는 동 조 제4항의 특별수권을 필요로 하는 것이 아니다.

문56. 특별대리인에 관한 다음 설명 중 <u>옳은</u> 것으로만 묶인 것은? (다툼이 있는 경우 판례에 의함)

> ㉠ 법인의 대표자의 자격이나 대표권에 흠이 있어 그 법인이 또는 그 법인에 대하여 소송행위를 하기 위하여 수소법원에 특별대리인 선임을 신청할 수 있다.
>
> ㉡ 특별대리인이 선임된 후 소송절차가 진행되던 중에 법인의 대표자 자격이나

대표권에 있던 흠이 보완된 경우에도 특별대리인에 대한 수소법원의 해임결정이 있기 전에는 그 대표자는 법인을 위하여 유효하게 소송행위를 할 수 없다.

ⓒ 주권이 발행되지 않은 주식회사의 주식을 양수한 사람이 주주총회를 개최하여 새로이 대표이사를 선임하였으나, 새로이 선임된 대표이사가 주식회사의 적법한 대표자의 자격이 없으므로 이 경우 회사는 특별대리인선임신청을 할 수 있다.

ⓓ 친권자와 미성년자인 자의 이익상반행위에 대해서는 친권자가 가정법원에 그 자의 특별대리인의 선임을 청구하여야 하고, 민법 제921조에 따라 선임된 특별대리인은 소송법상의 특별대리인이 아니므로 그 후에 제기된 소송절차 등에서 소송법상의 특별대리인을 선임하여야 한다.

ⓔ 법인의 이사와 법인의 이익상반행위에 대하여 선임된 특별대리인은 소송법상의 특별대리인이 아니다.

ⓕ 주식회사의 대표이사와 회사 사이에 이익상반하는 소송에서 소송법상의 특별대리인을 선임하여야 한다.

① ㉠, ㉡, ㉢   ② ㉠, ㉣, ㉥   ③ ㉠, ㉤

④ ㉠   ⑤ 답이 없다

〈해설〉 정답 ③

㉠ 민사소송법 제64조, 제62조 참조.

㉡ 대법원 2011.1.27. 선고 2008다85758 판결: 수소법원에 의하여 선임되는 특별대리인은 법인의 대표자가 대표권을 행사할 수 없는 흠을 보충하기 위하여 마련된 제도이므로, 이러한 제도의 취지에 비추어 보면 특별대리인이 선임된 후 소송절차가 진행되던 중에 법인의 대표자 자격이나 대표권에 있던 흠이 보완되었다면 특별대리인에 대한 수소법원의 해임결정이 있기 전이라 하더라도 그 대표자는 법인을 위하여 유효하게 소송행위를 할 수 있다.

㉢ 대법원 1974.12.10. 선고 74다428 판결: 주권이 발행된 바 없는 주식회사의 주식을 양수한 사람들은 유효한 주주가 될 수 없으니 그들이 주주총회를 개최하여 회사의 대표이사를 선임하였다 하더라도 그는 적법한 대표자의 자격이 없다. 위의 경우에 새로이 선임된 대표이사가 주식회사의 적법한 대표자의 자격이 없으니 당초의 대표이사가 상법 386조 389조 3항에 의하여 적법한 대표이사가 새로 선임되어 취임할 때까지 회사의 대표이사의 권리의무를 지므로 당해 회사는 민사소송법 58조, 60조에 의한 '대표자가 없거나 대표자가 대표권을 행사할 수 없는 경우'에 해당하지 않아 특별대리인을 선임할 수 없다.

㉣ 민법 제921조에 따라 선임된 특별대리인이 그 후에 제기된 소송절차 등에서 미성년인 자를 대리할 수 있다. 김홍엽, pp.168~169 참조.

ⓜ 민법 제64조, 비송사건절차법 제33조 참조.

ⓗ 이 경우에는 상법 제394조의 특별규정에 따라 감사가 회사를 대표하므로 소송법상의 특별대리인의 선임에 관한 규정이 적용될 여지가 없다.

문57. 법정대리인의 권한과 지위에 대한 다음 설명 중 옳은 것으로만 묶인 것은? (다툼이 있는 경우 판례에 의함)

> ㉠ 친권자는 자를 대리하여 일체의 소송행위를 할 수 있다.
>
> ㉡ 친권을 공동행사하는 부모의 일방이 자를 위하여 소를 제기할 수 있다.
>
> ㉢ 무능력자를 위한 특별대리인이 소의 취하, 화해, 청구의 포기·인낙 또는 소송탈퇴를 할 때에는 친족회(2013.7.1.부터는 후견감독인)의 특별한 권한(동의)을 얻어야 한다.
>
> ㉣ 법정대리인의 사망이나 대리권 소멸은 소송절차의 중단사유가 된다.
>
> ㉤ 본인이 사망한 경우 법정대리인의 대리권은 소멸되지 않는다.
>
> ㉥ 법정대리인은 당사자가 아니므로 당해 소송에서 보조참가인이 될 수 있다.

① ㉠, ㉡, ㉢, ㉣   ② ㉠, ㉢, ㉣   ③ ㉢, ㉣, ㉤, ㉥

④ ㉠, ㉢, ㉥   ⑤ ㉢, ㉣, ㉤

〈해설〉 정답 ②

㉡ 부모 공동으로 소를 제기하여야 한다(공동대리).

㉤ 본인 또는 법정대리인의 사망은 법정대리권의 소멸원인이다.

㉥ 법정대리인은 당사자에 준하기 때문에 보조참가인이나 증인이 될 수 없다.

문58. 다음 사례에 관한 설명 중 가장 옳지 않은 것은? (다툼이 있는 경우 판례에 의함)

> <사례>
>
> 甲 주식회사의 대표이사인 A가 甲 회사를 대표하여 乙을 상대로 소를 제기하였는데 소송계속 중 A가 그 대표이사직을 사임하였음에도 불구하고 소를 취하하였다.

① 법인 대표자의 대표권이 소멸된 경우에도 그 통지가 있을 때까지는 다른 특별한 사정이 없는 한 소송절차상으로는 그 대표권이 소멸되지 아니한 것으

로 보아야 하므로, 대표권 소멸사실의 통지가 없는 상태에서 구 대표자가 한 소취하는 유효하다.

② 이 경우 A 회사의 신 대표자가 이의를 했는지를 불문하고 구 대표자가 한 소취하는 유효하다.

③ 乙이 A의 대표권 소멸사실을 알고 있는 경우에는 A에 의한 소취하는 무효로 된다.

④ 이미 대표권을 상실한 구 대표자 또는 이미 소송대리권을 상실한 구 소송대리인에 대한 법원의 송달도 유효하다.

⑤ 법원에 법정대리권의 소멸사실이 알려진 뒤에는 상대방에게 통지 전이라도 구 대리인에 의한 소의 취하, 화해, 청구의 포기·인낙, 독립참가에서의 탈퇴 등의 행위를 할 수 없다.

〈해설〉 정답 ③

③ 상대방이 대표권 소멸사유의 발생을 알든 모르든 모른 데 과실이 있든 없든 유효하다(대법원 2007.5.10. 선고 2007다7256 판결).

문59. 법인 등의 대표자에 관한 다음 설명 중 옳은 것은? (다툼이 있는 경우 판례에 의함)

① 종중이나 교회 등 비법인사사단이 비록 보존행위에 해당하는 소송을 제기하는 경우에는 대표자 혼자서 제기할 수 있다.

② 대표자에 대한 직무집행정지 및 직무대행자 선임가처분이 된 경우 그 본안소송에서 단체를 대표할 자는 직무집행을 정지당한 대표자이다.

③ 재건축조합의 조합장에 대하여 직무집행을 정지하고 직무대행자를 선임하는 가처분결정이 있은 후 그 직무대행자에 의하여 소집된 임시총회에서 직무집행이 정지된 종전 조합장이 다시 조합장으로 선임된 경우에는 다시 조합장으로 선임된 종전 조합장이 대표권을 가진다.

④ 종종·문중의 대표자는 특별한 규약이 없는 한 宗長 또는 門長이 종중원인 성년 이상의 남자 모두를 소집하고 그 출석자의 과반수의 결의에 의하여 선출된 자가 종종·문중의 대표자가 된다.

⑤ 주식회사의 대표이사직무대행자가 하는 소송대리인의 선임이나 보수계약의

체결 등은 회사의 常務에 속하는 것이나, 청구인낙, 항소의 취하 등 상무에 속하지 않는 행위는 법원의 특별수권을 얻어야 한다.

〈해설〉 정답 ⑤

① 종중이나 교회 등 비법인사사단이 비록 보존행위에 해당하는 소송을 제기하는 경우라도 대표자 혼자서가 아니라 사원총회의 결의를 거쳐 그 사단 명의로 하거나 구성원 전원이 필수적 공동소송의 형태로 소를 제기하여야 한다.
② 대표자 직무대행자가 대표자가 된다.
③ 재건축조합의 조합장에 대하여 직무집행을 정지하고 직무대행자를 선임하는 가처분결정이 있은 후 그 직무대행자에 의하여 소집된 임시총회에서 직무집행이 정지된 종전 조합장이 다시 조합장으로 선임되었다 하더라도 위 가처분결정이 취소되지 아니한 이상 직무대행자만이 적법하게 조합을 대표할 수 있고, 다시 조합장으로 선임된 종전 조합장은 그 선임결의의 적법 여부에 관계없이 대표권을 가지지 못한다(대법원 2000.2.22. 선고 99다62890 판결).
④ 대법원 2005.7.21. 선고 2002다1178 전원합의체 판결에 의하면 여자도 종중구성원이 된다.

문60. 다음은 법인 등의 대표자의 권한과 지위에 관한 설명이다. 옳지 않은 것은? (다툼이 있는 경우 판례에 의함)

① 이사가 회사를 상대로 한 소송에서 소장부본이 대표이사에게 송달되고 대표이사에 의해 선임된 소송대리인에 의하여 소송이 수행된 경우, 그 송달 및 소송행위는 모두 무효이다.
② 주식회사의 대표이사가 주주총회특별결의사항에 관하여 그 결의 없이 제소전화해를 한 때에는 특별수권의 흠결로 재심사유가 된다.
③ 공익법인이 제기한 기본재산에 관한 소의 취하에는 주무관청의 허가가 필요 없다.
④ 지방자치단체를 당사자로 하는 모든 소송에서 시장·도지사 등 자치단체장이 자치단체를 대표한다.
⑤ 적법한 대표자 자격이 없는 비법인사단의 대표자가 한 소송행위는 후에 대표자 자격을 적법하게 취득한 대표자가 그 소송행위를 추인하면 행위 시에 소급하여 효력을 갖게 되고, 이러한 추인은 상고심에서도 할 수 있다.

〈해설〉 정답 ④

① 대법원 1990.5.11. 선고 89다카15199 판결

② 대법원 1980.12.9. 선고 80다584 판결

③ 대법원 1989.7.11. 선고 87다카2406 판결

④ 지방자치단체를 당사자로 하는 소송 중 교육·학예에 관해서는 교육감이 당해 지방자치단체를 대표한다.

⑤ 대법원 2010.3.25. 선고 2009다95387 판결

문61. 다음 중 법률상의 소송대리인이 <u>아닌</u> 것은? (다툼이 있는 경우 다수설·판례에 의함)

> ㉠ 지배인
>
> ㉡ 부재자가 선임한 부재자재산관리인
>
> ㉢ 상속재산관리인
>
> ㉣ 선장
>
> ㉤ 농협과 수협의 전무·상무
>
> ㉥ 한국자산관리공사사장이 임명한 임직원
>
> ㉦ 국가소송수행자

① ㉡, ㉢   ② ㉤, ㉥   ③ ㉠, ㉣, ㉦

④ ㉢   ⑤ 답이 없다

〈해설〉 정답 ④

㉠ 상법 제11조 제1항

㉡ 민법 제22조 제2항

㉢ 소송담당자이다

㉣ 상법 제749조

㉤ 농협법 제56조 제3항, 수협법 제59조 제5항 참조.

㉥ 금융기관부실자산 등의 효율적 처리 및 한국자산관리공사의 설립에 관한 법률 제23조 참조.

㉦ 국가를 당사자로 하는 소송에 관한 법률 제3조 참조.

문62. 소송대리인에 대한 다음 설명 중 <u>옳지 않은</u> 것으로만 묶인 것은?

> ㉠ 합의부 관할에 속하는 사건도 조정에 회부된 경우에는 변호사 아닌 자도 조정담당판사의 허가를 얻어 조정사건의 대리인이 될 수 있다.
>
> ㉡ 비송사건은 본인이 출석하도록 명령을 받은 때를 제외하고 소송능력자이면

소송대리인이 될 수 있다.

ⓒ 본안사건을 전제로 하지 않는 제소전화해사건, 증거보전사건, 독촉사건, 강제집행사건, 민사조정사건 등은 원래부터 단독판사 관할인 이상 비변호사 대리가 허용된다.

ⓔ 변리사는 특허법원이 관할하는 소송 중 특허심판원이 제1심으로 심판한 사건에 있어서는 소송대리인이 될 수 있으나, 특허침해소송에서는 변리사 대리가 허용되지 않는다.

ⓜ 지방자치단체도 소송수행자를 지정하여 소송을 수행하게 할 수 있다.

ⓑ 외국법자문사는 원 자격국의 법령 등이 적용되는 국제중재사건의 대리사무를 처리할 수 있다.

ⓢ 현행법상 증권 관련 집단소송, 소비자단체소송의 경우에만 변호사강제주의가 채택되고 있다.

① ㉠, ㉡, ㉢   ② ㉢, ㉤, ㉦   ③ ㉤, ㉥, ㉦

④ ㉤, ㉦   ⑤ 답이 없다

〈해설〉 정답 ④

㉠ 민사조정규칙 제6조 제2항
㉡ 비송사건절차법 제6조
㉢ 당연함.
㉣ 대법원 2012.10.25. 선고 2010다108104 판결: "변리사는 특허, 실용신안, 디자인 또는 상표에 관한 사항의 소송대리인이 될 수 있다"고 정하는 변리사법 제8조에 의하여 변리사에게 허용되는 소송대리의 범위 역시 특허심판원의 심결에 대한 심결취소소송으로 한정되고, 현행법상 특허 등의 침해를 청구원인으로 하는 침해금지청구 또는 손해배상 청구 등과 같은 민사사건에서 변리사의 소송대리는 허용되지 아니한다.
㉤ 지방자치단체는 소송수행자를 지정할 수 없고 소송위임에 의한 대리인을 선임하여야 한다.
㉥ 외국법자문사법 제24조
㉦ 헌법재판절차에서도 변호사강제주의가 채택되고 있다. 헌법재판소법 제25조 제3항.

문63. 소송대리에 관한 다음 설명 중 <u>옳지 않은</u> 것을 모두 모은 것은? (다툼이 있는 경우에는 판례에 의함)

> ㉠ 변호사는 어느 지역의 어떠한 심급의 사건이든 제한 없이 수임할 수 있다.
> ㉡ 민사 단독사건은 모두 비변호사대리가 허용되고 단독사건의 항소심에서도 마찬가지다.
> ㉢ 소액사건의 제1심에서 당사자의 배우자, 직계혈족, 형제자매는 법원의 허가를 얻어 소송대리인이 될 수 있다.
> ㉣ 가사소송사건은 합의사건도 재판장의 허가를 얻어 비변호사대리가 허용된다.
> ㉤ 단독판사가 심리하는 사건에서 비변호사가 소송대리허가를 받은 경우 그 후 그 사건이 합의사건이 된 경우에도 소송대리권이 유지된다.
> ㉥ 민사집행법에 의한 경매사건이나 국세징수법 등에 의한 공매사건의 경우 법무사와 공인중개사는 매수신청 또는 입찰신청의 대리를 할 수 있다.

① ㉠, ㉡, ㉢   ② ㉡, ㉢, ㉤   ③ ㉢, ㉣
④ ㉡, ㉤   ⑤ ㉡, ㉥

〈해설〉 정답 ②

㉠ 우리나라의 변호사는 자유수임제이다.
㉡ 단독사건도 항소심은 합의사건이므로 항소심에서는 변호사가 대리하여야 한다.
㉢ 따로 법원의 허가가 필요 없다. 소액사건심판법 제8조 참조.
㉣ 가사소송법 제7조 제1항, 제2항 참조.
㉤ 이 경우 법원은 소송대리허가를 취소하고 당사자 본인에게 그 취지를 통지하여야 한다. 민사소송규칙 제15조 제4항.
㉥ 공인중개사의 업무 및 부동산거래신고에 관한 법률 제14조 제2항 참조.

문64. 다음 〈보기〉 중 소송위임에 의한 소송대리인의 특별수권사항이 <u>아닌</u> 것을 모두 고른 것은? (다툼이 있는 경우 판례에 의함)

> <보기>
> ㉠ 반소의 제기
> ㉡ 소의 취하
> ㉢ 소취하의 동의
> ㉣ 상소의 제기 또는 취하

ⓜ 소송상 화해나 청구의 인낙

　　　ⓗ 복대리인의 선임

　　　ⓢ 불항소합의 · 상소권포기

　　　ⓞ 상대방의 상소에 대한 피상소인으로서의 응소

① ㉠, ㉡, ㉢　　　　② ㉢, ⓞ　　　③ ⓗ, ⓢ, ⓞ

④ ㉢　　　　　　　　⑤ 답이 없다

〈해설〉 정답 ④

ⓒ 판례는 소취하의 동의에는 특별수권을 요하지 않는다고 한다.

문65. 소송대리권의 범위에 관한 다음 설명 중 <u>옳지 않은</u> 것을 모두 모은 것은? (다툼이 있는 경우에는 판례에 의함)

ⓐ 재심 전의 소송의 소송대리인은 당연히 재심소송의 소송대리인이 된다.

ⓑ 가압류사건을 수임받은 변호사의 소송대리권은 그 가압류신청사건에 관한 소송행위뿐만 아니라 본안의 제소명령신청에는 미치나, 상대방의 신청으로 발하여진 제소명령결정을 송달받을 권한에까지 미치는 것은 아니다.

ⓒ 본안소송을 수임한 변호사가 그 소송을 수행함에 있어 강제집행이나 보전처분에 관한 소송행위를 할 수 있는 소송대리권을 가진다고 하여 의뢰인에 대한 관계에서 당연히 그 권한에 상응한 위임계약상의 의무를 부담한다고 할 수는 없고, 변호사가 처리의무를 부담하는 사무의 범위는 변호사와 의뢰인 사이의 위임계약의 내용에 의하여 정하여진다.

ⓓ 소송대리권의 범위는 특별한 사정이 없는 한 당해 심급에 한정되고, 소송대리인의 소송대리권의 범위는 수임한 소송사무가 종료하는 시기인 당해 심급의 판결을 송달받고 상소기간 만료 시까지이다.

ⓔ 소송대리인이 사임서를 법원에 제출하였다 하더라도 상대방에게 그 사실을 통지하지 않은 이상 그 대리인의 대리권은 여전히 존속한다.

ⓕ 사건이 상고심에서 환송되어 다시 항소심에 계속하게 된 경우에는 상고 전의 항소심에서의 소송대리인의 대리권은 그 사건이 항소심에 계속되면서 다시 부활하나, 재상고했을 때 환송 전 상고심의 옛 대리인의 대리권이 부활하는 것은 아니다.

① ㉠, ㉣, ㉫   ② ㉠, ㉡, ㉣   ③ ㉠, ㉣

④ ㉡, ㉣, ㉫   ⑤ 답이 없다

〈해설〉 정답 ②

㉠ 재심의 소는 신소제기의 형식을 취하고 있고, 사전 또는 사후의 특별수권이 없는 이상 재심 전의 소송대리인이 당연히 재심소송의 소송대리인이 되는 것은 아니다.

㉡ 본안의 제소명령을 신청하거나, 상대방의 신청으로 발하여진 제소명령결정을 송달받을 권한에까지 미친다.

㉣ 당해심급의 판결정본을 송달받을 때까지이다.

문66. 다음은 소송대리인의 지위에 관한 설명이다. <u>옳지 않은</u> 것은? (다툼이 있는 경우 다수설 및 판례에 의함)

① 복대리인은 재복대리인을 선임할 수 없다.

② 복대리권은 소송대리권을 근거로 하는 것이므로 소송대리인의 사망·사임에 의하여 복대리인의 대리권도 당연히 소멸한다.

③ 소송대리인은 증인이 될 수 있다.

④ 소송대리인이 선임되어 있는 경우 본인 자신의 고유의 소송수행권을 상실하지 않는다.

⑤ 변호사보수의 소송비용산입에 있어서는 여러 사람의 변호사가 소송대리를 한 경우에는 그 한 사람의 변호사가 소송대리를 한 것으로 본다.

〈해설〉 정답 ②

② 통설은 소송대리인의 사망·사임에 의하여 복대리인의 대리권이 당연히 소멸하는 것은 아니라는 입장이다. 이시윤, p.171 등.

문67. 다음은 무권대리인의 소송상 취급에 관한 설명이다. <u>옳지 않은</u> 것은? (다툼이 있는 경우 판례에 의함)

① 법원이 대리권이 없음을 간과하고 본안판결을 한 경우 그 판결은 당연무효의 판결로서 당사자 본인에 대해 효력이 생기지 않는다.

② 하급심에서 한 무권대리인의 소송행위를 상고심에서 추인할 수 있다.

③ 항소제기에 특별수권을 받지 아니한 1심 소송대리인이 항소를 제기한 경우

그 당사자의 적법한 소송대리인이 항소심에서 변론하였으면 항소제기가 추인된 것으로 본다.

④ 소송대리권의 존부는 법원의 직권탐지사항으로서, 이에 대해서는 자백간주에 관한 규정이 적용될 여지가 없다.

⑤ 미성년자가 법정대리인을 통하지 않고 직접 변호사를 선임한 경우 변론종결시까지 대리권의 존재가 보정되지 않는 한 종국판결로 소를 각하한다.

〈해설〉 정답 ①

① 확정 전이면 상소, 확정 후에는 재심에 의해 취소를 구할 수 있으나 당연무효의 판결은 아니고, 당사자 본인에 대하여 효력이 생긴다.

문68. 다음 중 변호사법 제31조 위반의 대리행위가 <u>아닌</u> 것은? (다툼이 있는 경우 판례에 의함)

① 피고대리인이었던 변호사가 뒤에 동일사건의 원고대리인이 되는 경우

② 甲법무법인의 A변호사가 형사사건의 가해자를 맡아 변론을 한 바 있는데, 그 법인의 B변호사가 같은 쟁점의 민사사건의 피해자의 소송대리인이 된 경우

③ 형사피고인의 변호사가 뒤에 민사사건화된 후 의뢰인의 동의 없이 피해자의 소송대리인이 된 경우

④ 법무법인의 이름으로 공증한 사건에 관하여 그 소속 변호사가 소송대리를 한 경우

⑤ 제소전화해를 위하여 자기대리인의 선임권을 상대방에게 위임하는 경우

〈해설〉 정답 ⑤

⑤ 이는 통상의 쌍방대리로 금지되고, 변호사법 제31조 위반의 행위는 아니다.

문69. 소송대리에 관한 다음 설명 중 가장 <u>옳지 않은</u> 것은? (다툼이 있는 경우 판례에 의함)

① 소송행위에는 민법상의 表見代理의 규정은 적용 또는 유추적용될 수 없다.

② 소송위임행위가 강박에 의하여 이루어진 것임을 이유로 취소할 수는 없다.

③ 변호사법 제31조 위반의 행위도 상대방이 이의하지 않으면 유효하다.

④ 변호사 아닌 지방공무원이 지방자치단체의 소송을 대리한 경우 무권대리가 된다.

⑤ 소송대리인은 당해 사건에 대한 공격방어방법의 전제로서 본인이 가진 상계권, 취소권, 해제권 등 사법상의 형성권을 행사할 수 없다.

〈해설〉 정답 ⑤

⑤ 사법상의 형성권을 행사할 수 있다.

문70. 다음 〈사례〉에 관한 〈보기〉의 설명 중 <u>옳은</u> 것을 모은 것은? (다툼이 있는 경우 판례에 의함)

> <사례>
> 甲은 乙이 운전하는 자동차에 치여 부상을 입고 乙이 자동차보험을 가입한 丙보험회사를 상대로 손해배상청구소송을 제기하면서 A를 소송대리인으로 선임하였다.

> <보기>
> ㉠ A는 甲과 상의 없이 丙으로부터 1억 원을 받고 화해를 할 수 없다.
> ㉡ A는 특별수권 없이 丙과 합의를 한 후 소를 취하할 수 없다.
> ㉢ A는 변론기일에 해외출장으로 출석할 수 없게 되자 친구 변호사인 B를 출석시켜 변론하게 할 수 있다.
> ㉣ 이 경우 B가 변론기일에 법원으로 가던 도중 급한 용무가 생겨 출석할 수 없는 형편이 되자 C는 또 다른 변호사 C에게 부탁하여 변론하게 할 수 있다.
> ㉤ A가 사망하거나 사임한 경우 복대리인 B의 대리권도 소멸하지 않는다.
> ㉥ 1심판결이 선고된 후 A는 소송대리권에 기해 甲을 위해 불복 항소를 제기할 수 있다.

① ㉠, ㉡, ㉣, ㉤, ㉥   ② ㉠, ㉡, ㉢, ㉤   ③ ㉠, ㉡, ㉤

④ ㉠, ㉡, ㉢, ㉣   ⑤ ㉠, ㉡, ㉤, ㉥

〈해설〉 정답 ②

㉣ 複代理人은 再複代理人(재복대리인=複複代理人)을 선임할 수 없다.

㉤ 소송대리인의 사망, 사임에 의하여 복대리인의 대리권이 당연히 소멸하는 것은 아니다.

ⓑ 특별수권을 받아야 한다.

문71. 소송대리에 관한 다음 설명 중 옳지 않은 것을 모두 모은 것은? (다툼이 있는 경우에는 판례에 의함)

ⓐ 소송대리인의 소의 취하를 본인이 잘못이라고 취소하거나 경정할 수 있다.

ⓒ 소송대리인이 있음에도 불구하고 기일통지서, 판결정본 등 소송서류를 본인에게 송달한 것은 부적법하다.

ⓒ 소송서류의 송달은 여러 사람의 소송대리인 중 1인에게 하면 되고, 항소기간의 기산점은 그중 1인에게 최후로 판결정본이 송달된 때가 된다.

ⓔ 법원·검찰 등 재직기관의 사건은 퇴직 1년이 경과하지 않으면 변호사로서 수임할 수 없다.

ⓓ 제명 등으로 등록취소된 변호사의 소송행위는 무효이므로 추인도 허용될 수 없다.

ⓑ 반소의 제기 및 반소에 대한 응소는 특별수권사항이다.

① ⓐ, ⓒ, ⓒ   ② ⓐ, ⓒ, ⓒ, ⓓ, ⓑ   ③ ⓓ, ⓑ
④ ⓒ, ⓒ, ⓔ, ⓓ   ⑤ ⓒ, ⓒ, ⓑ

〈해설〉 정답 ②

ⓐ 소송물을 처분하는 행위는 경정권의 대상이 아니다.

ⓒ 대법원 1970.6.5.자 70마325 결정: 소송대리인이 있는 경우에도 당사자 본인에게 한 서류의 송달은 유효하고 또 동거하는 고용인(식모)에게 교부한 송달도 유효하다.

ⓒ 대법원 2011.9.29.자 2011마335 결정: 당사자에게 여러 소송대리인이 있는 때에는 민사소송법 제93조에 의하여 각자가 당사자를 대리하게 되므로, 여러 사람이 공동으로 대리권을 행사하는 경우 그중 한 사람에게 송달을 하도록 한 민사소송법 제180조가 적용될 여지가 없어 법원으로서는 판결정본을 송달함에 있어 여러 소송대리인에게 각각 송달을 하여야 하지만, 그와 같은 경우에도 소송대리인 모두 당사자 본인을 위하여 소송서류를 송달받을 지위에 있으므로 당사자에 대한 판결정본 송달의 효력은 결국 소송대리인 중 1인에게 최초로 판결정본이 송달되었을 때 발생한다. 따라서 당사자에게 여러 소송대리인이 있는 경우 항소기간은 소송대리인 중 1인에게 최초로 판결정본이 송달되었을 때부터 기산된다.

ⓔ 변호사법 제31조 제3항, 제4항 참조.

ⓓ 이러한 변호사자격의 제한은 당사자보호를 주된 목적으로 하므로 추인이 허용된다.

ⓑ 반소의 제기는 특별수권사항이나 반소에 대한 응소는 특별수권사항이 아니다.

문72. 다음 중 확인의 이익이 인정되는 것으로 옳은 것은? (다툼이 있는 경우 판례에 의함)

① 2개로 분열된 교회의 토지가 종전 교회의 교인들의 총유에 속한다고 주장하면서 두 교회의 명의로 그 토지가 교인들의 총유임의 확인을 구하는 소
② 국가를 상대로 한 하천편입토지에 대한 손실보상청구권 확인의 소
③ 수용토지의 원소유자가 국가를 상대로 공탁금출급권 확인을 구하는 소
④ 甲의 딸 A가 甲과 乙을 공동피고로 하여 중혼을 이유로 혼인취소를 구하는 소
⑤ 학교법인 이사회에서 선임된 이사 개인을 상대로 이사선임결의무효확인을 구하는 소

〈해설〉 정답 ④

① 부정: 대법원 1995.9.5. 선고 95다21303 판결
② 이 경우 피고는 손실보상의무자인 지방자치단체장이 되어야 한다. 대법원 1991.12.10. 선고 91다14420 판결
③ 사업시행자가 피고적격자이다. 대법원 전원합의체 1997.10.16. 선고 96다11747 판결
④ 중혼을 이유로 한 혼인취소청구의 원고적격는 당사자, 배우자, 직계혈족, 4촌 이내의 방계혈족 또는 검사이다. 종전에는 직계비속은 혼인취소청구의 원고적격자가 될 수 없었으나, 2012.2.10. 개정민법 제818조에 의해 직계존속을 직계혈족으로 개정하였으므로 甲의 직계비속 A도 혼인취소청구의 원고적격자가 된다.
⑤ 대법원 2010.10.28. 선고 2010다30676, 30683 판결: 학교법인 이사회의 이사선임결의는 학교법인의 의사결정으로서 그로 인한 법률관계의 주체는 학교법인이므로 학교법인을 상대로 하여 이사선임결의 존부나 효력 유무의 확인판결을 받음으로써만 그 결의로 인한 원고의 권리 또는 법률상 지위에 대한 위험이나 불안을 유효적절하게 제거할 수 있는 것이고, 학교법인이 아닌 이사 개인을 상대로 한 확인판결은 학교법인에 그 효력이 미치지 아니하여 즉시확정의 이익이 없으므로 그러한 확인판결을 구하는 소송은 부적법하다. 이와 같은 법리는 학교법인을 상대로 이사선임결의의 존부나 효력 유무의 확인판결을 구하면서 아울러 이사 개인을 피고로 하여 이사 지위의 부존재확인판결 등을 구하는 경우에도 동일하게 적용된다.

제4장 소송물의 특정

문1. 소송물에 관한 다음 설명 중 옳은 것을 모두 묶은 것은? (다툼이 있는 경우 판례에 의함)

> ㉠ 소송물 특정의 주체는 법원이다.
>
> ㉡ 건물명도소송에서 당해 건물이 소송물이다.
>
> ㉢ 소송물의 양도에 있어서는 소송물인 권리의무 자체의 승계뿐만 아니라 계쟁물에 관한 당사자적격의 승계를 포함한다.
>
> ㉣ 소송물은 특정 당사자뿐만 아니라 제3자와의 사이에서도 문제 된다.
>
> ㉤ 소송에 이르게 된 사실관계 자체가 소송물이다.
>
> ㉥ 소송물과 법률적 관점의 선택 내지 법률적 평가는 별개의 문제이다.

① ㉠, ㉢, ㉣, ㉥　　　② ㉢, ㉥　　　③ ㉢, ㉣, ㉥
④ ㉡, ㉢, ㉤, ㉥　　　⑤ ㉥

〈해설〉 정답 ②

㉠ 처분권주의에 따라 소송물은 원고가 특정할 책임이 있다.
㉡ 청구의 목적물 또는 계쟁물 자체는 소송물이 아니다.
㉣ 소송물은 특정 당사자 사이에서만 문제 되고 당사자가 다르면 소송물도 다르다(분쟁해결의 개별성, 권리주장의 상대성).
㉤ 소송에 이르게 된 사실관계 자체는 소송물이 아니다.

문2. 다음 〈사례〉에 관한 설명 중 옳지 않은 것은? (다툼이 있는 경우 판례에 의함)

> <사례>
>
> 국가 명의로 소유권보존등기가 경료된 토지에 관하여 A 명의의 소유권이전등기가 경료되었는데, 甲이 등기말소를 구하는 소를 제기하여 국가는 甲에게 원인무효인 등기의 말소등기절차를 이행할 의무가 있고, A 명의의 소유권이전등기는 등기부취득시효완성을 이유로 유효하다는 취지의 판결이 확정되자, 甲이 국가를 상대로 손해배상을 구하였다.

① 소유자가 자신의 소유권에 기하여 실체관계에 부합하지 아니하는 등기의 명의인을 상대로 그 등기말소나 진정명의회복 등을 청구하는 경우에, 그 권리는 물권

적 청구권으로서의 방해배제청구권(민법 제214조)의 성질을 가진다.

② 등기말소청구권 등의 물권적 청구권은 그 권리자인 소유자가 소유권을 상실하면 이제 그 발생의 기반이 아예 없게 되어 더 이상 그 존재 자체가 인정되지 아니한다.

③ 甲은 국가에 대하여 그 말소등기청구권의 이행불능을 이유로 민법 제390조상의 손해배상청구권을 가진다.

④ 토지의 소유권 상실로 인한 손해배상을 구하는 甲의 청구에 대하여 당사자가 주장하지 아니한 소유권보존등기 말소등기절차 이행의무의 이행불능으로 인한 손해배상책임을 인정할 수 없다.

⑤ A의 등기부취득시효완성으로 토지에 관한 소유권을 상실한 甲은 국가를 상대로 불법행위를 이유로 소유권 상실로 인한 손해배상을 청구할 수 있다.

〈해설〉 정답 ③

③ 대법원 2012.5.17. 선고 2010다28604 전원합의체 판결 참조.

문3. 다음 〈사례〉에 관한 〈보기〉의 설명 중 **옳지 않은** 것을 모두 묶은 것은? (다툼이 있는 경우 판례에 의함)

<사례>

甲은 乙과 乙 소유의 X 아파트에 대한 매매계약을 체결하고 매매대금 1억 원을 전액 乙에게 지급하였으나, 乙은 아파트 가격의 상승을 이유로 소유권이전등기를 넘겨주지 않고 있다.

<보기>

㉠ 甲은 계약대로 乙을 상대로 소유권이전등기절차이행청구를 할 수도 있고, 乙의 채무불이행을 이유로 계약을 해제하고 원상회복으로 기지급 매매대금의 반환 및 위약금의 지급을 구할 수도 있다.

㉡ 甲으로서는 소유권이전등기청구권을 주장할 수도 있고, 계약해제로 인한 원상회복청구권을 주장할 수도 있으며, 이들 권리는 중첩적으로 행사할 수 있다.

㉢ 甲이 乙을 상대로 소유권이전등기절차이행을 청구하는 경우 소유권이전등기청구권의 목적인 아파트는 소송물이 아니다.

㉣ 甲이 乙을 상대로 원상회복 즉 매매대금반환청구 및 위약금청구를 하는 경

> 우 매매대금이나 위약금이 소송물이 되는 것이 아니다.
> ⑭ 甲은 법원에 乙을 상대로 소유권이전등기를 구하든지 또는 매매대금을 반환
>   해달라는 등의 청구를 하면서 그 근거로 실체법상의 소유권이전등기청구권
>   또는 원상회복으로 인한 매매대금반환청구권 등의 존재를 주장하면 법원은
>   甲의 청구가 이유가 있는지 없는지를 심리하여 판단을 하게 된다.
> ⑭ 사례의 경우 법원을 향한 청구의 근거인 소유권이전등기청구권이나 매매대금
>   반환청구권이 소송물이 된다.

① ㉠, ㉡, ㉢, ㉣   ② ㉡, ㉭, ㉮   ③ ㉡, ㉮   ④ ㉮   ⑤ 답이 없다

〈해설〉 정답 ③

㉡ 중첩적 행사는 할 수 없다.
㉮ 소송물은 법원을 향한 청구의 근거인 소유권이전등기청구권이나 매매대금반환청구권이 아니라 법원을 상대로 한 '청구' 그 자체이다.

문4. 소송물에 관한 다음 설명 중 판례의 입장이 <u>아닌</u> 것은?

① 일조방해를 이유로 한 불법행위 손해배상청구사건에서 분양계약 위반을 원인으로 하여 피고들에게 손해배상을 명하는 판결을 선고할 수 없다.

② 등기원인을 표시하고 등기청구를 하는 경우의 청구취지는 그 청구의 동일성이 인정되는 한 등기원인으로 표시한 법률판단에 구애됨이 없이 정당한 법률해석에 의하여 그 원인피기를 교칠 수 있다.

③ 채권자가 동일한 채무자에 대하여 수 개의 손해배상채권을 가지고 있는 경우에는 그 손해배상채권들이 발생시기와 발생원인 등을 달리하는 별개의 채권인 경우에도 이는 동일한 소송물에 해당한다.

④ 불법행위로 사람의 생명을 침해한 경우에 그 생명을 침해당한 피해자 본인의 정신적 고통에 대한 위자료청구와 그 피해자의 직계비속 등의 정신적 고통에 대한 위자료청구는 각각 별개의 소송물이다.

⑤ 액젓 저장탱크의 제작·설치공사 도급계약에 의하여 완성된 저장탱크에 균열이 발생한 경우, 보수비용은 민법 제667조 제2항에 의한 수급인의 하자담보책임 중 하자보수에 갈음하는 손해배상이고, 액젓 변질로 인한 손해배상은 위 하자담보

책임을 넘어서 수급인이 도급계약의 내용에 따른 의무를 제대로 이행하지 못함으로 인하여 도급인의 신체·재산에 발생한 손해에 대한 배상으로서 양자는 별개의 권원에 의하여 경합적으로 인정된다.

〈해설〉 정답 ③

③ 대법원 2007.6.28. 선고 2006다59687 판결
⑤ 대법원 2004.8.20. 선고 2001다70337 판결

문5. 소송물에 관한 다음 설명 중 판례의 입장이 <u>아닌</u> 것은?

① 법률행위가 사기에 의한 것으로서 취소되는 경우에 그 법률행위가 동시에 불법행위를 구성하는 때에는 취소의 효과로 생기는 부당이득반환청구권과 불법행위로 인한 손해배상청구권은 경합하여 병존하는 것이므로, 채권자는 이들 권리를 중첩적으로 행사할 수 있다.

② 대물변제예약에 기한 소유권이전등기청구권과 매매계약에 기한 소유권이전등기청구권은 그 소송물이 다르므로 동일한 계약관계에 대하여 그 계약의 법적 성질을 대물변제의 예약이라고 하면서도 새로운 매매계약이 성립되었음을 인정하여 매매를 원인으로 한 소유권이전등기절차의 이행을 명할 수 없다.

③ 부당이득반환청구에서 법률상의 원인 없는 사유를 계약의 불성립, 취소, 무효, 해제 중 어느 사유를 주장하여 패소한 경우에 다른 사유를 주장하여 청구하는 것은 기판력에 저촉되어 허용될 수 없다.

④ 집행채무자가 집행채권자를 상대로 집행채권의 소멸을 원인으로 한 부당이득반환청구에서 집행채무자가 집행채권 소멸의 원인으로 주장할 수 있는 사유가 여러 가지인 경우 그중 어느 사유를 주장하여 패소의 확정판결을 받은 경우에 다른 사유를 주장하여 다시 청구하는 것은 기판력에 저촉되어 허용될 수 없다.

⑤ 甲이 乙을 상대로 매매계약의 무효 또는 기망에 의한 의사표시의 취소를 이유로 매매대금의 반환을 구하였다가 패소한 후 다시 乙을 상대로 매매계약의 해제를 이유로 매매대금의 반환을 구하는 것은 허용될 수 없다.

〈해설〉 정답 ①

① 법률행위가 사기에 의한 것으로서 취소되는 경우에 그 법률행위가 동시에 불법행위를 구성하는 때에는 취소의 효과로 생기는 부당이득반환청구권과 불법행위로 인한 손해배상청구권은 경합하

여 병존하는 것이므로, 채권자는 어느 것이라도 선택하여 행사할 수 있지만 중첩적으로 행사할 수는 없다(대법원 1993.4.27. 선고 92다56087 판결).

문6. 소송물에 관한 다음 설명 중 옳지 않은 것을 모두 묶은 것은? (다툼이 있는 경우 판례에 의함)

> ㉠ 동일 부동산에 대한 것이면 매매를 원인으로 한 소유권이전등기청구와 양도담보약정을 원인으로 한 소유권이전등기청구는 동일한 청구라 할 수 없다.
>
> ㉡ 甲이 A 부동산에 관한 乙 명의의 소유권이전등기가 원인무효라는 이유로 甲이 乙을 상대로 그 등기의 말소를 구하는 소송을 제기하였다가 청구기각의 판결을 선고받아 확정된 경우, 甲으로서는 그의 소유권을 부인하는 乙에 대하여 A 부동산이 甲의 소유라는 확인을 구할 법률상 이익이 있다.
>
> ㉢ 甲이 乙을 상대로 양도계약에 기한 잔대금 지급청구를 하였다가 패소판결을 받고 위 양도계약의 해제에 따른 계약금 및 중도금 반환청구를 한 경우 위 두 소는 동일한 양도계약을 근거로 한 청구들로서 소송물이 동일하다.
>
> ㉣ 매매계약의 무효 또는 해제를 원인으로 한 매매대금반환청구와 매매계약의 유효를 전제로 한 소유권이전등기청구는 매매대금반환청구와 소유권이전등기청구의 전제가 되는 법률관계가 매매계약의 유효 또는 무효로 서로 모순되므로 전소판결의 기판력은 후소에 미친다.
>
> ㉤ 운송인의 운송계약상 채무불이행으로 인한 손해배상책임과 불법행위로 인한 손해배상책임은 경합하여 병존하고 권리자는 그중 어느 쪽의 손해배상청구권이라도 선택적으로 행사할 수 있다.
>
> ㉥ 소유권에 기하여 미등기 무허가건물의 반환을 구하는 청구취지 속에는 점유권에 기한 반환청구권을 행사한다는 취지가 포함되어 있다고 볼 수 없다.

① ㉡, ㉣, ㉤　　　② ㉢, ㉣, ㉤, ㉥　　　③ ㉢, ㉣

④ ㉢　　　　　　　⑤ ㉣

〈해설〉 정답 ③

㉠ 동일 부동산에 대한 것이라 하더라도 매매를 원인으로 한 소유권이전등기청구와 양도담보약정을 원인으로 한 소유권이전등기청구와는 청구원인 사실이 달라 동일한 청구라 할 수 없다.

㉡ 확정판결의 기판력은 소송물로 주장된 법률관계의 존부에 관한 판단의 결론에만 미치고 그 전제가 되는 법률관계의 존부에까지 미치는 것은 아니므로, 계쟁 부동산에 관한 피고 명의의 소유권이전등기가 원인무효라는 이유로 원고가 피고를 상대로 그 등기의 말소를 구하는 소송을

제기하였다가 청구기각의 판결을 선고받아 확정되었다고 하더라도, 그 확정판결의 기판력은 소송물로 주장된 말소등기청구권이나 이전등기청구권의 존부에만 미치는 것이지 그 기본이 된 소유권 자체의 존부에는 미치지 아니하고, 따라서 원고가 비록 위 확정판결의 기판력으로 인하여 계쟁 부동산에 관한 등기부상의 소유 명의를 회복할 방법은 없게 되었다고 하더라도 그 소유권이 원고에게 없음이 확정된 것은 아닐 뿐만 아니라, 등기부상 소유자로 등기되어 있지 않다고 하여 소유권을 행사하는 것이 전혀 불가능한 것도 아닌 이상, 원고로서는 그의 소유권을 부인하는 피고에 대하여 계쟁 부동산이 원고의 소유라는 확인을 구할 법률상 이익이 있으며, 이러한 법률상의 이익이 있는 이상에는 특별한 사정이 없는 한 소유권확인 청구의 소제기 자체가 신의칙에 반하는 것이라고 단정할 수 없는 것이다(대법원 1997.4.11. 선고 96다50520 판결).

ⓒ 전소의 소송물은 양도계약에 기한 잔대금 지급청구권의 존부이고, 후소의 소송물은 위 양도계약의 해제에 따른 계약금 및 중도금에 대한 원상회복청구권의 존부인 경우, 위 두 소는 비록 동일한 양도계약을 근거로 한 청구들이기는 하나 그 소송물이 동일하다 할 수 없고, 또한 전소의 소송물과 후소의 소송물이 상호 모순관계에 있다거나 선결관계에 있다고도 할 수 없으므로, 전소의 기판력은 후소에 미친다고 할 수 없다(대법원 2000.2.25. 선고 97다30066 판결). 이 경우에는 신구소송물이론을 가리지 않고 소송물이 다르다.

ⓔ 매매계약의 무효 또는 해제를 원인으로 한 매매대금반환청구에 대한 확정판결의 기판력은 그 매매대금반환청구권의 존부에 관해서만 발생할 뿐, 그 전제가 되는 선결적 법률관계인 매매계약의 무효 또는 해제에까지 발생하는 것은 아니다. 따라서 소유권이전등기청구권의 존부를 소송물로 하는 후소는 전소에서 확정된 법률관계와 정반대의 모순되는 사항을 소송물로 하는 것이라 할 수 없다.

ⓗ 판례는 소유권에 기하여 미등기 무허가건물의 반환을 구하는 청구취지 속에는 점유권에 기한 반환청구권을 행사한다는 취지가 당연히 포함되어 있다고 볼 수는 없다는 입장이다.

문7. 소송물이론에 관한 구 소송물이론(구이론)과 신 소송물이론(신이론)의 다음 설명 중 옳지 않은 것은? (다툼이 있는 경우 판례에 의함)

① 채무불이행을 원인으로 한 손해배상청구와 불법행위를 원인으로 한 손해배상청구의 경우 구이론은 별개의 소송물로 보나, 신이론은 일원설, 이원설 모두 하나의 소송물로 본다.

② 어음채권에 기한 청구와 원인채권에 기한 청구의 경우 구이론은 별개의 소송물로 보나, 신이론은 일원설, 이원설 모두 하나의 소송물로 본다.

③ 매매를 원인으로 한 소유권이전등기청구와 취득시효완성을 원인으로 한 소유권이전등기청구의 경우 구이론은 별개의 소송물로 보나, 신이론은 일원설, 이원설 모두 하나의 소송물로 본다.

④ 소유물침탈에 대해 소유권에 기한 반환청구와 점유권에 기한 반환청구의 경우 구이론은 별개의 소송물로 보나, 신이론은 일원설, 이원설 모두 하나의 소송물로 본다.

⑤ 이혼소송에서 배우자의 부정행위와 심히 부당한 대우를 이혼사유로 하는 경우 구이론은 별개의 소송물로 보나, 신이론은 일원설은 하나의 소송물로, 이원설은 별개의 소송물로 본다.

〈해설〉 정답 ③

③ 신이론 중 이원설은 별개의 소송물로 본다.

문8. 소송물에 관한 다음 설명 중 옳지 않은 것을 모두 묶은 것은? (다툼이 있는 경우 판례에 의함)

ㄱ 동일 부동산에 대하여 이전등기를 구하면서 그 등기청구권의 발생원인을 처음에는 매매로 하였다가 후에 취득시효의 완성을 선택적으로 추가하는 것은 소의 추가적 변경에 해당한다.

ㄴ 양도계약에 기한 잔대금 지급청구와 위 양도계약의 해제에 따른 계약금 및 중도금에 대한 원상회복청구는 동일한 양도계약을 근거로 한 청구들로 그 소송물이 동일하다.

ㄹ 매매계약의 무효 또는 해제를 원인으로 한 매매대금반환청구에 대한 인낙조서의 기판력은 그 매매대금반환청구권의 존부에 관해서만 발생할 뿐, 그 전제가 되는 선결적 법률관계인 매매계약의 무효 또는 해제에까지 발생하는 것은 아니다.

ㅁ 수치인이 목적물을 멸실한 경우 임치계약상의 반환의무의 불이행으로 인한 손해배상청구권과 불법행위로 인한 손해배상청구권이 경합하여 병존하고 권리자는 그중 어느 쪽의 손해배상청구권이라도 선택적으로 행사할 수 있다.

ㅂ 불법행위를 원인으로 손해배상청구를 한 데 대하여 채무불이행을 원인으로 한 손해배상을 인정한 것은 처분권주의 위반이다.

ㅌ 해고기간 동안의 임금을 종전임금에 따라 청구한 것과 복직의무 불이행 또는 복직거절로 인한 임금상승 누락분을 손해금으로 청구한 것은 청구취지와 청구원인을 전혀 달리하는 별개의 소송물이다.

① ㄱ, ㄴ   ② ㄴ, ㄹ, ㅁ   ③ ㅌ, ㅂ

④ ㄴ   ⑤ 답이 없다

〈해설〉 정답 ④

ⓒ 양도계약에 기한 잔대금 지급청구와 위 양도계약의 해제에 따른 계약금 및 중도금에 대한 원상
회복청구는 비록 동일한 양도계약을 근거로 한 청구들이기는 하나 그 소송물이 동일하다 할 수
없고, 전소의 기판력은 후소에 미치지 않는다.

문9. 다음 〈사례〉에 관한 〈보기〉의 설명 중 <u>옳은</u> 것을 모은 것은? (다툼이 있는 경우 판례에 의함)

<사례>

甲은 2012.2.1. 乙에게 돈 1억 원을 변제기 1년으로 정하여 대여하였으나, 乙은
변제기가 지나도록 위 돈을 갚지 않고 있다. 甲은 乙을 상대로 대여금청구의 소
를 제기하려고 한다.

<보기>

㉠ 甲은 乙에게 대여원금 1억 원 및 이에 대한 2012.2.1.부터 소장부본 송달일
까지는 연 5%, 그 다음 날부터 다 갚을 때까지 연 20%의 비율에 의한 금원
의 지급을 구할 수 있다.

㉡ 甲이 乙에게 대여원금 1억 원 및 소장부본 송달일 다음 날부터 다 갚을 때
까지 연 20%의 비율에 의한 지연손해금의 지급을 구한 경우 법원은 乙에게
변제기 이후 다 갚을 때까지 지연이자의 지급을 명할 수 없다.

㉢ 甲이 乙에게 소장부본 송달 이후의 지연손해금의 지급을 구하는 경우 법정이
율인 연 5%의 비율에 의한 금원의 지급을 구해야 한다.

㉣ 변제기까지의 약정이자채권과 변제기 이후의 지연이자채권은 동일한 소송물
이다.

㉤ 甲은 乙에게 대여원금, 변제기까지의 약정이자, 변제기 이후의 지연이자를
특정하여 청구하여야 한다.

㉥ 사실심판결선고 후에는 어떠한 이유이든 소촉법상의 20%의 지연이자를 붙여
야 한다.

---

① ㉠, ㉡, ㉣, ㉥   ② ㉡, ㉤, ㉥   ③ ㉢, ㉤, ㉥
④ ㉤   ⑤ 답이 없다

〈해설〉 정답 ②

㉠ 이자약정이 없었으므로 변제기까지는 이자를 청구할 수 없다.

㉡ 처분권주의에 반한다.

㉢ 소촉법에 따라 연 20%의 비율에 의한 청구를 할 수 있다.

㉣ 구이론에 의하면 대여원금 청구는 소비대차계약에 기한 대여금반환청구권, 이자 청구는 이자계약에 기한 이자지급청구권, 지연손해금 청구는 이행지체로 인한 손해배상청구권으로 별개의 소송물이다.

문10. 등기청구소송의 소송물에 관한 다음 설명 중 <u>가장 적절하지 않은 것</u>은? (다툼이 있는 경우 판례에 의함)

① 부동산에 관한 소유권이전등기가 원인무효라는 이유로 그 등기의 말소를 명하는 판결이 확정되었다고 하더라도 그 확정판결의 기판력은 그 소송물이었던 말소등기청구권의 존부에만 미치는 것이므로, 그 소송에서 패소한 당사자도 전소에서 문제 된 것과는 전혀 다른 청구원인에 기하여 상대방에 대하여 소유권이전등기청구를 할 수 있다.

② 말소등기 청구사건의 소송물은 당해 등기의 말소등기청구권이고, 그 동일성 식별의 표준이 되는 청구원인, 즉 말소등기청구권의 발생원인은 당해 '등기원인의 무효'라 할 것이며, 등기원인의 무효를 뒷받침하는 개개의 사유는 독립된 공격방어방법에 불과하여 별개의 청구원인을 구성한다고 볼 수 없다.

③ 사기에 의한 의사표시취소를 원인으로 한 근저당권설정등기의 말소청구와 피담보채무의 부존재를 원인으로 한 근저당권설정등기의 말소청구도 근저당권설정등기 말소청구권의 발생원인만을 달리하는 것으로 동일한 소송물이다.

④ 진정명의회복을 원인으로 한 소유권이전등기청구권과 무효등기의 말소청구권은 어느 것이나 진정한 소유자의 등기명의를 회복하기 위한 것으로서 실질적으로 그 목적이 동일하고, 두 청구권 모두 소유권에 기한 방해배제청구권으로서 그 법적 근거와 성질이 동일하므로, 비록 전자는 이전등기, 후자는 말소등기의 형식을 취하고 있다고 하더라도 그 소송물은 동일하다.

⑤ 명의신탁이 해지된 경우 신탁자는 수탁자에 대하여 소유권에 기하여 등기관계를 실체적 권리관계에 부합하도록 하기 위하여 소유권이전등기를 청구할 수도 있고, 수탁자 명의의 등기말소를 청구할 수도 있다.

③ 판례는 근저당권설정등기의 말소등기의 소송물에 관하여 말소원인마다 소송물이 다른 것으로 파악한다.

문11. 등기소송의 소송물에 관한 설명 중 가장 옳지 않은 것은? (다툼이 있는 경우 판례에 의함)

① 신이론에 의하면 소유권이전등기청구소송에서 등기원인을 달리하는 경우에도 원고 앞으로 소유권이전을 목적으로 하는 한 개의 소송물로 되고 소유권취득원인은 공격방법에 그치는 것으로 본다.

② 소유권이전등기를 명한 판결에는 가집행선고를 붙이지 못한다.

③ 동일한 계약관계에 대하여 그 계약의 법적 성질을 대물변제의 예약이라고 하면서도 새로운 매매계약이 성립되었음을 인정하여 매매를 원인으로 한 소유권이전등기를 명할 수 없다.

④ 원고가 매매를 원인으로 한 소유권이전등기를 청구한 데 대하여 법원이 양도담보약정을 원인으로 한 소유권이전등기를 명한 것은 처분권주의에 반한다.

⑤ 전 소송에서 甲의 乙에 대한 매매로 인한 소유권이전등기청구를 기각하는 판결이 선고되어 그 판결이 확정되었다고 하여도, 그 기판력은 약정으로 인한 소유권이전등기청구권의 존부에는 미치지 않는다.

〈해설〉 정답 ①

① 신이론 중 二元說에 의하면 판례와 같이 별개의 소송물로 보게 된다.

문12. 소송물에 관한 다음 설명 중 옳지 않은 것으로만 묶인 것은? (다툼이 있는 경우 판례에 의함)

> ㉠ 부동산에 관한 소유권이전등기가 원인무효라는 이유로 그 등기의 말소를 명하는 판결이 확정된 경우 그 소송에서 패소한 당사자는 전소판결의 기판력으로 인해 전소에서 문제 된 것과는 다른 청구원인에 기하여 상대방에 대하여 소유권이전등기청구를 할 수 없다.
>
> ㉡ 등기원인을 표시하고 등기청구를 하는 경우의 청구취지는 그 청구의 동일성이 인정되는 한 법원은 당사자가 등기원인으로 표시한 법률판단에 구애

됨이 없이 정당한 법률해석에 의하여 그 원인표시를 바로잡을 수 있다.

ⓒ 소유권이전등기에 있어서 '등기원인'이란 등기를 하는 것 자체에 관한 합의가 아니라 등기하는 것을 정당하게 하는 실체법상의 원인을 말한다.

ⓔ 말소등기청구소송에서 신이론 중 일원설은 말소등기를 구할 수 있는 법적 지위는 하나이므로 소송물은 하나라고 보게 되고, 신이론 중 이원설에 의하면 무효원인을 하나하나의 사실관계로 보게 되면 별개의 소송물로 보게 된다.

ⓜ 소유권이전등기말소청구소송에서 사기에 의한 매매계약의 취소를 원인으로 하는 것과 매매계약의 부존재 또는 불성립을 원인으로 하는 것은 사실관계가 다르므로 별개의 소송물을 구성한다.

ⓗ 소유권이전등기말소청구의 소송물은 당해 등기의 말소등기청구권이고, 개개의 무효사유의 주장은 독립한 공격방법에 지나지 않는다고 보고 있으므로 담보목적으로 경료된 소유권이전등기의 피담보채무를 변제를 이유로 한 말소등기청구와 소유권이전등기가 원인무효임을 이유로 한 말소등기청구는 동일한 소송물이다.

① ㉠, ㉣, ㉤, ㉥   ② ㉢, ㉤, ㉥   ③ ㉠, ㉡, ㉢, ㉤, ㉥
④ ㉠, ㉤, ㉥   ⑤ ㉤, ㉥

〈해설〉 정답 ④

㉠ 부동산에 관한 소유권이전등기가 원인무효라는 이유로 그 등기의 말소를 명하는 판결이 확정되었다고 하더라도 그 확정판결의 기판력은 그 소송물이었던 말소등기청구권의 존부에만 미치는 것이므로, 그 소송에서 패소한 당사자도 전소에서 문제 된 것과는 전혀 다른 청구원인에 기하여 상대방에 대하여 소유권이전등기청구를 할 수 있다(대법원 1995.6.13. 선고 93다43491 판결).

㉤ 말소등기청구사건의 소송물은 당해 등기의 말소등기청구권이고, 그 동일성 식별의 표준이 되는 청구원인, 즉 말소등기청구권의 발생원인은 당해 '등기원인의 무효'에 국한되므로, 전소에서 한 사기에 의한 매매의 취소 주장과 후소에서 한 매매의 부존재 또는 불성립의 주장은 다 같이 <u>청구원인인 등기원인의 무효를 뒷받침하는, 독립된 공격방어방법에 불과</u>하고, 후소에서의 주장사실은 전소의 변론종결 이전에 발생한 사유이므로 전소와 후소의 소송물은 동일하다(대법원 1981.12.22. 선고 80다1548 판결).

㉥ 담보목적으로 경료된 소유권이전등기의 피담보채무를 변제하였음을 이유로 하여 말소를 구하는 본소청구와 소유권이전등기가 원인무효임을 이유로 하여 말소를 구하는 전소청구는 소송물이 다르다(대법원 1983.3.8. 선고 82다카1203 판결).

문13. 등기소송의 소송물에 관한 다음 설명 중 가장 <u>옳지 않은</u> 것은? (다툼이 있는 경우 판례에 의함)

① 무권대리행위를 근거로 등기원인의 무효를 들어 말소등기청구를 하는 것과 계약해제에 따른 원상회복으로 말소등기청구를 하는 것은 별개의 소송물이다.

② 소유권이전등기말소등기청구소송에서 소유권에 기한 방해배제청구권의 행사를 원인으로 하는 것과 매매계약의 해제에 따른 원상회복으로 말소등기청구를 하는 것은 별개의 소송물이다.

③ 근저당권설정등기말소등기청구소송에서 사기에 의한 근저당권설정계약의 취소를 원인으로 하는 것과 피담보채무의 부존재를 이유로 한 근저당권설정계약의 해지에 따른 원상회복을 원인으로 하는 것은 별개의 소송물이다.

④ 무권대리행위를 근거로 등기원인의 무효를 들어 등기의 말소를 구하는 것과 불공정한 법률행위를 근거로 등기원인의 무효를 들어 등기의 말소를 구하는 것은 별개의 소송물이다.

⑤ 말소등기청구권의 발생원인인 등기원인의 무효를 뒷받침하는 개개의 사유는 독립한 공격방어방법에 불과하고 별개의 소송물을 구성하는 것이 아니다.

〈해설〉 정답 ④

④ 등기원인의 무효사유는 별개의 소송물을 구성하는 것이 아니다. 등기원인의 무효사유는 원시적 무효사유(무권대리행위, 불공정한 법률행위, 통정허위표시 등) 외에도 후발적 무효사유(취소, 해제로 인한 물권적 효과로서 후발적으로 무효가 되는 경우)도 포함한다.

문14. 등기청구소송의 소송물에 관한 다음 설명 중 <u>옳지 않은</u> 것을 모두 묶은 것은? (다툼이 있는 경우 판례에 의함)

> ㉠ 사기에 의한 의사표시 취소를 원인으로 한 근저당권설정등기의 말소청구와 함께 피담보채무의 부존재를 원인으로 한 근저당권설정등기의 말소청구는 각 그 청구원인을 달리하는 별개의 독립된 소송물로서 선택적 병합관계에 있다.
>
> ㉡ 소유권에 기한 방해배제청구권의 행사로서 말소등기청구를 한 전소의 확정판결의 기판력이 계약해제에 따른 원상회복으로 말소등기청구를 하는 후소에 미치지 않는다.
>
> ㉢ 담보목적으로 경료된 소유권이전등기의 피담보채무를 변제하였음을 이유로

하여 말소를 구하는 본소청구와 소유권이전등기가 원인무효임을 이유로 하여 말소를 구하는 전소청구는 소송물이 다르다.

ⓔ 소유권이전등기말소소송에서 사기에 의한 매매계약의 취소를 원인으로 하는 것과 매매계약의 부존재 또는 불성립을 원인으로 하는 것은 모두 등기원인의 무효를 뒷받침하는 독립된 공격방어방법에 불과할 뿐 이러한 주장들이 별개의 청구원인을 구성하지 아니한다.

ⓜ 등기원인의 무효를 들어 말소등기청구를 하는 것이 아니라 다른 원인 즉 피담보채무의 변제로 인한 말소등기청구 또는 계약해제에 따른 계약상의 권리에 기하여 원상회복으로 말소등기청구를 하는 것은 별개의 소송물이다.

ⓗ 가등기에 기한 본등기청구와 단순한 소유권이전등기청구는 비록 그 등기원인이 동일하다고 하더라도 이는 서로 다른 청구이다.

① ㄱ, ㄴ   ② ㄴ, ㄹ, ㅁ   ③ ㄹ, ㅂ

④ ㄴ, ㄹ   ⑤ 답이 없다

〈해설〉 정답 ⑤

모두 맞는 설명이다.

문15. 다음 〈사례〉와 관련하여 아래의 설명 중 옳지 않은 것은? (다툼이 있는 경우 판례에 의함)

<사례>

(1) 甲은 A가 乙을 상대로 X 토지에 관한 소유권보존등기의 말소를 구하는 소송에 독립당사자로 참가하여, 乙에 대하여 X 토지가 자신의 소유임을 이유로 X 토지에 관한 乙 명의의 소유권보존등기 말소를 구하였으나, 참가인 甲이 X 토지의 소유자임을 인정할 증거가 없다는 이유로 패소판결을 선고받았고 위 판결은 확정되었다.

(2) 다시 甲은 乙에 대하여 이 사건 X 토지가 甲의 단독소유임을 확인을 구하는 소를 제기하였는데 법원은 이 사건 X 토지 중 甲 상속분에 해당하는 1/3 지분에 관해서는 甲 승소판결을 선고하였으나, 나머지 2/3 지분에 관해서는 甲 패소판결을 선고하였고, 위 판결은 확정되었다.

> (3) 甲은 이전 각 소송의 확정판결 이후에 상속재산분할협의를 통하여 갑이
> 이 사건 X 토지의 단독상속인이 되었는데 위 분할협의로 새로이 취득한
> 이 사건 X 토지 중 각 2/3 지분의 소유자임을 전제로, 그 등기명의자인
> 乙에 대하여 위 지분의 말소를 구하거나 그 소유권 확인을 구하였다.

① 말소등기청구사건의 소송물은 당해 등기의 말소등기청구권이고 그 동일성
   판단의 기준이 되는 청구원인, 즉 말소등기청구권의 발생원인은 당해 등기
   의 원인무효라고 할 것이다.

② 甲이 전소와 후소에서 乙 명의의 등기가 원인무효라고 내세우는 사유가 동
   일하다면 말소등기를 구하는 전소와 후소는 그 소송물이 동일하여 후소에서
   의 주장은 전소의 확정판결의 기판력에 저촉되어 허용될 수 없다.

③ 소유권확인청구의 경우 그 소송물은 소유권 자체의 존부라고 할 것이므로,
   전소에서 甲이 소유권을 주장하였다가 패소판결이 확정되었다고 하더라도,
   전소의 변론종결 후에 소유권을 새로이 취득하였다면 전소의 기판력이 소유
   권확인을 구하는 후소에 미칠 수 없다.

④ 상속재산분할협의가 전소의 변론종결 후에 이루어졌다면 그 상속재산분할의
   효력이 상속이 개시된 때로 소급하므로, 상속재산분할협의에 의한 소유권의
   취득은 전소의 변론종결 전에 발생한 사유에 해당한다.

⑤ 甲이 받은 전소판결의 기판력은 전소의 변론종결 후에 상속재산분할협의에
   의해 甲이 소유권을 취득한 나머지 상속분에 관한 소유권확인을 구하는 후
   소에는 미치지 않는다.

〈해설〉 정답 ④

④ 상속재산분할협의가 전소의 변론종결 후에 이루어졌다면 비록 그 상속재산분할의 효력이 상속
   이 개시된 때로 소급한다 하더라도, 상속재산분할협의에 의한 소유권의 취득은 전소의 변론종
   결 후에 발생한 사유에 해당한다(대법원 2011.6.30. 선고 2011다24340 판결).

문16. 다음 〈사례〉에 관한 설명 중 옳지 않은 것은? (다툼이 있는 경우 판례에 의함)

> <사례>
> (1) 甲은 乙이 운전하는 승용차에 치여 부상을 입고 乙이 자동차종합보험에

> 가입한 丙 보험회사를 상대로 손해배상청구를 하였다.
>
> (2) 甲은 치료비 1,000만 원, 개호비 500만 원, 일실수입 1억 원, 일실퇴직금 3,000만 원, 위자료 3,000만 원을 청구하였다.
>
> (3) 법원의 심리결과 치료비 500만 원, 개호비 1,000만 원, 일실수입 1억 2,000만 원, 일실퇴직금 2,000만 원, 위자료 2,000만 원이 인정되었다.

① 불법행위로 인하여 생명 또는 신체의 손상을 입은 경우에 있어서 적극적 손해와 소극적 손해, 정신적 손해는 소송물을 서로 달리 한다.

② 판례에 의하면 법원은 丙 보험회사는 甲에게 1억 5,000만 원을 지급하라고 판결하게 된다.

③ 손해1개설에 의하면 丙 보험회사는 甲에게 1억 7,500만 원을 지급하라고 판결하게 된다.

④ 위 사례에서 甲과 甲의 가족 전체의 위자료로 3,000만 원을 청구한다고 주장하였는데, 제1심법원이 甲의 위자료로 2,000만 원을 인용하고 가족의 위자료에 대하여 아무런 판단을 하지 않은 경우 가족의 위자료청구는 甲의 위자료청구와 별개의 소송물이므로 그 부분의 청구는 여전히 제1심법원에 계속되어 있을 뿐 항소심에 이심되지 않는다.

⑤ 甲에게 손해배상을 명한 판결 이후에 甲이 후유증으로 새로운 향후치료비, 보조구비용 등이 추가로 발생한 경우 이는 전소의 변론종결 당시에는 예상할 수 없었던 새로운 중한 손해로서 전소의 기판력에 저촉되지 않는다.

〈해설〉 정답 ②

② 손해항목은 별개의 소송물을 구성하지 않는다. 적극적 손해 1,500만 원, 소극적 손해 1억 2,000만 원, 위자료 2,000만 원 합게 1억 5,500만 원의 지급을 명하게 된다.

문17. 손해배상청구소송의 소송물에 관한 다음 설명 중 가장 옳지 않은 것은? (다툼이 있는 경우 판례에 의함)

① 동일한 교통사고에 의한 피해자가 여러 명이고 그중 한 사람이 피보험자를 대위하여 보험자를 상대로 자신의 손해부분에 관한 보험금청구를 하고 있는 경우, 다른 피해자가 피보험자를 대위하여 다른 피해자의 손해부분에 관하여 별도의 보험금청구를 하는 경우 소송물은 다르다.

② 생명 또는 신체에 대한 불법행위로 인하여 입게 된 적극적 손해와 소극적 손해 및 정신적 손해가 서로 소송물을 달리하더라도 그 손해배상의무의 존부나 범위에 관하여 항쟁함이 상당한지는 전체 손해를 기준으로 판단하여야 한다.

③ 원고가 재산상 손해(소극적 손해)에 대해서는 형식상 전부 승소하였으나 위자료에 대해서는 일부 패소하였고, 이에 대하여 원고가 원고 패소부분에 불복하는 형식으로 항소를 제기하여 사건 전부가 확정이 차단되고 소송물 전부가 항소심에 계속되게 된 경우에는, 항소심에서 위자료는 물론이고 재산상 손해(소극적 손해)에 관해서도 청구의 확장을 허용하는 것이 상당하다.

④ 불법행위로 사람의 생명을 침해한 경우에 그 생명을 침해당한 피해자 본인의 정신적 고통에 대한 위자료청구와 그 피해자의 직계비속 등의 정신적 고통에 대한 위자료청구는 각각 별개의 소송물이다.

⑤ 불법행위로 인한 적극적 손해의 배상을 명한 전 소송의 변론종결 후에 새로운 적극적 손해가 발생한 경우에 그 소송의 변론종결 당시 그 손해의 발생을 예견할 수 없었고 또 그 부분 청구를 포기하였다고 볼 수 없는 등 특별한 사정이 있다면 전 소송에서 그 부분에 관한 청구가 유보되어 있지 않다고 하더라도 이는 전 소송의 소송물과는 별개의 소송물이다.

〈해설〉 정답 ②

② 생명 또는 신체에 대한 불법행위로 인하여 입게 된 적극적 손해와 소극적 손해 및 정신적 손해는 서로 소송물을 달리하므로 그 손해배상의무의 존부나 범위에 관하여 항쟁함이 상당한지는 각 손해마다 따로 판단하여야 한다(대법원 2006.10.13. 선고 2006다32446 판결 등).

문18. 소송물에 관한 다음 설명 중 <u>옳지 않은</u> 것으로만 묶인 것은? (다툼이 있는 경우 판례에 의함)

> ㉠ 어음·수표에 기한 청구와 원인관계상의 청구도 별개의 소송물이다.
>
> ㉡ 甲이 乙에게 1억 원의 대여금채권을 갖고 있는데 그중 5,000만 원을 먼저 청구한 경우 5,000만 원이 소송물이 된다.
>
> ㉢ 특정토지에 대한 소유권확인의 본안판결이 확정된 경우 그 사건의 변론종결 이전에 그 토지를 매수하였다거나 취득시효의 완성으로 소유권을 취득

> 한 사실에까지 그 확정판결의 기판력이 미치는 것은 아니다.
>
> ㉣ 甲이 乙 은행을 상대로 예금반환을 구하면서 그 예금관계를 소비대차계약으로 성질결정을 하고 그 확인을 구한 경우에도 법원은 이에 구속됨이 없이 소비임치계약의 확인청구로 보고 판단하여야 한다.
>
> ㉤ 아버지 소유 부동산을 증여받았음을 전제로 그 소유권의 확인을 구하는 소와 아버지가 사망함에 따라 그 지분소유권을 상속받았음을 전제로 그 지분소유권의 확인을 구하는 소는 동일한 소이다.
>
> ㉥ 소유권확인의 소에서 소유권취득의 원인이 되는 매매, 시효취득 따위는 소송물의 특정을 위해 그 기재를 필요로 하지 않는다.

① ㉡, ㉢, ㉤, ㉥　　② ㉡, ㉢, ㉤　　③ ㉢, ㉣, ㉤, ㉥
④ ㉡, ㉤, ㉥　　⑤ ㉡, ㉤

〈해설〉 정답 ②

㉡ 불법행위의 피해자가 일부청구임을 명시하여 그 손해의 일부만을 청구한 경우 그 일부청구에 대한 판결의 기판력은 청구의 인용 여부에 관계없이 청구의 범위에 한하여 미치는 것이고, 잔액 부분 청구에는 미치지 아니한다(판례는 명시적 일부청구설의 입장이다).

㉢ 특정토지에 대한 소유권확인의 본안판결이 확정되면 그에 대한 권리 또는 법률관계가 그대로 확정되는 것이므로 변론종결 전에 그 확인원인이 되는 다른 사실이 있었다 하더라도 그 확정판결의 기판력은 거기까지도 미치는 것이다.

㉤ 아버지 소유 부동산을 증여받았음을 전제로 그 소유권의 확인을 구하는 소와 아버지가 사망함에 따라 그 지분소유권을 상속받았음을 전제로 그 지분소유권의 확인을 구하는 소는 민사소송법 제207조 제2항 소정이 '동일한 소'라고 볼 수 없다.

문19. 다음 설명 중 소송물에 관한 판례의 입장으로 옳지 않은 것은? (다툼이 있는 경우 판례에 의함)

① 집행채무자가 집행채권자를 상대로 집행채권의 소멸을 원인으로 한 부당이득반환청구에서 집행채무자가 집행채권의 소멸원인으로 주장할 수 있는 사유가 여러 가지인 경우 그중 어느 사유를 주장하여 패소의 확정판결을 받은 경우에 다른 사유를 주장하여 다시 청구하는 것은 기판력에 저촉되어 허용될 수 없다.

② 과세처분무효확인소송의 경우 소송물은 권리 또는 법률관계의 존부 확인을

구하는 것이며, 이는 청구취지만으로 소송물의 동일성이 특정되고 따라서 당사자가 청구원인에서 무효사유로 내세운 개개의 주장은 공격방어방법에 불과하다.

③ 행정처분 취소소송과 무효확인소송은 다 같이 행정처분에 의하여 조성된 위법상태의 배제를 목적으로 한다는 점에서 소송물이 동일하다.

④ 차임연체로 인한 임대차계약의 법정해지에 기한 건물명도청구와 임대차기간 만료 또는 합의해지로 인한 건물명도청구는 별개의 소송물이다.

⑤ 가등기에 기하여 본등기가 된 때에는 본등기의 순위가 가등기한 때로 소급함으로써 가등기 후 본등기 전에 이루어진 중간처분이 본등기보다 후순위로 되어 실효되는 것이므로 가등기에 기한 본등기청구와 단순한 소유권이전등기청구는 비록 그 등기원인이 동일하다고 하더라도 이는 서로 다른 청구로 보아야 한다.

〈해설〉 정답 ③

① 집행권원에 기한 금전채권에 대한 강제집행절차에서, 그 집행권원에 표시된 집행채권이 소멸하였다 하더라도 그 강제집행절차가 청구이의의 소 등을 통하여 적법하게 취소·정지되지 아니한 채 계속 진행되어 채권압류 및 전부명령이 적법하게 확정되었다면, 특별한 사정이 없는 한 단지 집행채권의 소멸을 이유만으로, 확정된 전부명령에 따라 전부채권자에게 피전부채권이 이전되는 효력 자체를 부정할 수는 없는 것이고, 다만 위와 같이 전부명령이 확정된 후 그 집행권원상의 집행채권이 소멸한 것으로 판명된 경우에는 그 소멸된 부분에 관해서는 집행채권자가 집행채무자에 대한 관계에서 부당이득을 한 셈이 되므로, 그 집행채무자는 집행채권자에 대하여 그가 위 전부명령에 따라 전부받은 채권 중 실제로 추심한 금전 부분에 관해서는 그 상당액을, 추심하지 아니한 부분에 관해서는 그 채권 자체를 양도하는 방법에 의하여 부당이득의 반환을 구할 수 있다(대법원 2007.8.23. 선고 2005다43081, 43098(참가) 판결 등 참조). 그리고 위와 같은 부당이득반환청구에서 집행채무자가 집행채권 소멸의 원인으로 주장할 수 있는 사유가 여러 가지인 경우 이들은 법률상의 원인 없는 사유에 관하여 공격방법이 다른 데 지나지 않으므로 그중 어느 사유를 주장하여 패소의 확정판결을 받은 경우에 다른 사유를 주장하여 다시 청구하는 것은 기판력에 저촉되어 허용될 수 없다(대법원 2008.2.29. 선고 2007다49960 판결).

② 대법원 1992.2.25. 선고 91누6108 판결

③ 행정처분 취소소송은 형성소송인데 반하여 행정처분 무효확인소송은 확인소송이므로 비록 같은 항고소송이기는 하나 소의 종류가 달라 별개의 소송물이다.

④ 구이론의 입장.

⑤ 대법원 1994.4.26. 선고 92다34100, 34117 판결

문20. 소송물에 관한 다음 설명 중 <u>옳지 않은</u> 것은? (다툼이 있는 경우 판례에 의함)

① 재판상 이혼사유에 관한 민법 제840조는 동 조가 규정하고 있는 각 호 사유마다 각 별개의 독립된 이혼사유를 구성하는 것이고, 이혼청구를 구하면서 위 각 호 소정의 수 개의 사유를 주장하는 경우 법원은 그중 어느 하나를 받아들여 청구를 인용할 수 있다.

② 원고가 배우자의 부정행위를 원인으로 이혼을 청구하더라도 법원은 악의의 유기를 원인으로 이혼판결을 할 수 있다.

③ 상속재산에 대한 협의분할의 소급효에 의하여 피상속인의 사망 시부터 원고의 단독소유로 되었는데 원고가 이를 알지 못한 탓으로 전소에서 법정상속분만을 청구하였다가 전소가 항소심에 계속 중 별소로 법정상속분을 제외한 나머지 부분을 청구한 경우 소송의 경과로 보아 원고가 전소의 사실심 변론종결 시까지 전소가 일부청구임을 명시한 것으로 본다.

④ 회사의 총회결의에 대한 부존재확인청구나 무효확인청구는 모두 법률상 유효한 결의의 효과가 현재 존재하지 아니함을 확인받고자 하는 점에서 동일한 소송이다.

⑤ 소유권확인청구의 경우 그 소송물은 소유권 자체의 존부라고 할 것이므로, 전소에서 원고가 소유권을 주장하였다가 패소판결이 확정되었다고 하더라도, 전소의 변론종결 후에 소유권을 새로이 취득하였다면 전소의 기판력이 소유권확인을 구하는 후소에 미칠 수 없고, 상속재산분할협의가 전소의 변론종결 후에 이루어졌다면 비록 그 상속재산분할의 효력이 상속이 개시된 때로 소급한다 하더라도, 상속재산분할협의에 의한 소유권의 취득은 전소의 변론종결 후에 발생한 사유에 해당한다.

〈해설〉 정답 ②

② 판례는 이혼사유마다 별개의 소송물로 보고 있으므로 원고가 배우자의 부정행위를 원인으로 이혼을 청구하더라도 법원은 악의의 유기를 원인으로 이혼판결을 할 수 없다.

③ 대법원 1994.1.14. 선고 93다43170 판결

⑤ 대법원 2011.6.30. 선고 2011다24340 판결 참조.

문21. 다음 설명 중 <u>옳지 않은</u> 것만으로 묶인 것은? (다툼이 있는 경우 다수설 및 판례에 의함)

> ㉠ 부당이득반환청구소송에서 법률상 원인 없는 사유를 계약의 불성립, 무효, 취소, 해제 등으로 주장하는 것은 공격방법에 지나지 않는다.
>
> ㉡ 소유권확인의 소에서 매매나 취득시효 등 소유권취득원인은 공격방법에 불과하다.
>
> ㉢ 소유권이전등기말소소송에서 패소확정판결을 받은 경우 그 기판력은 그 후 제기된 진정명의회복을 원인으로 한 소유권이전등기청구에도 미친다.
>
> ㉣ 식물인간 피해자의 여명이 종전의 예측에 비하여 수년 연장되어 그에 상응한 향후치료, 보조구 및 개호 등이 추가적으로 필요하게 된 것은 전소의 변론종결 당시에는 예견할 수 없었던 새로운 중한 손해로서 전소의 기판력에 저촉되지 않는다.
>
> ㉤ 어느 한 가지 재심사유를 들어 재심의 소를 제기하였다가 패소판결이 확정된 경우에도 다른 재심사유가 있는 경우에는 그 재심사유로써 다시 재심의 소를 제기할 수 있다.
>
> ㉥ 동일한 가해행위로 인하여 여러 개의 물건이 파손된 경우 물건의 개수마다 소송물이 세분되는 것으로 볼 것은 아니다.

① ㉠, ㉥　　　② ㉡, ㉢　　　③ ㉣, ㉤

④ ㉥　　　　　⑤ 답이 없다

〈해설〉 정답 ④

㉥ 일물일권주의하에서 원칙적으로 피침해권리 내지 이익의 수만큼, 즉 물건마다 별개의 손해배상청구권이 발생하게 되는 결과 물건마다 소송물이 세분되는 것으로 해석한다. 김홍엽, p.294 참조.

문22. 다음 설명 중 <u>옳지 않은</u> 것만으로 묶인 것은? (다툼이 있는 경우 다수설 및 판례에 의함)

> ㉠ 같은 물건에 대한 소유권확인소송도 상대방이 다르면 소송물은 별개이다.
>
> ㉡ 원고가 소비대차라고 주장하여도 법원은 당사자가 주장한 사실을 기초로 준 비대차로 인정할 수 있다.

ⓒ 소송물의 특정을 위하여 기재하여야 할 사항은 그 소송물을 다른 소송물과 구별하는 데 필요한 정도로 충분하다.

ⓔ 법원은 원고가 주장하는 법적 관점에 구속되지 않는다.

ⓜ 甲이 乙에게 자신의 점포를 임대하였다가 임대차기간 만료 후 乙을 상대로 소유권에 기한 점포명도청구를 하는 것과 임대차계약종료를 원인으로 점포명도청구를 하는 것은 별개의 소송물이다.

ⓗ 소송의 목적물과 소송물은 동일한 개념이 아니다.

① ㄱ, ㅁ   ② ㄹ, ㅂ   ③ ㄴ

④ ㅁ   ⑤ 답이 없다

〈해설〉 정답 ⑤

전부 맞는 설명이다.

문23. 소송물에 관한 다음 설명 중 판례의 입장이 <u>아닌</u> 것은?

① 채무불이행책임과 불법행위책임은 각각 요건과 효과를 달리하는 별개의 법률관계에서 발생하는 것이므로 하나의 행위가 계약상 채무불이행의 요건을 충족함과 동시에 불법행위의 요건도 충족하는 경우에는 두 개의 손해배상청구권이 경합하여 발생한다.

② 특정 토지에 대한 소유권확인의 본안판결이 확정되면 변론종결 전에 그 확인이 원인이 되는 다른 사실이 있어도 확정판결의 기판력은 거기까지도 미친다.

③ 선친으로부터 증여받았음을 이유로 소유권확인청구를 한 경우와 뒤에 같은 부동산의 일정 지분의 상속을 이유로 한 소유권확인청구는 동일한 소라고 볼 수 없다.

④ 채권자취소소송에서 채권자가 어떤 금원지급행위가 사해행위에 해당한다고 하여 그 취소를 구하면서 다만 그 금원지급행위가 증여라고 주장하는 것과 변제라고 주장하는 것은 그 사해행위취소청구를 이유 있게 하는 공격방법에 관한 주장을 달리하는 것이고 소송물을 달리하는 것이 아니다.

⑤ 일부청구의 경우 그 일부청구에 대한 판결의 기판력은 청구의 인용 여부에 관

계없이 청구의 범위에 한하여 미치는 것이고, 잔액부분 청구에는 미치지 아니
한다.

〈해설〉 정답 ⑤

⑤ 판례는 명시설의 입장이다.

문24. 다음 〈사례〉와 관련하여 아래의 설명 중 <u>옳지 않은</u> 것은? (다툼이 있
는 경우 판례에 의함)

> <사례>
> 甲은 乙을 상대로 X 토지에 대한 단독상속인이라고 주장하여 소유권확인을
> 구하였으나, 공동상속인에 해당한다는 이유로 그 상속분에 해당하는 부분에
> 대해서만 甲의 청구를 인용하고 나머지 청구를 기각하는 판결이 선고되고 확정
> 되었다.
> 그 후 甲은 상속인들과 사이에 상속재산분할협의에 의해 甲이 소유권을 취득
> 한 나머지 상속분에 관한 소유권확인을 구하는 소를 제기하였다.

① 말소등기청구사건의 소송물은 당해 등기의 말소등기청구권이고 그 동일성
판단의 기준이 되는 청구원인, 즉 말소등기청구권의 발생원인은 당해 등기
의 원인무효라고 할 것이다.

② 전소와 후소에서 피고 명의의 등기가 원인무효라고 내세우는 사유가 동일하
다면 말소등기를 구하는 전소와 후소는 그 소송물이 동일하여 후소에서의
주장은 전소의 확정판결의 기판력에 저촉되어 허용될 수 없다.

③ 소유권확인청구의 경우 그 소송물은 소유권 자체의 존부라고 할 것이므로,
전소에서 원고가 소유권을 주장하였다가 패소판결이 확정되었다고 하더라도,
전소의 변론종결 후에 소유권을 새로이 취득하였다면 전소의 기판력이 소유
권확인을 구하는 후소에 미칠 수 없다.

④ 상속재산분할협의가 전소의 변론종결 후에 이루어졌다면 그 상속재산분할의
효력이 상속이 개시된 때로 소급하므로, 상속재산분할협의에 의한 소유권의
취득은 전소의 변론종결 후에 발생한 사유에 해당하지 않는다.

⑤ 甲이 받은 전소판결의 기판력은 전소의 변론종결 후에 상속재산분할협의에

의해 甲이 소유권을 취득한 나머지 상속분에 관한 소유권확인을 구하는 후소에는 미치지 않는다.

〈해설〉 정답 ④

④ 상속재산분할협의가 전소의 변론종결 후에 이루어졌다면 비록 그 상속재산분할의 효력이 상속이 개시된 때로 소급한다 하더라도, 상속재산분할협의에 의한 소유권의 취득은 전소의 변론종결 후에 발생한 사유에 해당한다(대법원 2011.6.30. 선고 2011다24340 판결).

문25. 소송물에 관한 다음 설명 중 판례의 입장이 <u>아닌</u> 것은?

① 자신이 진정한 상속인임을 전제로 그 상속으로 인한 소유권 또는 지분권 등 재산권의 귀속을 주장하면서 참칭상속인 또는 참칭상속인으로부터 상속재산에 관한 권리를 취득하거나 새로운 이해관계를 맺은 제3자를 상대로 상속재산인 부동산에 관한 등기의 말소 등을 청구하는 경우에는, 그 소유권 또는 지분권이 귀속되었다는 주장이 상속을 원인으로 하는 것인 이상 그 청구원인 여하에 관계없이 이는 민법 제999조 소정의 상속회복청구의 소에 해당한다.

② 회사의 총회결의에 대한 부존재확인청구나 무효확인청구는 소송물이 다르다.

③ 주주총회결의 취소의 소는 상법 제376조에 따라 결의의 날로부터 2월 내에 제기하여야 할 것이나, 동일한 결의에 관하여 부존재확인의 소가 상법 제376조 소정의 제소기간 내에 제기되어 있다면, 동일한 하자를 원인으로 하여 결의의 날로부터 2월이 경과한 후 취소소송으로 소를 변경하거나 추가한 경우에도 부존재확인의 소제기 시에 제기된 것과 동일하게 취급하여 제소기간을 준수한 것으로 보아야 한다.

④ 과세처분무효확인소송의 경우 청구취지만으로 소송물이 특정된다고 할 것이고, 당사자가 청구원인에서 무효사유로 내세운 개개의 주장은 공격방법에 불과하다.

⑤ 손해배상청구의 법률적 근거가 계약책임인지 불법행위책임인지 불명확함에도 석명권을 행사하지 않고 불법행위책임을 묻는 것으로 단정한 뒤 증명이 부족하다는 이유로 청구를 받아들이지 않는 것은 위법하다.

〈해설〉 정답 ②

① 대법원 2010.1.14. 선고 2009다41199 판결
② 대법원 1983.3.22. 선고 82다카1810 전원합의체 판결: 회사의 총회결의에 대한 부존재확인청구나 무효확인청구는 모두 법률상 유효한 결의의 효과가 현재 존재하지 아니함을 확인받고자 하는 점에서 동일한 것이므로 예컨대, 사원총회가 적법한 소집권자에 의하여 소집되지 않았을 뿐 아니라 정당한 사원 아닌 자들이 모여서 개최한 집회에 불과하여 법률상 부존재로 볼 수밖에 없는 총회결의에 대해서는 결의무효 확인을 청구하고 있다고 하여도 이는 부존재확인의 의미로 무효확인을 청구하는 취지라고 풀이함이 타당하므로 적법하다고 할 것이다.
③ 대법원 2003.7.11. 선고 2001다45584 판결
④ 대법원 1992.2.25. 선고 91누6108 판결(이시윤, p.229)
⑤ 대법원 2009.11.12. 선고 2009다42765 판결

문26. 소송물에 관한 다음 설명 중 판례의 입장이 <u>아닌</u> 것은?

① 토지 매도인이 성토작업을 기화로 다량의 폐기물을 은밀히 매립하고 그 위에 토사를 덮은 다음 도시계획사업을 시행하는 공공사업시행자와 사이에서 정상적인 토지임을 전제로 협의취득절차를 진행하여 이를 매도함으로써 매수자로 하여금 그 토지의 폐기물처리비용 상당의 손해를 입게 하였다면 매도인은 이른바 불완전이행으로서 채무불이행으로 인한 손해배상책임만 부담하고, 이는 하자 있는 토지의 매매로 인한 민법 제580조 소정의 하자담보책임은 부담하지 않는다.

② 채권자가 사해행위취소 및 원상회복청구를 하면서 보전하고자 하는 채권을 추가하거나 교환하는 것은 사해행위취소권과 원상회복청구권을 이유 있게 하는 공격방법에 관한 주장을 변경하는 것일 뿐이지 소송물 또는 청구 자체를 변경하는 것이 아니므로, 채권자가 보전하고자 하는 채권을 달리하여 동일한 법률행위의 취소 및 원상회복을 구하는 채권자취소의 소를 이중으로 제기하는 경우 전소와 후소는 소송물이 동일하다.

③ 금전채무불이행의 경우에 발생하는 원본채권과 지연손해금채권은 별개의 소송물이므로, 불이익변경에 해당하는지는 원금과 지연손해금 부분을 각각 따로 비교하여 판단하여야 하고, 별개의 소송물을 합산한 전체 금액을 기준으로 판단하여서는 아니 된다.

④ 부동산에 관한 소유권이전청구권 보전을 위한 가등기 경료 이후에 다른 가압류등기가 경료되었다면, 그 가등기에 기한 본등기 절차에 의하지 아니하

고 별도로 가등기권자 명의의 소유권이전등기가 경료되었다고 하여 가등기 권리자와 의무자 사이의 가등기 약정상의 채무의 본지에 따른 이행이 완료 되었다고 할 수는 없으니, 특별한 사정이 없는 한, 가등기권자는 가등기의무 자에 대하여 그 가등기에 기한 본등기 절차의 이행을 구할 수도 있다.

⑤ 원고가 제1심에서 사기에 의한 의사표시취소를 원인으로 한 근저당권설정등 기의 말소청구와 함께 피담보채무의 부존재를 원인으로 한 근저당권설정등 기의 말소청구를 하였다가 청구기각의 본안판결을 받은 후 항소심에서 위 기망을 원인으로 한 말소청구부분만을 유지하고 피담보채무의 부존재를 원 인으로 한 말소청구는 철회하여 적법히 취하한 후 다시 같은 청구를 추가한 경우, 위 피담보채무의 부존재를 원인으로 한 말소청구는 재소금지의 원칙 에 어긋나는 부적법한 소라 할 것이다.

〈해설〉 정답 ①

① 이 경우 양 책임은 경합적으로 인정된다. 대법원 2004.7.22. 선고 2002다51586 판결
② 대법원 2012.7.5. 선고 2010다80503 판결
③ 대법원 2009.6.11. 선고 2009다12399 판결
④ 대법원 1995.12.26. 선고 95다29888 판결
⑤ 대법원 1986.9.23. 선고 85다353 판결

문27. 다음 청구취지 기재례 중 잘못된 것은? (다툼이 있는 경우 실무례에 의함)

① 피고는 원고에게 별지목록 기재 부동산에 관하여 2013.3.21. 매매를 원인으 로 한 소유권이전등기절차를 이행하라

② 피고는 원고에게 별지목록 기재 부동산에 관하여 제주지방법원 2013.3.5. 접 수 제1345호로 마친 소유권이전등기의 말소등기절차를 이행하라.

③ 별지목록 기재 부동산은 원고의 소유임을 확인하라.

④ 원고와 피고는 이혼한다.

⑤ 피고는 원고에게 별지목록 기재 부동산을 인도하라.

〈해설〉 정답 ③

③ 별지목록 기재 부동산은 원고의 소유임을 확인한다.

제5장 소송요건과
소의 이익

문1. 다음 설명 중 옳은 것만으로 묶인 것은? (다툼이 있는 경우 다수설 및 판례에 의함)

> ㉠ 확인판결과 형성판결에도 기판력이 생긴다.
>
> ㉡ 이행판결·확인판결·형성판결에 모두 집행력이 생긴다.
>
> ㉢ 혼인취소나 이혼사유가 있는 경우에는 혼인취소 또는 이혼판결을 받지 않고도 혼인관계가 해소되었음을 전제로 위자료청구를 할 수 있다.
>
> ㉣ 원고의 청구가 주장 자체로 이유 없는 경우에도 피고의 답변서부제출로 무변론판결을 하는 경우에는 원고의 청구를 인용할 수밖에 없다.
>
> ㉤ 토지소유권확인소송의 소송물인 대상 토지가 특정되지 않은 경우 원고의 청구를 기각한다.
>
> ㉥ 토지뿐만 아니라 건물의 경계확정의 소도 인정된다.

① ㉠, ㉡, ㉤   ② ㉠, ㉣   ③ ㉠
④ ㉤, ㉥   ⑤ 답이 없다

〈해설〉 정답 ③

㉡ 이행판결에만 집행력이 생긴다.
㉢ 혼인취소나 이혼사유가 있다 하더라도 혼인취소 또는 이혼판결을 받음이 없이 혼인관계가 해소되었음을 전제로 하는 위자료청구 불가.
㉣ 보정의 여지가 없으면 원칙적으로 무변론으로 원고의 청구를 기각하여야 한다.
㉤ 토지소유권확인소송의 소송물인 대상 토지가 특정되었는지는 소송요건으로서 법원의 직권조사사항에 속한다(대법원 2011.3.10. 선고 2010다87641 판결).
㉥ 토지와는 달리 건물에 관한 경계확정의 소는 인정되지 않는다(대법원 1997.7.0. 선고 06다36517 판결).

문2. 다음 중 실체법상의 형성의 소가 <u>아닌</u> 것만으로 묶인 것은? (다툼이 있는 경우 다수설 및 판례에 의함)

> ㉠ 가사소송
>
> ㉡ 준재심의 소
>
> ㉢ 중재판정취소의 소
>
> ㉣ 주주총회결의무효확인소송

ⓜ 행정처분의 취소·변경을 구하는 항고소송

ⓗ 청구이의의 소

ⓢ 법정지상권상의 지료결정청구

ⓞ 헌법소원

① ㉠, ㉡, ㉅, ⓞ　　　　② ㉠, ㉢, ⓞ　　　　③ ㉡, ㉢, ㉣, ㉅

④ ㉡, ㉢, ㉣, ㉣, ㉅　　　　⑤ ㉢, ㉣, ㉣, ㉅, ⓞ

〈해설〉 정답 ④

㉡㉢ⓗ 소송법상의 법률관계의 변동을 목적으로 하는 소송상의 형성의 소이다.

㉣ 판례는 확인소송으로 본다.

㉅ 형식은 소송사건이지만 실질은 비송사건인 형식적 형성의 소이다.

문3. 다음 〈사례〉에 관한 설명 중 <u>옳지 않은</u> 것은? (다툼이 있는 경우 판례에 의함)

> <사례>
> 甲은 X 토지의 공유자인 乙, 丙을 상대로 공유물분할청구의 소를 제기하였다.

① 甲의 소가 소송요건을 갖춘 경우 원고청구기각판결이 있을 수 없다.

② 공유물을 공유자 중의 1인의 단독소유 또는 수인의 공유로 하되 현물을 소유하게 되는 공유자로 하여금 다른 공유자에 대하여 그 지분의 적정하고도 합리적인 가격을 배상시키는 방법에 의한 분할도 현물분할의 하나로 허용된다.

③ 공유물분할판결 확정 전에도 미리 분할부분에 대한 소유권확인청구를 할 수 있다.

④ 재판상 공유물분할은 현물분할이 원칙이다.

⑤ 공유물분할판결에도 형성력뿐만 아니라 기판력이 생긴다.

〈해설〉 정답 ③

③ 공유물분할판결 전에는 공유물은 아직 분할되지 않고, 분할판결의 확정으로 각자의 취득부분에 대하여 비로소 단독소유권이 창설되는 것이므로 미리 그 부분에 대한 소유권확인청구도 할 수 없다.

④ 대법원 2009.9.10. 선고 2009다40219, 40226 판결: 재판에 의하여 공유물을 분할하는 경우에 현물로 분할할 수 없거나 현물로 분할하게 되면 그 가액이 현저히 감손될 염려가 있는 때에는 물건의 경매를 명하여 대금분할을 할 수 있는 것이고, 여기에서 '현물로 분할할 수 없다'

는 요건은 이를 물리적으로 엄격하게 해석할 것은 아니고, 공유물의 성질, 위치나 면적, 이용 상황, 분할 후의 사용가치 등에 비추어 보아 현물분할을 하는 것이 곤란하거나 부적당한 경우를 포함한다 할 것이고, '현물로 분할을 하게 되면 현저히 그 가액이 감손될 염려가 있는 경우'라는 것은 공유자의 한 사람이라도 현물분할에 의하여 단독으로 소유하게 될 부분의 가액이 분할 전의 소유지분 가액보다 현저하게 감손될 염려가 있는 경우도 포함하는 것이다. 재판에 의하여 공유물을 분할하는 경우에 법원은 현물로 분할하는 것이 원칙이므로, 불가피하게 대금분할을 할 수밖에 없는 요건에 관한 객관적·구체적인 심리 없이 단순히 공유자들 사이에 분할의 방법에 관하여 의사가 합치하고 있지 않다는 등의 주관적·추상적인 사정에 터 잡아 함부로 대금분할을 명하는 것은 허용될 수 없다.

문4. 다음 중 장래의 형성의 소가 <u>아닌</u> 것만으로 묶인 것은? (다툼이 있는 경우 다수설 및 판례에 의함)

> ㉠ 이혼청구
> ㉡ 혼인무효
> ㉢ 인지청구
> ㉣ 친생부인의 소
> ㉤ 주주총회결의취소의 소
> ㉥ 협의이혼의 무효확인청구
> ㉦ 재심의 소

① ㉠, ㉡, ㉢, ㉣　　　　② ㉠, ㉢　　　　③ ㉠, ㉦
④ ㉠, ㉡, ㉢, ㉣, ㉥　　　⑤ ㉡, ㉢, ㉣, ㉥, ㉦

〈해설〉 정답 ⑤

㉠㉤은 장래의 형성의 소
㉡㉢㉣㉥㉦은 소급적 형성의 소. 다만, ㉡㉥과 친생지관계존부확인의 소를 확인소송으로 보는 견해가 있다(김홍엽, p.218).

문5. 형성의 소 및 형성판결의 효력에 관한 다음 설명 중 <u>옳은</u> 것만으로 묶인 것은? (다툼이 있는 경우 판례에 의함)

> ㉠ 공유물분할판결은 형성력은 있으나 기판력이 없다.
> ㉡ 혼인무효판결이 없는 이상 아무도 항변으로 그 무효를 주장할 수 없고, 다른

소송의 선결문제로서도 유효한 것으로 취급되어야 한다.

ⓒ 사실혼관계존재확인의 소는 형성소송이다.

ⓔ 주주총회결의에 취소사유가 있다고 하더라도 취소되지 아니한 이상 그 결의의 효력에 영향이 없다.

ⓜ 민법 제628조에 의한 차임감액청구권을 근거로 반소로 차임감액을 청구할 수 있다.

ⓗ 민법상 법인의 이사, 법인 아닌 사단의 대표자 등의 위법행위 내지 정관위반행위를 이유로 해임의 소를 제기할 수 있다.

① ㄱ, ㄴ, ㅁ, ㅂ   ② ㄴ, ㄹ, ㅂ, ㅅ   ③ ㄴ, ㄹ, ㅅ

④ ㄴ, ㄹ   ⑤ 답이 없다

〈해설〉 정답 ④

ⓐ 형성판결에도 기판력이 인정된다.

ⓒ 이시윤, p.185 등 학설은 형성소송으로 보고 있으나, 판례는 확인소송으로 본다. 김홍엽, p.212 참조.

ⓜ 민법 제628조에 의한 임차인의 차임감액청구권은 사법상의 형성권이지 법원에 대하여 형성판결을 구할 수 있는 권리가 아니므로 차임청구의 본소가 계속한 법원에 반소로서 차임의 감액을 청구할 수는 없다(대법원 1968.11.19. 선고 68다1882, 68다1883 판결).

ⓗ 법률에 명문규정이 없는 경우 형성의 소를 제기할 수 없다. 상세는 김홍엽, p.210 참조.

문6. 다음 〈사례〉에 관한 설명 중 옳지 않은 것은? (다툼이 있는 경우 다수설 및 판례에 의함)

<사례>

甲은 45세의 나이로 본처와의 사이에 딸만 셋을 두고 아들을 낳아줄 처녀를 찾고 있다는 乙남을 소개받고, 乙과의 사이에 甲이 아들을 낳아주면 乙은 甲에게 20평 아파트 1채와 돈 1억 원을 지급해주기로 약정하였다. 甲이 乙과 동거생활을 시작하여 乙의 아들을 낳아주었음에도 불구하고 乙은 위 약정을 지키지 아니하고 있다.

① 법률상 처가 있는 남자가 다른 여자와 사이에 아들을 낳아주면 경제적 대가를 지급할 것을 약정한 이른바 '씨받이 계약'은 공서양속에 반하는 법률행위로서

무효이다.

② 甲의 주장 자체가 명백히 이유 없는 것이면, 법원은 주장사실의 옳고 그름을 가릴 필요도 없이 청구기각판결을 선고한다.

③ 乙의 답변서부제출로 자백간주가 된 경우에도 보정의 여지가 없으면 원칙적으로 무변론으로 甲의 청구를 기각하여야 한다.

④ 증거조사에 의한 甲의 주장사실을 확정할 필요가 없다.

⑤ 甲이 乙을 상대로 위 약정의 이행을 청구할 수는 없으나, 乙의 약정불이행으로 인한 손해배상청구를 할 수 있다.

〈해설〉 정답 ⑤

⑤ 甲의 청구는 주장 자체로 이유 없으므로 약정의 이행청구든 약정불이행으로 인한 손해배상청구든 원고의 청구는 기각된다.

문7. 다음 중 방소항변(妨訴抗辯)이 <u>아닌</u> 것만으로 묶인 것은? (다툼이 있는 경우 다수설 및 판례에 의함)

> ㉠ 임의관할위반
> ㉡ 부제소특약
> ㉢ 소취하합의
> ㉣ 불상소합의
> ㉤ 기판력의 항변
> ㉥ 중재합의

① ㉠, ㉡, ㉢, ㉣   ② ㉡, ㉢, ㉣, ㉤   ③ ㉡, ㉣, ㉤

④ ㉤   ⑤ ㉣, ㉤

〈해설〉 정답 ⑤

㉣ 판례는 직권조사사항으로 본다. 대법원 1980.1.29. 선고 79다2066 판결

㉤ 기판력의 항변은 무권대리의 항변, 소송계속의 항변과 같이 법원의 직권발동을 촉구하는 의미 밖에 없는 항변이나, ㉣을 제외한 나머지 방소항변들은 피고의 주장을 기다려서 비로소 조사하게 되는 항변(소송장애사유)이다.

문8. 소송요건에 관한 다음 설명 중 옳은 것을 모두 모은 것은? (다툼이 있는 경우 통설 및 판례에 의함)

> ㉠ 비법인사단이 당사자인 사건에 있어서 대표자에게 적법한 대표권이 있는지는 소송요건에 관한 것으로서 법원의 직권조사사항이다.
> ㉡ 당사자가 확정판결의 존재를 사실심 변론종결 시까지 주장하지 아니한 경우 상고심에서 새로이 이를 주장·증명할 수 없다.
> ㉢ 소송능력, 법정대리권, 소송대리권은 소송행위의 유효요건이나 소제기 단계에서 이의 존재는 소송요건이 된다.
> ㉣ 변론능력은 소송요건이다.
> ㉤ 임의관할위반, 중재합의의 항변은 본안심리에 들어간 이후에도 할 수 있다.
> ㉥ 소송요건은 모두 원고에게 증명책임이 있다.
> ㉦ 비법인사단이 이러한 사원총회 결의 없이 그 명의로 제기한 소송은 소송요건이 흠결된 것으로서 부적법하다.

① ㉠, ㉡, ㉢, ㉦　　② ㉠, ㉢, ㉦　　③ ㉠

④ ㉠, ㉦　　⑤ ㉡, ㉢, ㉣, ㉤

〈해설〉 정답 ②

㉠ 비법인사단이 당사자인 사건에 있어서 대표자에게 적법한 대표권이 있는지는 소송요건에 관한 것으로서 법원의 직권조사사항이므로, 법원으로서는 그 판단의 기초자료인 사실과 증거를 직권으로 탐지할 의무까지는 없다 하더라도 이미 제출된 자료에 의하여 그 대표권의 적법성에 의심이 갈 만한 사정이 엿보인다면 그에 관하여 심리·조사할 의무가 있다(대법원 2011.7.28. 선고 2010다97044 판결).

㉡ 당사자가 확정판결의 존재를 사실심 변론종결 시까지 주장하지 아니하였더라도 상고심에서 새로이 주장·증명할 수 있다(대법원 2011.5.13. 선고 2009다94384, 94391, 94407 판결).

㉣ 변론능력은 소송요건이 아니다. 다만 그 흠이 있을 때 기일불출석의 불이익으로 돌릴 수 있을 뿐이다.

㉤ 본안에 관한 최초의 변론기일 전까지 제출하여야 하는 항변이다.

㉥ 직권조사사항인 소송요건은 원고에게 증명책임이 있으나, 항변사항인 소송요건은 피고에게 증명책임이 있다.

㉦ 대법원 2011.7.28. 선고 2010다97044 판결

문9. 소송요건의 조사에 관한 설명 중 가장 <u>옳지 않은</u> 것은? (다툼이 있는 경우 판례에 의함)

① 소송요건은 재판상 자백이나 자백간주의 대상이 될 수 없다.

② 소송요건 존재의 표준시는 사실심의 변론종결 시이다.

③ 관할권의 존재는 제소 시에 갖추면 된다.

④ 소송진행 중 당사자능력, 소송능력, 법정대리권의 소멸은 소각하사유가 아니고 소송중단사유가 된다.

⑤ 소송요건이 구비되었음에도 불구하고 그 흠을 이유로 소를 각하한 판결에 대하여 상소를 제기한 경우 원칙적으로 상급법원은 원판결을 취소·파기하고 자판할 수 있다.

〈해설〉 정답 ⑤

⑤ 원판결의 취소와 환송판결을 한다.

문10. 소송요건에 관한 다음 설명 중 <u>옳지 않은</u> 것만으로 모두 묶은 것은? (다툼이 있는 경우 통설 및 판례에 의함)

> ㉠ 소송요건의 흠을 다투는 항변이 시기에 늦어도 각하할 수 없고, 변론준비기일을 거친 경우에도 실권되지 않는다.
> ㉡ 군사분계선 이북의 토지소유권 확인청구도 가능하다.
> ㉢ 피고의 본안전 항변에 대하여 이를 판단하지 아니하였다 하더라도 판단누락의 상고이유가 될 수 없다.
> ㉣ 소송요건에 관한 상고이유서를 늦게 내어도 상고기각판결을 할 수 없다.
> ㉤ 당사자는 상고심에서 확정판결의 존재를 새로이 주장, 입증할 수 있다.
> ㉥ 소의 주관적·객관적 병합에서 병합요건에 흠이 있는 경우 소를 각하할 것이 아니라 독립의 소로 취급하여야 한다.

① ㉠, ㉡, ㉣, ㉤   ② ㉢, ㉤   ③ ㉡, ㉤, ㉥

④ ㉡   ⑤ 답이 없다

〈해설〉정답 ④

ⓛ 대법원 2011.3.10. 선고 2010다87641 판결: 민사소송에 있어 당사자가 소송물로 하는 권리 또는 법률관계의 목적인 물건은 특정되어야 하고, 소송물이 특정되지 아니한 때에는 법원이 심리·판단할 대상과 재판의 효력범위가 특정되지 않게 되므로, 토지소유권확인소송에서의 소송물인 대상 토지가 특정되었는지는 소송요건으로서 법원의 직권조사사항에 속한다. 원심판결 이유 및 기록에 의하면, 이 사건 제5토지('경기 연천군 중면 도연리 552 토지'를 말한다. 이하 같다)의 경우 그에 관한 토지대장과 지적도 등의 지적공부가 6·25사변으로 모두 멸실되었다가 1980.12.31. 그 지적이 일단 복구되었으나, 그 후 1991.8.경 위 토지가 군사분계선 이북에 소재한 토지임을 이유로 지적공부가 폐쇄된 사실을 알 수 있는바, 사정이 이와 같다면 제5토지는 군사분계선 이북에 소재한 토지일 개연성이 높아 보이므로 원심으로서는 우선 위 토지가 군사분계선 이북에 소재하는지를 명확히 하여야 하고, 만약 위 토지가 현황의 확인이 불가능한 군사분계선 이북 지역에 있다고 한다면 위와 같은 경위로 폐쇄된 지적공부상에 기재된 토지 등의 지적만으로는 대상토지의 지번·지목·경계 또는 좌표와 면적이 모두 일치하는지를 확인할 방법이 없어 소송물이 특정되었다거나 나아가 이를 전제로 그 소유권보존등기의 경료가 가능한 토지라고 속단하기는 어려울 것이다.

ⓜ 대법원 2006.10.13. 선고 2004두10227 판결: 소송에서 다투어지고 있는 권리 또는 법률관계의 존부가 동일한 당사자 사이의 전소에서 이미 다투어져 이에 관한 확정판결이 있는 경우에 당사자는 이에 저촉되는 주장을 할 수 없고, 법원도 이에 저촉되는 판단을 할 수 없음은 물론, 위와 같은 확정판결의 존부는 직권조사사항이어서 당사자의 주장이 없더라도 법원이 이를 직권으로 조사하여 판단하지 않으면 아니 되고, 당사자는 확정판결의 존재를 사실심 변론종결 시까지 주장하지 아니하였다 하더라도 상고심에서 새로이 이를 주장, 입증할 수 있는 것이다.

ⓗ 이시윤, p.198 등 통설(김홍엽, p.228은 판례는 원칙적으로 이를 인정하지 않는다고 하나 명백하지 아니함).

문11. 다음 소송(청구) 중 권리보호의 자격이 있는 것으로만 묶은 것은? (다툼이 있는 경우 판례에 의함)

> ㉠ 종원으로서의 지위확인을 구하는 청구
> ㉡ 평화적인 집회 및 시위행렬을 자유로이 할 수 있는 권리를 보유함을 확인한다는 청구
> ㉢ 국군의 이라크파병의 위헌 여부를 구하는 소
> ㉣ 甲이 乙학교법인의 설립자임의 확인을 구하는 청구
> ㉤ 사단법인 대한민국상이군경회의 정관의 무효확인청구
> ㉥ 토지 및 건축물대장상의 명의말소·변경청구
> ㉦ 어느 사찰이 특정종파에 속한다는 확인청구

① ㉠   ② ㉠, ㉾   ③ ㉣, ㉾, ㉤

④ ㉾   ⑤ 답이 없다

〈해설〉 정답 ①

㉠ 종손으로서의 지위확인을 구하는 것은 사실관계확인의 소로서 확인의 소의 대상이 되지 않으
나, 종원지위확인의 소는 종원지위에 따라 종중재산분배 등 권리 또는 법률관계에 관한 분쟁의
해결방법이 될 수 있으므로 확인의 소의 대상이 된다.

문12. 다음 소송(청구) 중 권리보호의 자격이 <u>있는</u> 것으로만 묶은 것은? (다툼이 있는 경우 판례에 의함)

> ㉠ 해제·해지권, 상계권, 취소권 등 형성권을 행사하기 위한 형성의 소
>
> ㉡ 건축 중인 건물을 양수한 자가 제기한 건축주명의변경절차의 이행을 구하는 소
>
> ㉢ 종중의 대동보나 세보에 기재된 사항의 변경이나 삭제를 구하는 청구
>
> ㉣ 입법을 청원하는 청구
>
> ㉤ 무허가건물대장의 명의변경청구
>
> ㉥ 단체의 구성원이 단체 내부규정의 효력을 다투는 소
>
> ㉦ 골프장클럽 회원명부의 명의개서청구

① ㉠, ㉡, ㉤, ㉥   ② ㉡, ㉤, ㉥   ③ ㉡, ㉤

④ ㉡, ㉤, ㉦   ⑤ ㉡, ㉥

〈해설〉 정답 ④

㉡ 대법원 2009.3.12. 선고 2006다28454 판결: 건축 중인 건물의 양수인은 건축공사 진행에
필요한 행정관청에의 신고 등을 하고 공사를 계속하기 위해 건축주 명의를 변경할 필요가 있
고, 준공검사 후 건축물관리대장에 소유자로 등록하여 양수인 명의로 소유권보존등기를 신청하
기 위해서도 건축주 명의를 변경할 필요가 있으므로, 건축 중인 건물을 양도한 자가 건축주명
의변경에 동의하지 아니한 경우 양수인으로서는 그 의사표시에 갈음하는 판결을 받을 필요가
있다. 대법원 2010.7.15. 선고 2009다67276 판결 참조.

㉤ 대법원 1998.6.26. 선고 97다48937 판결

㉦ 대법원 1986.6.24. 선고 85다2469 판결

문13. 확인의 소의 보충성에 대한 다음 설명 중 <u>옳지 않은</u> 것은? (다툼이 있는 경우 판례에 의함)

① 매매계약해제의 효과로서 이미 이행한 것의 반환을 구하는 이행의 소를 제기할 수 있는 경우에는 매매계약이 해제됨으로써 현재의 법률관계가 존재하지 않는다는 취지의 소는 확인의 이익이 없다.

② 손해배상 청구를 할 수 있는 경우에 별도로 그 침해되는 권리의 존재확인을 구하는 것은 분쟁의 종국적인 해결 방법이 아니어서 확인의 이익이 없다.

③ 건물명도청구가 가능한 경우에 그 명도청구권 발생의 기본이 되는 소유권확인청구는 할 수 있다.

④ 甲이 미등기인 X 건물을 乙로부터 매수하는 계약을 체결하였을 뿐 아직 乙로부터 그 소유권이전의무의 이행을 받지도 아니한 상태에서 X 건물 부분에 대한 사용·수익·처분권이 자기에게 있음의 확인을 구할 수 없다.

⑤ 근저당권설정자로서는 피담보채무가 존재하지 않음을 이유로 근저당권설정등기의 말소를 구하는 대신 근저당권설정계약에 기한 피담보채무가 존재하지 아니함의 확인을 구하는 것은 확인의 이익이 없다.

〈해설〉 정답 ①

① 확인의 이익이 있다(대법원 1982.10.26. 선고 81다108 판결).

문14. 다음 설명 중 <u>옳지 않은</u> 것은? (다툼이 있는 경우 판례에 의함)

① 유신헌법 제53조에 근거하여 발령된 긴급조치 제1호도 사법심사의 대상이 된다.

② 목사, 장로에 대한 정직·면직결의가 그 효력의 유무와 관련하여 구체적인 권리 또는 법률관계를 둘러싼 분쟁이 존재하고 또한 그 청구의 당부를 판단하기에 앞서 위 징계의 당부를 판단할 필요가 있는 경우에는 그 판단의 내용이 종교 교리의 해석에 미치지 아니하는 한 법원으로서는 위 징계의 당부를 판단하여야 한다.

③ 사찰의 주지는 종교상의 지위와 아울러 비법인 사단 또는 단체인 당해 사찰의 대표자로서의 지위를 겸유하면서 사찰 재산의 관리처분권 등을 갖게 되는 것이어서, 그 주지 지위의 확인이나 주지해임무효확인 등을 구하는 것이 구체적인 권리 또는 법률관계와는 무관한 단순한 종교상의 자격에 관한 시

비에 불과하다고 볼 수는 없다.

④ 국회의원의 제명 등 징계처분도 개인의 특정한 권리의무에 관계되는 사항에 해당하므로 법원에 제소할 수 있다.

⑤ 제주도의회 의원 甲이 제주도의회로부터 제명의결을 받은 경우 甲은 법원에 제소하여 위 제명결의의 효력을 다툴 수 있다.

〈해설〉 정답 ④

① 대법원 2010.12.16. 선고 2010도5986 전원합의체 판결
② 대법원 2005.6.24. 선고 2005다10388 판결 종교단체의 내부분쟁에 관한 일반론으로 대법원 2011.10.27. 선고 2009다32386 판결 참조.
③ 대법원 2005.6.24. 선고 2005다10388 판결
④ 헌법 제64조 제3항 참조.
⑤ 대법원 1993.11.26. 선고 93누7341 판결 참조.

문15. 다음 설명 중 옳지 않은 것은? (다툼이 있는 경우 판례에 의함)

① 이른바 '대북송금사건'은 사법심사의 대상이 된다.

② 종중규약은 종중원이 가지는 고유하고 기본적인 권리의 본질적인 내용을 침해하는 등 종중의 본질이나 설립목적에 크게 위배되지 않는 한 그 유효성을 인정한다.

③ 원고 소유의 대지가 타인 소유의 건물의 부지가 아님의 확인을 구하는 소는 부적법하다.

④ 甲이 전주김씨 주부공파 종중의 종손으로서의 지위확인을 구하는 것은 사실관계 확인을 구하는 것으로서 확인의 이익이 없다.

⑤ 학원인가에 관한 설립자 명의변경절차의 이행을 구하는 소는 부적법하다.

〈해설〉 정답 ⑤

⑤ 학원의 수인가자의 지위를 양도받은 자가 그 설립자 변경으로 인한 변경인가를 받기 위해서는 양도인의 인가행정청에 대한 변경인가신청의 의사표시를 요한다고 할 것이며 양도인이 그러한 신청의 의사표시를 거부할 때에는 양수인은 그 의사표시에 갈음하는 판결을 청구할 권리보호의 이익이 있다고 할 것이고 행정청이 반드시 그러한 변경인가를 하여야 하는 것은 아니라거나 또는 행정청으로부터 그러한 변경인가신청이 거부될 가능성이 있다는 점만으로 권리보호의 이익이 부정될 수는 없으므로 학원인가에 관한 설립자 명의변경절차의 이행을 구하는 소는 적법하다(대법원 1992.4.14. 선고 91다39986 판결).

문16. 다음 설명 중 옳지 않은 것은? (다툼이 있는 경우 판례에 의함)

① 사실혼관계에 있던 당사자 일방이 사망하였더라도, 현재적 또는 잠재적 법적 분쟁을 일거에 해결하는 유효적절한 수단이 될 수 있는 한, 그 사실혼관계 존부확인청구에는 확인의 이익이 인정된다.

② 징계결의와 같이 종교단체 내부의 규제라고 할지라도 그 효력의 유무와 관련하여 구체적인 권리 또는 법률관계를 둘러싼 분쟁이 존재하고 또한 그 청구의 당부를 판단하기에 앞서 위 징계의 당부를 판단할 필요가 있는 경우에는 그 판단의 내용이 종교 교리의 해석에 미치지 아니하는 한 법원으로서는 위 징계의 당부를 판단하여야 한다.

③ 채권자취소소송에서 채권자의 채무자에 대한 피보전채권이 인정되지 아니하는 경우 소를 각하한다.

④ 제사주재자와 제3자 사이에 제사용 재산의 소유권 등에 관한 다툼이 있는 경우 제사주재자로서는 제3자를 상대로 민법 제1008조의 3에서 규정하는 제사주재자 지위 확인을 구할 이익이 있다.

⑤ 장래의 분쟁을 중재에 의하여 해결하겠다는 중재합의가 있는 것으로 인정되는 경우, 중재합의의 대상인 분쟁의 범위를 명확하게 특정하여 한정하였다는 등의 특별한 사정이 없는 한 당사자들 사이의 특정한 법률관계에서 비롯되는 모든 분쟁을 중재에 의하여 해결하기로 정한 것으로 봄이 상당하다.

〈해설〉 정답 ③

① 대법원 1995.3.28. 선고 94므1447 판결
② 대법원 2011.5.26. 선고 2010다89012 판결
③ 채권자대위권은 제3자의 소송담당으로서 채무자의 권리를 행사하기 위한 요건으로서 피보전채권의 존재가 소송요건에 해당하여 그 부존재 시에는 각하하게 되지만, 채권자취소권의 경우 채무자의 권리를 대신 행사하는 것이 아니라 취소채권자 자신의 고유의 권리를 행사하는 것이므로 피보전채권이 인정되지 아니하는 경우 청구를 기각한다.
④ 제사주재자와 제3자 사이에 제사용 재산의 소유권 등에 관한 다툼이 있는 경우 이는 공동상속인들 사이의 민법 제1008조의 3에 의한 제사용 재산의 승계 내지 그 기초가 되는 제사주재자 지위에 관한 다툼이 아니라 일반적인 재산 관련 다툼에 지나지 않으므로, 제사주재자로서는 제3자를 상대로 민법 제1008조의 3에서 규정하는 제사주재자 지위 확인을 구할 것이 아니라 제3자를 상대로 직접 이행청구나 권리관계 확인청구를 하여야 한다(대법원 2012.9.13. 선고 2010다88699 판결).
⑤ 대법원 2011.12.22. 선고 2010다76573 판결

문17. 다음 〈사례〉에 관한 설명 중 <u>옳지 않은</u> 것은? (다툼이 있는 경우 판례에 의함)

> <사례>
> 甲은 乙이 운전하는 승용차에 치여 乙을 대리한 乙의 형 A와 자신의 부상 및 처의 사망으로 인한 합의금으로 3,000만 원을 지급받고, 위 합의금의 지급으로 당사자 사이에 원만하게 합의가 성립되어 앞으로 민·형사상의 소송이나 그 밖의 어떠한 이의도 제기하지 아니할 것을 확약한다는 합의서에 서명날인하였다. 甲이 위 부제소합의에 반하여 乙을 상대로 손해배상청구의 소를 제기하였다.

① 부제소특약에 위반하여 소가 제기된 경우 피고가 妨訴抗辯으로 유효한 부제소특약의 존재를 주장하면 소의 이익이 없는 것으로 된다.

② 부제소특약이 유효하기 위해서는 특약 자체가 불공정한 방법으로 이루어져서는 아니 되며, 합의 시에 예상할 수 있는 상황에 관한 것이어야 한다.

③ 부제소합의는 합의 당사자가 처분할 권리 있는 범위 내의 것으로서 특정한 법률관계에 한정될 때 허용된다.

④ 당사자 간에 앞으로 민사상의 일체의 소송을 제기하지 않겠다는 포괄적 합의조항은 헌법상 보장된 재판을 받을 권리를 미리 일률적으로 박탈하는 것이 되어 무효가 된다.

⑤ 甲이 합의금을 수령하면서 민·형사상의 소송이나 그 밖의 어떠한 이의도 제기하지 아니할 것이라는 부동문자로 인쇄된 합의서에 날인했다고 하여 이 합의서를 단순한 예문으로 볼 수는 없다.

〈해설〉 정답 ⑤

⑤ 판례는 이 경우 단순한 예문에 불과하므로 부제소의 합의로서 효력이 없다고 한다.

문18. 다음 〈사례〉에 관한 설명 중 <u>옳지 않은</u> 것은? (다툼이 있는 경우 판례에 의함)

> <사례>
> 甲은 乙 회사를 퇴직하고 퇴직금 등을 수령하면서 "회사와의 근로관계를 종

료함에 있어 노사합의에 의한 퇴직금, 가산금 및 특별위로금 등 근로 대가 일체를 지급받은바, 근로관계 종료와 관련하여 추후 여하한 이의 제기도 하지 않을 것을 서약합니다"라는 내용의 서약서에 서명하였다. 甲이 이 서약서에 반하여 乙을 상대로 퇴직금지급의 소를 제기하였다.

① 위 서약서에서 말하는 "근로관계 종료와 관련하여 추후 여하한 이의도 제기하지 않을 것을 서약합니다"라는 문언은 甲이 향후 노사 간의 합의에 따른 퇴직 사실에 대하여 이를 다투지 않는다는 의미로 한정하여 해석함이 상당하고, 부제소특약에까지 이른 것이라고는 볼 수 없다.

② 甲은 그 문언에 표시된 대로 회사와의 근로관계가 종료됨으로 인하여 발생하는 모든 법률관계 특히 퇴직금, 가산금 및 특별위로금 등 근로 대가와 관련된 일체의 청구권을 포기한 것이거나 향후 이에 관한 민사상 소송을 제기하지 않겠다는 부제소특약을 한 것으로 봄이 합리적인 의사 해석의 방법이다.

③ 소권이 공권이라거나 퇴직금제도 자체가 강행법규의 성질을 띠고 있다고 하여 위와 같은 특약을 할 수 없는 것이 아니다.

④ 甲이 퇴직금 청구소송을 먼저 제기한 후 서약서에 서명날인하고서도 퇴직금 청구소송을 계속할 의사를 가지고 있었다는 사정은 甲의 내심의 의사에 지나지 않은 것으로 그와 같은 의사가 외부로 표시된 것이 아닌 이상 의사표시의 해석에 참작할 것도 아니다.

⑤ 당사자가 자유롭게 처분할 수 있는 권리관계에 대하여 부제소특약이 이루어진 경우에는, 부제소특약으로 말미암아 그 대상으로 된 권리관계가 강행법규 위반으로 무효라는 주장을 하지 못하게 되는 결과가 초래된다 하더라도, 그러한 사정만으로 그 부제소특약이 당해 강행법규에 위반하여 무효로 된다고 볼 수는 없다.

〈해설〉 정답 ①

① 대법원 1997.11.28. 선고 97다11133 판결: 처분문서는 그 진정성립이 인정되면 반증이 없는 이상 그 문서의 기재 내용에 따른 의사표시의 존재 및 내용을 인정하여야 하며, 의사표시의 해석에 있어서 당사자의 진정한 의사를 알 수 없는 경우에는 당사자의 내심의 의사가 아니라 외부로 표시된 행위에 의하여 추단된 의사를 가지고 해석하여야 할 것이다. 원심이 인정한 바와 같이, 원고들이 피고회사를 퇴직하고 퇴직금 등을 수령하면서 "피고회사와의 근로관계를 종료

함에 있어 노사합의에 의한 퇴직금, 가산금 및 특별위로금 등 근로 대가 일체를 지급받은바, 근로관계 종료와 관련하여 추후 여하한 이의 제기도 하지 않을 것을 서약합니다"라는 내용의 서약서에 서명한 것이라면, 그 문언에 표시된 대로 <u>피고회사와의 근로관계가 종료됨으로 인하여 발생하는 모든 법률관계 특히 퇴직금, 가산금 및 특별위로금 등 근로 대가와 관련된 일체의 청구권을 포기한 것이거나 향후 이에 관한 민사상 소송을 제기하지 않겠다는 부제소특약을 한 것으로 봄</u>이 합리적인 의사 해석의 방법이라 할 것이고, 소권이 공권이라거나 퇴직금제도 자체가 강행법규의 성질을 띠고 있다고 하여 이러한 특약을 할 수 없는 것이 아닐 뿐 아니라, 원심이 들고 있는 사정들 중 원고들이 이 사건 소송을 먼저 제기한 후 서약서에 서명날인하고서도 이 사건 소송을 계속할 의사를 가지고 있었다는 사정은 원고들의 내심의 의사에 지나지 않은 것으로 그와 같은 의사가 외부로 표시된 것이 아닌 이상 의사표시의 해석에 참작할 것도 아니라고 하겠다.

문19. 다음 중 제소장애사유(특별구제절차)에 관한 판례의 입장이 <u>아닌</u> 것을 모두 묶은 것은?

> ㉠ 피해자가 법원의 감정명령에 따라 예납절차에 의하지 않고 감정비용으로 지출한 금액은 소송비용액확정결정의 절차를 거쳐 상환받을 수 있을 뿐 이를 별도로 소구할 이익이 없다.
>
> ㉡ 유체동산에 대한 집행을 위하여 집행관에게 지급한 수수료 상당의 금원을 채무자에게 지급명령신청의 방법으로 지급을 구할 수 없다.
>
> ㉢ 채권자(피공탁자)를 불확지로 한 공탁의 경우 공탁법 등에 의한 공탁금 출급절차를 밟지 아니하고 바로 국가를 상대로 직접 민사소송으로서 공탁금 지급청구를 할 수 없다.
>
> ㉣ 민법상의 법인등기가 불법하게 이루어진 경우 이해관계인은 법원에 그 불법인 재단법인 설립등기의 말소를 구할 수 있다.
>
> ㉤ 가처분기입등기가 말소된 경우 가처분해제신청서가 위조되었다고 주장하는 가처분채권자는 가처분채무자를 상대로 가처분기입등기의 회복등기절차의 이행을 소구할 수 있다.
>
> ㉥ 매각대금을 완납한 매수인은 종전 소유자를 상대로 매각을 원인으로 한 소유권이전등기절차의 이행을 소구할 이익이 없다.
>
> ㉦ 노동위원회에 부당해고구제신청을 할 수 있는 경우에는 해고무효확인소송을 제기할 수 없다.

① ㄱ, ㄴ, ㄷ, ㄹ   ② ㄹ, ㅁ   ③ ㄹ, ㅁ, ㅂ
④ ㄹ, ㅁ, ㅅ   ⑤ ㅁ, ㅂ, ㅅ

〈해설〉 정답 ④

ㄹ 민법상의 법인등기가 불법하게 이루어진 경우에 이해관계인은 이 법인의 설립이 무효인 것을
   법원에 제소하고 그 승소의 확정판결을 받으면 상사 법인등기에 관한 비송사건 절차법 제160
   조의 규정과 같이 수소법원이 등기공무원에게 촉탁하여 그 불법등기를 말소시키는 것이 정당하
   고 이 경우에 이해관계인이 직접 그 불법인 재단법인 설립등기의 말소를 법원에 제소하지 못
   한다.

ㅁ 대법원 2000.3.24. 선고 99다27149 판결: 가처분해제신청서가 위조되었다는 사유는 그 신청
   에 기한 집행행위, 즉 가처분기입등기의 말소촉탁에 대한 집행이의의 사유가 된다고 보아야 할
   것이며, 따라서 가처분해제신청서가 위조되었다고 주장하는 가처분 채권자로서는 가처분의 집
   행법원에 대하여 집행이의를 통하여 말소회복을 구할 수 있을 것이고(만일 가처분기입등기의
   회복에 있어서 등기상 이해관계가 있는 제3자가 있는 경우에는 그의 승낙서 또는 이에 대항할
   수 있는 재판의 등본을 집행법원에 제출할 필요가 있다), 그 집행이의가 이유 있다면 집행법원
   은 가처분기입등기의 말소회복등기의 촉탁을 하여야 한다.

ㅅ 대법원 2011.3.24. 선고 2010다21962 판결

문20. 다음 〈보기〉의 사례 중 소의 이익이 <u>있는</u> 것을 모두 묶은 것은? (다툼이 있는 경우 판례에 의함)

<보기>

㉠ 채권자가 일단 사해행위취소 및 원상회복으로서 원물반환청구를 하여 승소
   판결이 확정된 후 어떠한 사유로 원물반환의 목적을 달성할 수 없게 된
   경우 다시 원상회복청구권을 행사하여 가액배상을 청구하는 경우

㉡ 공정증서가 있음에도 공정증서와 같은 내용의 신소를 제기하는 경우

㉢ 승계집행문을 부여받아 즉시 강제집행을 할 수 있는 경우에 별도로 제기한
   이행의 소

㉣ 판결채권의 시효중단을 위하여 제기하는 동일내용의 재판상 청구

㉤ 판결내용의 불특정으로 인한 집행불능으로 동일내용의 신소의 제기

㉥ 집행력 있는 정본의 분실로 인한 신소의 제기

① ㉠, ㉡, ㉣, ㉤, ㉥   ② ㉡, ㉣, ㉤   ③ ㉡, ㉣, ㉤, ㉥
④ ㉣, ㉤   ⑤ ㉣, ㉤, ㉥

〈해설〉 정답 ②

㉠ 채권자가 일단 사해행위취소 및 원상회복으로서 원물반환청구를 하여 승소판결이 확정되었다면, 그 후 어떠한 사유로 원물반환의 목적을 달성할 수 없게 되었다고 하더라도 다시 원상회복청구권을 행사하여 가액배상을 청구할 수는 없으므로 그 청구는 권리보호의 이익이 없어 허용되지 않는다.

㉢ 원고가 이미 승소확정판결을 받아 즉시 강제집행을 할 수 있을 때에는 동일청구에 대한 신소의 제기는 원칙적으로 소의 이익이 없다.

㉯ 판결원본의 멸실의 경우에는 집행불능이므로 신소의 제기가 가능하나, 집행력 있는 정본의 분실의 경우에는 이를 새로 부여받으면 된다(민사집행법 제35조).

문21. 다음 〈사례〉에 관한 설명 중 **옳지 않은** 것은? (다툼이 있는 경우 판례에 의함)

> <사례>
> A 소유의 부동산에 관하여 무권리자인 B가 위법한 방법으로 그의 명의로 소유권보존등기나 소유권이전등기를 경료한 후 그 부동산을 제3자 C에게 전전매도하여 C 앞으로 소유권이전등기가 경료되었다. A가 C를 상대로 소유권이전등기의 말소를 구하는 소를 제기하였으나, C에 대해서는 등기부 시효취득이 인정됨으로써 패소확정되었다.

① 순차로 경료된 등기들의 말소를 청구하는 소송은 권리관계의 합일적인 확정을 필요로 하는 필수적 공동소송이 아니라 통상공동소송이며, 이와 같은 통상공동소송에서는 공동당사자들 상호 간의 공격방어방법의 차이에 따라 모순되는 결론이 발생할 수 있고, 이는 변론주의를 원칙으로 하는 소송제도하에서는 부득이한 일로서 판결의 이유모순이나 이유불비가 된다고 할 수 없다.

② C의 등기에 대한 말소청구가 패소 확정됨으로써 그 전순위(B)의 등기의 말소등기 실행이 결과적으로 불가능하게 되더라도, 그 전순위 등기의 말소를 구할 소의 이익이 있다.

③ B의 A에 대한 말소등기의무는 집행불능이 된다.

④ B의 위법한 등기 경료행위와 A의 소유권 상실 사이에는 상당인과관계가 있고, B는 A의 소유권의 상실로 인한 손해를 배상할 책임이 있다.

⑤ A가 C를 상대로 한 등기말소청구소송에서 C의 등기부 시효취득이 인정된 결과 A가 패소하였으므로 그 등기부 취득시효완성 당시에 A의 손해가 현실

화되었다고 볼 것이다.

〈해설〉 정답 ⑤

⑤ 대법원 2008.6.12. 선고 2007다36445 판결: 무권리자가 위법한 방법으로 그의 명의로 부동산에 관한 소유권보존등기나 소유권이전등기를 마친 다음 제3자에게 이를 매도하여 제3자 명의로 소유권이전등기를 마쳐준 경우 제3자가 소유자의 등기말소 청구에 대하여 시효취득을 주장하는 때에는 제3자 명의의 등기의 말소 여부는 소송 등의 결과에 따라 결정되는 특별한 사정이 있으므로, <u>소유자의 소유권 상실이라는 손해는 소송 등의 결과가 나오기까지는 관념적이고 부동적인 상태에서 잠재적으로만 존재하고 있을 뿐 아직 현실화되었다고 볼 수 없고, 소유자가 제3자를 상대로 제기한 등기말소청구소송이 패소 확정될 때에 그 손해의 결과발생이 현실화된다고 볼 것이며,</u> 그 등기말소청구소송에서 제3자의 등기부 시효취득이 인정된 결과 소유자가 패소하였다고 하더라도 그 등기부 취득시효완성 당시에 이미 손해가 현실화되었다고 볼 것은 아니다.

문22. 다음 〈사례〉에 관한 설명 중 옳지 않은 것은? (다툼이 있는 경우 판례에 의함)

> <사례>
> 甲이 소외 망 A로부터 그 소유인 토지를 매수하고 이미 A 명의로 소유권이전등기가 경료되어 있던 토지에 관하여 甲 명의의 소유권보존등기를 경료하였다. 甲은 A의 상속인인 乙을 상대로 위 토지에 관하여 위 매매를 원인으로 한 소유권이전등기청구를 하였고, 乙은 甲을 상대로 甲 명의의 소유권보존등기의 말소청구를 하였다.

① A 명의의 소유권이전등기의 토대가 된 소유권보존등기가 원인무효라고 볼 아무런 주장·입증이 없다면 甲이 A로부터 위 토지를 매수하였다고 하더라도 A 명의의 소유권이전등기에 기하여 소유권이전등기를 경료하지 아니하고 소유권보존등기를 경료한 이상 뒤에 경료된 甲 명의의 소유권보존등기는 이중등기로서 무효이다.

② 甲은 A의 상속인인 乙을 상대로 위 토지에 관하여 위 매매를 원인으로 한 소유권이전등기를 청구할 이익이 있다.

③ 동일 부동산에 대하여 이미 소유권이전등기가 경료되어 있음에도 그 후 중복하여 소유권보존등기를 경료한 甲이 그 부동산을 20년간 소유의 의사로 평

온·공연하게 점유하여 점유취득시효가 완성된 경우에도 乙은 뒤에 된 소유권보존등기의 말소를 구할 수 있다.

④ 동일한 토지에 대하여 중복등기가 되어 있어 그 소유권의 귀속에 관하여 다툼이 있는 경우 선등기의 등기명의자는 그 선등기가 유효함을 이유로 후등기명의자들을 상대로 소유권보존등기 및 이전등기 등의 말소등기절차의 이행을 구할 수 있다.

⑤ 동일한 토지에 대하여 중복등기가 되어 있어 그 소유권의 귀속에 관하여 다툼이 있는 경우 선등기의 등기명의자는 국가를 상대로 그 토지에 대한 소유권확인을 구할 소의 이익이 있다.

〈해설〉 정답 ⑤

⑤ 대법원 1994.2.25. 선고 93다37298, 37304 (반소)판결: 동일한 토지에 대하여 중복등기가 되어 있어 그 소유권의 귀속에 관하여 다툼이 있는 경우 선등기의 등기명의자는 그 선등기가 유효함을 이유로 후등기명의자들을 상대로 소유권보존등기 및 이전등기 등의 말소등기절차의 이행을 구하여 후등기를 말소함으로써 중복등기로 인하여 발생한 소유권 귀속에 관한 불안을 제거하면 되는 것이고, 그 토지에 대하여 국가가 국가소유임을 주장하고 있다는 등 특별한 사정이 없는 한 국가를 상대로 그 토지에 대한 소유권확인을 구할 소의 이익이 없다.

문23. 다음 중 소의 이익이 인정되는 것으로 옳은 것은? (다툼이 있는 경우 판례에 의함)

① 원고의 소유권이전등기청구소송 중에 다른 원인에 의하여 원고 앞으로 소유권이전등기가 경료된 경우

② 멸실된 건물에 관하여 경료된 소유권이전등기가 원인무효로 될 사정이 있는 경우 그 건물의 종전의 소유자가 등기부상의 소유명의자에게 그 말소등기를 구하는 경우

③ 근저당권설정등기의 말소등기절차 이행을 구하는 소송 중 그 근저당권설정등기가 매각을 원인으로 하여 말소된 경우

④ 근저당권이전의 부기등기가 기존의 주등기인 근저당권설정등기에 종속되어 주등기와 일체를 이룬 경우, 근저당권의 이전원인만이 무효로 되거나 취소 또는 해제된 경우, 즉 근저당권의 주등기 자체는 유효한 것을 전제로 이와는 별도로 근저당권이전의 부기등기에 한하여 무효사유가 있다는 이유로 부

기등기만의 효력을 다투는 경우

⑤ 채권자가 채무자의 부동산에 관한 사해행위를 이유로 수익자를 상대로 그 사해행위의 취소 및 원상회복을 구하는 소송을 제기하여 그 소송계속 중 위 사해행위가 해제 또는 해지되고 채권자가 그 사해행위의 취소에 의해 복귀를 구하는 재산이 벌써 채무자에게 복귀한 경우

〈해설〉 정답 ④

② 대법원 1994.6.10. 선고 93다24810 판결: 건물이 멸실된 경우에 멸실된 건물에 대한 등기용지는 폐쇄될 운명에 있으므로, 그 건물에 관하여 경료된 소유권이전등기가 원인무효로 될 사정이 있다 하여도 그 건물의 종전의 소유자로서는 등기부상의 소유명의자에게 그 말소등기를 소구할 이익이 없다.

③ 대법원 2007.12.13. 선고 2007다57459 판결: 제1, 2순위의 근저당권설정등기 사이에 소유권이전등기청구권 보전의 가등기가 경료된 부동산에 대하여 위 제1순위 근저당권의 실행을 위한 경매절차에서 매각허가결정이 확정되고 매각대금이 완납된 경우 위 가등기 및 그에 기한 본등기상의 권리는 모두 소멸하고, 위 각 등기는 민사집행법 제144조 제1항 제2호에 규정된 매수인이 인수하지 아니한 부동산의 부담에 관한 기입에 해당하여 말소촉탁의 대상이 되며, 이와 같은 매각허가결정의 확정으로 인한 물권변동의 효력은 그에 관한 등기에 관계없이 이루어지는 것이다. 그리고 소유권이전등기청구권 보전의 가등기 및 그에 기한 본등기의 말소등기절차의 이행을 구하는 소송 도중에 위 각 등기가 경료된 부동산에 대하여 매각허가결정이 확정되고 매각대금이 완납됨으로써 위 각 등기상의 권리가 모두 소멸하고 위 각 등기가 말소촉탁의 대상이 되어 장차 말소될 수밖에 없는 경우에는 더 이상 위 각 등기의 말소를 구할 법률상의 이익이 없다.

④ 대법원 2005.6.10. 선고 2002다15412, 15429 판결: 근저당권이전의 부기등기가 기존의 주등기인 근저당권설정등기에 종속되어 주등기와 일체를 이룬 경우에는 부기등기만의 말소를 따로 인정할 아무런 실익이 없지만, 근저당권의 이전원인만이 무효로 되거나 취소 또는 해제된 경우, 즉 근저당권의 주등기 자체는 유효한 것을 전제로 이와는 별도로 근저당권이전의 부기등기에 한하여 무효사유가 있다는 이유로 부기등기만의 효력을 다투는 경우에는 그 부기등기의 말소를 소구할 필요가 있으므로 예외적으로 소의 이익이 있다.

⑤ 대법원 2008.3.27. 선고 2007다85157 판결: 채권자가 채무자의 부동산에 관한 사해행위를 이유로 수익자를 상대로 그 사해행위의 취소 및 원상회복을 구하는 소송을 제기하여 그 소송계속 중 위 사해행위가 해제 또는 해지되고 채권자가 그 사해행위의 취소에 의해 복귀를 구하는 재산이 벌써 채무자에게 복귀한 경우에는, 특별한 사정이 없는 한, 그 채권자취소소송은 이미 그 목적이 실현되어 더 이상 그 소에 의해 확보할 권리보호의 이익이 없어지는 것이고, 이는 그 목적재산인 부동산의 복귀가 그 이전등기의 말소 형식이 아니라 소유권이전등기의 형식을 취하였다고 하여 달라지는 것은 아니다.

문24. 토지거래규제에 관한 다음 설명 중 **옳은** 것을 모두 모은 것은? (다툼이 있는 경우 통설 및 판례에 의함)

> ㉠ 토지거래허가구역 내의 토지거래계약이 토지거래허가를 받기 이전의 유동적 무효인 상태에 있는 한 계약의 채권적 효력은 발생하지 아니하므로 소유권 등 권리의 이전을 위한 계약의 이행을 구할 수는 없으나, 그 경우에도 토지거래허가 신청절차에 협력하지 않는 상대방에 대하여 그 협력의무의 이행을 소로써 구할 수는 있다.
>
> ㉡ 위 ㉠의 경우 토지거래허가가 있을 것을 조건으로 하여 소유권이전등기절차의 이행을 구할 수 있다.
>
> ㉢ 토지거래허가를 받기 전의 상태에서 토지매매계약에 기한 소유권이전등기청구권 또는 토지거래계약에 관한 허가를 받을 것을 조건으로 한 소유권이전등기청구권을 피보전권리로 한 부동산처분금지가처분신청은 허용되지 않는다.
>
> ㉣ 토지거래허가 취득절차의 일환으로 당사자 사이의 약정에 기초하여 그 거래의 목적인 토지이용계획 관련 인허가절차의 이행을 소로써 구할 수 없다.
>
> ㉤ 농지를 매수한 자는 매도인에 대하여, 그 필요가 있는 한 농지취득자격증명이 발급되는 것을 조건으로 미리 농지에 관한 소유권이전등기절차의 이행을 청구할 수 있다.
>
> ㉥ 농지의 매수인은 농지법상 농지취득자격증명을 얻지 아니하고 매도인을 상대로 농지의 소유권이전등기청구를 할 수 없다.

① ㉠, ㉢, ㉤ ② ㉠, ㉡, ㉢, ㉣ ③ ㉠, ㉡, ㉤, ㉥

④ ㉠ ⑤ ㉠, ㉡, ㉢, ㉥

〈해설〉 정답 ①

㉡ 국토의 계획 및 이용에 관한 법률 소정의 토지거래허가구역 내의 토지거래계약이 토지거래허가를 받기 이전의 유동적 무효인 상태에 있는 한 계약의 채권적 효력은 발생하지 아니하므로 소유권 등 권리의 이전을 위한 계약의 이행을 구할 수는 없지만, 그 경우에도 토지거래허가 신청절차에 협력하지 않는 상대방에 대하여 그 협력의무의 이행을 소로써 구할 수는 있으나, <u>허가가 있을 것을 조건으로 하여 소유권이전등기절차의 이행을 구할 수 없다</u>(대법원 1991.12.24. 선고 90다12243 전원합의체 판결).

㉣ 대법원 2006.1.27. 선고 2005다52047 판결: 토지거래허가 취득절차의 일환으로 당사자 사

이의 약정에 기초하여 그 거래의 목적인 토지이용계획 관련 인허가절차의 이행을 소로써 구하는 것 또한 그 전제인 토지거래허가 신청절차에 대한 협력의무에 포함되는 것으로서 허용된다.

ⓑ 농지취득자격증명은 농지를 취득하는 자가 그 소유권에 관한 등기를 신청할 때에 첨부하여야 할 서류로서, 농지를 취득하는 자에게 농지취득의 자격이 있다는 것을 증명하는 것일 뿐 농지취득의 원인이 되는 법률행위의 효력을 발생시키는 요건은 아니다.

문25. 다음 설명 중 옳지 않은 것은? (다툼이 있는 경우 판례에 의함)

① 채권에 대한 가압류가 있는 경우에도 채무자는 제3채무자를 상대로 그 이행을 구하는 소송을 제기할 수 있다.

② 채권에 대한 압류가 있는 경우에는 채무자는 제3채무자를 상대로 그 이행을 구하는 소송을 제기할 수 없다.

③ 채권에 대한 압류 및 추심명령이 있으면 제3채무자에 대한 이행의 소는 추심채권자만이 제기할 수 있고 채무자는 피압류채권에 대한 이행소송을 제기할 당사자적격을 상실한다.

④ 소유권이전등기청구권에 대한 가압류나 가처분이 되어 있는 경우에는 가압류나 가처분의 해제를 조건으로 소유권이전등기를 명하여야 한다.

⑤ 수표에 대한 지급금지가처분결정이 있더라도 가처분채무자나 그로부터 수표를 양수한 제3취득자가 수표발행인인 제3채무자를 상대로 그 수표금의 지급을 구하는 소송을 제기할 수 있다.

⟨해설⟩ 정답 ②

② 채권이 가압류·가처분, 압류가 되었다고 하더라도 채무자는 제3채무자를 상대로 무조건의 이행판결을 구할 수 있다.

문26. 대상청구에 관한 다음 설명 중 옳지 않은 것은? (다툼이 있는 경우 판례에 의함)

① 본래의 목적물의 인도청구와 현품이 없어 그 집행불능에 대비하여 이에 갈음하는 금전청구(代償請求)를 병합하는 경우의 대상청구는 물건인도청구가 기각될 것을 조건으로 하여 대상청구에 대해 심판을 구하는 예비적 병합이다.

② 특정물의 인도를 구하면서 변론종결 전에 피고가 그 물건을 매도하거나 훼손·멸실시켜 이행불능이 되게 하는 것을 염려하여 그 전보배상을 함께 청구하

는 경우에는 물건인도청구가 변론종결 당시에 이행불능임을 이유로 기각될 것에 대비하여 전보배상청구를 병합하여 청구한 것이므로 예비적 병합에 속한다.

③ 양육자지정청구와 함께 장래의 이행을 청구하는 소로서 양육비지급청구를 동시에 할 수 있다.

④ 부작위채무에 관한 판결절차에서도 장차 채무자가 그 채무를 불이행할 경우에 일정한 배상을 할 것을 명할 수 있다.

⑤ 점유로 인한 부동산 소유권 취득기간 만료를 원인으로 한 등기청구권이 이행불능으로 되었다고 하여 대상청구권을 행사하기 위해서는, 그 이행불능 전에 등기명의자에 대하여 점유로 인한 부동산 소유권 취득기간이 만료되었음을 이유로 그 권리를 주장하였거나 그 취득기간 만료를 원인으로 한 등기청구권을 행사하였어야 하고, 그 이행불능 전에 그와 같은 권리의 주장이나 행사에 이르지 않았다면 대상청구권을 행사할 수 없다.

〈해설〉 정답 ①

① 현재의 물건인도청구와 장래의 대상청구의 단순병합이다. 따라서 물건인도청구가 인용되는 경우에 대상청구를 판단하여 별도의 주문을 내야 한다.

문27. 다음 중 장래이행의 소로 <u>허용되는</u> 것은? (다툼이 있는 경우 판례에 의함)

① 채무자에 대하여 채권양도인으로부터 양도통지를 받은 다음 채권양수인에게 채무를 이행하라는 청구

② 아직 환지 및 체비지가 확정되지 아니한 상황에서 환지로 인한 원고의 종전 토지의 소유권상실에 기한 손해배상청구

③ 乙이 A 건설회사와 기존건물 철거 및 주택신축도급계약 체결 시 A 회사로부터 이주비용을 사용하면서 입주 전에 이를 변제하되 준공검사를 받지 못하는 경우에는 예외로 하기로 약정하고 그 지급담보를 위하여 약속어음을 발행교부한 경우, A 회사로부터 약속어음을 배서양도받은 甲이 단순히 준공검사가 마쳐지는 것만을 조건으로 한 장래의 이행청구

④ 감독관청의 허가를 조건으로 학교법인 소유 부동산에 관한 소유권이전등기청구

⑤ 저당채무자가 먼저 저당채무를 지급하는 것을 조건으로 한 저당권설정등기 말소청구

〈해설〉 정답 ④

① 불허: 대법원 1992.8.18. 선고 90다9452, 9469(참가) 판결
② 불허: 대법원 1997.11.11. 선고 95누4902, 4919 판결
③ 불허: 피고가 건설회사와 기존건물철거 및 주택신축도급계약 체결 시 회사로부터 이주비용을 차용하면서 입주 전에 이를 변제하되 준공검사를 받지 못하는 경우에는 예외로 하기로 약정하고 그 지급담보를 위하여 약속어음을 발행교부한 경우, 피고는 그 회사로부터 약속어음의 지급 거절증서 작성기간경과 후에 이를 배서양도받은 원고에 대하여 건물의 준공검사를 받지 못하였음을 이유로 약속어음의 지급을 거절할 수 있다고 보아야 할 것이고 건물의 옥탑을 철거하고 설계도면과 같이 건축하는 데 드는 비용이나 노력이 미미한 것이어서 준공검사가 된 것과 마찬가지로 보아야 한다는 등의 사정은 이를 주장하는 원고가 입증하여야 할 것이다. 위 경우 계약상 건물의 준공검사를 차용금 지급의 조건으로 하고 있는 것은 회사가 자신의 계약상의 의무를 모두 이행한 결과로서 준공검사를 마친 것을 의미하는 것이지 회사가 자신의 계약상의 의무를 이행하지 않더라도 준공검사를 마치기만 하면 차용금을 지급하여야 한다는 취지는 아니라고 할 것이므로, 회사의 의무이행 여부가 불확실한 상황에서 단순히 준공검사가 마쳐지는 것만을 조건으로 하여 피고에게 장래이행의 판결을 명할 수는 없다고 보아야 할 것이다(대법원 1994.12.22. 선고 94다20341 판결).
⑤ 불허: 선이행청구는 원칙적으로 허용되지 않는다.

문28. 다음 중 장래이행의 소로 허용되지 <u>않는</u> 것은? (다툼이 있는 경우 판례에 의함)

① 농지취득자격증명을 조건으로 한 소유권이전등기청구
② 향후 30년의 생존을 조건으로 하는 정기금청구
③ 토지거래허가가 있을 것을 조건으로 한 소유권이전등기청구
④ 토지개량사업의 시행구역 내의 토지에 관한 장래의 이전등기청구
⑤ 장래의 부당이득반환청구

〈해설〉 정답 ③

③ 불허: 대법원 전원합의체 1991.12.24. 선고 90다12243 판결

문29. 장래이행의 소에 관한 다음 설명 중 <u>옳지 않은</u> 것은? (다툼이 있는 경우 판례에 의함)

① 원고가 피담보채무 전액을 변제하였다고 주장하면서 근저당권설정등기에 대한 말소등기절차의 이행을 청구하였으나 그 원리금의 계산 등에 관한 다툼 등으로 인하여 변제액이 채무 전액을 소멸시키는 데 미치지 못하고 잔존채

무가 있는 것으로 밝혀진 경우에는 특별한 사정이 없는 한 원고의 청구 중에는 확정된 잔존채무를 변제하고 그 다음에 위 등기의 말소를 구한다는 취지도 포함되어 있는 것으로 해석함이 상당하고, 이는 장래 이행의 소로서 미리 청구할 이익도 인정된다.

② 채무자는 자신의 채무를 먼저 변제하여야만 비로소 그 채무를 담보하기 위하여 경료되었던 가등기 및 그 가등기에 기한 본등기의 말소나 새로운 소유권이전등기를 청구할 수 있는 것이나, 채권자가 그 가등기 등이 채권담보의 목적으로 경료된 것임을 다툰다든지 피담보채무의 액수를 다투기 때문에 채무자가 채무를 변제하더라도 채권자가 위와 같은 소유권의 공시에 협력할 의무를 이행할 것으로 기대되지 않는 경우에는 미리 청구할 필요가 있다고 보아 채무의 변제를 조건으로 채권담보의 목적으로 경료된 가등기 및 그 가등기에 기한 본등기의 말소나 새로운 소유권이전등기를 청구하는 장래이행의 소를 허용한다.

③ 장래의 이행의 소는 이행기에 이르거나 조건이 성취된 경우에 채무자의 임의이행의 거부를 대비하는 것이고, 집행이 곤란해질 사유는 장래이행의 소를 제기할 사유가 되지 못한다.

④ 장래의 이행을 명하는 판결을 하기 위해서는 채무의 이행기가 장래에 도래하는 것뿐만 아니라 의무불이행사유가 그때까지 존속한다는 것을 변론종결 당시에 확정적으로 예정할 수 있는 것이어야 하며 이러한 책임기간이 불확실하여 변론종결 당시에 확정적으로 예정할 수 없는 경우에는 장래의 이행을 명하는 판결을 할 수 없다.

⑤ 채권자가 본래적 급부청구인 부동산소유권 이전등기청구에다가 이에 내신할 전보배상을 부가하여 代償請求를 병합하여 소구한 경우의 대상청구는 본래적 급부청구의 현존함을 전제로 하여 이것이 판결확정 전에 이행불능되거나 또는 판결확정 후에 집행불능이 되는 경우에 대비하여 전보배상을 미리 청구하는 경우로서 양자의 병합은 현재의 급부청구와 장래의 급부청구와의 선택적 병합에 속하는 것으로 허용된다.

〈해설〉 정답 ⑤

⑤ 단순병합으로 허용된다.

문30. 장래이행의 소는 미리 청구할 필요가 있는 때에 한하여 소의 이익이 있다. 다음 중 '미리 청구할 필요'가 있는 때에 해당하지 <u>않는</u> 것은? (다툼이 있는 경우 판례에 의함)

① 정기행위와 같이 이행이 제때에 이루어지지 않는다면 채무본지에 따른 이행이 되지 않는 경우

② 계속적·반복적 이행청구의 경우 현재 이미 이행기 도래분에 대하여 불이행한 경우

③ 의무자가 미리 의무의 존재를 다투기 때문에 이행기에 이르거나 조건이 성취되어도 즉시 이행을 기대할 수 없음이 명백한 경우

④ 건물명도와 함께 앞으로 명도완료 시까지의 임료상당의 부당이득반환 또는 손해배상청구를 하는 경우

⑤ 공유물분할청구와 병합하여 분할판결이 날 경우에 대비한 분할부분에 대한 등기청구

〈해설〉 정답 ⑤

⑤ 판례는 공유물 분할청구소송의 판결이 확정되기 전에는 분할물의 급부를 청구할 권리나 그 부분에 대한 소유권의 확인을 청구할 권리가 없다는 입장이다.

문31. 다음 설명 중 <u>옳지 않은</u> 것은? (다툼이 있는 경우 통설·판례에 의함)

① 양도담보설정자가 양도담보권자를 상대로 피담보채무의 변제를 조건으로 한 소유권이전등기말소청구는 허용되지 아니한다.

② 지방자치단체(시)가 사유지를 사실상 도로로 사용하고 있는 경우 토지 소유자가 시를 상대로 '시가 위 토지를 매수할 때까지'로 기간을 정하여 장래의 차임 상당 부당이득반환청구를 할 수 있다.

③ 서울특별시가 사실심 변론종결 무렵까지 타인 소유의 토지들을 도로부지로 점유·사용하면서도 이에 대한 임료 상당의 부당이득금의 반환을 거부하고 있으며 그로 인한 계속적·반복적 이행의무에 관하여 현재의 이행기 도래분에 대하여 그 이행을 하지 아니하고 있다면, 그 토지들에 개설된 도로의 폐쇄에 의한 서울특별시의 점유종료일 또는 그 토지소유자가 토지들에 대한 소유권을 상실하는 날까지의 이행기 도래분에 대해서도 서울특별시가 그 채

무를 자진하여 이행하지 아니할 것이 명백히 예견되므로, 토지소유자로서는 장래에 이행기가 도래할 부당이득금 부분에 대해서도 미리 청구할 필요가 있다.

④ 이행보증보험계약에 있어서 구상금채권의 발생의 기초가 되는 법률상·사실상 관계가 변론종결 당시까지 존재하고 있고, 그러한 상태가 앞으로도 계속될 것으로 예상되며, 구상금채권의 존부에 대하여 다툼이 있어 보험자가 피보험자에게 보험금을 지급하더라도 보험계약자와 구상금채무의 연대보증인들의 채무이행을 기대할 수 없음이 명백한 경우 장래 이행보증보험금지급을 조건으로 미리 구상금지급을 구하는 장래이행의 소는 적법하다.

⑤ 외국인인 원고가 학교법인인 피고와의 교수임용계약에 따른 교수의무를 이행할 수 없게 된 것이 오로지 피고의 귀책사유로 인한 것이어서 원고에 대한 휴직 및 면직처분이 무효이고 교수임용관계는 유효하게 존속한다고 주장하면서 원고가 장차 지급받게 될 퇴직금에 대하여 중간이자를 공제한 현가로 환산하여 즉시 지급하여 줄 것을 청구하는 것은 장래이행으로서 용인할 수 없다.

〈해설〉 정답 ②

② 대법원 1991.10.8. 선고 91다17139 판결: 지방자치단체(시)가 사유지를 사실상 도로로 사용하고 있는 경우 토지 소유자가 시를 상대로 '시가 위 토지를 매수할 때까지'로 기간을 정한 장래의 차임 상당 부당이득반환청구는 장차 시가 위 토지를 매수하거나 수용하게 될는지 또는 그 시점이 언제 도래할지 불확실할 뿐만 아니라 시가 매수하거나 수용하지 아니하고 도로폐쇄조치를 하여 점유사용을 그칠 수도 있고 소유자가 위 토지를 계속하여 소유하지 못할 수도 있는 것이어서 위 장래의 기간 한정은 의무불이행의 사유가 그때까지 계속하여 손속인디는 보장이 선립되지 아니하는 불확실한 시점이라 아니 할 수 없을 것이므로 이에 대한 장래의 이행을 명할 수는 없다.

문32. 다음 설명 중 옳지 않은 것은? (다툼이 있는 경우 통설·판례에 의함)

① 소유권이전등기청구권의 가압류 등에 의한 변제금지의 효력은 사업시행자가 가압류된 체비지에 대한 체비지대장상 소유자 명의를 양수인 앞으로 변경하는 것에도 미치므로, 위 가압류 등의 해제 없이는 법원은 곧바로 체비지대장상 소유자명의변경절차의 이행을 명할 수 없다.

② 지방자치단체가 사실심변론종결 무렵까지 타인 소유의 토지를 점유·사용하

면서도 이에 대한 임료 상당의 부당이득금의 반환을 거부하고 있으며 그로 인한 계속적·반복적 이행의무에 관하여 현재의 이행기 도래분에 대하여 그 이행을 하지 아니하고 있는 경우에도, 장래의 이행기가 도래할 부당이득금 부분에 대해서도 미리 청구할 필요가 없다.

③ 저당채무자가 먼저 저당채무를 지급하는 것을 조건으로 한 저당권설정등기 말소청구 등 선이행청구는 원칙적으로 허용되지 않는다.

④ 채권자가 그 가등기 등이 채권담보의 목적으로 경료된 것임을 다툰다든지 피담보채무의 액수를 다투기 때문에 채무자가 채무를 변제하더라도 채권자가 위와 같은 소유권의 공시에 협력할 의무를 이행할 것으로 기대되지 않는 경우에는 미리 청구할 필요가 있다고 보아 채무의 변제를 조건으로 채권담보의 목적으로 경료된 가등기 및 그 가등기에 기한 본등기의 말소나 새로운 소유권이전등기를 청구하는 장래이행의 소를 허용한다.

⑤ 환매기간 내에 환매대금 상당을 지급하거나 공탁하지 아니한 경우에는 환매로 인한 소유권이전등기 청구를 할 수 없다.

〈해설〉 정답 ②

② 지자체가 사심심변론종결 무렵까지 타인 소유의 토지를 점유·사용하면서도 이에 대한 임료 상당의 부당이득금의 반환을 거부하고 있으며 그로 인한 계속적·반복적 이행의무에 관하여 현재의 이행기 도래분에 대하여 그 이행을 하지 아니하고 있다면, 그 토지에 개설된 도로의 폐쇄에 의한 지자체의 점유종료일과 그 토지소유자의 토지소유권 상실일 가운데 먼저 도래하는 날까지의 이행기 도래분에 대해서도 지자체가 자진하여 그 채무를 이행하지 아니할 것이 명백히 예견되므로 토지소유자로서는 장래의 이행기가 도래할 부당이득금 부분에 대해서도 미리 청구할 필요가 있다.

문33. 다음 중 확인의 소의 대상적격이 될 수 있는 것을 모두 모은 것은? (다툼이 있는 경우에는 판례에 의함)

> ㉠ 어느 사찰이 종단에의 사찰등록이 말소되었음의 확인청구
> ㉡ 저당권의 실행으로 이미 소멸된 피담보채권의 부존재확인
> ㉢ 세금을 납부하고 난 후에 하는 조세부과처분무효 또는 부존재확인청구
> ㉣ 제2번 저당권자가 제1번 저당권자와 담보물의 소유권자를 상대로 하여 제1번 저당채무의 부존재확인을 구한 경우

  ㉢ 당초 주택재개발 정비사업조합 설립추진위원회의 주민총회에서 추진위원장 및 추진위원의 해임결의가 있은 후 다시 개최된 주민총회에서 위 종전 결의를 그대로 인준하거나 재차 해임결의를 한 경우 종전 해임결의의 무효확인청구

  ㉤ 주식양도·양수계약의 부존재 또는 무효확인을 구하는 청구

① ㉢, ㉣, ㉤, ㉥ ② ㉣, ㉥ ③ ㉡, ㉣, ㉤, ㉥
④ ㉥   ⑤ 답이 없다

〈해설〉 정답 ②

㉣ 대법원 1993.12.28. 선고 93다8719 판결; 대법원 2010.10.28. 선고 2009다63694 판결
㉥ 대법원 1993.3.9. 선고 92다56575 판결

문34. 확인의 소의 대상적격에 관한 다음 설명 중 옳지 않은 것은? (다툼이 있는 경우 판례에 의함)

① 사실혼 배우자의 일방이 사망한 경우 생존하는 당사자가 혼인신고를 하기 위한 목적으로서는 사망자와의 과거의 사실혼관계 존재확인을 구할 소의 이익이 없다.

② 사실혼관계에 있던 당사자 일방이 사망하였더라도, 현재적 또는 잠재적 법적 분쟁을 일거에 해결하는 유효적절한 수단이 될 수 있는 한, 그 사실혼관계 존부확인청구에는 확인의 이익이 인정된다.

③ ②의 경우 생존 당사자는 그 사망을 안 날로부터 1년 내에 검사를 상대로 과거의 사실혼관계에 대한 존부확인청구를 할 수 있다.

④ 甲과 乙 사이의 혼인관계가 이미 협의이혼신고에 의하여 해소되었다면 혼인관계의 무효확인은 단순히 여자인 甲이 혼인하였다가 이혼한 것처럼 호적상 기재되어 있어 불명예스럽다는 사유만으로는 확인의 이익이 없다.

⑤ 협의이혼으로 혼인관계가 해소된 경우에도 과거 일정기간 동안의 혼인관계의 존부의 문제가 당사자의 신분법상의 관계나 재산법상의 관계에 있어서 현재의 법률상태에 직접적인 중대한 영향을 미치는 경우 과거의 혼인관계의 무효확인을 구할 정당한 법률상의 이익이 있다.

〈해설〉정답 ③

③ 2005년 개정민법 제865조 제2항에 의하여 2년이다.

문35. 확인의 이익에 대한 다음 설명 중 옳지 않은 것으로만 묶인 것은? (다툼이 있는 경우 판례에 의함)

⊙ 주주는 회사와 제3자 간에 체결된 계약의 무효확인을 구할 이익이 없다.

⊙ 구 사립학교법상의 임시이사가 선임되기 전에 적법하게 선임되었다가 퇴임한 최후의 정식이사(종전이사)들은 구 학교법인의 임시이사들이 정식이사를 선임하는 내용의 이사회결의에 대하여 법률상 이해관계를 가진다고 볼 수 없다.

⊙ 원고가 확인의 소를 제기하였고 피고가 당해 소송에서 다투다가 항소심에서 다투지 아니하는 경우 확인의 이익이 없다.

⊙ 소취하의 유·무효 등의 소송상의 다툼에 관하여 별도의 소로써 확인을 구할 수 없다.

⊙ 무효이거나 존재하지 않는 주주총회결의에 의하여 이사직을 해임당한 자는 그가 주주인 여부를 막론하고 주주총회결의의 무효 또는 부존재확인을 구할 수 있다.

⊙ 보험금채무의 부존재확인을 구하는 본소에 대하여 그 채무의 이행을 구하는 반소가 제기된 경우, 본소청구에 대한 확인의 이익이 소멸하는 것은 아니다.

① ㉠, ㉡, ㉢, ㉣   ② ㉡, ㉢   ③ ㉡

④ ㉢   ⑤ 답이 없다

〈해설〉정답 ②

㉠ 대법원 1979.2.13. 선고 78다1117 판결

㉡ 이해관계를 가진다는 것이 대법원 전원합의체 2007.5.17. 선고 2006다19054 판결이다.

㉢ 판례는 이 경우에도 확인의 이익을 부인할 수 없다고 한다.

㉣ 기일지정신청 등 당해 소송에서 심판을 받아야 하지 별도의 소로써 확인을 구할 것이 아니다.

㉴ 대법원 2010.7.15. 선고 2010다2428, 2435 판결: 소송요건을 구비하여 적법하게 제기된 본소가 그 후에 상대방이 제기한 반소로 인하여 소송요건에 흠결이 생겨 다시 부적법하게 되는 것은 아니므로, 원고가 피고에 대하여 손해배상채무의 부존재확인을 구할 이익이 있어 본소로

그 확인을 구하였다면, 피고가 그 후에 그 손해배상채무의 이행을 구하는 반소를 제기하였다 하더라도 그러한 사정만으로 본소청구에 대한 확인의 이익이 소멸하여 본소가 부적법하게 된다고 볼 수는 없다. 민사소송법 제271조는 본소가 취하된 때에는 피고는 원고의 동의 없이 반소를 취하할 수 있다고 규정하고 있고, 이에 따라 원고가 반소가 제기되었다는 이유로 본소를 취하한 경우 피고가 일방적으로 반소를 취하함으로써 원고가 당초 추구한 기판력을 취득할 수 없는 사태가 발생할 수 있는 점을 고려하면, 위 법리와 같이 반소가 제기되었다는 사정만으로 본소청구에 대한 확인의 이익이 소멸한다고는 볼 수 없다.

문36. 다음 설명 중 확인의 이익에 관한 판례의 입장이 <u>아닌</u> 것은?

① 피고회사가 운영하는 이 사건 골프장에서 경기보조원으로 근무하는 원고에 대하여 골프장에 대한 출입제한처분을 한 경우 원고는 피고를 상대로 출입제한처분 무효확인을 구할 수 있다.

② 원고가 온천관리대장상의 온천발견신고자로 등재되어 있는 피고를 상대로 하여 온천공의 발견신고자의 지위에 있음의 확인을 구할 수 없다.

③ 지방자치단체와 채용계약에 의하여 채용된 계약직 공무원이 그 계약기간 만료 전에 채용계약이 해지된 후 그 계약기간이 만료된 때에는 그 채용계약해지의사표시 무효확인을 구할 이익이 없다.

④ 사립대학의 교수들은 당해 학교법인의 총장선임행위의 효력을 다툴 적격 내지 확인의 이익이 없다.

⑤ 물권이 아닌 하나의 채권에 관하여 2인 이상이 서로 채권자라고 주장하는 경우에 어느 한쪽이 상대방에 대하여 그 채권이 자기에게 속한다는 채권의 귀속에 관한 확인을 구하는 청구는 그 확인의 이익이 없다.

〈해설〉 정답 ⑤

⑤ 스스로 채권자라고 주장하는 어느 한쪽이 상대방에 대하여 그 채권이 자기에게 속한다는 채권의 귀속에 관한 확인을 구하는 청구는 그 확인의 이익이 있다(대법원 1988.9.27. 신고 87다카2269 판결 참조).

문37. 다음 〈사례〉에 관한 〈보기〉의 설명 중 **옳지 않은** 것을 모두 고른 것은? (다툼이 있는 경우 판례에 의함)

〈사례〉

X 토지에 관하여 임야대장상에 甲의 증조부인 A 명의로 소유자등록이 되어 있는데, 위 토지에 관하여 대한민국이 시효취득하였다고 주장하면서 甲의 소유를 다투고 있다. 甲이 대한민국을 상대로 소유권확인의 소를 제기하였다.

〈보기〉

㉠ 피고 대한민국의 주장은 위 토지들에 관하여 취득시효완성을 원인으로 한 소유권이전등기청구권이 있다는 주장에 불과한 것이지, 위 토지들에 관한 임야대장상의 등록명의자들의 소유를 부인하면서 피고 대한민국의 소유라 주장하는 것이라 볼 수는 없으므로 甲은 별도로 국가를 상대로 소유권확인을 구할 이익이 있다고 할 수 없다.

㉡ 국가를 상대로 한 토지소유권 확인청구는 어느 토지가 미등기이고, 토지대장이나 임야대장상에 등록명의자가 없거나 등록명의자가 누구인지 알 수 없을 때와 그 밖에 국가가 등록명의자인 제3자의 소유를 부인하면서 계속 국가 소유를 주장하는 등 특별한 사정이 있는 경우에 확인의 이익이 있다.

㉢ X 토지에 관해서는 이미 임야대장상에 甲의 증조부인 A 명의로 소유자등록이 되어 있으므로, 甲으로서는 일단 부동산등기법 제65조 등 위 법 소정의 절차에 따라 위 임야대장상의 등록명의자 또는 그 상속인 명의로 소유권보존등기를 마칠 수 있다.

㉣ 부동산등기법 제65조에 비추어 볼 때 부동산에 관한 소유권보존등기를 함에 있어 토지대장등본 또는 임야대장등본에 의하여 소유자임을 증명할 수 없다면 판결에 의하여 소유권을 증명하여 소유권보존등기를 할 수밖에 없고, 더욱이 대장소관청인 국가기관이 그 소유를 다투고 있다면 이와 같은 판결을 얻기 위한 소송은 국가를 상대로 제기할 수 있다.

㉤ 임야대장상의 소유신고 내지는 회복등기를 하기 위한 방법으로서 법원의 확정판결에 의하지 아니하고서는 지적공부상의 소유자란의 복구등록을 할 수 없는 경우라면 국가를 상대로 소유권확인을 구할 이익이 있다.

> ㉂ 국가가 미등기 토지를 20년간 점유하여 취득시효가 완성된 경우에도, 국가
> 앞으로 소유권보존등기가 되어 있지 않은 이상 그 소유자는 국가를 상대
> 로 토지에 대한 소유권의 확인판결을 받을 법률상 이익이 있다.

① ㉠, ㉢   ② ㉢   ③ ㉂
④ ㉠, ㉢, ㉂   ⑤ 답이 없다

〈해설〉 정답 ③

㉂ 국가가 미등기 토지를 20년간 점유하여 취득시효가 완성된 경우, 그 미등기 토지의 소유자로
서는 국가에게 이를 원인으로 하여 소유권이전등기절차를 이행하여 줄 의무를 부담하고 있는
관계로 국가에 대하여 그 소유권을 행사할 지위에 있다고 보기 어렵고, 또 그가 소유권확인판
결을 받는다고 하여 이러한 지위에 변동이 생기는 것도 아니라고 할 것이므로, 이와 같은 사정
하에서는 그 소유자가 굳이 국가를 상대로 토지에 대한 소유권의 확인을 구하는 것은 무용, 무
의미하다고 볼 수밖에 없어 확인판결을 받을 법률상 이익이 있다고 할 수 없다(대법원
2008.5.15. 선고 2008다13432 판결).

문38. 확인의 소에서의 확인의 이익에 관한 다음 설명 중 옳지 않은 것은? (다툼이 있는 경우 판례에 의함)

① 甲 지방자치단체가 토지소유자 乙을 상대로 일반 공중의 통행에 무상으로
제공하는 토지임을 이유로 배타적 사용·수익권의 부존재확인을 구할 이익
이 있다.

② 종중대표자라고 주장하는 자가 종중원 개인을 상대로 하여 대표자지위의 확
인을 구하는 소송은 확인의 이익이 없다.

③ 사업시행자가 보상금을 공탁한 경우 정당한 공탁금수령권자이면서도 공탁공
무원으로부터 공탁금의 출급을 거부당한 자는 그 법률상 지위의 불안·위험
을 제거하기 위하여 공탁자인 사업시행자를 상대방으로 하여 그 공탁금출급
권의 확인을 구하는 소송을 제기할 이익이 있다.

④ 재개발조합설립의 효력을 부정하기 위해서는 항고소송으로 조합설립인가처
분의 효력을 다투는 소(취소소송)를 제기할 것이지, 조합설립인가처분을 하
는 데 필요한 요건 중의 하나에 불과한 조합설립결의 무효확인을 구할 확인
의 이익은 없다.

⑤ 유치권 때문에 경매절차에서 저가매각의 우려가 있어 저당권자가 제기한 유

치권부존재확인의 소는 소의 이익이 있다.

〈해설〉 정답 ①

① 민법 제211조는 "소유자는 법률의 범위 내에서 그 소유물을 사용, 수익, 처분할 권리가 있다"고 규정하고 있으므로, 소유자가 채권적으로 상대방에 대하여 사용·수익의 권능을 포기하거나 사용·수익권 행사에 제한을 설정하는 것 외에 소유권의 핵심적 권능에 속하는 배타적인 사용·수익 권능이 소유자에게 존재하지 아니한다고 하는 것은 물권법정주의에 반하여 특별한 사정이 없는 한 허용될 수 없다(대법원 2012.6.28. 선고 2010다81049 판결).

문39. 다음 설명 중 소의 이익에 관한 판례의 입장이 <u>아닌</u> 것은?

① 직권으로 취소된 행정처분에 관하여 무효확인을 구하는 소는 소의 이익이 없어 부적법하다.

② 절차상 또는 형식상 하자로 무효인 행정처분에 대하여 행정청이 적법한 절차 또는 형식을 갖추어 다시 동일한 행정처분을 하였다면, 종전의 무효인 행정처분에 대한 무효확인 청구는 과거의 법률관계의 효력을 다투는 것에 불과하므로 무효확인을 구할 법률상 이익이 없다.

③ 상대적 불확지 변제공탁의 피공탁자 중 1인을 채무자로 하여 그의 공탁물출급청구권에 대하여 채권압류 및 추심명령을 받은 추심채권자는 공탁물을 출급하기 위하여 자기의 이름으로 다른 피공탁자를 상대로 공탁물출급청구권이 추심채권자의 채무자에게 있음을 확인한다는 확인의 소를 제기할 수 있다.

④ 집행채권자가 압류전부명령에 기한 전부금채권을 가지고 있다는 것의 확인을 구하는 것은 확인의 이익이 없다.

⑤ 연예기획사 甲 주식회사가 가수 乙을 상대로 전속계약 해지에 따른 손해배상청구의 소를 제기하자, 소속사 지위 인수를 주장하는 다른 연예기획사 丙 주식회사가 甲 회사를 상대로 甲 회사와 乙 사이의 전속계약 부존재확인을 구하는 것은 확인의 이익이 있다.

〈해설〉 정답 ⑤

① 대법원 2012.6.28. 선고 2011두16865 판결
② 대법원 2010.4.29. 선고 2009두16879 판결
③ 대법원 2011.11.10. 선고 2011다55405 판결
④ 대법원 2008.1.17. 선고 2006다56015 판결

⑤ 丙 회사가 자신과 乙 사이의 전속계약 존재확인을 구하지 않고 甲 회사와 乙 사이의 전속계약 부존재확인을 구하는 것은 확인의 이익이 없어 부적법하다(대법원 2012.6.28. 선고 2010다 54535, 54542 판결).

문40. 다음 중 증서의 진정 여부를 확인하는 소의 대상이 <u>아닌</u> 것을 모두 모은 것은? (다툼이 있는 경우에는 판례에 의함)

> ㉠ 세금계산서
> ㉡ 임대차계약금의 영수증
> ㉢ 대차대조표·회계결산보고서
> ㉣ 차용증서
> ㉤ 어음·수표 등의 유가증권
> ㉥ 정관
> ㉦ 매매계약서

① ㉠, ㉡, ㉢   ② ㉣, ㉤, ㉥, ㉦   ③ ㉠, ㉢
④ ㉠, ㉡, ㉢, ㉥   ⑤ ㉢, ㉥

〈해설〉 정답 ①

㉠㉡㉢은 사실관계의 보고문서로 문서의 진정 여부를 확인하는 소의 대상이 아니다.

문41. 증서의 진정 여부를 확인하는 소에 관한 설명 중 <u>옳지 않은</u> 것은? (다툼이 있는 경우 판례에 의함)

① 증서의 진정 여부를 확인하는 소는 오로지 권리 또는 법률관계를 증명하는 서면에 관하여 그것이 작성명의자에 의하여 진정하게 작성되었느냐에 관한 것이므로 그 서면에 기재된 내용이 객관적 진실에 합치하느냐에 관한 확인의 소는 허용되지 않는다.

② 증서의 진정 여부라고 하는 사실의 확정에 대하여 독립의 소가 허용되는 것은 법률관계를 증명하는 서면의 진부가 판결로 확정되면 당사자 간에 있어서는 그 문서의 진부가 다투어지지 않는 결과 그 문서가 증명하는 법률관계에 관한 분쟁 자체도 해결될 가능성이 있거나 적어도 그 분쟁의 해결에 기여함이 크다는 이유에 의한 것이다.

③ 증서의 진정 여부를 확인하는 소에 있어서 '법률관계를 증명하는 서면'은 그 기재 내용으로부터 직접 일정한 현재의 법률관계의 존부 여부가 증명될 수 있는 문서를 가리키므로 단지 과거의 사실관계를 증명하는 서면은 여기에 해당하지 아니한다.

④ 유증에 관한 공정증서가 '유언자의 서명 또는 기명날인'의 요건을 갖추지 못한 경우에는 그 공정증서가 망인의 진정한 의사에 의하여 작성되었음을 확인하는 문서의 진정 여부의 확인을 구할 소의 이익이 있다.

⑤ 임대차계약금으로 일정한 금원을 받았음을 증명하기 위하여 작성된 영수증은 특별한 사정이 없는 한 임대차 등 법률관계의 성립 내지 존부를 직접 증명하는 서면이 아니므로 증서의 진정 여부를 확인하는 소의 대상이 될 수 없다.

〈해설〉 정답 ④

④ 유증에 관한 공정증서가 '유언자의 서명 또는 기명날인'의 요건을 갖추지 못하여 민법 제1068조에 정한 '공정증서에 의한 유언'으로서의 효력이 없는 경우에는, 망인의 진정한 의사에 의하여 작성되었음을 확인하는 판결이 선고되더라도 유언의 유·무효에 관한 권리관계 내지 법률적 지위의 불안이 제거될 수 없어, 그 진부확인을 구할 소의 이익이 없다.

문42. 형성의 소에 관한 설명 중 옳지 않은 것은? (다툼이 있는 경우 판례에 의함)

① 조합의 이사장 및 이사 직무집행정지 가처분은 허용될 수 없다.

② 화해조항의 실현을 위하여 부동산을 경매에 붙여 그 경매대금에서 경매비용 등을 공제한 나머지 대금을 원고들 및 피고들에게 배당할 것을 구하는 소는 허용될 수 없다.

③ 학교법인 이사장에 대하여 불법행위를 이유로 그 해임을 청구할 수 있다.

④ 공유물분할은 협의분할을 원칙으로 하고 협의가 성립되지 아니한 때에는 재판상 분할을 청구할 수 있으므로 공유자 사이에 이미 분할에 관한 협의가 성립된 경우에는 또다시 소로써 그 분할을 청구하거나 이미 제기한 공유물분할의 소를 유지함은 허용되지 않는다.

⑤ 이혼판결 뒤에 혼인취소의 소를 구할 이익은 없으나, 소급효가 인정되는 혼인무효의 소는 소의 이익이 인정된다.

<해설> 정답 ③

③ 대법원 1997.10.27.자 97마2269 결정: 학교법인 이사장에 대하여 불법행위를 이유로 그 해임을 청구하는 소송은 형성의 소에 해당하는바, 이를 허용하는 법적 근거가 없으므로 이를 피보전권리로 하는 이사장에 대한 직무집행정지 및 직무집행대행자 선임의 가처분은 허용되지 않는다.

문43. 다음은 형성의 소에 관한 설명이다. <u>옳지 않은</u> 것은? (다툼이 있는 경우 판례에 의함)

① 건물철거대집행계고처분취소 소송이 상고심 계속 중 대상건물의 철거된 경우에는 소의 이익이 없다.

② 당해 강제집행이 종료된 후에 제3자이의의 소가 제기되거나 또는 제3자이의의 소가 제기된 당시 존재하였던 강제집행이 소송계속 중 종료된 경우에는 소의 이익이 없어 부적법하다.

③ 영업정지처분 취소소송계속 중 영업정지기간이 경과한 경우 소의 이익이 없다.

④ 사법시험 제2차 시험에 관한 불합격처분 이후에 새로이 실시된 제2차 및 제3차 시험에 합격하였을 경우에는 더 이상 위 불합격처분의 취소를 구할 법률상 이익이 없다.

⑤ 회사 이사의 선임결의취소소송계속 중 임기만료로 이사가 퇴임한 경우에는 소의 이익이 없으나, 그 이사에 대한 불법행위청구·부당이득반환청구의 전제로서 그 소를 유지할 이익은 있다.

<해설> 정답 ⑤

⑤ 소를 유지할 이익이 없다.

문44. 형성의 소에 관한 다음 설명 중 가장 <u>옳지 않은</u> 것은? (다툼이 있는 경우 판례에 의함)

① 국회의원 당선무효선거무효의 소가 계속 중에 그 임기가 종료한 때에는 소의 이익이 부정된다.

② 대집행완료 후에는 철거명령취소청구는 소의 이익이 없다.

③ 기존 법률관계의 변경·형성을 목적으로 하는 형성의 소는 법률에 명문의 규정이 있는 경우에 한하여 제기할 수 있다.

④ 토지경계확정의 소에 있어서 당사자 양쪽이 경계에 관하여 합의가 성립되어 당사자의 주장이 일치하게 된 경우 토지경계확정의 소는 소의 이익이 없어 부적법하다.

⑤ 회사해산 후에 회사설립무효의 소를 제기하는 등 법률의 규정에 따라 형성의 소를 제기하더라도 소송목적이 실현되거나 사정변경에 의해 원상회복이 불능으로 되는 경우 등에는 예외적으로 권리보호의 이익이 부인된다.

〈해설〉 정답 ④

④ 대법원 1996.4.23. 선고 95다54761 판결: 서로 인접한 토지의 경계선에 관하여 다툼이 있어서 토지경계확정의 소가 제기되면 법원은 당사자 쌍방이 주장하는 경계선에 구속되지 않고 스스로 진실하다고 인정되는 바에 따라 경계를 확정하여야 하고, 소송 도중에 당사자 쌍방이 경계에 관하여 합의를 도출해냈다고 하더라도 원고가 그 소를 취하하지 않고 법원의 판결에 의하여 경계를 확정할 의사를 유지하고 있는 한, 법원은 그 합의에 구속되지 아니하고 진실한 경계를 확정하여야 하는 것이므로, 소송 도중에 진실한 경계에 관하여 당사자의 주장이 일치하게 되었다는 사실만으로 경계확정의 소가 권리보호의 이익이 없어 부적법하다고 할 수 없다.

문45. 다음 중 형성의 소와 병합하여 형성될 법률관계에 기한 이행의 소를 제기할 수 있는 경우가 <u>아닌</u> 것을 묶은 것은? (다툼이 있는 경우 판례에 의함)

> ㉠ 사해행위취소와 원상회복청구
> ㉡ 재심의 소와 재심대상판결의 취소에 따른 원상회복청구
> ㉢ 재판상 이혼청구에 이혼이 성립되는 경우를 대비한 위자료·재산분할·양육자지정·양육비지급청구
> ㉣ 공유물분할의 소와 병합하여 분할판결이 날 경우를 대비하여 소유권(지분권)이전등기를 구하는 청구
> ㉤ 법정지상권 또는 관습상의 법정지상권이 발생하였을 경우 지료결정의 소와 지료지급을 구하는 소를 병합하는 경우

① ㉡, ㉣, ㉤   ② ㉡, ㉣   ③ ㉡
④ ㉣   ⑤ 답이 없다

〈해설〉 정답 ②

ⓛ 재심의 소에 병합하여 새로운 청구를 제기하는 것은 허용될 수 없다(대법원 2009.9.10. 선고 2009다41977 판결).

ⓔ 소의 이익이 없어 부적법 각하된다. 분할판결의 확정에 따라 단독으로 이전등기신청을 할 수 있기 때문이다. 다만 가처분의 피보전권리는 가처분 신청 당시 확정적으로 발생되어 있어야 하는 것은 아니고 이미 그 발생의 기초가 존재하는 한 장래에 발생할 채권도 가처분의 피보전권리가 될 수 있다고 할 것이며(대법원 1993.2.12. 선고 92다29801 판결 참조), 따라서 부동산의 공유지분권자가 공유물 분할의 소를 본안으로 제기하기에 앞서 그 승소판결이 확정됨으로써 취득할 특정부분에 대한 소유권을 피보전권리로 하여 부동산 전부에 대한 처분금지가처분도 할 수 있다(대법원 2002.9.27.자 2000마6135 결정).

ⓜ 법정지상권 또는 관습에 의한 지상권이 발생하였을 경우에 토지의 소유자가 지료를 청구함에 있어서 지료를 확정하는 재판이 있기 전에는 지료의 지급을 소구할 수 없는 것은 아니고, 법원에서 상당한 지료를 결정할 것을 전제로 하여 바로 그 급부를 구하는 청구를 할 수 있다 할 것이며, 법원도 이 경우에 판결의 이유에서 지료를 얼마로 정한다는 판단을 하면 족하다(대법원 2003.12.26. 선고 2002다61934 판결).

문46. 소의 이익에 관한 다음 설명 중 옳지 않은 것을 묶은 것은? (다툼이 있는 경우 판례에 의함)

> ㉠ 대리권과 같은 소송요건의 존부확인청구는 허용되지 않는다.
> ㉡ 유언자 생전에 유언무효확인청구는 허용되지 않는다.
> ㉢ 물상보증인이 근저당권자의 채권을 다투고 있는 경우 근저당권자는 피담보채무의 확정을 위하여 물상보증인을 상대로 확인의 소를 제기할 수 있다.
> ㉣ 도시 및 주거환경정비법에 따라 설립된 정비사업조합의 조합원은 직접 또는 조합을 대위하여 정비사업조합과 제3자와의 거래관계에 개입하여 조합의 대표기관이 체결한 계약의 무효확인을 구할 수 없다.
> ㉤ 보험자의 보험계약해지 후에도 피보험자가 여전히 자기 아닌 제3자가 보험금청구권을 가지고 있다고 주장하는 경우 보험자는 보험계약의 상대방인 피보험자를 상대로 보험금채무부존재확인을 구할 이익이 있다.
> ㉥ 미등기건물에 대해서는 국가를 상대로 한 건물소유권확인소송이 허용되지 아니한다.

① ㉠, ㉢, ㉤　　　② ㉢, ㉤　　　③ ㉢
④ ㉤　　　　　　　⑤ 답이 없다

〈해설〉 정답 ⑤

전부 맞다.

문47. 다음 중 판례가 허용하는 소로만 모두 모은 것은?

> ㉠ 임야대장의 소유명의의 말소를 구하는 청구
> ㉡ 부동산등기부의 사항란에 기재된 근저당권설정등기의 접수일자의 변경을 구하는 소
> ㉢ 온천관리리대장의 온천발견신고자 명의변경을 구하는 이행의 소
> ㉣ 건축공사가 완료되고 소유권보존등기가 마쳐진 건물에 관한 건축주명의변경절차의 이행을 구하는 소
> ㉤ 가처분말소등기의 소
> ㉥ 서면에 의하지 아니한 불상소합의에 반하여 제기된 소

① ㉠, ㉡   ② ㉤, ㉥   ③ ㉢, ㉣
④ ㉣   ⑤ 답이 없다

〈해설〉 정답 ⑤

㉠ 불허: 대법원 1979.2.27. 선고 78다913 판결
㉡ 불허: 대법원 2003.10.24. 선고 2003다13260 판결
㉢ 불허: 대법원 2004.8.20. 선고 2002다20353 판결
㉣ 불허: 대법원 2006.7.6. 선고 2005다61010 판결(건축허가에 관한 건축주명의의 변경은 미완성의 건물에 대하여 건축공사를 계속하거나 건축공사를 완료한 후 부동산등기법 등에 따른 소유권보존등기를 하는 데에 필요한 것이므로 <u>건축 중인 건물을 양수한 자가 양도인을 상대로 건축주명의변경절차의 이행을 구하는 소는 소의 이익이 있다고 할 것이지만, 건축공사가 완료되고 소유권보존등기까지 마쳐진 건물의 경우에는 이미 허가된 내용에 따른 건축이 더 이상 있을 수 없어 건축주명의변경이 필요 없고</u>, 또한 건축허가서는 허가된 건물에 관한 실체적 권리의 득실변경의 공시방법이 아니며 추정력도 없어 건축주명의를 변경한다고 하더라도 그 건물의 실체적 권리관계에 아무런 영향을 미치는 것이 아니므로, 위와 같은 건물에 관해서는 건축주명의의 변경을 청구할 소의 이익이 없다)
㉤ 불허: 대법원 1976.3.9. 선고 75다1923, 1924 판결(가처분법원의 가처분결정의 취소절차에 의하여야 한다)
㉥ 불허: 대법원 2007.11.29. 선고 2007다52317, 52324 판결(구체적인 사건의 소송계속 중 그 소송 당사자 쌍방이 판결선고 전에 미리 상소하지 아니하기로 합의하였다면 그 판결은 선고와 동시에 확정되는 것이므로, 이러한 합의는 소송당사자에 대하여 상소권의 사전포기와 같은 중

대한 소송법상의 효과가 발생하게 되는 것으로서 반드시 서면에 의하여야 할 것이며, 그 서면의 문언에 의하여 당사자 쌍방이 상소를 하지 아니한다는 취지가 명백하게 표현되어 있을 것을 요한다)

문48. 다음 설명 중 옳지 않은 것은? (다툼이 있는 경우 판례에 의함)

① 퇴직금청구권을 사전에 포기하거나 사전에 그에 관한 민사소송을 제기하지 않겠다는 부제소합의를 하는 것은 강행법규인 근로자퇴직급여보장법에 위반되어 무효이다.

② 외국환거래법상 기획재정부장관의 허가 없는 상태에서 비거주자가 거주자에 대하여 외화의 무조건 지급청구를 할 수 있다.

③ 소유권이전등기청구권이 가압류된 후 채무자로부터 제기된 소유권이전등기 청구소송에서 제3채무자가 응소하지 아니하여 무변론판결이 선고되었다고 하여 제3채무자가 채권자에 대하여 불법행위로 인한 손해배상책임이 발생하는 것은 아니다.

④ 사해행위인 근저당권설정계약에 기해 설정된 근저당권설정등기가 매각으로 인하여 말소된 경우에도 그 설정계약의 취소를 구할 이익이 있다.

⑤ 지방자치단체가 사유지를 도로로 점유, 사용하는 경우 도로폐쇄에 의한 점유 종료일 또는 토지소유자의 소유권상실일까지 장래의 이행기 도래분에 대한 부당이득금의 반환을 청구할 수 있다.

〈해설〉 정답 ③

① 퇴직금은 사용자가 일정기간을 계속근로하고 퇴직하는 근로자에게 그 계속근로에 대한 대가로서 지급하는 후불적 임금의 성질을 띤 금원으로서 구체적인 퇴직금청구권은 계속근로가 끝나는 퇴직이라는 사실을 요건으로 하여 발생되는 것인바, 최종 퇴직 시 발생하는 퇴직금청구권을 사전에 포기하거나 사전에 그에 관한 민사상 소송을 제기하지 않겠다는 부제소특약을 하는 것은 강행법규인 구 근로기준법(1997.3.13. 법률 제5305호로 폐지되기 전의 법률)에 위반되어 무효이다(대법원 1998.3.27. 선고 97다49732 판결). 이 문제는 회사를 퇴직하고 퇴직금을 수령하면서 부제소합의를 한 문18.과는 사안이 다르다.

② 외국환거래법 제15조 제2항의 기획재정부장관의 허가는 집행요건에 지나지 않는다. 김홍엽, p.244 참조.

③ 대법원 1999.6.11. 선고 98다22963 판결: 소유권이전등기청구권에 대한 가압류가 있으면 그 변제금지의 효력에 의하여 제3채무자는 채무자에게 임의로 이전등기를 이행하여서는 아니 되는 것이나, 그와 같은 가압류는 채권에 대한 것이지 등기청구권의 목적물인 부동산에 대한 것이 아니고, 채무자와 제3채무자에게 결정을 송달하는 외에 현행법상 등기부에 이를 공시하는

방법이 없는 것으로서 당해 채권자와 채무자 및 제3채무자 사이에만 효력을 가지며, 제3자에 대해서는 가압류의 변제금지의 효력을 주장할 수 없으므로 소유권이전등기청구권의 가압류는 청구권의 목적물인 부동산 자체의 처분을 금지하는 대물적 효력은 없다 할 것이고, 제3채무자나 채무자로부터 이전등기를 경료한 제3자에 대해서는 취득한 등기가 원인무효라고 주장하여 말소를 청구할 수는 없는 것이므로, 제3채무자가 가압류결정을 무시하고 이전등기를 이행하고 채무자가 다시 제3자에게 이전등기를 경료하여 준 결과 채권자에게 손해를 입힌 때에는 불법행위를 구성하고 그에 따른 배상책임을 지게 된다고 할 것인데, 소유권이전등기를 명하는 판결은 의사의 진술을 명하는 판결로서 이것이 확정되면 채무자는 일방적으로 이전등기를 신청할 수 있고 제3채무자는 이를 저지할 방법이 없으므로, 소유권이전등기청구권이 가압류된 경우에는 변제금지의 효력이 미치고 있는 제3채무자로서는 일반채권이 가압류된 경우와는 달리 채무자 또는 그 채무자를 대위한 자로부터 제기된 소유권이전등기 청구소송에 응소하여 그 소유권이전등기청구권이 가압류된 사실을 주장하고 자신이 송달받은 가압류결정을 제출하는 방법으로 입증하여야 할 의무가 있다고 할 것이고, 만일 제3채무자가 고의 또는 과실로 위 소유권이전등기 청구소송에 응소하지 아니한 결과 의제자백에 의한 판결이 선고되어 확정됨에 따라 채무자에게 소유권이전등기가 경료되고 다시 제3자에게 처분된 결과 채권자가 손해를 입었다면, 이러한 경우는 제3채무자가 채무자에게 임의로 소유권이전등기를 경료하여 준 것과 마찬가지로 불법행위를 구성한다고 보아야 한다.

④ 대법원 1997.10.10. 선고 97다8687 판결: 채무자와 수익자 사이의 근저당권설정계약이 사해행위인 이상 그로 인한 근저당권설정등기가 경락으로 인하여 말소되었다고 하더라도 수익자로 하여금 근저당권자로서의 배당을 받도록 하는 것은 민법 제406조 제1항의 취지에 반하므로, 수익자에게 그와 같은 부당한 이득을 보유시키지 않기 위하여 그 근저당권설정등기로 인하여 해를 입게 되는 채권자는 근저당권설정계약의 취소를 구할 이익이 있다.

⑤ 대법원 1993.3.9. 선고 91다46717 판결

문49. 확인의 소의 청구적격에 관한 다음 설명 중 옳지 않은 것은? (다툼이 있는 경우 판례에 의함)

① 대학교원이 파면 또는 해임되었다면 그 후 그 임용기간이 만료된 경우에도 파면·해임처분의 무효확인을 구할 수 있다.

② 기간제로 임용되어 임용기간이 만료된 사립대학 교원에게 민사소송으로 재임용 거부결정 및 통지의 무효 확인을 구할 소의 이익이 있다.

③ 제3자들 사이의 권리관계는 확인의 소의 대상이 되지 않는다.

④ 매도인의 소유이나 매도인 앞으로 소유권등기가 되어 있지 아니한 상태에서 제3자가 매도인의 소유권을 다투고 있다면 매수인은 매도인의 소유임을 확인하기 위하여 매도인을 대위하여 제3자를 상대로 확인의 소를 제기할 수 있다.

⑤ 매도인 앞으로 소유권등기가 되어 있는 상태에서 제3자가 매도인의 소유권을 다투고 있다면 매수인은 매도인의 소유임을 확인하기 위하여 매도인을 대위하여 확인의 소를 제기할 수 없다.

〈해설〉 정답 ③

① 대법원 1991.6.25. 선고 91다1134 판결

② 대법원 2010.9.30. 선고 2006다46131 판결: 개정 사립학교법과 구제특별법의 규정 내용에 비추어 볼 때, 대학교원 기간임용제로 임용되어 임용기간이 만료된 사립대학 교원으로서는 교원으로서의 능력과 자질에 관하여 합리적인 기준에 의한 공정한 심사를 받아 위 기준에 부합되면 특별한 사정이 없는 한 재임용되리라는 기대를 가지고 재임용 여부에 관하여 합리적인 기준에 의한 공정한 심사를 요구할 권리를 가진다고 할 것이므로, 임면권자가 임용기간이 만료된 사립대학 교원에 대하여 한 재임용을 거부하는 결정 및 통지는 그 대학교원의 권리관계에 영향을 주는 것으로서 임면권자와 사이에 재임용거부결정 및 통지의 효력 여부에 관하여 다툼이 있는 이상 그 대학교원은 민사소송으로 그 거부결정 및 통지의 무효확인을 구할 소의 이익이 있고, 개정 사립학교법 시행일 이전에 재임용이 거부되어 구제특별법에 따른 행정적 구제절차(교원소청심사특별위원회에 대한 재임용 재심사)가 별도로 마련되어 있다고 하더라도 마찬가지라 할 것이다.

③ 대법원 2009.9.24.자 2009마168, 169 결정: 확인의 소는 오로지 당사자 사이의 권리관계만이 확인의 대상이 될 수 있는 것은 아니고, 당사자 일방과 제3자 사이의 권리관계 또는 제3자들 사이의 권리관계에 관해서도 그에 관하여 당사자 사이에 다툼이 있어서 당사자 일방의 권리관계에 불안이나 위험이 초래되고 있고, 다른 일방에 대한 관계에서 그 법률관계를 확정시키는 것이 당사자의 권리관계에 대한 불안이나 위험을 제거할 수 있는 유효·적절한 수단이 되는 경우에는, 당사자 일방과 제3자 사이의 권리관계 또는 제3자들 사이의 권리관계에 관해서도 확인의 이익이 있다.

④ 대법원 1976.4.27. 선고 73다306 판결: 채권자대위의 대상이 된 채무자의 권리가 제3자로부터 방해를 받아 그에 관해서 제3자와 채무자 간에 분쟁이 생긴 경우에는 채권자의 채무자에 대한 채권도 그 내용에 실질적인 영향을 받아 불안정한 상태에 놓이게 되므로 채권자는 그의 불안정상태를 제거하고 그를 보전하기 위하여 채무자를 대위해서 제3자에 대하여 채무자의 권리의 확인과 그 방해의 제거를 구할 수 있고 필요하다면 그 권리관계의 확인을 위하여 제3자를 상대로 소를 제기할 수 있다.

⑤ 이 경우에는 매수인은 매도인으로부터 소유권이전등기를 받으면 되므로 확인의 소를 제기할 이익이 없다. 김홍엽, p.262 참조.

문50. 확인의 이익에 관한 다음 설명 중 옳지 않은 것을 묶은 것은? (다툼이 있는 경우 판례에 의함)

> ㉠ 건축물대장이 생성되지 않은 건물에 대하여 소유권보존등기를 마칠 목적으로 제기한 소유권확인의 소는 확인의 이익이 없다.
> ㉡ 건축물대장의 소유자표시란이 공란이거나 소유자표시에 일부 누락이 있어 대장상의 소유자를 확정할 수 없는 미등기건물에 관하여 지방자치단체를 상대로 소유권확인을 구할 수 있다.
> ㉢ 미등기 토지에 관한 토지대장에 소유권을 이전받은 자는 등재되어 있으나 최초의 소유자는 등재되어 있지 않은 경우, 위 토지대장상 소유권이전등록을 받은 자에게 국가를 상대로 토지소유권확인청구를 할 확인의 이익이 있다.
> ㉣ 소송 상대방과 제3자 사이의 법률관계의 부존재확인을 구하는 소송은 확인의 이익이 있다.
> ㉤ 압류 및 전부명령을 받은 양 당사자 중 어느 한쪽이 상대방에 대하여 제3채무자의 상대방에 대한 전부금채무 부존재확인을 구하는 소는 확인의 이익이 없어 부적법하다.
> ㉥ 근저당권설정자가 피담보채무 부존재확인과 함께 근저당권설정등기의 말소를 구하는 경우, 피담보채무 부존재확인을 구할 소의 이익이 있다.

① ㉠, ㉡, ㉢   ② ㉡, ㉣   ③ ㉣, ㉥
④ ㉤, ㉥   ⑤ ㉥

〈해설〉 정답 ③

㉠ 대법원 2011.11.10. 선고 2009다93428 판결: 구 부동산등기법(2011.4.12. 법률 제10580호로 전부 개정되기 전의 것, 이하 '구법'이라 한다) 제131조 제2호에서 판결 또는 그 밖의 시·구·읍·면의 장의 서면에 의하여 자기의 소유권을 증명하는 자가 소유권보존등기를 신청할 수 있다고 규정한 것은 건축물대장이 생성되어 있으나 다른 사람이 소유자로 등록되어 있는 경우 또는 건축물대장의 소유자 표시란이 공란으로 되어 있거나 소유자 표시에 일부 누락이 있어 소유자를 확정할 수 없는 등의 경우에 건물 소유자임을 주장하는 자가 판결이나 위 서면에 의하여 소유권을 증명하여 소유권보존등기를 신청할 수 있다는 취지이지, 아예 건축물대장이 생성되어 있지 않은 건물에 대하여 처음부터 판결 내지 위 서면에 의하여 소유권을 증명하여 소유권보존등기를 신청할 수 있다는 의미는 아니라고 해석하는 것이 타당하다. 위와 같이 제한적으로 해석하지 않는다면, 사용승인을 받지 못한 건물에 대하여 구법 제134조에서 정한 처분제한의 등기를 하는 경우에는 사용승인을 받지 않은 사실이 등기부에 기재되어 공시되는 반면, 구법 제131조에 의한 소유권보존등기를 하는 경우에는 사용승인을 받지 않은 사실을 등기부에

적을 수 없어 등기부상으로는 적법한 건물과 동일한 외관을 가지게 되어 건축법상 규제에 대한 탈법행위를 방조하는 결과가 된다. 결국 건축물대장이 생성되지 않은 건물에 대해서는 소유권 확인판결을 받는다고 하더라도 그 판결은 구법 제131조 제2호에 해당하는 판결이라고 볼 수 없어 이를 근거로 건물의 소유권보존등기를 신청할 수 없다. 따라서 <u>건축물대장이 생성되지 않은 건물에 대하여 구법 제131조 제2호에 따라 소유권보존등기를 마칠 목적으로 제기한 소유권 확인청구의 소는 당사자의 법률상 지위의 불안 제거에 별다른 실효성이 없는 것으로서 확인의 이익이 없어 부적법하다.</u>

ⓛ 김홍엽, p.266 참조.

ⓒ 대법원 2009.10.15. 선고 2009다48633 판결

ⓔ 대법원 1995.10.12. 선고 95다26131 판결: 자기의 권리 또는 법률상의 지위가 타인으로부터 부인당하거나 또는 그와 저촉되는 주장을 당함으로써 위협을 받거나 방해를 받는 경우에는 그 타인을 상대로 자기의 권리 또는 법률관계의 확인을 구하여야 하고, 자기의 권리 또는 법률상의 지위를 부인하는 상대방이 자기주장과는 양립할 수 없는 제3자에 대한 권리 또는 법률관계를 주장한다고 하여 상대방 주장의 그 제3자에 대한 권리 또는 법률관계가 부존재한다는 것만의 확인을 구하는 것은, 설령 그 확인의 소에서 승소판결을 받는다고 하더라도 그 판결로 인하여 상대방에 대한 관계에서 자기의 권리가 확정되는 것도 아니고 그 판결의 효력이 제3자에게 미치는 것도 아니어서, 그와 같은 부존재확인의 소는 자기의 권리 또는 법률적 지위에 현존하는 불안, 위험을 해소시키기 위한 유효적절한 수단이 될 수 없으므로 확인의 이익이 없다.

ⓜ 대법원 2004.3.12. 선고 2003다49092 판결

ⓗ 대법원 2000.4.11. 선고 2000다5640 판결: 확인의 소는 원고의 권리 또는 법률상 지위에 현존하는 불안·위험이 있고 확인판결을 받는 것이 그 분쟁을 근본적으로 해결하는 가장 유효·적절한 수단일 때 허용되는바, 근저당권설정자가 근저당권설정계약에 기한 피담보채무가 존재하지 아니함의 확인을 구함과 함께 그 근저당권설정등기의 말소를 구하는 경우에 근저당권설정자로서는 피담보채무가 존재하지 않음을 이유로 근저당권설정등기의 말소를 구하는 것이 분쟁을 유효·적절하게 해결하는 직접적인 수단이 될 것이므로 별도로 근저당권설정계약에 기한 피담보채무가 존재하지 아니함의 확인을 구하는 것은 확인의 이익이 있다고 할 수 없다.

문51. 공탁관계소송과 확인의 이익에 관한 다음 설명 중 <u>옳지 않은</u> 것은? (다툼이 있는 경우 판례에 의함)

① 피공탁자가 피공탁자 아닌 자를 상대로 공탁금의 출급청구권이 자신에게 있다는 확인을 구할 필요는 없다.

② 피공탁자 아닌 제3자가 피공탁자를 상대로 공탁금출급청구권의 확인을 구할 수 없다.

③ 상대적 불확지 변제공탁의 경우 공탁서상의 피공탁자가 아닌 제3자를 상대로 공탁물출급청구권의 확인을 구할 이익이 없다.

④ 사업시행자가 수용보상금을 절대적 불확지공탁한 경우, 수용 토지의 소유자

가 공탁금출급을 위해 기업자를 상대로 공탁금출급청구권이 자신에게 있다는 확인을 구하는 소송이 확인의 이익이 있다.

⑤ 보상금을 받을 자가 주소불명으로 인하여 그 보상금을 수령할 수 없는 때에 해당함을 이유로 하여 공익사업을 위한 토지 등의 취득 및 보상에 관한 법률 제40조 제2항 제1호의 규정에 따라 사업시행자가 보상금을 공탁한 경우에 있어서는, 정당한 공탁금수령권자이면서도 공탁공무원으로부터 공탁금의 출급을 거부당한 자는 그 법률상 지위의 불안·위험을 제거하기 위하여 직접 국가를 상대로 하여 민사소송으로써 그 공탁금의 지급을 구할 이익이 있다.

〈해설〉 정답 ⑤

① 대법원 2001.6.26. 선고 2001다19776 판결: 공탁서상 피공탁자로 기재된 자는 직접 공탁공무원에 대하여 공탁금의 출급청구권을 행사하여 이를 수령하면 되는 것이고, 구태여 피공탁자가 아닌 위 소유권 분쟁 당사자를 상대로 공탁금의 출급청구권이 자신에게 있다는 확인을 구할 필요는 없다.

② 대법원 2007.5.31. 선고 2007다3391 판결: 변제공탁의 공탁물출급청구권자는 피공탁자 또는 그 승계인이고 피공탁자는 공탁서의 기재에 의하여 형식적으로 결정되므로, 실체법상의 채권자라고 하더라도 피공탁자로 지정되어 있지 않으면 공탁물출급청구권을 행사할 수 없다. 따라서 피공탁자 아닌 제3자가 피공탁자를 상대로 하여 공탁물출급청구권 확인판결을 받았다 하더라도 그 확인판결을 받은 제3자가 직접 공탁물출급청구를 할 수는 없다.

③ 대법원 2008.10.23. 선고 2007다35596 판결: 상대적 불확지 변제공탁의 경우 피공탁자 중의 1인이 공탁물을 출급청구하기 위해서는 다른 피공탁자들의 승낙서나 그들을 상대로 받은 공탁물출급청구권확인 승소확정판결이 있으면 되므로, 위와 같은 경우에 피공탁자가 아닌 제3자를 상대로 공탁물출급청구권의 확인을 구하는 것은 확인의 이익이 없다.

④ 대법원 1997.10.16. 선고 96다11747 전원합의체 판결: 기업자가 보상금 수령권자의 절대적 불확지를 이유로 수용보상금을 공탁한 경우 자기가 진정한 보상금 수령권자라고 주장하는 자의 입장에서 보면 기업자가 적극적으로 그에게 공탁금출급청구권이 없다고 '부인'하지는 아니하고 단순히 '부지'라고 주장하더라도 이는 보상금 수령권자의 지위를 다툰 것이고 언제 다른 사람이 진정한 권리자라고 주장함에 대하여 기업자가 이를 긍정할지 알 수 없는 것이므로 그 법률상의 지위에 불안·위험이 현존하는 것으로 보아야 할 것이고, 또한 공탁제도상으로도 수용 토지의 원소유자가 기업자를 상대로 절대적 불확지의 공탁이 된 공탁금에 대한 출급청구권이 자신에게 귀속되었다는 확인판결을 받아 그 판결이 확정되면 그 확정판결 정본은 공탁사무 처리규칙 제30조 제2호에 정한 '출급청구권을 갖는 것을 증명하는 서면'에 해당하여 수용 토지의 원소유자는 위 판결 정본을 공탁금출급청구서에 첨부하여 공탁소에 제출함으로써 공탁금을 출급받을 수 있으므로, 수용 토지의 원소유자가 기업자를 상대로 하는 공탁금출급청구권 확인의 소는 절대적 불확지공탁의 공탁금 출급을 둘러싼 법적 분쟁을 해결하는 유효적절한 수단이어서 그 확인의 이익이 있다.

⑤ 대법원 2007.2.9. 선고 2006다68650, 68667 판결: 보상금을 받을 자가 주소불명으로 인하여 그 보상금을 수령할 수 없는 때에 해당함을 이유로 하여 공익사업을 위한 토지 등의 취득 및 보상에 관한 법률 제40조 제2항 제1호의 규정에 따라 사업시행자가 보상금을 공탁한 경우에 있어서는, 변제공탁제도가 본질적으로는 사인 간의 법률관계를 조정하기 위한 것이라는 점, 공탁공무원은 형식적 심사권을 가질 뿐이므로 피공탁자와 정당한 보상금수령권자라고 주장하는 자 사이의 동일성 등에 관하여 종국적인 판단을 할 수 없고, 이는 공탁공무원의 처분에 대한 이의나 그에 대한 불복을 통해서도 해결될 수 없는 점, 누가 정당한 공탁금수령권자인지는 공탁자가 가장 잘 알고 있는 것으로 볼 것인 점, 피공탁자 또는 정당한 공탁금수령권자라고 하더라도 직접 국가를 상대로 하여 민사소송으로써 그 공탁금의 지급을 구하는 것은 원칙적으로 허용되지 아니하는 점 등에 비추어 볼 때, 정당한 공탁금수령권자이면서도 공탁공무원으로부터 공탁금의 출급을 거부당한 자는 그 법률상 지위의 불안·위험을 제거하기 위하여 공탁자인 사업시행자를 상대방으로 하여 그 공탁금출급권의 확인을 구하는 소송을 제기할 이익이 있다.

문52. 다음 설명 중 옳은 것을 모두 모은 것은?

> ㉠ 부제소특약, 중재합의, 소취하계약 등의 소송요건도 직권조사사항이고, 당사자의 항변은 직권발동을 촉구하는 의미에 그친다.
>
> ㉡ 소송요건의 흠을 간과하여 본안판결을 하여 확정된 경우에는 더 이상 상소나 재심으로 다툴 수 없다.
>
> ㉢ 서면에 의하여 증명되어야 할 법률관계를 둘러싸고 이미 소가 제기되어 있는 경우에는 그와 별도로 서면의 진정 여부를 가리는 확인의 소를 제기할 이익이 없다.
>
> ㉣ 채무자에게 재산상태 악화의 조짐이 보이면 '미리 청구할 필요'가 있으므로 장래이행의 소를 제기할 수 있다.
>
> ㉤ 채무자가 채무를 이행할 자력이 전혀 없는 무자력자인 경우에는 채무자를 상대로 채무이행을 소구할 수 없다.
>
> ㉥ 원고가 이미 승소확정판결을 받았다면 어떠한 경우에도 동일청구에 대한 새로운 소의 제기는 허용되지 않는다.

① ㉠, ㉡, ㉢   ② ㉤, ㉥   ③ ㉢
④ ㉡, ㉢   ⑤ 답이 없다

〈해설〉 정답 ③

㉠ 임의관할, 부제소합의, 소취하계약, 중재합의, 소송비용의 담보제공위반 주장 등은 소송요건 중

에서 직권조사사항이 아닌 항변사항이다. 이는 변론주의에 의하여 피고의 주장을 기다려서 비로소 조사하게 된다.

ⓛ 소송요건의 흠을 간과하여 본안판결을 하였을 때에는 그 판결이 확정되기 전이면 상소를 제기하여 이를 취소할 수 있다.

ⓒ 대법원 2007.6.14. 선고 2005다29290 판결

ⓔ 가압류의 사유가 될 뿐이다.

ⓜ 집행권원을 얻어 둘 필요가 있다.

ⓗ 판결원본멸실, 판결내용의 불특정의 경우, 시효중단을 위한 경우 등에 재소가 가능하다.

제6장 소의 제기 및
소제기의 효과

문1. 소장의 제출과 관련하여 다음 설명 중 옳지 않은 것은? (다툼이 있는 경우 판례에 의함)

① 전자소송에 동의한 자가 전자문서로 소장을 제출하는 경우에는 민사소송 등 인지법 제2조에 따른 인지액의 10분의 9에 해당하는 인지를 붙여야 한다.

② 기명날인이 없는 소장은 무효이다.

③ 소장 등에 첨부하거나 보정하여야 할 인지액이 1만 원 이상인 때에는 그 인지의 첨부 또는 보정에 갈음하여 인지액 상당의 금액 전액을 현금으로 납부하여야 한다.

④ 재산권에 관한 소로써 소송목적의 값을 계산할 수 없는 경우 또는 비재산권을 목적으로 하는 소의 경우 패소한 당사자가 항소·상고를 하는 경우에도 그 상소심의 소송목적의 값은 여전히 1심과 같은 2,000만 100원 내지 5,000만 100원 (예컨대 주주대표소송의 경우)이다.

⑤ 독촉절차에 의한 지급명령에 대하여 채무자의 이의가 있는 경우 이의신청을 한 때 소송절차로 이행되고 지급명령신청시에 소가 제기된 것으로 본다.

〈해설〉 정답 ②

① 민사소송 등 인지법 제16조 제1항.

② 날인이 없는 소장이라도 원고 본인이 제출한 것으로 보이면 유효하다. 대법원 2011.5.13. 선고 2010다84956 판결: 민사소송법 제398조, 제274조 제1항은 항소장에는 당사자 또는 대리인이 기명날인 또는 서명하여야 한다고 규정하고 있으나, 항소장에 항소인의 기명날인 등이 누락되었다고 하더라도 기재에 의하여 항소인이 누구인지 알 수 있고, 그것이 항소인 의사에 기하여 제출된 것으로 인정되면 이를 무효라고 할 수 없다.

③ 민사소송 등 인지규칙 제27조

④ 대법원 2009.0.25.자 2008마1930 결정

⑤ 민사소송법 제472조 제2항

문2. 소의 제기에 관한 다음 설명 중 옳은 것으로만 모두 묶인 것은? (다툼이 있는 경우 통설·판례에 의함)

> ㉠ 소송요건의 구비 여부도 소장심사권의 대상이다.
> ㉡ 재판장의 소장 보정명령에 대해서는 독립하여 불복할 수 없다.
> ㉢ 소장의 제출에 의하여 소장에 기재된 최고·해제·해지 등 실체법상의 의사표시의 효력이 생긴다.
> ㉣ 소장의 송달에 의하여 시효중단, 법률상 기간준수의 효력이 생긴다.

> ㉤ 소의 제기로 인한 시효중단의 효력은 소의 취하, 각하로 소급하여 확정적으로 소멸한다.
>
> ㉥ 재판장은 변론이 개시된 뒤라도 소장에 흠이 발견되면 그 보정을 명할 수 있다.
>
> ㉦ 변론에 들어간 뒤에도 소장의 흠이 발견되면 소장각하를 할 수 있다.

① ㉠, ㉡, ㉢, ㉣   ② ㉡, ㉤, ㉥, ㉦   ③ ㉠, ㉡

④ ㉠, ㉤, ㉥   ⑤ ㉡, ㉥

〈해설〉 정답 ⑤

㉠ 소송요건의 구비 여부는 소장심사의 대상이 아니다.

㉡ 독립하여 이의신청이나 항고를 할 수 없고 보정불능을 이유로 소장을 각하한 때 즉시항고를 할 수 있다.

㉢ 소장의 송달에 의하여 효력이 생긴다.

㉣ 소장의 제출에 의하여 효력이 생긴다.

㉤ 소의 취하, 각하에 의하여 시효중단의 효력이 소멸되었어도 6월 내에 소의 제기, 압류, 가압류, 가처분을 하면 최초 소제기 시에 중단된 것으로 본다. 민법 170조 제2항.

㉥ 재판장의 보정명령에는 시기적인 제한이 없다.

㉦ 이 경우에는 판결로 소를 각하한다.

문3. 소장의 기재사항에 관한 다음 설명 중 가장 적절하지 않은 것은? (다툼이 있는 경우 판례에 의함)

① 종회의 대표자로서 소송을 제기한 자가 그 종회 자체로 당사자표시 변경신청을 한 경우, 그 소의 원고는 자연인인 대표자 개인이고 그와 종회 사이에 동일성이 인정된다고 할 수 없어 그 당사자표시 정정신청은 허용될 수 없다.

② 소장에 표시된 당사자가 잘못된 경우에 당사자표시를 정정케 하는 조치를 취함이 없이 바로 소를 각하할 수는 없다.

③ 매매계약 체결과 대금완납을 청구원인으로 하여 (무조건) 소유권이전등기를 구하는 청구취지에는 대금 중 미지급금이 있을 때에는 위 금원의 수령과 상환으로 소유권이전등기를 구하는 취지까지 포함되어 있는 것으로는 볼 수 있다.

④ 금원의 청구를 소비대차계약상의 권리로 청구한 경우 법원은 이를 준소비대차계약상의 권리로 판단할 수 있다.

⑤ 청구취지가 특정되지 않은 경우 법원은 피고의 이의 여부에 불구하고 직권으로 보정을 명하고, 어떠한 경우에도 보정명령 없이 소를 각하할 수 없다.

〈해설〉 정답 ⑤

⑤ 대법원 2011.9.8. 선고 2011다17090 판결: 청구취지의 특정 여부는 직권조사사항이라고 할 것이므로 청구취지가 특정되지 않은 경우에는 법원은 피고의 이의 여부에 불구하고 직권으로 그 보정을 명하고, 이에 응하지 않을 때에는 소를 각하하여야 하나(대법원 2009.11.12. 선고 2007다53785 판결 등 참조), 형식적으로는 청구취지 보정의 기회가 주어지지 아니하였어도 실질적으로는 이러한 기회가 주어졌다고 볼 수 있을 만한 특별한 사정이 있는 경우에는 보정 명령 없이 소를 각하하더라도 이를 위법하다 할 수 없다.

문4. 소장심사 및 보정명령에 관한 다음 설명 중 옳지 않은 것을 모두 묶은 것은? (다툼이 있는 경우 판례에 의함)

> ㉠ 소장심사의 대상이 되는 사항은 소장의 필수적 기재사항과 인지의 첨부 여부 등 형식적 사항에 한정된다.
>
> ㉡ 원고가 死者를 피고로 하는 소를 제기하였을 경우에 재판장의 소장심사권으로 그 보정을 명할 수 있다.
>
> ㉢ 소장심사권은 재판장의 전속적 권한이다.
>
> ㉣ 법인의 주소지로 소장부본을 송달하였으나 송달불능되었다는 이유만으로그 주소 보정을 명한 것은 잘못이므로 그 주소 보정을 하지 아니하였다는 이유로 한 소장각하명령은 위법하다.
>
> ㉤ 보정기간이 경과하였더라도 소장각하명령이 있기 전이면 보정할 수 있다.
>
> ㉥ 소장에 인용한 서증의 등본 또는 사본을 붙이지 아니한 경우 보정명령을 할 수 있고, 이 보정명령에 따르지 아니한 경우 소장을 각하할 수 있다.

① ㉡, ㉢, ㉣, ㉥   ② ㉡, ㉢, ㉥   ③ ㉡, ㉥

④ ㉡, ㉢   ⑤ ㉡, ㉢, ㉣, ㉤, ㉥

〈해설〉 정답 ②

㉡ 원고가 死者를 피고로 하는 소를 제기하였을 경우에 재판장의 소장심사권으로 그 보정을 명할 수는 없고 법원은 그 소를 부적합한 것으로 인정하여 판결로서 각하하는 것이 타당하다.

㉥ 소장에 형식적 흠이 있거나 소장부본을 송달할 수 없는 경우 등 형식적 사항이 아닌 실질적 사항에 대한 보정명령을 따르지 않았다고 하여 소장을 각하할 수는 없다.

문5. 소장각하명령에 관한 다음 설명 중 **옳지 않은** 것은? (다툼이 있는 경우 판례에 의함)

① 재판장은 변론개시 시까지 소장을 각하할 수 있다.

② 원고가 소장을 제출하면서 소정의 인지를 붙이지 아니하고 소송구조신청을 한 경우, 구조신청에 대한 기각결정이 확정되기 전에는 소장각하명령을 할 수 없다.

③ 소장각하의 경우 원고가 납부한 인지액의 1/2을 원고에게 돌려준다.

④ 소장각하 명령이 송달된 후에 부족된 인지를 가첨하고 그 명령에 불복을 신청한 경우 그 각하명령을 취소할 수 있다.

⑤ 원고의 공시송달신청에 대하여 아무런 결정을 하지 아니한 채 재판장의 주소보정명령 불응을 이유로 소장각하명령을 할 수 없다.

〈해설〉 정답 ④

① 판례는 변론개시 시까지 소장을 각하할 수 있는 것으로 본다. 소장송달 시로 보는 학설도 있다.

④ 판례는 소장각하 명령이 송달된 후에는 설사 부족된 인지를 가첨하고 그 명령에 불복을 신청하였다 할지라도 그 각하명령을 취소할 수 없다는 입장이다.

⑤ 대법원 2003.12.12.자 2003마1694 결정 참조.

문6. 소장심사 및 소제기 후의 조치에 관한 다음 설명 중 **옳지 않은** 것으로만 모두 묶인 것은? (다툼이 있는 경우 통설·판례에 의함)

> ㉠ 소장에 일응 청구의 특정이 가능한 정도로 청구취지 및 원인이 기재되어 있다면 비록 그것이 불명확하여 파악하기 어렵다 하더라도 그 후는 석명권 행사의 문제로서 민사소송법 제254조 제1항의 소장심사의 대상이 되지는 않는다.
>
> ㉡ 소장에 흠이 있을 때 재판장이 명하는 보정명령의 보정기간은 불변기간이다.
>
> ㉢ 인지보정명령에 대해서는 이의신청이나 즉시항고를 할 수 없으나, 특별항고의 대상이 된다.
>
> ㉣ 어음금의 지급을 구하는 소장의 송달은 어음의 지급제시와 동일한 효력이 있다.
>
> ㉤ 항소장이 피항소인에게 송달되어 항소심의 변론이 개시된 후 피항소인에게의 변론기일 소환장 등이 송달불능된다는 이유로 그 보정을 명하고 항소인이 이에 응하지 않는 경우 항소장 각하명령을 할 수 있다.
>
> ㉥ 주장 자체로서 원고의 청구가 이유 없음이 명백한 경우에는 보정의 여지가 없으면 원고패소의 무변론판결이 부득이 하다.

> ◇ 비송사건을 대상으로 하는 소송구조신청도 허용된다.

① ㉠, ㉡, ㉢, ㉤   ② ㉡, ㉢, ㉤, ◇   ③ ㉤, ㉥, ◇

④ ㉠, ㉤, ㉥   ⑤ ㉡, ㉣, ㉤, ◇

〈해설〉 정답 ②

㉠ 대법원 2004.11.24.자 2004무54 결정 석명권행사에 의해서도 원고의 주장이 명확하게 되지 않는 경우에는 소를 각하하는 것이 아니라 청구를 기각한다.

㉡ 불변기간이 아니다.

㉢ 대법원 2012.3.27.자 2012그46 결정: 소장 또는 상소장에 관한 재판장의 인지보정명령은 민사소송법에서 일반적으로 항고의 대상으로 삼고 있는 같은 법 제439조 소정의 '소송절차에 관한 신청을 기각한 결정이나 명령'에 해당하지 아니하고, 또 이에 대하여 불복할 수 있음을 정하는 별도의 규정도 없으므로, 그 명령에 대해서는 이의신청이나 항고를 할 수 없다(대법원 2009.3.27.자 2009그35 결정 등 참조). 뿐만 아니라 인지보정명령에 따른 인지를 보정하지 아니하여 소장이나 상소장이 각하되면 이 각하명령에 대하여 즉시항고로 다툴 수 있으므로, 인지보정명령은 소장 또는 상소장의 각하명령과 함께 상소심의 심판을 받는 중간적 재판의 성질을 가지는 것으로서 민사소송법 제449조에서 특별항고의 대상으로 정하고 있는 '불복할 수 없는 명령'에도 해당하지 않는다.

㉤ 대법원 1981.11.26.자 81마275 결정: 항소심 재판장은 항소장의 송달이 불능하여 그 보정을 명하였음에도 항소인이 이에 응하지 아니한 경우에 항소장 각하명령을 할 수 있을 뿐이고, 항소장이 피항소인에게 송달되어 항소심의 변론이 개시된 후에는 피항소인에게의 변론기일 소환장 등이 송달불능된다는 이유로 그 보정을 명하고 항소인이 이에 응하지 않는다고 항소장 각하명령을 할 수 없다.

㉥ 이시윤, p.256 참조. 다만 김홍엽, p.312는 변론을 거쳐 청구기각판결을 해야 한다는 입장이다.

◇ 비송사건절차법이 적용 또는 준용되는 비송사건은 소송구조의 대상이 되지 않는다. 대법원 2009.9.10.자 2009스89 결정(김홍엽, p.313).

문7. 소장부본의 송달에 관한 다음 설명 중 옳지 않은 것은? (다툼이 있는 경우 판례에 의함)

① 소장부본의 송달에 의하여 소장에 기재된 최고·해제·해지 등 실체법상 의사표시의 효력이 생긴다.

② 소장을 이용하여 사법상의 의사표시를 하였다가 뒤에 소가 취하·각하된 경우에도 그 행사의 효력에는 아무런 영향이 없다.

③ 소장부본이 송달불능된 경우 재판장은 원고에게 상당한 기간을 정하여 주소보정을 명하고 불응하면 소장을 각하한다.

④ 보험계약자의 해약환급금청구권에 대한 추심명령을 얻은 채권자가 추심명령에 기하여 보험회사를 상대로 추심금의 지급을 구하는 소를 제기하는 경우에는 보험계약자를 대위하여 보험계약 해지의 의사표시를 별도로 해야 한다.

⑤ 원고가 소를 제기함에 있어 매매계약 해제의 의사표시를 명시적으로 하지는 않았다고 하더라도 원고가 피고에게 매매계약의 존속과 양립할 수 없는 위약금의 지급청구를 하고 그 소장이 피고에게 송달됨으로써 해제권을 행사한 것으로 본다.

〈해설〉 정답 ④

④ 보험계약자의 해약환급금청구권에 대한 추심명령을 얻은 채권자가 추심명령에 기하여 제3채무자를 상대로 추심금의 지급을 구하는 소를 제기한 경우 그 소장에는 추심권에 기초한 보험계약 해지의 의사가 담겨 있다고 할 것이므로, 그 소장부본이 상대방인 보험자에 송달됨에 따라 보험계약 해지의 효과가 발생하는 것으로 해석함이 상당하다. 대법원 2009.6.23. 선고 2007다26165 판결 참조.

문8. 다음 중 무변론판결을 선고할 수 있는 경우로만 묶인 것은? (다툼이 있는 경우 통설·판례에 의함)

㉠ 피고가 답변서를 제출하였으나 청구원인사실에 대해 모두 자백하는 취지인 경우

㉡ 공시송달사건

㉢ 직권조사사항이 있는 사건

㉣ 판결선고기일까지 피고가 원고의 청구를 다투는 취지의 답변서를 제출한 사건

㉤ 형식적 형성소송

㉥ 소액사건에서 피고가 이행권고결정에 대하여 30일 이내에 이의신청이나 답변서를 제출하지 아니한 경우

---

① ㉠, ㉡, ㉢, ㉣, ㉤, ㉥   ② ㉠, ㉢, ㉤   ③ ㉠

④ ㉠, ㉡, ㉥   ⑤ ㉠, ㉥

〈해설〉 정답 ③

㉠ 이 경우에만 무변론판결이 가능하다.

문9. 다음 중 소송계속에 관한 설명으로 <u>옳지 않은</u> 것으로만 묶인 것은?
(다툼이 있는 경우 통설·판례에 의함)

㉠ 가압류·가처분절차나 강제집행절차에 걸려 있을 때도 소송계속으로 본다.

㉡ 현존하는 소송이 소송요건을 갖추지 못한 경우에도 피고에게 소장부본이 송달되면 소송계속으로 본다.

㉢ 소송계속의 발생시기는 소장부본의 송달 시이고, 시효중단·법률상의 기간준수의 효력도 소장부본 송달 시에 발생한다.

㉣ 소송계속 후에 관할변동의 원인이 생기면 소송의 이송사유가 된다.

㉤ 주위적 청구를 인용한 판결이 확정되면 심판을 받지 아니한 예비적 청구는 소송계속이 소멸되지 않는다.

㉥ 소가 취하된 경우에도 소송계속이 소멸한다.

㉦ 소송계속은 특정한 소송상의 청구(소송물)에 대하여 성립하고 공격방어방법으로 주장한 권리관계에 관해서는 소송계속의 효과가 발생하지 않는다.

---

① ㉠, ㉡, ㉢, ㉣, ㉤, ㉥   ② ㉠, ㉢, ㉣, ㉤

③ ㉠, ㉢, ㉣, ㉤, ㉦   ④ ㉠, ㉢, ㉣   ⑤ ㉢, ㉣, ㉤

〈해설〉 정답 ②

㉠ 판결절차가 아닌 가압류·가처분절차, 강제집행절차, 증거보전절차, 중재절차에 걸려 있을 때에는 소송계속이라 할 수 없다.

㉢ 시효중단·법률상의 기간준수의 효력은 소의 제기 시에 발생한다.

㉣ 관할항정의 원칙상 소제기 시에 관할이 인정되는 이상 그 뒤 사정변경이 있어도 관할에는 아무런 영향이 없다. 이시윤, p.111 참소.

㉤ 소급적으로 소송계속이 소멸한다.

문10. 다음 〈사례〉에 관한 〈보기〉의 설명 중 <u>옳지 않은</u> 것을 모은 것은?
(다툼이 있는 경우 판례에 의함)

<사례>

(1) 채권자 甲이 채무자 乙을 대위하여 제3채무자 丙을 상대로 소를 제기하여 위 소송계속 중 乙이 별소로 丙을 상대로 소를 제기하였다.

(2) 채무자 乙이 먼저 丙을 상대로 소를 제기하여 그 소송계속 중 乙의 채권

자 甲이 乙을 대위하여 丙을 상대로 소를 제기하였다.

(3) 채권자 甲이 채무자 乙을 대위하여 제3채무자 丙을 상대로 소를 제기하여 위 소송계속 중 乙의 다른 채권자 丁이 乙을 대위하여 丙을 상대로 소를 제기하였다.

<보기>

㉠ (1)의 사례에서 乙이 대위소송의 계속사실을 알았을 경우에 乙의 후소는 중복소송으로서 금지된다.

㉡ (1)의 사례에서 乙은 별소를 제기하지 않고 동일절차에서 소송참가를 하는 경우 공동소송참가를 할 수 있다.

㉢ (1)의 사례에서 乙은 별소를 제기하지 않고 동일절차에서 채권자대위권을 다투며 독립당사자참가를 할 수 있으며 이 경우에는 중복소송이 되지 않는다.

㉣ (2)의 사례에서 채무자 乙이 자신의 권리에 관한 소송을 하고 있는 경우에 채권자 甲이 채권자대위소송을 제기하는 것은 중복제소에 해당한다.

㉤ (2)의 사례에서 채권자 甲이 대위권을 행사할 당시 이미 채무자 乙이 그 권리를 행사한 때에 해당하여 甲은 乙을 대위하여 乙의 권리를 행사할 당사자적격이 없으므로 甲의 소를 부적법 각하하여야 한다.

㉥ (2)의 사례에서 채권자대위소송의 제기로 인한 소멸시효 중단의 효과도 채무자에게 생긴다.

㉦ (3)의 사례에서 丁의 제소는 중복제소에 해당하고, 채권자인 甲과 丁이 채권자대위권에 기하여 공동하여 소를 제기하는 경우 甲과 丁은 고유필수적 공동소송의 관계에 있다.

① ㉠, ㉡, ㉢, ㉣ ② ㉠, ㉢, ㉣ ③ ㉠, ㉡, ㉥, ㉦

④ ㉠, ㉥, ㉦ ⑤ ㉡, ㉤, ㉥

〈해설〉 정답 ③

㉠ 채권자대위소송이 제기된 후에 채무자가 같은 내용의 후소를 제기하는 경우 판례와 다수설은 채무자가 대위소송의 계속사실을 알든, 모르든 이를 묻지 않고 중복제소로서 금지된다는 입장이다(긍정설). 이에 대해서는 채무자가 채권자대위소송의 계속사실을 안 경우에 한하여 중복소송이 된다는 한정적 긍정설이 있다(이시윤, p.264).

㉡ 채무자 乙은 당사자적격이 없게 되어 공동소송적 보조참가를 할 수 있을 따름이다. 김홍엽,

p.317 참조.
ⓒ 김홍엽, p.317 참조.
ⓔ 대법원 1981.7.7. 선고 80다2751 판결
ⓜ 대법원 2009.3.12. 선고 2008다65839 판결
ⓗ 대법원 2011.10.13. 선고 2010다80930 판결
ⓢ 유사필수적 공동소송관계로 본다.

문11. 다음 설명 중 중복제소에 <u>해당하는</u> 것으로만 묶인 것은? (다툼이 있는 경우 판례에 의함)

> ㉠ 甲이 乙을 상대로 제기한 소유권확인의 소와 乙이 甲을 상대로 제기한 소유권부존재확인의 소
>
> ㉡ 甲이 제기한 소유권확인의 소와 乙이 제기한 같은 물건의 소유권확인의 소
>
> ㉢ 선정당사자가 소를 제기한 뒤에 선정자가 별도로 소를 제기한 경우
>
> ㉣ 사실심의 변론종결 후에 소송물을 양수받은 승계인이 그 소송이 계속 중인데 같은 당사자를 상대로 별도로 소를 제기한 경우
>
> ㉤ 甲이 乙 상대의 소유권이전등기말소청구소송계속 중 乙 상대의 같은 부동산에 대한 소유권확인청구
>
> ㉥ 甲이 乙을 상대로 매매를 원인으로 한 소유권이전등기청구를 하였을 때 乙이 잔대금채권이 있음을 들어 이를 받기 전에는 甲의 청구에 응할 수 없다는 동시이행의 항변을 하면서 乙이 甲을 상대로 별도의 소로 그 잔대금청구를 하는 경우

① ㉠, ㉢, ㉣   ② ㉠, ㉡, ㉤, ㉥   ③ ㉠, ㉢, ㉣, ㉥
④ ㉠, ㉡, ㉢, ㉣   ⑤ ㉢, ㉣

〈해설〉 정답 ①

㉠ 당사자가 동일하면 원고와 피고가 전소와 후소에서 서로 바뀌어도 동일사건이다.
㉡ 소송물이 동일하더라도 당사자가 다르면 전소와 후소를 동일사건으로 볼 수 없다.
㉢ 후소의 당사자가 기판력의 확장으로 전소판결의 효력을 받게 될 경우에는 동일사건이다.
㉣ 위 ㉢과 같이 동일사건이다.
㉤ 甲이 전소에서 소유권의 존재를 공격방법으로 주장한 바 있어도 이러한 공격방법에 대해서는 소송계속이 생기지 않는 것이므로 후소는 중복제소가 되지 않는다.
㉥ 피고가 전소에서 동시이행의 항변이나 유치권항변으로 제출한 반대채권인데도 이를 별도의 소로 청구하여도 중복제소가 아니다.

문12. 다음 〈사례〉에 관한 〈보기〉의 설명 중 옳지 않은 것은? (다툼이 있는 경우 판례에 의함)

<사례>
채권자 甲에 의한 채권자취소소송의 계속 중 다른 채권자 乙이 동일한 사해행위에 대하여 채권자취소소송을 제기하였다.

<보기>
㉠ 채권자취소권의 요건을 갖춘 각 채권자는 고유의 권리로서 채무자의 재산처분행위를 취소하고 그 원상회복을 구할 수 있는 것이므로 여러 명의 채권자가 동시에 또는 시기를 달리하여 사해행위취소 및 원상회복청구의 소를 제기한 경우 이들 소가 중복제소에 해당하지 않는다.

㉡ 어느 채권자가 승소확정판결에 따라 재산의 회복을 마친 후에는 다른 채권자는 취소소송제기가 불가하다.

㉢ 어느 한 채권자가 동일한 사해행위에 관하여 사해행위취소 및 원상회복청구를 하여 승소판결을 받아 그 판결이 확정되었다는 것만으로는 그 후에 제기된 다른 채권자의 동일한 청구가 권리보호의 이익이 없게 되는 것은 아니다.

㉣ 어느 채권자가 사해행위취소 및 원상회복청구를 하여 받은 승소판결에 기하여 재산이나 가액의 회복을 마친 경우에 비로소 다른 채권자의 사해행위취소 및 원상회복청구는 그와 중첩되는 범위 내에서 권리보호의 이익이 없게 된다.

㉤ 여러 명의 채권자가 사해행위취소 및 원상회복청구의 소를 제기하여 여러 개의 소송이 계속 중인 경우에는 수익자(전득자 포함)가 가액배상을 하여야 할 경우에는 수익자가 반환하여야 할 가액을 채권자의 채권액에 비례하여 채권자별로 안분한 범위 내에서 반환을 명하여야 한다.

㉥ 여러 개의 소송에서 수익자가 배상하여야 할 가액 전액의 반환을 명하는 판결이 선고되어 확정될 경우 수익자가 어느 채권자에게 자신이 배상할 가액의 일부 또는 전부를 반환한 때에는 그 범위 내에서 다른 채권자에 대하여 청구이의 등의 방법으로 이중지급을 거부할 수 있다.

① ㄱ, ㄷ, ㄹ   ② ㄴ, ㅁ   ③ ㄴ

④ ㅁ   ⑤ 답이 없다

〈해설〉 정답 ④

ㅁ 여러 명의 채권자가 사해행위취소 및 원상회복청구의 소를 제기하여 여러 개의 소송이 계속 중인 경우에는 각 소송에서 채권자의 청구에 따라 사해행위의 취소 및 원상회복을 명하는 판결을 선고하여야 하고, 수익자(전득자 포함)가 가액배상을 하여야 할 경우에도 수익자가 반환하여야 할 가액을 채권자의 채권액에 비례하여 채권자별로 안분한 범위 내에서 반환을 명할 것이 아니라, 수익자가 반환하여야 할 가액 범위 내에서 각 채권자의 피보전채권액 전액의 반환을 명하여야 한다는 것이 판례이다.

문13. 다음 〈사례〉에 관한 설명 중 <u>옳지 않은</u> 것은? (다툼이 있는 경우 판례에 의함)

> <사례>
> 甲과 乙은 계속적 물품공급계약을 체결하고 거래를 하고 있다.
> (1) 甲이 乙을 상대로 미지급 물품대금 및 이에 대한 지연손해금의 지급을 구하는 소를 제기하자 乙은 甲에 대한 손해배상채권에 기하여 동시이행의 항변과 상계항변을 하면서 별소로 甲을 상대로 甲의 계약위반 및 상표권침해행위, 공급한 물품에 대한 사전 및 사후 검사의 소홀과 제품의 중대한 하자 등으로 인하여 손해를 입었다고 주장하면서 손해배상청구의 소를 제기하였다.
> (2) 甲이 乙을 상대로 미지급 물품대금 및 이에 대한 지연손해금의 지급을 구하는 소를 제기하여 계속 중이다. 乙이 甲을 상대로 甲의 계약위반 및 상표권침해행위, 공급한 물품에 대한 사전 및 사후 검사의 소홀과 제품의 중대한 하자 등으로 인하여 손해를 입었다고 주장하면서 손해배상청구의 소를 제기하자, 甲은 전소로 계속 중인 채권을 자동채권으로 하는 상계항변을 하였다.

① 소송계속은 특정한 소송물에 관해서만 성립하므로 공격방어방법을 이루는 선결적 법률관계나 항변으로 주장한 권리에 관해서는 소송계속이 발생하지 아니한다.

② (1)의 항변선행형의 사례에서 乙이 동시이행의 항변 및 상계항변으로 주장

한 채권을 별소로 청구하는 것은 중복제소에 해당하지 아니한다.

③ (1)의 경우 상계에 제공된 채권의 존재에 대한 판단에는 기판력이 생기므로 별소를 허용하게 되면 판결의 모순저촉의 우려가 있으므로 허용할 수 없다.

④ (2)의 별소선행형의 사례에서 乙이 별소로 계속 중인 채권을 자동채권으로 하는 소송상 상계의 주장이 허용되지 않는 것은 아니다.

⑤ (2)의 경우 사실심의 담당재판부로서는 전 소송과 후 소송을 같은 기회에 심리·판단하기 위하여 이부, 이송 또는 변론병합 등을 시도함으로써 기판력의 저촉·모순을 방지함과 아울러 소송경제를 도모함이 바람직하다.

〈해설〉 정답 ③

③ 소수설이다.

문14. 중복된 소제기에 관한 다음 설명 중 <u>옳지 않은</u> 것은? (다툼이 있는 경우 판례에 의함)

① 중복제소가 되는 후소는 단일의 독립의 소에 한하지 않고 다른 청구와 병합되어 있든지 다른 소송에서 소의 변경·반소·소송참가의 방법으로 제기되었든지를 불문한다.

② 채권자가 채무인수자를 상대로 제기한 채무이행청구소송(전소)과 채무인수자가 채권자를 상대로 제기한 원래 채무자의 채권자에 대한 채무부존재확인소송(후소)은 그 청구취지와 청구원인이 서로 다르므로 중복제소에 해당하지 않고, 후소는 소의 이익이 있다.

③ 법원이 중복제소를 간과하고 본안판결을 선고하고 전·후 양소 판결이 확정되었을 때 어느 것이 먼저 제소되었는가에 관계없이 뒤의 확정판결이 재심사유가 된다.

④ 원고가 피고에 대하여 손해배상채무의 부존재확인을 구할 이익이 있어 본소로 그 확인을 구하였다면, 피고가 그 후에 그 손해배상채무의 이행을 구하는 반소를 제기하였다 하더라도 그러한 사정만으로 본소청구에 대한 확인의 이익이 소멸하여 본소가 부적법하게 된다고 볼 수는 없다.

⑤ 법원은 직권으로 중복제소 해당 여부를 판단하여 이에 해당하면 후소를 부적법 각하한다.

〈해설〉 정답 ②

② 대법원 2001.7.24. 선고 2001다22246 판결은 채무인수자를 상대로 한 채무이행청구소송이 계속 중, 채무인수자가 별소로 그 채무의 부존재확인을 구하는 것은 소의 이익이 없다고 하였다.

문15. 중복된 소제기의 금지에 관한 다음 설명 중 옳지 않은 것은? (다툼이 있는 경우 판례 및 다수설에 의함)

① 甲이 乙을 상대로 한 소유권이전등기말소소송계속 중 乙을 상대로 같은 부동산에 대한 소유권확인소송을 제기한 경우 중복제소에 해당하지 않는다.

② 甲이 乙을 상대로 매매를 원인으로 한 소유권이전등기청구소송을 제기하였을 때, 乙이 잔대금채권과의 동시이행의 항변을 하면서 별소로 甲을 상대로 잔대금지급청구의 소를 제기한 경우 중복제소에 해당하지 않는다.

③ 같은 권리관계에 관한 원고의 적극적 확인청구와 피고의 소극적 확인청구는 동일사건이 아니다.

④ 같은 권리관계에 관한 원고의 적극적 확인청구와 피고의 적극적 확인청구는 동일사건이 아니다.

⑤ 임대차목적물의 반환청구소송계속 중 같은 목적물에 대한 임차권존재확인의 별소는 중복소송이 아니다.

〈해설〉 정답 ③

③ 이 경우 피고가 원고의 청구기각판결을 구하는 것 이상의 의미가 없기 때문에 동일사건이다.

문16. 동일한 권리관계에 관한 소송과 관련하여 다음 설명 준 옳지 않은 것은? (다툼이 있는 경우 판례에 의함)

① 甲이 乙을 상대로 1억 원의 채무이행을 구하는 소송을 제기하여 그 소송이 계속 중 乙이 甲을 상대로 채무부존재확인소송을 제기하는 것은 청구취지가 다르므로 동일소송이 아니나, 乙은 전 소송에서 청구기각의 판결을 구함으로써 乙이 甲에 대하여 1억 원의 채무가 없음을 다툴 수 있으므로, 이와는 별도로 甲을 상대로 채무가 존재하지 아니한다는 확인을 구할 이익이 없다.

② 甲이 乙을 상대로 채무부존재확인소송을 제기하여 그 소송이 계속 중 乙이 甲을 상대로 별소로 채무이행청구소송을 제기하는 것은 중복소송이 아니나,

확인의 소의 보충성에 반하여 확인의 이익이 없다.

③ 甲이 乙을 상대로 한 이행청구소송의 계속 중 乙이 甲을 상대로 채무부존 재확인의 반소를 제기하는 것은 확인의 소의 보충성에 반하여 확인의 이익이 없다.

④ 甲이 乙을 상대로 채무부존재확인소송을 제기하여 그 소송이 계속 중 乙이 甲을 상대로 반소로 채무이행청구소송을 제기하였다 하더라도 그러한 사정 만으로 본소청구에 대한 확인의 이익이 소멸하여 본소가 부적법하게 된다고 볼 수는 없다.

⑤ 甲이 乙을 상대로 이행의 소를 제기하여 소송계속 중 동일한 권리에 관하 여 확인의 소를 제기하는 것은 확인의 소의 보충성에 반하여 확인의 이익이 없다.

〈해설〉 정답 ②

② 이 문제는 확인의 소의 보충성에 관한 문제가 아니다. 이행의 소나 형성의 소를 제기할 수 있 음에도 같은 권리관계에 관하여 확인의 소를 제기하는 것은 원칙적으로 허용되지 않는 것을 확 인의 소의 보충성이라고 한다.

문17. 일부청구와 중복제소에 관한 다음 설명 중 <u>가장 옳지 않은 것은</u>? (다 툼이 있는 경우 판례에 의함)

① 甲의 乙에 대한 대여금채권 1,000만 원, 매매대금채권 1,000만 원 합계 2,000만 원 중 1,000만 원을 청구하는 것은 일부청구가 아니다.

② 전 소송에서 불법행위를 원인으로 치료비청구를 하면서 일부만을 특정하여 청구하고 그 이외의 부분은 별도소송으로 청구하겠다는 취지를 명시적으로 유보한 때에는 그 전 소송의 소송물은 그 청구한 일부의 치료비에 한정되는 것이고, 전 소송의 계속 중에 동일한 불법행위를 원인으로 유보한 나머지 치료비청구를 별도소송으로 제기하였다 하더라도 중복제소에 해당하지 아니 한다.

③ 일부청구의 계속 중 잔부청구를 하는 것은 동일 소송절차에서 청구취지의 변경으로 가능하므로 중복소송이 된다.

④ 일부청구의 경우에 그 취지로 보아 채권 전부에 관하여 판결을 구하는 것으 로 해석된다면 그 청구액을 소송물인 채권의 전부로 보아야 하고, 이러한

경우에는 그 채권의 동일성의 범위 내에서 그 전부에 관하여 시효중단의 효력이 발생한다.

⑤ 인신사고로 인한 손해배상청구사건에서 일부청구를 하면서 법원의 신체감정절차를 거친 후 그 결과에 따라 청구금액을 확장하겠다는 뜻을 소장에 객관적으로 명백히 표시한 경우에는, 그 소제기에 따른 시효중단의 효력은 소장에 기재된 일부 청구액뿐만 아니라 그 손해배상청구권 전부에 대하여 미친다.

〈해설〉 정답 ③

③ 판례는 명시설의 입장이다. 즉 전소에서 일부청구임을 명시하지 않는 경우는 중복소송이지만 명시적 일부청구의 소송계속 중 유보된 나머지 청구의 후소 제기는 중복소송이 아니라는 입장이다.

문18. 소제기로 인한 시효중단효에 관한 다음 설명 중 옳지 않은 것은? (다툼이 있는 경우 판례에 의함)

① 소유권의 시효취득에 준용되는 시효중단 사유인 민법 제168조, 제170조에 규정된 재판상의 청구라 함은 시효취득의 대상인 목적물의 인도 내지는 소유권존부확인이나 소유권에 관한 등기청구소송은 말할 것도 없고 소유권 침해의 경우에 그 소유권을 기초로 하여 하는 방해배제 및 손해배상 혹은 부당이득반환청구소송도 이에 포함된다.

② 저당권설정등기청구의 소의 제기는 그 피담보채권에 대한 소멸시효 중단사유에 해당하지 않는다.

③ 해고무효확인의 소의 제기는 그 고용관계에서 파생하는 보수채권의 시효중단사유가 된다.

④ 교직원의 학교법인을 상대로 한 의원면직처분무효확인청구의 소도 교직원의 학교법인에 대한 급여청구의 소멸시효의 중단사유로서의 재판상 청구에 해당한다.

⑤ 파면처분을 받은 자가 그 파면처분에 대하여 무효확인청구의 소를 제기하였다 하더라도 이는 퇴직급여청구권에 대한 소멸시효 중단사유에 해당하지 않는다.

〈해설〉 정답 ②

② 근저당권설정등기청구의 소의 제기는 그 피담보채권의 재판상의 청구에 준하는 것으로서 피담
보채권에 대한 소멸시효 중단의 효력을 생기게 한다.

문19. 소제기로 인한 시효중단의 대상에 관한 다음 설명 중 옳지 않은 것은? (다툼이 있는 경우 판례에 의함)

① 이행의 소뿐만 아니라 확인의 소제기도 시효중단사유가 된다.

② 재심의 소제기도 시효중단사유가 된다.

③ 지급명령신청도 시효중단사유가 된다.

④ 위법한 행정처분의 취소·변경을 구하는 행정소송의 제기는 시효중단사유가
되지 않는다.

⑤ 재산명시신청은 시효중단사유가 되는 재판상의 청구가 된다.

〈해설〉 정답 ⑤

① 이행의 소뿐만 아니라 확인의 소나 형성의 소가 제기된 경우에도 시효중단의 효력이 생긴다.

② 소유권이전등기를 명한 확정판결의 피고가 재심의 소를 제기하여 토지에 대한 소유권이 여전히
자신에게 있다고 주장한 것은 상대방의 시효취득과 양립할 수 없는 자신의 권리를 명확히 표명
한 것이므로 이는 취득시효의 중단사유가 되는 재판상의 청구에 준하는 것이라고 볼 것이고,
위 확정판결에 의해 소유권이전등기를 경료받은 자의 당해 토지에 대한 취득시효는 재심의 소
제기일로부터 재심판결확정일까지 중단된다(대법원 1998.6.12. 선고 96다26961 판결).

③ 지급명령이란 금전 그 밖에 대체물이나 유가증권의 일정한 수량의 지급을 목적으로 하는 청구
에 대하여 법원이 보통의 소송절차에 의함이 없이 채권자의 신청에 의하여 간이, 신속하게 발
하는 이행에 관한 명령으로 지급명령에 관한 절차는 종국판결을 받기 위한 소의 제기는 아니지
만, 채권자로 하여금 간이, 신속하게 집행권원을 취득하도록 하기 위하여 이행의 소를 대신하
여 법이 마련한 특별소송절차로 볼 수 있다. 그런데 재판상 청구에 시효중단의 효력을 인정하
는 근거는 권리자가 재판상 그 권리를 주장하여 권리 위에 잠자는 것이 아님을 표명하고 이로
써 시효제도의 기초인 영속되는 사실상태와 상용할 수 없는 다른 사정이 발생하였다는 점에 기
인하는 것인데, 그와 같은 점에서 보면 지급명령 신청은 권리자가 권리의 존재를 주장하면서
재판상 그 실현을 요구하는 것이므로 본질적으로 소의 제기와 다르지 않다. 따라서 민법 제170
조 제1항에 규정하고 있는 '재판상의 청구'란 종국판결을 받기 위한 '소의 제기'에 한정되지 않
고, 권리자가 이행의 소를 대신하여 재판기관의 공권적인 법률판단을 구하는 지급명령 신청도
포함된다고 보는 것이 타당하다. 그리고 민법 제170조의 재판상 청구에 지급명령 신청이 포함
되는 것으로 보는 이상 특별한 사정이 없는 한, 지급명령 신청이 각하된 경우라도 6개월 이내
다시 소를 제기한 경우라면 민법 제170조 제2항에 의하여 시효는 당초 지급명령 신청이 있었
던 때에 중단되었다고 보아야 한다(대법원 2011.11.10. 선고 2011다54686 판결).

④ 일반적으로 행정소송의 제기는 사권에 대한 시효중단사유가 되지 못한다.

⑤ 대법원 2012.1.12. 선고 2011다78606 판결: 채권자가 확정판결에 기한 채권의 실현을 위하여 채무자에 대하여 민사집행법 소정의 재산명시신청을 하고 그 결정이 채무자에게 송달되었다면 거기에 소멸시효의 중단사유인 '최고'로서의 효력만이 인정되므로, 재산명시결정에 의한 소멸시효 중단의 효력은, 그로부터 6월 내에 다시 소를 제기하거나 압류 또는 가압류, 가처분을 하는 등 민법 제174조에 규정된 절차를 속행하지 아니하는 한, 상실된다.

문20. 시효중단에 관한 다음 설명 중 옳지 않은 것만으로 묶인 것은? (다툼이 있는 경우 판례에 의함)

> ㉠ 오납금에 대한 부당이득반환청구권을 실현시키기 위한 수단이 되는 과세처분의 취소 또는 무효확인의 소는 조세환급을 구하는 부당이득반환청구권의 시효중단사유가 된다.
>
> ㉡ 임대차관계존재확인청구는 임료청구의 시효중단사유가 된다.
>
> ㉢ 불법점유자에 대한 목적물인도청구는 손해배상청구권의 시효중단사유가 된다.
>
> ㉣ 동일 목적의 복수채권 중 한 채권에 기하여 소를 제기하였다면 다른 채권에는 시효중단효가 미치지 아니한다.
>
> ㉤ 소유권에 근거한 건물명도청구소송은 소유권에 취득시효중단의 효력이 생긴다.
>
> ㉥ 백지어음의 백지부분을 보충하지 아니한 채 어음금을 청구하더라도 어음상의 청구권에 대한 시효중단사유가 된다.

① ㉠, ㉡, ㉢, ㉣, ㉤ ② ㉡, ㉢ ③ ㉢
④ ㉡, ㉢, ㉥ ⑤ ㉢, ㉥

〈해설〉 정답 ②

㉠ 일반적으로 위법한 행정처분의 취소, 변경을 구하는 행정소송은 사권을 행사하는 것으로 볼 수 없으므로 사권에 대한 시효중단사유가 되지 못하는 것이나, 다만 오납한 조세에 대한 부당이득반환청구권을 실현하기 위한 수단이 되는 과세처분의 취소 또는 무효확인을 구하는 소는 그 소송물이 객관적인 조세채무의 존부확인으로서 실질적으로 민사소송인 채무부존재확인의 소와 유사할 뿐 아니라, 과세처분의 유효 여부는 그 과세처분으로 납부한 조세에 대한 환급청구권의 존부와 표리관계에 있어 실질적으로 동일 당사자인 조세부과권자와 납세의무자 사이의 양면적 법률관계라고 볼 수 있으므로, 위와 같은 경우에는 <u>과세처분의 취소 또는 무효확인청구의 소가 비록 행정소송이라고 할지라도 조세환급을 구하는 부당이득반환청구권의 소멸시효중단사유인 재판상 청구에 해당한다고 볼 수 있다</u>(대법원 1992.3.31. 선고 91다32053 전원합의체 판결). 오납금환급청구권의 경우 그 환급청구권의 이행청구나 확인청구를 구하는 경우만이 아니라 과

세처분의 취소 또는 무효확인을 구하는 행정소송의 제기가 환급청구권의 소멸시효를 중단시키는 재판상 청구에 해당한다고 해석하는 것은 타당하지 아니하다는 반대의견이 있다.

ⓒ 임대차관계존재확인청구가 임료청구의 권리실현수단적 의미가 없으므로 시효중단사유가 될 수 없다.

ⓒ 권리실현수단적 의미가 없으므로 불법점유자에 대한 목적물인도청구가 손해배상청구권의 시효중단사유가 될 수 없다.

ⓑ 대법원 2010.5.20. 선고 2009다48312 전원합의체 판결: 만기는 기재되어 있으나 지급지, 지급을 받을 자 등과 같은 어음요건이 백지인 약속어음의 소지인이 그 백지부분을 보충하지 않은 상태에서 어음금을 청구하는 것은 어음상의 청구권에 관하여 잠자는 자가 아님을 객관적으로 표명한 것이고 그 청구로써 어음상의 청구권에 관한 소멸시효는 중단된다. 이 경우 백지에 대한 보충권은 그 행사에 의하여 어음상의 청구권을 완성시키는 것에 불과하여 그 보충권이 어음상의 청구권과 별개로 독립하여 시효에 의하여 소멸한다고 볼 것은 아니므로 어음상의 청구권이 시효중단에 의하여 소멸하지 않고 존속하고 있는 한 이를 행사할 수 있다(지급지 및 지급을 받을 자 부분이 백지로 된 약속어음의 소지인이 그 지급기일로부터 3년이 경과한 후에야 위 백지부분을 보충하여 발행인에게 지급제시를 하였으나 그 소지인이 위 약속어음의 지급기일로부터 3년의 소멸시효기간이 완성되기 전에 그 어음금을 청구하는 소를 제기한 이상 이로써 위 약속어음상의 청구권에 대한 소멸시효는 중단되었다고 한 사례).

문21. 다음 〈사례〉에 관한 설명 중 옳지 않은 것은? (다툼이 있는 경우 판례에 의함)

> <사례>
> 甲은 乙에 대하여 갖고 있는 물품대금채권을 丙에게 양도하였으나 채권양도의 대항요건을 갖추지 못하고 있다.
> (1) 丙이 乙을 상대로 양수금청구의 소를 제기하였다.
> (2) 甲이 乙을 상대로 물품대금청구의 소를 제기하자, 乙이 채권양도의 효력을 인정하는 등의 사정으로 甲의 청구가 기각되었다.

① 채권양도의 대항요건을 갖추지 못한 경우에도 채권양도에 의하여 채권은 그 동일성을 잃지 않고 양도인 甲으로부터 양수인 丙에게 이전한다.

② (1)의 경우 채권양도의 대항요건을 갖추지 못하였기 때문에 丙의 양수금청구의 소제기는 소멸시효중단사유인 재판상 청구에 해당하지 않는다.

③ 채권양도 후 대항요건이 구비되기 전의 양도인 甲은 채무자에 대한 관계에서는 여전히 채권자의 지위에 있으므로 채무자를 상대로 시효중단의 효력이 있는 재판상의 청구를 할 수 있다.

④ (2)의 경우 양도인 甲이 제기한 소송 중에 채무자 乙이 채권양도의 효력을 인정하는 등의 사정으로 인하여 양도인의 청구가 기각됨으로써 민법 제170조 제1항에 의하여 시효중단의 효과가 소멸된다.

⑤ (2)의 경우 甲의 청구가 당초부터 무권리자에 의한 청구로 되는 것은 아니므로, 丙이 그로부터 6월 내에 乙을 상대로 재판상의 청구 등을 하였다면, 민법 제169조 및 제170조 제2항에 의하여 甲의 최초의 재판상 청구로 인하여 시효가 중단된다.

〈해설〉 정답 ②

② 대법원 2005.11.10. 선고 2005다41818 판결: 채권양도는 구채권자인 양도인과 신채권자인 양수인 사이에 채권을 그 동일성을 유지하면서 전자로부터 후자에게로 이전시킬 것을 목적으로 하는 계약을 말한다 할 것이고, 채권양도에 의하여 채권은 그 동일성을 잃지 않고 양도인으로부터 양수인에게 이전되며, 이러한 법리는 채권양도의 대항요건을 갖추지 못하였다고 하더라도 마찬가지인 점, 민법 제149조의 "조건의 성취가 미정한 권리의무는 일반규정에 의하여 처분, 상속, 보존 또는 담보로 할 수 있다"는 규정은 대항요건을 갖추지 못하여 채무자에게 대항하지 못한다고 하더라도 채권양도에 의하여 채권을 이전받은 양수인의 경우에도 그대로 준용될 수 있는 점, 채무자를 상대로 재판상의 청구를 한 채권의 양수인을 '권리 위에 잠자는 자'라고 할 수 없는 점 등에 비추어 보면, 비록 <u>대항요건을 갖추지 못하여 채무자에게 대항하지 못한다고 하더라도 채권의 양수인이 채무자를 상대로 재판상의 청구를 하였다면 이는 소멸시효 중단사유인 재판상의 청구에 해당한다고 보아야 한다.</u>

④⑤ 대법원 2009.2.12. 선고 2008두20109 판결 참조.

문22. 다음 설명 중 옳지 않은 것은? (다툼이 있는 경우 판례 및 다수설에 의함)

① 원고가 피고를 상대로 상법 제399조에 기한 손해배상청구의 소를 제기하였다고 하여 이로써 원고의 피고에 대한 일반 불법행위로 인한 손해배상청구권의 소멸시효가 중단될 수는 없다.

② 원고가 채권자대위권에 기해 청구를 하다가 당해 피대위채권 자체를 양수하여 양수금청구로 소를 변경한 경우 당초의 채권자대위소송으로 인한 시효중단의 효력이 소멸한다.

③ 매매계약을 원인으로 건축주명의변경을 구하는 소를 제기하는 것은 소유권이전등기청구권이 발생한 기본적 법률관계에 해당하는 매매계약을 기초로 하는 것으로 소멸시효를 중단시키는 재판상 청구에 포함된다.

④ 시효취득을 원인으로 한 소유권이전등기청구소송에서 피고가 적극적으로 다

투면서 피고의 소유라고 주장하는 경우 소제기에 준하는 권리주장으로 시효중단의 효력이 있다.

⑤ 채권자의 응소행위에 대한 소멸시효중단의 효력이 발생하기 위해서는 채무자가 반드시 소멸시효완성을 원인으로 한 소송을 제기한 경우이거나 당해 소송이 아닌 전 소송 또는 다른 소송에서 그와 같은 권리주장을 한 경우이어야 할 필요는 없다.

〈해설〉 정답 ②

② 대법원 2010.6.24. 선고 2010다17284 판결: 원고가 채권자대위권에 기해 청구를 하다가 당해 피대위채권 자체를 양수하여 양수금청구로 소를 변경한 사안에서, 이는 청구원인의 교환적 변경으로서 채권자대위권에 기한 구 청구는 취하된 것으로 보아야 하나, 그 채권자대위소송의 소송물은 채무자의 제3채무자에 대한 계약금반환청구권인데 위 양수금청구는 원고가 위 계약금반환청구권 자체를 양수하였다는 것이어서 양 청구는 동일한 소송물에 관한 권리의무의 특정승계가 있을 뿐 그 소송물은 동일한 점, 시효중단의 효력은 특정승계인에게도 미치는 점, 계속 중인 소송에 소송목적인 권리 또는 의무의 전부나 일부를 승계한 특정승계인이 소송참가하거나 소송인수한 경우에는 소송이 법원에 처음 계속된 때에 소급하여 시효중단의 효력이 생기는 점, 원고는 위 계약금반환채권을 채권자대위권에 기해 행사하다 다시 이를 양수받아 직접 행사한 것이어서 위 계약금반환채권과 관련하여 원고를 '권리 위에 잠자는 자'로 볼 수 없는 점 등에 비추어 볼 때, 당초의 채권자대위소송으로 인한 시효중단의 효력이 소멸하지 않는다.

③ 대법원 2011.7.14. 선고 2011다19737 판결 참조.

문23. 다음 〈사례〉에 관한 설명 중 가장 옳지 않은 것은? (다툼이 있는 경우 판례에 의함)

<사례>

甲은 2011.3.12. 乙로부터 금 1억 원을, 변제기 1년으로 정하여 차용하면서 그 담보를 위하여 X 부동산에 관하여 乙 앞으로 채권최고액을 1억 2,000만 원으로 한 근저당권설정등기를 마쳐 주었으나, 그 후 甲이 2012.5.20. 乙을 상대로 위 피담보채권인 대여금채권이 부존재함을 이유로 위 근저당권설정등기의 말소청구소송을 제기하였다. 乙은 위 소송에 적극적으로 응소하여 2012.6.1. 甲 청구기각의 판결을 구하고 위 대여금채권이 유효하게 성립된 것이어서 이를 피담보채권으로 하는 위 근저당권설정등기는 유효하다는 내용의 답변서를 제출하고 2012.6.20. 10:00 변론기일에 위 답변서를 진술하였다.

> (1) 위 소송의 제1심 법원에서 2012.8.17. 乙의 위 주장을 받아들여 甲 패소
>   판결을 선고하고, 그 후 甲의 항소기각판결을 거쳐 2013.4.14. 대법원에서
>   원고의 상고기각결정에 의하여 위 판결이 그대로 확정되었다.
> (2) 위 소송의 제1심법원에서 乙이 패소판결을 받고 그 판결이 확정되었다.

① (1)의 경우 乙의 응소행위로 인한 시효중단의 효력은 乙이 답변서를 제출한
   2012.6.1. 발생한다.

② (1)의 경우 중단된 시효는 2013.4.14. 새로이 진행한다.

③ (2)의 경우와 같이 乙의 응소에도 불구하고 그 주장의 권리가 존재하지 않는
   다고 판단되어 패소판결을 받은 경우에는 시효중단효를 인정할 여지가 없다.

④ (2)의 경우와 같이 乙의 응소에도 불구하고 당해 권리의 부존재의 점이 아닌
   다른 이유로 乙이 패소판결을 받은 경우, 또는 乙의 권리주장이 소의 각하
   나 취하 등에 의하여 전혀 판단되지 않은 경우에도 시효중단효는 소멸한다.

⑤ (2)의 경우와 같이 응소행위를 한 乙에 대하여 패소판결이 확정되었더라도
   그 판결에 재심사유가 있음을 이유로 재심청구를 하여 권리를 주장하고 그
   것이 받아들여진 경우도 소멸시효의 중단사유가 되는 재판상의 청구에 준하
   는 것으로 보아야 한다.

〈해설〉 정답 ④

① 응소행위로 인한 시효중단의 효력은 피고가 현실적으로 권리를 행사하여 응소한 때 발생한다.
   구체적으로는 변론에서 응소에 해당하는 권리주장을 할 때(답변서 또는 준비서면을 제출하지
   아니한 채 변론에서 진술하는 경우) 또는 그러한 주장을 담은 답변서 또는 준비서면을 제출한
   때이다(김홍엽, p.354 참조).

④ 민법 제170조 제2항을 유추적용하여 6월 내에 다른 강력한 시효중단조치를 취하면 응소시에
   소급하여 시효중단의 효력이 발생하는 것으로 이해할 수 있다.

문24. 응소행위와 시효중단에 관한 다음 설명 중 옳지 않은 것으로만 묶인 것은? (다툼이 있는 경우 판례에 의함)

> ㉠ 담보가등기가 설정된 후에 그 목적 부동산의 소유권을 취득한 제3취득자
>   나 물상보증인이 제기한 소송에서의 응소행위도 권리자의 의무자에 대한
>   재판상 청구에 준하는 행위에 해당한다고 볼 수 없다.

ⓛ 채무자 겸 저당권설정자가 피담보채무의 부존재 또는 소멸을 이유로 하여 제기한 저당권설정등기 말소등기절차이행청구소송에서 채권자 겸 저당권자가 청구기각의 판결을 구하면서 피담보채권의 존재를 주장하는 경우에는 그와 같은 주장은 재판상 청구에 준하는 것으로서 피담보채권에 관하여 소멸시효중단의 효력이 생긴다.

ⓒ 물상보증인이 그 피담보채무의 부존재 또는 소멸을 이유로 제기한 저당권설정등기 말소등기절차이행청구소송에서 채권자 겸 저당권자가 청구기각의 판결을 구하고 피담보채권의 존재를 주장한 경우에는 피담보채권의 소멸시효에 관하여 규정한 민법 제168조 제1호 소정의 '청구'에 해당하지 않는다.

ⓔ 시효를 주장하는 자가 원고가 되어 소를 제기한 경우에 있어서, 피고가 적극적으로 응소행위를 한 경우 바로 시효중단의 효과가 발생한다.

ⓜ 점유자가 소유자를 상대로 매매를 원인으로 한 소유권이전등기 청구소송을 제기하자, 소유자가 이에 응소하여 원고청구기각의 판결을 구하면서 원고의 주장 사실을 부인하는 경우에도 시효중단사유의 하나인 재판상의 청구에 해당한다.

ⓗ 응소행위로 인한 시효중단의 주장은 반드시 응소 시에 하여야 한다.

① ㉠, ㉡, ㉢, ㉣, ㉤, ㉥   ② ㉠, ㉢, ㉣, ㉥   ③ ㉣, ㉤
④ ㉢, ㉣, ㉤, ㉥   ⑤ ㉣, ㉤, ㉥

〈해설〉 정답 ⑤

㉠ 담보가등기가 설정된 후에 그 목적 부동산의 소유권을 취득한 제3취득자나 물상보증인 등 시효를 원용할 수 있는 지위에 있으나 직접 의무를 부담하지 아니하는 자가 제기한 소송에서의 응소행위는 권리자의 의무자에 대한 재판상 청구에 준하는 행위에 해당한다고 볼 수 없다.

㉢ 물상보증인이 그 피담보채무의 부존재 또는 소멸을 이유로 제기한 저당권설정등기 말소등기절차이행청구소송에서 채권자 겸 저당권자가 청구기각의 판결을 구하고 피담보채권의 존재를 주장하였다고 하더라도 이로써 직접 채무자에 대하여 재판상 청구를 한 것으로 볼 수는 없는 것이므로 피담보채권의 소멸시효에 관하여 규정한 민법 제168조 제1호 소정의 '청구'에 해당하지 아니한다.

㉣ 시효를 주장하는 자가 원고가 되어 소를 제기한 경우에 있어서, 피고가 응소행위를 하였다고 하여 바로 시효중단의 효과가 발생하는 것은 아니고, 변론주의 원칙상 시효중단의 효과를 원하는 피고로서는 당해 소송 또는 다른 소송에서의 응소행위로서 시효가 중단되었다고 주장하지

않으면 아니 된다.

ⓤ 점유자가 소유자를 상대로 소유권이전등기 청구소송을 제기하면서 그 청구원인으로 '취득시효
완성'이 아닌 '매매'를 주장함에 대하여, 소유자가 이에 응소하여 원고청구기각의 판결을 구하
면서 원고의 주장 사실을 부인하는 경우에는, 이는 원고 주장의 매매 사실을 부인하여 원고에
게 그 매매로 인한 소유권이전등기청구권이 없음을 주장함에 불과한 것이고 소유자가 자신의
소유권을 적극적으로 주장한 것이라 볼 수 없으므로 시효중단사유의 하나인 재판상의 청구에
해당한다고 할 수 없다.

ⓗ 사실심변론종결 전에는 언제든지 할 수 있다.

문25. 다음 중 소제기의 실체법상 효과가 <u>아닌</u> 것은? (다툼이 있는 경우 판
례에 의함)

① 해제·해지 등 사법상의 형성권행사

② 어음법상의 상환청구권의 소멸시효기간의 개시

③ 법률상의 기간 준수의 효과

④ 선의점유자의 악의의 의제

⑤ 연 20%의 소송이자의 발생

〈해설〉 정답 ①

① 소제기의 효과가 아니다. 대법원 1982.5.11. 선고 80다916 판결. 원고가 소장을 이용하여 최
고, 상계, 해제 등 형성권을 행사하여 그 소장이 피고에게 송달됨으로써 그 효과가 발생한 것
은 원고가 소장을 이용하여 사법상의 의사표시를 한 것에 불과하고 이는 소제기의 실체법상 효
과는 아니다.

문26. 다음 〈사례〉에 관한 설명 중 판례의 입장인 것은?

> <사례>
> 甲이 乙에 대하여 갖고 있는 1억 원의 채권 중 5,000만 원의 지급을 구하는
> 소를 제기하였다.

① 5,000만 원에 대해서만 시효가 중단되고, 나머지 잔부에 대해서는 시효중단
의 효력이 생기기 않는다.

② 1억 원 전부에 대하여 시효중단의 효력이 생긴다.

③ 나머지 5,000만 원에 대해서는 청구취지확장신청서를 법원에 제출하거나 별
도의 소를 제기한 때 시효중단의 효력이 생긴다.

④ 일부청구임을 명시한 경우에는 그 한도에서 시효중단이 되나, 그렇지 않은 경우에는 채권의 동일성의 범위에서 그 전부에 미친다.

⑤ 손해배상사건에서도 감정결과를 보고 청구취지확장을 할 것을 전제로 일부 청구를 한 경우에는 그 한도 내에서 중단의 효력을 인정한다.

〈해설〉 정답 ④

④ 판례는 명시설의 입장이다.

⑤ 판례는 이 경우에도 청구권 전부에 시효중단효를 인정한다.

문27. 다음 〈사례〉에서 시효중단의 효력이 미치는 범위에 관한 설명 중 옳지 않은 것은? (다툼이 있는 경우 판례에 의함)

> <사례>
> 甲은 乙에 대한 매매대금채권의 지급을 확보하기 위하여 乙이 발행한 약속어음을 교부받았다. 甲이 위 어음채권을 피보전권리로 하여 乙의 재산을 가압류하였다.

① 매매대금채권과 어음채권은 동일한 경제적 목적을 가지고 있으므로 甲이 매매대금채권의 지급을 구한 경우에는 어음채권의 소멸시효도 중단시킨다.

② 甲이 어음채권에 기하여 청구를 하는 경우에도 매매대금채권의 소멸시효를 중단시키는 효력이 있다.

③ 甲이 어음채권을 피보전권리로 하여 乙의 재산을 가압류한 경우에도 매매대금채권의 소멸시효를 중단시키는 효력이 있다.

④ 甲이 어음채권에 관한 집행력 있는 정본에 기하여 한 배당요구는 그 원인채권의 소멸시효를 중단시키는 효력이 있다.

⑤ 甲의 가압류 결정 이전에 이미 피보전권리인 어음채권의 시효가 완성되어 소멸된 경우에는 그 가압류 결정에 의하여 그 원인채권인 매매대금채권의 소멸시효를 중단시키는 효력을 인정할 수 없다.

〈해설〉 정답 ①

① 원인채권의 지급을 확보하기 위한 방법으로 어음이 수수된 경우에 원인채권과 어음채권은 별개로서 채권자는 그 선택에 따라 권리를 행사할 수 있고, 원인채권에 기하여 청구를 한 것만으로

는 어음채권 그 자체를 행사한 것으로 볼 수 없어 어음채권의 소멸시효를 중단시키지 못한다. ④ 대법원 2002.2.26. 선고 2000다25484 판결 참조.

문28. 다음 중 '제소기간'(출소기간)이 <u>아닌</u> 것은? (다툼이 있는 경우 판례에 의함)

> ㉠ 사해행위취소소송에서의 소제기기간
> ㉡ 민법상 점유소송의 제소기간
> ㉢ 행정처분의 취소·변경을 구하는 항고소송의 소제기기간
> ㉣ 유류분반환청구소송에서의 제소기간
> ㉤ 상속회복청구소송에서의 제소기간
> ㉥ 하자담보청구기간
> ㉦ 매매예약완결권의 행사기간
> ㉧ 친생부인의 소의 제소기간
> ㉨ 불법행위로 인한 손해배상청구소송의 제소기간

① ㉥, ㉦   ② ㉣, ㉤, ㉥   ③ ㉤, ㉥

④ ㉣, ㉥, ㉦, ㉨   ⑤ 답이 없다

〈해설〉 정답 ④

㉣㉨ 시효기간이다.

㉥ 재판상 또는 재판외의 권리행사기간으로 재판상 청구를 위한 출소기간이 아니다.

㉦ 매매의 일방예약에서 예약자의 상대방이 매매예약 완결의 의사표시를 하여 매매의 효력을 생기게 하는 권리, 즉 매매예약의 완결권은 일종의 형성권으로서 당사자 사이에 그 행사기간을 약정한 때에는 그 기간 내에, 그러한 약정이 없는 때에는 그 예약이 성립한 때로부터 10년 내에 이를 행사하여야 하고, 그 기간이 지난 때에는 예약 완결권은 제척기간의 경과로 인하여 소멸한다(대법원 2003.1.10. 선고 2000다26425 판결).

문29. 법률상 기간준수에 관한 다음 설명 중 <u>옳지 않은</u> 것은? (다툼이 있는 경우 판례에 의함)

① 수용재결의 취소와 보상금의 증액지급을 구하다가 이의재결의 취소 및 추가 보상금의 지급을 구하는 것으로 소를 변경한 경우 제소기간 준수 여부는 소 변경 시를 기준으로 한다.

② 출소기간이 정하여져 있는 경우에 그 기간 안에 소를 제기하여야 하는 것은 소송요건의 하나이며, 그 준수는 직권조사사항이다.

③ 제척기간의 도과에 대한 증명책임은 권리자의 상대방에게 있다.

④ 제척기간 가운데 제소기간이 아닌 경우 그 기간이 도과하여 제기된 소는 부적법하므로 그 소를 각하하여야 한다.

⑤ 동일한 결의에 관하여 무효확인의 소가 상법 제376조 소정의 제소기간 내에 제기되어 있다면, 동일한 하자를 원인으로 하여 결의의 날로부터 2월이 경과한 후 취소소송으로 소를 변경하거나 추가한 경우에도 무효확인의 소제기시에 제기된 것과 동일하게 취급하여 제소기간을 준수한 것으로 본다.

〈해설〉 정답 ④

④ 그 기간의 도과로 권리가 당연히 소멸하므로 그 청구를 기각하여야 한다(대법원 2009.5.28. 선고 2008다86232 판결).

문30. 다음 설명 중 옳지 않은 것은? (다툼이 있는 경우 판례에 의함)

① 제척기간 중 형성권의 행사기간인 경우에는 소장부본이 상대방에게 도달된 때에 제척기간 준수의 효력이 발생한다.

② 신주발행무효의 소의 출소기간이 경과한 후에 새로운 무효사유를 추가하여 주장하는 것도 허용된다.

③ 주주총회에서 여러 개의 안건이 상정되어 각기 결의가 행하여진 경우 위 제소기간의 준수 여부는 각 안건에 대한 결의마다 별도로 판단되어야 한다.

④ 제척기간 가운데 제소기간인 경우 그 기간을 도과하여 제기된 소는 부적법하므로 각하하여야 한다.

⑤ 제척기간 내에 명시적 일부청구를 한 채권에 터 잡아 잔부를 확장하였다 하여도 제척기간 내에 청구한 수액을 초과한 부분의 청구는 제척기간의 도과로 소멸되었다고 할 것이다.

〈해설〉 정답 ②

② 판례는 신주발행무효의 소의 출소기간이 경과한 후에 새로운 무효사유를 추가하여 주장하는 것은 허용되지 않는다고 한다. 대법원 2004.6.25. 선고 2000다37326 판결

문31. 제척기간에 관한 다음 설명 중 <u>옳지 않은</u> 것을 모두 모은 것은? (다툼이 있는 경우에는 판례에 의함)

> ㉠ 상속회복청구의 소에서는 법원이 제척기간의 준수 여부에 관하여 직권으로 조사한 후 기간도과 후에 제기된 것으로 판명되면 부적법한 소로 각하하여야 한다.
>
> ㉡ 진정한 상속인이 참칭상속인으로부터 상속재산에 관한 권리를 취득한 제3자를 상대로 제척기간 내에 상속회복청구의 소를 제기한 이상 그 제3자에 대해서는 상속회복청구권의 기간이 준수되었으므로, 참칭상속인에 대하여 그 기간 내에 상속회복청구권을 행사한 일이 없다고 하더라도 그것이 진정한 상속인의 제3자에 대한 권리행사에 장애가 될 수는 없다.
>
> ㉢ 집합건물법 제9조에 의하여 준용되는 민법 제667조 내지 제671조의 수급인의 하자담보책임기간은 재판상 또는 재판외의 권리행사기간인 제척기간이므로 그 기간의 도과로 하자담보추급권은 당연히 소멸한다.
>
> ㉣ 채권자가 민법 제406조 제1항에 따라 사해행위의 취소와 원상회복을 청구하는 경우 사해행위취소 청구가 민법 제406조 제2항에 정하여진 기간 안에 제기되었다면 원상회복의 청구는 그 기간이 지난 뒤에도 할 수 있다.
>
> ㉤ 사해행위취소소송에서 제척기간 경과 후에 당초의 청구취지변경이 잘못되었음을 이유로 다시 청구취지를 변경하더라도 최초 소제기 시에 발생한 제척기간 준수의 효과에는 영향이 없다.
>
> ㉥ 채권자가 사해행위의 취소원인을 알게 된 후에 파산한 경우, 채권자취소소송의 제척기간은 파산관재인이 사해행위의 취소원인을 안 때로부터 새로 진행한다.

① ㉠, ㉢, ㉥   ② ㉡, ㉢   ③ ㉣, ㉤

④ ㉥   ⑤ 답이 없다

〈해설〉 **정답 ④**

㉠ 대법원 2010.1.14. 선고 2009다41199 판결

㉡ 상속회복청구권의 제척기간의 준수 여부는 상속회복청구의 상대방별로 각각 판단하여야 한다. 대법원 2009.10.15. 선고 2009다42321 판결

㉢ 대법원 2012.4.12. 선고 2010다65399 판결

ㄹ 대법원 2001.9.4. 선고 2001다14108 판결
ㅁ 대법원 2005.5.27. 선고 2004다67806 판결
ㅂ 대법원 2006.8.25. 선고 2004다24144 판결: 채권자가 사해행위의 취소원인을 알게 되어 채권자취소소송의 제척기간이 진행되던 도중 채권자가 파산하여 파산관재인이 선임된 경우라도 그 제척기간은 파산관재인이 사해행위의 취소원인을 안 때부터 새로 진행되어야 하는 것은 아니다.

문32. 다음 〈사례〉에 관한 설명 중 옳지 않은 것은? (다툼이 있는 경우 판례에 의함)

> 〈사례〉
> 甲이 乙을 상대로 약정금 청구의 소를 제기하자 1심법원은 乙의 주장을 받아들여 甲의 청구를 기각하였다. 그러나 항소심은 甲의 항소를 받아들여 1심의 결론은 뒤집어 甲의 청구를 전부 인용하면서 乙에 대한 소장부본송달 다음 날부터 완제일까지 연 20%의 비율에 의한 지연이자의 지급을 명하였다. 乙이 상고를 제기하였다.

① 소송촉진 등에 관한 특례법 제3조 제2항 소정의 '채무자가 그 이행의무의 존부나 범위에 관하여 항쟁함이 상당하다고 인정되는 때'라 함은 그 이행의무의 존부나 범위에 관하여 항쟁하는 채무자의 주장에 상당한 근거가 있는 것으로 인정되는 때를 가리키는 것이고, 채무자가 위와 같이 항쟁함이 상당한 것인지는 당해 사건에 관한 법원의 사실인정과 그 평가에 관한 문제이다.

② 위 특례법상의 지연이자 적용을 배제할 수 있는 시점은 당해 사건의 사실심판결선고 시까지이고 이 이후에는 어떠한 이유로든 그 적용을 배제할 수 없다.

③ 1심이 인용한 금액을 항소심이 그대로 유지한 경우에는 항쟁함이 상당하다고 인정할 수 없다.

④ 채무자가 그 이행의무의 존부와 범위를 다투어 제1심에서 그 주장이 받아들여진 바 있다면 비록 항소심에서 그 주장이 배척되더라도 그 주장은 상당한 근거가 있다고 할 수 있으므로 그러한 경우에는 특례법 제3조 제2항에 따라 항소심 판결선고 시까지는 같은 조 제1항 소정의 지연손해금 이율을 적용할 수 없다.

⑤ 위 사례에서 乙의 사실인정에 관한 상고이유가 없는 경우에는 乙의 상고를 기각할 수밖에 없다.

⑤ 제1심은 피고의 주장을 받아들여 원고의 청구를 모두 기각하였고, 원심은 제1심의 결론을 뒤집어 원고의 청구를 모두 인용하였으나, 피고의 주장이 제1심에서 받아들여진 이상 그 주장이 상당한 근거가 있는 것으로 보아야 할 것이므로, 원심으로서는 원고의 청구를 모두 인용하더라도 특례법 제3조 제2항에 의하여 원심판결선고일까지는 같은 조 제1항 소정의 지연손해금 이율을 적용할 수 없다. 대법원은 이 경우에 원심판결을 파기할 것이나, 이 사건은 대법원이 직접 재판하기에 충분하므로 민사소송법 제437조에 의하여 자판하여 피고는 원고에게 약정금 및 이에 대하여 이 사건 소장부본 송달 다음 날부터 원심판결선고일까지 민법 소정의 연 5%, 그 다음 날부터 다 갚는 날까지 위 특례법 제3조 제1항 소정의 연 20%의 각 비율에 의한 지연손해금을 지급할 의무가 있다고 할 것이므로, 원심판결 중 피고에 대하여 위 금원을 초과하여 지급을 명한 부분은 부당하여 이를 파기하고 그 부분에 해당하는 원고의 항소를 기각하며, 피고의 나머지 상고는 이유 없어 기각하게 된다(대법원 2010.7.8. 선고 2010다21696 판결 참조).

문33. 소송촉진 등에 관한 특례법상의 지연손해금에 관한 다음 설명 중 옳지 않은 것을 모두 모은 것은? (다툼이 있는 경우에는 판례에 의함)

> ㉠ 법원이 이혼과 동시에 재산분할로서 금전의 지급을 명하는 판결을 선고하는 경우 그 금전지급채무에 관해서는 그 판결이 확정된 다음 날부터 위 특례법에서 정한 이율이 적용된다.
>
> ㉡ 사해행위취소소송에서 가액배상의무는 사해행위의 취소를 명하는 판결이 확정된 다음 날부터 위 특례법 소정의 이율이 적용된다.
>
> ㉢ 금전채권자가 채무자를 상대로 채무의 이행을 청구하는 소를 제기한 후에 채무자가 자신의 채무를 이행함으로써 원래의 금전채무는 소멸하여 그 범위에서 채권자의 채무이행청구는 기각될 수밖에 없고 이제 그 채무의 이행지체로 인한 지연손해의 배상만이 남게 된 경우에 그 지연손해금 산정의 기준이 되는 법정이율에 대해서는 위 특례법 소정의 이율은 적용되지 아니한다.
>
> ㉣ 사실심 변론종결일까지 수급인이 도급인에게 건물의 인도를 위한 이행제공 또는 이행을 하였다고 볼 수 없는 경우 건물의 인도의무와 동시이행관계에 있는 공사대금 지급의무에 관하여 도급인에게 이행지체의 책임이 있다고 할 수 없으므로 위 공사대금에 대한 위 건물 인도일 이후의 지연손해금을 인정함에 있어서는 위 특례법 소정의 이율이 적용되지 아니한다.

ⓜ 위 특례법상의 법정이율에 관한 규정은 장래 이행의 소에는 적용하지 않는다.

ⓗ 수 개의 청구가 병합된 지급명령에 관한 청구이의의 소에 있어서는 그 지급명령에서 병합된 각 청구별로 위 이행의무의 존부나 범위에 대하여 항쟁함이 상당한지를 따로 판단하여야 한다.

① ㉠, ㉡, ㉢   ② ㉠, ㉡   ③ ㉢, ㉣

④ ⓜ, ⓗ   ⑤ 답이 없다

〈해설〉 정답 ②

㉠ 법원이 이혼과 동시에 재산분할로서 금전의 지급을 명하는 판결을 선고하는 경우 그 금전지급 채무에 관해서는 그 판결이 확정된 다음 날부터 이행지체책임을 지게 되고 따라서 위 특례법에서 정한 이율이 적용되지 않는다. 대법원 2001.9.25. 선고 2001ㅁ725, 732 판결

㉡ 가액배상의무는 사해행위의 취소를 명하는 판결이 확정된 때에 비로소 발생하므로 그 판결이 확정된 다음 날부터 이행지체 책임을 지게 되고, 따라서 소송촉진 등에 관한 특례법 소정의 이율은 적용되지 않고 민법 소정의 법정이율이 적용된다. 대법원 2009.1.15. 선고 2007다 61618 판결

㉢ 대법원 2010.9.30. 선고 2010다50922 판결

㉣ 대법원 2002.10.25. 선고 2002다43370 판결

ⓜ 소촉법 제3조 제1항 단서 참조.

ⓗ 대법원 2009.7.9. 선고 2006다73966 판결

문34. 배상명령제도에 관한 다음 설명 중 옳지 않은 것을 모두 모은 것은? (다툼이 있는 경우에는 판례에 의함)

㉠ 배상명령신청은 소송법상으로 소송계속의 효력이 생겨 그 뒤 민사소송으로 배상청구를 할 때에는 중복제소가 된다.

㉡ 피고인이 유죄판결에 대해 상소를 제기하였을 때에는 배상명령에 대해 상소를 하지 아니한 경우에도 상소의 효력이 배상명령에 미쳐 확정차단과 이심의 효력이 미친다.

㉢ 피고인은 유죄판결이 아니라 배상명령에 대해서만 불복할 수 없다.

㉣ 배상명령에 대한 청구이의의 소에 있어서 변론종결 전에 생긴 사유로 이의 사유로 삼을 수 있다.

⑩ 이미 집행권원을 가진 경우에는 배상명령을 신청할 이익이 없다.

⑭ 배상명령신청은 소제기와 동일한 효력이 있다.

① ㉠, ㉡, ㉢, ㉣   ② ㉠, ㉡, ㉢   ③ ㉢, ㉣, ㉓

④ ㉠, ㉢   ⑤ ㉠, ㉢, ⑩

〈해설〉 정답 ④

㉠ 배상신청에 의해서는 기판력 있는 판단을 받을 수 없으므로 중복제소로 보지 않는다.

㉢ 배상명령에 대해서만 불복할 수 있다.

문35. 다음 설명 중 옳지 않은 것은? (다툼이 있는 경우 판례에 의함)

① 채권자대위소송의 제기로 인한 소멸시효 중단의 효과 역시 채무자에게 생긴다.

② 채권자대위소송의 제기로 인한 소유권이전등기청구권의 소멸시효중단의 효력은 그 소각하판결이 확정되었다 하더라도 6개월 내에 '다른' 채권자가 대위소송을 제기한 것만으로는 최초의 대위소송제기 시에 소멸시효가 중단된 것으로 볼 수 없다.

③ 근로자가 사용자의 부당노동행위로 인하여 해고를 당한 경우, 근로자가 부당노동행위구제신청을 한 후 이에 관한 행정소송에서 그 권리관계를 다투는 것은 부당해고기간 동안 임금지급청구권의 소멸시효 중단사유로서의 재판상 청구에 해당한다고 보아야 한다.

④ 소유권을 바탕으로 한 명도청구소송·등기청구소송에 있어서 소유권에 취득시효중단의 효력이 생긴다.

⑤ 소유권의 시효취득에 준용되는 시효중단사유인 재판상의 청구라 함은 시효취득의 대상인 목적물의 인도 내지는 소유권존부확인이나 소유권에 관한 등기청구소송은 말할 것도 없고, 소유권침해의 경우에 그 소유권을 기초로 하여 하는 방해배제 및 손해배상 혹은 부당이득반환청구소송도 이에 포함된다.

〈해설〉 정답 ②

② 대법원 2011.10.13. 선고 2010다80930 판결: 채권자 갑이 채무자 을을 대위하여 병을 상대로 부동산에 관하여 부당이득반환을 원인으로 한 소유권이전등기절차 이행을 구하는 소를 제기하였다가 소각하판결을 선고받아 확정되었고, 그로부터 3개월 남짓 경과한 후에 다른 채권자

정이 같은 소송을 제기하였다가 피보전권리가 존재하지 않는다는 취지의 조정이 성립되었는데, 또 다른 채권자 무가 조정 성립일로부터 10여 일이 경과한 후에 같은 내용의 소를 다시 제기한 사안에서, 채무자 을의 병에 대한 위 소유권이전등기청구권의 소멸시효는 최초의 재판상 청구인 갑의 채권자대위소송 제기로 중단되었다고 본 원심판단을 정당하다고 한 사례

③ 근로자가 사용자의 부당노동행위로 인하여 해고를 당한 경우, 민사소송으로 해고의 무효확인 및 임금의 지급을 청구할 수 있으나 부당노동행위에 대한 신속한 권리구제를 위하여 마련된 구 근로기준법(2007.4.11. 법률 제8372호로 전부 개정되기 전의 것) 제33조와 노동조합 및 노동관계조정법 제82조 내지 제86조(제85조 제5항 제외)의 행정상 구제절차를 이용하여 노동위원회에 구제신청을 한 후 노동위원회의 구제명령 또는 기각결정에 대하여 행정소송에서 다투는 방법으로 임금청구권 등 부당노동행위로 침해된 권리의 회복을 구할 수도 있다. 따라서 근로자가 위 관계 법령에 따른 구제신청을 한 후 이에 관한 행정소송에서 권리관계를 다투는 것은 권리자가 재판상 권리를 주장하여 권리 위에 잠자는 것이 아님을 표명하는 것으로서 소멸시효 중단사유인 '재판상 청구'에 해당한다(대법원 2012.2.9. 선고 2011다20034 판결). – 갑 주식회사의 근로자 을 등이 부당해고기간 중 지급받지 못한 임금의 지급을 구한 사안에서, 을 등이 해고된 후 부당노동행위 구제신청을 하여 '갑 회사는 을 등을 원직에 복직시키고 해고기간 중 정상적으로 근무하였더라면 받을 수 있었던 임금 상당액을 지급하라'는 내용의 구제명령을 받았고, 갑 회사가 구제명령에 불복하여 중앙노동위원회에 재심신청을 하였다가 기각당하자 재심판정의 취소를 구하는 행정소송을 제기하였는데, 을 등이 행정소송에서 중앙노동위원회 위원장을 위하여 보조참가하여 갑 회사의 주장을 적극 다투면서 자신의 권리를 주장한 것은 재판상 권리를 행사한 것으로 볼 수 있으므로, 을 등의 부당해고기간 동안 임금지급청구권의 소멸시효는 행정소송과 관련한 '재판상 청구'로써 중단되었다고 본 원심판단을 정당하다고 한 사례.

문36. 다음 설명 중 <u>옳은</u> 것을 모두 모은 것은? (다툼이 있는 경우에는 판례에 의함)

> ㉠ 소장에 흠이 있을 때 발하는 보정명령의 보정기간은 불변기간이다.
>
> ㉡ 변론이 개시된 뒤에는 소장에 흠이 발견되어도 보정명령을 발할 수 없다.
>
> ㉢ 어음금의 지급을 구하는 소장의 송달은 어음금의 지급제시와 동일한 효력이 있고, 계약의 존속과 양립할 수 없는 청구를 하는 소장의 송달은 해제권행사의 의사표시로 볼 수 있다.
>
> ㉣ 피고가 소장부본을 송달받은 날부터 30일 이내에 답변서를 제출하지 아니할 때에는 무변론의 원고승소판결을 할 수 있다. 그러나 피고가 청구원인사실에 대하여 모두 자백하는 취지로 답변서를 제출하고 따로 항변을 제출하지 아니한 때에는 일단 답변서를 제출하였으므로 무변론판결을 할 수 없다.

ⓜ 소장부본이 피고에게 송달된 시점에 訴訟係屬이 생기고, 시효중단 등 실체법상의 효과도 발생한다.

ⓗ 원고가 피고에 대한 최고, 상계, 해제 등 의사표시를 하여 소장이 피고에게 송달된 후 소를 취하한 경우 최고, 상계, 해제 등 의사표시도 소급하여 효력을 소멸한다.

① ㄱ, ㄴ   ② ㄹ, ㅁ   ③ ㄹ, ㅂ
④ ㄷ   ⑤ 답이 없다

〈해설〉 정답 ④

㉠ 불변기간이 아니다. 대법원 1978.9.5.자 78마233 결정(이시윤, p.258)
㉡ 보정명령을 할 수 있다.
㉢ 판례는 반대. 대법원 1969.12.26. 선고 67다1744, 1746 판결
㉤ 민사소송법 제265조 참조
㉥ 사법행위는 소취하에 불구하고 그 효과가 유지되며 아무런 영향이 없다.

문37. 다음 설명 중 옳지 않은 것을 모두 모은 것은? (다툼이 있는 경우에는 판례에 의함)

㉠ 甲이 乙을 상대로 매매를 원인으로 한 소유권이전등기청구의 소를 제기하자 乙이 잔대금을 받기 전에는 甲의 청구에 응할 수 없다는 동시이행의 항변권을 행사하고 별소로 甲을 상대로 매매잔대금청구를 하는 것은 중복제소에 해당한다.

㉡ 甲이 乙을 상대로 대여금 1,000만 원의 지급을 구하는 소를 제기하자, 乙은 甲에 대한 매매대금 1,000만 원의 채권에 기하여 상계항변을 하였다. 후에 乙이 甲을 상대로 그 매매대금 1,000만 원의 지급을 구하는 소를 제기하면 중복제소에 해당한다.

㉢ 해고무효확인의 소(파면처분무효확인의 소, 고용관계존재확인의 소)의 제기는 그 고용관계에서 파생하는 보수(임금)채권의 시효중단사유가 된다. 그러나 파면처분을 받은 자가 그 파면처분에 대하여 무효확인청구의 소를 제기하였다 하더라도 이는 위 퇴직금청구권에 대한 소멸시효 중단사유에 해당하지 않는다.

㉣ 판례는 원인채권에 기하여 청구한 것만으로는 어음채권의 소멸시효를 중단시키지 못하나, 반대로 어음채권에 기하여 청구한 경우에는 원인채권의 소멸시효를 중단시키는 효력이 있다는 입장이다. ㉤ 판례는 과세처분의 취소 또는 무효확인청구의 소의 제기는 조세환급을 구하는 부당이득반환청구권의 소멸시효중단사유인 재판상 청구에 해당한다고 본다. ㉥ 서면에 의하여 증명되어야 할 법률관계를 둘러싸고 이미 소가 제기되어 있는 경우에도 그와 별도로 서면의 진정 여부를 가리는 확인의 소를 제기할 이익이 있다.

① ㉠, ㉡, ㉢, ㉣　② ㉠, ㉡, ㉥　③ ㉣, ㉤
④ ㉥　⑤ ㉠, ㉢, ㉤

〈해설〉 정답 ②

㉠㉡ 중복제소가 아니다. 이시윤, p.272 참조.
㉥ 확인의 이익이 없다. 이시윤, p.225 참조.

문38. 다음 설명 중 <u>옳지 않은</u> 것은? (다툼이 있는 경우 판례에 의함)

① 채권자 甲이 채무자 乙을 대위하여 丙을 상대로 부동산에 관하여 부당이득반환을 원인으로 한 소유권이전등기절차 이행을 구하는 소를 제기하였다가 피보전권리의 부존재를 이유로 소각하판결을 선고받아 확정된 후, 그로부터 3개월 남짓 경과한 후에 다른 채권자 丁이 乙을 대위하여 丙을 상대로 같은 내용의 소를 제기한 경우 채무자 乙의 丙에 대한 위 부동산에 관한 부당이득반환을 원인으로 한 소유권이전등기청구권의 소멸시효는 丁의 채권자대위소송 제기시점에 중단된 것으로 본다.

② 채권자가 보전하고자 하는 채권을 달리하여 동일한 법률행위의 취소 및 원상회복을 구하는 채권자취소의 소를 이중으로 제기하는 경우 전소와 후소는 소송물이 동일한 것으로 본다.

③ 시장이 한 석유판매업불허가처분에 관하여 처분을 할 권한이 없음에도 불구하고 처분을 하였다는 사유로 처분의 무효확인을 청구하는 취지의 전소를 제기한 뒤 후소에서는 청구원인 사실을 시장이 위 처분을 한 것은 석유사업

법의 규정을 잘못 해석하였거나 재량권을 남용한 것이라 하여 그 취소를 청구하고 있는 경우 중복제소에 해당하지 않는다.

④ 전후 양소의 판결이 모두 확정되었으나 그 내용이 서로 모순저촉되는 때에는 어느 것이 먼저 제소되었는가에 관계없이 뒤의 확정판결이 재심사유가 된다.

⑤ 기판력 있는 전소판결의 변론종결 후에 이와 저촉되는 후소판결이 확정되었다는 사정은 변론종결 후에 발생한 새로운 사유에 해당되지 않으므로, 그와 같은 사유를 들어 전소판결의 기판력이 미치는 자 사이에서 전소판결의 기판력이 미치지 않게 되었다고 할 수 없다.

〈해설〉 정답 ①

① 채권자대위권 행사의 효과는 채무자에게 귀속되는 것이므로 채권자대위소송의 제기로 인한 소멸시효 중단의 효과 역시 채무자에게 생긴다(대법원 2011.10.13. 선고 2010다80930 판결).
- 채권자 甲이 채무자 乙을 대위하여 丙을 상대로 부동산에 관하여 부당이득반환을 원인으로 한 소유권이전등기절차 이행을 구하는 소를 제기하였다가 피보전권리가 인정되지 않는다는 이유로 소각하판결을 선고받아 확정되었고, 그로부터 3개월 남짓 경과한 후에 다른 채권자 丁이 乙을 대위하여 丙을 상대로 같은 내용의 소를 제기하였다가 丙과 사이에 피보전권리가 존재하지 않는다는 취지의 조정이 성립되었는데, 또 다른 채권자인 戊가 조정 성립일로부터 10여 일이 경과한 후에 乙을 대위하여 丙을 상대로 같은 내용의 소를 다시 제기한 사안에서, 채무자 乙의 丙에 대한 위 부동산에 관한 부당이득반환을 원인으로 한 소유권이전등기청구권의 소멸시효는 甲, 丁, 戊의 순차적인 채권자대위소송에 따라 최초의 재판상 청구인 甲의 채권자대위소송 제기로 중단되었다고 본 원심판단을 정당하다고 한 사례.
② 대법원 2012.7.5. 선고 2010다80503 판결
③ 당사자는 같으나 청구원인을 달리한다.

제7장 소송진행과 변론

문1. 소송지휘권에 대한 다음 설명 중 옳지 않은 것은? (다툼이 있는 경우 판례에 의함)

① 소송지휘권은 재판장이 가진다.

② 변론은 재판장이 지휘한다.

③ 재판장의 재판진행에 대한 이의신청에 대하여 법원은 결정으로 재판한다.

④ 변론의 재개신청은 법원의 직권발동을 촉구하는 의미밖에 없으며, 변론의 재개 여부는 법원의 직권사항이고 당사자에게는 신청권이 없다.

⑤ 당사자에게 변론을 재개하여 그 주장증명을 제출할 기회를 주지 않은 채 패소판결을 하는 것이 민사소송법이 추구하는 절차적 정의에 반하는 경우에는 법원은 변론을 재개할 의무가 있다.

〈해설〉 정답 ①

① 소송지휘권은 원칙적으로 법원에 속한다.

문2. 다음 중 판례가 소송절차에 관한 이의권의 포기·상실의 대상으로 보지 않는 것은?

> ㉠ 청구의 기초에 변경이 있는 소의 변경
> ㉡ 당사자 본인으로 신문해야 함에도 증인으로 신문한 경우
> ㉢ 판결정본의 부적법한 송달의 하자
> ㉣ 법원이 원고에게 피고의 답변서를 송달하지 아니하여 원고가 변론기일에서야 이를 직접 수령한 경우
> ㉤ 소송절차 중단 중의 행위
> ㉥ 보조참가인이 기일통지서를 송달받지 못한 경우
> ㉦ 판결의 선고기간이나 선고기일을 도과한 경우

① ㉠, ㉢, ㉣ 　　② ㉠, ㉢, ㉤, ㉦ 　　③ ㉢, ㉦

④ ㉢ 　　　　　⑤ 답이 없다

〈해설〉 정답 ③

㉠ 청구의 기초가 변경되었지만 피고가 이의를 제기한 바 없이 청구의 변경이 그대로 받아들여져 제1심 및 제2심 판결이 선고된 이상 피고는 책문권(소송절차에 관한 이의권)을 상실하여 더 이

상 이를 다툴 수 없다(대법원 1992.12.22. 선고 92다33831 판결).

ⓛ 당사자 본인으로 신문해야 함에도 증인으로 신문하였다 하더라도 상대방이 이를 지체 없이 이의하지 아니하면 책문권 포기, 상실로 인하여 그 하자가 치유된다(대법원 1992.10.27. 선고 92다32463 판결).

ⓒ 판례는 항소기간 기산점이 되는 판결정본의 부적법한 송달의 하자는 이에 대한 당사자의 소송절차이의권의 포기나 상실로 인하여 치유될 수 없다고 한다.

ⓔ 대법원 2011.11.24. 선고 2011다74550 판결

ⓜ 이시윤, p.337 참조.

ⓗ 기일통지서를 송달받지 못한 보조참가인이 변론기일에 직접 출석하여 변론할 기회를 가졌고, 위 변론 당시 기일통지서를 송달받지 못한 점에 관하여 이의를 하지 아니하였다면, 기일통지를 하지 않은 절차진행상의 흠이 치유된다(대법원 2007.2.22. 선고 2006다75641 판결).

ⓢ 이의권의 포기상실이 허용되는 것은 소송절차에 관한 규정 중에서도 처분 가능한 임의규정 위배에 한하고, 소송절차에 관한 규정이라도 효력규정이 아닌 훈시규정은 소송절차에 관한 이의권의 포기·상실이 배제된다(이시윤, p.343). 대법원 2008.2.1. 선고 2007다9009 판결: 당사자는 법원 또는 상대방의 소송행위가 소송절차에 관한 규정을 위반한 경우 민사소송법 제151조에 의하여 그 소송행위의 무효를 주장하는 이의신청을 할 수 있고 법원이 당사자의 이의를 이유 있다고 인정할 때에는 그 소송행위를 무효로 하고 이에 상응하는 조치를 취하여야 하지만, 소송절차에 관한 규정 중 단순한 훈시적 규정을 위반한 경우에는 무효를 주장할 수 없다. 민사소송법 제199조, 제207조 등은 모두 훈시규정이므로 법원이 종국판결선고기간 5월을 도과하거나 변론종결일로부터 2주 이내 선고하지 아니하였다 하더라도 이를 이유로 무효를 주장할 수는 없다.

문3. 기일의 지정에 대한 다음 설명 중 옳지 않은 것은? (다툼이 있는 경우 판례에 의함)

① 기일의 지정, 변경 및 속행은 재판장의 권한사항이다.

② 당사자가 증거신청을 위한 기일의 속행신청에도 불구하고 변론종결한 데 대하여 별도의 항고를 할 수 없다.

③ 기일의 변경은 기일개시 후에 그 기일에 아무런 소송행위를 하지 아니하고 신기일을 지정하는 것을 말한다.

④ 첫 변론기일 또는 첫 변론준비기일을 바꾸는 것은 현저한 사유가 없는 경우라도 당사자들이 합의하면 이를 허가한다.

⑤ 최초의 기일이 아닌 변론기일에서 당사자의 합의로 기일변경신청을 하고 출석하지 않았더라도 재판장이 기일을 변경하지 아니한 채 지정된 변론기일에서 사건과 당사자를 호명하였다면 그 불출석의 효과는 발생하였다.

<해설> 정답 ③

③ 기일연기에 관한 설명이다. 기일변경은 기일개시 전에 그 지정을 취소하고 이에 갈음하여 신기일을 지정하는 것을 말한다.

문4. 다음 중 <u>행위기간</u>인 것을 모두 묶은 것은?

> ㉠ 담보제공기간
> ㉡ 보정기간
> ㉢ 기일지정신청기간
> ㉣ 답변서제출기간
> ㉤ 판결선고기간
> ㉥ 공시송달의 효력발생기간
> ㉦ 상소기간과 재심기간

① ㉢, ㉣　　　　② ㉠, ㉡, ㉥　　　　③ ㉥

④ ㉤, ㉥　　　　⑤ ㉠, ㉡, ㉢, ㉣, ㉤, ㉦

<해설> 정답 ⑤

㉥은 유예기간이다.

문5. 다음 중 <u>불변기간</u>인 것을 모두 묶은 것은? (다툼이 있는 경우 판례 내지 다수설에 의함)

> ㉠ 상소기간과 재심기간
> ㉡ 상고이유서제출기간
> ㉢ 행정소송 제기기간
> ㉣ 소송행위의 추후보완기간
> ㉤ 공시송달기간
> ㉥ 쌍불 2회의 경우의 기일지정신청기간

① ㉠, ㉡, ㉢　　　② ㉠, ㉢　　　③ ㉠, ㉢, ㉣, ㉤

④ ㉥　　　　　　⑤ 답이 없다

<해설> 정답 ②

ⓛⓔⓜⓗ은 불변기간이 아니다. 불변기간은 법률에 '불변기간으로 한다'고 정해 놓은 기간이다.

문6. 다음 중 소송행위 추후보완사유로 <u>허용되는</u> 것으로만 묶인 것은? (다툼이 있는 경우 판례에 의함)

> ㉠ 소송의 진행 도중 소송서류의 송달이 불능하게 된 결과 부득이 공시송달의 방법에 의하게 된 경우
> ㉡ 피고가 제1심법원에 제출한 답변서에 변경된 주소를 기재하였음에도 법원이 이를 간과한 채 변론준비기일 소환장 등을 변경 전 주소로 등기우편에 의한 발송송달을 하고 판결정본을 공시송달하여 피고가 항소기간을 10여 일 경과한 후에 판결정본을 받아 본 경우
> ㉢ 무권대리인이 소송을 수행하고 판결정본을 송달받은 때
> ㉣ 당사자가 해외여행 중의 송달
> ㉤ 우편집배원으로부터 우편물의 전달을 부탁받은 자가 당사자에게 전달하지 않은 때
> ㉥ 항소장을 우편으로 발송하였으나 배달지연으로 항소기간을 도과한 경우
> ㉦ 판결정본을 송달받은 소송대리인이나 변호사사무원이 당사자에게 판결정본 송달사실을 통지하지 않은 경우

① ㉠, ㉡, ㉢, ㉣, ㉤ ② ㉡, ㉢, ㉣, ㉤ ③ ㉡, ㉢, ㉤, ㉥
④ ㉣, ㉤, ㉥ ⑤ ㉡, ㉢

<해설> 정답 ②

판례는 ㉡㉢㉣㉤의 경우에만 추후보완을 허용한다.

문7. 소송행위의 추후보완에 관한 다음 설명 중 <u>옳지 않은</u> 것은? (다툼이 있는 경우 판례에 의함)

① 추후보완사유의 유무는 소송요건으로서 법원의 직권조사사항이므로 이에 관한 당사자의 주장은 직권발동을 촉구하는 의미밖에 없어 이에 대하여 판단하지 아니하였다고 하더라도 판단유탈의 상고이유로 삼을 수 없다.
② 송달이 부적법 무효가 되어 불변기간이 진행될 수 없는 경우에는 추후보완의 문제는 생기지 않는다.

③ 상소기간경과 후에 이루어진 판결경정 내용이 경정 이전에 비하여 불리하다는 사정만으로 추후보완상소가 적법한 것으로 볼 수 없다.

④ 피고가 소송계속 사실을 처음부터 알지 못한 채 판결이 선고되었고 판결정본이 공시송달의 방법으로 피고에게 송달되어 확정된 이후에야 비로소 피고가 그러한 사실을 알게 되었다면, 특별한 사정이 없는 한, 피고가 상소제기의 불변기간을 지키지 못한 것은 피고가 책임질 수 없는 사유로 말미암은 것이라고 보아야 한다.

⑤ 정상적으로 소송을 수행하여 오던 당사자가 원래 예정된 선고기일 직후의 재판 진행상황을 그 즉시 알아보지 아니함으로써 불변기간을 준수하지 못하게 된 경우 이는 당사자가 책임을 질 수 없는 사유로 인한 것이라고 볼 수 없다.

〈해설〉 정답 ⑤

⑤ 대법원 2001.2.23. 선고 2000다19069 판결: 제1심 소송절차에서 한 번도 빠짐없이 변론기일에 출석하여 소송을 수행하였는데 법원이 직권으로 선고기일을 연기하면서 당사자에게 이를 통지하는 절차를 누락하였고 판결정본에 관해서는 한여름 휴가철에 연속하여 송달하였으나 폐문부재로 송달불능되자 이를 공시송달한 사안에서, 당사자로서는 선고기일과 멀지 않은 날짜에 법원에 가서 판결정본을 직접 수령하기 전까지는 자기가 책임을 질 수 없는 사유로 판결선고사실을 알 수 없었다고 봄이 상당하고, <u>정상적으로 소송을 수행하여 오던 당사자가 원래 예정된 선고기일 직후의 재판진행상황을 그 즉시 알아보지 아니함으로써 불변기간을 준수하지 못하게 되었다 할지라도 그 책임을 당사자에게 돌릴 수 없다</u>고 보아 추완항소를 허용한 사례.

문8. 다음은 소송행위의 추후보완에 관한 설명이다. <u>옳지 않은</u> 것은? (다툼이 있는 경우 판례에 의함)

① 우편집배원이 상고인(원고)에게 발송된 소송기록접수통지서를 착오로 그 수령권한이 없는 사람에게 배달함으로써 원고가 이를 송달받지 못하여 상고이유서 부제출로 상고기각판결이 확정된 경우 원고는 상고이유서의 추후보완신청을 할 수 있다

② 추후보완기간은 불변기간이 아니므로 부가기간을 정할 수 없다.

③ 해외에 거주 중인 피고에 대한 소장부본, 판결정본 등이 공시송달의 방법으로 송달된 후 피고를 대신하여 재판기록을 열람·등사한 피고의 동생이 당해 사건에 관한 소송대리인이 아닌 경우, 재판기록을 열람·등사한 때에 추후보완사유가 종료되었다고 볼 수 없고 피고가 재판기록을 송부받아 소송의 진행 및 결과를 알게 된 때에 추후보완사유가 종료된 것으로 본다.

④ 제1심 피고의 주민등록상 주소지가 아닌 장소에 소장이 송달되어 자백간주판결이 선고되었는데, 그 후 판결이 공시송달의 방법으로 송달된 경우 피고가 그 판결정본을 영수한 때 그 판결이 공시송달의 방법으로 송달된 사실을 알았다고 보기 어렵다.

⑤ 매각허가결정에 대하여 이해관계인이 추후보완에 의한 항고를 제기한 경우 항고법원에서 추후보완신청이 허용되었다면 비록 다른 이유로 항고가 이유 없는 경우에도 매각허가결정은 확정되지 아니하고 따라서 그 이전에 이미 매각허가결정이 확정된 것으로 알고 경매법원이 매각대금 납부기일을 정하여 매수인으로 하여금 매각대금을 납부하게 하였다고 하더라도 이는 적법한 매각대금의 납부라고 할 수 없는 것이어서, 배당절차가 종료됨으로써 경매가 완결되었다고 하여 그 추후보완신청을 받아들일 수 없는 것은 아니다.

〈해설〉 정답 ①

① 판례는 상고이유서 제출기간은 불변기간이 아니므로 추후보완신청의 대상이 될 수 없다고 본다.
③ 대법원 2000.9.5. 선고 2000므87 판결
⑤ 대법원 2002.12.24.자 2001마1047 전원합의체 결정

문9. 다음 〈사례〉에 관한 설명 중 <u>가장 옳지 않은</u> 것은? (다툼이 있는 경우 통설·판례에 의함)

> <사례>
> 甲이 乙을 상대로 X 부동산에 대한 소유권이전등기청구의 소를 제기하면서 乙의 주소 등을 알 수 있었음에도 불구하고 소재불명 또는 거짓 주소 등으로 공시송달의 방법으로 甲 승소의 확정판결을 받았다.

① 판결정본이 공시송달의 방법에 의하여 乙에게 송달되었다면 비록 乙의 주소가 허위이거나 그 요건에 미비가 있다 할지라도 그 송달은 유효한 것이므로 항소기간의 도과로 위 판결은 형식적으로 확정되어 기판력이 발생한다.

② 乙이 공시송달에 의한 판결의 송달사실을 과실 없이 알지 못한 경우에는 당사자나 소송대리인이 단순히 판결이 있었던 사실을 안 때가 아니고 통상의 경우에는 당사자나 소송대리인이 그 사건기록의 열람을 하거나 새로이 판결정본을 영수한 때에 비로소 그 판결이 공시송달의 방법으로 송달된 사실을 알게 되었다고 보아야 한다.

③ 상소의 추후보완신청을 하는 것만으로는 그 불복을 신청한 판결의 집행력이나 기판력에 아무런 영향이 없으므로 확정판결의 집행정지를 시키려면 별도의 집행 정지결정을 받아야 한다.

④ 乙은 추후보완항소로 구제받아야 하고 재심에 의하여 구제받을 수 없다.

⑤ 甲이 위 확정판결에 기하여 甲 앞으로 소유권이전등기를 경료한 경우 乙이 추후보완항소를 제기하였다고 하여 甲 명의의 소유권이전등기가 원인무효라고 주장할 수 없다.

〈해설〉 정답 ④

④ 재심과 추후보완상소가 구제수단으로 양립될 수 있다(김홍엽, 제3판, p.495 참조). 재심의 소를 제기하면 확정판결이 행해진 당해 심급에서 재판을 받게 되므로 심급의 이익이 보장되지만, 확정판결 후 5년이 지나면 재심사유를 안 날로부터 30일 이내라고 하더라도 재심의 소를 제기할 수 없으나, 확정판결 후 5년이 지났다고 하더라도 공시송달에 의해 재판이 된 사실을 안 날 (불변기간을 지킬 수 없었던 사유가 없어진 날인 경우)로부터 14일 이내라면 추후보완상소가 가능하게 된다.

문10. 다음 중 소송행위의 추후보완에 관한 판례의 입장으로 옳지 않은 것은?

① 원고의 지병으로 인한 집중력 저하와 정신과 치료 등으로 인하여 지속적으로 집중하기 힘든 상태에 있었던 관계로 부득이하게 상고기간을 넘긴 경우, 이는 원고가 책임질 수 없는 사유에 해당한다.

② 소송의 진행 도중 통상의 방법으로 소송서류를 송달할 수 없게 되어 공시송달의 방법으로 송달한 경우에는 당사자에게 소송의 진행상황을 조사할 의무가 있으므로, 당사자가 이러한 소송의 진행상황을 조사하지 않아 불변기간을 지키지 못하였다면 이를 당사자가 책임질 수 없는 사유로 말미암은 것이라고 할 수 없다.

③ 피항소인에게 항소장의 부본 및 변론기일 소환장이 공시송달의 방법에 의하여 송달되었고, 판결정본도 공시송달의 방법으로 송달되었다면, 피항소인으로서는 항소심의 절차가 진행되었던 사실을 모르고 있었다고 할 것이어서 특별한 사정이 없는 한 피항소인은 과실 없이 그 판결의 송달을 알지 못한 것이라고 할 것이고, 이러한 경우 피항소인은 그 책임질 수 없는 사유로 말미암아 불변기간을 준수할 수 없었던 때에 해당하여 그 사유가 없어진 날부터 2주 이내에 추완상고를 할 수 있다.

④ 항소인이 추완항소임을 명백히 하지 아니한 이상 법원이 항소각하판결을 하기 전에 반드시 추완사유의 유무를 심리하거나 이를 주장할 수 있는 기회를 주어야 하는 것은 아니다.

⑤ 소송서류를 공시송달의 방법으로 송달하기 위해서는 당사자 주소 등 송달할 장소를 알 수 없는 경우이어야 하고 법원이 송달장소는 알고 있으나 단순히 폐문부재로 송달되지 아니한 경우에는 공시송달을 할 수 없다.

〈해설〉 정답 ①

① 원고의 지병으로 인한 집중력 저하와 정신과 치료 등으로 인하여 지속적으로 집중하기 힘든 상태에 있었던 관계로 부득이하게 상고기간을 넘겼는데, 이는 원고가 책임질 수 없는 사유로 말미암아 불변기간을 지킬 수 없었던 경우에 해당한다는 사유는 당사자가 책임질 수 없는 사유에 해당한다고 볼 수 없다(대법원 2011.12.27. 선고 2011후2688 판결).

② 대법원 2012.10.11. 선고 2012다44730 판결

③ 대법원 2012.4.13. 선고 2011다102172 판결, 대법원 2012.3.29. 선고 2011므4443 판결

④ 대법원 2011.9.29.자 2011마1335 결정

⑤ 대법원 2011.10.27.자 2011마154 결정

문11. 송달에 대한 다음 설명 중 옳은 것을 모은 것은? (다툼이 있는 경우 판례에 의함)

> ㉠ 소송대리인이 여럿 있는 경우에는 그들이 공동대리인이 아닌 경우에도 그 가운데 한 사람에게 송달하면 된다.
> ㉡ 교도소 또는 구치소에 구속된 자에 대한 송달은 그 소장에게 하면 구속된 사람에게 전달된 여부와 관계없이 효력이 생긴다.
> ㉢ 판결은 정본으로 송달하여야 하나, 결정이나 명령의 송달은 반드시 정본으로 하여야 하는 것은 아니다.
> ㉣ 송달통지서는 송달이 적법하게 이루어졌는가에 관한 유일한 증거방법이다.
> ㉤ 국가를 당사자로 하는 소송에 있어서 국가에 대한 송달은 국가의 대표자인 법무부장관에게 송달한다.
> ㉥ 우편송달과 우편에 의한 송달은 동일한 개념이다.

① ㉠, ㉡, ㉢   ② ㉡, ㉢   ③ ㉢, ㉣, ㉤

④ ㉢   ⑤ ㉡, ㉥

〈해설〉 정답 ②

㉠ 공동대리인이 아닌 경우 각자(모두)에게 송달하여야 한다. 대법원 2011.9.29.자 2011마1335 결정: 민사소송의 당사자는 민사소송법 제396조 제1항에 의하여 판결정본이 송달된 날부터 2주 이내에 항소를 제기하여야 한다. 한편 당사자에게 여러 소송대리인이 있는 때에는 민사소송법 제93조에 의하여 각자가 당사자를 대리하게 되므로, 여러 사람이 공동으로 대리권을 행사하는 경우 그중 한 사람에게 송달을 하도록 한 민사소송법 제180조가 적용될 여지가 없어 법원으로서는 판결정본을 송달함에 있어 여러 소송대리인에게 각각 송달을 하여야 하지만, 그와 같은 경우에도 소송대리인 모두 당사자 본인을 위하여 소송서류를 송달받을 지위에 있으므로 당사자에 대한 판결정본 송달의 효력은 결국 소송대리인 중 1인에게 최초로 판결정본이 송달되었을 때 발생한다. 따라서 당사자에게 여러 소송대리인이 있는 경우 항소기간은 소송대리인 중 1인에게 최초로 판결정본이 송달되었을 때부터 기산된다.

㉡ 유일한 증거가 아니다.

㉢ 구 국가를 당사자로 하는 소송에 관한 법률(1997.12.13. 법률 제5427호로 개정되기 전의 것) 제9조의 규정에 의하면, 국가소송의 경우 국가에 대한 송달은 수소법원에 대응하는 검찰청의 장에게 하도록 되어 있는바, 국가를 당사자로 하는 소송에 있어서는 법무부장관이 국가를 대표한다 하더라도 법무부장관에 대한 제1심 판결정본의 송달은 이와 같은 규정에 위배하여 부적법하고, 불변기간인 항소 제기기간에 관한 규정은 성질상 강행규정이므로, 그 기간 계산의 기산점이 되는 판결정본 송달상의 하자는 이에 대한 법무부장관의 이의권(책문권)의 상실로 인하여 치유된다고 볼 수도 없다(대법원 2002.11.8. 선고 2001다84497 판결).

㉣ 우편송달은 법원사무관에 의한 발송송달이고(제187조), 우편에 의한 송달은 우편집배원에 의한 송달(제176조 제2항)이다.

문12. 다음은 송달실시방법에 관한 설명이다. 옳지 않은 것은? (다툼이 있는 경우 판례에 의함)

① 송달은 원칙적으로 받을 사람의 주소·거소·영업소 또는 사무소에서 해야 하고, 여기서 말하는 영업소 또는 사무소는 송달받을 사람 자신이 경영하는 영업소 또는 사무소를 의미하는 것이지 송달받을 사람이 경영하는 회사의 사무실은 송달받을 사람의 영업소나 사무소라 할 수 없고, 이는 그의 근무장소에 지나지 아니한다.

② 소장, 지급명령신청서 등에 기재된 주소 등의 장소에 대한 송달을 시도하지 않은 채 근무장소로 한 송달은 위법하다.

③ 우체국창구에서 송달받을 자의 동거자에게 송달서류를 교부한 것도 적법하다.

④ 판결정본을 원고가 수령하여 원고의 처가 피고의 처를 통하여 피고에게 교부한 경우 송달절차가 부적법하다.

⑤ 법인의 대표자의 주소지가 아닌 소장에 기재된 법인의 주소지로 발송하였으나 이사불명으로 송달불능된 경우에는, 법인의 대표자의 주소지로 소장부본 등을 송달하여 보고 그 곳으로도 송달되지 않을 때에 주소 보정을 명하여야 한다.

〈해설〉 정답 ③

③ 부적법(우체국 창구는 송달장소가 아니다): 대법원 2001.8.31.자 2001마3790 결정

문13. 송달에 대한 다음 설명 중 <u>옳지 않은</u> 것을 모은 것은? (다툼이 있는 경우 판례에 의함)

> ㉠ 송달받을 사람의 주소 등을 알지 못하거나 그 장소에서 송달할 수 없는 때에는 송달받을 사람이 취업하고 있는 근무장소에서 송달할 수 있다.
> ㉡ 본래의 주소 등에서 보충송달을 할 경우 사무원 등에게 소송서류를 교부한 때에 송달의 효력이 생기고 송달받을 사람의 손에 들어갔는지는 송달의 효력에 관계가 없다.
> ㉢ 보충송달에서 사리를 분별할 지능이 있는 사람이란 반드시 성년자임을 요하지 않는다.
> ㉣ 보충송달을 할 수 있는 동거인은 송달을 받을 사람과 동일 세대가 아니더라도 임대인과 임차인의 관계도 포함한다.
> ㉤ 이혼한 처라도 사실상 동일 세대에 소속되어 생활을 같이 하고 있다면 동거인으로 본다.
> ㉥ 빌딩이나 아파트 경비원, 관리인은 송달수령권이 없다.

① ㉠, ㉡　　② ㉣, ㉥　　③ ㉣
④ ㉥　　⑤ ㉢, ㉣

〈해설〉 정답 ②

㉣ 판례는 송달을 받을 사람과 같은 집에서 거주한다고 하더라도 세대를 달리하는 임대인과 임차인 등의 관계일 때에는 동거인으로 보지 않는다(이시윤, p.417 참조).
㉥ 종전 80년대의 판례는 경비원과 관리인의 송달수령권을 부인하였으나, 근자에는 송달수령권을 <u>묵시적으로 위임한 것으로</u> 보고 있다. 대법원 2000.7.4. 선고 2000두1164 판결: 납세의무자

가 거주하는 아파트에서 일반우편물이나 등기우편물 등 특수우편물이 배달되는 경우 관례적으로 아파트 경비원이 이를 수령하여 거주자에게 전달하여 왔고, 이에 대하여 납세의무자를 비롯한 아파트 주민들이 평소 이러한 특수우편물 배달방법에 관하여 아무런 이의도 제기한 바 없었다면, 납세의무자가 거주하는 아파트의 주민들은 등기우편물 등의 수령권한을 아파트 경비원에게 묵시적으로 위임한 것이라고 봄이 상당하다.

문14. 다음은 우편송달에 관한 설명이다. 옳지 않은 것을 모두 모은 것은? (다툼이 있는 경우 판례에 의함)

㉠ 우편송달은 우편집배원이 송달을 실시한다.

㉡ 등기우편에 의한 발송송달은 송달받을 자의 주소 등 송달하여야 할 장소는 밝혀져 있으나 송달받을 자는 물론이고 그 사무원, 고용인, 동거인 등 보충송달을 받을 사람도 없거나 부재하여서 원칙적 송달방법인 교부송달은 물론이고 민사소송법 제186조에 의한 보충송달과 유치송달도 할 수 없는 경우에 할 수 있다.

㉢ 종전에 송달이 이루어지기도 하였던 피고 본인의 주소지에 대한 송달을 시도하여 보지도 아니한 채 피고 소송대리인 사무실로 송달하였다가 '수취인 불명'으로 송달불능되자 곧바로 위 소송대리인 주소지를 송달장소로 하여 발송송달을 한 것은 부적법한 송달이다.

㉣ 우편송달은 등기우편 발송시에 송달이 완료된 것으로 보고, 민사소송법 제187조에 의한 발송송달은 당해 서류의 송달에 한하나, 제185조 제2항 사유에 의한 송달은 그 이후의 모든 송달을 발송송달로 할 수 있다.

㉤ 확정일자 있는 우체국의 특수우편물 수령증이 첨부되지 아니한 송달보고서에 의한 송달은 부적법하다.

㉥ 판결정본은 발송송달을 할 수 없다.

① ㉠, ㉢　　　② ㉣, ㉤, ㉥　　　③ ㉠, ㉥

④ ㉥　　　⑤ 답이 없다

〈해설〉 정답 ③

㉠ 우편송달은 법원사무관 등이 하는 점에서 우편집배원이 실시하는 다른 송달과 구별된다.

㉥ 판결정본은 발송송달을 할 수 있으나, 화해권고결정이나 이행권고결정은 발송송달을 할 수 없다.

문15. 공시송달에 관한 다음 설명 중 <u>옳지 않은</u> 것은? (다툼이 있는 경우 판례에 의함)

① 당사자의 사망, 법인이 당사자인 때의 대표자의 사망인 경우에는 공시송달을 할 수 없다.

② 공시송달은 재판장의 직권 또는 당사자의 신청에 의해서 할 수 있다.

③ 공시송달의 요건이 갖추어지지 아니하였다고 하더라도, 재판장의 명에 의하여 공시송달이 된 이상, 원칙적으로 공시송달의 효력에는 영향이 없고, 공시송달명령에는 불복할 수 없다.

④ 조정에 갈음하는 결정, 화해권고결정, 이행권고결정, 지급명령의 송달은 공시송달에 의할 수 없다.

⑤ 당사자에 대한 변론기일 소환장이 공시송달된 경우에도 송달된 것으로 간주하기 때문에, 변론기일에 그 당사자가 출석하지 아니하였다면 쌍방 불출석의 효과가 발생한다.

〈해설〉 정답 ⑤

① 불가: 대법원 1991.10.22. 선고 91다9985 판결
② 직권 또는 당사자의 신청에 의해 재판장의 명령으로 한다.
③ 추후보완상소 또는 재심에 의하여 구제받을 수 있다.
④ 당사자에 대한 변론기일 소환장이 공시송달된 경우, 그 당사자는 각 변론기일에 적법한 절차에 의한 송달을 받았다고 볼 수 없으므로, 위 공시송달의 효력이 있다 하더라도 각 변론기일에 그 당사자가 출석하지 아니하였다고 하여 쌍방 불출석의 효과가 발생한다고 볼 수 없다.

문16. 송달의 하자(흠)와 관련하여 다음 설명 중 <u>옳지 않은</u> 것을 모두 묶은 것은? (다툼이 있는 경우 판례 내지 다수설에 의함)

> ㉠ 수감자에 대해 종전 주소지에 한 송달은 무효이다.
> ㉡ 사망자에 대한 송달을 상속인이 받는 경우 그 송달은 상속인에 대한 송달로 유효하다.
> ㉢ 보충송달이나 유치송달을 해보지도 않고 한 발송송달은 무효이다.
> ㉣ 송달통지서에 우편집배원의 날인이 없는 것은 무효이다.
> ㉤ 공시송달에 흠이 있는 경우 무효이다.

ⓑ 판결정본을 피고의 허위주소로 송달한 경우 패소한 피고가 판결선고 사실
을 알고 이에 대하여 재심청구를 하였다가 취하하였다고 하더라도 상소기
간은 진행될 수 없는 것이므로 당사자는 언제라도 상소할 수 있다.

① ㄱ, ㄹ, ㅁ ② ㄹ, ㅁ, ㅂ ③ ㄹ, ㅁ
④ ㄴ, ㄹ, ㅁ ⑤ ㄷ, ㄹ, ㅁ

〈해설〉 정답 ③

ㄹ 송달통지서에 집배원의 날인이 없는 경우 송달이 무효가 아니다.
ㅁ 공시송달의 요건에 흠이 있어도 재판장이 공시송달을 명하여 절차를 취한 경우에는
유효한 송달이고, 공시송달의 무효임을 전제로 한 재송달은 있을 수 없다.

문17. 다음 〈사례〉에 관한 설명 중 옳지 않은 것은? (다툼이 있는 경우 판례에 의함)

> <사례>
> 甲이 원고가 되어 배우자인 乙을 상대로 폭행 또는 심히 부당한 대우를 이유
> 로 이혼과 위자료 금 7,000만 원 등을 청구하자, 제1심은 甲의 주장을 일부
> 받아들여 이혼과 함께 위자료 금 1,500만 원과 재산분할로 금 1억 원의 지급
> 을 명하는 내용의 판결을 선고하였다. 이에 乙이 항소하여 그 소송이 항소심
> 법원에 계속되어 있던 중, 甲이 사망하였다.

① 위 甲과 乙의 이혼소송은 甲의 사망으로 인하여 종료되고, 甲의 부모가 위
이혼소송을 수계할 수 없다.
② 甲의 이혼위자료청구권은 원칙적으로 일신전속적 권리로서 양도나 상속 등
승계가 되지 아니하나 이는 행사상의 일신전속권이고 귀속상의 일신전속권
은 아니라 할 것이며, 그 청구권자가 위자료의 지급을 구하는 소송을 제기
함으로써 그 청구권을 행사할 의사가 외부적 객관적으로 명백하게 된 이상
양도나 상속 등 승계가 가능하다.
③ 甲의 이혼청구에 부대한 재산분할청구권도 甲의 사망으로 인하여 종료된다.
④ 甲의 부모는 甲이 乙을 상대로 제기한 이혼소송뿐만 아니라 이혼소송에 부

대한 위자료청구소송, 재산분할청구 어떠한 것도 수계할 수 없다.

⑤ 甲이 乙을 상대로 이혼소송을 제기하여 승소판결을 받아 그 판결이 확정된 후에 乙이 위 판결에 재심사유가 있음을 들어 재심청구의 소를 제기하여 심리 중에 재심피고인 甲이 사망한 경우에는 검사가 위 재심소송을 수계한다.

〈해설〉 정답 ④

④ 위자료청구소송은 수계할 수 있다.

문18. 소송절차의 중단에 관한 다음 설명 중 옳지 않은 것은? (다툼이 있는 경우 판례에 의함)

① 소송대리인의 사망이나 소송대리권소멸의 경우에는 소송절차가 중단되지 아니한다.

② 법정대리권이나 대표권의 소멸로 바로 소송절차가 중단된다.

③ 법인의 권리의무가 상법상 회사분할의 규정 등 법률의 규정에 의하여 새로 설립된 법인에 승계된 경우 소송절차가 중단된다.

④ 당사자인 법인으로부터 영업양도를 받았다는 것만으로는 소송절차가 중단되지 않는다.

⑤ 도시 및 주거환경정비법상의 조합설립추진위원회 상대의 소송계속 중 조합이 설립되었다면 조합은 추진위원회의 법률상 지위를 승계하므로 소송절차가 중단된다.

〈해설〉 정답 ②

② 상대방에 통지가 있어야 중단된다.

문19. 일정한 자격에 의하여 자기 이름으로 남을 위하여 소송당사자가 된 사람이 그 자격을 잃거나 죽은 때에 소송절차는 중단된다(민사소송법 제237조 제1항). 다음 중 자기 이름으로 남을 위하여 소송당사자가 된 사람은?

① 채권자대위권에 기하여 소송을 하는 채권자

② 질권의 목적이 된 채권에 대하여 소송을 하는 채권질권자

③ 추심명령을 받은 후 제3채무자를 상대로 소송을 하는 채권자

④ 주주대표소송의 주주

⑤ 유언집행자

〈해설〉 정답 ⑤

⑤ 이 외에는 전부 자신의 권리나 지위에 기하여 자기를 위하여 소송담당자가 된 사람들이다. 이들이 사망한 때에는 제237조에 따른 중단이 생기는 것이 아니라 제233조에 따른 중단이 생긴다.

문20. 소송절차의 중단사유에 관한 다음 설명 중 옳지 않은 것은? (다툼이 있는 경우 판례에 의함)

① 소제기 전에 이미 사망한 사람이 당사자가 된 경우에는 상속인에 의한 수계신청은 허용될 수 없다.

② 이사의 지위에서 이사회결의무효확인소송을 제기한 경우에 이사의 사망으로 소송절차는 중단되지 않고 종료한다.

③ 필수적 공동소송의 경우에도 죽은 당사자와 그 상대방 간에만 소송절차의 중단이 생긴다.

④ 공동파산관재인 중 1인만의 사임은 소송절차중단·수계사유가 되지 아니한다.

⑤ 양육자지정청구 및 양육비지급청구 중 당사자의 사망으로 소송절차는 중단되지 않고 종료된다.

〈해설〉 정답 ③

③ 전면적으로 중단된다.

문21. 다음 〈사례〉에 관한 설명 중 옳지 않은 것은? (다툼이 있는 경우 판례에 의함)

<사례>
甲이 2011.5.31. 망 乙을 상대로 서울중앙지방법원에 X 부동산에 관한 소유권이전등기절차의 이행을 구하는 소송을 제기하자, 위 법원은 2011.9.6. 위 사건의 변론을 종결한 다음, 같은 달 27. 甲의 청구를 전부 인용하는 내용의 판결을 선고하고, 乙에게 그 판결정본을 공시송달의 방법으로 송달하였다. 그런

데 乙은 그 판결선고 전인 같은 해 9.15. 사망하였다. 乙의 상속인 중의 1인인 A는 2012.4.13.경에야 이 사건 판결의 존재를 알게 되었다고 주장하면서 2012.5.10. 위 법원에 위 망인에 대한 소송수계신청을 함과 아울러 이 사건 재심의 소를 제기하였다.

① 항소기간은 판결의 송달을 받은 날로부터 진행되는 것이고, 다만 판결송달 전에도 항소를 제기할 수 있으나, 패소 당사자가 판결송달 전에 판결이 선고된 사실을 안 경우에도 그 안 날로부터 항소기간이 진행하는 것은 아니다.

② 항소제기기간은 불변기간이고, 이에 관한 규정은 성질상 강행규정이므로 그 기간 계산의 기산점이 되는 위 판결정본의 부적법한 송달의 하자는 이에 대한 피고의 소송절차이의권의 포기나 상실로 인하여 치유될 수 없다.

③ 甲이 乙을 상대로 제기한 소송은 乙의 사망으로 중단되었고, 다만 판결의 선고는 소송절차가 중단된 중에도 할 수 있으므로 서울중앙지방법원이 2011.9.27. 판결을 선고한 것은 적법하다.

④ 위 서울중앙지방법원의 소송절차는 그 판결선고와 동시에 중단되었으므로 乙에 대하여 판결정본을 공시송달한 것은 효력이 없다.

⑤ A가 이 사건 재심대상판결의 존재를 알면서 소송수계신청을 함으로써 소송 중단사유는 해소되고, 그때부터 항소기간이 진행됨으로써 이 사건 재심대상 판결이 확정되었고 따라서 이 사건 재심의 소는 적법하다.

〈해설〉 정답 ⑤

⑤ 대법원 2007.12.14. 선고 2007다52997 판결에 의해 파기된 원심판결

문22. 다음은 소송절차 중단의 해소에 관한 설명이다. 옳지 않은 것은? (다툼이 있는 경우 판례에 의함)

① 상속인 전원이 공동으로 소송을 수계하여야 하는 것은 아니고 개별적으로 수계신청하여도 무방하다.

② 당사자가 사망한 경우 상속인, 상속재산관리인, 유언집행자, 특정유증을 받은 수증자도 수계신청을 할 수 있다.

③ 상속인 중 한 사람만이 수계절차를 밟아 재판을 받았으면 수계절차를 밟지

않은 다른 상속인의 소송관계는 중단된 채 제1심에 그대로 계속되어 있게 된다.

④ 당사자가 제1심판결선고 전에 사망하였음에도 제1심법원이 이를 간과하고 판결을 하였다면 이러한 판결은 당연무효의 판결이므로 항소법원으로서는 제1심판결을 취소하고 소송종료선언을 하여야 한다.

⑤ 가사소송사건에서 원고사망 등의 경우는 다른 제소권자가 있으면 그가 소송승계를 할 수 있는데 승계신청을 6개월 내에 하지 않으면 소의 취하로 본다.

〈해설〉 정답 ②

② 특정유증을 받은 수증자는 수계신청을 할 수 없다. 대법원 2010.12.23. 선고 2007다22859 판결: 유언자가 자신의 재산 전부 또는 전 재산의 비율적 일부가 아니라 단지 일부 재산을 특정하여 유증한 데 불과한 특정유증의 경우에는, 유증목적인 재산은 일단 상속재산으로서 상속인에게 귀속되고 유증을 받은 자는 단지 유증의무자에 대하여 유증을 이행할 것을 청구할 수 있는 채권을 취득하게 될 뿐이므로, 유증자가 사망한 경우 그의 소송상 지위도 일단 상속인에게 당연승계되는 것이고 특정유증을 받은 자가 이를 당연승계할 여지는 없다.

⑤는 가사소송법 제16조 참조.

문23. 다음은 설명 중 옳지 않은 것은? (다툼이 있는 경우 판례에 의함)

① 단체의 정관에 따른 의사결정기관의 구성원이 그 지위에 기하여 위 단체를 상대로 그 의사결정기관이 한 결의의 존재나 효력을 다투는 민사소송을 제기하였다가 그 소송계속 중에 사망한 경우 위 소송은 본인의 사망으로 중단됨이 없이 그대로 종료된다.

② 종중 대표자가 소송계속 중 대표권을 잃은 때에 소송절차는 중단되고, 이 경우 종중 대표자가 된 사람이 소송절차를 수계하여야 한다.

③ 부재자재산관리인이 소송계속 중 해임되어 관리권을 상실하는 경우 소송절차는 중단되고 새로 선임된 재산관리인이 소송을 수계한다.

④ 파산관재인이 여럿인 경우에는 파산관재인 전원이 소송당사자가 되어야 하는 필수적 공동소송에 해당하고 공동파산관재인 중 일부가 죽거나 그 자격을 잃은 사람이 있는 경우에는 남아 있는 파산관재인은 자격을 상실한 파산관재인을 수계하기 위한 절차를 밟아야 한다.

⑤ 변론종결 후에 채무자 회사에 대하여 회생절차 개시결정이 있었다고 하더라도 채무자 회사에 대한 판결선고는 적법하다.

<해설> 정답 ④

④ 대법원 2008.4.24. 선고 2006다14363 판결: 공동파산관재인 중 일부가 파산관재인의 자격을 상실한 때에는 남아 있는 파산관재인에게 관리처분권이 귀속되고 소송절차는 중단되지 아니한다고 할 것이므로, 남아 있는 파산관재인은 자격을 상실한 파산관재인을 수계하기 위한 절차를 따로 거칠 필요가 없이 혼자서 소송행위를 할 수 있다고 할 것이다.

문24. 당사자에게 소송대리인이 있는 경우 당사자의 사망과 소송절차의 중단에 관한 다음 설명 중 <u>가장 옳지 않은</u> 것은? (다툼이 있는 경우 판례에 의함)

① 소송대리인은 수계절차를 밟지 아니하더라도 신당사자의 소송대리인이 되며, 판결의 효력은 신당사자에게 미친다.

② 소송대리인이 있어 소송절차가 중단되지 아니하는 경우에도 상속인은 소송절차를 수계할 수 있다.

③ 만일 구당사자로 표시하여 판결이 선고된 때에는 소송승계인에 대한 승계집행문을 받아야 한다.

④ 소송대리인이 있는 경우에도 당해 심급의 판결정본이 송달됨으로써 소송절차가 중단된다.

⑤ 소송대리인에게 상소에 관한 특별수권이 부여된 경우 소송대리인이 패소한 당사자를 위하여 상소를 제기하지 아니하면 상소기간 도과로 판결은 확정된다.

<해설> 정답 ③

③ 소송승계인을 당사자로 판결경정을 하면 된다. 대법원 2002.9.24. 선고 2000다49374 판결 참조.

문25. 다음 중 원칙적으로 변론 없이 재판할 수 있는 것이 아닌 것으로만 묶인 것은? (다툼이 있는 경우 판례에 의함)

> ㉠ 공시송달에 의한 판결을 하는 때
> ㉡ 소송비용에 대한 담보제공의 결정을 받고도 담보를 제공하지 않아 소각하 판결을 하는 때
> ㉢ 상고심판결을 하는 때

② 소송요건이나 상소요건에 보정할 수 없는 흠이 있어 각하판결을 하는 때

⑩ 피고가 소장부본을 송달받고 30일 내에 답변서를 제출하지 아니하여 무변론판결을 하는 때

⑪ 소액사건에서 소송기록에 의하여 청구가 이유 없음이 명백하여 기각판결을 하는 때

① ㉠   ② ㉠, ㉢   ③ ㉢, ㉤

④ ㉢   ⑤ 답이 없다

〈해설〉 정답 ①

㉠ 공시송달에 의한 판결절차에서도 필요적 변론의 원칙이 적용되어 변론에서 행한 구술진술만이 재판의 자료가 된다.

문26. 다음 중 법원의 재량에 의하여 임의적으로 변론을 열 수 있는 경우가 아닌 것은? (다툼이 있는 경우 판례에 의함)

㉠ 특별대리인의 선임

㉡ 회생·파산·개인회생사건

㉢ 항고사건

㉣ 가압류·가처분신청사건

㉤ 판결경정

㉥ 소송비용액의 확정

㉦ 필수적 공동소송인의 추가와 피고의 경정

① ㉠, ㉤   ② ㉤   ③ ㉡, ㉦

④ ㉦   ⑤ 답이 없다

〈해설〉 정답 ⑤

모두 임의적 변론에 의한다.

문27. 다음 중 변론의 준비에 관한 설명 중 <u>옳지 않은</u> 것으로만 묶인 것은? (다툼이 있는 경우 판례에 의함)

> ㉠ 서증이 첨부된 소장 또는 준비서면이 진술간주되는 경우에 서증을 제출한 것으로 본다.
> ㉡ 피고가 자기의 준비서면에 기재하지 않은 시효의 항변은 원고가 출석하지 않았으면 법정에 나가 제출할 수 없다.
> ㉢ 변론기일에 한쪽 당사자가 불출석한 경우에 출석한 당사자만으로 변론을 진행할 때에는 반드시 불출석한 당사자가 그때까지 제출한 소장·답변서 그 밖의 준비서면에 적혀있는 사항을 진술한 것으로 보아야 한다.
> ㉣ 변론준비기일에 쌍방 2회 불출석의 경우에도 소의 취하간주의 법리가 적용된다.
> ㉤ 변론준비절차에서 재판장 등은 이송결정, 참가허부의 결정, 소송수계허가 여부의 결정 등을 할 수 없다.
> ㉥ 피고의 불출석에 의하여 답변서 등이 법률상 진술간주되는 경우에는 변론관할이 생기기 않는다.

① ㉠   ② ㉠, ㉣   ③ ㉠, ㉣, ㉤
④ ㉠, ㉥   ⑤ 답이 없다

〈해설〉 정답 ①

㉠ 서증은 법원 외에서 조사하는 경우(민사소송법 제269조) 이외에는 당사자가 변론기일 또는 준비절차기일에 출석하여 현실적으로 제출하여야 하고, 서증이 첨부된 소장 또는 준비서면 등이 진술되는 경우에도 마찬가지라고 할 것이다(대법원 1991.11.8. 선고 91다15775 판결).

문28. 변론준비기일에 제출하지 아니한 공격방어방법은 원칙적으로 그 뒤 변론에서 제출하지 못한다(민사소송법 제285조 제1항). 다음 중 변론준비기일의 종결효인 실권효가 적용되는 것은? (다툼이 있는 경우 판례에 의함)

> ㉠ 소장에나 변론준비절차 전에 제출한 준비서면에 적힌 사항
> ㉡ 직권조사사항
> ㉢ 직권탐지주의

ㄹ 중대한 과실 없이 변론준비절차에서 제출하지 못하였다는 것을 소명한 사항

ㅁ 제출하여도 현저하게 소송을 지연시키지 아니하는 사항

ㅂ 서면에 의한 변론준비절차로 종결한 사건

① ㄴ, ㅁ, ㅂ   ② ㅁ, ㅂ   ③ ㅁ

④ ㅂ   ⑤ 답이 없다

〈해설〉 정답 ⑤

ㄱㄴㄹㅁ은 민소법 제285조 제1항 참조.

ㄷㅂ의 경우에는 실권효가 적용이 없다.

문29. 다음 〈사례〉에서 乙의 주장이 본안의 항변이 <u>아닌</u> 것은? (다툼이 있는 경우 다수설 내지 판례에 의함)

<사례>

甲은 2012.4.1. 乙에게 돈 1,000만 원을 변제기 1년, 이자 월 3부로 정하여 빌려주었는데 乙은 변제기가 지나도록 원리금을 갚지 않고 있다. 甲은 乙을 상대로 대여금청구의 소를 제기하였다.

① 甲의 채권이 甲의 채권자 丙에 의해 가압류되었다.

② 甲의 채권이 丙에게 양도되었고, 채권양도통지를 받았다.

③ 乙이 미성년자이므로 계약을 취소하였다.

④ 乙은 2013.3.1. 금 1,000만 원과 이자를 변제하였다.

⑤ 乙은 차용인의 상속인으로 상속을 포기하였다.

〈해설〉 정답 ①

① 대법원 2002.4.26. 선고 2001다59033 판결

문30. 다음 설명 중 <u>옳지 않은</u> 것은? (다툼이 있는 경우 판례에 의함)

① 등기가 원인무효라는 원고주장에 대하여 취득원인이 교환계약이라 하여 유효라는 답변은 항변이다.

② 소제기로써 계약해제권을 행사한 후 그 뒤 그 소송을 취하하였다 하여도 해

제권은 형성권이므로 그 행사의 효력에는 아무런 영향을 미치지 아니한다.

③ 사해행위인 매매가 취소되는 경우에는 위 매매의 효력이 유효하게 존속함을 전제로 하여 이루어진 상계의 효과, 즉 기존채무소멸의 효과가 없었던 것이 된다.

④ 구속적 소송행위에 사기, 강박 또는 착오 등 흠이 있어도 이를 이유로 민법 제109조나 제110조에 의한 취소, 무효를 주장할 수 없다.

⑤ 실효조건부화해에서 실효조건이 성취되면 화해의 효력이 소멸된다.

〈해설〉 정답 ①

① 등기가 원인무효라는 원고주장에 대하여 취득원인이 교환계약이라 하여 유효라는 답변은 적극 부인이지 항변이 아니다.

문31. 변론의 제한·분리·병합에 관한 다음 설명 중 <u>옳지 않은</u> 것은? (다툼이 있는 경우 판례에 의함)

ㄱ 손해배상청구에 있어서 손해배상책임의 발생과 책임의 범위(손해액) 두 가지가 쟁점이 되었을 때 먼저 책임의 발생에만 변론을 제한할 수 있다.

ㄴ 독립당사자참가소송에서도 변론의 분리가 허용된다.

ㄷ 변론의 병합은 당사자의 신청에 의한다.

ㄹ 여러 단독판사 사건이 병합되어 소송목적의 값의 합산액이 합의부 사건에 해당되더라도 소제기 시에 정하여진 관할은 변동되지 않는다.

ㅁ 본안사건과 가압류·가처분 사건은 병행심리할 수 있다.

ㅂ 변론의 병합에 의하여 각 소송은 당초부터 병합소송으로 제기된 것으로 본다.

---

① ㄱ, ㄴ, ㄷ   ② ㄴ, ㅁ   ③ ㄴ, ㄷ

④ ㄴ, ㄷ, ㅁ   ⑤ ㄹ, ㅁ, ㅂ

〈해설〉 정답 ③

ㄴ 필수적 공동소송이나 독립참가에서는 변론의 분리가 허용되지 아니한다.

ㄷ 변론의 병합 여부는 법원의 재량이다.

문32. 변론조서의 증명력에 관한 다음 설명 중 <u>옳지 않은</u> 것은? (다툼이 있는 경우 판례에 의함)

① 변론의 방식에 관한 변론조서의 기재를 반증을 들어 번복할 수 없다.

② 변론조서에 기재되어 있는 변론의 내용, 자백 등은 다른 증거로 번복할 수 있다.

③ 판결선고조서에 재판장의 날인이 없는 경우 그 판결을 무효라고 볼 수는 없다.

④ 판결선고조서가 없으면 판결선고가 되었다고 볼 수 없어 그 판결은 무효이다.

⑤ 판결문의 선고일자와 선고조서의 선고일자가 다르면 후자의 일자에 판결이 선고된 것으로 본다.

〈해설〉 정답 ③

③ 판결선고조서에 재판장이 날인이 없으면 그 판결은 효력이 없다.

문33. 다음은 변론기일에 있어서의 당사자의 결석에 관한 설명이다. 가장 <u>옳지 않은</u> 것은? (다툼이 있는 경우 판례에 의함)

① 속행기일에 당사자 간의 합의로 기일변경신청을 하고 출석하지 않은 경우 재판장이 기일을 변경하지 아니한 채 지정된 변론기일에서 사건과 당사자를 호명하였다면 불출석의 효과가 발생한다.

② 증거조사기일은 변론기일에 포함되지 않는다.

③ 기일을 게을리함에 따른 불이익은 필요적 변론기일에 한정되고 판결선고기일은 포함하지 않는다.

④ 당사자가 기일에 출석하여도 단지 청구기각의 판결만을 구하고 사실상의 진술을 하지 아니한 경우나 단순히 기일변경을 구한 데 그친 경우에는 변론한 것으로 볼 수 없다.

⑤ 기일통지서서가 송달불능되거나 송달이 부효이년 기일을 게을리힌 것이 아니다.

〈해설〉 정답 ②

② 법정 밖에서 한다는 특별한 사정이 없는 한 증거조사기일은 변론기일에 포함된다.

문34. 변론기일에 있어서의 양쪽 당사자의 결석에 관한 다음 설명 중 옳지 않은 것은? (다툼이 있는 경우 판례에 의함)

① 항소심에서 양쪽 당사자 2회 불출석과 1월 내의 기일지정신청이 없으면 소의 취하가 있는 것으로 간주한다.

② 양쪽 당사자가 2회 불출석 후 1월의 기일지정신청기간은 불변기간이 아니어서 기일지정신청의 추후보완은 허용될 수 없다.

③ 변론준비기일 1회, 변론기일 1회 불출석하고 기일지정신청을 하지 아니하여도 소취하간주의 효과가 생기지 아니한다.

④ 배당이의소송에서는 첫 변론기일에 원고가 결석하면 소의 취하로 간주한다.

⑤ 본래의 소의 계속 중 1회 결석한 뒤에 소의 추가적 변경, 반소, 당사자참가 등 소송 중의 소가 제기되었는데 다시 1회 결석 후에 기일지정신청이 없을 때에는 본래의 소만 취하간주된다.

〈해설〉 정답 ①

① 항소취하가 간주되고 제1심 판결이 확정된다.

문35. 변론기일에 있어서의 한쪽 당사자의 결석에 관한 다음 설명 중 옳지 않은 것은? (다툼이 있는 경우 판례에 의함)

① 한쪽 당사자가 변론기일에 출석하고도 본안에 관하여 변론하지 아니한 때에는 그가 제출한 소장, 답변서, 그 밖의 준비서면에 기재한 사항을 진술한 것으로 간주하고 출석한 상대방에게 변론을 명할 수 있다.

② 이때에는 불출석한 당사자가 제출한 서면이 곧 소송자료가 된다.

③ 민사소송법 제148조의 진술간주는 항소심기일은 물론 파기환송 후의 항소심기일에도 적용된다.

④ 진술간주되는 서면에 상대방의 주장사실, 특히 원고의 주장사실을 자백한 때에는 자백간주가 아닌 재판상 자백이 성립한다.

⑤ 원고가 관할권 없는 법원에 제소한 때에 피고가 본안에 관한 사실을 기재한 답변서만을 제출하고 불출석한 경우 그것이 진술간주되어도 변론관할이 생기지 않는다.

〈해설〉 정답 ②

② 서면에 기재한 사항을 구술로 진술한 것으로 간주하는 것일 뿐 제출한 서면이 바로 소송자료가 되는 것은 아니다.

문36. 소송행위에 관한 다음 설명 중 <u>옳지 않은</u> 것은? (다툼이 있는 경우 판례에 의함)

① 소송행위에 조건을 붙일 수 없고, 상고를 취하하는 소송행위가 정당한 당사자에 의하여 이루어진 이상 기망을 이유로 이를 취소할 수 없으며, 적법하게 제출된 상고취하의 서면을 임의로 철회할 수도 없다.

② 소송행위가 강박에 의하여 이루어진 것임을 이유로 취소할 수는 없고, 소송위임행위도 소송대리권의 발생을 목적으로 하는 소송행위이므로 달리 볼 것이 아니다.

③ 원고가 착오로 소의 일부를 취하하였다 하더라도 이를 무효라고 볼 수는 없다.

④ 소송행위가 사기, 강박 등 형사상 처벌을 받을 타인의 행위로 인하여 이루어졌다 하더라도 이를 이유로 그 소송행위를 부인할 수 없고 다만 그 형사상 처벌을 받을 타인의 행위에 대하여 유죄확정판결을 요구하지 않고 소송절차 내에서 재심사유가 있으면 그 효력을 부인할 수 있다.

⑤ 소송상의 화해는 소송행위로서 사법상의 화해와는 달리 사기나 착오를 이유로 취소할 수는 없고, 형사상 처벌을 받을 타인의 행위로 인한 사유가 당사자가 화해의 의사표시를 하게 된 직접적인 원인이 된 경우에만 준재심사유가 된다.

〈해설〉 정답 ④

④ 대법원 1984.5.29. 선고 82다카963 판결: 소송행위가 사기, 강박 등 형사상 처벌을 받을 타인의 행위로 인하여 이루어졌다 하더라도 이를 이유로 그 소송행위를 부인할 수 없고 다만 <u>그 형사상 처벌을 받을 타인의 행위에 대하여 유죄판결이 확정된 경우에는</u> 민사소송법 제422조 제1항 제5호, 제2항의 규정취지를 유추해석하여 그로 인한 소송행위의 효력을 부인할 수 있다 하겠으나 이 경우에 있어서도 <u>그 소송행위가 이에 부합되는 의사없이 외형적으로만 존재할 때에 한하여 그 효력을 부인할 수 있다</u>고 해석함이 상당하므로 타인의 범죄행위가 소송행위를 하는 데 착오를 일으키게 한 정도에 불과할 뿐 소송행위에 부합되는 의사가 존재할 때에는 그 소송행위의 효력을 다툴 수 없다.

문37. 다음 설명 중 옳지 않은 것은? (다툼이 있는 경우 판례에 의함)

① 형사상 처벌을 받을 다른 사람의 행위로 말미암아 상소취하를 하여 원심판결이 확정된 경우에도 자백에 준하여 재심사유가 된다.

② '형사상 처벌을 받을 다른 사람의 행위'에는 당사자의 대리인이 범한 배임죄도 포함될 수 있으나, 이를 재심사유로 인정하기 위해서는 대리인이 문제된 소송행위와 관련하여 배임죄로 유죄판결을 받았다는 것만으로 충분하다.

③ 소송행위의 해석은 표시된 내용과 저촉되거나 모순되어서는 안 된다.

④ 법원은 변론무능력자의 소송행위나 불필요하다고 인정한 증거신청에 대해 아무런 응답을 하지 않고 무시할 수도 있다.

⑤ 소나 상소, 재심의 제기, 청구취지의 변경, 소의 취하는 그 서면이 법원에 제출되고 상대방에 도달되었을 때 효력이 발생한다.

〈해설〉 정답 ②

② '형사상 처벌을 받을 다른 사람의 행위'에는 당사자의 대리인이 범한 배임죄도 포함될 수 있으나, 이를 재심사유로 인정하기 위해서는 단순히 대리인이 문제된 소송행위와 관련하여 배임죄로 유죄판결을 받았다는 것만으로는 충분하지 않고, 대리인의 배임행위에 소송상대방 또는 그 대리인이 통모하여 가담한 경우와 같이 대리인이 한 소송행위 효과를 당사자 본인에게 귀속시키는 것이 절차적 정의에 반하여 도저히 수긍할 수 없다고 볼 정도로 대리권에 실질적인 흠이 발생한 경우라야 한다(대법원 2012.6.14. 선고 2010다86112 판결).

문38. 소송행위의 하자와 그 치유에 관한 다음 설명 중 옳지 않은 것은? (다툼이 있는 경우 판례에 의함)

① 부적법한 독립당사자참가의 경우에 당사자 한쪽을 위한 보조참가신청으로 전환이 허용된다.

② 항소심판결을 대상으로 항소법원에 제기하여야 할 재심의 소인데 제1심판결을 대상으로 제1심법원에 제기한 경우 전속관할위반이 되어 항소법원으로의 이송이 허용되지 아니한다.

③ 특별항고사건으로 접수되었으나 담보제공자의 담보취소신청을 기각한 원심결정에 대한 불복의 경우 재항고사건으로 본다.

④ 불복할 수 없는 결정명령에 대해 항고법원에 항고했을 때에 특별항고로 보아 항고법원은 대법원에 소송기록을 송부한다.

⑤ 항소기간 도과가 그 책임질 수 없는 사유에 기인한 것으로 인정되는 이상 추후보완의 항소라는 기재가 없어도 추후보완항소로 본다.

〈해설〉정답 ②

② 판례는 항소법원으로의 이송을 긍정한다.

문39. 다음 〈사례〉와 관련하여 소송에서의 형성권 행사에 관한 다음 설명 중 옳지 않은 것은?

> <사례>
> 甲이 乙을 상대로 대여금 3,000만 원의 지급을 구하는 소를 제기하자 乙이 준비서면으로 乙의 甲에 대한 매매대금 3,000만 원의 반대채권으로 소송에서 상계권을 행사하고 상계항변을 하였다. 甲이 소를 취하하거나 부적법하여 각하된 경우 또는 乙의 공격방어방법이 실기하여 각하되는 경우 乙의 상계권 행사의 효과는 어떻게 되는가?

① 상대방에 대한 사법상의 형성권행사(사법행위)와 이에 의하여 발생한 사법상의 효과를 법원에 대하여 진술하는 행위(소송행위) 두 개의 행위가 병존하는 것으로 보는 견해(병존설)는 소가 취하, 각하되거나 사법상의 형성권의 행사가 시기에 늦은 공격방어방법으로 각하되는 경우에도 사법상의 형성권행사의 효과는 존속한다고 본다.

② 소송상의 형성권행사는 소송행위적 성격과 사법행위적 성격을 모두 갖춘 한가지 행위로 보는 견해(양성설)는 실체법이나 소송법 어느 한쪽의 무효는 다른 쪽의 무효를 가져오므로 애당초 발생한 사법상의 효과가 소멸한다고 본다.

③ 소송상의 형성권행사는 소송상 공격방어방법으로 행사한 것이기 때문에 그 요건과 효과는 소송법에 의하여 결정된다고 하는 견해(소송행위설)는 소송상의 형성권행사는 사법상의 효력은 없고, 소가 취하되거나 각하되면 이미 발생하였던 소송상의 효과만 소멸한다.

④ 병존설을 기본으로 하면서 상계항변에 포함된 상계의 의사표시는 그 항변이 공격방어방법으로 각하되지 않고 유효한 때만 그 사법상 효과를 발생한다는 조건부의사표시로 파악하는 견해(신병존설)에 의하면 조건미성취로 乙의

1,000만 원 반대채권의 소멸효과는 발생하지 않는다고 본다.

⑤ 판례는 해제권 외에 상계권 행사에 대하여 소취하, 부적법 각하, 실기 각하 등의 경우에도 그 효력이 유지되는 것으로 본다.

〈해설〉 정답 ⑤

⑤ 판례는 소제기로써 계약해제권을 행사한 후 그 뒤 그 소송을 취하하였다 하여도 해제권은 형성권이므로 그 행사의 효력에는 아무런 영향을 미치지 아니한다고 보고 있으나(대법원 1982. 5.11. 선고 80다916 판결), 해제권 외에 상계권 행사에 대해서는 소취하, 부적법 각하, 실기 각하 등의 경우에도 그 효력이 유지되는지에 관해서는 판례가 없다.

문40. 다음 〈사례〉에 관한 설명 중 <u>옳지 않은</u> 것은? (다툼이 있는 경우 판례에 의함)

> <사례>
> 甲은 2012.2.1. 乙에게 돈 1,000만 원을 변제기 1년, 이자 월 2부로 정하여 빌려주었는데 乙은 변제기가 지나도록 원리금을 갚지 않고 있다. 甲은 乙을 상대로 대여금청구의 소를 제기하였다.

① 乙이 甲으로부터 돈을 빌린 사실이 없다고 답변한 경우 금전대여사실에 관하여 甲이 증명책임을 부담한다.

② 乙이 甲으로부터 돈을 받았으나, 빌린 것이 아니고 증여로 받았다고 답변한 경우 乙이 증여로 받은 사실에 관하여 증명책임을 부담한다.

③ 乙이 甲의 주장사실을 알지 못한다고 답변한 경우 부인으로 추정되나, 자기가 관여한 것으로 주장된 행위에 대해서는 원칙적으로 부지라는 답변은 허용되지 않는다.

④ 乙이 甲으로부터 돈을 빌린 사실이 있다고 답변한 경우 법원은 허위자백의 심증이 들더라도 乙의 자백에 구속되어 사실인정을 해야 한다.

⑤ 乙이 甲의 주장사실을 명백히 다투지 아니하는 경우 변론전체의 취지로 보아 다툰 것으로 인정될 경우를 제외하고 자백한 것으로 간주된다.

〈해설〉 정답 ②

② 간접부인(적극부인, 이유부부인)의 경우에도 금전대여사실의 증명책임은 원고에게 있다.

문41. 다음 〈사례〉에 관한 설명 중 옳지 않은 것은? (다툼이 있는 경우 판례에 의함)

> <사례>
> (1) 甲 주택조합(대표자 조합장 A)이 乙을 상대로 부당이득금반환청구의 소를 제기하여 항소심 계속 중 제5차 변론기일에서 변론을 종결한 후 선고기일 전에 원고 조합장 A 명의의 소취하서가 항소심법원에 제출되었다.
> (2) 그런데 이 소취하서는 乙이 우편으로 제출한 것으로, 그 작성자는 '甲 조합 조합장 A'로 되어 있고, 그 옆에 A의 인장이 날인되어 있으며, 사건번호와 당사자는 '2011나5595, 원고(피항소인) 甲 조합 조합장 A, 피고(항소인) 乙'로 표시되어 있고, 그 내용은 "귀원 2011나5595호 부당이득 청구사건에 관하여 당사자 간 원만히 화해가 되었으므로 이 건 전부를 취하합니다"라고 되어 있다.
> (3) 甲 조합은 이 취하서는 소의 취하권자인 甲 조합(조합장 A)에 의하여 제출된 것이 아니라 피고(乙)가 우편으로 제출한 것이므로, 이로써 이 사건 소가 취하되었다고 볼 수 없고, 원고 조합의 조합장인 A의 진정한 의사로 이 사건 소취하서가 작성되었거나, 원·피고 사이에 합의가 이루어졌다고 볼 수도 없다는 이유로 이 사건 소취하의 효력을 부인할 수 있는가?

① 이 사건 소취하서가 취하권자가 아닌 乙에 의하여 우편으로 제출되었으므로, 이 사건 소가 취하된 것으로 볼 수 없다.

② 민법상의 법률행위에 관한 규정은 민사소송법상의 소송행위에는 특별한 규정이나 기타 특별한 사정이 없는 한 적용이 없다.

③ 소취하가 강박에 의하여 이루어진 것임을 이유로 이를 취소할 수는 없다.

④ 소취하가 강박에 의한 것이라고 하여 그 효력을 부정하기 위해서는 적어도 이 사건 소취하서가 형사책임이 수반되는 타인의 강요와 폭행에 의하여 작성된 것이라는 사실이 입증되어야 한다.

⑤ 항소심으로서는 변론종결 후 제출된 이 사건 소취하서의 작성경위에 관하여 의문이 있었다면, 변론을 재개한 다음 이 점에 관하여 당사자 쌍방으로 하여금 주장과 입증을 하도록 하고, 그 결과에 따라 판단을 하여야 한다.

〈해설〉 정답 ①

① 당사자가 소취하서를 작성하여 제출할 경우 반드시 취하권자나 그 포괄승계인만이 이를 제출하여야 한다고 볼 수는 없고, 제3자에 의한 제출도 허용되고, 나아가 상대방에게 소취하서를 교부하여 그로 하여금 제출하게 하는 것도 상관없다.

문42. 부인과 항변에 관한 다음 설명 중 옳지 않은 것은? (다툼이 있는 경우 판례에 의함)

① 부인의 경우에는 부인당한 사실에 대한 증명책임이 그 상대방에게 돌아가지만, 항변의 경우에는 항변사실의 증명책임이 그 제출자에게 있다.

② 부인이나 항변의 경우에 모두 판결이유에서 이를 판단하여야 하고 그렇지 않으면 판단누락의 위법을 면치 못한다.

③ 원고의 청구원인이 피고로부터 부인당한 경우에는 원고는 청구원인사실을 구체적으로 밝혀야 할 부담이 따르나, 피고가 항변을 제출한 경우에는 원고에게 이러한 부담이 없다.

④ 부인의 경우에는 상대방의 사실상의 주장에 대하여 이를 인정할 것인지, 부인할 것인지를 택일하여야 하나, 항변의 경우 이를 주장할 것인지는 당사자의 자유이다.

⑤ 간접부인은 원고의 주장사실과 양립되지 않는 별개의 사실을 진술하는 것이고, 항변은 원고의 주장사실이 진실임을 전제로 이와 논리적으로 양립할 수 있는 별개의 사실을 진술하는 것이다.

〈해설〉 정답 ②

② 부인의 경우에는 판결이유에서 이를 판단할 필요가 없으나, 항변의 경우는 원고의 청구가 인용될 때 판결이유에서 항변을 배척하는 판단을 하여야 하고 그렇지 않으면 판단누락의 위법을 면치 못한다.

제8장 소송심리의 제 원칙

문1. 소송심리에 관한 다음 설명 중 <u>옳은</u> 것으로만 묶은 것은? (다툼이 있는 경우 판례에 의함)

> ㉠ 변론준비절차나 조정절차는 공개심리주의가 적용되지 않는다.
> ㉡ 수명법관에 의한 증거조사는 공개하여야 한다.
> ㉢ 국가안전보장, 안녕질서 또는 선량한 풍속을 해할 염려가 있을 때에는 결정으로 재판의 심리와 판결의 선고를 공개하지 않을 수 있다.
> ㉣ 항소심에서 새로운 공격방어방법이 제출되었을 때 시기에 늦었는가는 항소심을 표준으로 판단해야 한다.
> ㉤ 실기한 공격방어방법의 요건이 갖추어진 경우 각하할 것인지는 법원의 재량이다.
> ㉥ 반소나 소의 변경은 실기한 공격방어방법으로 각하의 대상이 되지 않는다.

① ㉠, ㉡, ㉢, ㉤   ② ㉠, ㉤, ㉥   ③ ㉠, ㉤
④ ㉤, ㉥   ⑤ ㉠, ㉣, ㉤

〈해설〉 정답 ②

㉡ 수명법관에 의한 증거조사는 공개심리주의가 배제된다.
㉢ 어떠한 경우에도 판결의 선고는 공개해야 한다.
㉣ 판례는 제1심의 경과까지 전체를 살펴 시기에 늦었는가를 판단하여야 한다고 한다.

문2. 다음 중 당사자의 신청 없이 직권으로 재판할 수 있는 것이 <u>아닌</u> 것은?

> ㉠ 가압류와 가처분
> ㉡ 소송비용재판
> ㉢ 소송비용액확정결정
> ㉣ 가집행선고
> ㉤ 판결의 경정
> ㉥ 추가재판
> ㉦ 배상명령

① ㉠, ㉡, ㉢   ② ㉠, ㉢   ③ ㉠, ㉢
④ ㉢   ⑤ ㉤, ㉥, ㉦

〈해설〉 정답 ②

㉠㉢을 제외하고는 전부 당사자의 신청 없이 직권으로 재판할 수 있는 경우이다.

문3. 당사자처분권주의에 관한 다음 설명 중 <u>옳지 않은</u> 것은? (다툼이 있는 경우 판례에 의함)

① 원고가 A를 대위하여 피고에게 A에게 이전등기절차를 이행할 것을 구한 경우, 피고는 원고에게 직접 이전등기절차를 이행하라고 판결할 수 없다.

② 소송수계한 상속인들이 상속분대로 청구취지정정신청을 하지 아니한 경우에도 법원은 수계인들에게 상속분에 좇아 분할지급을 명할 수 있다.

③ 임대인이 임차인의 차임연체액이 2기의 차임액에 달한다는 이유로 임대차계약을 해지하고 임차목적물의 반환을 청구한 경우 법원은 임대인이 임대차기간의 약정이 없어서 바로 계약해지의 통고를 하고 임차목적물의 반환을 청구한 것으로 판단할 수 없다.

④ 사해행위인 계약 전부의 취소와 부동산 자체의 반환을 구하는 경우 사해행위의 일부취소와 가액배상을 명할 수 있다.

⑤ 소유권상실을 원인으로 한 손해배상청구소송에서 소유권보존등기의 말소의무의 이행불능으로 인한 손해배상을 명할 수 있다.

〈해설〉 정답 ⑤

① 이는 원고가 청구하지 아니한 사항에 대하여 판결한 것이 되어 처분권주의에 반한다.

② 상속분대로 분할지급을 명하는 것은 처분권주의에 반하는 것이 아니다.

③ 임대인이 임차인의 차임연체액이 2기의 차임액에 달한다는 이유로 임대차계약을 해지하고 임차목적물의 반환을 청구한다는 주장과 임대차기간의 약정이 없어서 바로 계약해지의 통고를 하고 임차목적물의 반환을 청구한다는 주장은 양립할 수 있는 별개의 독립한 공격방어방법이므로, 임대인이 그중 어느 한쪽만을 주장한 경우 법원은 처분권주의의 원칙상 그 주장에 대해서만 판단하여야지 당사자가 주장하지도 아니한 사항에 관해서까지 주장을 촉구하거나 판단하지 못한다(대법원 1993.4.27. 선고 93다1688 판결).

⑤ 불가: 대법원 2012.5.17. 선고 2010다28604 전원합의체 판결 참조.

문4. 원금 및 이자청구에 관한 다음 설명 중 옳은 것을 모두 묶은 것은?
(다툼이 있는 경우 판례에 의함)

> ㉠ 원금청구와 이자청구는 별개의 소송물이므로 원리금을 합산한 전체 청구금
> 액의 범위 내라도 원금 청구액을 넘어선 원금의 인용은 허용되지 아니한다.
> ㉡ 대여원금채권은 소비대차계약에 기한 대여금반환청구권이 소송물이고, 이자
> 와 지연손해금채권은 이행지체로 인한 손해배상청구권이 소송물이다.
> ㉢ 소비대차에 있어 그 변제기 후의 이자약정이 없는 경우에는 법정이자만이
> 발생한다.
> ㉣ 원고가 피고에게 대여금청구를 하면서 소장부본 송달일 다음 날부터 완제일
> 까지 연 20%의 비율에 의한 지연손해금의 지급을 구하였는데 법원이 대여일
> 부터 완제일까지 연 20%의 비율에 의한 지연손해금의 지급을 명할 수 있다.
> ㉤ 약정지연손해금의 청구만 있는 경우에 그보다 낮은 법정지연손해금의 청구
> 가 포함된 것으로 본다.
> ㉥ 지연이자 상당의 손해를 청구하지 아니하였는데 지연이자부분만큼의 손해를
> 인용해 줄 수는 없다.

① ㉠, ㉡, ㉢, ㉥ ② ㉠, ㉥ ③ ㉠, ㉢, ㉥
④ ㉣, ㉤, ㉥ ⑤ ㉠, ㉤, ㉥

〈해설〉 정답 ②

㉡ 이자채권은 이자계약에 기한 이자지급청구권이고, 지연손해금채권은 이행지체로 인한 손해배상
청구권이다.

㉢ 소비대차에 있어 그 변제기 후의 이자약정이 없는 경우에는 특별한 의사표시가 없는 한 그 변
제기가 지난 후에도 당초의 약정이자를 지급하기로 한 것으로 보는 것이 대차관계에 있어서의
당사자의 의사이다(대법원 1981.9.8. 선고 80다2649 판결).

㉣ 처분권주의 위배

㉤ 약정지연손해금의 청구만 있는 경우에 그에 대한 증거가 없으면 이를 배척하면 되고 명백히 청
구하지도 아니하는 법정지연손해금의 지급을 명하지 아니하여도 위법이 아니다(대법원
1979.11.13. 선고 79다1336 판결).

문5. 다음 〈사례〉에 관한 설명 중 판례의 입장인 것은?

> <사례>
>
> 甲이 乙을 상대로 1억 원 중 5,000만 원의 손해배상청구의 소를 제기하였는데 심리
> 결과 甲의 과실이 40%로 인정된 경우 법원이 인정할 수 있는 손해액은 얼마인가?

① 청구액 5,000만 원에서 전체 과실부분 4,000만 원을 공제한 1,000만 원이 인용된다.

② 1억 원 중 40%의 과실상계를 하면 6,000만 원이 되고, 결국 청구액인 5,000만
원을 전부 인용하여야 한다.

③ 청구액 5,000만 원에서 40%의 과실상계를 하면 3,000만 원이 과실상계 후 잔액
이 되고, 결국 이 금액을 인용하여야 한다.

④ 甲이 자기에게 과실이 있음을 인정하여 스스로 미리 감액하여 청구하는 경우에
는 위 ②와 같이 되고, 명시적으로 잔부를 더 청구할 뜻을 밝히면서 일부청구를
한 경우에는 위 ③에 따르는 것이 당사자의 의사에 합당하다.

⑤ 판례는 일부청구에 대한 과실상계를 할 때와는 달리 일부청구에 반대채권으로
상계할 때에는 일부청구액을 기준으로 한다.

〈해설〉 정답 ②

① 내측설의 입장이다.
② 판례가 취하는 외측설의 입장이다. 손해액 전액을 산정하고 이를 기준으로 과실상계를 한 뒤에
남은 잔액이 청구액을 초과하는 때에는 청구액의 한도에서 인용하고 잔액이 청구액에 미달하면
잔액대로 인용한다.
③ 안분설의 입장이다.
④ 당사자의사설의 입장이다.
⑤ 판례는 일부청구에 대한 반대채권으로 상계할 때에도 외측설을 따른다.

문6. 다음 설명 중 옳지 않은 것만으로 모두 묶은 것은? (다툼이 있는 경우
판례에 의함)

> ㉠ 1,000만 원의 지급과 상환으로 소유권이전등기말소를 구하는 경우에 500만
> 원의 지급과 상환으로 말소를 명하는 것은 허용되지 않는다.
>
> ㉡ 1억 원 초과 채무부존재확인청구의 소에서 5,000만 원 초과 채무부존재확인
> 판결을 할 수 없다.

ⓒ 乙의 자동차운행으로 손해를 입은 甲이 乙을 상대로 불법행위를 원인으로 한 손해배상청구를 한 경우 자동차손해배상보장법 제3조에 의한 운행자책임을 인정할 수 있다.

ⓔ 원고가 확인청구를 한 경우에 같은 금액의 이행판결을 할 수 없다.

ⓜ 토지임대인의 건물철거 및 대지인도청구를 하여 임차인이 건물매수청구권을 행사한 경우, 피고가 건물매수청구권을 적법하게 행사하면 원고에게 건물철거권은 없어지고 매매대금을 치르고 건물을 인도받는 권리밖에 없으며, 다른 권리행사의 선택가능성이 없으므로 상환이행판결을 하여야 한다.

ⓗ 피담보채무가 발생하지 아니한 것을 전제로 한 근저당권설정등기의 말소등기절차이행청구 중에 피담보채무의 변제를 조건으로 장래의 이행을 청구하는 취지가 포함된 것으로 본다.

① ㄹ, ㅁ, ㅂ　　　② ㅁ, ㅂ　　　③ ㄴ, ㄹ, ㅁ

④ ㄴ, ㄹ, ㅁ, ㅂ　　⑤ ㄹ, ㅂ

〈해설〉 정답 ②

ⓐ 옳음.

ⓑ 옳음.

ⓒ 판례의 입장.

ⓓ 옳음.

ⓔ 판례는 석명의무설의 입장이다.

ⓕ 판례는 반대의 입장.

문7. 당사자처분권주의에 관한 다음 설명 중 옳지 않은 것을 모두 묶은 것은? (다툼이 있는 경우 판례에 의함)

ⓐ 피담보채무의 소멸을 이유로 근저당권설정등기나 소유권이전등기말소청구를 한 경우, 심리결과 채무가 남아 있는 것으로 밝혀진 경우 남은 채무의 변제를 조건으로 등기말소를 명할 수 있다.

ⓑ 부동산을 단독으로 상속하기로 분할협의하였다는 이유로 그 부동산 전부가 자기 소유임의 확인을 구하는 청구에는 그와 같은 사실이 인정되지 아니하는 경우 자신의 상속받은 지분에 대한 소유권의 확인을 구하는 취지가 포함되어 있다.

ⓒ 피고들에게 부진정연대관계에서 '각자' 금원의 지급을 청구한 경우 진정연대관계에서 '연대하여' 금원의 지급을 명할 수 없다.

ⓔ 물건의 인도를 청구하는 소송에 있어서 피고의 유치권 항변이 인용되는 경우에는 그 물건에 관하여 생긴 채권의 변제와 상환으로 그 물건의 인도를 명하여야 한다.

ⓜ 특정 매수부분의 소유권에 기하여 그 부분의 분할소유권이전등기를 구하는 경우 지분권이전등기청구권도 포함된 것으로 볼 수 있다.

ⓗ 매매계약 체결과 대금완납을 청구원인으로 하여 (무조건)소유권이전등기를 구하는 청구취지에는 대금 중 미지급금이 있을 때에는 위 금원의 수령과 상환으로 소유권이전등기를 구하는 취지도 포함되어 있다.

① ㉠, ㉢, ㉯ 　　② ㉢, ㉤ 　　③ ㉡, ㉣

④ ㉢ 　　⑤ 답이 없다

〈해설〉 정답 ④

ⓒ 피고들에게 부진정연대의 관계에서 청구한 경우 진정연대의 관계에서 인용하는 것도 가능하다. 이시윤, p.298.

문8. 채무부존재확인청구에 관한 다음 설명 중 옳지 않은 것은? (다툼이 있는 경우 판례에 의함)

① 권리 또는 법률관계의 존부확인은 다툼 있는 범위에 대해서만 청구하면 되는 것이므로 채무자가 채권자 주장의 채무 중 일부의 채무가 있음을 인정하고 이를 초과하는 채무는 없다고 다투는 경우 채무자가 인정하는 채무부분에 대해서는 그 존재에 대하여 다툼이 없으므로 확인의 이익이 없고 이를 초과하는 부분에 대해서만 채무자로서 채무부존재확인의 이익이 있다.

② 채무자의 채무부존재확인청구가 채무자가 자인하는 금액을 제외하는 나머지 채무의 부존재확인을 구하는 것이라면, 이 같은 소극적 확인소송에 있어서 그 부존재확인을 구하는 목적인 법률관계가 가분하고 또 분량적으로 그 일부만이 존재하는 경우에는 그 청구 전부를 기각할 것이 아니고 그 존재하는 법률관계의 부분에 대하여 일부 패소의 판결을 하여야 한다.

③ 1,000만 원을 초과하는 채무부존재확인의 소에서 남은 채무가 1,500만 원인 경

우 법원은 1,500만 원을 넘는 채무부존재, 나머지 청구를 기각한다.

④ 채무 전체의 부존재확인을 구하는 소극적 확인의 소에 있어서 그 부존재확인을 구하는 목적인 법률관계가 가분이고 또 분량적으로 그 일부만이 부존하는 경우에는 그 청구 전부를 기각한다.

⑤ 금전채무부존재확인소송에 있어서는, 채무자인 원고가 먼저 청구를 특정하여 채무발생원인사실을 부정하는 주장을 하면 채권자인 피고는 권리관계의 요건사실에 관하여 주장·입증책임을 부담한다.

〈해설〉 정답 ④

①② 대법원 1983.6.14. 선고 83다카37 판결
③ 대법원 1994.1.25. 선고 93다9422 판결
④ 채무 전체의 부존재확인을 구하는 소극적 확인의 소에 있어서 그 부존재확인을 구하는 목적인 법률관계가 가분이고 또 분량적으로 그 일부만이 부존하는 경우에는 그 청구 전부를 기각할 것이 아니고 그 존재하는 부분에 대하여 일부패소의 판결을 할 수 있다(대법원 1971.4.6. 선고 70다2940 판결).
⑤ 대법원 1998.3.13. 선고 97다45259 판결

문9. 당사자처분권주의에 관한 다음 설명 중 옳은 것은? (다툼이 있는 경우 판례에 의함)

① 채권자의 신수탁자에 대한 이행판결 주문에서 신탁재산의 한도에서 지급을 명하여야 한다.

② 원고가 피고들이 원고에게 지급하여야 할 동업정산금 총액이 1,000만 원이라고 주장하면서 피고들에 대하여 연대하여 위 금원 및 지연손해금을 지급할 것을 구한 경우 법원이 피고들이 원고에게 반환하여야 할 동업정산금 총액을 1,500만 원이라고 판단하면서 그 동업정산금 반환채무는 분할채무라는 이유로 피고들에 대하여 각 750만 원(1,500만 원×1/2)의 동업정산금 및 그 지연손해금의 지급을 각 명할 수 있다.

③ 100만 원의 지급과 상환하여 소유권이전등기말소를 구하는 경우에 50만 원의 지급과 상환으로 말소를 명할 수 있다.

④ 공유물분할청구를 하면서 현물분할을 청구한 경우에 가격분할을 명할 수 없다.

⑤ 목적물의 인도청구와 집행불능 시의 대상청구를 하는 경우 이러한 청구에는 변론종결 시까지 이행불능이 되면 전보배상판결을 받으려는 의사가 포함되어 있으

므로 변론종결 시까지 이행불능이 되면 인도청구만 기각하고 대상청구는 전보배상청구로 보아 인용하여야 한다.

〈해설〉 정답 ①

② 불가: 대법원 2010.1.14. 선고 2008다69169 판결
③ 법원은 원고가 구하는 상한을 넘어서 판결할 수 없으므로 불가.
④ 가능.
⑤ 이행불능이 되면 전보배상판결을 받으려는 의사는 없는 것으로 보아 인도청구는 물론이고 대상청구도 기각한다. 대법원 1969.12.6. 선고 67다1525 판결 등 참조.

문10. 당사자처분권주의에 관한 다음 설명 중 옳지 않은 것만으로 모두 묶은 것은? (다툼이 있는 경우 판례에 의함)

> ㉠ 법원이 청구의 기초가 되는 손해액을 원고가 피고에게 청구한 금원을 초과하는 금액으로 인정한 경우에도 과실비율에 의한 감액을 한 잔액만을 인용한 관계로 원고의 위 청구금액을 초과하여 지급을 명하지 아니한 이상 손해배상의 범위에 있어서 처분권주의에 위배되었다고 할 수 없다.
> ㉡ 상속인에 대한 이행청구에서 한정승인의 항변이 이유 있으면 상속재산의 한도에서 이행을 명하여야 한다.
> ㉢ 당사자가 주장하지 않았음에도 원심법원의 다른 판결에서 인정한 사실관계를 원심에 현저한 사실로 인정한 것은 변론주의를 위반한 것이다.
> ㉣ 원고가 A 토지의 인도를 구하는 소에서 심리결과 인도대상토지가 B 토지라면 B 토지의 인도를 명할 수 없다.
> ㉤ 법원은 원고가 특정한 소의 종류에 구속되며, 당사자가 구하는 권리구제의 순서에 구속된다.
> ㉥ 주위토지통행권이 있음을 주장하여 확인을 구하는 특정의 통로 부분이 민법 제219조에 정한 요건을 충족한다고 인정되지 아니할 경우에는 다른 토지 부분에 주위토지통행권이 인정된다고 할지라도 원칙적으로 그 청구를 기각할 수밖에 없으나, 이와 달리 통행권의 확인을 구하는 특정의 통로 부분 중 일부분이 민법 제219조에 정한 요건을 충족하여 주위토지통행권이 인정된다면, 그 일부분에 대해서만 통행권의 확인을 구할 의사는 없음이 명백한 경우가 아닌 한 그 청구를 전부 기각할 것이 아니라, 그 부분에 한정하여 청구를 인용함이 상당하다.

① ㉠, ㉢   ② ㉡, ㉣   ③ ㉢, ㉤

④ ㉥   ⑤ 답이 없다

〈해설〉 정답 ⑤

전부 맞는 설명이다.

문11. 다음 설명 중 옳지 않은 것은? (다툼이 있는 경우 판례에 의함)

① 가사소송이나 행정소송에서는 청구의 포기나 인낙이 허용되지 않는다.

② 가사소송인 이혼소송이나 파양소송에서도 소취하는 자유롭게 할 수 있다.

③ 증권 관련 집단소송의 경우 소의 취하, 화해, 청구의 포기, 상소의 취하와 포기도 법원의 허가를 요한다.

④ 주주대표소송에서는 소의 취하, 화해, 청구의 포기, 인낙은 법원의 허가를 요한다.

⑤ 당사자가 재심소송에서 '재심대상판결 및 제1심판결을 각 취소한다'는 조정을 할 수 있다.

〈해설〉 정답 ⑤

⑤ 불가: 대법원 2012.9.13. 선고 2010다97846 판결

문12. 사실의 주장책임에 관한 설명으로 옳지 않은 것으로만 묶인 것은? (다툼이 있는 경우 판례에 의함)

㉠ 채무불이행으로 인한 손해배상청구권에 대한 소멸시효 항변이 불법행위로 인한 손해배상청구권에 대한 소멸시효 항변을 포함한 것으로 볼 수 있다.

㉡ 농시이행의 항변권은 쌍무계약에서 당연히 발생하는 항변권이므로 당사자의 원용여부에 불구하고 심리할 수 있다.

㉢ 매매계약이 해제 또는 무효로 되었다는 매도인의 항변에 매도인의 소유권이전등기의무와 매수인의 잔대금지급의무가 동시이행관계에 있다는 항변이 포함되어 있다고 볼 수 없다.

㉣ 이행불능의 항변을 하지 아니한 이상, 법원이 이행불능이라는 이유로 상

대방의 청구를 배척할 수 없다.

㉢ 증여를 원인으로 한 부동산소유권이전등기청구에 대하여 피고가 시효취득을 주장한 경우 그 주장 속에 원고의 소유권이전등기청구권이 시효소멸하였다는 주장까지 포함된 것으로 볼 수 있다.

㉣ 채무불이행으로 인한 손해배상 예정액의 청구 속에는 채무불이행으로 인한 손해배상액의 청구가 포함된 것으로 볼 수 있다.

① ㉠, ㉢, ㉤, ㉣   ② ㉠, ㉡, ㉤, ㉣   ③ ㉠, ㉡, ㉤

④ ㉠, ㉣   ⑤ ㉡, ㉤, ㉣

〈해설〉 정답 ②

㉠ 채무불이행으로 인한 손해배상청구권에 대한 소멸시효 항변이 불법행위로 인한 손해배상청구권에 대한 소멸시효 항변을 포함한 것으로 볼 수는 없다.

㉡ 당사자의 원용이 있어야 심리할 수 있다.

㉤ 판례는 반대.

㉣ 채무불이행으로 인한 손해배상 예정액의 청구와 채무불이행으로 인한 손해배상액의 청구는 그 청구원인을 달리하는 별개의 청구이므로 손해배상 예정액의 청구 가운데 채무불이행으로 인한 손해배상액의 청구가 포함되어 있다고 볼 수 없다.

문13. 다음 〈사례〉에 관한 〈보기〉의 설명 중 옳은 것을 모은 것은? (다툼이 있는 경우 판례에 의함)

<사례>

甲은 2010.4.1. 乙과 X 토지에 관하여 매매대금을 1억 원으로 정하고 계약금 1,000만 원은 계약 당일 지급하고 잔금 9,000만 원은 같은 해 4.40. 지급함과 동시에 乙로부터 소유권이전등기에 필요한 제반 서류를 교부받기로 약정하였다.

<보기>

㉠ 甲은 乙에게 잔금을 지급하지 아니한 이상 乙에게 X 토지에 관하여 매매를 원인으로 한 소유권이전등기를 청구할 수 없다.

㉡ 乙이 소유권이전등기의무의 이행과 동시에 매매잔금의 지급을 구하는 반소를 제기하였다가 반소를 취하한 경우 동시이행항변을 한 것으로 볼 수 없다.

ⓒ 乙이 매매계약이 해제되었다는 항변을 한 경우 이 항변에는 甲의 잔금지급의무가 동시이행관계에 있다는 항변이 포함된 것으로 본다.

ⓔ 乙은 X 토지의 소유권을 丙에게 이전하여 甲에 대한 소유권이전등기의무가 이행불능이므로 甲에게 소유권이전등기절차를 이행할 수 없다는 항변을 할 수 있다.

ⓜ 甲이 乙로부터 X 토지를 매수하였다는 주장에 甲의 대리인 A가 乙로부터 매수하였다는 주장이 포함된 것으로 볼 수 있다.

ⓗ 甲이 乙의 대리인 B로부터 매수하였다는 주장 가운데 표현대리에 관한 주장이 포함된 것으로 볼 수 있다.

① ㉠, ㉡, ㉣, ㉤ 　② ㉠, ㉡, ㉤ 　③ ㉡, ㉤

④ ㉣, ㉤, ㉥ 　⑤ ㉡, ㉣

〈해설〉 정답 ③

㉠ 매매계약은 낙성계약이므로 매수인은 매매계약사실만 주장·증명하면 된다.

㉡ 대법원 2006.2.23. 선고 2005다53187 판결과는 사실관계가 다름을 주의.

㉢ 판례는 반대.

㉣ 이런 항변은 받아들여지지 않는다.

㉥ 판례는 반대.

문14. 사실의 주장책임과 관련하여 다음 설명 중 옳지 않은 것은? (다툼이 있는 경우 판례에 의함)

① 주장책임은 그 사실을 주장하며 승소할 수 있는 당사자가 부담하고, 주장책임을 지는 당사자가 진술해야 한다.

② 법원은 당사자가 철회한 주장사실을 기초로 판단해서는 안 된다.

③ 국가나 지방자치단체가 취득시효항변을 하면서 점유개시 당시 재산의 취득절차를 밟았다는 자료제출을 못하는 경우 시효항변을 받아들인 것은 잘못이다.

④ 원고가 피고에게 직접 매도인으로서의 책임을 묻고 있는데, 법원이 소외인들을 매도인으로 보고 피고가 소외인들의 매도인으로서의 채무이행 기타 매매계약에 의한 채무에 대해 책임을 부담하기로 약정한 것으로 보아 위 약정에 의한 책임을 인정한 것은 변론주의에 위반된다.

⑤ 변론주의는 주요사실에 대해서만 인정되고 간접사실과 보조사실에는 그 적용이 없다.

⟨해설⟩ 정답 ①

① 주장공통의 원칙상 어느 당사자이든 변론에서 주장하였으면 되고, 반드시 주장책임을 지는 당사자가 진술하여야 하는 것은 아니다.

문15. 다음 ⟨사례⟩에 관한 설명 중 옳지 않은 것은? (다툼이 있는 경우 판례에 의함)

> ⟨사례⟩
> A가 그 소유 임야를 B에게 매도하고 B는 甲에게 증여하였는데 위 임야의 지적공부가 멸실되자 C가 근거 없이 그 명의의 소유권보존등기의 회복등기를 경료한 후 사망하여 乙 앞으로 상속을 원인으로 한 소유권이전등기가 마쳐져 있다. 甲이 B, A를 순차 대위하여 乙에게 원인무효인 위 소유권보존등기와 소유권이전등기의 말소청구의 소를 제기하였다.

① 소멸시효에 있어서 그 시효기간이 만료되면 권리는 당연히 소멸하지만 그 시효의 이익을 받는 자가 소송에서 소멸시효의 주장을 하지 아니하면 그 의사에 반하여 재판할 수 없다.

② 乙의 피상속인 C가 아무런 근거도 없이 임야도와 임야대장이 작성되기 전에 이 사건 임야에 대하여 그 명의의 소유권보존등기의 회복등기를 경료하였고 乙이 재산상속을 원인으로 소유권이전등기를 마쳤다면 위 보존등기와 이전등기는 원인무효의 등기이다.

③ 소멸시효기간에 관한 주장은 변론주의의 적용대상이 되지 않고 법원이 직권으로 판단할 수 있다.

④ 乙은 B의 A에 대한 소유권이전등기청구권이 시효소멸하였다는 항변을 할 수 있다.

⑤ 법원은 시효의 중단사유를 주장하지 않는데 시효가 중단되었다고 판단할 수도 없다.

④ 시효이익을 받는 자는 시효기간 만료로 인하여 소멸하는 권리의 의무자를 말한다. 乙은 는 B의 A에 대한 소유권이전등기청구권이 시효소멸하였다는 항변을 할 수 없다 (대법원 1991.7.26. 선고 91다5631 판결).

문16. 다음 〈사례〉에 관한 설명 중 옳지 않은 것은? (다툼이 있는 경우 판례에 의함)

> <사례>
> (1) 甲은 2012.6.14. 乙로부터 이 사건 토지를 금 1억 원에 매수하기로 약정하고 甲은 당일 乙에게 계약금으로 금 1,000만 원을 지급하였는데, 乙은 2012.9.1. A에게 이 사건 토지를 매도하고 A 앞으로 소유권이전등기를 경료하여 주었다.
> (2) 甲은 위 계약 당시 이 사건 토지는 국토의 계획 및 이용에 관한 법률에 의한 토지거래허가구역 내에 위치하고 있었음에도 불구하고 乙은 이를 甲에게 고지하지 아니하는 등 甲을 기망하여 위 계약을 체결한 것이고 따라서 이 사건 매매계약은 처음부터 위 법 소정의 허가를 배제하거나 잠탈하는 내용의 계약으로서 확정적으로 무효인 계약에 해당된다고 주장하면서, 乙은 甲에게 무효인 위 계약에 기하여 지급된 위 계약금 및 이에 대한 위 지급일 이후의 지연손해금의 지급을 구하였다.

① 법원은 변론주의의 원칙상 법률상의 요건사실에 해당하는 주요사실에 관한 당사자가 주장하지 아니한 사실을 기초로 판단을 할 수는 없다.

② 법원은 이 사건 계약은 토지거래허가를 받지 않은 상태에서 체결되어 유동적 무효인 상태에 있다가 2012.9.1. A에게 이 사건 토지를 매도하고 이 사건 토지에 관하여 A 앞으로 소유권이전등기를 경료하여 줌으로써 甲·乙 쌍방이 허가신청을 하지 아니하기로 의사표시를 명백히 하여 이 사건 계약이 확정적으로 무효가 되었으므로, 乙은 甲에게 위 무효인 이 사건 계약에 기초하여 부당이득한 위 계약금 및 이에 대한 그 지급일 다음 날부터의 이자 또는 지연손해금을 지급할 의무가 있다고 판단할 수 없다.

③ 토지거래허가구역 내의 토지에 대하여 관할 도지사의 허가를 받기 전에 체

결한 매매계약은 처음부터 그 허가를 배제하거나 잠탈하는 내용의 계약일 경우에는 확정적으로 무효로서 유효하게 될 여지가 없으나, 이와 달리 허가 받을 것을 전제로 한 계약일 경우에는 허가를 받을 때까지는 법률상의 미완성의 법률행위로서 소유권 등 권리의 이전에 관한 계약의 효력이 전혀 발생하지 아니함은 확정적 무효의 경우와 다를 바 없지만, 허가를 받게 되면 그 계약은 소급하여 유효한 계약이 되고 이와 달리 허가를 받지 못하게 된 때에는 무효로 확정되므로 허가를 받기까지는 유동적 무효의 상태에 있다.

④ 이러한 유동적 무효 상태에 있는 계약을 체결한 당사자는 쌍방이 그 계약이 효력이 있는 것으로 완성될 수 있도록 서로 협력할 의무가 있다고 할 것이므로, 이 경우 이러한 매매계약을 체결할 당시 당사자 사이에 당사자 일방이 토지거래허가를 받기 위한 협력 자체를 이행하지 아니하거나 허가 신청에 이르기 전에 매매계약을 철회하는 경우, 상대방에게 일정한 손해액을 배상하기로 하는 약정을 유효하게 할 수 있다.

⑤ 토지거래허가구역 내의 토지를 매매함에 있어서 사전에 거래허가를 받지 않은 경우 그 매매계약의 효력은 처음부터 그 허가를 배제하거나 잠탈하려 하였던 경우와 허가받을 것을 전제로 한 경우는 모두 법률효과에 관한 주장으로 양자 사이에 차이가 없다.

〈해설〉 정답 ⑤

② 원고는 어디까지나 이 사건 계약이 처음부터 그 허가를 배제하거나 잠탈하려 하였던 경우에 해당한다고 하였지, 당사자 사이에 허가를 받을 것을 전제로 이 사건 계약을 체결한 것이고, 유동적 무효 상태에 있던 이 사건 계약이 피고가 이 사건 토지 등을 타인에게 매도함으로써 확정적으로 무효가 되었다고 주장한 바는 없으므로, 법원이 이와 달리 사실인정을 할 수 없다.

⑤ 토지거래허가구역 내의 토지를 매매함에 있어서 사전에 거래허가를 받지 않은 경우 그 매매계약의 효력은 처음부터 그 허가를 배제하거나 잠탈하려 하였던 경우와 허가받을 것을 전제로 한 경우 사이에 커다란 차이가 있고, 따라서 당사자가 자신이 체결한 계약이 어느 경우에 해당하는지에 대한 주장사실은 법률상의 요건사실인 주요사실에 해당한다(대법원 2000.4.7. 선고 99다68812 판결).

문17. 다음 설명 중 판례가 일정한 주장에 다른 주장이 포함되어 있다고 본 사례가 아닌 것은?

① "원고가 무식하고 사회적 경험이 없으며 가난한 사람이어서 합의를 하지 않으

면 위 돈도 못 받을 것이라고 생각하여 위 합의를 한 것이므로 위 합의는 무효이다"고 주장하는 것은 착오에 인한 의사표시를 취소한다는 취지로 해석된다.

② 피고가 무인한 각서에 대하여 위조라는 용어를 사용하면서도 각서에 동의할 수 없는 여러 사정을 들어 각서의 효력이 없다고 하고 있다면, 피고의 주장 속에는 그 각서에 의한 약정은 피고가 당시 궁박한 상태에서 경솔하게 행하여진 불공정행위로서 무효라는 뜻도 포함되어 있는 것으로 봄이 상당하다.

③ 피고가 원고의 청구권이 상사채권으로서 5년의 소멸시효기간이 적용된다고 주장하다가 이를 철회하고 보험금청구권에 해당하므로 2년의 소멸시효기간이 적용된다고 주장한 사안에서, 2년의 소멸시효기간 주장 속에는 그보다 장기간인 5년의 소멸시효기간에 관한 주장이 포함되어 있다는 이유로, 원고의 청구권에 2년의 소멸시효기간이 적용되지 않는다고 보아 곧바로 피고의 주장을 배척한 원심판결은 위법하다.

④ 원고는 민법 제536조 제2항을 들거나 동시이행의 항변권 또는 불안의 항변권을 행사하였다고 명확히 주장하지는 아니하였지만, 피고가 종전의 임가공비 지급을 지체하였기 때문에 가공원단을 납품하지 아니한 것이어서 자기의 납품거부행위가 채무불이행이 되지 아니하기 때문에 손해배상책임이 없다는 취지로 주장하였다면, 원고의 위 주장에는 자신의 납품거부행위가 동시이행의 항변권 또는 불안의 항변권의 행사로서 위법하지 아니하다는 주장을 포함하는 것으로 해석할 수 있다.

⑤ 상인 간에서 금전소비대차가 있었음을 주장하면서 약정이자의 지급을 구하는 청구에는 약정 이자율이 인정되지 않더라도 상법 소정의 법정이자의 지급을 구하는 취지가 포함되어 있다고 보아야 한다.

〈해설〉 정답 ①

① 대법원 1993.7.13. 선고 93다19962 판결: 원심은, 원고들 소송대리인이 "원고가 무식하고 사회적 경험이 없으며 가난한 사람이어서 합의를 하지 않으면 위 돈도 못 받을 것이라고 생각하여 위 합의를 한 것이므로 위 합의는 무효이다"고 주장하고 있고 이는 착오에 인한 의사표시를 취소한다는 취지로 해석된다고 하였으나, 그 내용은 위 합의약정이 불공정한 법률행위로서 무효라는 주장이지, 거기에 착오에 기한 의사표시로서 취소를 구한다는 취지가 담겨 있다고 보기 어려우므로, 원심은 결국 당사자가 주장하지도 아니한 사실을 기초로 삼아 판결한 것으로서 변론주의원칙에 위배된다.

② 대법원 1994.10.25. 선고 94다29027 판결

③ 대법원 2006.11.10. 선고 2005다35516 판결
④ 대법원 1995.2.28. 선고 93다53887 판결
⑤ 대법원 2007.3.15. 선고 2006다73072 판결

문18. 변론주의에 관한 다음 설명 중 옳지 않은 것을 모두 모은 것은? (다툼이 있는 경우 판례에 의함)

㉠ 주장책임은 변론주의에만 특유한 것이 아니고 직권탐지주의에서도 적용된다.

㉡ A가 그 소유 임야를 B에게 매도하고 B는 C에게, C는 甲에게 각 증여하였는데 위 임야의 지적공부가 멸실되자 乙이 근거 없이 그 명의의 소유권보존등기의 회복등기를 경료한 경우, 甲이 C, B, A를 순차 대위하여 乙에게 원인무효인 위 소유권보존등기의 말소를 구하는 소송에서 乙은 B의 A에 대한, 또 C의 B에 대한 각 소유권이전등기청구권이 시효소멸하였다는 항변을 할 수 있다.

㉢ 채무불이행으로 인한 손해배상청구권의 소멸시효항변에 불법행위로 인한 손해배상청구권의 소멸시효의 항변이 포함되지 않는다.

㉣ 손해배상 예정액의 청구 가운데 채무불이행으로 인한 손해배상액의 청구가 포함되어 있다.

㉤ 증여를 원인으로 한 부동산소유권이전등기청구에 대하여 피고가 시효취득을 주장한 경우 그 주장 속에 원고의 소유권이전등기청구권이 시효소멸하였다는 주장까지 포함한다.

㉥ 국가가 시효취득항변을 하면서 점유개시 당시 국유재산의 취득절차를 밟았다는 자료를 전혀 제출하지 못하였는데 시효취득항변을 받아들인 것은 잘못이다.

① ㉠, ㉡, ㉣, ㉤ 　　② ㉠, ㉡ 　　③ ㉢, ㉣, ㉤
④ ㉠, ㉡, ㉣ 　　⑤ ㉣, ㉤, ㉥

〈해설〉 정답 ①

㉠ 주장책임은 변론주의에만 특유한 것이다.
㉡ 시효항변은 시효이익을 받는 자만이 할 수 있다.
㉣ 포함되어 있지 않다.
㉤ 포함하지 않는다.

문19. 다음 〈사례〉에 관한 설명 중 옳지 않은 것은? (다툼이 있는 경우 판례에 의함)

> <사례>
> 甲은 2013.2.1. 乙과 乙 소유의 X 부동산에 대하여 매매대금을 1억 원으로 한 부동산매매계약을 체결하였다.

① 甲이 乙을 상대로 매매를 원인으로 한 소유권이전등기청구를 하는 경우 甲은 매매계약 사실을 주장, 증명하면 특별한 사정이 없는 한 乙은 소유권이전등기의무가 있고, 乙이 매매대금의 일부를 수령한 바 없다면 동시이행의 항변을 제기하여야 하는 것이고, 법원은 乙의 이와 같은 항변이 있을 때에 비로소 대금지급 사실의 유무를 심리할 수 있다.

② 甲이 乙에게 직접 매도인으로서의 책임을 묻고 있음에 대해 법원이 A를 매도인으로 보고 乙이 A의 매도인으로서의 매매계약에 의한 채무에 대해 책임을 부담하기로 약정한 것으로 보아 위 약정에 의한 책임을 인정할 수 없다.

③ 당사자 일방의 소유권이전등기 채무가 이행불능이라 하더라도 사실심 변론종결 시까지 이행불능의 항변을 하지 아니한 이상, 변론주의의 원칙상 법원이 이행불능이라는 이유로 상대방의 청구를 배척할 수 없다.

④ 계약금 몰취의 항변을 제출해야 법원이 계약금 몰취 여부를 판단한다.

⑤ 매매계약이 해제 또는 무효로 되었다는 乙의 항변에 乙의 소유권이전등기의무와 甲의 잔대금지급의무가 동시이행관계에 있다는 항변이 포함되어 있다.

〈해설〉 정답 ⑤

⑤ 매매계약이 해제 또는 무효로 되었다는 매도인의 항변에 매도인의 소유권이전등기의무와 매수인의 잔대금지급의무가 동시이행관계에 있다는 항변이 포함되어 있다고 볼 수 없다(대법원 1993.12.28. 선고 93다777 판결).

문20. 사실자료와 증거자료의 구별에 관한 다음 설명 중 옳지 않은 것은? (다툼이 있는 경우 판례에 의함)

① 당사자신문에 있어서의 당사자의 진술은 증인의 진술이 아니고 당사자의 진술이므로 이를 소송상 당사자의 주장과 같이 취급할 수 있다.

② 피고가 변제항변을 하지 않았는데 증인이 변제하였다는 증언을 하고 법원이 이를 믿는다 하더라도 석명권을 통해 피고에게 주장권유는 별론으로 하고 증언만으로 변제에 의한 채권소멸을 판단할 수 없다.

③ 현저한 사실을 당사자가 변론에서 주장하지 아니한 경우 판결에서 참작할 수 없다.

④ 금원을 변제공탁하였다는 취지의 공탁서를 증거로 제출하면서 그 금액 상당의 변제 주장을 명시적으로 하지 않은 경우, 비록 당사자가 공탁서를 제출하였을 뿐 그에 기재된 금액 상당에 대한 변제 주장을 명시적으로 하지 않았다고 하더라도 공탁서를 증거로 제출한 것은 그 금액에 해당하는 만큼 변제되었음을 주장하는 취지로 볼 수 있다.

⑤ 당사자가 계약의 해제를 주장하면서 상당한 기간을 정하여 계약이행을 최고하였으나 그 기간 내에 채무를 불이행하였다고만 주장하는 경우에 당사자가 주장하지도 아니한 채무자가 미리 이행하지 아니할 의사를 명백히 표시하였다는 사실을 인정하여 계약해제가 적법하다고 판단하는 것은 변론주의에 위배된다.

〈해설〉 정답 ①

① 판례는 당사자신문에 있어서의 당사자의 진술도 증거자료에 불과하며 이를 소송상 당사자의 주장과 같이 취급할 수는 없는 것으로 본다.

문21. 주요사실(A)과 간접사실(B), 보조사실(C) 구별의 효과에 관하여 다음 설명 중 옳지 않은 것은?

① 변론주의는 A에 대해서는 인정되고, B나 C에 대해서는 그 적용이 없다.

② 당사자는 A만 주장하면 되고, B를 주장하는 경우에는 A와 구별하여 주장하여야 한다.

③ 유일한 증거가 A에 관한 것일 때에는 조사거부할 수 없다.

④ B나 C의 자백은 법원을 구속하지 않으므로 법원은 자백된 사실과 다른 사실을 인정할 수 없으나, 당사자를 구속하므로 당사자는 자유롭게 철회할 수 없다.

⑤ 상고이유·재심사유가 되는 판단유탈이 되는 사실은 A에 한하고, B나 C는 법원이 판단하지 않아도 판단누락이 되지 않는다.

<해설> 정답 ④

④ 간접사실이나 보조사실의 자백은 법원도 당사자도 구속하지 않는다.

문22. 다음 중 판례에 의해 주요사실로만 묶인 것은?

> ㉠ 등기원인일자
> ㉡ 가해차량이 피해차량의 후미를 충격하게 된 경위
> ㉢ 징계위원회 개최의 일시나 장소
> ㉣ 소멸시효기산일
> ㉤ 취득시효기산일
> ㉥ 일실이익 산정에 있어서 중간이자 공제방식에 관한 주장
> ㉦ 일실이익 산정의 기초가 되는 월수입, 가동연한, 월생계비

① ㉠, ㉣, ㉤, ㉦   ② ㉣, ㉥, ㉦   ③ ㉣

④ ㉣, ㉦   ⑤ 답이 없다

<해설> 정답 ④

판례는 ㉣㉦을 주요사실로 본다.

문23. 다음 설명 중 옳은 것을 모두 모은 것은? (다툼이 있는 경우 판례에 의함)

> ㉠ 변제의 주장 속에 상계의 주장이 포함된 것으로 볼 수 있다.
> ㉡ 강바이 이사표시이므로 당연무효라는 주장 속에 취소한다는 주장이 포함되지 않는다.
> ㉢ 유권대리에 관한 주장 가운데 표현대리에 관한 주장이 포함되어 있다고 볼 수 없다.
> ㉣ 甲이 乙로부터 매수하였다는 주장에 甲의 대리인 丙이 乙로부터 매수하였다는 주장이 포함된 것으로 볼 수 없다.
> ㉤ 취득시효 주장에 상대방 권리의 소멸시효 주장이 포함된 것으로 볼 수 있다.
> ㉥ 소유권이전등기청구를 하는 경우 매매 등 등기원인은 별개의 소송물이므로 청구취지 기재와 다른 등기원인을 인정할 수 없다.

① ㉠, ㉡, ㉢   ② ㉡, ㉢   ③ ㉡, ㉢, ㉣

④ ㉡, ㉢, ㉺   ⑤ ㉡, ㉢, ㉽

〈해설〉 정답 ②

㉠ 포함되지 않는다.

㉣ 판례는 甲이 乙로부터 매수하였다고 주장하는데, 甲의 대리인 丙이 乙로부터 매수한 것으로 인정하였다 하여 변론주의에 위반하는 것은 아니라는 입장이다(대법원 1987.9.8. 선고 87다카982 판결).

㉺ 취득시효 주장에 상대방 권리의 소멸시효 주장이 포함된 것으로 볼 수 없다.

㉽ 등기원인을 표시하고 등기청구를 하는 경우의 청구취지는 그 청구의 동일성이 인정되는 한 등기원인으로 표시한 법률판단에 구애됨이 없이 정당한 법률해석에 의하여 그 원인표시를 고칠 수 있다(대법원 1980.12.9. 선고 80다532 판결).

문24. 소멸시효의 항변에 관한 설명으로 옳지 않은 것으로만 묶인 것은? (다툼이 있는 경우 판례에 의함)

㉠ 본래의 소멸시효 기산일과 당사자가 주장하는 기산일이 서로 다른 경우에는 변론주의의 원칙상 법원은 당사자가 주장하는 기산일을 기준으로 소멸시효를 계산하여야 한다.

㉡ 국가배상책임에 관한 소송에서 국가가 민법상 10년의 소멸시효완성을 주장하였음에도 법원이 국가재정법 소정의 5년의 소멸시효를 적용한 것이 변론주의를 위반한 것이 아니다.

㉢ 주 채무가 소멸시효완성으로 소멸된 경우에도 보증채무에 대한 소멸시효가 중단된 경우에는 보증채무는 소멸하지 아니한다.

㉣ 채권에 관하여 소멸시효가 완성되었다는 채무자의 항변이 있고 그 항변이 이유 있는 경우에 채권자의 재항변으로 당해 채권에 관하여 시효중단사유가 발생하였다는 취지의 주장이 없는 한 법원은 그 채권에 관하여 시효중단을 인정할 수 없다.

㉺ 채무자에 대한 채권자는 자기의 채권을 보전하기 위하여 필요한 한도 내에서 채무자를 대위하여 소멸시효 주장을 할 수 있다.

㉽ 채권자대위소송의 제3채무자는 원칙적으로 채무자가 채권자에 대하여 가지는 소멸시효의 항변으로 대항할 수 있다.

① ㉠, ㉡, ㉢   ② ㉣, ㉤   ③ ㉢, ㉥

④ ㉤, ㉥   ⑤ ㉢, ㉤, ㉥

〈해설〉 정답 ③

㉢ 보증채무에 대한 소멸시효가 중단되었다고 하더라도 이로써 주 채무에 대한 소멸시효가 중단되는 것은 아니고, 주 채무가 소멸시효완성으로 소멸된 경우에는 보증채무도 그 채무 자체의 시효중단에 불구하고 부종성에 따라 당연히 소멸된다(대법원 2002.5.14. 선고 2000다62476 판결).

㉥ 채권자 대위권에 기한 청구에 있어서 제3채무자는 채무자가 채권자에 대하여 가지는 항변으로 대항할 수 없을뿐더러 채권의 소멸시효가 완성된 경우 이를 원용할 수 있는 자는 시효이익을 직접 받는 자만이고 채권자대위소송에서 제3채무자는 이를 행사할 수 없다(대법원 1997.7.22. 선고 97다5749 판결).

문25. 다음 〈사례〉에 관한 설명 중 <u>옳지 않은</u> 것은? (다툼이 있는 경우 판례에 의함)

<사례>

부동산의 원소유자가 甲(소유명의자), 취득시효의 요건을 갖추고 있는 점유자가 乙(시효취득자), 甲으로부터 그 부동산을 양도받은 자가 丙(제3취득자)이다. 乙의 시효완성 전에 甲의 부동산을 양도받은 자를 丙[1], 乙의 시효완성 후에 甲의 부동산을 양도받은 자를 丙[2]로 한다.

① 甲의 부동산을 乙이 시효취득한 경우 甲·乙은 물권변동의 당사자이므로 乙은 등기 없이 甲에 대하여 시효취득을 주장할 수 있다.

② 乙의 취득시효가 진행되는 중에 그 부동산이 甲으로부터 丙[1]에게 양도되어 그 후에 乙의 시효가 완성된 경우에도, 丙[1]은 乙의 시효취득에 의해 소유권을 상실하게 된다는 의미에서 시효취득의 당사자라고 볼 수 있으므로 乙은 등기 없이 丙[1]에게 시효취득을 주장할 수 있다.

③ 乙의 시효기간이 만료된 후에 그 부동산이 甲으로부터 丙[2]에게 양도된 경우에는 甲으로부터 乙, 丙[2]에게 이중 양도된 경우와 같이 다루어 乙은 등기를 하지 아니하면 丙[2]에 대하여 시효취득을 주장할 수 없다. 시효완성 후에 소유권의 변동이 있는 경우에는 제3취득자는 선의인 경우 점유자에 우선한다.

④ 점유가 시효기간을 초과하는 경우에 있어서도 점유자는 기산점을 임의로 선택할 수 없는 것이므로 위 ③의 경우 乙이 시효기간의 기산점을 뒤로하여 丙[2]에게 양도된 후에 취득시효가 완성된 것으로 주장하는 것은 허용되지 않는다.

⑤ 위 ③의 경우 丙[2]의 이전등기 후 乙이 다시 시효취득에 필요한 기간에 걸쳐 점유를 계속한 경우에는 丙[2]에 대하여 시효취득을 주장할 수 있다.

〈해설〉 정답 ③

③ 선의·악의 여부를 불문한다.

문26. 다음 〈사례〉에 관한 설명 중 옳지 않은 것은? (다툼이 있는 경우 판례에 의함)

> <사례>
>
> (1) 이 사건 대지에 관하여 1982.2.15. A 명의로 소유권이전등기가 경료된 후, 1988.3.25. B 명의로, 1988.9.10. 원고 명의로 각 소유권이전등기가 순차로 마쳐져 있다. 피고는 1961.1.경 이 사건 대지와 연접한 토지(이하 '이 사건 매수토지'라 한다)를 C로부터 매수하면서 이 사건 대지의 일부인 이 사건 계쟁토지의 점유를 승계하여 텃밭으로 점유·사용하여 왔다.
>
> (2) 원고는 2005.9.26. 피고를 상대로 이 사건 계쟁토지의 인도를 구하는 소를 제기하였고, 피고는 1961.1.경 C로부터 이 사건 매수토지를 매수하고 이 사건 계쟁토지에 관하여 소유의 의사로 평온공연하게 점유를 개시한 이래 1981.1.경 1차 취득시효가 완성되었고, 이 사건 대지에 관하여 A 명의의 소유권이전등기가 마쳐진 1982.2.15.을 새로운 기산점으로 하여 20년이 경과한 2002.2.15. 이 사건 계쟁토지에 관하여 2차의 점유취득시효가 완성되었다고 항변하면서 2002.2.15. 취득시효완성을 원인으로 한 소유권이전등기청구의 반소를 제기하였다.

① A 명의로 소유권이전등기가 마쳐진 이후에 B 및 원고 명의로 소유권이전등기가 순차로 마쳐졌으므로 A 명의로 소유권이전등기가 마쳐진 시점을 새로운 취득시효의 기산점으로 삼을 수 있다.

② 취득시효기간이 경과하기 전에 등기부상의 소유명의자가 변경된다고 하더라도 그 사유만으로는 점유자의 종래의 사실상태의 계속을 파괴한 것이라고 볼 수 없어 취득시효를 중단할 사유가 되지 못하므로, 새로운 소유명의자는 취득시효완성 당시 권리의무 변동의 당사자로서 취득시효완성으로 인한 불이익을 받게 된다 할 것이어서 시효완성자는 그 소유명의자에게 시효취득을 주장할 수 있다.

③ 부동산에 대한 점유취득시효가 완성된 후 취득시효완성을 원인으로 한 소유권이전등기를 하지 않고 있는 사이에 그 부동산에 관하여 제3자 명의의 소유권이전등기가 경료된 경우라 하더라도 당초의 점유자가 계속 점유하고 있고 소유자가 변동된 시점을 기산점으로 삼아도 다시 취득시효의 점유기간이 경과한 경우에는 점유자로서는 제3자 앞으로의 소유권 변동 시를 새로운 점유취득시효의 기산점으로 삼아 2차의 취득시효의 완성을 주장할 수 있다.

④ 2차의 취득시효기간 중에 등기명의자가 변경된 경우에는 점유자는 그 등기명의자에 대하여 시효취득을 주장할 수 없다.

⑤ 2차 취득시효 개시 당시 및 그 진행 도중에 점유자가 제3자 명의의 소유권이전등기 후에 종전과 달리 외형적·객관적으로 보아 제3자의 소유권을 배척하고 점유할 의사를 갖고 있지 않다고 볼 만한 사정이 새로이 나타나지 아니하는 한, 제3자 명의로 소유권이전등기가 경료된 사실을 점유자가 알고 있다는 내심의 의사에 관한 사유만으로는 외형적·객관적으로 파악되는 자주점유의 성질상 그 점유의 태양이 변경된다거나 자주점유의 추정이 깨어진다고 할 수 없다.

〈해설〉 정답 ④

④ 대법원 2009.7.16. 선고 2007다15172, 15189 전원합의체 판결 참조.

문27. 다음은 취득시효의 기산점에 관한 설명이다. 옳지 않은 것은? (다툼이 있는 경우 판례에 의함)

① 부동산의 시효취득에 있어서 점유기간의 산정기준이 되는 점유개시의 시기는 취득시효의 요건사실인 점유기간을 판단하는 데 간접적이고 수단적인 구실을 하는 간접사실에 불과하다.

② 부동산의 시효취득에 있어서 점유기간의 산정기준이 되는 점유개시의 시기에 대한 자백은 법원이나 당사자를 구속하지 않는다.

③ 취득시효기간 중 계속해서 등기명의자가 동일한 경우에는 그 기산점을 어디에 두든지 간에 취득시효의 완성을 주장할 수 있는 시점에서 보아 그 기간이 경과한 사실만 확정되면 충분하나, 전 점유자의 점유를 승계하여 자신의 점유기간과 통산하면 20년이 경과한 경우에 있어서는 전 점유자가 점유를 개시한 이후의 임의의 시점을 그 기산점으로 삼아 취득시효의 완성을 주장할 수 없다.

④ 취득시효기간의 계산에 있어 점유기간 중에 당해 부동산의 소유권자의 변동이 있는 경우에는 취득시효를 주장하는 자가 임의로 기산점을 선택하거나 소급하여 20년 이상 점유한 사실만 내세워 시효완성을 주장할 수 없다.

⑤ 민법 제245조 제2항의 규정에 의한 소유권의 취득을 주장하는 경우에 자신이 부동산의 소유자로 등기한 기간만으로 소유권의 취득을 주장한 경우에는 법원으로서는 전 점유자가 부동산의 소유자로 등기한 기간까지 포함하여 점유로 인한 부동산소유권의 취득기간이 경과하였는지를 판단할 수 없다.

〈해설〉 정답 ③

③ 전 점유자의 점유를 승계하여 자신의 점유기간과 통산하면 20년이 경과한 경우에도 마찬가지다.

⑤ 민법 제245조 제2항의 규정에 의한 소유권의 취득을 주장하는 경우에 자신이 부동산의 소유자로 등기한 기간만을 주장할 것인지, 또는 전 점유자가 부동산의 소유자로 등기한 기간까지 아울러 주장할 것인지는 같은 법조항의 규정에 의한 소유권의 취득을 주장하는 당사자가 선택하여야 되는 것이므로, 당사자가 자신이 부동산의 소유자로 등기한 기간만으로 소유권의 취득을 주장한 경우에는, 법원으로서는 당사자가 한 그 주장에 대해서만 판단하면 되는 것이지, 그 주장이 인정되지 않는다고 하여 당사자가 주장하지도 아니한 전 점유자가 부동산의 소유자로 등기한 기간까지 포함하여 점유로 인한 부동산소유권의 취득기간이 경과하였는지를 판단할 필요는 없다(대법원 1993.12.14. 선고 93다43361 판결).

문28. 변론주의의 한계에 관한 다음 설명 중 옳지 않은 것은? (다툼이 있는 경우 판례에 의함)

① 변론주의의 지배는 사실관계에만 국한되는 것이며 그 주장된 사실관계를 기초로 한 법적판단은 법원의 직책에 속한다.

② 변론주의의 원칙상 당사자가 주장하지 아니한 사실을 기초로 법원이 판단할

수는 없는 것이지만, 법원은 청구의 객관적 실체가 동일하다고 보이는 한 청구원인으로 주장된 실체적 권리관계에 대한 정당한 법률해석에 의하여 판결할 수 있다.

③ 사실판단의 전제가 되는 경험법칙, 간접사실과 보조사실도 변론주의가 적용되지 않는다.

④ 자동차사고로 인한 손해배상청구사건에서 자동차손해배상보장법이 민법에 우선하여 적용되어야 할 것이므로 피해자는 민법상의 손해배상청구를 하지 못한다.

⑤ 소송물의 전제가 되는 권리관계나 법률효과를 인정하는 진술은 권리자백으로서 법원을 기속하는 것이 아니므로 청구의 객관적 실체가 동일하다고 보이는 한 법원은 원고가 청구원인으로 주장하는 실체적 권리관계에 대한 정당한 법률해석에 의하여 판결할 수 있다.

〈해설〉 정답 ④

④ 자동차사고로 인한 손해배상청구사건에서 자동차손해배상보장법이 민법에 우선하여 적용되어야 할 것은 물론이지만 그렇다고 하여 피해자가 민법상의 손해배상청구를 하지 못한다고는 할 수 없으므로, 자동차손해배상보장법상의 손해배상책임이 인정되지 않는 경우에도 민법상의 불법행위책임을 인정할 수는 있다(대법원 2001.6.29. 선고 2001다23201, 23218 판결).

문29. 다음 중 직권탐지주의에 관한 설명으로 <u>옳지 않은</u> 것으로만 묶인 것은? (다툼이 있는 경우 판례에 의함)

> ㉠ 직권증거조사를 원칙으로 한다.
> ㉡ 당사자의 주장 자체로 원고가 패소할 수 있다.
> ㉢ 직권으로 탐지한 사실이나 증거도 판결의 기초로 삼기 위해서는 미리 당사자에게 알려 그에 관한 의견진술의 기회를 부여하여야 한다.
> ㉣ 실기한 공격방어방법의 각하(민소법 제149조 제1항)가 배제된다.
> ㉤ 청구의 포기·인낙이나 화해가 허용되지 않는다.
> ㉥ 직권에 의한 소송자료의 수집의무는 제한이 없다.

① ㉠, ㉡, ㉣   ② ㉡, ㉥   ③ ㉡, ㉣, ㉤

④ ㉡, ㉤   ⑤ 답이 없다

ⓒ 당사자의 주장책임이 없기 때문에 주장 자체로 패소할 수는 없다.
ⓗ 기록에 나타난 사실에 한한다.

문30. 다음 중 직권탐지주의의 대상이 <u>아닌</u> 것을 모두 묶은 것은? (다툼이 있는 경우 판례 내지 다수설에 의함)

> ㉠ 노동사건
>
> ㉡ 회사설립무효·취소소송
>
> ㉢ 재산분할사건
>
> ㉣ 신의칙 또는 권리남용
>
> ㉤ 알려지지 않은 경험법칙·외국법규·관습법
>
> ㉥ 인지청구
>
> ㉦ 기판력 저촉 여부

① ㉠, ㉤   ② ㉠   ③ ㉠, ㉣, ㉦
④ ㉣, ㉦   ⑤ 답이 없다

〈해설〉 정답 ③

㉠ 변론주의가 적용되는 사건
㉣㉦ 직권조사사항의 대상이 되는 사건이다.

문31. 다음 중 직권조사사항이 <u>아닌</u> 것으로만 묶은 것은? (다툼이 있는 경우 판례 내지 다수설에 의함)

> ㉠ 소송요건 또는 상소요건
>
> ㉡ 소송계속의 유무
>
> ㉢ 제척기간 및 출소기간의 도과 여부
>
> ㉣ 소송대리인의 대리권 존부
>
> ㉤ 불항소합의
>
> ㉥ 위자료의 액수
>
> ㉦ 채권자대위소송에서 피보전채권의 존부

① ㉠, ㉡, ㉢   ② ㉣   ③ ㉥

④ ㉤   ⑤ 답이 없다

〈해설〉 정답 ⑤

㉣ 소송대리인의 소송대리권의 존부에 관하여 직권탐지사항으로 본 판례도 있고(대법원 1999.2.24. 선고 97다38930 판결: 소송대리권의 존부는 법원의 직권탐지사항으로서, 이에 대해서는 의제 자백에 관한 규정이 적용될 여지가 없다), 직권조사사항으로 본 판례도 있으나(대법원 2009.10.29. 선고 2008다37247 판결: 소송대리인의 대리권 존부는 법원의 직권조사사항이 라 할 것이고, 그 소송대리권의 위임장이 사문서인 경우 법원이 소송대리권 증명에 관하여 인 증명령을 할 것인지는 법원의 재량에 속한다고 할 것이나 상대방이 다투고 있고 또 기록상 그 위임장이 진정하다고 인정할 만한 뚜렷한 증거가 없는 경우에는 법원은 그 대리권의 증명에 관 하여 인증명령을 하거나 또는 달리 진정하게 소송대리권을 위임한 것인지를 심리하는 등 대리 권의 흠결 여부에 관하여 조사하여야 한다), 다수설은 소송대리권의 존재를 직권조사사항으로 보고 있다(소송대리권의 존재를 직권탐지사항으로까지 보는 것은 무리가 있다고 생각됨).

문32. 다음 중 직권조사사항이 <u>아닌</u> 것은? (다툼이 있는 경우 판례에 의함)

① 기판력의 저촉 여부

② 채권자취소권의 행사기간

③ 법인 또는 비법인사단의 대표자에게 적법한 대표권이 있는지

④ 비법인사단이 총유재산에 관한 소송을 제기할 때에는 사원총회 결의를 거쳐 야 하는 것

⑤ 재심사유의 존재

〈해설〉 정답 ⑤

⑤ 직권탐지사항이다.

문33. 다음은 직권조사사항에 관한 설명이다. <u>옳지 않은</u> 것은? (다툼이 있 는 경우 판례에 의함)

① 직권조사사항은 공익에 관한 것이기 때문에 항변이 없어도 법원은 판단의 기초될 사실과 증거를 직권으로 수집해야 한다.

② 공격방어방법과 상고이유서 제출에 시기적 제한이 없다.

③ 직권조사사항의 존부 자체는 재판상 자백이나 자백간주의 대상이 될 수 없다.

④ 법원이 판결에서 직권조사사항에 관한 판단을 빠뜨렸어도 판단누락이라는 상고이유가 될 수 없다.

⑤ 피고의 답변서 제출이 없어도 무변론판결을 할 수 없다.

〈해설〉 정답 ①

① 직권조사사항이라 하여 법원이 언제나 직권으로 사실을 탐지할 의무가 있는 것은 아니다. 직권조사는 당사자로부터 이의나 항변 또는 신청에 의하여 지적되지 아니한 경우에도 직권으로 문제 삼아 판단하는 것을 말하며 그 판단의 기초가 되는 사실이나 증거를 직권으로 수집하는 것이 아닌 점에서 직권탐지주의와 구별된다.

문34. 다음은 석명권의 범위에 관한 설명이다. <u>옳은</u> 것을 모두 모은 것은? (다툼이 있는 경우 판례에 의함)

> ㉠ 원고 주장사실이 전부 인정되나 청구취지가 부합하지 아니한 경우에 청구취지변경의 석명의무가 있다.
>
> ㉡ 당사자의 주장이 등기부취득시효의 주장임이 분명한 경우에도, 법원이 점유취득시효의 주장이 함께 포함되어 있는 것인지를 석명할 의무가 있다.
>
> ㉢ 당사자가 구 청구를 취하한다는 명백한 표시 없이 새로운 청구로 변경하는 등으로 그 변경형태가 불분명한 경우에는 사실심법원으로서는 과연 청구변경의 취지가 교환적인가 추가적인가 또는 선택적인가의 점을 석명할 의무가 있다.
>
> ㉣ 소유자가 아닌 자가 등기명의자에게 직접 등기말소를 청구한 경우에 법원이 진정한 소유자를 대위하여 등기명의자에게 등기의 말소를 구하는 것인지를 석명하여야 한다.
>
> ㉤ 농지소유권이전등기청구에서 농지취득자격증명을 조건으로 한 이전등기청구를 하는 것인지 석명의무가 있다.
>
> ㉥ 청구원인이 매매로 샀다는 것인지 대물변제로 받았다는 것인지 불분명한 경우 청구원인을 특정할 책임은 원고에게 있으므로 석명의무가 없다.

① ㉠, ㉢, ㉤, ㉥   ② ㉢, ㉤   ③ ㉢, ㉥

④ ㉢   ⑤ 답이 없다

〈해설〉 정답 ④

㉠ 석명의무가 없다. 대법원 1992.3.10. 선고 91다36550 판결

㉡ 반대: 대법원 1997.3.11. 선고 96다49902 판결

㉣ 등기명의자에 대하여 직접 말소등기청구권을 갖는다는 것과 진정한 소유자의 등기말소청구권을
대위행사하여 등기명의자에 대하여 말소를 구한다는 것은 청구원인이 다르므로, 소유자가 아닌
자가 등기명의자에게 직접 등기말소를 청구한 경우에 법원이 진정한 소유자를 대위하여 등기명
의자에게 등기의 말소를 구하는 것인지를 심리하지 않았더라도 석명권을 행사하지 아니한 잘못
이 될 수 없다.

㉤ 반대: 대법원 1995.5.9. 선고 94다48738 판결

㉥ 이시윤, p.322 참조.

문35. 다음은 석명권의 범위에 관한 설명이다. <u>옳지 않은</u> 것은? (다툼이 있
는 경우 판례에 의함)

① 원고의 약정금청구에 대하여 피고가 약정체결 사실을 부인하는 경우 약정대
금을 변제하였는지를 석명할 의무가 없다.

② 토지임대인이 그 임차인에 대하여 지상물철거 및 그 부지의 인도를 청구한
데 대하여 임차인이 적법한 지상물매수청구권을 행사한 경우에 법원으로서
는 원고의 대금지급과 맞바꾸는 상환이행판결을 하여야 한다.

③ 원고가 소유권에 기한 반환청구만을 하고 있음이 명백한 이상 점유권에 기
한 반환청구도 구하는지를 석명할 의무가 없다.

④ 계쟁 토지를 정당하게 매수하여 유효하게 소유권을 취득하였다는 주장에 취
득시효에 관한 요건사실에 관한 주장을 한 것인지는 석명사항이 아니다.

⑤ 손해배상청구의 법률적 근거가 불법행위인지 계약책임인지 불명한 경우 그
주장을 법률적으로 명쾌하게 정리할 기회를 주어야 한다.

〈해설〉 정답 ②

② 대법원전원합의체 1995.7.11. 선고 94다34265 판결: 토지임대인이 그 임차인에 대하여 지상
물철거 및 그 부지의 인도를 청구한 데 대하여 임차인이 적법한 지상물매수청구권을 행사한 경
우에 법원으로서는 임대인이 종전의 청구를 계속 유지할 것인지, 아니면 대금지급과 상환으로
지상물의 명도를 청구할 의사가 있는 것인지(예비적으로라도)를 석명하여야 한다.

문36. 당사자의 주장이 불명료한 경우의 석명에 관한 다음 설명 중 <u>옳지 않</u>은 것은? (다툼이 있는 경우 판례에 의함)

① 쌍무계약에 있어서 원고가 적법하게 계약해제되었다고 주장하면서 그 요건 사실인 원고 자신의 채무이행을 제공하면서 상대방에 대항 이행최고를 한 점에 원고가 아무런 말이 없으면 이에 대해 석명하여야 한다.

② 유권대리를 주장하는 당사자에게 표현대리의 주장을 하는지 석명할 의무가 없다.

③ 원고가 청구취지에서는 피고를 상대로 그 명의로 경료된 등기의 말소등기절차의 직접 이행을 구하고 있으나 청구원인 사실로 대위권 행사의 전제가 되는 사실관계를 모두 주장하고 있는 경우, 위 주장의 취지를 직접 등기의 말소를 구하는 것으로만 보아 청구를 기각한 것은 석명의무를 위반하였다.

④ 물품대금청구소송에서 피고가 공급물에 하자가 있음을 이유로 계약을 취소하였다고 주장하는 경우 석명권을 행사하여 위 주장이 하자담보책임에 기한 계약해제의 주장인지를 석명할 의무가 없다.

⑤ 채권자의 수령지체 주장에 상계항변이 포함되어 있는지에 관하여 석명의무가 없다.

〈해설〉 정답 ④

④ 반대: 대법원 1990.6.12. 선고 89다카28225 판결

문37. 증명촉구에 관한 다음 설명 중 <u>옳지 않은</u> 것은? (다툼이 있는 경우 판례에 의함)

① 당사자가 자기주장에 대한 입증자료를 제출하고 있는 경우에는 더 이상 입증을 촉구하지 아니하여도 위법이라 할 수 없다.

② 불법행위나 채무불이행으로 인한 손해배상책임이 인정된다면 손해액에 관한 입증이 불충분하다 하더라도 법원은 그 이유만으로 손해배상청구를 배척할 것이 아니라 그 손해액에 관하여 적극적으로 석명권을 행사하고 입증을 촉구하여 이를 밝혀야 한다.

③ 당사자가 법원의 증명촉구에 불응할 뿐만 아니라 명백히 증명을 하지 않겠다는 의사표시를 한 경우에는 청구기각을 할 수밖에 없다.

④ 부동산에 관한 매매계약의 해제로 인한 원상회복의무가 이행불능이 되어 이

행불능 당시 가액의 반환채권이 인정되는 경우, 법원으로서는 이행불능 당시의 당해 부동산의 가액에 관한 원고의 주장·입증이 미흡하더라도 적극적으로 석명권을 행사하여 주장을 정리함과 함께 입증을 촉구하여야 하고, 경우에 따라서는 직권으로라도 그 가액을 심리·판단하여야 한다.

⑤ 불법행위로 인한 손해배상책임이 인정되지만 배상액에 관한 아무런 증명이 없는 경우 법원은 손해액 산정 기준이나 방법을 적극적으로 원고에게 제시할 필요가 있다.

〈해설〉 정답 ⑤

⑤ 법원은 구체적으로 증명방법까지 제시하면서 증거신청을 종용할 필요는 없다.

문38. 석명권의 범위 및 한계에 대한 다음 설명 중 <u>옳지 않은</u> 것은? (다툼이 있는 경우 판례에 의함)

① 소유권에 기하여 미등기 무허가건물의 반환을 구하는 청구임 분명한 이상 법원에 점유권에 기한 반환청구도 구하는지를 석명할 의무가 있는 것은 아니다.

② 불공정한 법률행위로서 무효라는 주장 안에 반사회적 법률행위로서 무효라는 주장이 포함되어 있는지를 석명할 의무가 있다.

③ 원고가 청구원인을 채무불이행으로 인한 손해배상청구라고 주장한다 하더라도 그것이 결국 법률적 견해의 착오에 기인한 것이고 원고에게 계약에 정하여진 보수청구권이 있을 경우에는 원고의 의사가 계약에 인한 보수를 청구하는 취지인가의 점을 석명하여야 한다.

④ 가압류되어 있는 부동산에 대한 소유권이전등기청구에서 가압류해제를 조건으로 한 이전등기까지 하는 것인지 소변경의 석명이 필요 없다.

⑤ 당사자의 주장사실에 부합하는 서증이 제출되어 있다면 당사자에게 그 주장사실이나 서증의 진정성립에 대한 입증을 촉구하여야 한다.

〈해설〉 정답 ②

② 반대: 대법원 1997.3.25. 선고 96다47951 판결

문39. 다음은 법적관점시사의무(지적의무)에 관한 설명이다. <u>옳지 않은 것</u>은? (다툼이 있는 경우 판례에 의함)

① 원고가 도급계약으로 주장하지만 법원으로서는 매매계약으로 보일 때 지적의무가 있다.

② 소송과정에서 환경정책기본법 제31조 제1항에 의한 책임 여부에 대하여 당사자 사이에 전혀 쟁점이 된 바가 없었고 원심도 그에 대하여 당사자에게 의견진술의 기회를 주거나 석명권을 행사한 바 없었음에도 원심이 환경정책기본법 제31조 제1항에 의한 손해배상책임을 인정한 것은 법원의 지적의무 위반이다.

③ 이미 자기 앞으로 소유권을 표상하는 등기가 되어 있거나 법률에 의하여 소유권을 취득한 자가 아닌 자가 진정한 등기명의회복을 위한 소유권이전등기청구로 소변경을 하는 경우 지적의무가 있다.

④ 원고가 손해배상청구를 불법행위책임에 기하여 청구하지만 법원이 당사자가 생각하지 않는 채무불이행책임의 관점에서 문제 될 수 있을 때 지적의무가 있다.

⑤ 법원이 사실상 또는 법률상 사항에 관한 석명의무나 지적의무 등을 위반한 채 변론을 종결하였는데 당사자가 그에 관한 주장·증명을 제출하기 위하여 변론재개신청을 한 경우 당사자의 변론재개신청을 받아들일지는 원칙적으로 법원의 재량에 속한다.

〈해설〉 정답 ⑤

⑤ 이 경우에는 사건을 적정하고 공정하게 심리·판단할 책무가 있는 법원으로서는 그와 같은 소송절차상의 위법을 치유하고 그 책무를 다하기 위하여 변론을 재개하고 심리를 속행할 의무가 있다(대법원 2010.10.28. 선고 2010다20532 판결 참조).

문40. 다음 중 판례가 법적 관점 시사의무(지적의무)가 있다고 본 사례가 <u>아닌</u> 것을 모은 것은?

> ㉠ 사해행위취소소송에서 그 소의 제척기간의 도과 여부가 당사자 사이에 쟁점이 된 바가 없음에도 제척기간의 도과를 이유로 사해행위취소의 소를 각하한 경우

ⓛ 건물의 소유권을 취득하였음을 전제로 건물의 인도를 구하는 청구에 그 건물을 원시취득한 매도인을 대위하여 건물의 인도를 구하는 취지가 포함되어 있으므로 불법점유자인 피고들에 대하여 신축자를 대위하여 각 점유부분의 인도청구를 명한 경우

ⓒ 가등기와 가등기이전의 부기등기의 말소를 구하는 소송에서 가등기의 피담보채권의 발생 여부에 대한 쟁점에 관해서만 심리가 되어 본안에 관하여 판단하고 피고적격이나 가등기부기등기의 말소방법에 관한 석명이나 변론이 없이 판결한 경우

ⓔ 원심의 변론종결 시까지 당사자 사이에 압류 및 추심명령 결정의 송달 여부만 다투어졌을 뿐 그 경정결정의 송달 여부에 관해서는 명시적으로 다툼이 없었던 경우, 원심이 원고가 제출한 증거만으로 경정결정의 송달사실이 인정되지 않는다는 이유로 청구를 기각한 경우

ⓜ 당사자가 구 청구를 취하한다는 명백한 표시 없이 새로운 청구로 변경하는 등으로 그 변경형태가 불분명한 경우

ⓗ 조세채권자의 배당이의로 경매신청채권자에 대한 배당금이 공탁되었는데, 조세채권자가 경매신청채권자를 상대로 부당이득반환으로서 그 배당금 상당의 금원의 지급을 구함에 대하여 경매신청채권자가 현실적으로 배당금을 수령하지 않았다는 이유로 조세채권자의 청구를 기각한 경우

① ㉠, ㉡　　　② ㉢, ㉤　　　③ ㉣
④ ㉥　　　⑤ 답이 없다

〈해설〉 정답 ⑤

전부 판례의 내용이다.

문41. 석명권의 행사에 대한 다음 설명 중 옳지 않은 것은? (다툼이 있는 경우 판례에 의함)

① 석명권은 소송지휘권의 일종으로 법원의 권한이므로 당사자는 상대방에게 직접 석명을 구할 수 없다.

② 석명권은 변론절차뿐만 아니라 변론준비절차에서는 행사할 수 있다.

③ 석명·진술의 법률효과가 석명한 당사자에게 불이익한 경우에는 적어도 그

불이익을 배제할 기회를 주어야 한다.

④ 석명처분에 의하여 얻은 자료는 증거로서의 효력이 없다.

⑤ 법원의 석명준비명령에 대하여 당사자는 이의할 수 없다.

〈해설〉 정답 ⑤

⑤ 이의할 수 있고, 법원은 결정으로 그 이의신청에 대하여 재판한다.

문42. 다음 〈사례〉에 관한 설명 중 옳지 않은 것은? (다툼이 있는 경우 판례에 의함)

<사례>

(1) A 회사는 임차인 B와 임차보증금을 1,000만 원으로 정하여 임대차계약을 체결한 임대인으로서, 임차인인 B와 위 임차보증금 반환채권을 양도받았다는 乙 중 진정한 채권자가 누구인지를 알 수 없다는 이유로 2008.3.5. 피공탁자를 A 또는 乙로 하여 상대적 불확지 변제공탁을 하였다.

(2) 甲은 2008.4.7. 채무자를 B, 제3채무자를 대한민국, 청구금액을 800만 원으로 하여 채무자가 제3채무자에 대하여 가지는 공탁물출급청구권 중 위 청구금액에 이르기까지의 금원에 대하여 채권압류 및 추심명령을 받았다.

(3) 甲은 2009.7.15. 乙을 상대로 공탁금출급청구권 확인의 소를 제기하면서, 소장의 당사자표시에 B를 '원고'로, 자신을 '대위신청인'으로 기재하고, 청구취지를 "A 회사가 위 공탁금 중 800만 원에 대하여 원고가 출급권자임을 확인한다"는 것으로 기재하고, 청구원인으로는 원고가 위와 같이 B의 공탁물출급청구권에 대하여 채권압류 및 추심명령을 받았는데 B와 乙이 공탁금에 관하여 아무런 조치를 취하지 않고 있으므로 B의 대위신청인으로서 공탁물출급청구권의 확인을 받아 채무변제를 받기 위하여 이 사건 소를 제기하였다고 주장하였다.

(4) 법원은 제1회 변론기일에서 甲에게, 피공탁자가 아닌 甲이 乙을 상대로 이 사건 공탁물출급청구권 확인을 구할 이익이 있는지 밝힐 것을 명하였고, 이에 甲은 제2회 변론기일에서 甲이 이 사건 공탁물출급청구권에 대한 추심채권자라고 주장하였다.

① 변제공탁의 공탁물출급청구권자는 피공탁자 또는 그 승계인이고 피공탁자는 공탁서의 기재에 의하여 형식적으로 결정되므로, 실체법상의 채권자라고 하더라도 피공탁자로 지정되어 있지 않으면 공탁물출급청구권을 행사할 수 없다.

② 민법 제487조 후단에 따른 채권자의 상대적 불확지를 원인으로 하는 변제공탁의 경우 피공탁자 중의 1인은 다른 피공탁자의 승낙서나 그를 상대로 받은 공탁물출급청구권확인 승소확정판결을 제출하여 공탁물출급청구를 할 수 있다.

③ 상대적 불확지 변제공탁의 피공탁자 중 1인을 채무자로 하여 그의 공탁물출급청구권에 대하여 채권압류 및 추심명령을 받은 추심채권자는 공탁물을 출급하기 위하여 자기의 이름으로 다른 피공탁자를 상대로 공탁물출급청구권이 추심채권자의 채무자에게 있음을 확인한다는 확인의 소를 제기할 수 있다.

④ 채권압류 및 추심명령이 있더라도 채무자가 여전히 압류된 채권의 채권자 지위에 있는 것이고, 다만 채권압류 및 추심명령을 받은 추심채권자는 압류한 채권의 추심권을 취득하므로 추심에 필요한 채무자의 권리를 대위절차 없이 자기의 이름으로 행사할 수 있다.

⑤ A 회사가 乙 또는 B를 피공탁자로 하여 상대적 불확지 변제공탁을 한 이 사건에서 원고 甲이 피고 乙을 상대로 하여 이 사건 공탁물출급청구권이 甲에게 있음을 확인한다는 내용의 판결을 받는다고 하여도 甲에게 공탁당사자의 지위가 생기는 것으로 볼 수 없으므로 甲의 이 사건 소는 확인의 이익이 없어 부적법하다.

〈해설〉 정답 ⑤

⑤ 대법원 2011.11.10. 선고 2011다55405 판결에 의하여 파기된 원심판결의 내용이다.

문43. 다음 중 직접심리주의에 관한 설명 중 가장 옳지 않은 것은? (다툼이 있는 경우 판례에 의함)

① 단독사건의 판사가 바뀌거나 합의부 법관의 반수 이상이 바뀐 경우에는 종전에 신문한 증인에 대하여 당사자가 다시 신문을 신청한 때에는 법원은 재신문을 하여야 한다.

② 위와 같은 직접심리주의원칙상 당사자가 재신문을 신청하면 법원은 반드시

재신문을 하여야 한다.

③ 변론의 갱신은 같은 심급의 변론과정에서 법관이 바뀐 경우뿐만 아니라, 소송의 이송, 항소에 의하여 변관이 바뀐 경우와 재심사건의 본안심리에 들어가는 경우에도 필요하다.

④ 상고법원에 의한 원심판결의 파기환송 시 환송 후 원심에서도 변론을 갱신하여야 한다.

⑤ 소액사건의 경우에는 변론의 갱신절차를 배제한다.

〈해설〉 정답 ②

② 당사자가 신청하기만 하면 어떤 경우에든지 반드시 재신문을 하여야 하는 것은 아니고, 법원이 소송상태에 비추어 재신문이 필요하지 아니하다고 인정하는 경우(예를 들면, 종전에 증인을 신문할 당시에는 당사자 사이에 다툼이 있었으나 현재는 당사자 사이에 다툼이 없어서 증명이 필요 없게 된 경우, 다른 증거들에 의하여 심증이 이미 형성되어 새로 심증을 형성할 가능성이 없는 경우, 소송의 완결을 지연하게 할 목적에서 재신문을 신청하는 것으로 인정되는 경우 등)에는 재신문을 하지 아니할 수도 있다(대법원 1992.7.14. 선고 92누2424 판결).

문44. 다음 중 적시제출주의의 실효성을 확보하기 위한 것이 <u>아닌</u> 것은?

> ㉠ 답변서 제출의무
> ㉡ 석명에 불응하는 공격방어방법의 각하
> ㉢ 실기한 공격방어방법의 각하
> ㉣ 재정기간제도
> ㉤ 변론준비기일에서의 미제출의 공격방어방법의 실권
> ㉥ 임의관할위반의 항변제출의 제한

① ㉠, ㉥   ② ㉠, ㉡, ㉥   ③ ㉤
④ ㉠   ⑤ 답이 없다

〈해설〉 정답 ⑤

전부 적시제출주의를 관철하기 위한 제도이다.

문45. 다음 중 판례가 실기한 공격방법으로 보는 것을 모두 모은 것은?

    ㉠ 소유권이전등기청구소송에서 패소한 피고가 항소심에서 계약금의 배액을 공탁하고 약정해제권을 행사한 경우

    ㉡ 건물철거와 대지인도청구소송에서 항소심 제4차 변론기일에 비로소 유치권항변을 제출한 경우

    ㉢ 항소심에 이르러 동일한 쟁점에 관하여 대법원판결이 선고되자 그 판례를 토대로 새로운 주장을 제출한 경우

    ㉣ 파기환송 전에 제출할 수 있었던 상계항변을 환송 후에 주장한 경우

    ㉤ 원고가 제1심부터 환송 후 원심에 이르기까지 구상금채권에 관하여 소멸시효가 중단되었다는 주장·증명을 제출할 기회가 충분히 있었음에도 이를 제출하지 않고 있다가 환송 후 원심의 변론종결 후에야 비로소 그 주장·증명을 제출하기 위하여 변론재개신청을 한 경우

    ㉥ 환송 후 원심에서 비로소 원고가 농지취득자격증명을 얻지 못하였다는 항변을 한 경우

① ㉠, ㉡, ㉣   ② ㉣, ㉤   ③ ㉡, ㉣, ㉤

④ ㉣, ㉤, ㉥   ⑤ ㉣

〈해설〉 정답 ③

㉡ 판례는 실기한 공격방법으로 보았다.

㉣ 판례는 실기한 공격방어방법으로 본다. 대법원 2005.10.7. 선고 2003다44387, 44394 판결

㉤ 대법원 2010.10.28. 선고 2010다20532 판결: 원고가 제1심부터 환송 후 원심에 이르기까지 구상금채권에 관하여 소멸시효가 중단되었다는 주장·증명을 제출할 기회가 충분히 있었음에도 이를 제출하지 않고 있다가 환송 후 원심의 변론종결 후에야 비로소 그 주장·증명을 제출하기 위하여 변론재개신청을 한 사안에서, 원심이 소멸시효 중단 여부에 관하여 석명하여야 할 의무 등이 없는 이상 그 주장·증명이 청구의 결론을 좌우할 만한 관건적 요증사실에 관한 것이라거나, 변론이 재개되어 속행되는 변론기일에서 위 주장·증명이 제출될 경우 실기한 공격방어방법으로 각하당하지 아니할 가능성이 있다는 사정만으로 변론을 재개하여야 할 의무가 있다고 볼 수는 없다고 한 사례.

문46. 다음 설명 중 **옳은** 것으로만 묶인 것은? (다툼이 있는 경우 판례에 의함)

> ⊙ 매매를 원인으로 한 소유권이전등기청구에 있어 매도인이 매매대금의 일부를 수령한 바 없다면, 법원은 매도인의 동시이행의 항변이 없더라도 이에 관하여 심리하고 판단할 수 있다.
>
> ⓛ 소멸시효에 있어서 그 시효기간이 만료되면 권리는 당연히 소멸하고, 소멸시효의 이익을 받는 자가 소멸시효완성의 항변을 하지 않더라도 법원은 시효소멸되었다는 판단을 할 수 있다.
>
> ⓒ 당사자 간에 다툼이 없는 사실도 법원이 반대심증을 얻었으면 자백에 반하는 사실을 인정할 수 있다.
>
> ⓔ 甲이 A가 乙의 대리인이므로 그가 행한 매매계약의 효과가 乙에게 귀속되어야 한다고 주장하는 경우에도 A의 행위가 表見代理行爲로 판명된 이상 表見代理의 주장이 있는 것으로 본다.
>
> ⓜ 피고가 변제항변을 하지 않았는데 증인이 변제하였다는 증언을 하고 법원이 이를 믿는다면 증인의 증언만으로 변제에 의한 채권소멸을 판단할 수 있다.
>
> ⓗ 손해배상청구소송에서 배상의무자(피고)가 피해자(원고)의 과실에 관하여 주장을 하지 아니한 경우에도 피해자의 과실을 참작할 수 있다.

① ㄱ, ㄴ   ② ㄷ, ㅂ   ③ ㅂ
④ ㄹ   ⑤ 답이 없다

〈해설〉 정답 ③

ⓗ을 제외하고는 전부 변론주의에 반한다.

제9장 민사소송과 증거

문1. 다음 설명 옳지 않은 것만으로 묶인 것은? (다툼이 있는 경우 통설 및 판례에 의함)

> ㉠ 당사자가 자기에게 증명책임이 있는 사실을 증명하기 위하거나, 상대방이 증명책임을 지는 사실을 부정하기 위해 제출하는 증거를 본증이라고 한다.
>
> ㉡ 법률상의 추정은 반대사실의 증명이 있어야 번복된다.
>
> ㉢ 청구원인사실에 관해서는 원고 측의 증거가 본증이 되고, 피고 측의 증거가 반증이 되며, 항변에 관해서는 피고 측의 증거가 본증이 되고 원고 측의 증거가 반증이 된다.
>
> ㉣ 반대사실의 증거는 본증이다.
>
> ㉤ 엄격한 증명은 증명이나 자유로운 증명은 소명이다.
>
> ㉥ 일반육체노동자의 가동기간은 60세가 끝날 때까지로 본다.

① ㉠, ㉡　　② ㉢, ㉣　　③ ㉤

④ ㉥　　⑤ ㉤, ㉥

〈해설〉 정답 ⑤

㉤ 엄격한 증명이나 자유로운 증명 모두 증명이기 때문에 확신의 정도에 차이는 없으며, 소명과 구별된다.

㉥ 60세가 될 때까지로 본다.

문2. 다음 설명 옳은 것만으로 묶인 것은? (다툼이 있는 경우 통설 및 판례에 의함)

> ㉠ 사실상의 추정은 반대사실의 증명이 있어야 번복된다.
>
> ㉡ 반증이 성공하려면 상대방 주장사실이 진실이 이님을 확신시킬 필요가 있다.
>
> ㉢ 초상권 및 사생활의 비밀과 자유에 대한 부당한 침해는 불법행위를 구성하나, 그것이 공개된 장소에서 이루어졌거나 민사소송의 증거를 수집할 목적으로 이루어진 경우에는 위법성이 조각된다.
>
> ㉣ 반대사실의 증거는 반증이다.
>
> ㉤ 甲이 A와 B의 혼인 중에 태어났으나, A의 자식이 아님이 객관적으로 증명되었을 때에는 친생자관계부존재확인의 소에 의하여 그 친생자관계의 부존

재확인을 구할 수 있다.

ⓗ 매매대금청구의 소에서 계약체결사실이 다투어질 때 반증을 드는 피고로서는 계약체결이 되지 아니하였음을 완벽하게 증명할 필요는 없다.

① ㉠, ㉡, ㉣   ② ㉢, ㉤   ③ ㉥

④ ㉤, ㉥   ⑤ 답이 없다

〈해설〉 정답 ③

㉠ 사실상의 추정은 반증으로 번복된다.

㉡ 상대방 주장사실이 진실이 아님을 확신시킬 필요는 없고 진실 여부에 관하여 확실치 못하다는 심증만 형성시키면 본증이 실패로 돌아가고 반증이 성공한 것이 된다.

㉢ 대법원 2006.10.13. 선고 2004다16280 판결은 초상권 및 사생활의 비밀과 자유에 대한 부당한 침해는 불법행위를 구성하는데, 위 침해는 그것이 공개된 장소에서 이루어졌다거나 민사소송의 증거를 수집할 목적으로 이루어졌다는 사유만으로는 정당화되지 아니한다고 한다.

㉣ 반대사실의 증거라 함은 원칙적으로 법률상의 추정이 되었을 때 이를 깨트리기 위하여 그 추정을 다투는 자가 제출하는 증거를 말하고 이는 반증이 아니라 본증이다.

㉤ 친생부인의 소를 제기하여 그 확정판결을 받아야 한다.

㉥ 반증을 드는 피고로서는 계약이 체결되지 아니하였음을 완벽하게 증명할 필요는 없고 법원이 계약체결사실의 존재에 대해 의문을 품게 하는 사정을 증명하면 된다.

문3. 증거능력에 관한 다음 설명 옳은 것만으로 묶인 것은? (다툼이 있는 경우 통설 및 판례에 의함)

㉠ 미성년자의 법정대리인은 당사자 본인이 아니므로 증인신문의 대상이고 당사자 본인신문의 대상이 아니다.

㉡ 전문증거는 증거능력이 없다.

㉢ 기피당한 감정인은 감정인능력이 없으나, 선서하지 않은 감정인에 의한 감정 결과도 증거능력이 있다.

㉣ 일부가 사후에 조작된 문서는 증거능력이 없다.

㉤ 확정판결이 아닌 미확정판결은 증거능력이 없다.

㉥ 소제기 후에 다툼이 있는 사실을 증명하기 위해 작성한 사문서도 증거능력이 있다.

① ㉠, ㉡, ㉢ ② ㉣, ㉤ ③ ㉣
④ ㉥ ⑤ 답이 없다

〈해설〉 정답 ④

㉠ 당사자 본인신문의 대상이다.

㉡㉤ 민사소송법상 자유심증주의를 택하고 있기 때문에 원칙적으로 증거능력의 제한은 없고, 미확정판결이나 전문증거, 소제기 후 작성된 사문서도 증거능력이 있다.

㉢ 증거조사절차가 위법한 경우 예컨대 선서하지 않은 감정인에 의한 감정결과는 증거능력이 없다.

㉣ 대법원 2008.6.28. 선고 2007두22344 판결

문4. 위법하게 수집한 증거방법의 증거능력에 관한 다음 설명 <u>옳지 않은</u> 것만으로 묶인 것은? (다툼이 있는 경우 통설 및 판례에 의함)

> ㉠ 甲이 부인 A와 乙의 간통 현장을 직접 목격하고 乙의 주거에 침입하여 촬영한 사진은 이로 말미암아 乙의 주거의 자유나 사생활의 비밀이 일정 정도 침해되는 결과를 초래하더라도 이는 乙이 수인하여야 할 기본권의 제한에 해당하므로, 위 사진의 증거능력이 인정된다.
>
> ㉡ 당사자 일방이 녹음테이프를 속기사에 의하여 녹취한 녹취록을 증거로 제출하고 이에 대하여 상대방이 부지로 인부한 경우, 그 녹취록이 상대방에게 유리한 내용으로 되어 있는 경우에도 녹음테이프의 검증을 통하여 대화자가 진술한 대로 녹취되었는지 확인하여야 한다.
>
> ㉢ 자유심증주의를 채택하고 있는 우리 민사소송법하에서 상대방 부지 중 비밀리에 상대방과의 대화를 녹음하였다는 이유만으로 그 녹음테이프가 증거능력이 없다고 단정할 수 없고, 그 채증 여부는 사실심 법원의 재량에 속한다.
>
> ㉣ 증명책임을 진 당사자는 그 소송에서 주장사실을 증명하여 승소할 이익을 가진 자이므로 증명의 이익은 그 소송에 당면한 현실적인 이익이라고 하더라도 당사자의 일방이 대화자가 되어 몰래 녹음한 테이프는 증거조사의 대상으로 삼을 수 없다.
>
> ㉤ 피고인이 범행 후 피해자에게 전화를 걸어오자 피해자가 증거를 수집하려고 그 전화내용을 녹음한 경우, 그 녹음테이프는 위법하게 수집된 증거라고 할 수 없다.
>
> ㉥ 다른 증거에 의하지 아니하고 변론전체의 취지만으로 녹취록의 진정성립을 인정할 수 없다.

① ㉠, ㉡, ㉣   ② ㉠, ㉡   ③ ㉡

④ ㉢, ㉤   ⑤ ㉡, ㉣, ㉥

〈해설〉 정답 ⑤

㉥ 변론전체의 취지만으로 녹취록의 진정성립을 인정할 수 있다(대법원 2009.9.10. 선고 2009 다37138, 37145 판결).

문5. 다음 〈사례〉에 관한 설명 중 옳지 않은 것은? (다툼이 있는 경우 판례 에 의함)

<사례>

乙은 甲 소유의 건물을 임차하여 식당 영업을 하던 중 어느 날 밤 식당에서 발 화한 원인불명의 화재로 甲 소유의 건물이 소실되는 사고가 발생하였다.

① 甲이 乙을 상대로 불법행위를 원인으로 손해배상청구를 하는 경우 甲은 乙의 고의·과실을 증명하여야 한다.

② 甲이 乙의 과실을 증명하기 위한 증거방법이 본증이고, 乙이 제출하는 증거는 반증이 된다.

③ 甲이 乙을 상대로 채무불이행(이행불능)을 원인으로 하는 손해배상청구를 하는 경우 甲이 乙의 과실을 증명하여야 하고, 이는 본증이다.

④ 乙이 선량한 관리자의 주의를 다하여 임차목적물을 관리하였음을 증명하지 못하 면 乙의 본증은 실패로 돌아가고 乙의 손해배상책임이 인정된다.

⑤ 甲이 乙을 상대로 채무불이행(이행불능)을 원인으로 하는 손해배상청구를 하는 경우 실화책임에 관한 법률이 적용되지 않는다.

〈해설〉 정답 ③

③ 乙이 자신에게 귀책사유 없음을 증명하여야 한다.

문6. 다음 〈사례〉에 관한 설명 중 **옳지 않은** 것은? (다툼이 있는 경우 판례에 의함)

〈사례〉

(1) 甲과 보험계약을 체결한 乙 보험회사는 교통사고로 甲이 다소 부상을 입었으나 후유장해 없이 치료가 종결되었다고 판단하고, 甲에게 합의금 200만 원 정도를 제시하였으나 합의가 이루어지지 못하자, 甲이 乙사를 상대로 손해배상청구소송을 제기하였다. 甲은 감정인의 감정결과에 따라 8,000만 원 및 이에 대한 지연손해금을 청구하는 것으로 청구취지를 변경하였다.

(2) 이에 乙 회사의 보상담당 직원 A는 甲의 후유장해 정도에 대한 증거자료를 수집할 목적으로 甲에 대한 사진 54장을 甲 몰래 촬영하였는데, 그중에는 甲이 퇴근 후 차량정비업소에 들러 차량 수리를 맡기고 지켜보다가 수영장으로 가는 모습의 사진과 출근하기 위해 자신의 아파트 주차장에서 자동차 옆에 서있는 모습의 사진 등이다. 乙의 소송대리인은 법원에 준비서면과 함께 이 사건 사진을 증거로 제출하면서, 그 영상에 나타난 바와 같이 甲은 후유장해가 없으며 감정의는 甲의 호소만을 근거로 하여 잘못된 감정을 하였다고 주장하는 한편 甲에 대한 신체재감정을 신청하였다.

(3) 법원은 지급액을 5,000만 원으로 한 강제조정결정을 내렸으나 乙 회사가 이의신청을 하자, 甲에 대한 신체재감정신청을 채택하여 감정촉탁을 하였고, 감정의는 1차 감정결과 보다 乙에게 다소 유리한 감정촉탁결과를 제출하였다. 甲은 보다 유리한 제1차 감정촉탁 결과에 기초하여 산정한 9,600만 원을 청구하는 등으로 청구취지를 변경하였으며, 이후 법원은 乙 회사는 甲에게 4,600만 원을 지급하고, 나머지 청구는 모두 포기한다는 요지의 화해권고 결정을 하였고, 그 결정이 확정됨으로써 위 소송은 종료되었다.

(4) 위 소송종료 후 甲은, 乙 회사 보상담당직원은 甲의 승낙 없이 함부로 甲을 비밀리에 추적하면서 사생활에 대한 사진을 몰래 촬영하여 이를 법원에 제출함으로써 甲의 초상권 및 사생활의 평온을 누릴 행복추구권을 침해하였고, 乙 회사는 위 직원들의 사용자이므로 乙은 甲에 대하여 손해배상책임이 있다고 주장하면서 5,000만 원의 위자료청구의 소를 제기하였다.

---

① 乙 등의 행위는 특정의 목적을 가지고 의도적·계속적으로 주시하고 미행하면서 사진을 촬영함으로써 甲에 관한 정보를 임의로 수집한 것이어서, 비록 그것이 공개된 장소에서 민사소송의 증거를 수집할 목적으로 이루어졌다고 하더라도

초상권 및 사생활의 비밀과 자유의 보호영역을 침범한 것으로서 불법행위를 구성한다.

② 乙 등에게는 위 침해행위로 인하여 달성하려는 이익, 즉 위 손해배상소송에서 승소함으로써 손해배상책임을 면하여 얻는 재산상 이익, 허위 또는 과장된 청구를 밝혀내어야 할 소송에서의 진실발견이라는 이익, 부당한 손해배상책임을 면함으로써 보험료를 낮출 수 있다는 보험가입자들의 공동이익 등이 있고, 이는 甲의 초상권 및 사생활의 비밀과 자유와 충돌하는 이익이 된다.

③ 초상권이나 사생활의 비밀과 자유를 침해하는 행위를 둘러싸고 서로 다른 두 방향의 이익이 충돌하는 경우에는 구체적 사안에서의 사정을 종합적으로 고려한 이익형량을 통하여 위 침해행위의 최종적인 위법성이 가려진다.

④ 소송당사자는 먼저 자신의 법테두리 안에서 증거를 수집하여야 함은 물론, 이를 넘어서는 증거수집은 법적인 절차에 따라 하여야 하며 스스로 타인의 법영역을 무단으로 침범하여 증거를 수집하는 것은 허용되지 아니한다.

⑤ 乙 등의 이 사건 행위는 민사재판의 증거수집 및 그 제출을 위하여 필요하고도 부득이한 것으로, 이로 인하여 甲이 초상권 및 사생활의 비밀을 침해당하는 결과를 초래하였다고 하더라도, 이러한 결과는 그 행위 목적의 정당성, 수단·방법의 보충성과 상당성 등을 참작할 때 공정한 민사재판권의 실현이라는 우월한 이익을 위하여 甲이 수인하여야 하는 범위 내에 속한다 할 것이므로, 乙 등의 행위는 그 위법성을 인정할 수 없다.

〈해설〉 정답 ⑤

⑤ 대법원 2006.10.13. 선고 2004다16280 판결은 초상권 및 사생활의 비밀과 자유에 대한 부당한 침해는 불법행위를 구성하는데, 위 침해는 그것이 공개된 장소에서 이루어졌다거나 민사소송의 증거를 수집할 목적으로 이루어졌다는 사유만으로는 정당화되지 아니한다고 한다.

문7. 다음 중 증거조사에 관하여 자유로운 증명이 요구되는 것이 <u>아닌</u> 것으로만 묶인 것은? (다툼이 있는 경우 통설 및 판례에 의함)

> ㉠ 소송구조절차
> ㉡ 섭외사건에 적용될 준거외국법의 내용
> ㉢ 직권조사사항인 소송요건

㉣ 지방자치단체의 조례나 관습법의 인정

　　㉤ 전문적 경험법칙의 인정

　　㉥ 토지 사정명의인의 후손으로서 상속에 의하여 그의 소유권을 승계취득하였음을 소송상 주장하는 경우, 그의 선대와 사정명의인의 동일성

① ㉠, ㉥　　　② ㉠, ㉢　　　③ ㉤, ㉥

④ ㉥　　　　　　⑤ 답이 없다

〈해설〉 정답 ④

㉢ 직권조사사항인 소송요건은 자유로운 증명으로 족하다는 것이 일반적인 견해이고, 반대설도 있다.

㉥ 일정 아래에서의 토지조사령에 기하여 행하여진 토지조사사업에서 토지의 소유자로 사정받은 사람은 당해 토지의 소유권을 원시적·창설적으로 취득하는 것으로서, 그 사정은 토지소유권 관계의 출발점을 이룬다. 또한 토지사정 이후 100여 년에 이르는 오랜 기간 동안에 토지에 관한 거래 기타 법률관계에 관한 변동원인이 있었을 적지 않은 개연성, 그 사이에 우리 사회에 일어난 전란 기타 현저한 사회적·경제적 변동 또는 토지이용현황의 추이 등에도 불구하고, 사정명의인의 후손은 일단 상속이라는 포괄적 권리승계원인에 의하여 사정명의인이 가지던 토지소유권의 승계취득을 쉽사리 증명할 수 있다. 이러한 사정 등을 고려하면, 사정명의인의 후손으로서 상속에 의하여 그의 소유권을 승계취득하였음을 소송상 주장하는 경우에 그의 선대와 사정명의인의 동일성은 엄격하게 증명되어서 법관이 그에 관하여 확신을 가질 수 있어야 하고, 그 점에 관하여 의심을 제기할 만한 사정이 엿보임에도 함부로 이를 추단하여서는 안 된다(대법원 2011.10.27. 선고 2011다46739 판결).

문8. 증명의 대상(요증사실)에 관한 다음 설명 중 옳지 않은 것을 모두 묶은 것은? (다툼이 있는 경우 판례에 의함)

　　㉠ 가정적 사실도 증명의 대상이다.

　　㉡ 주요사실만 증명의 대상이 되고, 간접사실과 보조사실은 증명의 대상이 아니다.

　　㉢ 사실인 관습은 당사자의 주장·증명이 필요 없다.

　　㉣ 외국적 요소가 있는 법률관계에 관하여 소송과정에서 그에 관한 판례나 해석 기준에 관한 자료가 충분히 제출되지 아니하여 그 내용의 확인이 불가능한 경우 법원으로서는 일반적인 법해석 기준에 따라 법의 의미와 내용을 확정할 수밖에 없다.

　　㉤ 경험법칙은 자백의 대상이 되지 않으나, 자유로운 증명의 대상이 된다.

　　㉥ 경험법칙의 인정은 사실문제로서 사실심법원의 전권에 속한다.

① ㉠, ㉡, ㉢, ㉂   ② ㉡, ㉢, ㉂   ③ ㉤, ㉂

④ ㉢, ㉂   ⑤ ㉂

〈해설〉 정답 ②

㉠ 가정적 사실도 증명의 대상이 된다. 예컨대 일실수입 등.

㉡ 주요사실뿐만 아니라 간접사실과 보조사실도 그에 의하여 주요사실을 증명하려고 하는 때에는 증명의 대상이 된다.

㉢ 사실인 관습에 관해서는 당사자의 주장, 증명이 필요하다.

㉤ 경험법칙은 자유로운 증명의 대상이 된다.

㉂ 판례는 법률문제설의 입장이다. 경험법칙 적용의 잘못은 상고이유가 된다.

문9. 경험법칙에 관한 다음 설명 중 판례의 입장이 <u>아닌</u> 것을 모두 모은 것은?

㉠ 도시일용노동 근로자의 월간 가동일수는 경험칙상 25일로 추정된다.

㉡ 일반육체노동자의 가동기간은 60세가 끝날 때까지로 보고 있다.

㉢ 경험칙상 수입의 1/3 정도가 생계비로 소요된다.

㉣ 어느 부동산에 관하여 잔금 지급과 상환으로 소유권이전등기를 경료하여 주기로 하는 내용의 부동산 매매계약이 체결되고 매매 목적물에 관하여 매수인 명의로 소유권이전등기가 경료되었다면, 특단의 사정이 없는 한 매수인의 잔금 지급의무는 이미 이행되었다고 봄이 경험칙상 상당하다.

㉤ 계약을 합의해제할 때에 원상회복에 관하여 반드시 약정을 하여야 하는 것은 아니지만, 매매계약을 합의해제하는 경우에 이미 지급된 계약금, 중도금의 반환 및 손해배상금에 관해서는 아무런 약정도 하지 아니한 채 매매계약을 해제하기만 하는 것은 우리의 경험칙에 비추어 이례에 속하는 일이다.

㉥ 명의신탁자라고 주장하는 사람이 등기필증(정보)과 같은 권리관계를 증명하는 서류를 소지하고 있는 사실은 명의신탁을 뒷받침하는 유력한 자료가 된다.

㉦ 다수 당사자 사이에서 更改계약이 체결된 경우 일부 당사자 사이에서만 更改계약을 해제하기로 합의하는 것이 경험칙에 비추어 이례에 속하는 일이 아니다.

① ㉠, ㉡, ㉢, ㉦   ② ㉠, ㉡, ㉢   ③ ㉢, ㉦

④ ㉦   ⑤ 답이 없다

〈해설〉 정답 ①

ⓒ 대법원 1994.4.12. 선고 93다30648 판결: 생계비는 사람이 사회생활을 영위하는 데 필요한 비용을 가리키는 것으로 이는 수입의 다과에 따라 각기 소요액이 다른 것으로 보아야 할 것이며 구체적인 생계비 소요액은 결국 사실인정의 문제로서 증거에 의하여 인정되어야 하는 것이지 수입의 다과에 불문하고 그 수입의 1/3 정도가 생계비로 소요된다고 하는 경험칙이 있다고 할 수는 없다.

문10. 자백에 대한 다음 설명 중 옳지 않은 것을 모두 모은 것은? (다툼이 있는 경우 통설·판례에 의함)

> ㉠ 자백은 상대방이 불출석한 경우에는 할 수 없다.
> ㉡ 자백은 당해 사건의 법정에서 구술로 진술할 것이 요구되므로 상대방의 주장사실을 자백하는 취지의 서면이 진술간주된 경우에는 자백의 효력이 생기지 않는다.
> ㉢ 자백은 상고심에서 할 수 없고, 자백의 구속력은 상급심에는 미치지 않는다.
> ㉣ 통상공동소송에서 공동피고의 자백도 재판상 자백이 된다.
> ㉤ 인신사고로 인한 손해배상청구소송에서 피해자의 노동능력상실율, 후유장해등급은 법적 평가의 문제로 자백의 대상이 되지 않는다.
> ㉥ 법정변제충당의 순서에 관한 진술은 진술자에게 불리하더라도 이를 자백이라고 볼 수 없다.

① ㉠, ㉡
② ㉠, ㉡, ㉢, ㉥
③ ㉠, ㉡, ㉢, ㉣
④ ㉠, ㉡, ㉢, ㉣, ㉤
⑤ ㉠, ㉡, ㉣, ㉤

〈해설〉 정답 ④

㉠ 자백은 법원에 대한 소송행위이기 때문에 상대방이 불출석히어도 자백을 할 수 있다.
㉡ 자백하는 취지의 서면이 진술간주된 경우에도 자백의 효력이 생긴다.
㉢ 자백의 구속력은 상급심에도 미친다.
㉣ 변론전체의 취지로 참작된다.
㉤ 자백의 대상이 된다. 대법원 2006.4.27. 선고 2005다5485 판결

문11. 다음 〈사례〉에 관한 〈보기〉의 설명 중 옳지 않은 것을 모은 것은?
(다툼이 있는 경우 판례에 의함)

〈사례〉

甲은 2013.4.1. 乙과 乙 소유의 토지를 대금 1억 원에 매수하되, 계약금 1,000만 원은 계약 당일에, 중도금 4,000만 원은 2013.4.15.에, 잔금 5,000만 원은 4.30.에 각 지급하고, 중도금은 甲이 乙로부터 위 건물의 근저당권설정에 필요한 서류를 교부받아 이를 담보로 甲을 채무자로 하는 근저당권을 설정하고 乙이 근저당권자로부터 융자금을 직접 수령함으로써 지급에 갈음하기로 하는 내용의 부동산매매계약을 체결하고, 계약 당일 계약금 1,000만 원을 지급하였다.

甲이 중도금지급기일의 전날인 2013.4.14. 乙에게 중도금지급기일을 4.20.로 연기하여 달라고 요청하여 乙이 이를 승낙하였는데, 乙이 4.20. 甲에게 중도금지급의무를 조속히 이행하도록 최고하였으나 이행이 되지 아니하자 이에 乙은 4.25. 甲에게 甲의 중도금지급의무불이행을 이유로 위 매매계약을 해제한다는 의사표시가 담긴 내용증명을 발송하여 그 무렵 그 서면이 甲에게 도달되었다.

甲은 乙이 근저당권의 설정에 필요한 서류를 제대로 교부하지 않는 등 위 매매계약을 약정대로 이행하지 않은 것을 이유로 위 매매계약을 해제하고 그 위약금으로 계약금의 배액인 금 2,000만 원의 지급을 구하는 소를 제기하였다. 이에 대하여 乙이 준비서면을 통하여, 甲의 중도금 지급의무불이행을 이유로 위 매매계약을 해제하였으므로 甲으로서는 위약금의 약정에 따른 위약금을 청구할 수 없음은 물론 계약금의 반환도 청구할 수 없다는 취지로 주장하였다.

〈보기〉

㉠ 당사자가 변론에서 상대방이 주장하기도 전에 스스로 자신에게 불이익한 사실을 진술하는 경우, 상대방이 이를 명시적으로 원용하거나 그 진술과 일치되는 진술을 하게 되면 재판상 자백이 성립되는 것이어서, 법원도 그 자백에 구속되어 그 자백에 저촉되는 사실을 인정할 수 없다.

㉡ 甲과 乙 간의 매매계약이 甲의 채무불이행을 이유로 한 乙의 해제의 의사표시에 의하여 적법하게 해제된 이상, 乙은 특별한 사정이 없는 한 위

매매계약의 해제에 따른 원상회복으로서 계약금으로 지급받은 금 1,000만 원을 甲에게 반환할 의무가 있다.

ⓒ 일반적으로 계약금은 이를 위약금으로 하기로 하는 당사자 간의 특약이 있는 경우에 한하여 손해배상액의 예정으로서의 성질을 갖는 것인데, 위 계약금 1,000만 원을 위약금으로 하기로 하는 甲·乙 간의 특약이 있었다는 사실을 인정할 만한 아무런 증거가 없고, 계약금을 당연히 위약금으로 보는 것이 일반시장의 통례에 부합하는 것이라는 점을 인정할 증거도 없으며, 달리 乙이 甲의 위 채무불이행으로 인하여 손해를 입게 되었다는 점에 관한 주장·입증도 없는 이상, 乙은 甲에게 1,000만 원과 이에 대한 지연손해금을 지급할 의무가 없다.

ⓒ 甲이 乙의 채무불이행을 이유로 매매계약을 해제하고 계약금의 배액을 위약금으로 청구하는 소장에 의하여 甲과 乙이 위 매매계약 체결 당시 계약금을 위약금으로 하기로 특별히 약정하였다는 취지의 구체적인 사실을 진술하였고, 이에 대하여 乙이 준비서면을 통하여, 甲의 중도금 지급의무불이행을 이유로 위 매매계약을 해제하였으므로 甲으로서는 위 위약금의 약정에 따른 위약금을 청구할 수 없음은 물론 계약금의 반환도 청구할 수 없다는 취지로 주장함으로써, 위 매매계약 체결 당시 계약금을 위약금으로 하기로 특별히 약정하였다는 점에 관한 한 甲의 진술과 일치되는 취지의 사실을 진술하였고, 위 매매계약 체결 당시 계약금을 위약금으로 하기로 특별히 약정한 사실에 관하여 재판상 자백이 성립되어 법원으로서는 그 자백에 저촉되는 사실을 인정할 수 없다.

ⓜ 甲이 乙의 채무불이행을 이유로 매매계약을 해제하고 계약금의 배액을 위약금으로 청구하는 소장에 의하여 甲과 乙이 위 매매계약 체결 당시 계약금을 위약금으로 하기로 특별히 약정하였다는 취지의 구체적인 사실을 진술을 함으로써 선행자백이 성립한 경우 법원은 甲이 자신에게 불이익한 자백을 하는 진의가 무엇인지를 석명하여야 한다.

ⓗ 甲의 선행자백은 법원에 대한 구속력은 있으나, 당사자에 대한 구속력은 없다.

① ㉠, ㉡, ㉢   ② ㉡, ㉲   ③ ㉡, ㉲, ㉳
④ ㉣, ㉲, ㉳   ⑤ ㉡

〈해설〉 정답 ②

ⓒ 반환할 의무가 없다.
ⓓ 석명할 의무가 없다.

문12. 선행자백에 관한 다음 설명 중 옳지 않은 것은? (다툼이 있는 경우 판례에 의함)

① 선행자백은 상대방의 원용이 없는 경우에도 당사자에 대한 구속력은 없으나, 법원에 대한 구속력은 있다.

② 선행자백은 당사자 일방이 자기에게 불리한 사실상의 진술을 자진하여 한 후 상대방이 이를 원용함으로써 그 사실에 관하여 당사자 쌍방의 주장이 일치함을 요하므로 그 일치가 있기 전에는 이를 선행자백이라 할 수 없다.

③ 일단 자기에게 불리한 사실을 진술한 당사자도 그 후 그 상대방의 원용이 있기 전에는 그 자인한 진술을 철회하고 이와 모순된 진술을 자유로이 할 수 있다.

④ 선행자백을 철회한 경우 앞의 자인진술은 소송자료로부터 제거되므로 그 후에는 원용문제도 발생할 여지가 없다.

⑤ 일단 상대방이 원용한 선행자백을 취소함에는 민사소송법 제288조 단서의 제한이 있다.

〈해설〉 정답 ①

① 선행자백은 상대방의 원용이 있어야 당사자뿐만 아니라 법원에 대한 구속력도 있다.

문13. 다음 〈사례〉에 관한 〈보기〉의 설명 중 옳지 않은 것을 모은 것은? (다툼이 있는 경우 판례에 의함)

<사례>
임차인 甲이 임대인 乙을 상대로 임대보증금의 반환을 구하자 乙은 甲이 미납한 2012.1.부터 2013.3.까지의 월세를 공제해야 한다고 주장하고, 甲은 다시 이에 대하여 2012.7.경 임차건물을 명도하였다고 다투고 있다.
그 후 항소심 변론기일에서 乙의 소송대리인이 甲은 위 건물을 2012.12.31. 乙에게 명도하여 乙이 이를 타에 임대하였다고 진술하였다.

<보기>

㉠ 임차인은 임대차계약이 종료된 경우 특별한 사정이 없는 한 임대인에게 그 목적물을 명도하고 임대차 종료일까지의 연체차임을 지급할 의무가 있음은 물론, 임대차 종료일 이후부터 목적물 명도 완료일까지 그 부동산을 점유·사용함에 따른 차임 상당의 부당이득금을 반환할 의무도 있다.

㉡ 임차보증금반환청구의 경우 임차인의 건물명도시점이 확정되어야 한다.

㉢ 임대차보증금은 임대차계약이 종료된 후 임차인이 목적물을 인도할 때까지 발생하는 차임 및 기타 임차인의 채무를 담보하는 것으로서 그 피담보채무액은 임대차관계의 종료 후 목적물이 반환될 때에 특별한 사정이 없는 한 별도의 의사표시 없이 임대차보증금에서 당연히 공제되는 것이므로, 특별한 사정이 없는 한 임대차계약이 종료되었다 하더라도 목적물이 명도되지 않았다면 임차인은 임대차보증금이 있음을 이유로 연체차임의 지급을 거절할 수 없다.

㉣ 乙의 소송대리인이 항소심 변론기일에서 甲이 2012.12.30. 임차건물을 명도하였다고 진술하였다고 하더라도 상대방인 甲의 원용이 없으므로 이를 재판상 자백으로 볼 수 없고, 따라서 乙은 2013.1.부터 2013.3.까지의 월세도 공제할 수 있다.

㉤ 임대차계약의 경우 임대차보증금에서 그 피담보채무 등을 공제하려면 임차인으로서는 그 피담보채무인 연체차임, 연체관리비 등을 임대차보증금에서 공제하여야 한다는 주장을 하여야 하고 나아가 그 임대차보증금에서 공제될 차임채권, 관리비채권 등의 발생원인에 관하여 주장·입증을 하여야 하는 것이며, 다만 그 발생한 채권이 변제 등의 이유로 소멸하였는지에 관해서는 임대인이 주장·증명책임을 부담한다.

㉥ 임대차계약에 있어 임차목적물의 명도와 보증금의 반환은 동시이행의 관계에 있고, 임대인은 임대차보증금에서 그 피담보채무를 공제한 나머지만을 임차인에게 반환할 의무가 있다.

① ㉠, ㉣, ㉤, ㉥ 　　② ㉢, ㉣, ㉤ 　　③ ㉣, ㉤

④ ㉣ 　　　　　　　⑤ ㉤

<해설> 정답 ③

ⓔ 자신에게 불리하면서 상대방의 진술과 일치하는 범위 내에서는 일부자백이 성립한다.

ⓜ 발생한 채권이 변제 등의 이유로 소멸하였는지에 관해서는 임차인이 주장·증명책임을 부담한다.

문14. 다음 <사례>에 관한 <보기>의 설명 중 옳지 않은 것을 모은 것은?
(다툼이 있는 경우 판례에 의함)

<사례>

甲은 2013.4.1. 乙시가 자신의 토지를 도로로 사용하고 있음을 이유로 과거 5년간의 임료상당의 부당이득반환청구의 소를 제기하였다. 乙시는 1980.2.1. 경부터 위 토지를 乙시의 도시계획에 의한 도로예정지로 편입하고 지목을 도로로 변경하여 위 토지를 20년 이상 도로로 점유하여 시효취득 하였다고 주장하고 있다. 甲은 乙시의 점유개시시기가 1980.2.1.이라고 자백하였다가 후에 2000.5.1.경 乙이 점유하고 있는 것이라고 주장을 변경하였다.

<보기>

㉠ 점유자가 점유 개시 당시에 소유권 취득의 원인이 될 수 있는 법률행위 기타 법률요건이 없이 그와 같은 법률요건이 없다는 사실을 잘 알면서 타인 소유 부동산을 무단점유한 것임이 증명된 경우, 특별한 사정이 없는 한 점유자는 타인의 소유권을 배척하고 점유할 의사를 갖고 있지 않다고 보아야 하므로, 이로써 소유의 의사가 있는 점유라는 추정은 깨어진다.

㉡ 지방자치단체나 국가가 적법한 공공용 재산의 취득절차를 밟는 등 토지를 점유할 수 있는 일정한 권원 없이 사유토지를 도로부지에 편입시킨 경우에는 자주점유의 추정이 깨어지지 않는다.

㉢ 부동산의 시효취득에 있어서 그 점유가 자주점유인지를 가리는 기준이 되는 점유의 권원은 간접사실에 지나지 아니한다.

㉣ 법원은 당사자의 주장에 구애됨이 없이 소송자료에 의하여 인정되는 바에 따라 진정한 점유의 권원을 심리하여 취득시효의 완성 여부를 판단할 수 있다.

㉤ 법원은 이 사건 토지가 1980.2.1.경 乙시의 도시계획에 의한 도로예정지로 편입되면서 지목이 도로로 변경되었으나 乙시가 이 무렵부터 이를 점유하였다고 인정하기에 부족하고 다만 乙시가 2000.5.1.경 이 사건 토지

를 인근주민과 차량의 통행에 제공함으로써 이를 점유하기 시작한 것이라고 인정할 수 있다.

ⓑ 甲이 자백을 철회함에 있어 乙의 동의가 없었고, 그 자백이 진실에 반하고 착오에 기한 것임을 증명하지 못한 이상 종전의 자백을 철회하거나 취소하지 못한다.

① ㉠, ㉡, ㉢, ㉧ ② ㉡, ㉧ ③ ㉡

④ ㉧ ⑤ 답이 없다

〈해설〉 정답 ②

ⓑ 판례는 부동산의 시효취득에 있어서 점유기간의 산정기준이 되는 점유개시의 시기는 취득시효의 요건사실인 점유기간을 판단하는 데 간접적이고 수단적인 구실을 하는 간접사실에 불과하므로 이에 대한 자백은 법원이나 당사자를 구속하지 않는 것으로 본다.

문15. 다음 〈사례〉에 관한 설명 중 옳지 않은 것은? (다툼이 있는 경우 판례에 의함)

<사례>

(1) 乙은 A에게 액면 금 1억 원의 약속어음을 발행, 교부하였고, A는 甲 은행에게 위 약속어음을 배서·양도하여 甲 은행이 그 소지인으로서 乙에게 약속어음금의 지급을 구하는 소를 제기하였다. 그런데 A는 乙에게 콘크리트 파일제품을 공급하기로 하고 그 대금의 선급금조로 이 사건 약속어음을 받았으나 乙에게 그 제품을 공급하지노 아니한 채 甲 은행으로부터 할인받기 위하여 乙과 A 사이에 작성된 것으로 되어 있는 세금계산서와 함께 甲 은행에 이 사건 약속어음을 배서, 교부한 것이다.

(2) 당시 이 사건 약속어음의 할인을 담당하였던 甲 은행 직원은 A로부터 이 사건 약속어음과 세금계산서를 제출받고 甲 은행에 이미 제출되어 있던 乙과 A의 사업자등록증을 근거로, 이 사건 어음이 상거래에 수반하여 발행된 것으로서 위 세금계산서에 의하여 재화의 인도사실이 입증된다는 판단하에 이 사건 약속어음을 할인하여 주었는데, 사실상 A는 乙에게 약정한 재화를 인도하지 아니한 것으로 밝혀졌다.

> (3) 이 사건에서 乙은 甲의 악의 또는 중과실취득을 항변으로 내세우고 있고,
> 甲 은행은 A로부터 이 사건 약속어음의 할인의뢰를 받고 그 업무를 취급
> 함에 있어 세금계산서 외에 발주서나 수주계약서를 제시받지 않았다고 자
> 백하였다.

① 甲 은행이 A로부터 이 사건 약속어음의 할인의뢰를 받고 그 업무를 취급함
에 있어 세금계산서 외에 발주서나 수주계약서를 제시받았는지는, A가 이
사건 어음의 원인관계에 따른 물품을 乙에게 공급하지 아니한 사실을 甲
은행이 알았는지에 관련한 간접사실이 될 수 있는 것에 불과하다.

② 주요사실의 간접사실에 대한 자백은 법원이나 당사자를 구속하지 않는 것이
므로, 법원이 증거에 의하여 甲 은행이 이 사건 약속어음의 할인업무를 취
급하면서 세금계산서만을 제시받은 것으로 사실인정을 하였다 하여 잘못이
라 할 수 없다.

③ 사문서인 세금계산서의 진정성립을 위하여 작성자의 증언에 의해서만 위 세
금계산서의 진성성립을 인정할 수 있다.

④ 어음의 청구를 받은 자는 소지인이 그 채무자를 해할 것을 알고 그 어음을
취득할 때가 아니면 발행인 또는 종전의 소지인에 대한 인적관계로 인한 항
변으로써 소지인에게 대항하지 못한다.

⑤ 甲 은행이 이 사건 어음의 할인 당시 제출받은 세금계산서에 의하여 재화의
인도사실이 확인된다는 판단 아래 위 어음을 취득한 것이고, 실제로는 위
재화가 인도되지 아니하였다 하더라도 그와 같은 사실만으로는 甲 은행이
乙을 해할 의사로 이를 취득하였다고 단정할 수 없다.

〈해설〉 정답 ③

③ 대법원 1992.11.24. 선고 92다21135 판결

문16. 자백의 대상에 관한 다음 설명 중 옳지 않은 것으로만 묶인 것은? (다툼이 있는 경우 판례에 의함)

> ㉠ 법정변제충당의 순서를 정함에 있어 기준이 되는 이행기나 변제이익에 관
> 한 사항 등은 자백의 대상이 될 수 없다.

ⓛ 소송당사자가 형사사건의 법정이나 수사기관에서 상대방의 주장과 일치하는 진술을 하였고 상대방이 이 진술이 담긴 서증을 원용하였다 하더라도 이를 재판상 자백으로 볼 수는 없다.

ⓒ 당사자의 진술이 매매, 소비대차, 임대차, 소유권 등의 법률용어를 사용하였으나 구체적 사실관계의 표현이라고 볼 수 있는 경우(법률적 사실의 진술)에는 사실에 대한 자백을 압축, 요약하여 진술한 것으로 볼 수 있다.

ⓔ 소멸시효의 기산일은 간접사실이므로 이에 대한 자백은 법원이나 당사자를 구속하지 아니한다.

ⓜ 자백의 대상은 주요사실에 한하고 간접사실이나 준주요사실은 자백의 대상이 아니다.

ⓗ 종중이 당사자인 사건에 있어서 그 종중의 대표자에게 적법한 대표권이 있는지는 자백의 대상이 될 수 있다.

① ㉠, ㉡, ㉢ ② ㉠, ㉡, ㉢, ㉣ ③ ㉠, ㉢, ㉣
④ ㉢, ㉣ ⑤ ㉣

〈해설〉 정답 ③

㉠ 법정변제충당의 순서를 정함에 있어 기준이 되는 이행기나 변제이익에 관한 사항 등은 자백의 대상이 될 수 있다. 다만 법정변제충당 순서 자체는 자백의 대상이 되지 않는다.

㉣ 소멸시효의 기산일은 주요사실이므로 이에 대한 자백은 법원과 당사자를 구속하게 된다.

㉣ 종중이 당사자인 사건에 있어서 그 종중의 대표자에게 적법한 대표권이 있는지는 자백의 대상이 될 수 없다.

문17. 권리자백에 관한 설명으로 옳지 않은 것으로만 묶인 것은? (다툼이 있는 경우 판례에 의함)

㉠ 이행불능에 관한 주장은 사실에 관한 진술이다.

㉡ 권리자백은 법원을 구속하지 않으며, 법원은 직권으로 정당한 법률적 평가를 하여야 한다.

㉢ 법률상 유언이 아닌 것을 유언이라 시인하였다 하여 유언이 될 수 없다.

㉣ 법률상 혼인 외 자가 아닌 것을 혼인 외 자라고 시인한 경우 혼인 외 자로 될 수 없다.

> ㉤ 근로관계에 관하여 법률적 평가를 여러 가지로 바꾸어 주장하는 것에 불과하면 자백의 취소로 볼 수 없다.
> ㉥ 매매계약이 원고에 의해 해제되었다고 자백한 경우 계약해제의 효과가 발생한다.

① ㉠ ② ㉠, ㉥ ③ ㉤, ㉥
④ ㉠, ㉤, ㉥ ⑤ 답이 없다

〈해설〉 정답 ②

㉠ 이행불능에 관한 진술은 법률적 효과에 관한 진술이고, 사실에 관한 진술이 아니다.
㉥ 소송물의 전제가 되는 권리관계나 법률효과를 인정하는 진술은 권리자백으로 법원을 구속하지 않는다.

문18. 다음 〈사례〉에 관한 설명 중 옳지 않은 것은? (다툼이 있는 경우 통설·판례에 의함)

> <사례>
> 甲은 乙이 운전하는 자동차에 치여 부상을 입고 乙을 상대로 손해배상청구소송을 제기하였다. 이 소송에서 乙은 음주운전이나 중앙선침범 등 구체적 사실을 자인하지 않고 "자기에게 과실이 있는 것을 인정한다"고 진술하였다.

① 乙이 과실이 있음을 자인하였더라도 법원이 이에 구속되는 것은 아니다.
② 乙은 자신에게 과실이 있다고 자인한 경우 상대방인 甲의 동의 없이 철회할 수 없다.
③ 乙이 자신에게 과실이 있음을 인정하는 진술이 자신에게 불리하더라도 이를 자백이라고 볼 수는 없다.
④ 乙이 음주운전이나 중앙선침범을 자인하는 진술을 한 경우 법원이 졸음운전을 인정할 수 없다.
⑤ 乙의 자백은 법원이나 당사자인 乙을 구속하지 않는다.

〈해설〉 정답 ②

① 乙이 과실이 있음을 자인하였다고 하여 법원이 이에 구속되는 것은 아니고 증거조사의 결과에

따라 乙에게 과실이 없음을 인정할 수도 있다.

② 권리자백은 상대방의 동의 없이 자유로이 철회할 수 있다.

④ 통설은 준주요사실의 경우 음주운전이나 중앙선침범밖에 주장하지 않았는데 법원이 주장하지도 않은 졸음운전의 사실을 인정할 수 없다고 한다(이시윤, p.304).

⑤ 乙도 구속하지 않는다.

문19. 자백의 취소(철회)의 제한에 관한 다음 설명 중 옳지 않은 것은? (다툼이 있는 경우 통설 및 판례에 의함)

① 일단 자백이 성립되었다고 하여도 그 후 그 자백을 한 당사자가 위 자백을 취소하고 이에 대하여 상대방이 이의를 제기함이 없이 동의하면 반진실, 착오의 요건은 고려할 필요 없이 자백의 취소를 인정하여야 한다.

② 재판상의 자백에 대하여 상대방의 동의가 없는 경우에는 자백을 한 당사자가 그 자백이 진실에 부합되지 않는다는 것과 자백이 착오에 기인한다는 사실을 증명한 경우에 한하여 이를 취소할 수 있으나, 이때 진실에 부합하지 않는다는 사실에 대한 증명은 그 반대되는 사실을 직접증거에 의하여 증명함으로써 할 수 있지만 자백사실이 진실에 부합하지 않음을 추인할 수 있는 간접사실의 증명에 의해서도 가능하다.

③ 자백이 제3자의 형사상 처벌할 행위에 의하여 이루어진 때에는 자백이 진실에 반하느냐에 관계없이 취소할 수 있다.

④ 자백의 취소에 대하여 상대방이 아무런 이의를 제기하지 않고 있는 경우에는 그 취소에 동의한 것으로 본다.

⑤ 자백이 진실에 반한다는 증명이 있다고 하여 그 자백이 착오로 인한 것이라고 추정되는 것은 아니지만 그 자백이 진실과 부합되지 않는 사실이 승명된 경우라면 변론 전체의 취지에 의하여 그 자백이 착오로 인한 것이라는 점을 인정할 수 있다.

〈해설〉 정답 ④

④ 자백의 취소에 대하여 상대방이 아무런 이의를 제기하고 있지 않다는 점만으로는 그 취소에 동의하였다고 볼 수는 없다. 대법원 1994.9.27. 선고 94다22897 판결

문20. 재판상 자백에 관한 다음 설명 중 <u>옳지 않은</u> 것을 모은 것은? (다툼이 있는 경우 통설 및 판례에 의함)

> ㉠ 재심사유에 관해서는 자백의 구속력이 미치지 않는다.
> ㉡ 행정소송에서도 원칙적으로 변론주의가 적용되고 자백의 구속력이 인정되므로 행정처분의 존부나 전심절차를 거친 여부 및 제소기간의 준수 여부도 자백의 대상이 된다.
> ㉢ 일단 자백이 성립되었다고 하여도 그 후 그 자백을 한 당사자가 종전의 자백과 배치되는 내용의 주장을 하고 이에 대하여 상대방이 이의를 제기함이 없이 그 주장내용을 인정한 때에는 종전의 자백은 취소되고 새로운 자백이 성립된 것으로 보아야 한다.
> ㉣ 상고심에서는 자백의 철회나 취소가 허용되지 않는다.
> ㉤ 자백간주의 경우에는 철회의 제한이란 구속력이 있다.
> ㉥ 자백한 당사자가 처음부터 진실한 것이 아님을 의식하고서 자백한 경우에는 자백의 취소가 허용되지 않는다.

① ㉠, ㉡, ㉢   ② ㉡, ㉤   ③ ㉣, ㉤
④ ㉡   ⑤ 답이 없다

〈해설〉 정답 ②

① 소송요건으로서의 직권조사사항인 행정처분의 존부 등은 자백의 대상이 될 수 없다.

문21. 다음 〈사례〉에 관한 설명 중 <u>옳지 않은</u> 것은? (다툼이 있는 경우 판례에 의함)

> <사례>
> 甲이 乙을 상대로 토지소유권에 기한 소유권이전등기말소청구소송을 제기하자 乙의 소송대리인 A는 제1차 변론기일에서 이 사건 토지는 원래의 甲의 부친인 丙의 소유였다는 진술을 하였다가 제3차 변론기일에 위 토지는 丙의 소유가 아니라 甲이 소속된 종중 소유라고 그 주장을 바꾸어 자백을 취소하였다.

① 선결적 법률관계는 그 자체로는 자백으로의 구속력이 없다.

② 위 사례에서 乙이 甲 주장의 소유권을 인정하는 진술은 재판상 자백에 해당하지 않는다.

③ 乙은 甲의 동의가 있는 경우에는 반진실, 착오의 요건을 고려할 필요 없이 종전의 주장을 철회할 수 있다.

④ 증거에 의하여 乙의 자백이 진실에 부합되지 않는 사실이 증명되고 변론 전체의 취지에 의하여 그 자백이 착오로 인한 것으로 인정되는 경우에는 법원은 그 자백의 취소를 허용하여야 하고, 재판상 자백의 취소는 반드시 명시적으로 하여야만 하는 것은 아니고 종전의 자백과 배치되는 사실을 주장함으로써 묵시적으로도 할 수 있다.

⑤ 乙은 A의 자백을 취소하거나 경정할 수 있다.

〈해설〉 정답 ②

② 乙이 甲 주장의 소유권을 인정하는 진술은 그 소의 전제가 되는 소유권의 내용을 이루는 사실에 대한 진술로 볼 수 있으므로 이는 재판상 자백에 해당한다.

문22. 다음 사례에 관한 다음 설명 중 <u>옳지 않은</u> 것은? (다툼이 있는 경우 판례에 의함)

<사례>

甲이 乙을 상대로 금 1,000만 원의 대여금청구의 소를 제기하자 乙은 변론기일에 그 돈을 받은 사실이 있다고 주장하였다. 법원이 乙이 허위자백을 한 것이라는 심증을 얻은 경우에는 증거조사를 할 수 있는가? 돈을 받았다고 진술한 乙이 다음 변론기일에 甲으로부터 돈을 받은 사실이 없는데 착각으로 甲의 주장을 시인한 것이라고 진술한 경우에는 어떻게 되는가?

① 자백은 창설적 효력이 있는 것이어서 민사소송에서 자백이 있으면 법원도 그 사실에 구속되는 것이므로, 당사자 사이에 다툼이 없는 사실에 관해서는 법원은 그와 배치되는 사실을 증거에 의하여 인정할 수 없다.

② 乙이 돈을 받은 사실을 자백한 이상 법원이 乙이 허위자백을 한 것이라는 심증을 얻은 경우에도 이와 배치되는 사실을 증거에 의하여 인정할 수 없다.

③ 법원은 자백이 진실이냐 아니냐를 판단할 필요가 없을 뿐만 아니라 증거조사의 결과 반대의 심증을 얻었다 하더라도 자백에 반한 사실을 인정할 수 없다.

④ 현저한 사실에 반하거나 경험법칙에 반하는 자백도 구속력이 없다.

⑤ 乙이 먼저 한 자백과 다른 진술을 하여 자백을 취소한 경우 자백이 진실에 반한 점이 증명되면 착오로 인한 자백으로 추정된다.

〈해설〉 정답 ⑤

⑤ 자백이 진술에 반한다는 것이 증명되었다고 하여 착오로 인한 자백이 추정되는 것은 아니다. 다만 착오에 대한 증명이 없다 하더라도 변론 전체의 취지에 의하여 착오를 인정할 수는 있다.

문23. 자백간주에 대한 다음 설명 중 <u>옳지 않은</u> 것으로만 묶인 것은? (다툼이 있는 경우 판례에 의함)

> ㉠ 기일에 불출석한 당사자가 상대방의 주장사실을 다투는 답변서 그 밖의 준비서면을 제출하지 아니한 경우 자백간주가 성립한다.
>
> ㉡ 공시송달에 의한 기일통지를 받고 불출석한 경우에는 자백간주가 성립하지 않는다.
>
> ㉢ 자백간주가 성립하면 법원뿐만 아니라 당사자에 대한 구속력이 생긴다.
>
> ㉣ 불출석한 당사자가 연기신청서를 제출하였으나 허용되지 아니한 경우 자백간주가 성립한다.
>
> ㉤ 기일통지를 받은 대리인의 사임으로 당사자 본인이 불출석한 경우에도 자백간주가 성립한다.
>
> ㉥ 자백간주의 요건이 갖추어지면 그 뒤 공시송달로 진행되는 등의 사정이 생겨도 자백간주의 효과가 없어지지 않는다.

① ㉡, ㉢   ② ㉡, ㉢, ㉣   ③ ㉡, ㉢, ㉣, ㉤

④ ㉢   ⑤ 답이 없다

〈해설〉 정답 ④

㉢ 자백간주는 재판상 자백과 달리 당사자에 대한 구속력은 없다.

문24. 다음 중 판례가 공지의 사실로 <u>보는</u> 것만으로 묶인 것은?

> ㉠ 1962.6.18.부터 화폐단위로 '원'을 사용한 것
>
> ㉡ 부동산시세의 상승세
>
> ㉢ 육체노동자로서의 60세가 될 때까지의 가동기간
>
> ㉣ 생명표에 의한 연령별 기대여명
>
> ㉤ 월 가동일수
>
> ㉥ 사채이자율

① ㉠, ㉡   ② ㉠, ㉡, ㉣   ③ ㉠, ㉡, ㉥

④ ㉠, ㉢   ⑤ ㉠, ㉡, ㉤

〈해설〉 정답 ①

㉥ 판례는 사채이자율은 공지의 사실이 아니라고 한다.

문25. 다음 중 판례가 법원에 현저한 사실로 보지 <u>않는</u> 것만으로 묶인 것은?

> ㉠ 소속법원에서 한 판결에 나타난 사실관계
>
> ㉡ 소속법원에서 행한 가압류·가처분사건
>
> ㉢ 농촌일용노임
>
> ㉣ 고용형태별 근로실태조사보고서의 존재 및 그 기재내용
>
> ㉤ 한국인표준생명표에 의한 연령별 기대여명
>
> ㉥ 한국직업사전의 존재 및 그 기재내용

① ㉠   ② ㉡   ③ ㉡, ㉧

④ ㉠, ㉡   ⑤ 답이 없다

〈해설〉 정답 ①

㉠ 소속법원에서 한 판결은 그 판결이 선고된 사실 자체는 법원에 현저한 사실로 볼 수 있으나, 이를 넘어 그 판결에 나타난 사실관계까지 법원에 현저한 사실로 볼 수는 없다(대법원 2010.1.14. 선고 2009다69531 판결).

문26. 다음 설명 중 <u>옳지 않은</u> 것을 모두 묶은 것은? (다툼이 있는 경우 판례에 의함)

> ㉠ 문서의 진정성립을 인정한 당사자는 자유롭게 이를 철회할 수 없고, 이는 문서에 찍힌 인영의 진정성립을 인정하였다가 나중에 이를 철회하는 경우에도 마찬가지이다.
>
> ㉡ 이행지체에 의한 계약해제를 원인으로 한 원상회복청구소송에서 원고가 이행의 최고를 하지 아니하였다고 스스로 진술하는 것도 자백이 된다.
>
> ㉢ 채권계약인 특수한 무명계약을 가리켜 물권계약인 담보권설정계약의 취지로 자인한 경우 권리자백이 된다.
>
> ㉣ 자백의 성립 후 청구를 교환적으로 변경하여 원래의 주장사실을 철회한 경우 자백의 효력은 소멸한다.
>
> ㉤ 자백이 형사상 처벌을 받을 다른 사람의 행위로 말미암아 이루어진 때에는 자백을 취소할 수 있고, 이 경우 유죄판결이 확정되어야 한다.
>
> ㉥ 소송요건 등의 직권조사사항에는 자백의 구속력이 미치지 않는다.

① ㉠, ㉡   ② ㉤   ③ ㉢, ㉣
④ ㉣   ⑤ 답이 없다

〈해설〉 정답 ⑤

전부 맞는 설명이다.

제10장 증거조사

문1. 증거신청과 증거결정에 대한 다음 설명 중 옳지 않은 것으로만 묶인 것은? (다툼이 있는 경우 판례에 의함)

> ㉠ 증거신청에 대하여 상대방의 진술기회가 보장되어야 하고, 상대방은 그에 대한 의견을 밝혀야 한다.
>
> ㉡ 법원은 당사자의 증거신청에 대하여 반드시 증거채부의 결정을 하여야 한다.
>
> ㉢ 서증의 경우에는 원본이 법원에 제출되어 법관이 그것을 읽어봄으로써 증거조사가 끝나고, 따라서 그 이후에는 상대방의 동의여하를 불문하고 철회할 수 없다.
>
> ㉣ 증거의 채부결정에 대해서는 불복하여 항고할 수 있다.
>
> ㉤ 적법한 증거신청이라도 법원이 필요하지 아니하다고 인정한 것은 조사하지 아니할 수 있다.
>
> ㉥ 증거신청은 증거조사 개시 전후를 불문하고 언제든지 철회할 수 있다.

① ㉠, ㉡, ㉣, ㉥ ② ㉠, ㉡, ㉥ ③ ㉡, ㉣, ㉤, ㉥
④ ㉡, ㉣, ㉥ ⑤ ㉣, ㉥

〈해설〉 정답 ①

㉠ 상대방에게 진술의 기회를 주면 되고, 실제로 주장할 필요는 없다.

㉡㉣ 판례는 당사자가 신청한 증거로서 법원이 필요 없다고 인정한 것은 조사하지 아니할 수 있고 이에 대하여 반드시 증거채부의 결정을 하여야 하는 것은 아니므로 법원이 당사자의 증거조사를 위한 속행신청에도 불구하고 변론을 종결하였더라도 종국판결에 대한 불복절차에 의하여 그 판단의 당부를 다툴 수 있는 것은 별론으로 하고 별도로 항고로써 불복할 수는 없다고 한다.

㉥ 증거조사가 개시된 이후에는 상대방의 농의를 읽이 철회할 수 있다.

문2. 다음 〈사례〉에 관한 〈보기〉의 설명 중 옳지 않은 것을 모두 모은 것은? (다툼이 있는 경우 판례에 의함)

> <사례>
> A의 사망 후 발견된 유서에 의하면 乙 명의로 되어 있는 B 주식회사 발행의 주식 전부를 甲에게 분배하기로 되어 있다. 甲이 乙을 상대로 A의 유언에 따라 B 회사의 주식 명의개서절차의 이행을 구하는 소를 제기하자 乙은 甲 등 상속인들이 위 망A의 유서를 변조하였으므로 민법 제1004조 제5호 소정의 상속결격자

로서 상속능력을 상실하였다는 주장을 하였으나, 법원은 이 사건 유서 원본 및 사본 2통에 대한 검증을 실시하고 그 밖에 유서의 작성 및 보관 경위에 관하여 증인들에 대한 조사를 마친 상태에서 乙이 비로소 신청한 이 사건 유서에 대한 필적과 무인감정신청을 채택하지 아니하였다.

<보기>

㉠ 증거의 채부는 원칙적으로 법원의 재량에 맡겨져 있으나, 당사자가 주장하는 사실에 대한 유일한 증거인 때에는 반드시 채택하여 조사하여야 한다.

㉡ 유일한 증거란 주요사실에 관하여 당사자가 신청한 단 하나의 증거방법으로 그 증거를 조사하지 않으면 그 주요사실에 관하여 증명의 길이 없게 되는 것을 말한다.

㉢ 법률상 유언이 아닌 것으로 유언으로 시인하였다고 하여 법률상 유언이 될 수 있는 것은 아니다.

㉣ 유언에 의한 권리의 취득을 방해하려는 자가 유언의 부존재에 관하여 증명책임이 있다.

㉤ 이 사건 유서에 대한 필적과 무인의 감정은 유언의 부존재에 관한 본증에 해당하므로 이와 같은 유일한 증거를 채택하지 아니한 경우 증거조사절차가 법령에 위배되었다고 할 수 있다.

㉥ 유일한 증거는 사건 전체에 대해서가 아니라 쟁점 단위로 유일한가 아닌가를 판단하여야 하고, 유일한 증거이면 그 내용을 채택하여야 한다.

① ㉠, ㉣, ㉤, ㉥   ② ㉡, ㉢, ㉣, ㉤   ③ ㉢, ㉣, ㉤
④ ㉣, ㉤   ⑤ ㉣, ㉤, ㉥

〈해설〉 정답 ⑤

㉣ 유언의 존재 및 내용에 관해서는 유언에 의하여 권리를 취득하였다고 주장하는 자가 증명책임이 있다.

㉤ 반증에 불과하여 유일한 증거에 해당할 수 없어 법원이 이를 채택하지 아니하였다고 하여 증거조사절차가 법령에 위배되었다고 할 수 없다.

㉥ 유일한 증거이면 증거조사를 거부할 수 없다는 것뿐이지, 그 내용을 채택하여야 하는 것은 아니다.

문3. 다음 중 민사소송법상 법원의 재량에 의하여 증거조사를 하지 아니하더라도 무방한 것이 <u>아닌</u> 것으로 묶인 것은? (다툼이 있는 경우 통설·판례에 의함)

> ㉠ 증거신청 자체가 법정의 방식에 흠이 있는 경우
>
> ㉡ 시기에 늦은 증거신청의 경우
>
> ㉢ 증인의 행방불명, 목적물의 분실, 증인에 대한 구인장의 집행불능 등 부정기간의 장애가 있는 경우
>
> ㉣ 적법한 증거신청이라도 증거방법이 쟁점판단에 무가치하거나 전혀 부적당한 경우, 그 사실의 존부가 소송의 결과에 영향이 없는 경우
>
> ㉤ 그 사실에 대하여 법관이 확신을 얻은 경우
>
> ㉥ 유일한 증거의 경우

① ㉠, ㉢   ② ㉢, ㉥   ③ ㉤, ㉥

④ ㉥   ⑤ 답이 없다

〈해설〉 정답 ④

㉥ 유일한 증거는 반드시 조사하여야 한다.

문4. 유일한 증거에 관한 설명 중 <u>옳지 않은</u> 것을 모두 모은 것은? (다툼이 있는 경우 통설·판례에 의함)

> ㉠ 주요사실에 대한 유일한 증거일 때에는 특별한 사정이 없는 한 반드시 조사하여야 한다.
>
> ㉡ '유일한 증거'라 함은 주요사실에 관하여 그 당사자의 입증책임이 있는 사항에 관한 유일한 증거를 말한다.
>
> ㉢ 입증책임을 부담하는 당사자의 경우 즉 '본증'의 경우에는 유일한 증거를 조사하여야 한다.
>
> ㉣ 상대방의 주장을 부인하는 당사자가 제출하는 증거인 '반증'도 유일한 증거가 될 수 있다.
>
> ㉤ 당사자 본인신문은 유일한 증거가 될 수 없다.

ⓑ 유일한 증거방법인 증인이 정당한 이유 없이 출석하지 않은 경우에는 증거
　　조사하지 않을 수 있다.

① ㉠, ㉣, ㉤　　　② ㉣, ㉡　　　③ ㉣, ㉤
④ ㉣　　　　　　　⑤ 답이 없다

〈해설〉 정답 ③

㉣ 반증의 경우에는 유일한 증거가 될 수 없다.
㉤ 당사자 본인신문의 보충성이 폐지된 신법하에서는 당사자신문도 유일한 증거가 될 수 있다(이
　시윤, p.459).

문5. 변론주의하에서는 직권증거조사는 보충적 · 예외적으로만 허용된다. 다
　음 중 직권증거조사가 허용되는 것이 <u>아닌</u> 것으로만 모은 것은? (다툼이
　있는 경우에는 판례에 의함)

㉠ 가사소송
㉡ 소액사건
㉢ 조사의 촉탁
㉣ 당사자신문
㉤ 증인신문
ⓑ 감정의 촉탁
㉦ 행정소송

① ㉠, ㉦　　② ㉡, ㉤　　③ ㉣, ㉤
④ ㉤　　　　⑤ 답이 없다

〈해설〉 정답 ④

㉤을 제외하고 전부 직권증거조사가 허용되는 경우이다.

문6. 다음 중 민사소송법상의 문서로만 묶인 것은? (다툼이 있는 경우 판례에 의함)

> ㉠ 계약서, 차용증, 영수증, 백지위임장, 도면
> ㉡ 전신부호, 승차권, 암호, 점자, 속기문
> ㉢ 서명, 명함, 문패, 신문, 등기부등본
> ㉣ 악보, 설계도, 사진, 음반, 경계표
> ㉤ 잡지, 법전초안, 삐라, 지도
> ㉥ 녹음테이프, 옷표, 짐표

① ㉠, ㉡   ② ㉠, ㉡, ㉤   ③ ㉡
④ ㉠   ⑤ 답이 없다

〈해설〉 정답 ③

㉠ 도면은 문서가 아니다.
㉡ 사상이 표현된 유형물로 문서이다. 승차권도 문서이다.
㉢ 문자가 나열되어 있으나 사상을 표시하지 아니한 명함, 문패, 서명은 문서가 아니다.
㉣ 문서가 아니고 검증물이다.
㉤ 사상을 표현한 것이 아니므로 문서가 아니다.
㉥ 녹음테이프는 검증물이다.

문7. 서증에 대한 다음 설명 중 옳지 않은 것으로만 묶인 것은? (다툼이 있는 경우 다수설 판례에 의함)

> ㉠ 위조문서라는 입증취지로 제출한 문서는 서증이 아니라 검증물이다.
> ㉡ 공증인이 작성한 사서증서(인증서)는 공문서이다.
> ㉢ 문서에는 반드시 문서작성자의 날인이 있어야 한다.
> ㉣ 내용증명에 의한 통지서는 공문서부분의 진정성립으로 사문서부분의 진정성립이 추정된다.
> ㉤ 행정처분서, 등기부는 처분문서이다.
> ㉥ 처분문서만 증서의 진정 여부를 확인하는 소의 대상이 된다.

① ㉡, ㉢   ② ㉢, ㉣, ㉤   ③ ㉢, ㉣
④ ㉢   ⑤ 답이 없다

〈해설〉 정답 ②

㉠ 위조문서는 서증이 아니고 검증물이다.

㉡ 사서증서는 사인이 작성하여 서명한 문서이다. 사서증서에 공증인의 인증이 있으면 공문서가 된다. 공문서 중 공증인 등 공증사무소가 작성한 것을 공정증서라 한다.

㉢ 판례는 반드시 문서작성자의 날인이 필요하다고 보지 않는다.

㉣ 공사병존문서의 경우 공문서부분의 진정성립으로 사문서부분의 진정성립을 추정할 수 없다.

㉤ 행정처분서는 처분문서이고, 등기부는 보고문서이다.

㉥ 처분문서만이 증서진부확인의 소의 대상이 된다.

문8. 다음 문서 중 처분문서로만 묶인 것은? (다툼이 있는 경우 판례에 의함)

> ㉠ 세금계산서
>
> ㉡ 판결서 중의 사실판단
>
> ㉢ 임대차계약금으로 일정한 금원을 받았음을 증명하기 위하여 작성된 영수증
>
> ㉣ 유언서
>
> ㉤ 채무면제의 의사표시가 기재된 검사작성의 피의자신문조서
>
> ㉥ 확인서

① ㉠, ㉣   ② ㉢, ㉣, ㉤   ③ ㉣, ㉥

④ ㉣   ⑤ 답이 없다

〈해설〉 정답 ④

㉠ 세금계산서는 일반적으로 부가가치세법에서 정한 사업자가 공급받는 자에게 재화 또는 용역을 공급한 과거의 사실을 증명하기 위하여 작성되는 보고문서에 불과하여 세금계산서에 의하여 직접 당사자 간의 현재의 법률관계의 존부 여부가 증명되는 것은 아니라 할 것이다(대법원 2001.12.14. 선고 2001다53714 판결).

㉡ 판결서가 처분문서이기는 하나 그것은 그 판결이 있었던가 또 어떠한 내용의 판결이 있었던가의 사실을 증명하기 위한 처분문서라는 뜻일 뿐 판결서 중에서 한 사실판단을 그 사실을 증명하기 위하여 이용하는 것을 불허하는 것이 아니어서 이를 이용하는 경우에는 판결서도 그 한도 내에서 보고문서라고 볼 것이다(대법원 1980.9.9. 선고 79다1281 전원합의체 판결; 대법원 2010.9.30. 선고 2009다76195, 76201 판결).

㉢ 임대차계약금으로 일정한 금원을 받았음을 증명하기 위하여 작성된 영수증은 특별한 사정이 없는 한 임대차 등 법률관계의 성립 내지 존부를 직접 증명하는 서면이 아니므로 증서의 진정 여부를 확인하는 소의 대상이 될 수 없다고 한 사례(대법원 2007.6.14. 선고 2005다29290, 29306 판결)

㉣ 유언서는 처분문서이다.

ⓜ 처분문서가 아니다(대법원 1999.3.12. 선고 98다18124 판결 참조).
ⓗ 보고문서로 볼 것이다.

문9. 처분문서와 보고문서에 관한 다음 설명 중 가장 <u>옳지 않은</u> 것은? (다툼이 있는 경우 판례에 의함)

① 처분문서는 진정성립이 인정되면 특별한 사정이 없는 한 처분문서에 기재되어 있는 문언의 내용에 따라 당사자의 의사표시가 있었던 것으로 객관적으로 해석하여야 한다.

② 보고문서는 그 진정성립이 인정되어도 그 문서에 기재된 사실이 진실인지는 별도로 증명해야 한다.

③ 대학의 성적표는 보고문서이다.

④ 단체협약과 같은 처분문서를 해석함에 있어서는 명문의 규정을 근로자에게 불리하게 변형 해석할 수 없다.

⑤ 판결서는 그 판결이 있었던가 또 어떠한 내용의 판결이 있었던가의 사실을 증명하기 위하여 이용할 때에는 보고문서이다.

〈해설〉 정답 ⑤

⑤ 판결서는 판결이 있었다는 사실을 증명하는 한도에서는 처분문서이다.

문10. 문서의 형식적 증거력에 관한 다음 설명 중 가장 <u>옳지 않은</u> 것은? (다툼이 있는 경우 통설·판례에 의함)

① 사문서의 진정성립은 원칙적으로 서증제출자가 증명하여야 한다.

② 사문서는 본인 또는 그 대리인이 서명날인이나 날인 또는 무인이 있는 때에는 진정성립이 추정된다.

③ 사문서에 날인된 작성명의인의 인영이 그의 인장에 의하여 현출된 것이라면 특단의 사정이 없는 한 그 인영의 진정성립, 즉 날인행위가 작성명의인의 의사에 기한 것임이 추정되고, 일단 인영의 진정성립이 추정되면 제358조에 의하여 그 문서 전체의 진정성립이 추정된다.

④ 인영의 진정성립 즉 날인행위가 작성명의인의 의사에 기한 것이라는 1단계 추정은 사실상의 추정이고, 따라서 문서가 위조된 것임을 주장하는 자는 적극적으로 위 인영이 명의인의 의사에 반하여 날인된 것임을 입증할 필요가 있다.

⑤ 1단계 추정에 의하여 2단계 추정인 문서의 진정성립이 추정되는 것은 법률 상의 추정이다.

〈해설〉 정답 ⑤

⑤ 제358조의 추정은 법률상의 추정과는 다른 증거법칙적 추정으로 보는 것이 통설이다.

문11. 다음 〈사례〉에 관한 설명 중 <u>옳지 않은</u> 것은? (다툼이 있는 경우 판례 에 의함)

<사례>

甲은 A에게 건축자재를 공급하고 자재대금의 일부를 지급받지 못하고 있다. 甲은 A가 甲에게 작성교부한 주문서의 연대보증인란에 乙 명의의 기명날인이 되어 있음을 근거로 乙을 상대로 자재대금 중 미지급대금의 지급을 구하는 소 를 제기하였다.

乙은 甲의 청구에 대하여 답변서에서 "이 사건 주문서(보증서)는 B가 乙의 인장을 도용하여 乙 몰래 작성하였고 甲도 이러한 사실을 잘 알고 있으므로 위 주문서는 乙에 대하여 효력이 없다"고 주장하고 있다.

① 사문서는 본인 또는 대리인의 서명, 날인 또는 무인이 있는 때에는 진정한 것으로 추정되므로, 사문서의 작성명의인이 당해 문서에 날인한 인영 부분 의 성립을 인정하는 경우에는 반증으로 그러한 추정이 번복되는 등의 다른 특별한 사정이 없는 한 그 문서 전체에 관한 진정성립이 추정되고, 이러한 완성문서로서의 진정성립의 추정력을 뒤집으려면 그럴 만한 합리적인 이유 와 이를 뒷받침할 간접반증 등의 증거가 필요하다.

② 사문서에 날인된 작성명의인의 인영이 그의 인장에 의하여 현출된 것이라면 특단의 사정이 없는 한 그 인영의 진정성립, 즉 날인행위가 작성명의인의 의사에 기한 것임이 추정되고, 일단 인영의 진정성립이 추정되면 민사소송 법 제358조에 의하여 그 문서 전체의 진정성립이 추정된다.

③ 위와 같은 추정은 그 날인행위가 작성명의인 이외의 자에 의하여 이루어진 것임이 밝혀지거나 작성명의인의 의사에 반하여 혹은 작성명의인의 의사에 기하지 않고 이루어진 것임이 밝혀진 경우에는 깨진다.

④ 위와 같은 인영의 진정성립, 즉 날인행위가 작성명의인의 의사에 기한 것이라는 추정은 사실상의 추정이므로, 인영의 진정성립을 다투는 자가 반증을 들어 인영의 진정성립, 즉 날인행위가 작성명의인의 의사에 기한 것임에 관하여 법원으로 하여금 의심을 품게 할 수 있는 사정을 입증하면 그 진정성립의 추정은 깨진다.

⑤ 날인행위가 작성명의인 이외의 자에 의하여 이루어진 것임이 밝혀진 경우에도 위 인영의 성립에 의하여 인정되는 사문서의 진정성립의 추정을 뒤집기 위한 乙의 적극적 반증이 없는 한 위 주문서상 乙 명의의 연대보증 부분의 진정성립은 추정된다.

〈해설〉 정답 ⑤

⑤ 날인행위가 작성명의인 이외의 자에 의하여 이루어진 것임이 밝혀진 경우 문서제출자는 그 날인행위가 작성명의인으로부터 위임받은 정당한 권원에 의한 것이라는 사실까지 증명할 책임이 있다(대법원 2009.9.24. 선고 2009다37831 판결).

문12. 다음 〈사례〉에 관한 설명 중 옳지 않은 것은? (다툼이 있는 경우 판례에 의함)

<사례>

甲이 乙을 상대로 X 토지에 관하여 2012.9.20.자 약정을 원인으로 한 소유권이전등기절차의 이행을 청구하면서, 乙이 2012.9.20. 甲과 사이에, 甲에게 이 사건 토지의 소유권을 무상으로 이전하여 주기로 약정한 내용이 기재되어 있는 합의서에 공증인의 인증을 받은 사서승서를 갑제1호증으로 제출하였다. 乙은 乙이 甲을 동정하여 위 일시에 甲에게 이 사건 토지를 건물대지로 사용하도록 승낙하고, 그 사용승낙서의 작성 및 인증을 위하여 甲과 함께 공증사무소에 갔으나, 그곳에 사람이 많아 부근 다방에서 기다리던 중, 甲이 乙의 도장과 주민등록증을 가지고 혼자 위 공증사무소에 가서 이 사건 토지에 대한 사용승낙서의 인증을 받은 외에, 乙의 의사에 기하지 않고 임의로 위 합의서(갑제1호증)를 작성하고 공증인의 인증을 받은 것이므로 甲의 청구에 응할 수 없다고 다투고 있다.

① 공증인이 작성한 공정증서와 그들이 작성한 사서증서인증서의 인증부분도 공문서와 같은 취급을 받는다.

② 공문서의 진정성립의 추정을 다투려면 반증으로 추정을 번복해야 한다.

③ 공문서의 진정성립이 추정되면 그 기재내용까지 진실한 것으로 추정된다.

④ 공증인이 사서증서의 인증을 함에 있어서는 공증인법에 따라 반드시 촉탁인의 확인이나 대리촉탁인의 확인 및 그 대리권의 증명 등의 절차를 미리 거치도록 규정되어 있으므로, 공증인이 사서증서를 인증함에 있어서 그와 같은 절차를 제대로 거치지 않았다는 등의 사실이 주장·입증되는 등 특별한 사정이 없는 한, 공증인이 인증한 사서증서의 진정성립은 추정된다.

⑤ 위 사례에서 합의서(갑제1호증)의 진정성립이 추정되면, 처분문서인 합의서에 따라 그 증명력을 인정해야 한다.

〈해설〉 정답 ③

③ 공문서의 진정성립이 추정된다고 하여 그 기재내용까지 진실한 것으로 추정되는 것은 아니다.

문13. 사문서의 진정성립에 대한 다음 설명 중 옳지 않은 것은? (다툼이 있는 경우 판례에 의함)

① 문서의 진정성립이란 문서가 작성명의인의 의사에 의하여 작성된 것으로 타인에 의하여 위조·변조된 것이 아님을 뜻하고, 그 문서의 기재내용이 객관적으로 진실하다는 것까지 의미하는 것은 아니다.

② 문서의 진정성립에 관하여 다툼이 없는 경우 이는 보조사실에 관한 자백이나, 주요사실에 관한 자백취소와 동일하게 문서의 진정성립을 인정한 당사자는 자유롭게 이를 철회할 수 없다.

③ 날인행위가 작성명의인 이외의 자에 의하여 이루어진 것임이 밝혀진 경우에는 문서제출자가 그 날인행위가 작성명의인으로부터 위임받은 정당한 권원에 의한 것이라는 사실을 증명하여야 한다.

④ 인장은 틀림없지만 도용당하거나 강박에 의해 찍은 것이라는 증거항변을 한 경우 도용·강박에 대한 증명책임은 항변자에게 있다.

⑤ 백지보충문서를 교부받아 후일 다른 사람이 보충한 경우에도 그 문서의 진정성립은 추정된다.

⑤ 작성명의인이 날인만 있고 내용이 백지로 된 문서를 교부받아 후일 다른 사람이 보충한 경우는 그 문서의 진정성립의 추정은 배제된다(대법원 1988.4.12. 선고 87다카576 판결).

문14. 처분문서의 증명력에 관한 다음 설명 중 옳지 않은 것은? (다툼이 있는 경우 판례에 의함)

① 처분문서는 그 진정성립이 인정되는 이상 법원은 반증이 없는 한 그 문서의 기재 내용에 따른 의사표시의 존재 및 내용을 인정하여야 하고, 합리적인 이유 설시도 없이 이를 배척하여서는 아니 되나, 처분문서라 할지라도 그 기재 내용과 다른 명시적, 묵시적 약정이 있는 사실이 인정될 경우에는 그 기재 내용과 다른 사실을 인정할 수 있다.

② 처분문서는 증서의 진정 여부를 확인하는 소의 대상이다.

③ 처분문서의 증명력은 반증의 여지가 없는 완전한 증명력은 아니다.

④ 처분문서는 그 진정성립이 인정되는 이상 그 문서에 기재된 법률행위의 존재와 그 내용을 인정하여야 하고 그 법률행위의 해석, 행위자의 의사의 흠의 여부에까지 추정력이 미친다.

⑤ 처분문서를 배척함에는 판결서에 합리적인 이유설시를 요한다.

〈해설〉 정답 ④

④ 추정의 범위는 문서에 개재된 법률행위의 존재와 그 내용에 국한된다 할 것이고, 그 법률행위의 해석, 행위자의 의사의 흠의 여부에는 미치지 않는다.

문15. 다음 〈사례〉에 관한 설명 중 옳지 않은 것은? (다툼이 있는 경우 판례에 의함)

<사례>
A 회사가 2013.1.20. B에게 액면 금 1억 원, 만기 2013.4.20. 발행지 및 지급지 서울특별시, 지급장소 국민은행 서초지점으로 된 약속어음 1통을 발행하고, B는 C에게, C는 乙에게, 乙은 다시 甲에게 각 지급거절증서의 작성을 면제하여 위 어음을 순차 배서양도하였다. 甲이 乙을 상대로 어음금청구의 소를 제기하자, 乙은 乙 명의의 배서는 위조된 것이어서 乙에게는 배서인으로서의 책임이 없다는 주장을 하고 있다.

① 乙 명의의 배서란에 찍힌 乙 명의의 인영이 乙의 인장에 의한 것임을 乙이 인정하고 있다면 그 배서부분이 진정한 것으로 추정된다.

② 乙 명의의 인영이 작성명의인인 乙 이외의 사람이 날인한 것으로 밝혀질 때에는 위와 같은 추정은 깨어진다.

③ 이와 같은 경우에는 어음을 증거로 제출한 甲이 작성명의인인 乙로부터 날인을 할 권한을 위임받은 사람이 날인을 한 사실까지 입증하여야만 그 배서부분이 진정한 것임이 증명된다.

④ 위 사례에서 자신의 배서가 위조되었음을 주장하는 乙이 그 위조사실 및 소지인인 甲이 선의취득을 하지 아니한 사실을 증명하여야만 배서인으로서의 책임을 면할 수 있다.

⑤ 어음에 어음채무자로 기재되어 있는 사람이 자신의 기명날인이 위조된 것이라고 주장하는 경우에는 그 사람에 대하여 어음채무의 이행을 청구하는 어음의 소지인이 그 기명날인이 진정한 것임을 증명해야 한다.

〈해설〉 정답 ④

①②③ 대법원 1993.8.24. 선고 93다4151 전원합의체 판결 참조.

④ 어음채무자가 어음행위를 하였다는 점은 어음소지인이 주장, 입증하여야 한다. 대법원 1993.8.24. 선고 93다4151 전원합의체 판결은 자신의 배서가 위조되었음을 주장하는 사람이 그 위조사실 및 소지인이 선의취득을 하지 아니한 사실을 입증하여야만 배서인으로서의 책임을 면할 수 있다고 판시한 견해(대법원 1971.5.24. 선고 71다570 판결, 1987.7.7. 선고 86다카2154 판결 등)를 변경하였다.

⑤ 대법원 1998.2.10. 선고 97다31113 판결: 어음에 어음채무자로 기재되어 있는 사람이 자신의 기명날인이 위조되었다고 주장하는 경우에는 그 사람에 대하여 어음채무의 이행을 구하는 어음의소지인이 그 기명날인이 진정한 것임을 증명하지 않으면 안 된다.

문16. 다음 설명 중 문서의 실질적 증거력에 관한 판례의 입장이 <u>아닌</u> 것은?

① 처분문서는 진정성립이 인정되면 그 기재 내용을 부정할 만한 분명하고도 수긍할 수 있는 반증이 없는 이상 문서의 기재 내용에 따른 의사표시의 존재 및 내용을 인정하여야 한다는 점을 감안하면 처분문서의 진정성립을 인정함에 있어서는 신중하여야 한다.

② 계약당사자 사이에 어떠한 계약 내용을 처분문서인 서면으로 작성한 경우에는 서면에 사용된 문구에 구애받는 것은 아니지만, 이 경우 문언의 객관적

인 의미가 명확하다면, 특별한 사정이 없는 한 문언대로의 의사표시의 존재와 내용을 인정하여야 한다.

③ 금융실명거래 및 비밀보장에 관한 법률 제3조 제1항에 따라 금융기관은 거래자의 실지 명의에 의하여 금융거래를 하여야 하므로, 원칙적으로 예금명의자를 예금주로 보아야 하지만, 특별한 사정으로 예금의 출연자와 금융기관 사이에 예금명의인이 아닌 출연자에게 예금반환채권을 귀속시키기로 하는 명시적 또는 묵시적 약정이 있는 경우에는 그 출연자를 예금주로 하는 금융거래계약이 성립된다.

④ 민법상 사단법인 총회 등의 결의와 관련하여 당사자 사이에 의사정족수나 의결정족수 충족 여부가 다투어져 결의의 성립 여부나 절차상 흠의 유무가 문제 되는 경우로서 사단법인 측에서 의사의 경과, 요령 및 결과 등을 기재한 의사록을 제출한 때에는, 그러한 의사록이 사실과 다른 내용으로 작성되었다거나 부당하게 편집, 왜곡되어 증명력을 인정할 수 없다고 볼 만한 특별한 사정이 없는 한 의사정족수 등 절차적 요건의 충족 여부는 의사록 등의 기재에 의하여 판단하여야 한다.

⑤ 위와 같은 의사록 등의 증명력을 부인할 만한 특별한 사정에 관해서는 결의의 효력을 다투는 측에서 구체적으로 주장·증명하여야 한다.

〈해설〉 정답 ③

③ 대법원 2009.3.19. 선고 2008다45828 전원합의체 판결에 의하여 변경된 판례임. 다수의견: 금융실명거래 및 비밀보장에 관한 법률에 따라 실명확인 절차를 거쳐 예금계약을 체결하고 그 실명확인 사실이 예금계약서 등에 명확히 기재되어 있는 경우에는, 일반적으로 그 예금계약서에 예금주로 기재된 예금명의자나 그를 대리한 행위자 및 금융기관의 의사는 예금명의자를 예금계약의 당사자로 보려는 것이라고 해석하는 것이 경험법칙에 합당하고, 예금계약의 당사자에 관한 법률관계를 명확히 할 수 있어 합리직이다. 그리고 이와 같은 예금계약 당사자의 해석에 관한 법리는, 예금명의자 본인이 금융기관에 출석하여 예금계약을 체결한 경우나 예금명의자의 위임에 의하여 자금 출연자 등의 제3자(이하 '출연자 등'이라 한다)가 대리인으로서 예금계약을 체결한 경우 모두 마찬가지로 적용된다고 보아야 한다. 따라서 본인인 예금명의자의 의사에 따라 예금명의자의 실명확인 절차가 이루어지고 예금명의자를 예금주로 하여 예금계약서를 작성하였음에도 불구하고, 예금명의자가 아닌 출연자 등을 예금계약의 당사자라고 볼 수 있으려면, 금융기관과 출연자 등과 사이에서 실명확인 절차를 거쳐 서면으로 이루어진 예금명의자와의 예금계약을 부정하여 예금명의자의 예금반환청구권을 배제하고 출연자 등과 예금계약을 체결하여 출연자 등에게 예금반환청구권을 귀속시키겠다는 명확한 의사의 합치가 있는 극히 예외

적인 경우로 제한되어야 한다. 그리고 이러한 의사의 합치는 금융실명거래 및 비밀보장에 관한 법률에 따라 실명확인 절차를 거쳐 작성된 예금계약서 등의 증명력을 번복하기에 충분할 정도의 명확한 증명력을 가진 구체적이고 객관적인 증거에 의하여 매우 엄격하게 인정하여야 한다.

문17. 다음 〈사례〉에 관한 설명 중 옳지 않은 것은? (다툼이 있는 경우 판례에 의함)

> <사례>
> A는 甲 은행으로부터 대출을 받으면서 작성한 금전소비대차약정서에 연대보증인으로 乙의 인감을 날인하여 제출하였다. 甲 은행은 A가 대출금을 변제하지 못하자 乙에게 연대보증책임을 물으면서 위 금전소비대차약정서를 갑제1호증으로 제출하였다. 乙은 위 금전소비대차약정서상의 乙의 인영이 자신의 것은 맞지만 위 약정서에 연대보증인으로 날인한 사실이 없다고 다투고 있다.

① 사문서의 작성명의인이 당해 문서에 서명·날인·무인하였음을 인정하는 경우, 즉 인영 부분 등의 성립을 인정하는 경우에는 본증으로 그러한 추정이 번복되는 등의 다른 특별한 사정이 없는 한 그 문서 전체에 관한 진정성립이 추정된다.

② 사문서에 날인된 작성명의인의 인영이 그의 인장에 의하여 현출된 것이라면 특단의 사정이 없는 한 그 인영의 진정성립, 즉 날인행위가 작성명의인의 의사에 기한 것임이 추정되고, 일단 인영의 진정성립이 추정되면 민사소송법 제358조에 의하여 그 문서 전체의 진정성립이 추정된다.

③ 위와 같은 인영의 진정성립, 즉 날인행위가 작성명의인의 의사에 기한 것이라는 추정은 사실상의 추정이므로, 인영의 진정성립을 다투는 자가 반증을 들어 인영의 진정성립, 즉 날인행위가 작성명의인의 의사에 기한 것임에 관하여 법원으로 하여금 의심을 품게 할 수 있는 사정을 입증하면 그 진정성립의 추정은 깨어진다.

④ 서증이 인장도용이나 강박에 의해 찍은 것이라는 증거항변을 하는 경우 도용이나 강박에 대한 증명책임은 이를 주장하는 쪽에게 있고, 도용사실이나 강박사실을 증명하지 못하면 그 진정성립이 추정된다.

⑤ 위 사례에서 이 사건 금전소비대차약정서(갑제1호증)에 날인된 乙의 인영이 乙의 것임은 다툼이 없으므로 그 날인은 乙의 의사에 기한 것으로 사실상

추정이 되고, 일단 날인의 진정이 추정되면 위 금전소비대차약정서 문서 전
체의 진정성립이 추정되고, 달리 위 금전소비대차약정서의 완성문서로서의
진정성립 추정을 번복할 만한 증거가 없다면 乙이 A의 대출금채무를 연대
보증한 사실을 인정할 수 있다.

〈해설〉 정답 ①

① 본증이 아니라 반증을 통하여 추정을 번복하는 것이다.

문18. 서증의 증거조사에 대한 다음 설명 중 옳지 않은 것은? (다툼이 있는 경우 판례에 의함)

① 서증이 첨부된 소장 또는 준비서면 등이 진술간주된 경우에는 서증을 제출
한 것으로 본다.

② 사본을 원본에 갈음하여 또는 사본 그 자체를 원본으로서 제출할 수도 있으
나, 이 경우에는 상대방이 원본의 존재나 성립을 인정하고 사본으로써 원본
에 갈음하는 것에 대하여 이의가 없는 경우에 사본을 원본에 갈음하여 제출
할 수 있고, 이와 같은 경우에는 그 원본이 제출된 경우와 동일한 효과가
생긴다.

③ 사본을 원본으로서 제출하는 경우에는 그 사본이 독립한 서증이 되는 것이
나 그 대신 이에 의하여 원본이 제출된 것으로 되지는 아니하고, 이때에는
증거에 의하여 사본과 같은 원본이 존재하고 또 그 원본이 진정하게 성립하
였음이 인정되지 않는 한 그와 같은 내용의 사본이 존재한다는 것 이상의
증거가치는 없다.

④ 서증사본의 신청 당사자가 문서 원본을 분실하였다든가, 선의로 이를 훼손한
경우 또는 문서제출명령에 응할 의무가 없는 제3자가 해당 문서의 원본을
소지하고 있는 경우, 원본이 방대한 양의 문서인 경우 등 원본 문서의 제출
이 불가능하거나 비실제적인 상황에서는 원본의 제출이 요구되지 아니하나,
그와 같은 경우라면 해당 서증의 신청당사자가 원본 부제출에 대한 정당성
이 되는 구체적 사유를 주장·입증하여야 한다.

⑤ 원본이 현존하지 아니하는 문서 사본은 과거에 존재한 적이 있는 문서를 전자
복사한 것이라도 원본의 존재 및 진정성립을 인정하여 서증으로 채용할 수 있다.

① 문서 제출은 변론기일 또는 준비기일에 출석하여 현실적으로 제출하여야 하고, 서증이 첨부된 소장 또는 준비서면 등이 진술되는 경우에도 마찬가지로 제출한 것이 되지 않는다(대법원 1991.11.8. 선고 91다15775 판결).

문19. 문서제출명령에 대한 다음 설명 중 옳지 않은 것으로만 묶인 것은? (다툼이 있는 경우 판례에 의함)

ㄱ 문서제출명령 신청은 증거(서증)의 신청으로서 공격방어방법의 하나이므로 소송절차상 시기에 늦어서는 아니 되며, 또한 문서제출명령 신청이 있다 하더라도 법원이 그 증명사항에 관하여 이미 다른 증거들에 의하여 충분한 심리를 하였으므로 그 필요성이 없다고 인정되는 경우에는 이를 받아들이지 아니하여도 무방하다.

ㄴ 문서제출명령 신청은 상대방 당사자 또는 제3자가 문서를 소지하고 있을 때 그들이 당해 문서의 제출의무를 부담하고 있는 경우에 한하여 허용된다.

ㄷ 법원이 문서제출명령을 하기 위해서는 먼저 당해 문서의 존재와 소지가 증명되어야 하고, 그 증명책임은 원칙적으로 신청인에게 있다.

ㄹ 문서제출명령에 의하여 법원에 제출된 문서는 당사자가 변론준비기일 또는 변론기일에 서증으로 제출하여야 증거로 삼을 수 있다.

ㅁ 법원의 문서제출명령 채부의 결정에 대해서는 즉시항고를 할 수 없다.

ㅂ 당사자가 문서제출명령에 따르지 아니한 경우에는 법원은 상대방의 그 문서에 관한 주장, 즉 문서의 성질, 내용, 성립의 진정 등에 관한 주장을 진실한 것으로 인정하여야 한다는 것이지 그 문서에 의하여 증명하고자 하는 상대방의 주장사실까지 바로 증명되었다고 볼 수는 없으며 그 주장사실의 인정 여부는 법원의 자유심증에 의한다.

① ㄱ, ㄴ, ㄹ   ② ㄹ, ㅂ   ③ ㄹ, ㅁ

④ ㅁ   ⑤ 답이 없다

ㅁ 민사소송법 제348조(불복신청) 문서제출의 신청에 관한 결정에 대해서는 즉시항고를 할 수 있다.

문20. 다음 중 문서제출을 거부할 수 있는 제외문서가 <u>아닌</u> 것은?

① 문서소지자나 근친자에 대하여 형사소추·치욕이 될 증언거부사유가 적혀있는 문서

② 직업상의 비밀 등 증언거부사유와 같은 것이 적혀 있고 비밀유지의무가 면제되지 아니한 문서

③ 신청자의 이익을 위해 작성된 문서

④ 오로지 문서소지인이 이용하기 위한 문서

⑤ 공무원 또는 공무원이었던 사람이 직무와 관련하여 보관하거나 가지고 있는 문서

〈해설〉 정답 ③

③ 이는 민사소송법 제344조 제1항 제3호의 문서로 제출의무가 있는 문서이다.

문21. 문서송부촉탁과 관련하여 다음 설명 중 <u>옳지 않은</u> 것은? (다툼이 있는 경우 판례에 의함)

① 문서의 송부촉탁은 원칙적으로 문서소지자가 문서제출의무가 없는 경우에 이용된다.

② 법원으로부터 문서의 송부를 촉탁받은 사람은 정당한 사유가 없는 한 이에 협력하여야 하며, 문서의 송부를 촉탁받은 사람이 그 문서를 보관하고 있지 아니하거나 그 밖에 송부촉탁에 따를 수 없는 사정이 있는 때에는 법원에 그 사유를 통지하여야 한다.

③ 문서소지자가 송부촉탁에 응하지 않는 경우 과태료의 제재가 있다.

④ 송부촉탁된 문서는 신청인이 그중에서 필요한 것을 서증으로 제출하여야 증거로 삼을 수 있다.

⑤ 송부된 문서로서 서증으로 제출한 문서라고 하여 모두 증거력이 생기는 것은 아니고, 사문서의 경우에는 그 진정성립이 인정되어야만 증거로 할 수 있다.

〈해설〉 정답 ③

③ 문서소지자가 송부촉탁에 응하지 않는 경우에도 제재수단이 없다.

④ 별도의 의사표시가 없는 한 기록에 가철하고 송부자에게 이를 반환할 필요가 없으며, 이를 당사자에게 열람시켜 필요한 부분을 서증으로 제출케 하되, 별도로 법원용 서증사본을 제출하게 할 필요는 없고 서증의 부호와 번호는 위 인증등본에 직접 부기한다. 재판예규 제875호 참조.

문22. 증인에 대한 다음 설명 중 <u>옳지 않은</u> 것으로만 묶인 것은?

> ㉠ 감정증인은 증인이지 감정인이 아니다.
>
> ㉡ 소송무능력자도 증인이 될 수 있다.
>
> ㉢ 소송대리인은 증인이 될 수 있다.
>
> ㉣ 보조참가인은 증인이 될 수 없다.
>
> ㉤ 배우자는 증인신문의 대상이다.
>
> ㉥ 법인의 대표자나 구성원은 증인이 될 수 없다.
>
> ㉦ 제1심에서 공동소송인이었다가 항소심에서 공동소송인이 아닌 경우에는 아무 제한 없이 증인이 될 수 있다.

① ㉠, ㉡, ㉢, ㉣   ② ㉡, ㉥, ㉦   ③ ㉣, ㉥
④ ㉥   ⑤ 답이 없다

〈해설〉 정답 ③

㉣ 보조참가인도 증인이 될 수 있다.
㉥ 법인의 대표자는 증인능력이 없으나, 구성원은 증인이 될 수 있다.

문23. 증인의 증언에 대한 다음 설명 중 <u>옳지 않은</u> 것으로만 묶인 것은? (다툼이 있는 경우 다수설 및 판례에 의함)

> ㉠ 증인에 대한 과태료는 적법한 출석요구를 받고도 정당한 사유 없이 출석하지 아니한 때에 부과하는 것이라서 '적법한 출석요구'를 받은 증인만이 그 대상이 된다.
>
> ㉡ 증언거부권이나 선서거부권의 고지에 관하여 명문규정이 없으므로 법원은 이를 증인에게 고지할 의무가 없으며, 고지하지 아니하였다고 하여도 위법이 아니다.
>
> ㉢ 증인이 자기 또는 친족 또는 이러한 관계에 있었던 사람과 현저한 이해관계가 있는 사항에 관하여 신문을 받은 때에는 증언을 거부할 수 있다.

ⓔ 주신문의 경우에는 언제나 유도신문이 허용되지 않는다.

ⓜ 주신문과 상대방의 반대신문 후 재주신문부터는 재판장의 허가를 얻은 경우에 한하여 허용된다.

ⓗ 선서무능력자가 선서거부를 하지 아니하고 선서하고 증언한 경우 그 증언은 무효가 된다.

① ㄱ, ㄴ, ㄹ   ② ㄷ, ㄹ, ㅁ, ㅂ   ③ ㄹ, ㅂ

④ ㄷ, ㄹ, ㅂ   ⑤ ㄹ, ㅁ, ㅂ

〈해설〉 정답 ②

ⓛ 판례의 입장이다(이시윤, p.457).

ⓒ 증인은 그 증언이 자기나 증인의 친족 또는 이러한 관계에 있었던 사람이 공소제기되거나 유죄판결을 받을 염려가 있는 사항 또는 자기나 그들에게 치욕이 될 사항에 관한 것인 때에는 이를 거부할 수 있다(제314조 제1호), 증인이 자기 또는 친족 또는 이러한 관계에 있었던 사람과 현저한 이해관계가 있는 사항에 관하여 신문을 받은 때에는 증언을 거부할 수 있는 것이 아니라 선서를 거부할 수 있다(제324조).

ⓔ 주신문의 경우에도 유도신문이 허용되는 경우가 있다. 규칙 제91조 제2항 참조.

ⓜ 재주신문 이후의 신문부터(재반대신문, 재재주신문) 재판장의 허가를 얻어야 한다.

ⓗ 선서만이 무효가 되고 그 증언의 효력에는 영향이 없다.

문24. 증인신문에 관한 다음 설명 중 옳지 않은 것은? (다툼이 있는 경우 판례에 의함)

① 민사소송절차에서 증인으로 출석한 사람이 재판장으로부터 증언거부권을 고지받지 않은 상태에서 증인으로 적법하게 선서를 마치고도 거짓 증언을 한 경우에는 위증죄가 성립한다.

② 증인진술서는 서증으로 취급된다.

③ 서면에 의한 증언의 경우 선서의무가 면제되고 위증죄가 성립하지 않는다.

④ 증인이 불출석에 따른 과태료의 재판을 받고도 정당한 사유 없이 다시 출석하지 아니한 때에는 7일 이내의 감치에 처할 수 있다.

⑤ 증인이 법정에서 선서 후 증인진술서에 기재된 구체적인 내용에 관하여 진술함이 없이 단지 그 증인진술서에 기재된 내용이 사실대로라는 취지의 진술만을 한 경우에 거기에 기재된 내용에 허위가 있는 경우 그 부분에 관하여 법정에서 증언한 것으로 보아 위증죄로 처벌할 수 있다.

〈해설〉 정답 ⑤

⑤ 위증죄 불성립. 증인이 법정에서 선서 후 증인진술서에 기재된 구체적인 내용에 관하여 진술함
   이 없이 단지 그 증인진술서에 기재된 내용이 사실대로라는 취지의 진술만을 한 경우에는 그것
   이 증인진술서에 기재된 내용 중 특정 사항을 구체적으로 진술한 것과 같이 볼 수 있는 등의
   특별한 사정이 없는 한 증인이 그 증인진술서에 기재된 구체적인 내용을 기억하여 반복 진술한
   것으로는 볼 수 없으므로, 가사 거기에 기재된 내용에 허위가 있다 하더라도 그 부분에 관하여
   법정에서 증언한 것으로 보아 위증죄로 처벌할 수는 없다(대법원 2010.5.13. 선고 2007도
   1397 판결).

문25. 감정에 관한 다음 설명 중 <u>옳지 않은</u> 것은? (다툼이 있는 경우 판례에 의함)

① 법원의 명령에 의하여 감정인이 작성한 감정서는 서증이 아니다.

② 전문심리위원의 설명의견은 감정인의 감정의견과 달리 증거자료가 되지 않는다.

③ 선서하지 아니한 감정인에 의한 감정 결과는 증거능력이 없으나, 감정의견을
   기재한 서면이 서증으로 제출되었을 때 법원이 이를 합리적이라고 인정하면
   이를 사실인정의 자료로 삼을 수 있다.

④ 감정인에게 제시한 전제사실과 법원이 최종적으로 인정한 사실이 다를 경우
   에는 그 감정결과를 채택하는 것은 위법하다.

⑤ 감정결과는 원용하지 않으면 법원이 증거로 할 수 없다.

〈해설〉 정답 ⑤

⑤ 감정인의 의견 진술이 있으면 법원은 감정 결과를 법정에 현출시켜 당사자에게 변론의 기회를
   주어야 한다. 감정의 결과가 법정에 현출된 이상 당사자가 원용한다는 진술을 하지 않아도 증
   거자료로 사용할 수 있다(대법원 1994.8.26. 선고 94누2718 판결 등).

문26. 증인과 감정인에 관한 설명 중 <u>옳지 않은</u> 것을 모두 모은 것은? (다툼이 있는 경우에는 판례에 의함)

> ㉠ 증인의 증언을 믿을 것인지는 법관의 자유심증이나, 감정인의 감정결과는
>   반드시 채택하여야 한다.
>
> ㉡ 증인은 증명책임이 있는 당사자가 특정인을 지정하여야 하나, 감정인의 지
>   정은 법원에 일임되어 있다.

ⓒ 증인능력에 관하여 특별규정이 없으나, 감정인은 결격사유에 관한 규정과
기피에 관한 규정이 있다.

ⓡ 증인이나 감정인이나 불출석의 경우 감치나 구인을 할 수 있다.

ⓜ 증인은 자연인에 한정되나, 감정인은 자연인 이외의 법인도 될 수 있다.

ⓗ 증인진술은 말로 하나, 감정진술은 서면 또는 말로 한다.

① ㉠, ㉣   ② ㉠, ㉢, ㉣, ㉑   ③ ㉣, ㉤, ㉑

④ ㉠, ㉢, ㉣   ⑤ ㉠

〈해설〉 정답 ①

㉠ 감정결과는 법관이 감정인의 특별한 지식과 경험을 보조수단으로 이용하는 데 불과한 것이며,
의료과오가 있었는지는 궁극적으로는 그 당시 제반 사정을 참작하여 경험칙에 비추어 규범적으
로 판단할 수밖에 없으므로, 감정결과에 의료과오의 유무에 관한 견해가 포함되어 있어도 법원
은 그 견해에 기속되지 않는다(대법원 2006.11.23. 선고 2004다60447 판결).

㉣ 감정인은 불출석하더라도 감치하거나 구인할 수 없다(제333조 단서).

문27. 검증에 대한 다음 설명 중 옳지 않은 것은? (다툼이 있는 경우 판례에 의함)

① 서증에 대한 증거조사에 있어서 문서의 진정성립을 위한 필적 또는 인영의
대조는 이를 눈으로 보고 확인이 가능한 범위 내에서 검증의 방법에 의한다.

② 동영상파일은 검증의 대상이다.

③ 검증기일에는 검증만 시행하고 별도의 증인신문이나 감정인신문은 하지 못한다.

④ 당사자가 검증하는 목적물을 제시하지 않거나 출석요구에 불응한 때에는 법
원은 검증물의 존재·성상에 관하여 증명하고자 하는 당사자의 주장을 진실
한 것으로 인정할 수 있다.

⑤ 소송당사자와 제3자는 검증수인의무가 있다.

〈해설〉 정답 ③

③ 검증에 필요한 경우에는 감정을 명하거나 증인을 신문할 수 있다(365조).

문28. 당사자신문에 대한 다음 설명 중 <u>옳지 않은</u> 것은? (다툼이 있는 경우 판례에 의함)

① 당사자신문에서 상대방의 주장과 일치되는 부분이 있는 경우 증거자료이지 소송자료가 아니다.

② 당사자 본인신문결과는 독립적인 사실인정의 자료가 될 수 있다.

③ 당사자 본인은 당사자의 신청 또는 직권에 의해서 신문할 수 있다.

④ 당사자 본인의 선서 여부는 법원의 재량사항이다.

⑤ 선서한 당사자가 거짓진술을 한 경우에 위증죄로 처벌하지 못한다.

〈해설〉 정답 ④

① 당사자신문에서의 진술은 증인의 증언과 같이 증거자료이지 소송자료가 아니다.

② 개정법은 당사자신문의 보충성을 폐지하였다.

③ 법원은 직권으로 또는 당사자의 신청에 따라 당사자 본인을 신문할 수 있다.

④ 개정법은 선서를 필수적인 절차로 하였다.

⑤ 500만 원 이하의 과태료의 대상이다.

문29. 그 밖의 증거에 대한 다음 설명 중 <u>옳지 않은</u> 것은? (다툼이 있는 경우 판례에 의함)

① 녹음·녹화테이프, 컴퓨터용 자기디스크·광디스크, 그 밖에 이와 비슷한 방법으로 음성이나 영상을 녹음 또는 녹화하여 재생할 수 있는 매체에 대한 증거조사는 이를 재생하여 검증하는 방법으로 한다.

② 도면·사진의 경우 그 도면·사진의 형태, 담겨진 내용 등을 종합하여 감정·서증조사·검증의 방법 중에서 가장 적절한 증거조사방법을 택하여 이를 준용하여야 한다.

③ 사진에 관한 구체적인 심리 없이 곧바로 문서제출명령을 하였다고 하여 문서제출명령의 대상에 관한 법리를 오해한 잘못이 없다.

④ 상대방 부지 중 비밀리에 상대방과의 대화를 녹음하고 이를 속기사에 의하여 녹취한 녹취록도 증거능력이 있다.

⑤ 당사자 일방이 녹음테이프를 증거로 제출하지 않고 이를 속기사에 의하여 녹취한 녹취문을 증거로 제출하고 이에 대하여 상대방이 부지로 인부한 경우, 법원은 녹음테이프의 검증을 통하여 대화자가 진술한 대로 녹취되었는

지 확인하여야 할 것이나, 그 녹취문이 오히려 상대방에게 유리한 내용으로 되어 있다면 그 녹취 자체는 정확하게 이루어진 것으로 보이므로 녹음테이프 검증 없이 녹취문의 진정성립을 인정할 수 있다.

〈해설〉 정답 ③

③ 대법원 2010.7.14.자 2009마2105 결정

문30. 조사·송부의 촉탁(사실조회)과 관련하여 다음 설명 중 옳지 않은 것은? (다툼이 있는 경우 판례에 의함)

> ㉠ 법원은 재판상 필요한 경우에는 민사소송법 제294조의 규정에 의하여 전기통신사업자에게 통신사실확인자료제공을 요청할 수 있다.
> ㉡ 금융기관에 종사하는 자는 법원의 제출명령에 따라 명의인의 서면상의 요구나 동의를 받고 그 금융거래의 내용에 대한 정보 또는 자료를 제공할 수 있다.
> ㉢ 세무공무원은 법원의 제출명령이 있으면 납세자의 과세정보를 제공할 수 있다.
> ㉣ 공공기관·학교, 그 밖의 단체 또는 외국의 공공기관이 아닌 개인에게는 사실조회를 할 수 없다.
> ㉤ 조사·송부촉탁의 결과는 따로 서증으로 제출하여 당사자에 의한 원용이 요구된다.
> ㉥ 지방변호사회는 회원인 변호사의 신청에 의하여 공공기관에 사실조회를 할 수 있다.

① ㉠, ㉡, ㉢   ② ㉡, ㉣, ㉤   ③ ㉣, ㉤, ㉥
④ ㉣, ㉤   ⑤ ㉤

〈해설〉 정답 ②

㉠ 통신비밀보호법 제13조의 2(법원에의 통신사실확인자료제공)
㉡ 금융실명거래 및 비밀보장에 관한 법률 제4조 제1항 제1호
㉢ 국세기본법 제81조의 10 제1항 제1호
㉣ 신법은 개인에게도 사실조회를 허용하고 있다.
㉤ 당사자에 의한 원용이 요구되는 것은 아니다.
㉥ 변호사법 제75조의 2 참조.

문31. 증거보전에 관한 설명 중 **옳지 않은** 것은? (다툼이 있는 경우 다수설 내지 판례에 의함)

① 법원은 미리 증거조사를 하지 아니하면 그 증거를 사용하기 곤란한 사정이 있다고 인정한 때에는 당사자의 신청에 따라 증거보전결정을 할 수 있고 소송계속 중에는 증거보전결정을 할 수 없다.

② 증거보전신청을 함에 있어서는 증거보전의 사유를 소명하여야 한다.

③ 증거보전결정에 대해서는 이의신청이나 항고 등으로 불복신청을 할 수 없다.

④ 관할법원은 소제기 전이나 긴박한 경우에는 증거방법의 소재지를 관할하는 지방법원이 된다.

⑤ 당사자가 증거보전절차에서 이미 신문한 증인에 대해서는 변론에서 다시 증인으로 신문할 수 있다.

〈해설〉 정답 ①

① 제379조

문32. 문서에 대한 위조 · 변조항변과 관련하여 다음 설명 중 **옳지 않은** 것은? (다툼이 있는 경우 판례에 의함)

① 문서의 성립의 진정 여부에 대한 인부에 있어서 작성명의인이 그 성립을 부인하면 문서제출자가 그 성립의 진정을 증명하여야 한다.

② 인영이 있는 문서에 있어서 작성명의인이 그 인영이 자신의 인장에 의한 것임을 인정하고 있는 경우에는 작성명의인으로서는 반증을 들어 그 인영이 자신의 의사에 반하여 또는 자신의 의사에 기하지 아니하고 이루어진 사실을 밝히든지, 그 인영이 다른 사람에 의하여 이루어진 사실을 밝힘으로써 그 추정을 깨뜨릴 수 있다.

③ 문서 가운데 일부 내용이 작성 후 변조되었다고 주장하는 경우 문서의 변조가 있었다는 사실 즉 작성명의인의 의사에 반하여 작성된 것이라는 사실은 문서제출자가 그 성립의 진정을 증명하여야 한다.

④ 백지문서 내지 미완성문서인 사실이 밝혀진다면 완성문서로서의 진정성립의 추정이 깨어진다.

⑤ 백지약속어음의 경우 발행인이 수취인 또는 그 소지인으로 하여금 백지부분

을 보충케 하려는 보충권을 줄 의사로서 발행하였는지에 관해서는 발행인에게 보충권을 줄 의사로 발행한 것이 아니라는 점, 즉 백지어음이 아니고 불완전어음으로서 무효라는 점에 관한 입증책임이 있다.

〈해설〉 정답 ③

③ 매매계약서 중 일부 내용의 변조 여부가 다투어지는 경우 매도인이 그 성립을 부인한다고 하더라도, 법원으로서는 의당 그 서증의 인부를 함에 있어서 매도인의 인영날인 사실까지 부인하는지를 석명하여 매도인이 그 인영의 진정을 인정한다면 그 진정성립이 추정되는 것이므로, 그 이후에 그 문서의 변조가 있었는지에 관해서는 매도인이 입증을 하여 밝혀야 한다(대법원 1995.11.10. 선고 95다4674 판결).

⑤ 대법원 2001.4.24. 선고 2001다6718 판결

제11장 자유심증주의

문1. 자유심증주의에 관한 다음 설명 중 <u>옳지 않은</u> 것을 모두 묶은 것은? (다툼이 있는 경우 판례에 의함)

⊙ 법규를 해석・적용하는 과정에도 자유심증주의가 작용한다.

ⓛ 법관이 사실의 존부에 관하여 확신을 얻은 경우에도 증명책임이 문제 된다.

ⓒ 민사소송에서의 자유심증주의와 형사소송에서의 자유심증주의는 동일한 의미를 갖고 있다.

ⓔ 통상공동소송에서 공동피고의 진술만으로 사실을 인정할 수 있다.

ⓜ 민사소송법상 증거방법이나 증거능력에 제한이 있다.

ⓗ 적법하게 실시된 증거조사에 의하여 얻은 증거자료와 증거력의 평가(증거취사)는 법관의 자유로운 판단에 일임된다.

---

① ㉠, ㉡, ㉢, ㉣   ② ㉠, ㉢, ㉣, ㉤   ③ ㉠, ㉡, ㉢, ㉣, ㉤

④ ㉡, ㉢, ㉣, ㉤   ⑤ ㉠, ㉡, ㉢, ㉤

〈해설〉 정답 ③

㉠ 자유심증주의는 사실인정에 관한 근본규범이다.

㉡ 법관이 사실관계의 존부에 확신을 갖게 되면 증명책임은 문제 되지 않는다.

㉢ 형사소송과 민사소송에서의 자유심증주의의 의미는 차이가 있다.

㉣ 공동피고인의 자백은 변론 전체의 취지로서 증거자료가 된다.

㉤ 민사소송법상 증거방법이나 증거능력에 제한이 없다.

문2 증거원인에 관한 다음 설명 중 <u>옳지 않은</u> 것으로만 묶인 것은? (다툼이 있는 경우 판례에 의함)

㉠ 처분문서는 언제나 그 문서의 기재내용에 따른 의사표시의 존재와 내용을 인정하여야 한다.

㉡ 증거로 제출된 농지소표 사본에 대하여 상대방이 부지로 다투고 있는 경우에는 변론 전체의 취지에 의하여 그 원본의 존재와 진정성립을 인정할 수 없다.

㉢ 사본을 원본으로 제출하는 경우에는 그 사본이 독립한 서증이 되고, 이에 의하여 원본이 제출된 것으로 본다.

㉣ 증거공통의 원칙은 공동소송인 사이에도 적용되지만, 공동소송인 간에 이해

관계가 서로 대립되는 경우까지 확장되는 것은 아니다.

ⓜ 공문서의 진정성립이 추정되면 반드시 그 기재내용을 증거로 채택하여야 한다.

ⓗ 증거조사가 개시된 뒤에는 그 증거신청을 철회할 수 없다.

① ㉠, ㉡, ㉢, ㉣   ② ㉠, ㉤, ㉥   ③ ㉤, ㉥

④ ㉠, ㉢, ㉤, ㉥   ⑤ ㉢, ㉤, ㉥

〈해설〉 정답 ④

㉠ 대법원 2010.11.11. 선고 2010다56616 판결: 처분문서의 진정성립이 인정되는 이상 법원은 그 문서의 기재 내용에 따른 의사표시의 존재 및 내용을 인정하여야 하나, 그 기재 내용을 부인할 만한 분명하고도 수긍할 수 있는 반증이 인정될 경우에는 그 기재 내용과 다른 사실을 인정할 수 있다.

㉡ 대법원 1996.3.8. 선고 95다48667 판결: 증거로 제출된 농지소표 사본에 대하여 상대방이 부지로 다투고 있는데도 변론의 전취지에 의하여 원본의 존재와 진정성립을 인정한 원심판결을 파기한 사례.

㉢ 대법원 2002.8.27 선고 2001다79457 판결: 사본을 원본으로 제출하는 경우에는 그 사본이 독립한 서증이 되는 것이나 그 대신 이에 의하여 원본이 제출된 것으로 되지는 아니한다.

㉤ 공문서의 진정성립이 추정된다고 해서 그 기재내용까지 진실한 것으로 추정되는 것은 아니다. 그러므로 그 기재내용을 증거로 반드시 채택하여야 하는 것은 아니다.

㉥ 증거신청은 증거조사 개시 전에는 언제든지 철회할 수 있으나 증거조사가 개시된 뒤에는 상대방의 동의가 있어야 철회할 수 있고, 증거조사가 완료된 뒤에는 상대방의 동의 여하를 불문하고 철회할 수 없다.

문3. 다음 중 증거원인에 관한 설명으로 옳은 것으로만 묶인 것은? (다툼이 있는 경우 판례에 의함)

㉠ 감정인의 감정이라고 해서 반드시 믿어야 하는 것은 아니다.

㉡ 서류위조 여부는 반드시 필적감정에 의하여 밝혀야 한다.

㉢ 임료상당액을 감정인의 감정이 아닌 증인의 증언으로 인정할 수 없다.

㉣ 전문(傳聞)증언은 증거능력이 없다.

⑩ 자백의 철회요건으로서의 착오만을 제외하고 변론 전체의 취지만으로 당사자 사이에 다툼 있는 사실을 인정할 수 없다.

　　ⓑ 단순한 사본만에 의한 증거의 제출은 정확성의 보증이 없어 원칙적으로 부적법하다.

① ㉠, ㉡　　　　② ㉠, ㉭　　　　③ ㉠, ㉢, ㉣, ㉤

④ ㉠, ㉢, ㉣, ㉭　　⑤ ㉠, ㉣

〈해설〉 정답 ②

ⓛ 반드시 감정에 의할 필요가 없다.

ⓒ 증인의 증언에 의해서도 무방하다.

ⓔ 형사소송과 달리 민사소송에서는 전문증언도 증거능력이 있다.

ⓜ 자백의 취소요건으로서의 착오 이외에 문서의 진정성립도 변론 전체의 취지만으로 인정할 수 있다.

문4. 다음 〈사례〉에 관한 설명 중 옳지 않은 것은? (다툼이 있는 경우 판례에 의함)

<사례>

(1) A와 B가 전 소유자로부터 토지를 매수하여 각 1/2의 공유지분등기를 마친 후 각자 자신들의 주택을 신축하기로 하고 신축공사에 착수하였다. A와 B는 공사대금에 충당하기 위하여 C 은행으로부터 대출을 받고 위 토지에 관하여 C 은행을 근저당권자로 한 근저당권설정등기를 마쳐주었고, 위 신축공사가 상당 정도 진행되어 독립된 부동산으로서의 요건을 갖추었다. 그런데 A와 B가 대출금을 변제하지 못하여 C 은행이 담보권실행을 위한 경매를 신청하였고, 甲이 위 토지를 낙찰받아 A와 B를 상대로 건물철거 및 토지인도청구의 소를 제기하였다.

(2) A와 B는 각자 이 사건 주택의 소유자로서 이 사건 토지에 관하여 민법 제366조 소정의 법정지상권을 취득하였다고 항변한다. 제1심 변론준비기일에서 B는 "이 사건 주택 신축 당시 피고 A, B가 이 사건 토지를 각 구분하여 특정 부분을 소유한 바는 없다"고 진술하여 마치 위 피고들이 이 사건 토지의 공유지분권자임을 자백하는 취지의 진술을 하였다가 변론기일에 진술된 준비서면에서 위 자백을 취소한다고 주장하였다.

(3) 그런데 A, B에게 이 사건 토지를 매도한 전 소유자는 "A와 B가 이 사건 토지를 둘로 분할하여 각자 집을 짓고 싶었지만 땅 넓이가 작아서 분할이 되지 않았기 때문에 공유로 소유권이전등기를 하였고, 두 채의 건물을 짓고 나면 분할이 된다는 얘기를 들었다"고 진술하고 있고, 이 사건의 당사자들인 A, B는 "함께 이 사건 대지를 산 이유는 각자가 집 한 채씩을 지어 살려고 하였기 때문인데, 땅을 사면서 북동쪽(위쪽)의 절반은 A가 갖고 남서쪽(아래쪽)의 나머지 절반은 B가 가져서 각자 집을 짓기로 하였고, 이 사건 대지의 분할 경계선은 두 집의 측면선과 평행으로 선을 그어 각자 위·아래로 절반의 넓이가 되는 선으로 하기로 하였으며, 위 합의에 따라 두 사람이 각자 합의된 부분을 차지하여 건축허가를 받아 각자 건축에 들어갔다"고 진술하고 있으며, 이 사건 토지는 남북으로 길게 뻗은 모양을 하고 있는데 이 사건 A의 주택은 그 북쪽에, B의 주택은 그 남쪽에 각 위치하고 있어 위 각 건물을 기준으로 경계를 구분하기가 용이한 사실을 인정할 수 있고, 사실이 이와 같다면 피고 A와 B는 이 사건 각 주택이 위치한 부분을 중심으로 하여 이 사건 대지 중 각자의 지분에 해당하는 토지를 특정하여 구분소유하고 있었다고 봄이 상당함에도 B의 자백이 진실에 부합하지 않음이 입증되었으나, 증거에 의하여 그 자백이 착오에 기인한 것임을 입증하지 못하였다.

① 공유토지의 공유자 1인이 그 지상에 건물을 소유하면서 그의 토지공유지분에 대하여 저당권을 설정한 후 그 저당권의 실행으로 그 토지공유지분의 소유권이 제3자에게 넘어간 경우에는 당해 토지에 관하여 건물의 소유를 위한 법정지상권이 성립될 수 없다.

② 공유로 등기된 토지의 소유관계가 구분소유적 공유관계에 있는 경우에는 공유자 중 1인이 소유하고 있는 건물과 그 대지는 다른 공유자와의 내부관계에 있어서는 그 공유자의 단독소유로 되었다 할 것이므로 건물을 소유하고 있는 공유자가 그 건물 또는 토지지분에 대하여 저당권을 설정하였다가 그 후 저당권의 실행으로 소유자가 달라지게 되면 건물 소유자는 그 건물의 소유를 위한 법정지상권을 취득한다.

③ 자백취소 요건으로서의 진실에 부합하지 않는다는 사실에 대한 증명은 그 반대되는 사실을 직접증거에 의하여 증명함으로써 할 수 있지만 자백사실이 진실에 부합하지 않음을 추인할 수 있는 간접사실의 증명에 의해서도 가능하다.

④ A와 B가 이 사건 대지를 구분소유적 공유관계로 소유하고 있었음을 인정할 수 있다면 위 자백은 진실에 반한다는 사실이 증명되었다 할 것이고, 그 자백이 진실과 부합하지 않는 사실이 증명되었다고 하더라도 증거조사의 결과에 의하여 그 자백이 착오로 인한 것이라는 점을 인정할 수 없다면 자백의 취소를 할 수 없다.

⑤ 이 사건 각 주택의 원시취득자로서 소유자인 A, B는 이 사건 각 주택의 각 소유를 위한 법정지상권을 각 취득하였고, 甲의 A, B에 대한 이 사건 주택의 철거 및 대지인도청구는 허용될 수 없다.

〈해설〉 정답 ④

④ 변론 전체의 취지에 의하여 그 자백이 착오로 인한 것이라는 점을 인정할 수 있다.

문5. 다음 〈사례〉에 관한 설명 중 가장 옳지 않은 것은? (다툼이 있는 경우 판례에 의함)

> <사례>
> A는 자신의 승용차를 운전하고 가다가 오토바이를 타고 가던 B와 차로변경으로 시비가 되어 자신의 차량을 운전하여 "서라"고 계속 소리치면서 B가 운전하는 오토바이를 쫓아가자 B가 도망가면서 당황한 나머지 오토바이 운전을 제대로 하지 못하여 오토바이가 넘어져 사망하는 사고가 발생하였고, A는 겁에 질려 그냥 달아나고 말았다. A는 형사재판에서 A가 과실에 의하여 B를 사망케 하였다는 범죄사실로 특정범죄가중처벌 등에 관한 법률위반(도주차량)죄로 유죄의 확정판결을 받았다. A의 차량이 자동차종합보험에 가입한 甲 보험회사는 B의 상속인 乙을 상대로 이 사건 사고는 A의 고의에 의한 사고이므로 약관에 따라 보험금지급채무가 없다는 이유로 채무부존재확인의 소를 제기하였다.

① 자동차보험약관에서 규정하고 있는 '고의'라고 함은 자신의 행위에 의하여 일정한 결과가 발생하리라는 것을 알면서 이를 행하는 심리 상태를 말한다.

② 증거력의 가치평가, 즉 증거의 취사(取捨)는 사실심 법관이 자유롭게 결정할 수 있으므로 법원은 A에 관한 형사판결과 달리 자유심증으로 A의 고의에 의한 사고를 인정할 수 있다.

③ 민사재판에 있어서는 형사재판의 사실인정에 구속을 받는 것은 아니라고 하더라

도 동일한 사실관계에 관하여 이미 확정된 형사판결이 유죄로 인정한 사실은 유력한 증거자료가 되므로 민사재판에서 제출된 다른 증거들에 비추어 형사재판의 사실 판단을 채용하기 어렵다고 인정되는 특별한 사정이 없는 한 이와 반대되는 사실은 인정할 수 없다.

④ 민사재판에서 제출된 다른 증거 내용에 비추어 형사판결의 사실판단을 그대로 채용하기 어렵다고 인정될 경우에는 형사판결의 사실판단을 배척할 수 있다.

⑤ A에 대한 형사재판에서 A가 과실에 의하여 B를 사망케 하였다는 범죄사실로 특정범죄가중처벌 등에 관한 법률위반(도주차량)죄로 유죄의 확정판결을 받은 사정을 배척할 특별한 사정이 없다면 A로서는 B의 사망에 관하여 고의 또는 미필적 고의가 있었다고 인정할 수 없다.

〈해설〉 정답 ②

② 확정된 형사판결의 인정사실은 특별한 사정이 없는 한 유력한 증거자료가 된다.

문6. 자유심증주의에 관한 다음 설명 중 옳지 않은 것은? (다툼이 있는 경우 통설·판례에 의함)

① 증거공통의 원칙은 변론주의와 저촉되는 것이 아니다.

② 계약상의 권리를 행사함에 있어서 보전소송상 요구되는 소명만 있으면 증명된 것으로 인정하기로 하는 계약 당사자 사이의 약정은 자유심증주의에 반하는 것이 아니다.

③ 동일한 사실에 관하여 상반되는 수 개의 감정결과가 있을 때 법관이 그 하나에 의거하여 사실을 인정하였으면 그것이 경험칙 또는 논리칙에 위배되지 않는 한 적법하다.

④ 민사재판에서 검찰의 무혐의결정 이유와 다르게 사실인정을 할 수 있다.

⑤ 한 당사자가 제출한 증거를 상대방이 원용한 바 없다면 상대방의 주장에 관련하여 이에 관한 증거판단을 아니하였더라도 상대방으로서는 판단유탈을 주장할 수 없다.

〈해설〉 정답 ②

② 계약상의 권리를 행사함에 있어 보전소송상 요구되는 소명만 있으면 입증된 것으로 인정하기로 한 증거계약의 효력은 무효로 본다.

문7. 다음 〈사례〉에 관한 설명 중 옳지 않은 것은? (다툼이 있는 경우 판례에 의함)

> **〈사례〉**
>
> 甲 회사가 乙을 상대로 구상금청구의 소를 제기하면서 제출한 갑제1호증(약정서)에는 乙이 A 회사가 甲에게 부담하는 구상금채무를 연대보증한 것으로 기재되어 있고, 乙의 이름 옆에 乙 명의의 인장이 찍혀 있다.
>
> 乙은 변론기일에 이 약정서의 진정성립 여부에 대하여 부지라고 진술하여 다투고 있다. 乙은 이 약정서에 대하여, A 회사의 이사인 남편 B가 회사 설립과정에서 새긴 乙의 도장 또는 乙을 회사의 감사로 등재하는 데 필요하다고 하여 건네준 乙의 인감도장을 이용하여 회사 직원인 C를 시켜 작성한 것이고 자신은 연대보증의 의사가 없는 것이라고 주장하고 있다.
>
> 그런데 乙이 이 약정서를 작성하는 데 필요한 자신의 인감증명서 발급을 C에게 위임하여 발급받은 인감증명서에 찍힌 인영과 약정서상 연대보증인란의 인영은 육안으로 대조하여 보아도 동일한 것으로 보인다.

① 乙은 이 약정서의 연대보증인란에 찍힌 인영이 乙의 진정한 인장에 의한 것임을 인정하는 취지로 진술하고 있으므로, 반증이 없는 한 이 약정서상 연대보증인란의 인영은 乙의 의사에 의하여 현출된 것으로 사실상 추정되어 민사소송법 제358조에 의하여 그 진정성립을 추정할 수 있다.

② 법원으로서는 이 약정서의 작성명의자로 되어 있는 乙이 그 성립 여부에 관하여 부지라고 답변하였다고 하여 바로 그 약정서의 형식적 증거력을 배척할 것이 아니라, 乙에게 약정서에 찍혀 있는 乙 명의의 인영이 乙의 인장에 의한 것인지 등을 따져 인영 부분의 진정성립 여부를 석명한 다음, 그 결과에 따라 甲으로 하여금 인영의 대소 등에 의하여 서증의 진부를 증명할 수 있는 기회를 주는 등의 방법으로, 서증의 진부에 대한 심리를 더하여야 한다.

③ 이들 약정서의 진정성립이 추정되더라도 甲이 乙의 인장이 도용되었거나 위조된 것이 아님을 증명하여야 그 진정성립을 인정할 수 있다.

④ 이들 약정서 중 연대보증 부분은 피고(乙)가 A 회사의 원고(甲)에 대한 구상금채무를 연대보증한다는 취지가 기재된 처분문서이고, 처분문서는 그 진정성립이 인정되는 경우 그 문서에 표시된 의사표시의 존재와 내용을 부정할 만한 분명하고도 수긍할 수 있는 특별한 사정이 없는 한 그 내용되는 법률행위의 존재를 인

정하여야 한다.

⑤ 처분문서의 진정성립이 인정되는 경우, 법원은 반증이 없는 한 그 문서의 기재
내용에 따른 의사표시의 존재 및 내용을 인정하여야 하고, 합리적인 이유 설시
도 없이 이를 배척하여서는 아니 된다.

〈해설〉 정답 ③

③ 이들 약정서의 진정성립이 추정된다면, 乙이 자신의 인장이 도용되었거나 위조되었음을 증명하
지 아니하는 한 그 진정성립을 부정할 수 없다.

문8. 다음 〈사례〉에 관한 설명 중 옳지 않은 것은? (다툼이 있는 경우 판례에 의함)

<사례>

甲은 2012.4.1. 乙에게 돈 1,000만 원을 대여하였으나, 변제기가 지나도록 이를
변제하지 아니하여 乙을 상대로 대여금청구의 소를 제기하였다. 그러나 甲은 乙
에 대한 대여사실을 입증할 차용증이나 증인 등 직접증거가 없다.

① 당사자 일방이 증명책임을 지는 주요사실을 증명하지 않고 그러한 사실의 전제
가 되는 간접사실을 증명함으로써 법원이 그 간접사실에 경험칙을 적용하여 주
요사실을 推認할 수 있다.

② 甲이 2012.4.1. 乙을 만난 사실, 甲이 같은 날 돈 1,000만 원을 은행에서 인출
한 사실, 경제적 여력이 없던 乙이 다음 날 돈 1,000만 원을 은행에 입금한 사
실 등의 간접사실로부터 甲이 乙에게 돈 1,000만 원을 빌려주었으리라는 추정
이 가능해지고, 이 과정에서 논리와 경험칙이 작용한다.

③ 乙로서는 2012.4.1. 甲을 만났으나 돈 문제로 만나지 아니한 사실, 乙이 다음
날 은행에 입금한 돈 1,000만 원의 출처가 다른 데 있는 사실 등 반증을 제시
하여 사실상의 추정을 위한 근거의 형성을 방해할 수 있다.

④ 乙이 2012.4.1. 甲으로부터 돈 1,000만 원을 받은 사실은 있지만 이 돈은 물품
대금조로 받은 것이라는 사실을 증명함으로써 이미 증명되어 있는 간접사실에
의한 요증사실의 추정을 번복할 수도 있다.

⑤ 간접사실을 인정하고 이에 경험칙을 적용하여 사실을 추인하는 것은 통상의 자
유심증의 과정과 다를 것이 없고 이는 추정의 문제와는 다르다.

〈해설〉 정답 ⑤

⑤ 사실상의 추정 개념을 인정하지 않는 소수설이다(호문혁 교수).

문9. 자유심증의 정도에 관한 다음 설명 중 옳지 않은 것은? (다툼이 있는 경우 통설·판례에 의함)

① 형사소송에서 공소사실의 인정은 '합리적 의심의 여지가 없는 증명'이어야 할 것이고, 민사소송에서는 '증거의 우월'이면 된다.

② 민사소송에서 사실의 증명은 추호의 의혹도 있어서는 아니 되는 자연과학적 증명은 아니나, 특별한 사정이 없는 한 경험칙에 비추어 모든 증거를 종합 검토하여 어떠한 사실이 있었다는 점을 시인할 수 있는 고도의 개연성을 증명하는 것이고, 그 판정은 통상인이라면 의심을 품지 않을 정도일 것을 필요로 한다.

③ 민사분쟁에서의 인과관계는 의학적·자연과학적 인과관계가 아니라 사회적·법적 인과관계이므로, 그 인과관계가 반드시 의학적·자연과학적으로 명백히 증명되어야 하는 것은 아니다.

④ 채무불이행으로 인한 손해배상청구소송에서 재산적 손해의 발생사실은 인정되나 구체적인 손해의 액수를 증명하는 것이 사안의 성질상 곤란한 경우, 법원은 증거조사 결과와 변론 전체의 취지에 의하여 밝혀진 당사자들 사이의 관계, 채무불이행과 그로 인한 재산적 손해가 발생하게 된 경위, 손해의 성격, 손해가 발생한 이후의 여러 정황 등 관련된 모든 간접사실들을 종합하여 손해의 액수를 판단할 수 있다.

⑤ 사실이 진실인지 허위인지 확신이 서지 않으면 증명책임분배의 원칙에 따를 수밖에 없다.

〈해설〉 정답 ①

① 민사소송에서의 심증도는 명백하고 설득력 있는 증명, 즉 '십중팔구는 확실하다'는 고도의 개연성의 확신이 있으면 된다는 것이 통설이나, 증거의 우월이면 된다는 소수설도 있다. 형사소송에서의 공소사실의 인정은 '합리적 의심의 여지가 없는 증명'이어야 할 것이고, 민사소송에서는 '명백하고 설득력 있는 증명(고도의 개연성의 확신)'이 필요하다.

문10. 손해액 산정에 있어서의 증명도에 관한 설명 중 <u>옳지 않은</u> 것은? (다툼이 있는 경우 판례에 의함)

① 일반적으로 장래 얻을 수 있었을 이익에 관한 입증에 있어서는 그 증명도를 과거사실에 대한 입증에 있어서의 증명도보다 경감하여 채권자가 현실적으로 얻을 수 있을 구체적이고 확실한 이익의 증명이 아니라 합리성과 객관성을 잃지 않는 범위 내에서의 상당한 개연성이 있는 이익의 증명으로써 충분하다.

② 불법행위로 인한 손해배상청구소송에서 재산적 손해의 발생사실은 인정되나 구체적인 손해의 액수를 증명하는 것이 사안의 성질상 곤란한 경우, 법원은 증거조사의 결과와 변론 전체의 취지에 의하여 밝혀진 모든 간접사실들을 종합하여 손해의 액수를 판단할 수 있다.

③ 법원이 구체적 손해액을 판단함에 있어서는, 손해액 산정의 근거가 되는 간접사실들의 탐색에 최선의 노력을 다해야 하고, 그와 같이 탐색해낸 간접사실들을 합리적으로 평가하여 객관적으로 수긍할 수 있는 손해액을 산정해야 한다.

④ 이 경우에는 불법행위와 재산적 손해 사이에는 상당인과관계가 있어야 하는 것은 아니다.

⑤ 채무불이행으로 인한 손해배상청구소송에 있어서도, 재산적 손해의 발생사실이 인정되고 그의 최대한도인 수액은 드러났으나 거기에는 당해 채무불이행으로 인한 손해액 아닌 부분이 구분되지 않은 채 포함되었음이 밝혀지는 등으로 구체적인 손해의 액수를 입증하는 것이 사안의 성질상 곤란한 경우, 법원은 증거조사의 결과와 변론 전체의 취지에 의하여 밝혀진 모든 간접사실들을 종합하여 상당인과관계 있는 손해의 범위인 수액을 판단할 수 있다.

〈해설〉 정답 ④

④ 이 경우에도 불법행위와 재산적 손해 사이에는 상당인과관계가 있어야 한다.

문11. 자유심증주의에 의한 민사소송체계에 있어서 그 증거판단에 관하여 판결이유에 일일이 이를 밝힐 것까지는 필요로 하지 않으나, 가치판단의 논리적 과정을 수긍할 수 있는 최소한의 한도 내에서 판결이유에 밝혀져야 할 것이다. 다음 중 판례가 이유설시를 요하는 예로 보지 <u>않는</u> 것은?

① 상대방이 문서의 진정성립을 적극적으로 다투거나 서증의 진정성립 여부가 쟁점이 된 서증의 증거력 인정

② 진정성립이 인정되는 처분문서의 증거력 배척

③ 공문서의 진정성립의 부정

④ 자기에게 불리한 사실을 시인하고 날인까지 한 서증의 증거력을 배척할 때

⑤ A, B, C 세 증언 중 A증언은 채택하고 B, C 증언은 배척하는 경우

〈해설〉 정답 ⑤

⑤ 판례는 이 경우 그 배척이유를 설시할 필요가 없다는 입장이다.

문12. 다음 중 자유심증주의의 내재적 제한을 일탈한 것으로 상고이유가 되는 것으로 보지 <u>않는</u> 것은? (다툼이 있는 경우 판례에 의함)

① 위법한 변론 및 증거조사의 결과에 의한 사실의 인정

② 매매계약을 합의해제하면서 원상회복의 약정이 없었다는 사실의 인정

③ 특별한 사정없이 명의신탁관계인데도 등기권리증을 명의신탁자가 아닌 명의수탁자가 소지하고 있다는 사실의 인정

④ 거액의 돈을 무담보, 무증서, 무기한으로 빌려주었다는 사실의 인정

⑤ 계약금을 위약금으로 하기로 하는 특약이 없었다는 사실의 인정

〈해설〉 정답 ⑤

⑤는 경험칙을 현저히 어긴 사실인정과 관계가 없다.

문13. 증명(입증)방해행위에 관한 다음 설명 중 <u>옳지 않은</u> 것은? (다툼이 있는 경우 판례에 의함)

① 증명방해에도 불구하고 다른 증거자료가 제출되어 법원이 요증사실의 존재를 확신하거나, 방해한 당사자가 다른 증거자료를 제출하여 법원이 요증사실의 부존재를 확신한 경우에도 방해자에게 불리한 평가를 할 수 있다.

② 당사자 일방이 증명을 방해하는 행위를 하였더라도 법원으로서는 이를 하나의 자료로 삼아 자유로운 심증에 따라 방해자 측에게 불리한 평가를 할 수 있음에 그칠 뿐이다.

③ 의사 측이 진료기록을 사후에 가필·정정한 행위는, 그 이유에 대하여 상당하고도 합리적인 이유를 제시하지 못하는 한, 당사자 간의 공평의 원칙 또는 신의칙에 어긋나는 증명방해행위에 해당하나, 당사자 일방이 증명을 방해하는 행위를 하였더라도 증명책임이 전환되거나 곧바로 상대방의 주장 사실이 증명된 것으로 보아야 하는 것은 아니다.

④ 피고가 항소심에서 제1심법원의 원고에 대한 신체감정 결과의 의문점을 지적하며 신체재감정을 신청하자 법원이 이를 받아들여 신체재감정을 촉탁하였으나 원고가 지정 병원이 원거리임을 이유로 재감정에 응하지 아니하여 장기간 신체재감정이 이루어지지 않은 경우, 항소심으로서는 원고가 주장하는 이유의 상당성 유무를 조사한 다음 그 이유가 상당하다고 판단되면 감정병원을 원고가 입원하고 있는 병원 근처의 병원으로 바꾸어 지정하여 보는 등 증거조사의 방해요인을 적절히 제거하여 재감정이 이루어지도록 하여야 함은 물론 그래도 재감정이 이루어지지 않는다면 그 입증을 방해하는 측에 적절한 책임을 지우는 것이 타당하다.

⑤ 증거자료에의 접근이 훨씬 용이한 일방 당사자가 상대방의 증명활동에 협력하지 않는다고 하여 상대방의 증명을 방해하는 것이라고 단정할 수 없다.

〈해설〉 정답 ①

① 증명방해행위에 대해서는 자유심증설, 증명책임전환설, 법정증거설 등이 있으나 어느 설에 의하든 증명방해에도 불구하고 다른 증거자료가 제출되어 법원이 요증사실의 존재를 확신하면 그대로 사실을 인정하고, 방해한 당사자가 다른 증거자료를 제출하여 법원이 요증사실의 부존재를 확신하면 그 사실이 존재하지 않는다고 인정하는 점에는 다툼이 없다.

문14. 다음 증거계약 중 유효한 것으로만 묶은 것은?

> ㉠ 자백계약
> ㉡ 권리자백계약
> ㉢ 증거제한계약
> ㉣ 중재감정계약
> ㉤ 증거력계약
> ㉥ 사실추정계약

① ㉠, ㉡, ㉢, ㉣ 　　② ㉠, ㉢, ㉣, ㉥ 　　③ ㉠, ㉣

④ ㉠, ㉣, ㉥ 　　⑤ 답이 없다

〈해설〉 정답 ③

㉠ 유효
㉡ 무효
㉢ 법원의 보충적 증거조사가 미치는 범위에 대해서는 무효
㉣ 유효
㉤ 무효
㉥ 무효

문15. 다음 중 자유심증주의에 관한 판례의 입장이 <u>아닌</u> 것은?

① 상대방이 문서의 진정성립을 적극적으로 다투거나 서증의 진정성립 여부가 쟁점이 된 때, 또한 서증이 당해 사건의 쟁점이 되는 주요사실을 인정하는 자료로 쓰이는데 상대방이 그 증서능력을 다툴 때에는 문서가 어떠한 이유로 증거능력이 있는 것인지에 관하여 설시하는 것이 옳고, 사문서의 경우 그것이 어떠한 증거에 의하여 진정성립이 인정된 것인지 잘 알아보기 어려운 경우에도 그 근거를 분명히 밝혀서 설시하여야 한다.

② 입증책임이 있는 당사자가 주장사실을 증명할 만한 상당한 증거를 제출한 경우에도 법원은 자유심증에 따라 그 증거 전부를 한마디로 모두 믿지 않는다는 표현만에 의하여 이를 배척할 수 있다.

③ 공문서는 특별한 사정이 없는 한 그 진정성립이 추정된다고 볼 것이므로 다른 사정에 관하여 설시함이 없이 위 문서는 진정성립이 인정되지 아니하여

사실인정의 자료로 채택할 수 없다고만 판시한 것은 공문서의 진정성립에 관한 법리를 오해한 것이다.

④ 당사자가 자기에게 불리한 사실을 시인하는 취지로 날인까지 한 서신의 내용은 특별한 사정이 없는 한 쉽사리 그 신빙성을 배척할 수 없다.

⑤ 처분문서는 그 성립의 진정함이 인정되는 이상 법원은 그 기재내용을 부정할 만한 분명하고도 수긍할 수 있는 반증이 없는 한 그 기재내용에 의하여 그 의사표시의 존재 및 내용을 인정하여야 하고 이를 믿기 어려운 수긍할 수 있는 이유의 설시 없이는 기재내용을 배척할 수 없다.

〈해설〉 정답 ②

② 입증책임이 있는 당사자가 주장사실을 증명할 만한 상당한 증거를 제출하였는데도 법원이 그 증거 전부를 한마디로 모두 믿지 않는다는 표현만에 의하여 배척하는 것은 온당한 방법이라고 할 수 없다(대법원 1992.5.26. 선고 92다8293 판결).

문16. 다음 중 자유심증주의의 예외가 <u>아닌</u> 것으로만 묶은 것은?

> ㉠ 대리권의 존재에 대한 서면증명
> ㉡ 소명방법을 즉시 조사할 수 있는 것으로 한정
> ㉢ 당사자와 법정대리인에 대한 증인능력 부정
> ㉣ 변론의 방식에 관한 변론조서의 법정증거력
> ㉤ 공문서와 사문서의 진정성립의 추정
> ㉥ 자백한 사실에 대한 사실인정권의 배제

① ㉠, ㉡, ㉥   ② ㉣, ㉤, ㉥   ③ ㉤, ㉥
④ ㉥   ⑤ 답이 없다

〈해설〉 정답 ④

㉥ 자유심증주의와 관계가 없다.

제12장 증명책임

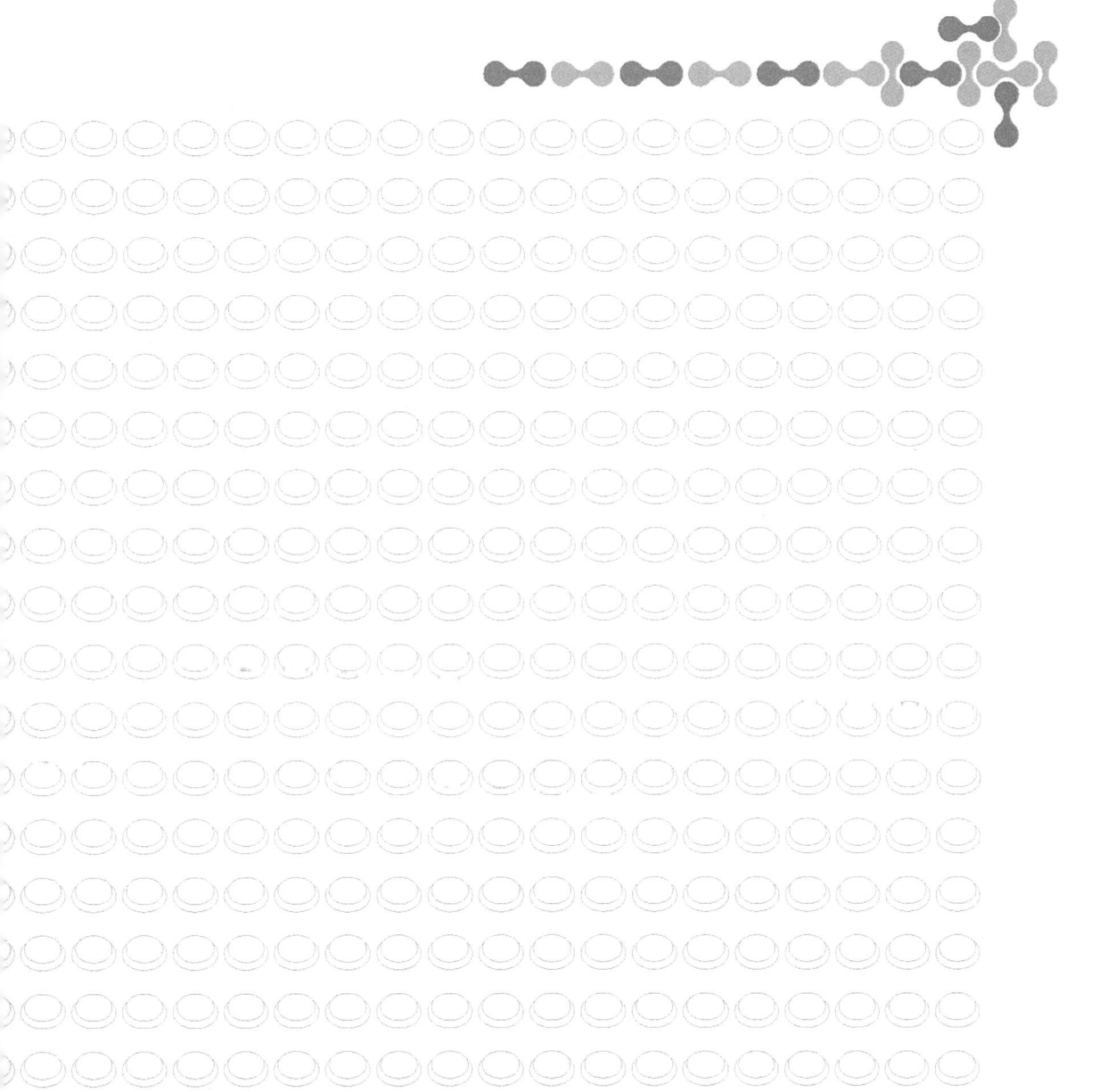

문1. 증명책임에 관한 다음 중 옳지 않은 것으로만 모은 것은? (다툼이 있는 경우에는 판례에 의함)

> ㉠ 증거에 의하여 사실관계가 확정될 수 있는 때에는 증명책임이란 있을 수 없다.
> ㉡ 객관적 증명책임은 직권탐지주의하에서는 문제 되지 않는다.
> ㉢ 주관적 증명책임은 직권탐지주의하에서는 그 적용이 없다.
> ㉣ 주관적 증명책임은 심리의 최종단계에 이르러서야 문제 된다.
> ㉤ 변론주의하에서는 당사자는 주장책임을 부담하고, 주장책임은 시간적·논리적으로 증명책임에 선행한다.
> ㉥ 직권조사사항인 소송요건에 대한 증명책임은 원고에게 있다.

① ㉠, ㉡   ② ㉡, ㉣   ③ ㉠, ㉡, ㉢, ㉣, ㉤
④ ㉠, ㉢, ㉣   ⑤ ㉡

〈해설〉 정답 ②

㉡ 객관적 증명책임은 변론주의뿐만 아니라 직권탐지주의하에서도 문제 된다.
㉣ 주관적 증명책임은 심리의 개시단계에서부터 문제 되고, 객관적 증명책임은 심리의 최종단계에서 문제 된다.

문2. 증명책임의 분배에 관한 다음 설명 중 옳지 않은 것은? (다툼이 있는 경우 판례에 의함)

① 통상 권리를 주장하는 원고가 권리발생사실에 대하여 증명책임을 부담하고, 이를 다투는 피고가 권리의 장애, 멸각, 저지사실에 대하여 증명책임을 부담한다.

② 채무부존재확인소송에 있어서는, 채무자인 원고가 먼저 청구를 특성하여 채무발생원인사실을 부정하는 주장을 하면 채권자인 피고는 권리관계의 요건사실에 관하여 주장·입증책임을 부담한다.

③ 배당이의소송에 있어서 원고가 피고의 채권이 성립하지 아니하였음을 주장하는 경우에는 피고에게 채권의 발생원인사실을 입증할 책임이 있고, 원고가 그 채권이 통정허위표시로서 무효라거나 변제에 의하여 소멸되었음을 주장하는 경우에는 원고에게 그 장애 또는 소멸사유에 해당하는 사실을 증명할 책임이 있다.

④ 확정된 지급명령에 대한 청구이의 소송에서 원고가 피고의 채권이 성립하지 아니하였음을 주장하는 경우에는 원고가 피고의 채권이 발생하지 않은 사실을 증

명할 책임이 있다.

⑤ 사해행위취소소송에서 그 제척기간의 도과에 관한 증명책임은 채권자취소소송의 피고에게 있다.

⟨해설⟩ 정답 ④

④ 확정된 지급명령에 대한 청구이의 소송에서 원고가 피고의 채권이 성립하지 아니하였음을 주장하는 경우에는 피고에게 채권의 발생원인 사실을 증명할 책임이 있고, 원고가 그 채권이 통정허위표시로서 무효라거나 변제에 의하여 소멸되었다는 등 권리 발생의 장애 또는 소멸사유에 해당하는 사실을 주장하는 경우에는 원고에게 그 사실을 증명할 책임이 있다.

문3. 증명책임의 분배에 관한 법률요건분류설에 의하면 권리의 존재를 다투는 상대방은 자기에게 유리한 요증사실인 반대규정의 요건사실에 대하여 증명책임을 진다. 다음 중 옳지 않은 것은? (다툼이 있는 경우 판례에 의함)

① 동시이행의 항변권은 권리행사저지사실이다.
② 불공정한 법률행위는 권리소멸사실이다.
③ 한정승인사실은 권리행사저지사실이다.
④ 통정허위표시는 권리행사장애사실이다.
⑤ 계약의 해제는 권리소멸사실이다.

⟨해설⟩ 정답 ②

② 불공정한 법률행위(민법 제104조)는 반대규정의 요건사실(항변사실)로서 권리장애사실에 해당한다.

문4. 다음 ⟨사례⟩에 관한 ⟨보기⟩의 설명 중 옳지 않은 것을 모두 고른 것은? (다툼이 있는 경우 다수설에 의함)

⟨사례⟩

乙은 甲으로부터 甲 소유의 건물을 임차하여 이 건물에서 경양식 음식점을 경영하고 있었는데 임차기간 중인 2013.4.5. 23:00경 乙이 전원스위치를 내리고 퇴근 한 후에 위 임차건물에서 원인불명의 화재가 발생하여 임차건물이 소실되는 사고가 발생하였다. 위 화재의 최초 목격자인 A는 화재 발생 당시 이 사건 임차건물 내에서 연기가 새어 나오고 있는 것을 목격하였고, 이 사건을 수사한 경찰도 위 화재는 누전으로 위 임차건물 내에서 발생한 것으로 추정하고 있을 뿐 정확한 화재의 원인은 밝혀지지 않고 있다.

<보기>

㉠ 임차목적물이 화재로 소실된 경우 이행불능이 일시적이라고 볼 만한 특별한 사정이 없다면 임대차계약은 당사자의 해지의 의사표시를 기다릴 것 없이 당연히 종료한다.

㉡ 임대인은 임차인에게 불법행위책임과 채무불이행책임을 물을 수 있고 양 청구권은 법조경합의 관계에 있다.

㉢ 일반적으로 채무불이행으로 인한 손해배상청구에 있어서 그 불이행의 귀책사유에 관한 증명책임은 채무자에게 있는 것으로 본다.

㉣ 임차인의 임차물반환채무가 이행불능이 된 경우에도 임차인이 그 이행불능으로 인한 손해배상책임을 면하려면 그 이행불능이 임차인의 귀책사유로 말미암은 것이 아님을 입증할 책임이 있다.

㉤ 임차건물이 그 건물로부터 발생한 화재로 소실된 경우에 있어서 그 화재의 발생원인이 불명인 때에도 임차인이 그 책임을 면하려면 그 임차건물의 보존에 관하여 선량한 관리자의 주의의무를 다하였음을 입증하여야 한다.

㉥ 임차인이 발화부위인 천장의 전기배선의 이상을 미리 알았거나 알 수 있었다고 보기 어려운 경우에는 임차인이 임차목적물의 보존을 위하여 선량한 관리자로서의 통상 필요한 주의의무를 다하지 아니한 결과가 아님이 분명하므로, 임차인은 그로 인한 손해배상책임이 없다.

① ㉠, ㉡   ② ㉡   ③ ㉡, ㉢
④ ㉥   ⑤ 답이 없다

〈해설〉 정답 ②

㉡ 임차목적물이 화재로 소실된 경우 이행불능이 일시적이라고 볼 만한 특별한 사정이 없다면 임대차계약은 당사자의 해지의 의사표시를 기다릴 것 없이 당연히 종료하며 이 경우, 임대인은 임차인에게 불법행위책임과 채무불이행책임을 물을 수 있고 양 청구권은 청구권경합의 관계에 있다.

문5. 다음 〈사례〉에 관한 설명 중 옳지 않은 것은? (다툼이 있는 경우 판례에 의함)

<사례>

甲이 乙 회사와의 사이에 2011.10.경 앞으로 약 1년간 매월 약 10만 개 전후의 乙 회사 로고가 삽입된 시계를 개당 금 1,200원씩에 납품하기로 하되 다만 그 구체적인 필요수량은 乙 회사에서 결정하여 주문하기로 하며 매번 주문 시마다의 계약절차를 생략하기로 하는 내용의 개괄적인 계속적 물품공급계약을 체결한 후, 乙 회사의 업무부 소속 계장 A를 통하여 주문요구를 받아 그때마다 신용장 개설 등 수입절차를 마치고 홍콩의 시계 제조업체로부터 그 주문 수량만큼을 수입하여 납품하여 왔다.

甲은 A로부터 아동들의 겨울방학과 신학기를 대비한 필요물량이라며 2011.12.10.경 시계 10만 개의 납품을 주문받고 2011.12.24. 10만 개의 시계를 수입하여 乙 회사에 수차 수령을 최고하였으나, 2011.12. 하순경부터 그 담당자가 바뀌면서 그 주문사실 자체를 부인하고 수령을 거부하기에 이르렀다.

이 사건 시계는 전원교환을 할 수 없어 수명이 1년에 불과한 소모품이고 乙 회사의 로고가 전면에 삽입되어 있어 다른 용도로 사용되기도 곤란한 실정인데 乙의 수령거부 및 대금미지급으로 통관절차도 밟지 못한 채 세관에 보관되어 있던 중 시계의 수명마저 다하고 말았다. 甲은 乙 회사를 상대로 시계 10만 개의 물품대금지급청구의 소를 제기하였다.

① 乙 회사 업무부 계장인 A의 구두주문을 甲이 승낙하여 이 사건 시계 150,000 개를 수입함으로써 甲과 乙 사이에 위 시계 150,000개에 대한 납품계약이 체결되었다고 볼 것이다.

② 매매계약이나 납품계약에 기한 권리를 주장하는 사람은 매매계약이나 납품계약 성립의 요건사실에 대하여 증명책임이 있고, 반대사실까지는 증명책임이 없다.

③ 甲이 乙에 대하여 시계대금을 청구하기 위해서는 위 시계들에 대한 납품계약 체결사실 이외에 시계를 乙에게 인도한 사실을 주장·증명할 필요가 있다.

④ 乙이 사실심 변론종결 시까지 시계의 인도의무이행의 제공이 있을 때까지 그 대금의 지급을 거절한다는 취지의 동시이행항변을 한 바가 없다면 사실심 법원으로서는 甲의 乙에 대한 위 시계 인도의무의 이행의 제공이 이루어졌는지에 구애됨이 없이 이 사건 시계 납품계약 체결사실을 확정하여 乙에게 그 대금의 지

급을 명할 수 있다.

⑤ 乙이 A에게 시계주문을 지시한 사실이 없다고 하더라도 A의 납품주문이 있었던
사실을 인정하는 이상 乙로서는 그 주문에 따른 계약책임을 면할 수 없다.

〈해설〉 정답 ③

③ 甲이 乙에 대하여 시계대금을 청구하기 위해서는 위 시계들에 대한 납품계약 체결사실을 주장·
증명하면 족하고 시계를 乙에게 인도한 것까지 주장·증명할 필요는 없다.

문6. 다음 사례에 관한 설명 중 옳지 않은 것은? (다툼이 있는 경우 판례에 의함)

<사례>

A는 2012.4.1. 20:50경 甲의 집 근처에 있는 학원에서 강의를 듣고 학원버스를
기다리면서 친구들과 함께 얘기를 나누고 있었는데, 평소 위 학원의 학원생들이
행태에 불만을 품고 있던 甲이 술에 취한 상태에서 귀가하던 중 자신의 집 인
근에 학생들이 모여 있는 것을 발견하고 욕설을 하면서 학생들을 쫓아버리다가
갑자기 반대쪽을 보고 서 있던 A의 허리를 발로 차고, 돌아서는 동인의 뺨, 배
등을 주먹과 발로 때리자, A가 이에 대항하여 주먹으로 甲의 얼굴을 1회 때려
넘어뜨려 甲에게 전두부 출혈성 뇌좌상 등의 상해를 입게 하는 사고가 발생하
였다.

A는 이 사건 사고 당시 재수생으로서(만 18세 8개월 남짓) 수능평가시험을 보름
정도 남겨놓은 상태였고, 주거지에서 父인 乙과 함께 살면서 경제적으로 乙의
전면적인 보호, 감독 아래에 있었다.

甲이 乙을 상대로 손해배상청구의 소를 제기하면서 乙은 A의 父로서 A에게 타
인을 폭행하는 등의 불법행위를 저지르지 않도록 일상적인 지도 및 조언을 계속
하여야 할 보호, 감독의무가 있음에도 이를 게을리하여 A가 연장자인 甲(사고
당시 49세)을 폭행하게 함으로써 甲에게 손해를 입혔으므로, 乙은 불법행위자로
서 이 사건 사고로 甲이 입은 손해를 배상할 책임이 있다고 주장한다.

① 미성년자가 책임능력이 없으면 감독자 즉 친권자가 손해배상책임을 지고, 미성
년자에게 책임능력이 있는 경우 부모는 민법 제755조 제1항에 의한 손해배상책
임을 지지 않고 미성년자 본인이 책임을 진다.

② 책임능력이 있는 미성년자의 불법행위로 인하여 손해가 발생한 경우에도 그 발생된 손해가 미성년자의 감독의무자의 부주의와 상당인과관계가 있으면 당해 감독의무자는 민법 제750조에 따라 손해배상책임을 진다.

③ A의 불법행위에 대해 A의 父 乙이 감독을 소홀히 하지 않았음을 증명하지 못하는 이상 이 사건 사고가 乙의 A에 대한 보호·감독의무 위반으로 인하여 발생하였다고 판단하여 乙의 손해배상책임을 인정한다.

④ A는 재수생으로서 학원에 다니면서 수능평가시험을 준비하고 있던 중 이 사건 사고를 일으켰다는 것일 뿐, A가 타인을 폭행하거나 비행을 저지르는 등 평소 행실에 문제가 있었다는 것도 아니고, 이러한 점을 인정할 아무런 자료가 없다면, A가 乙과 동거를 하면서 경제적인 면에서 乙에게 전적으로 의존하고 있다거나 이 사건 사고를 일으켰다는 사정만으로 乙에게 A에 대한 감독을 게을리한 과실이 있다고 보기 어렵다.

⑤ 甲이 乙이 A에 대한 보호·감독의무를 게을리한 과실로 인하여 이 사건 사고가 발생하였음을 증명하지 못하는 이상 乙에게 민법 제750조에 의한 손해배상책임을 물을 수 없다.

〈해설〉 정답 ③

③ 판례는 반대.

문7. 증명책임에 대한 다음 설명 중 옳지 않은 것으로만 묶인 것은? (다툼이 있는 경우 판례에 의함)

> ㉠ 제작물공급에 대한 보수의 지급을 청구하는 수급인으로서는 그 목적물 제작에 관하여 계약에서 정해진 최후 공정을 일응 종료하였다는 점뿐만 아니라 그 목적물의 주요구조 부분이 약정된 대로 시공되어 사회통념상 일반적으로 요구되는 성능을 갖추고 있다는 점까지 주장·증명하여야 한다.
>
> ㉡ 어떠한 의사표시가 비진의 의사표시로서 무효라고 주장하는 경우에는 그 증명책임은 그 주장자에게 있다.
>
> ㉢ 이미 발생한 계약해제권이 다른 사유로 소멸되었거나 그 행사가 저지되는지에 대해 다툼이 있는 경우에는 이를 주장하는 상대방이 이를 증명하여야 한다.
>
> ㉣ 불법행위로 인한 손해배상청구권의 단기소멸시효에 있어서 손해를 안 시기에

관한 증명책임은 시효의 이익을 주장하는 자에게 있다.

ⓜ 계약이 일단 성립한 후 그 해제원인의 존부에 대한 다툼이 있는 경우에는 그 계약해제권을 주장하는 자가 이를 증명하여야 한다.

ⓗ 정지조건부 법률행위에 해당한다는 사실은 그 법률행위로 인한 법률효과의 발생을 주장하는 자에게 주장·증명책임이 있다.

① ㉠, ㉡, ㉢   ② ㉡, ㉢, ㉥   ③ ㉥

④ ㉡   ⑤ 답이 없다

〈해설〉 정답 ③

ⓗ 어떠한 법률행위가 조건의 성취 시 법률행위의 효력이 발생하는 소위 정지조건부 법률행위에 해당한다는 사실은 그 법률행위로 인한 법률효과의 발생을 저지하는 사유로서 그 법률효과의 발생을 다투려는 자에게 주장입증책임이 있다(대법원 1993.9.28. 선고 93다20832 판결).

문8. 다음 〈사례〉에 관한 설명 중 옳지 않은 것은? (다툼이 있는 경우 판례에 의함)

<사례>

(1) 甲은 2010.3.22. 乙로부터 그 소유의 A 아파트를 금 1억에 전세를 얻어 이에 거주하여 왔는데, 한편 乙은 2008.10.26. 丙으로부터 금 5,000만 원을 이자 월 2부로 정하여 차용하면서 그 담보를 위하여 A 아파트에 丙 앞으로 근저당권을 설정하여 주었다.

(2) 그 후 乙이 차용금채무를 변제하지 못하여 丙이 근저당권을 실행하려고 하자, 동인에게 대항할 수 없는 채권적 전세권자인 甲은 근저당권 실행을 막기 위하여 2010.8.3. 乙을 대위하여 丙에게 차용금 5,000만 원을 변제하였다.

(3) 甲은 위 차용금 5,000만 원을 대위변제하고 채권자인 丙으로부터 그 치용금에 대한 채권을 양수받았다고 주장하면서, 乙에 대하여 위 5,000만 원에 대한 채권양수일인 2010.8.3.부터 완제일까지 약정이율인 월 2부의 비율에 의한 지연손해금의 지급을 구하고 있다.

(4) 丙은 2010.8.3. 甲에게 乙에 대한 대여금채권을 양도하기로 하고, 그 무렵 乙에게 내용증명우편으로 그 채권양도에 관한 통지서를 발송하였으나, 그

통지서가 乙에게 도달되었는지의 점에 대해서는 불확실하다. 甲이 乙에 대하여 위 양수금청구의 소를 제기하였다.

① 채권양도의 통지는 채무자에게 도달됨으로써 효력을 발생하는 것이고, 여기서 도달이라 함은 사회관념상 채무자가 통지의 내용을 알 수 있는 객관적 상태에 놓였다고 인정되는 상태를 지칭한다고 해석되므로, 채무자가 이를 현실적으로 수령하였다거나 그 통지의 내용을 알았을 것까지는 필요로 하지 않는다.

② 甲으로서는 丙이 乙에게 채권양도통지를 하거나 乙이 이를 승낙하여야 乙에게 채권양수를 대항할 수 있는 것이며, 그 증명은 甲이 사실심에서 하여야 할 책임이 있다.

③ 甲이 채권양도가 대항력을 갖추고 있음을 증명하지 못하면 甲의 양수금청구는 기각된다.

④ 우편법 소정의 규정에 따라 우편물이 배달되었다고 하여 언제나 상대방 있는 의사표시의 통지가 상대방에게 도달하였다고 볼 수는 없다.

⑤ 채권양도가 대항요건을 갖추지 못한 이상 채권은 채권자에서 양수인으로 이전하지 아니한다.

〈해설〉 정답 ⑤

⑤ 대항요건을 갖추지 못하더라도 채권은 그 동일성을 유지하면서 양도인으로부터 양수인에게 이전한다.

문9. 다음 〈사례〉에 관한 설명 중 옳지 않은 것은? (다툼이 있는 경우 판례에 의함)

<사례>

(1) 甲은 2011.11.20. 乙 은행으로부터 5,000만 원을 차용하는 내용의 대출거래약정을 체결하면서 이를 담보하기 위해 甲 소유의 부동산에 대해 채권최고액을 6,500만 원으로 하는 乙 은행 명의의 근저당권설정등기를 마쳤다. 위 대출 당시 甲의 지인인 A가 甲과 함께 乙 은행을 방문하여 이 사건 대출거래약정서와 근저당권설정계약서에 甲을 대신하여 서명 날인한 뒤 위 대출금 5,000만 원을 수령하여 자신의 아들인 B의 사업자금으로 사용하였고, 이후

한동안 위 대출금에 대한 월 이자를 변제하였다.

(2) 한편 甲은 초등학교 1학년 때 원인불명의 열병을 앓은 후부터 언어 및 정신적 장애를 겪게 되어 초등학교를 중간에 그만두고 현재까지 가족들의 도움을 받으며 생활하고 있는데, 甲의 지능은 64로서 '정신지체'에 속하는 지적 능력을 가지고 있고, 언어능력에 있어 일상적인 질문에 대해 말로는 전혀 답을 하지 못하고 동작으로만 "예, 아니오"의 대답이 가능하여 내용전달이 전혀 안 되는 수준이다.

(3) 甲은 이 사건 대출거래약정 및 근저당권설정의 법률적인 의미와 그로 인하여 자신이 부담하게 될 법적인 책임을 정상적인 인식력과 예기력을 바탕으로 합리적으로 판단할 수 있는 정신적 능력을 갖추고 있었다고 볼 수 없으므로, 甲과 乙 은행 사이의 이 사건 대출거래약정과 근저당권설정계약은 의사능력이 흠결된 상태에서 체결된 것으로서 무효라는 이유로 근저당권설정등기말소청구의 소를 제기하였다. 乙 은행은 甲이 이 사건 대출원리금 중 일부를 상환함으로써 이 사건 대출거래약정 등을 추인하였다거나, 가사 이 사건 대출거래약정 등이 무효라 하더라도 甲은 이 사건 근저당권설정등기를 말소받음과 동시에 乙 은행에게 위 대출받은 5,000만 원을 부당이득으로서 반환해야 한다는 항변을 하였다.

① 무능력자의 책임을 제한하는 민법 제141조 단서는 부당이득에 있어 수익자의 반환범위를 정한 민법 제748조의 특칙으로서 무능력자의 보호를 위해 그 선의·악의를 묻지 아니하고 반환범위를 현존 이익에 한정시키려는 데 그 취지가 있으므로, 의사능력의 흠결을 이유로 법률행위가 무효가 되는 경우에도 유추적용되어야 한다.

② 법률상 원인 없이 타인의 재산 또는 노무로 인하여 이익을 얻고 그로 인하여 타인에게 손해를 가한 경우에 그 취득한 것이 금선상의 이득인 때에는 의사무능력자의 상대방이 이익이 현존함을 증명하여야 한다.

③ 甲은 A 또는 B에 대하여 대여금채권 또는 부당이득반환채권 등을 가지고 있고 甲이 이 사건 대출로써 받은 이익은 그와 같은 채권의 형태로 현존한다.

④ 乙 은행은 이 사건 대출거래약정 등의 무효에 따른 원상회복으로서 위 대출금 자체의 반환을 구할 수는 없다 하더라도 현존 이익인 위 채권의 양도를 구할 수는 있다.

⑤ 甲의 위 채권양도 의무와 乙 은행의 이 사건 근저당권설정등기말소 의무는 동시이행관계에 있다.

〈해설〉 정답 ②

② 법률상 원인 없이 타인의 재산 또는 노무로 인하여 이익을 얻고 그로 인하여 타인에게 손해를 가한 경우에 그 취득한 것이 금전상의 이득인 때에는 그 금전은 이를 취득한 자가 소비하였는가를 불문하고 현존하는 것으로 추정되므로, 위 이익이 현존하지 아니함은 이를 주장하는 자, 즉 의사무능력자 측에 입증책임이 있다(대법원 2009.1.15. 선고 2008다58367 판결).

문10. 다음 〈사례〉에 관한 설명 중 <u>옳지 않은</u> 것은? (다툼이 있는 경우 판례에 의함)

<사례>

A가 교통사고로 현장에서 사망하자 A의 처인 甲은 남편인 A가 사고로 사망한 때로부터 불과 5일 후에 보험자인 乙과의 사이에 위 사고로 인한 손해배상금으로 금 4,000만 원을 지급받고 이후 민, 형사상의 소송이나 이의를 제기하지 아니한다는 취지의 합의서를 작성하였다. A는 사고 당시 스포츠의류 대리점과 골프연습장을 운영하고 있었는데 위 교통사고로 갑자기 사망하자 A의 채권자들이 손해배상청구권에 대하여 법적 조치를 취할 움직임이 있었고, 이를 알게 된 甲은 주변의 권고를 듣고 서둘러 손해배상금을 받아내기 위하여 乙과 위와 같은 합의를 하였고, 위 합의에 의한 손해배상금은 도시일용노임을 기초로 하고, 가동연한을 만 55세로 하여 산정한 금액으로서 乙의 보험약관상 인정되는 최소금액의 손해배상금이다. 甲이 乙 보험회사를 상대로 손해배상청구의 소를 제기하자 乙은 을제1호증으로 합의서를 제출하면서 甲의 소는 부제소특약에 반하여 제기된 것으로 각하되어야 한다고 항변하고 있다.

① 甲은 甲과 乙 사이에 작성된 위 합의서가 궁박한 상태에서 경솔하게 이루어진 합의이므로 무효라고 증거항변을 할 수 있다.
② 乙이 甲과 乙 사이의 합의가 불공정한 법률행위라는 사실을 증명하여야 한다.
③ 민법 제104조에 규정된 불공정한 법률행위는 객관적으로 급부와 반대급부 사이에 현저한 불균형이 존재하고, 주관적으로 그와 같이 균형을 잃은 거래가 피해 당사자의 궁박, 경솔 또는 무경험을 이용하여 이루어진 경우에 성

립하는 것으로서, 약자적 지위에 있는 자의 궁박, 경솔 또는 무경험을 이용한 폭리행위를 규제하려는 데에 그 목적이 있다.

④ 불공정한 법률행위가 성립하기 위한 요건인 궁박함, 경솔, 무경험은 모두 구비되어야 하는 요건이 아니라 그중 일부만 갖추어져도 충분하다.

⑤ 불공정한 법률행위는 권리발생장애사실로서 권리의 존재를 다투는 상대방이 불공정한 법률행위의 객관적 요건과 주관적 요건을 전부 증명하여야 한다.

〈해설〉 정답 ②

② 이 사건에서 甲이 불공정한 법률행위의 객관적 요건과 주관적 요건을 전부 증명하여야 한다.

문11. 다음 사례에 관한 설명 중 옳지 않은 것은? (다툼이 있는 경우 판례에 의함)

<사례>
채권자 甲의 채무자 乙은 소극재산이 적극재산을 초과하여 채무초과의 상태에서 A 회사의 주식 15,000주를 채권자 중의 1인인 丙에게 양도하였고, 丁은 丙으로부터 위 회사의 주식을 취득하였다. 채권자 甲이 채무자인 乙과 수익자 및 전득자인 丙, 丁을 상대로 사해행위취소의 소를 제기하였다.

① 채무자의 법률행위 등이 사해행위임을 주장하고 그 취소를 구하는 채권자는 그 피보전채권과 채무자의 법률행위 등의 존재사실은 물론, 채무자가 법률행위 등으로 인하여 무자력이 초래되었다는 사실, 채무자의 사해의 의사 등 사해행위 성립의 요건사실을 구체적으로 주장·입증하여야 한다.

② 채무자 乙이 채무초과 상태에서 채권자 중 1인인 丙에게 이 사건 주식을 양도한 행위는 다른 채권자들에 대한 관계에서 사해행위에 해당된다.

③ 사해행위취소소송에 있어서 채무자의 사해의사는 추정되므로 채무자가 선의라는 점에 대해서는 사해행위취소소송의 상대방이 증명책임을 부담한다.

④ 수익자와 전득자의 악의는 추정되고, 수익자 또는 전득자가 자신이 선의라는 사실을 증명할 책임이 있다.

⑤ 처분행위 당시에는 채권자를 해하는 것이었다고 하더라도 그 후 채무자가 자력을 회복하여 사해행위취소권을 행사하는 사실심의 변론종결 시에는 채권자를 해하지 않게 된 경우에는 책임재산 보전의 필요성이 없어지게 되어

채권자취소권이 소멸하는 것으로 보아야 할 것이고, 그러한 사정변경이 있다는 사실은 채권자취소소송의 상대방이 증명하여야 한다.

〈해설〉 정답 ③

③ 사해행위취소소송에 있어서 채무자가 악의라는 점에 대해서는 그 취소를 주장하는 채권자에게 증명책임이 있다.

문12. 다음 〈사례〉에 관한 설명 중 옳지 않은 것은? (다툼이 있는 경우 판례에 의함)

<사례>

乙과 丙은 흑돼지고기전문점인 '아라원'을 동업으로 운영하기로 하는 동업계약을 체결하고, 乙과 丙을 '아라원'의 공동사업자로 하여 사업자등록을 하였으나, 위 동업계약이 해지된 이후에도 丙은 종전과 같은 장소에서 종전에 사용하던 '아라원'이라는 상호를 계속 사용하면서 영업을 하였다.

甲은 '아라원'의 사업자등록이 乙과 丙 공동명의로 되어 있는 사실을 알고 있었고, 위 동업계약이 해지되고 乙의 공동사업자 탈퇴신고가 된 이후에도 계속 '아라원'의 사업자등록이 乙과 丙 공동명의로 되어 있는 것으로 알고 '아라원'에 흑돼지를 공급하고, 그 대금 중 1억 원을 지급받지 못하고 있다. 위 동업계약이 해지된 이후에 丙이 종전에 사용하던 '아라원'이라는 상호를 계속 사용하는 것에 대하여 乙이 이의를 한 사실은 없다. 甲이 乙에게 명의대여자의 책임을 물어 물품대금청구의 소를 제기하였다.

① 명의자가 타인과 동업계약을 체결하고 공동명의로 사업자등록을 한 후 타인으로 하여금 사업을 운영하도록 허락하였고, 거래 상대방도 명의자를 위 사업의 공동사업주로 오인하여 거래를 하여온 경우에는, 그 후 명의자가 동업관계에서 탈퇴하고 사업자등록을 타인 단독 명의로 변경하였다 하더라도 이를 거래 상대방에게 알리는 등의 조치를 취하지 아니하여 여전히 공동사업주인 것으로 오인하게 하였다면 명의자는 탈퇴 이후에 타인과 거래 상대방 사이에 이루어진 거래에 대해서도 상법 제24조에 의한 명의대여자로서의 책임을 부담한다.

② 상법 제24조에서 규정한 명의대여자의 책임은 명의자를 사업주로 오인하여

거래한 제3자를 보호하기 위한 것이므로 거래 상대방이 명의대여사실을 알았거나 모른 데 대하여 중대한 과실이 있는 때에는 책임을 지지 않는다.

③ 이때 거래의 상대방이 명의대여사실을 알았거나 모른 데 대한 중대한 과실이 있었는지에 대해서는 거래 상대방이 증명책임을 부담한다.

④ 동업계약이 해지되고 乙의 공동사업자 탈퇴신고가 있기 이전에는 비록 乙이 신라원의 경영에 실제로 관여한 바가 전혀 없다고 하더라도 乙은 丙이 乙의 명의를 사용하여 신라원을 운영하는 것을 허락하였다고 볼 것이고, 위 동업계약이 해지되고 乙의 공동사업자 탈퇴신고가 있은 이후에는 乙은 丙이 종전과 같은 장소에서 종전에 사용하던 '아라원'이라는 상호를 계속 사용하면서 영업을 하는 것을 허락하였거나 묵인함으로써 甲에 대하여 종전과 같이 신라원이 乙과 丙의 동업으로 계속 운영되고 있는 것과 같은 영업상의 외관을 유지시켰으며, 甲으로서는 乙도 '아라원'의 공동 영업주인 것으로 오인하여 거래를 하였다고 봄이 상당하므로 乙에게 상법 제24조의 명의대여자 책임이 인정된다.

⑤ 乙은 상법 제24조에 따라 명의대여자로서 甲에게 위 1억 원과 이에 대한 지연손해금을 지급할 의무가 있다.

〈해설〉 정답 ③

③ 거래의 상대방이 명의대여사실을 알았거나 모른 데 대한 중대한 과실이 있었는지에 대해서는 면책을 주장하는 명의대여자가 증명책임을 부담한다.

문13. 다음 〈사례〉에 관한 설명 중 옳지 않은 것은? (다툼이 있는 경우 판례에 의함)

<사례>

甲과 乙은 대리점계약에 따른 거래를 계속하여 오다가 거래를 종료하기로 합의하고 거래종료시의 乙의 채무액을 금 1억 원으로 확정하였다. 乙은 甲과의 약정에 따라 甲에 대한 채무의 변제에 충당하기 위하여 乙이 A에 대하여 갖고 있는 1억 원의 전세금반환채권을 甲에게 양도하였다. 甲이 乙을 상대로 1억 원의 물품대금을 청구하자 乙은 甲에게 위 전세금반환채권양도 시 乙의 채무액 상당의 변제에 갈음하여 양도한 것이라고 주장하고 있다.

① 채무소멸사유는 채무자가 증명하여야 한다.

② 채무자가 채권자에게 채무변제와 관련하여 다른 채권을 양도하는 것은 특단의 사정이 없는 한 채무변제를 위한 담보 또는 변제의 방법으로 양도되는 것으로 추정할 것이지, 채무변제에 갈음한 것으로 볼 것은 아니다.

③ 채권양도가 적법하면 채권의 동일성을 유지한 채 양수인에게 이전하는 것이므로 A에 대한 전세금반환채권자의 지위는 甲에게 이전된다.

④ A에 대한 전세금 1억 원의 반환채권을 乙 대신 甲이 이 사건 미수금 채권에 충당키 위하여 반환받기로 합의하였다 하더라도 그러한 사실만으로 변제의 효과가 발생하는 것은 아니다.

⑤ 乙이 A에게 집을 비워주어 甲이 A로부터 전세금을 반환받을 수 있는 상태에 있는 것을 증명함으로써 乙은 甲의 청구를 물리칠 수 있다.

〈해설〉 정답 ⑤

⑤ 甲이 A로부터 전세금을 반환받아야 변제의 효과가 생기는 것인데, 乙이 이 점에 관하여 증명을 하지 못하면 결국 甲의 청구를 인용할 수밖에 없다.

문14. 다음 〈사례〉에 관한 설명 중 옳지 않은 것은? (다툼이 있는 경우 판례에 의함)

<사례>

甲이 乙에게 2006.11.20.부터 2008.7.5.까지 육류를 공급('1차거래')하였고, 그 후 거래를 중단하였다가 2010.12.30.부터 2012.12.2.까지 다시 육류를 공급('2차거래')하였다. 위 1차 거래로 인한 외상잔대금은 3,000만 원이고, 2차 거래로 인한 외상잔대금은 1,000만 원이다.

甲은 1차 거래가 종결된 2008.7.5.로부터 3년이 경과된 후인 2012.4.19. 1차 및 2차 거래로 인한 외상잔대금의 지급을 구하는 소를 제기하였다.

乙은 1차 거래로 인한 외상잔대금은 시효로 소멸하였다고 항변하고, 甲은 甲과 乙이 2011.1.7. 그때까지의 외상잔대금을 3,000만 원으로 정산함으로써 乙이 위 채무를 승인하였다고 재항변한다.

① 시효완성의 증명책임은 시효의 이익을 주장하는 乙에게 있다.

② 소멸시효의 중단사유로서 채무자에 의한 채무승인이 있었다는 사실은 이를 주장하는 채권자 측에서 증명하여야 하고, 甲이 시효중단사실을 증명하지

못하는 한 1차 거래로 인한 甲의 외상대금채권은 이 사건 소제기 전에 시효로 소멸하였다.

③ 계속적 물품공급계약에 기하여 발생한 외상대금채권은 개별 거래로 인한 각 외상대금채권이 발생한 때로부터 개별적으로 소멸시효가 진행하는 것이 아니라 거래종료일부터 외상대금채권 총액에 대하여 한꺼번에 소멸시효가 진행한다.

④ 甲은 乙이 1차 거래 후 새로이 동종 물품을 주문하고 공급받았다는 사실만으로는 기왕의 미변제 채무를 승인한 것으로 주장할 수 없다.

⑤ 시효중단사유로서 채무의 승인은 반드시 명시적일 것을 요하지 않고 묵시적인 방법으로도 가능하고, 그 묵시적인 승인의 표시는 적어도 채무자가 그 채무의 존재 및 액수에 대하여 인식하고 있음을 전제로 하여 그 표시를 대하는 상대방으로 하여금 채무자가 그 채무를 인식하고 있음을 그 표시를 통해 추단하게 할 수 있는 방법으로 행해져야 한다.

〈해설〉 정답 ③

③ 판례는 계속적 물품공급계약에 기하여 발생한 외상대금채권은 특별한 사정이 없는 한 개별 거래로 인한 각 외상대금채권이 발생한 때로부터 개별적으로 소멸시효가 진행하는 것이지 거래종료일부터 외상대금채권 총액에 대하여 한꺼번에 소멸시효가 기산한다고 할 수 없다고 한다.

문15. 증명책임에 관한 다음 설명 중 판례의 입장이 <u>아닌</u> 것으로만 묶은 것은?

㉠ 사업장 등에서 발생되는 환경오염으로 인하여 피해가 발생한 경우에는 피해자가 당해 사업자의 귀책사유를 증명하여야 한다.

㉡ 전 등기명의인의 직접적인 처분행위에 의한 것이 아니라 제3자가 그 처분행위에 개입된 경우 현 등기명의인이 그 제3자가 전 등기명의인의 대리인이라고 주장하는 경우 현 등기명의인이 그 제3자에게 전 소유명의인을 대리할 권한이 있었다는 사실에 대한 증명책임을 진다.

㉢ (구)부동산소유권이전등기 등에 관한 특별조치법에 의한 등기는 같은 법 소정의 적법한 절차에 따라 마쳐진 것으로서 실체관계에 부합하는 등기로 추정되므로 그 등기의 말소를 소구하는 자에게 적극적으로 그 추정을 번복시킬 주장·입증책임이 있지만, 등기의 기초가 된 보증서나 확인서의 실체적 기재 내용이 진실이 아님을 의심할 만큼 증명이 된 때에는 등기의

추정력은 번복된 것으로 보아야 하고, 이러한 보증서 등의 허위성의 입증
정도가 법관이 확신할 정도가 되어야만 하는 것은 아니다.

㉣ 주주명부에 주주로 등재되어 있는 이는 그 회사의 주주로 추정되며 이를
번복하기 위해서는 그 주주권을 부인하는 측에 입증책임이 있다.

㉤ 신축건물의 도급계약에 따라 건물이 완공된 후 도급인과 수급인의 약정에
의하여 도급인이 수급인에게 위 건물 등에 대한 처분권을 위임하여 그 분
양대금에서 공사대금 등 건축과 관련한 일체의 비용을 지급받을 수 있는
권한을 부여한 경우 수급인은 유치권항변을 할 수 있고, 이 유치권소멸사
실에 대해서는 도급인이 증명책임을 져야 한다.

㉥ 자동차의 운행으로 승객이 사상한 경우 운행자 측에서 그 승객의 고의 또
는 자살행위를 증명하지 못하는 이상 승객의 과실 유무에 불구하고 자동
차 운행자가 손해배상책임을 진다.

① ㉠, ㉡   ② ㉠, ㉡, ㉢, ㉣   ③ ㉠, ㉢, ㉤

④ ㉡   ⑤ 답이 없다

〈해설〉 정답 ①

㉠ 환경정책기본법 제31조 제1항 및 제3조 제1호, 제3호, 제4호에 의하면, 사업장 등에서 발생되
는 환경오염으로 인하여 피해가 발생한 경우에는 당해 사업자는 귀책사유가 없더라도 그 피해
를 배상하도록 되어 있다.

㉡ 전 등기명의인의 직접적인 처분행위에 의한 것이 아니라 제3자가 그 처분행위에 개입된 경우
현 등기명의인이 그 제3자가 전 등기명의인의 대리인이라고 주장하더라도 현소유명의인의 등
기가 적법히 이루어진 것으로 추정된다 할 것이므로 위 등기가 원인무효임을 이유로 그 말소를
청구하는 전 소유명의인으로서는 그 반대사실 즉, 그 제3자에게 전 소유명의인을 대리할 권한
이 없었다든지, 또는 제3자가 전 소유명의인의 등기서류를 위조하였다는 등의 무효사실에 대한
입증책임을 진다(대법원 1992.4.24. 선고 91다26379, 26386(병합) 판결).

문16. 다음 〈사례〉에 관한 〈보기〉의 설명 중 옳은 것을 모은 것은? (다툼이 있는 경우 판례에 의함)

<사례>

(1) 甲은 2011.9.19. 乙과 사이에, 乙에게 甲 소유의 건물을 보증금 1억 원,
임대료 월 500만 원, 기간 2011.10.1.부터 2013.10.1.까지 2년간으로 정하

여 임대하는 내용의 임대차계약을 체결하였다. 그 후 乙은 이 사건 임대차계약에 따라 甲에게 보증금 1억 원을 지급한 뒤, 2011.9. 말경 甲으로부터 이 사건 건물을 명도받아 현재까지 위 건물에서 레스토랑을 운영하고 있다.

(2) 위 임대차계약 당시 甲과 乙은 乙이 甲에게 임대료 외에 매월 말까지 甲으로부터 고지받은 전기료, 수도료 및 난방비를 납부하고 이를 지체할 경우에는 월 10%의 연체료를 가산하여 납부하기로 하였을 뿐, 따로 이 사건 임대차계약서에 관리비의 부담 주체나 액수 및 지급시기 등에 관한 약정을 명시한 바 없었는데, 乙은 입주 후 3개월분 관리비를 전액 지급한 바 있으나, 그 후부터는 관리비를 연체하고 있다.

(3) 甲은 2012.4.25. 乙의 관리비 지급의무 불이행으로 인한 이 사건 임대차계약의 해지를 주장하면서 乙을 상대로 이 사건 건물의 명도 및 연체 관리비의 지급을 구하는 소를 제기하였다.

(4) 乙은, 그가 甲으로부터 임대차보증금 1억 원과 이 사건 건물부분에서 레스토랑을 운영하기 위하여 시설비로 투입한 내부인테리어 공사비 1억 원, 합계 2억 원을 지급받기까지는 甲의 청구에 응할 수 없고, 관리비 지급약정이 없다고 주장하면서 乙은 甲에게 위 2억 원 및 각 그 지연손해금의 지급을 구하는 반소를 제기하였다.

＜보기＞

㉠ 임대차계약에서 보증금 및 임대료를 지급하였다는 증명책임은 임차인이 부담한다.

㉡ 임대차계약 종료 후에는 임차인의 임차건물에 대한 점유는 불법점유이고, 따라서 임차인으로서는 이에 대한 손해배상의무가 있다.

㉢ 임대차보증금에서 연체임대료 등 임차인의 피담보채무 등을 공제하려면 임대인으로서는 그 피담보채무인 연체임대료, 연체관리비 등을 임대차보증금에서 공제하여야 한다는 주장을 하여야 하고, 나아가 그 임대차보증금에서 공제될 임대료채권, 관리비채권 등의 발생원인에 관하여 주장·증명을 하여야 하는 것이며, 다만 그 발생한 채권이 변제 등의 이유로 소멸하였는지에 관해서는 임차인이 주장·증명책임을 부담한다.

ⓔ 乙이 지출했다고 하는 공사비는 乙이 자신의 레스토랑영업을 위하여 지출한 비용으로, 필요비는 아니나 유익비에 해당하므로 乙의 유익비 반환청구는 인용된다.

ⓜ 이 사건 임대차계약서에 관리비의 부담 주체나 액수 및 지급시기 등에 관한 약정을 명시한 바 없었으므로 乙은 관리비의 지급의무가 없다.

ⓗ 甲이 본소로써 연체관리비의 지급과 목적물의 명도를 구하고 있는 이상, 연체임대료, 전기료, 수도료, 난방비, 관리비의 공제를 주장하지 아니한 경우에도 임대차보증금에서 甲이 乙로부터 지급받지 못한 임대료, 전기료, 수도료, 난방비, 관리비 등을 공제할 수 있다.

① ㄱ, ㄷ　　　② ㄱ, ㄴ, ㄷ, ㅂ　　　③ ㄱ, ㄷ, ㄹ

④ ㄱ, ㄷ　　　⑤ 답이 없다

〈해설〉 정답 ①

ⓛ 임대차계약 종료 후에도 임차인이 동시이행의 항변권을 행사하여 임차건물을 계속 점유하여온 것이라면, 임대인이 임차인에게 위 보증금반환 의무를 이행하였다거나 그 현실적인 이행의 제공을 하여 임차인의 건물명도 의무가 지체에 빠지는 등의 사유로 동시이행항변권을 상실하게 되었다는 점에 관하여 임대인의 주장·증명이 없는 이상, 임차인의 위 건물에 대한 점유는 불법점유라고 할 수 없으며, 따라서 임차인으로서는 이에 대한 손해배상의무도 없다.

ⓔ 乙이 지출했다고 하는 공사비는 乙이 자신의 학원영업을 위하여 지출한 비용일 뿐, 이 사건 건물을 개량하기 위하여 지출한 유익비라고 인정할 증거가 없는 이상 乙의 이 부분 주장은 받아들일 수 없다.

ⓜ 통상 건물 전체의 체계적인 유지·관리가 필요한 일정 규모 이상의 상가용 건물의 임대차관계에서는 임차인들이 건물주에게 관리비를 납부하여 그 비용을 분담하는 것이 일반적인 상거래의 현실이고, 乙은 그 자신이 이 사건 건물부분에 입주한 후 甲에게 2011.10.1.부터 2011.12.31.까지 3개월분 관리비 전액을 지급한 바 있을 뿐만 아니라, 입주 직후부터 甲으로부터 관리비가 부과되기 시작하였음에도 이에 대해서 별다른 이의를 제기한 바 없다면 乙은 위 관리비 지급약정에 따라 甲에게 2012.1.1. 이후의 관리비를 지급할 의무가 있다.

ⓗ 甲은 사실심 변론종결에 이르기까지 乙이 반소로써 반환을 구하고 있는 임대차보증금에 대하여 아직 乙로부터 지급받지 아니한 차임, 전기료, 수도료, 난방비, 관리비 등을 공제하여야 한다는 취지의 주장을 전혀 한 바 없고 단지 본소로써 연체관리비의 지급과 목적물의 명도를 구하고 있었을 뿐이므로 임대차보증금에서 아직 乙로부터 지급받지 아니한 차임, 전기료, 수도료, 난방비, 관리비 등을 공제할 수 없다.

문17. 다음 〈사례〉에 관한 설명 중 <u>옳지 않은</u> 것은? (다툼이 있는 경우 판례에 의함)

> <사례>
>
> 甲과 乙은 甲 소유의 대지에 주택 및 상가건물을 신축하기로 하는 공사도급계약을 체결하였다. 乙은 甲 명의로 건축허가를 받고 공사에 소요되는 일체의 재료 및 비용을 부담하여 공사를 완공하였으나 甲으로부터 공사대금을 받지 못하고 있던 중 甲과 乙은 乙에게 위 건물의 처분권을 위임하여 그 분양대금에서 乙이 자신 및 하수급인들의 공사대금 기타 위 건물 건축에 따른 일체의 비용을 지급받거나 지급하기로 약정하였다. 甲은 위 건물에 대하여 자신 앞으로 소유권보존등기가 마쳐졌음을 이유로 乙에게 위 건물의 명도를 구하고 있다.

① 일반적으로 건물신축의 도급계약에 있어서 수급인이 자기의 노력과 재료를 들여 건축한 경우 수급인이 그 건물의 소유권을 원시취득한다.

② 수급인이 자기의 노력과 재료를 들여 건물을 완성하더라도 도급인과 수급인 사이에 도급인 명의로 건축허가를 받아 소유권보존등기를 하기로 하는 등 완성된 건물의 소유권을 도급인에게 귀속시키기로 합의한 것으로 보일 경우에는 그 건물의 소유권은 도급인에게 원시적으로 귀속된다.

③ 주택건물의 신축공사를 한 수급인이 그 건물을 점유하고 있고 또 그 건물에 관하여 생긴 공사금 채권이 있다면, 수급인은 그 채권을 변제받을 때까지 건물을 유치할 권리가 있다.

④ 유치권은 수급인이 점유를 상실하거나 피담보채무가 변제되는 경우에는 소멸되고, 이 유치권소멸사실에 대해서는 도급인인 甲이 증명책임을 진다.

⑤ 건물이 완공된 후 甲과 乙의 약정에 의하여 도급인인 甲이 수급인인 乙에게 위 건물 등에 대한 처분권을 위임하여 그 분양대금에서 공사대금 등 건축과 관련한 일체의 비용을 지급받을 수 있는 권한을 부여하였기 때문에 乙이 위 건물 등을 매각처분하여 그 대금으로 공사대금을 지급받을 수 있게 되었으므로 위 사례의 경우 乙의 유치권항변은 받아들여질 수 없다.

〈해설〉 정답 ⑤

⑤ 처분권 위임약정만으로 피담보채권인 공사대금이 변제된 것이라고 볼 수는 없고, 따라서 위 사례의 경우 乙의 유치권항변이 인용되고 甲이 위 공사대금 채권이나 유치권이 소멸된 사실을

증명하지 못하면 乙은 그 공사대금 채권을 담보하는 의미에서 의연히 이 사건 건물에 대한 유치권을 가지고 있는 것으로 볼 것이다.

문18. 다음 〈사례〉에 관한 설명 중 옳지 않은 것은? (다툼이 있는 경우 판례에 의함)

〈사례〉

A는 乙의 연대보증하에 甲농협으로부터 1억 원을 이율은 연 10%, 지연이율 연 23%, 변제기 2년으로 정하여 차용하였다. 당시 乙은 A의 甲에 대한 위 차용금 반환채무에 대한 연대보증계약 체결에 관한 대리권을 B에게 수여하였고, B는 위 차용일에 위 대리권에 기하여 甲과 사이에 乙을 위 차용금 반환채무에 대한 연대보증인으로 하는 연대보증계약을 체결하였다.

甲이 乙을 상대로 연대보증책임을 물어 대여금청구를 하면서 갑제1호증으로 보증인란의 乙의 이름 옆에 乙의 인영이 찍힌 대출거래약정서를 제출하였다. 그런데 갑제1호증의 보증인란의 乙의 이름 옆에 찍힌 乙의 인영이 乙의 인장에 의하여 현출된 것이라는 점에 대해서는 당사자 사이에 다툼이 없다.

---

① 갑제1호증(대출거래약정서)의 보증인란의 乙의 이름 옆에 찍힌 乙의 인영이 乙의 인장에 의하여 현출된 것이라는 점에 대해서는 당사자 사이에 다툼이 없으므로 특별한 사정이 없는 한 그 인영은 乙의 의사에 의하여 현출된 것으로 사실상 추정된다.

② 위와 같은 사실상 추정은 날인행위가 작성명의인 이외의 자에 의하여 이루어진 것임이 밝혀진 경우에는 깨어진다.

③ 인영의 진정성립이 추정되는 경우 인영의 진정성립을 다투는 자는 반증으로 인영의 날인행위가 작성명의인의 의사에 기한 것임이 아님에 관하여 법원으로 하여금 의심을 품게 하는 사정을 증명하면 그 진정성립의 추정은 깨어진다.

④ 乙은 갑제1호증에 乙의 인장을 직접 날인한 자는 乙 본인이 아니라 B라고 주장하고 있고, 乙 인장의 날인행위가 乙이 아닌 B에 의하여 이루어진 것임이 밝혀진 경우 乙이 B의 날인행위가 작성명의인인 乙로부터 위임받은 정당한 권원에 의한 것이 아니라는 사실을 증명할 책임이 있다.

⑤ B가 乙로부터 위 연대보증계약 체결을 위한 대리권을 부여받았다는 사실을 인정하기에 부족하고 달리 이를 인정할 증거가 없다면 위 갑제1호증의 진정

성립의 추정은 깨어지고, B가 乙을 대리하여 연대보증계약을 체결하였다는 사실을 인정할 수 없다.

〈해설〉 정답 ④

④ 문서제출자인 甲이 B의 날인행위가 작성명의인인 乙로부터 위임받은 정당한 권원에 의한 것이라는 사실까지 증명할 책임이 있다.

문19. 법률상의 추정에 관한 다음 설명 중 옳지 <u>않은</u> 것을 모은 것은? (다툼이 있는 경우 통설 및 판례에 의함)

⊙ 등기의 추정력은 법률상의 추정이다.
⊙ 법률상의 추정을 번복하기 위해서는 추정사실이 진실이 아니라는 적극적인 반대사실의 증거가 있어야 하나, 사실상의 추정은 추정사실이 진실인가에 의심을 품게 할 반증으로 번복된다.
⊙ 처가 혼인 중에 포태한 子에 대한 夫의 친생자추정(민법 제844조 제1항)은 법률상의 사실추정이다.
⊙ 명의자의 특유재산의 추정(민법 제830조)은 법률상의 권리추정이다.
⊙ 법률상의 권리추정을 번복하기 위한 증거는 본증이나, 법률상의 사실추정을 번복하기 위한 증거는 반증이다.
⊙ 동시사망의 추정은 법률상 추정으로서 이를 번복하기 위해서는 동일한 위난으로 사망하였다는 전제사실이나 또는 각자 다른 시각에 사망하였다는 점에 대하여 법원에 확신을 줄 수 있는 본증을 제출하여야 한다.

① ㉠, ㉢, ㉣ ② ㉢, ㉣, ㉤, ㉥ ③ ㉠, ㉤, ㉥
④ ㉤, ㉥ ⑤ 답이 없다

〈해설〉 정답 ④

㉤ 법률상의 권리추정이든, 법률상의 사실추정이든 추정을 번복하기 위한 증거는 본증이고 반증이 아니다.
㉥ 동시사망의 추정은 법률상 추정으로서 이를 번복하기 위해서는 동일한 위난으로 사망하였다는 전제사실에 대하여 법원의 확신을 흔들리게 하는 **반증**을 제출하거나 또는 각자 다른 시각에 사망하였다는 점에 대하여 법원에 확신을 줄 수 있는 **본증**을 제출하여야 한다.

문20. 다음 〈사례〉에 관한 설명 중 <u>옳지 않은</u> 것은? (다툼이 있는 경우 판례에 의함)

<사례>

X 부동산은 원래 망 A 소유의 부동산으로, 2001.4.4. 위 A가 사망하고, 甲, 乙 등 유족들이 법정상속분의 지분비율로 상속하였다. 그런데 甲은 乙이 그 상속등기에 필요하다며 甲의 인감을 가져가 같은 해 11.11. 이 사건 부동산 중 甲의 지분에 관하여 임의로 같은 해 6.25. 매매를 원인으로 乙 앞으로 지분소유권이전등기의 말소등기의 소를 제기하였다. 乙은 2001.6.25. 甲으로부터 그 지분을 대금 500만 원에 매수하였으므로 실체관계에 부합하는 등기라고 주장하고 있다. 그러나 乙의 주장사실에 부합하는 증거들은 믿기 어렵고 달리 이를 인정할 증거가 없다.

① 부동산에 관하여 소유권이전등기가 마쳐져 있는 경우에는 그 등기명의자는 제3자에 대하여서뿐 아니라, 그 전 소유자에 대하여서도 적법한 등기원인에 의하여 소유권을 취득한 것으로 추정되는 것이므로 이를 다투는 측에서 그 무효사유를 주장, 증명하여야 한다.

② 부동산등기부상의 소유명의인은 반증이 없는 한 부동산을 소유하는 것으로 추정한다.

③ 현재 乙 명의로 지분이전등기가 마쳐져 있는 이상 그 등기는 적법하게 된 것으로서 진실한 권리상태를 공시하는 것이라고 추정되므로, 그 등기가 위법하게 된 것이라고 주장하는 甲에게 그 추정력을 번복할 만한 반대사실을 증명할 책임이 있다.

④ 乙의 주장사실에 부합되는 증거들이 믿기 어렵고 달리 乙의 주장을 인정할 증거가 없다고 하여 甲의 청구가 인용될 것은 아니다.

⑤ 등기절차가 적법하게 진행되지 아니한 것으로 볼 만한 의심스러운 사정이 있음이 증명되는 경우에는 그 추정력은 깨어진다.

〈해설〉 정답 ②

② 이는 사실상의 추정으로 해석하는 일본 판례의 입장이다. 우리 판례는 등기의 추정력을 법률상의 권리추정으로 본다.

문21. 다음 〈사례〉에 관한 설명 중 <u>옳지 않은</u> 것은? (다툼이 있는 경우 판례에 의함)

<사례>

(1) A는 1965.11.18. X 대지를 매수하여 같은 달 26. 그의 명의로 소유권이전 등기를 경료하고 이를 소유하여 오던 중, 1971.8.12.경 위 대지 위에 건축되어 있던 기존 구 가옥을 철거하고 지상 2층 규모의 주택을 신축하면서 그 무렵 위 대지에 인접한 乙 소유의 대지 일부에 담장 및 대문을 설치하고 그 안쪽에 있는 乙 소유의 대지상에 창고를 축조하고, 乙 소유의 대지 부분을 위 주택의 마당으로 사용하여 왔다.

(2) 그 후 甲은 1991.3.18. A로부터 위 X 대지와 그 지상의 주택을 매수한 이래 乙 소유의 대지들 중 A가 점유하였던 부분을 계속 창고 및 위 주택의 마당 등으로 점유·사용하여 오고 있다.

(3) 甲은 乙을 상대로 A는 1971.8.12.부터 乙 소유의 위 대지들 중 위 점유 부분을 소유의 의사로 평온, 공연하게 점유한 것으로 추정되고, 甲은 A의 점유를 승계하여 그 점유 개시일로부터 20년이 경과한 1991.8.12. 乙 소유의 위 각 대지 부분에 관하여 취득시효완성을 원인으로 한 소유권이전 등기청구의 소를 제기하였다.

(4) 피고 乙은 乙 소유의 위 각 대지는 A가 1971.8.12.경 점유를 시작하기 오래전부터 乙의 소유로 등기되어 있는 경사지로서 잡목이 자라고 있던 공터였는데, 그 무렵 A는 자신의 소유인 X 대지와 乙 소유의 위 각 대지 사이에 설치되어 있던 철조망을 임의로 제거하고 乙 소유의 위 각 대지를 무단점유하기 시작하였으므로 A의 점유는 타주점유라고 주장하고 있다.

---

① 甲이 취득시효를 주장하는 경우에 있어서 스스로 소유의 의사를 증명할 책임은 없고, 오히려 그 점유자의 점유가 소유의 의사가 없는 타주점유임을 주장하여 점유자의 취득시효의 성립을 부정하는 乙에게 그 증명책임이 있다.

② 민법 제197조 제1항이 규정하고 있는 점유자에게 추정되는 소유의 의사는 사실상 소유할 의사가 있는 것으로 충분한 것이지 반드시 등기를 수반하여야 하는 것은 아니므로 등기를 수반하지 아니한 점유임이 밝혀졌다고 하여 이 사실만 가지고 바로 점유권원의 성질상 소유의 의사가 결여된 타주점유라고 할 수 없다.

③ A가 乙 소유의 부동산을 무단점유한 것임이 입증되었다고 하더라도 그와 같은 입증이 있다는 것만으로 A의 점유가 권원의 객관적 성질상 소유의 의사가 없는 점유라고 단정할 수는 없다.

④ A는 乙 소유의 위 각 대지에 대한 점유를 개시할 당시에 성질상 소유권 취득의 원인이 될 수 있는 법률행위 기타 법률요건이 없이 그와 같은 법률요건이 없다는 사정을 잘 알면서 乙 소유인 위 각 대지 부분을 점유하였다고 보아야 할 것이고, 따라서 A가 위 각 대지 부분을 소유의 의사로 점유한 것이라는 추정은 깨어졌고, 달리 특별한 사정이 없는 한 그의 점유는 타주점유에 해당한다.

⑤ 점유자의 점유가 소유의 의사 있는 자주점유인지 아니면 소유의 의사 없는 타주점유인지는 점유자의 내심의 의사에 의하여 결정되는 것이 아니라 점유 취득의 원인이 된 권원의 성질이나 점유와 관계가 있는 모든 사정에 의하여 외형적·객관적으로 결정되어야 한다.

〈해설〉 정답 ③

③ 대법원 1997.8.21. 선고 95다28625 전원합의체 판결의 반대의견임.

문22. 다음 중 법률상의 권리추정으로만 모은 것은?

┌───┐
│ ㉠ 구 호적부 또는 호적등본에 기재된 사실 │
│ ㉡ 토지대장, 임야대장, 토지조사부나 임야조사서에 기재된 사실 │
│ ㉢ 귀속불명재산의 공유추정 │
│ ㉣ 자주점유의 추정 │
│ ㉤ 점유자의 권리 추정 │
│ ㉥ 친생자추정 │
│ ㉦ 공문서의 진정성립추정 │
└───┘

① ㉠, ㉡   ② ㉢, ㉣,㉢, ㉥   ③ ㉢, ㉤
④ ㉢, ㉤, ㉥, ㉦   ⑤ ㉤

<해설> 정답 ③

㉠ 사실상의 추정

㉡ 사실상의 추정

㉢ 법률상의 권리추정

㉣ 유사적 추정 중 잠정적 진실

㉤ 법률상의 권리추정

㉥ 법률상의 사실추정

㉦ 증거법칙적 추정(소송상의 법정증거법칙)

문23. 다음 중 表見證明(Anscheinbeweis, prima-facie-Beweis)에 관한 사례가 <u>아닌</u> 것으로만 묶인 것은? (다툼이 있는 경우에는 판례에 의함)

> ㉠ 교통사고가 운전자의 도로교통법규위반으로 발생한 경우
> ㉡ 의사가 수술 후 수술용 가위를 복강 내에 남겨 둔 경우
> ㉢ 건강한 사람이 수혈을 받고 에이즈에 감염된 경우
> ㉣ 건물의 신축 후 11주 만에 천장부분이 무너진 경우
> ㉤ 의사의 전방경추융합술 시행 이후에 환자에게 사지부전마비증세가 나타난 경우
> ㉥ 흡연으로 인하여 폐암이 발생한 경우
> ㉦ 차도를 운행하던 차량이 갑자기 인도로 돌진하여 보행자를 충격한 경우

① ㉠, ㉥ 　② ㉣, ㉤ 　③ ㉡, ㉥

④ ㉥ 　⑤ 답이 없다

<해설> 정답 ④

㉥을 제외한 전부 표현증명에 관한 사례이다.

문24. 다음은 간접반증에 관한 설명이다. 옳지 <u>않은</u> 것은? (다툼이 있는 경우 판례에 의함)

① 가해기업이 어떠한 유해한 원인물질을 배출하고 그것이 피해물건에 도달하여 손해가 발생하였다면 가해자 측에서 그것이 무해하다는 것을 증명하지 못하는 한 책임을 면할 수 없다고 보는 것이 사회형평의 관념에 적합하다.

② 간접반증이란 주요사실에 관하여 증명책임을 지는 당사자가 이를 추인함에 충분한 간접사실을 증명한 경우에 상대방이 그 간접사실과 양립되는 별개의 간접사실(특단의 사정)을 증명함으로써 주요사실의 증명을 방해하는 증명활동을 말한다.

③ 가해자로서는 추인된 간접사실을 직접 부정하기 위한 직접반증을 제출할 수도 있고, 별개의 간접사실인 특단의 사정을 증명하는 간접반증을 제출할 수도 있다.

④ 간접반증은 주요사실뿐만 아니라 간접사실에 대해서도 반증이 된다.

⑤ 수질오염으로 인한 공해소송에서 <1> 피고들 공장이 위치한 공단에서 김 양식에 악영향을 줄 수 있는 폐수가 배출되고, <2> 그 폐수 중 일부가 물의 흐름에 따라 김 양식장에 도달하였으며, <3> 그 후 김에 피해가 있었다는 사실이 각 모순 없이 증명되면 공단 공장들의 폐수배출과 김 양식이 폐사함으로 발생한 손해 사이의 인과관계가 일단 증명되었다고 할 것이므로, 피고들이 직접반증으로 <1> 피고들이 배출하는 폐수 중에는 김의 생육에 악영향을 끼칠 수 있는 원인물질이 들어 있지 않으며, <2> 원인물질이 들어 있다 하더라도 안전농도 범위 내에 속한다는 사실을 증명하거나, 간접반증으로 원고들의 김 양식장의 피해는 피고 공장들이 배출한 폐수가 아닌 다른 원인이 전적으로 작용하여 발생한 것임을 증명하여 인과관계를 부정하지 못하는 이상 그 불이익을 피고들에게 돌려 피고들은 그 책임을 면할 수 없다.

〈해설〉 정답 ④

④ 간접반증은 주요사실에 대해서는 반증이지만 간접사실에 대해서는 본증이 된다.

문25. 의료과오소송에 있어서의 증명책임에 대한 다음 설명 중 틀린 것은? (다툼이 있는 경우 판례에 의함)

① 의료행위상의 주의의무 위반으로 인한 손해배상청구에서 피해자 측에서 일련의 의료행위 과정에 있어서 저질러진 일반인의 상식에 바탕을 둔 의료상의 과실 있는 행위를 증명하고 그 결과와 사이에 일련의 의료행위 외에 다른 원인이 개재될 수 없다는 점을 증명한 경우에는 의료상 과실과 결과 사이의 인과관계를 추정하여 손해배상책임을 지울 수 있도록 입증책임을 완화

하는 것이 대법원의 확립된 판례이다.

② 판례는 결과적으로 의사에게 무과실의 증명책임을 지우고 있다.

③ 의사의 설명의무는 그 의료행위에 따르는 후유증이나 부작용 등의 위험 발생 가능성이 희소하다는 사정만으로 면제될 수 없으며, 그 후유증이나 부작용이 당해 치료행위에 전형적으로 발생하는 위험이거나 회복할 수 없는 중대한 것인 경우에는 그 발생가능성의 희소성에도 불구하고 설명의 대상이 된다.

④ 의사 측에서 설명의무를 이행한 사실을 증명하지 못하는 이상 설명의무위반으로 인한 손해배상책임을 부담한다.

⑤ 의사가 설명의무를 위반한 채 수술 등을 하여 환자에게 사망 등의 중대한 결과가 발생한 경우에 환자 측에서 선택의 기회를 잃고 자기결정권을 행사할 수 없게 된 데 대한 위자료만을 청구하는 경우에는 의사의 설명 결여 내지 부족으로 인하여 선택의 기회를 상실하였다는 점만 증명하면 족하나, 그 결과로 인한 모든 손해를 청구하는 경우에는 그 중대한 결과와 의사의 설명의무 위반 내지 승낙 취득 과정에서의 잘못과의 사이에 상당인과관계가 존재하여야 하며, 그때의 의사의 설명의무 위반은 환자의 자기결정권 내지 치료행위에 대한 선택의 기회를 보호하기 위한 점에 비추어 환자의 생명, 신체에 대한 구체적 치료과정에서 요구되는 의사의 주의의무 위반과 동일시할 정도의 것이어야 한다.

〈해설〉 정답 ②

② 판례가 의사에게 무과실책임까지 지우는 것은 아니고 표현증명이론으로 환자 측의 증명책임을 완화하려는 태도를 취하고 있다.

문26. 다음 〈사례〉에 관한 설명 중 옳지 않은 것은? (다툼이 있는 경우 판례에 의함)

<사례>
X 토지는 甲과 甲의 처 A의 공유로 되어 있다. 甲과 A는 X 토지를 乙 교회의 신축부지로 제공하면서 이를 증여하겠다고 약속을 하였다. 그런데 A는 약속대로 X 토지에 관한 1/2지분의 소유권을 乙 교회에게 넘겼으나, 甲은 약속과 달리 그 소유권을 乙 교회에게 넘기지 않았다. 그러자 乙 교회는 교회일에 협

조적인 A의 도움을 받아 乙 교회가 甲이 보관하고 있던 A 토지의 등기필증에 갈음하여 甲 본인 확인서면, 甲과 乙 교회 사이의 증여계약서 및 같은 취지의 교회 이사회결의서를 작성, 제출하여 乙 앞으로 소유권이전등기를 마쳤다.

甲은 X 토지에 관한 A 소유의 1/2지분을 제외한 나머지 1/2지분에 관한 乙 명의의 소유권이전등기는 적법한 절차를 거치지 아니한 것일 뿐 아니라 전 소유자인 甲의 진정한 의사에 부합하지 않는 것이어서 무효의 등기라고 주장하면서 乙을 상대로 지분소유권이전등기말소청구의 소를 제기하였다.

① 甲이 A에게 甲을 대리할 권한이 없었다든가 또는 제3자가 甲의 등기서류를 위조하는 등 등기절차가 적법하게 진행되지 아니한 것으로 볼 만한 의심스러운 사정이 있음을 증명하면 乙 명의의 소유권이전등기의 추정력은 번복된다.

② 乙 명의의 이 사건 소유권이전등기를 함에 있어 甲과 乙 사이의 증여계약서에 A가 甲의 인감을 날인한 것임이 밝혀진 이상 비록 위 증여계약서상 甲 명의의 인영의 동일성에 대해서는 다툼이 없다 하더라도 위 증여계약서는 甲 이외의 자에 의하여 작성된 것으로 볼 수 있고, 乙로서는 위 증여계약서상의 甲의 날인이 甲으로부터 위임받은 정당한 권원에 의한 것이라는 사실을 증명하지 못하는 이상 X 토지에 관한 甲 소유지분의 乙 명의로의 소유권이전등기는 원인무효로서 말소를 면치 못한다.

③ 乙은 甲이 A에게 X 토지 중 甲지분의 소유권이전에 관한 대리권 또는 재산의 관리처분권을 부여한 사실을 증명하지 못하는 이상 乙의 실체관계부합의 항변은 받아들여질 수 없다.

④ 乙로서는 甲이 명시적이나 묵시적으로 A의 무권대리행위나 무효행위를 추인하였다는 점을 증명해야 하고, 이를 증명하지 못하면 乙 명의의 이 사건 무효의 소유권이전등기 또는 그에 관한 A의 무권대리행위를 甲이 추인한 것으로는 볼 수 없다.

⑤ 증여자의 의사에 기하지 아니한 원인무효의 등기가 경료된 경우에는 증여계약의 적법한 이행이 있다고 볼 수 없고, 甲의 증여계약의 해제가 최초 증여약정일 혹은 원인무효의 이전등기가 마쳐진 날부터 10년이 경과하면 제척기간의 도과로 甲의 소는 부적법하다.

〈해설〉 정답 ⑤

⑤ 민법 제555조에서 말하는 증여계약의 해제는 민법 제543조 이하에서 규정한 본래 의미의 해제와는 달리 형성권의 제척기간의 적용을 받지 않는 특수한 철회로서, 10년이 경과한 후에 이루어졌다 하더라도 원칙적으로 적법하다.

문27. 증명책임의 분배에 관한 다음 설명 중 옳지 않은 것은? (다툼이 있는 경우 판례에 의함)

① 피담보채권을 저당권과 함께 양수한 자는 저당권이전의 부기등기를 마치고 저당권실행의 요건을 갖추고 있는 한 채권양도의 대항요건을 갖추고 있지 아니하더라도 경매신청을 할 수 있으며, 채무자는 경매절차의 이해관계인으로서 채권양도의 대항요건을 갖추지 못하였다는 사유를 들어 경매개시결정에 대한 이의나 즉시항고절차에서 다툴 수 있고, 이 경우는 신청채권자가 대항요건을 갖추었다는 사실을 증명하여야 한다.

② 근저당권은 근저당권설정행위와는 별도로 근저당권의 피담보채권을 성립시키는 법률행위가 있어야 하고, 근저당권의 성립 당시 근저당권의 피담보채권을 성립시키는 법률행위가 있었는지에 대한 증명책임은 그 존재를 주장하는 측에 있다.

③ 허위표시에 있어 제3자가 악의라는 사실에 관한 주장·입증책임은 그 허위표시의 무효를 주장하는 자에게 있다.

④ 파산자가 상대방과 통정한 허위의 의사표시를 통하여 가장채권을 보유하고 있다가 파산이 선고된 경우 파산관재인은 그 허위표시에 따라 외형상 형성된 법률관계를 토대로 실질적으로 새로운 법률상 이해관계를 가지게 된 민법 제108조 제2항의 제3자에 해당하지 않는다.

⑤ 착오를 이유로 의사표시를 취소하는 자는 법률행위의 내용에 착오가 있었다는 사실과 함께 그 착오가 의사표시에 결정적인 영향을 미쳤다는 점, 즉 만약 그 착오가 없었더라면 의사표시를 하지 않았을 것이라는 점을 증명하여야 한다.

〈해설〉 정답 ④

① 대법원 2005.6.23. 선고 2004다29279 판결
② 대법원 2011.4.28. 선고 2010다107408 판결

③ 대법원 2007.11.29. 선고 2007다53013 판결: 민법 제108조 제2항에 규정된 제3자는 특별한 사정이 없는 한 선의로 추정되고, 제3자가 악의라는 사실에 관한 주장·입증책임은 그 허위표시의 무효를 주장하는 자에게 있다.

④ 판례는 파산관재인은 선의의 제3자에 해당한다고 한다. 대법원 2003.6.24. 선고 2002다 48214 판결 등 다수.

⑤ 대법원 2008.1.17. 선고 2007다74188 판결

문28. 증명책임의 분배에 관한 다음 설명 중 옳지 않은 것은? (다툼이 있는 경우 판례에 의함)

① 착오자의 중대한 과실 유무에 관한 주장과 증명책임은 착오자가 아니라 의사표시를 취소하게 하지 않으려는 상대방에게 있다.

② 당사자가 표현대리를 주장함에는 무권대리인과 표현대리에 해당하는 무권대리행위를 특정하여 주장하여야 한다 할 것이고 따라서 당사자의 표현대리의 항변에 의하여 특정된 무권대리인의 행위에만 미치고 그 밖의 무권대리인이나 무권대리행위에는 미치지 아니한다.

③ 등기부취득시효에 있어서 무과실에 대해서는 시효취득자에게 입증책임이 있다.

④ 채무불이행으로 인한 손해배상청구에 있어서 그 불이행의 귀책사유에 관한 입증책임은 채무자에게 있다.

⑤ 채무불이행으로 인한 손해배상액이 예정되어 있는 경우에는 채권자는 채무불이행 사실만 증명하면 손해의 발생 및 그 액을 증명하지 아니하고 예정배상액을 청구할 수 있고, 채무자는 채권자와 채무불이행에 있어 채무자의 귀책사유를 묻지 아니한다는 약정을 하지 아니한 이상 자신의 귀책사유가 없음을 주장·입증함으로써 예정배상액의 지급책임을 면할 수 있다.

〈해설〉 정답 ③

① 대법원 2005.5.12. 선고 2005다6228 판결
② 대법원 1984.7.24. 선고 83다카1819 판결
③ 등기부취득시효에 있어서는 점유의 개시에 과실이 없었음을 필요로 하고 위와 같은 무과실에 대해서는 그 주장자에게 입증책임이 있다. 대법원 1991.11.12. 선고 91다27082 판결 참조.
④ 대법원 2010.8.19. 선고 2010다26745, 26752 판결
⑤ 대법원 2010.2.25. 선고 2009다83797 판결

문29. 증명책임의 분배에 관한 다음 설명 중 옳지 않은 것은? (다툼이 있는 경우 판례에 의함)

① 민법 제756조 제1항 및 제2항의 책임에 있어서 사용자나 그에 갈음하여 사무를 감독하는 자는 그 피용자의 선임과 사무감독에 상당한 주의를 하였거나 상당한 주의를 하여도 손해가 있을 경우에는 손해배상의 책임이 없으나, 이러한 사정은 사용자 등이 주장 및 입증을 하여야 한다.

② 양도금지의 특약이 붙은 채권이 양도된 경우에 양수인의 악의 또는 중과실에 관한 입증책임을 양수인이 부담한다.

③ 계약해제의 경우 제3자가 악의라는 사실의 주장·입증책임은 계약해제를 주장하는 자에게 있다.

④ 도급계약에 있어 일의 완성에 관한 주장·입증책임은 일의 결과에 대한 보수의 지급을 청구하는 수급인에게 있다.

⑤ 취득시효를 주장하는 자는 그 점유사실을 입증하여야 하고 이를 입증하지 못하면 패소할 수밖에 없다.

〈해설〉 정답 ②

① 대법원 1998.5.15. 선고 97다58538 판결
② 채무자가 부담한다. 대법원 2000.12.22. 선고 2000다55904 판결
③ 대법원 2005.6.9. 선고 2005다6341 판결
④ 대법원 1994.11.22. 선고 94다26684, 94다26691 판결
⑤ 대법원 1996.9.24. 선고 96다11334 판결

문30. 다음 설명 중 옳지 않은 것은? (다툼이 있는 경우 판례에 의함)

① 내용증명우편이나 등기우편과는 달리, 보통우편의 방법으로 발송되었다는 사실만으로는 그 우편물이 상당기간 내에 도달하였다고 추정할 수 없고 송달의 효력을 주장하는 측에서 증거에 의하여 도달사실을 입증하여야 한다.

② 우편물이 등기취급의 방법으로 발송된 경우에는 반송되는 등의 특별한 사정이 없는 한 그 무렵 수취인에게 배달되었다고 보아야 한다.

③ 내용증명 우편물이 발송되고 달리 반송되지 아니하였다면 특별한 사정이 없는 한 이는 그 무렵에 송달되었다고 봄이 상당하다고 할 것이다.

④ 아파트 경비원이 집배원으로부터 우편물을 수령한 후 이를 수취인 가구의

우편함에 넣어둔 경우 수취인이 그 우편물을 수취하였다고 추단할 수 있다.

⑤ 내용증명우편물의 반송 등으로 상대방에게 의사표시를 도달시킬 수 없는 경우 의사표시의 공시송달제도를 이용할 수 있다.

〈해설〉 정답 ④

④ 판례는 반대(대법원 2006.3.24. 선고 2005다66411 판결).

문31. 증명책임이 민사소송에서 담당하는 역할과 관련한 다음 설명 중 옳지 않은 것은? (다툼이 있는 경우 통설·판례에 의함)

① 청구원인과 항변의 구별

② 항변과 부인의 구별

③ 본증과 반증의 구별

④ 민사소송의 심리구조와 석명권의 행사

⑤ 자백의 성립 여부

〈해설〉 정답 ⑤

⑤ 이시윤 교수는 자백의 성립 여부도 증명책임의 역할의 한 예로 들고 있으나, 이는 자백의 성립 여부에 관한 증명책임설을 따르고 있기 때문이다. 자백의 성립 여부에 관하여 패소가능성설을 따르는 통설·판례의 입장에서는 자백의 성립 여부와 증명책임은 직접적인 관계가 없다.

제13장 판결의 성립과 확정

문1. 다음 중 소송종료선언의 사유로 <u>옳지 않은</u> 것을 모두 묶은 것은? (다툼이 있는 경우 판례에 의함)

> ㉠ 이혼소송계속 중 당사자가 사망한 경우
> ㉡ 재판상 화해나 조정의 무효를 다투며 기일지정신청을 한 경우 거기에 당연무효사유가 존재하지 아니한 때
> ㉢ 소취하 또는 취하간주, 상소취하로 일단 소송이 종료된 뒤에 그 부존재 또는 무효를 주장하며 기일지정신청을 하였으나, 신청이 이유 없는 경우
> ㉣ 이혼판결 후 재심소송계속 중에 재심피고가 사망한 경우
> ㉤ 예비적 병합의 경우 항소심에서 주위적 청구기각, 예비적 청구 인용판결이 났을 때 피고만이 상고를 제기하여 상고심에서 파기환송된 경우 환송받은 항소심이 주위적 청구에 대해서도 판결을 한 경우
> ㉥ 소가 취하간주된 뒤에 그 무효를 다투면서 기일지정신청을 하는 때 신청이 유가 없는 경우

① ㉡, ㉣, ㉥   ② ㉢, ㉣   ③ ㉣

④ ㉣, ㉤   ⑤ 답이 없다

〈해설〉 정답 ③

㉣ 이 경우에는 소송종료사유가 아니라 검사가 소송을 수계한다(대법원 1992.5.26. 선고 90므1135 판결).

문2. 소송종료선언에 관한 다음 설명 중 <u>옳지 않은</u> 것은? (다툼이 있는 경우 판례에 의함)

① 확정판결에 의하지 않고 소송이 종료된 뒤 그 소송의 종료가 무효라고 주장하면서 기일지정신청을 한 경우 법원의 심리결과 기일지정신청이 이유 없는 것으로 인정되면 기일지정신청을 기각할 것이 아니라 종국판결로 소송이 종료되었음을 선언하여야 한다.

② 종국판결선고 후에 상소기록을 상급심으로 보내기 전에 소를 취하한 경우 취하의 무효를 다투며 기일지정신청을 하였을 때 원심법원이 그 당부를 심판하는 경우 그 신청이 이유 없으면 소송종료선언을 하고, 이유 있으면 소송기록을 상급심으로 송부한다.

③ 제1심법원의 화해권고결정에 대하여 원고 甲만 적법한 이의신청을 하고 나머지 원고들과 피고들은 이의신청을 하지 아니한 사안에서, 제2심법원이 나머지 원고들에 대한 부분까지 심리·판단한 경우 그 부분에 대한 소는 소송종료선언을 하여야 한다.

④ 소송계속 중 사망한 甲에게서 소송탈퇴에 관한 특별수권을 받은 소송대리인은, 승계참가인 乙이 승계참가신청을 하자 소송탈퇴를 신청하였고 상대방 측 소송대리인이 위 탈퇴에 동의하였는데, 乙이 소송물과 관련한 甲의 재산을 단독으로 상속하게 되었다면서 소송수계신청을 하였고 이후 乙은 승계참가신청취하서를 제출하여 상대방 측 소송대리인이 위 취하에 동의한 사안에서, 甲의 소송대리인이 한 소송탈퇴신청은 상속인들 모두에게 그 효력이 미치므로 甲과 상대방 사이의 소송관계, 즉 甲의 상속인들과 상대방 사이의 소송관계는 소송탈퇴로 적법하게 종료되었고 乙의 소송수계신청은 이미 종료된 소송관계에 관한 것이어서 이유 없음이 명백하고, 한편 乙과 상대방 사이의 소송관계도 승계참가신청취하와 상대방의 이에 대한 동의로 적법하게 종료되었다.

⑤ 예비적 병합의 경우 항소심에서 주위적 청구기각, 예비적 청구 인용판결이 선고되었을 때 피고만이 상고를 제기하여 상고심에서 파기환송된 경우 환송 후 항소심이 주위적 청구에 관해서도 판결한 경우 이는 소송종료사유가 된다.

〈해설〉 정답 ②

① 이시윤, p.533 참조.

② 그 신청이 이유 있으면 소취하무효선언을 한다. 규칙 제67조 참조.

③ 대법원 2010.10.28. 선고 2010다53754 판결

④ 대법원 2011.4.28. 선고 2010다103048 판결

⑤ 이 경우 주위적 청구부분은 상고심의 심판대상이 아니고 상고심판결선고와 동시에 확정된다. 대법원 2012.9.27. 선고 2011다76747 판결 참조.

문3. 재판에 관한 다음 설명 중 옳은 것을 모두 묶은 것은? (다툼이 있는 경우 판례에 의함)

> ㉠ 문서제출명령, 압류명령은 재판장의 재판이다.
>
> ㉡ 가압류·가처분결정은 판결에 의해서도 할 수 있고, 결정에 의해서도 할 수 있다.
>
> ㉢ 판결원본과 결정·명령원본에는 반드시 법관의 서명날인을 요한다.

> ㉣ 판결정본에는 법관의 서명날인을 요한다.
>
> ㉤ 결정은 고지에 의하여 효력이 발생하므로 고지 전의 항고는 부적법하다.
>
> ㉥ 결정·명령으로 완결되는 재판에 있어서는 소송비용부담자를 정할 필요가 없으므로 가압류·가처분결정에서도 소송비용부담자를 정하지 아니한다.

① ㉠, ㉡, ㉢, ㉣　　　② ㉠, ㉤　　　③ ㉤

④ ㉢, ㉣　　　⑤ 답이 없다

〈해설〉 정답 ③

㉠ 법원의 재판으로 성질은 결정이나 명령이라는 명칭이 붙었다.

㉡ 전면적 결정주의

㉢ 판결서에는 법관의 서명날인이 필요하나, 결정명령의 경우에는 기명날인이면 된다.

㉣ 판결정본에는 법관의 기명만 되어 있다.

㉥ 가압류·가처분결정의 경우에는 예외.

문4. 재판에 관한 다음 설명 중 옳지 않은 것을 모두 묶은 것은? (다툼이 있는 경우 판례에 의함)

> ㉠ 판결은 법원의 재판이고, 결정과 명령은 재판장, 수명법관, 수탁판사 등 법관의 재판이다.
>
> ㉡ 상고이유서 부제출에 의한 상고기각판결의 경우에도 판결서에 기하여 선고하여야 한다.
>
> ㉢ 결정은 그 원본이 법원사무관 등에게 교부되었을 때에 성립하고, 그 작성일자에 결정원본이 법원사무관에게 교부된 것으로 추정된다.
>
> ㉣ 결정·명령은 간이·신속을 요하기 때문에 변론을 거치지 아니한다.
>
> ㉤ 결정은 정본으로 송달해야 한다.
>
> ㉥ 화해권고결정과 이행권고결정은 종국적 재판이다.

① ㉠, ㉡, ㉣, ㉤　　　② ㉣, ㉤, ㉥　　　③ ㉡, ㉥

④ ㉠, ㉡　　　⑤ 답이 없다

<해설> 정답 ①

㉠ 판결과 결정은 법원의 재판이고, 명령은 법관의 재판이다.

㉡ 이 경우에는 선고기일 없이 판결정본을 송달한다.

㉢ 결정·명령절차에서는 변론을 거칠 것이냐는 법원의 재량에 일임되어 있고(제134조 제1항 단서) 반드시 변론을 거치지 않는 것은 아니다.

㉤ 등본으로 송달해도 된다. 대법원 2003.10.14.자 2003마1144 결정

문5. 판결서의 기재사항에 대한 다음 설명 중 옳은 것으로만 묶인 것은? (다툼이 있는 경우 판례에 의함)

> ㉠ 당사자와 법정대리인·소송대리인의 표시는 판결의 필요적 기재사항이다.
>
> ㉡ 판결주문이 불명확하여 집행불능에 이를 경우에도 그 판결이 당연무효의 판결은 아니다.
>
> ㉢ 확인판결의 주문은 "별지목록 기재 부동산이 원고의 소유임을 확인하라"는 형태가 된다.
>
> ㉣ 소유권이전등기청구권을 대위행사하는 채권자대위소송의 경우 주문은 "피고는 원고에게 2013.2.1. 매매를 원인으로 한 소유권이전등기절차를 이행하라"는 형태가 된다.
>
> ㉤ 판결이유는 당사자의 주장과 공격방어방법의 전부에 관한 판단을 표시하여야 한다.
>
> ㉥ 판결의 이유는 주문의 결론에 도달한 판단과정이 합리적·객관적이라는 것을 밝힐 수 있도록 그 결론에 이르게 된 과정에 필요한 판단을 빠짐없이 기재하여야 하고, 그와 같은 기재가 누락되거나 불명확한 경우에는 민사소송법 제424조 제6호의 절대적 상고이유가 된다.

① ㉠, ㉡, ㉥   ② ㉡, ㉣, ㉥   ③ ㉠, ㉢, ㉤, ㉥

④ ㉥   ⑤ 답이 없다

<해설> 정답 ④

㉠ 소송대리인의 표시는 송달의 편의상 기재하는 것이고 필요적 기재사항은 아니다.

㉡ 판결주문이 불명확하여 집행불능에 이를 경우 상소에 의한 취소사유로 되고, 비록 확정되어도 그 판결은 무효가 된다. 따라서 같은 소를 제기할 수 있다.

㉢ "확인하라"가 아니고 "확인한다"가 되어야 한다.

㉣ "피고는 소외 아무개(610409-1234567, 주소: 제주시 아라동 234)에게 2013.2.1. 매매를 원인으로 한 소유권이전등기절차를 이행하라"가 된다.

㉤ 판결서의 이유에는 주문이 정당하다는 것을 인정할 수 있을 정도로 당사자의 주장, 그 밖의 공격·방어방법에 관한 판단을 표시한다(제208조 제2항).

문6. 판결의 선고의 송달에 관한 다음 설명 중 옳지 않은 것은? (다툼이 있는 경우 판례에 의함)

① 판결의 선고는 당사자가 재정하지 아니하는 경우에도 할 수 있는 것이므로 법원이 적법하게 변론을 진행한 후 이를 종결하고 판결선고기일을 고지한 때에는 재정하지 아니한 당사자에게도 그 효력이 있는 것이고, 그 당사자에 대하여 판결선고기일 소환장을 송달하지 아니하였다 하여도 이를 위법이라고 할 수 없다.

② 선고기일을 지정하지 아니하고 변론기일에 선고된 판결은 위법이다.

③ 소송절차가 중단되어 있는 때에도 판결의 선고를 할 수 있다.

④ 판결의 선고는 그 기본인 변론에 관여한 법관이 하여야 한다.

⑤ 판결정본이 공시송달의 방법에 의하여 피고에게 송달되었다면 그 요건에 미비가 있다 할지라도 항소기간의 도과로 판결은 형식적으로 확정되어 기판력이 발생한다.

〈해설〉 정답 ④

④ 판결의 선고는 그 기본인 변론에 관여하지 않은 법관이 하여도 무방하다.

문7. 중간판결에 관한 다음 설명 중 옳지 않은 것은? (다툼이 있는 경우 판례에 의함)

① 항소심의 환송판결은 종국판결이다.

② 대법원의 환송판결도 제2심의 환송판결과 같이 종국판결이고, 재심의 대상이 되는 확정된 종국판결에 해당한다.

③ 중간판결에 대해서는 독립하여 상소할 수 없다.

④ 중간판결의 변론종결 후에 새로이 생긴 사실에 기하여 새로운 공격방어방법을 제출할 수 있다.

⑤ 중간판결을 선고하면 중간판결이 그릇된 것이라도 이에 저촉되는 종국판결을 선고할 수 없다.

<해설> 정답 ②

② 대법원의 환송판결도 당해 사건에 대하여 재판을 마치고 그 심급을 이탈시키는 판결인 점에서 당연히 제2심의 환송판결과 같이 종국판결로 보아야 할 것이다 그러나 대법원의 환송판결은 재심의 대상이 되는 '확정된 종국판결'에 해당한다고 볼 수 없다(대법원 1995.2.14. 선고 93 재다27, 34(반소) 전원합의체 판결).

문8. 중국판결에 대한 다음 설명 중 옳지 않은 것으로만 묶인 것은? (다툼이 있는 경우 판례에 의함)

> ㉠ 청구의 병합·반소·변론의 병합의 경우 수 개의 청구에 대하여 동시에 한 개의 판결을 행한 때에도 그 판결은 한 개의 전부판결이다.
> ㉡ 전부판결 중 원고 일부승소·일부패소의 경우 패소부분에 대한 상소의 효력은 승소부분에는 미치지 아니한다.
> ㉢ 일부판결은 독립하여 상소의 대상이 된다.
> ㉣ 반소가 제기된 경우 본소만 판단하고 반소에 관한 판단을 빠뜨린 경우 판단누락이다.
> ㉤ 소송종료선언은 본안에 관한 종국판결이다.
> ㉥ 환송판결을 대상으로 제기한 재심의 소는 부적법하므로 이를 각하하여야 한다.

① ㉠, ㉡, ㉢   ② ㉡, ㉣, ㉤   ③ ㉡, ㉤
④ ㉡, ㉢, ㉣   ⑤ ㉣, ㉤, ㉥

<해설> 정답 ②

㉡ 상소불가분의 원칙에 따라 승소부분에도 미친다.
㉣ 재판누락으로 추가판결의 대상이 된다.
㉤ 소송판결이다.

문9. 종국판결에 관한 다음 설명 중 옳은 것은? (다툼이 있는 경우 통설·판례에 의함)

① 일부판결이 허용되지 않는 소송에서 빠뜨린 것이 있다면 재판누락으로 보아 추가판결로 시정할 것이다.
② 예비적 병합의 경우 주위적 청구를 배척하면서 예비적 청구에 대하여 판단하지 아니하는 판결을 한 경우에는 그 판결에 대한 상소가 제기되면 판단이 누락된

예비적 청구부분도 상소심으로 이심이 되고 그 부분이 재판의 탈루에 해당하여 원심에 계속 중이라고 볼 것은 아니다.

③ 건물명도와 손해배상을 청구하여 손해배상청구만 기각이 된 경우 그 패소부분만 항소하였다면 승소한 건물명도청구부분도 항소심으로 이심되나, 항소심의 심판범위에 속하지 않는다.

④ 재판이 누락된 경우 그 부분 소송은 여전히 그 심급에 계속 중이라 할 것이어서 적법한 상소의 대상이 되지 아니하므로 그 부분에 대한 상소는 부적법하다.

⑤ 판결주문에서 아무 표시가 없으면 판결이유에 기재가 있어도 재판의 누락으로 본다.

〈해설〉 정답 ①

① 판단누락으로 보아 상소 또는 재심으로 다투어야 한다. 이시윤, pp.580~581 참조.
② 대법원 전원합의체 2000.11.26. 선고 98다22253 판결
③ 건물명도와 손해배상을 청구하여 손해배상청구만 기각이 된 경우 그 패소부분만 항소하였다면 승소한 건물명도청구부분은 불복항소의 대상이 되어 있지 아니하므로 항소심의 심판범위는 될 수 없으나 승소부분도 패소부분과 함께 항소심에 이심되고 그 확정이 차단된다.
④ 청구의 일부에 대하여 판단을 않으면 소위 재판의 탈루이고 주장에 대한 판단유탈이 아니다.
⑤ 판결주문의 누락이 재판누락의 기준이 된다.

문10. 다음 중 일부판결이 허용되는 것으로만 묶인 것은? (다툼이 있는 경우 판례에 의함)

> ㉠ 병합된 수 개의 청구 중 어느 하나의 청구
> ㉡ 선택적 병합청구, 예비적 병합청구
> ㉢ 변론병합한 청구 중 어느 인 청구
> ㉣ 주관적·예비적 공동소송
> ㉤ 예비적·선택적 공동소송
> ㉥ 필수적 공동소송

① ㉠, ㉡   ② ㉠, ㉢   ③ ㉠
④ ㉢, ㉤   ⑤ ㉣, ㉥

〈해설〉 정답 ②

㉠㉢만 일부판결이 허용된다.

문11. 소송비용에 관한 설명으로 **옳은** 것으로만 묶인 것은? (다툼이 있는 경우 판례에 의함)

> ⊙ 소송비용 중 재판비용의 예납명령의 불이행을 이유로 행한 불이익한 재판에 대해서는 독립하여 불복할 수 없다.
>
> ⓛ 소송비용에 산입되는 변호사보수를 넘어 지급한 착수금·성공보수금 등 변호사비용은 패소자에게 손해배상으로 청구할 수 있다.
>
> ⓒ 소송비용에 산입되는 변호사보수는 당사자가 보수계약에 의하여 지급한 또는 지급할 보수액의 범위 여부를 불문하고 각 심급단위로 소가에 따라 별정기준에 의하여 산정한다.
>
> ⓔ 수인의 공동소송인이 공동으로 변호사를 선임한 경우 소송비용에 산입할 변호사보수는 각 공동소송인별로 소송물가액을 정하고, 변호사보수를 산정한 다음 이를 합산한다.
>
> ⓜ 채무자의 고의 또는 과실에 의하여 자신의 권리를 침해받은 채권자가 자신의 권리 보호를 위하여 부득이하게 외국에서 소송을 제기하고 그와 관련하여 변호사 비용을 지출할 수밖에 없었다고 하더라도 채권자가 지출한 변호사 보수 전액이 곧바로 상당인과관계가 있는 손해에 해당한다고 볼 수는 없고 상당한 범위 내의 변호사 보수액만을 상당인과관계가 있는 손해로 보아야 한다.
>
> ⓗ 임대인이 임차인을 상대로 차임연체로 인한 임대차계약의 해지를 원인으로 임대차목적물인 부동산의 인도 및 연체차임의 지급을 구하는 소송비용은 임대인이 반환할 임대차보증금에서 당연히 공제할 수 있는 것은 아니다.

① ⊙, ⓛ, ⓔ, ⓜ   ② ⓜ, ⓗ   ③ ⊙, ⓒ, ⓜ

④ ⊙, ⓜ   ⑤ ⊙, ⓗ

〈해설〉 정답 ④

ⓛ 당사자 부담이다.

ⓒ 당사자가 보수계약에 의하여 지급한 또는 지급할 보수액의 범위 내에서 정한다.

ⓔ 공동소송인들의 각 소송물가액을 합산한 총액을 기준으로 변호사보수를 산정한다(대법원 2000.11.30. 자 2000마5563 전원합의체 결정).

ⓗ 임대인이 임차인을 상대로 차임연체로 인한 임대차계약의 해지를 원인으로 임대차목적물인 부동산의 인도 및 연체차임의 지급을 구하는 <u>소송비용은 임차인이 부담할 원상복구비용 및 차임</u>

지급의무 불이행으로 인한 것이어서 임대차관계에서 발생하는 임차인의 채무에 해당하므로 이를 반환할 임대차보증금에서 당연히 공제할 수 있다(대법원 2012.9.27. 선고 2012다49490 판결).

문12. 소송비용의 부담에 관한 다음 설명 중 옳지 않은 것은? (다툼이 있는 경우 판례에 의함)

① 일부 패소의 경우 각 당사자가 부담할 소송비용은 법원이 그 재량에 의하여 정할 수 있는 것이고, 반드시 청구액과 인용액의 비율에 따라 정하여야 하는 것은 아니다.

② 상급법원에서 소를 기각하는 때에는 하급법원에서 생긴 비용까지 합하여 재판하여야 한다.

③ 소송비용에 대해서는 독립하여 상소할 수 없고 본안재판과 함께 불복하여야 하나, 본안의 상소가 이유 없을 때에는 그 불복신청은 부적법하게 된다.

④ 판결주문에서 단순히 소송비용은 공동소송인들의 부담으로 한다고 정하였다면 공동소송인들은 상대방에 대하여 균등하게 소송비용을 부담한다.

⑤ 법정대리인 또는 소송대리인으로서 소송행위를 한 사람이 그 대리권 또는 소송행위에 필요한 권한을 받았음을 증명하지 못하거나, 추인을 받지 못한 경우에 그 소송행위로 말미암아 발생한 소송비용에 대해서는 그에게 비용을 갚도록 명할 수 있다.

〈해설〉 정답 ②
② 이 경우는 그 심급에서 생긴 상소비용만을 재판하면 된다.

문13. 소송비용액확정결정절차에 대한 다음 설명 중 옳지 않은 것으로만 묶인 것은? (다툼이 있는 경우 판례에 의함)

> ㉠ 소송비용의 계산 및 소송비용액확정결정은 사법보좌관의 업무이다.
> ㉡ 소송비용부담의 재판 이후에 비용부담 의무자의 승계가 있는 경우, 그 승계인을 상대로 소송비용액확정결정신청을 하기 위해서는 승계집행문을 부여받아야 한다.
> ㉢ 소송비용 상환의무가 재판에 의하여 확정된 경우에, 소송비용액 확정절차

에서는 상환할 소송비용의 수액을 정할 수 있을 뿐이고, 그 상환의무 자체의 존부를 심리·판단할 수는 없다.

ㄹ 피해자가 법원의 감정명령에 따라 신체감정을 받으면서 예납의 절차에 의하지 않고 직접 지출한 감정비용은 별도로 소구할 이익이 있다.

ㅁ 당사자들 사이에 이른바 성공보수의 약정을 하면서 전 심급을 통하여 최종적으로 승소한 금액의 일정 비율을 성공보수금으로 지급하기로 한 경우, 각 심급별 소송비용에 산입될 성공보수는 최종 소송 결과에 따라 확정된 성공보수금을 승소한 심급들 사이에서 각 심급별 승소금액에 따라 안분하는 방법으로 산정함이 타당하고, 패소한 심급의 소송비용에 산입할 수는 없다.

ㅂ 소송비용액확정절차에서 변제, 상계, 화해 등 권리소멸의 항변을 할 수 있다.

① ㄱ, ㄹ, ㅂ   ② ㄹ, ㅁ, ㅂ   ③ ㄹ, ㅂ

④ ㄴ, ㄹ, ㅂ   ⑤ ㄱ, ㄹ

〈해설〉 정답 ①

ㄱ 소송비용의 계산은 법원사무관 등이, 소송비용액확정결정은 사법보좌관이 담당한다.

ㄹ 소송비용액확정절차를 거쳐 상환받을 수 있고 별도로 소구할 이익이 없다.

ㅁ 대법원 2012.1.27.자 2011마1941 결정

ㅂ 불가. 이시윤, p.648 참조.

문14. 소송비용의 담보제공에 관한 다음 설명 중 <u>옳지 않은</u> 것으로만 묶인 것은? (다툼이 있는 경우 판례에 의함)

ㄱ 원고도 소송비용담보제공신청을 할 수 있다.

ㄴ 소장·준비서면, 그 밖의 소송기록에 의하여 청구가 이유 없음이 명백한 때에는 법원이 직권으로 원고에게 담보제공을 명할 수 있다.

ㄷ 법원의 직권에 의한 소송비용 담보제공 재판에 불복할 경우에도 원고는 민사소송법 제121조를 준용하여 즉시항고를 제기할 수 있다.

ㄹ 담보제공을 신청한 피고는 원고가 담보를 제공할 때까지 응소거부권을 갖는다.

ㅁ 담보제공자의 담보물회수청구권에 관하여 압류 및 전부명령을 받아 담보제

공자의 지위를 승계하게 된 담보권리자는 담보취소결정에 대하여 항고 또는 재항고로써 불복할 이익이 있다.

ⓗ 원고가 우리나라에 주소나 사무소를 갖게 되었거나 원고가 승소하여 소송비용을 전부 피고부담으로 한다는 판결의 확정시에 원고는 수소법원에 신청하여 담보제공한 것을 되돌려 받을 수 있다.

① ㉠, ㉤, ㉥   ② ㉠, ㉢, ㉥   ③ ㉠, ㉥

④ ㉠   ⑤ 답이 없다

〈해설〉 정답 ①

㉠ 원고는 불가(대법원 2012.9.13.자 2012카허15 결정)

㉤ 담보제공자의 담보물회수청구권에 관하여 압류 및 전부명령을 받아 담보제공자의 지위를 승계하게 된 담보권리자는 담보취소결정에 대하여 항고 또는 재항고로써 불복할 이익이나 필요가 있다고 할 수 없다(대법원 2011.1.13.자 2010마367 결정).

㉥ 담보취소결정을 받아야 한다. 제125조 참조.

문15. 소송비용의 부담에 관한 다음 설명 중 옳지 않은 것은? (다툼이 있는 경우 판례에 의함)

① 변호사보수를 소송비용에 산입함에 있어서 여러 변호사가 동시 또는 이시에 대리하는 경우 한 변호사가 대리한 것으로 본다.

② 별개로 진행된 복수의 소송에서 당사자가 각각 별도로 변호사를 소송대리인으로 선임하였다가 나중에 법원의 변론병합결정에 의하여 공동소송인이 된 경우 각 소송물가액을 모두 합산한 총액을 기준으로 변호사보수를 산정한다.

③ 피고가 변제하지 아니하여 원고가 제소하였으나, 소송계속 중에 피고가 임의 변제하여 원고가 패소한 경우에는 원고가 소송비용을 부담하지 아니한다.

④ 피고가 이행거절을 하는 등 제소를 유발한 바 없음에도 불구하고 원고가 불필요한 제소를 하여 승소한 경우에는 원고가 소송비용을 부담한다.

⑤ 소송대리권의 흠결로 무권대리인이 소송비용 부담의 재판을 받은 경우 소송대리인으로서는 즉시항고나 재항고로 불복하는 것은 별론으로 하고, 당사자 등을 상대방으로 한 항소나 상고를 제기할 수는 없다.

<해설> 정답 ②

② 별개로 진행된 복수의 소송에서 당사자가 각각 별도로 변호사를 소송대리인으로 선임하였다가 나중에 법원의 변론병합결정에 의하여 공동소송인이 되었다면, 그 선임된 변호사가 동일인이라고 하더라도 그 공동소송인마다 따로 소송물가액에 따라 구 규칙 제3조에 의한 변호사보수액을 산정한 후 이를 합산함이 상당하다(대법원 2008.6.23.자 2007마634 결정).

문16. 소송비용액확정에 관한 다음 설명 중 옳지 않은 것은? (다툼이 있는 경우 판례에 의함)

① 소송비용부담의 재판만으로 소송비용상환청구채권의 집행권원이 될 수 없고, 따라서 소송비용액확정결정에 의한 소송비용은 본안판결의 집행력이 미치는 대상이 아니다.

② 소의 취하 등 소송이 판결에 의하지 않고 완결된 경우에도 소송비용액확정결정절차의 관할법원은 소송이 완결될 당시의 소송계속법원이다.

③ 소송비용액확정결정에 대한 즉시항고에 앞서 사법보좌관의 처분에 대한 이의신청을 내야하고, 이 이의신청의 관할은 지방법원 단독판사에게 있다.

④ 소송비용액확정절차는 상대방이 부담할 소송비용액의 수액을 확정하는 것이지 자기가 지출한 수액을 확인해 주는 절차가 아니다.

⑤ 상소심에 제기된 재심청구 사건의 판결에서 소송비용의 부담자만을 정하고 그 액수를 정하지 아니한 경우에도 그 소송비용액의 확정결정은 제1심법원이 하여야 한다.

<해설> 정답 ③

③ 제1심 수소법원이다. 합의사건의 소송비용액확정신청에 대한 사법보좌관의 처분을 합의부가 아닌 단독판사가 인가하였다면 이는 전속관할 위반이다. 대법원 2008.6.23.자 2007마634 결정 참조.

문17. 소송비용의 담보제공에 관한 다음 설명 중 옳지 않은 것은? (다툼이 있는 경우 판례에 의함)

① 원고가 대한민국에 주소·사무소와 영업소를 두지 아니한 때에는 피고의 신청이 있으면 법원은 원고에게 소송비용에 대한 담보를 제공하도록 명하여야 한다.

② 담보액은 피고가 각 심급에서 제출할 비용의 총액을 표준으로 정한다.

③ 담보를 제공할 사유가 있다는 것을 알고도 피고가 본안에 관하여 변론하거나 변론준비기일에서 진술한 경우에는 담보제공을 신청하지 못한다.

④ 담보의 제공은 금전 또는 법원이 인정하는 유가증권을 공탁하거나, 지급보증위탁계약체결문서를 제출하는 방법으로 한다.

⑤ 원고가 준비명령에서 정한 기한 내에 피고의 의 답변서에 대한 반박 준비서면을 제출하지 아니한 경우 법원은 원고에게 소송비용담보제공을 명할 수 있다.

〈해설〉 정답 ⑤

⑤ 반대: 대법원 2013.5.31.자 2013마488 결정(소송비용에 대한 담보제공명령은 원고가 대한민국에 주소 등을 두지 아니한 때 또는 소송기록에 의하여 청구가 이유 없음이 명백한 때에 해당하거나 그 밖에 이에 준하는 사유가 있어 피고의 이익을 보호하기 위하여 소송비용상환청구권의 용이한 실현을 미리 확보하여 둘 필요가 있는 경우에만 허용된다).

문18. 가집행선고에 대한 다음 설명 중 **옳지 않은** 것으로만 묶인 것은? (다툼이 있는 경우 판례에 의함)

> ㉠ 재산권의 청구에 관한 판결에는 반드시 가집행선고를 붙여야 한다.
> ㉡ 어음·수표금청구에 관한 판결에는 무담보부가집행선고를 하여야 한다.
> ㉢ 이혼과 동시에 재산분할을 명하는 판결에는 가집행선고를 붙일 수 없다.
> ㉣ 가집행선고 있는 판결에 기한 강제집행은 본집행이 아니라 임시집행이다.
> ㉤ 가집행선고가 붙지 않은 제1심판결에 내이어 피고만이 항소한 항소심에서 불이익변경금지의 원칙상 항소심법원이 항소를 기각하면서 가집행선고를 붙일 수 없다.
> ㉥ 가집행선고부판결을 집행권원으로 하여 재산명시신청이나 재산조회신청을 할 수 없다.

① ㉠, ㉣   ② ㉣, ㉤   ③ ㉣

④ ㉣, ㉤, ㉥   ⑤ ㉠, ㉣, ㉤

〈해설〉 정답 ⑤

㉠ 상당한 이유가 없는 한 가집행선고를 붙여야 하고, 건물철거청구와 같이 가집행이 패소한 피고에게 회복할 수 없는 손해를 줄 염려가 있는 경우에는 가집행을 붙이지 않을 수도 있다.

㉣ 가집행도 종국적 권리의 만족에까지 이를 수 있는 점에서 확정판결에 기한 본집행과 같다.

㉤ 가집행선고가 붙지 않은 제1심판결에 대하여 피고만이 항소한 항소심에서 법원이 항소를 기각하면서 가집행선고를 붙였다 하여 제1심 판결을 피고가 신청한 불복의 한도를 넘어 불이익하게 변경한 것이라 할 수 없다.

문19. 가집행선고의 실효에 관한 다음 설명 중 옳지 않은 것은? (다툼이 있는 경우 판례에 의함)

① 원고가 가집행선고를 이용하여 강제집행을 할 기세를 보인 까닭에 피고가 그 집행을 모면하기 위해서 부득이 변제로서 돈을 지급한 것이라면 이는 가집행선고로 인한 지급물에 해당한다.

② 가집행에 의한 경매절차에서 채무자의 부동산이 제3자에게 이미 매각허가결정이 나고 매각대금이 납부되었다면 경매가 반사회적 법률행위의 수단으로 이용된 경우가 아닌 한 그 매수인(제3자)의 소유권취득에는 영향이 없다.

③ 가집행선고의 실효로 인한 손해배상책임은 무과실책임이고, 과실상계에 관한 규정이 준용된다.

④ 가집행선고 후 피고가 변제공탁한 판결금액도 가지급물반환신청의 대상이 된다.

⑤ 가집행선고의 실효로 인한 원상회복 및 손해배상청구는 문제 된 소송의 상소심절차에서 가지급물반환신청의 방식으로 하거나 또는 원고를 상대로 별도의 소를 제기할 수 있다.

〈해설〉 정답 ④

④ 원고가 수령하지 아니한 이상 공탁된 돈 자체는 가지급물이 될 수 없다.

문20. 다음은 가집행선고 및 실효에 관한 설명이다. 옳지 않은 것은? (다툼이 있는 경우 판례에 의함)

① 가지급물반환신청은 법률심인 상고심에서는 할 수 없다.

② 가집행이 실효된 경우 그 가집행으로 인하여 지급된 것이 금전이라면 특단의 사정이 없는 한 가집행채권자는 그 지급된 금원과 그 지급된 금원에 대

하여 지급된 날 이후부터 법정이율에 의한 지연손해금을 지급하여야 한다.

③ 가집행선고 있는 승소판결이 선고된 후 소를 교환적으로 변경하였다면 가집행선고는 실효된다.

④ 가지급물반환신청은 본안판결의 취소·변경을 조건으로 하는 예비적 반소의 성질을 띤다.

⑤ A가 甲을 상대로 한 점포명도사건의 가집행선고부 승소판결에 기하여 이건 점포에 대하여 그 명도집행을 하여 이를 乙에게 임대한 후에 상소심에서 위 가집행선고가 실효되었다고 하여도 위 가집행에 기하여 乙이 취득한 임차권에는 아무런 영향을 미치지 아니한다.

〈해설〉 정답 ①

① 사실관계에 다툼이 없어 사실심리를 요하지 않는 경우에는 상고심에서도 가지급물반환신청을 할 수 있다.

문21. 가집행선고에 대한 다음 설명 중 옳지 않은 것으로만 묶인 것은? (다툼이 있는 경우 판례에 의함)

⊙ 가집행선고부판결에 기하여 변제한 것은 그 판결이 확정된 때에 비로소 변제효과가 발생한다.

ⓛ 공유물분할판결에는 가집행선고를 붙일 수 없다.

ⓒ 소유권이전등절차를 명하는 판결에는 가집행을 붙일 수 없다.

ⓡ 국가를 피고로 하는 소송에서는 가집행선고를 붙일 수 없다.

ⓜ 제1심에서 가집행선고부 승소판결을 받아 그 판결에 기해 강제경매를 신청한 다음 항소심에서 조정(조정에 갈음하는 결정 포함) 내지 화해가 성립한 경우, 제1심판결 및 가집행선고의 효력은 조정 내지 화해에서 제1심판결보다 인용 범위가 줄어든 부분에 한하여 실효되고 나머지 부분에 대해서는 여전히 효력이 미친다.

ⓗ 가집행선고의 집행정지를 위한 담보공탁금은 가집행선고의 실효로 인한 손해에 포함되지 않는다.

① ⊙, ⓡ, ⓗ   ② ⓛ, ⓒ, ⓡ   ③ ⓜ, ⓗ

④ ⓡ   ⑤ ⓡ, ⓗ

<해설> 정답 ④

ㄹ 국가를 피고로 하는 소송에서 가집행선고를 붙일 수 없도록 한 구 소송촉진 등에 관한 특례법 제6조 제1항 단서가 헌법재판소의 위헌결정에 따라 1990.1.13. 삭제되었다.

문22. 다음 중 판결경정사유가 <u>아닌</u> 것으로만 묶인 것은? (다툼이 있는 경우 판례에 의함)

> ㉠ 판결주문과 이유가 명백히 모순·착오인 경우
> ㉡ 판결서 말미에 별지목록의 누락
> ㉢ 건물건평·토지면적의 잘못 표시
> ㉣ 호프만식 계산법에 의한 손해금의 계산 등 착오
> ㉤ 판결주문 중 등기원인일자의 잘못
> ㉥ 이전등기·말소등기판결에서 피고의 등기부상의 주소를 기재하지 않은 것

① ㉠　　② ㉠, ㉥　　③ ㉡, ㉤, ㉥
④ ㉥　　⑤ ㉤, ㉥

<해설> 정답 ④

㉥ 판례는 판결경정사유가 아니라고 한다.

문23. 판결경정에 대한 다음 설명 중 <u>옳지 않은</u> 것으로만 묶인 것은? (다툼이 있는 경우 판례에 의함)

> ㉠ 판결확정 후에는 판결경정을 할 수 없다.
> ㉡ 판결을 한 법원은 물론 상급법원도 경정할 수 있으나, 하급심에서 확정된 판결부분에 대해서는 상급법원이 경정할 수 없다.
> ㉢ 판결경정은 원판결과 일체가 되어 판결선고 시에 소급하여 그 효력이 발생한다.
> ㉣ 판결경정결정이나 경정신청기각결정에 대해서는 즉시항고를 할 수 있다.
> ㉤ 판결에 대한 상소기간은 경정에 의하여 영향을 받지 않고 판결이 송달된 날로부터 진행한다.
> ㉥ 조정조서의 경우에도 경정이 허용된다.

① ㉠, ㉣ ② ㉠, ㉡, ㉣ ③ ㉢, ㉣

④ ㉣, ㉫ ⑤ ㉠

〈해설〉정답 ①

㉠ 상소제기 후는 물론 판결확정 후에도 판결경정을 할 수 있다.

㉣ 경정신청기각결정에 대해서는 불복할 수 없고 특별항고만이 가능하다.

문24. 판결의 확정시기와 관련하여 다음 〈사례〉에 관한 〈보기〉의 설명 중 옳지 않은 것을 모두 모은 것은? (다툼이 있는 경우 판례에 의함)

> <사례>
>
> 甲은 乙을 상대로 금 1,000만 원의 대여금청구의 소를 제기하여 甲 승소판결을 받고 乙은 2013.5.30. 판결정본을 송달받았다.

> <보기>
>
> ㉠ 乙은 2013.6.13. 24:00까지 항소심법원에 항소를 제기하여야 하고, 이 기간을 도과하면 판결이 확정된다.
>
> ㉡ 乙이 항소기간 내에 항소를 제기하였다가 항소를 취하한 때에는 항소취하 시에 확정된다.
>
> ㉢ 乙이 항소를 제기하였으나 항소각하판결이 선고되거나 항소장각하명령이 있는 때에는 판결선고 시 또는 명령고지 시에 확정된다.
>
> ㉣ 乙이 항소기간 내에 항소를 포기하였을 때에는 항소기간 만료 시에 확정된다.
>
> ㉤ 甲과 乙이 1심판결선고 전에 불항소합의를 하였을 때에는 판결선고 시에 확정된다.
>
> ㉥ 甲과 乙이 비약상고의 합의를 한 경우 상고기간 만료 시에 확정된다.

① ㉠, ㉡, ㉢, ㉣ ② ㉡, ㉢, ㉣ ③ ㉡, ㉢, ㉣, ㉤

④ ㉡, ㉢, ㉣, ㉥ ⑤ ㉢, ㉣

〈해설〉정답 ①

㉠ 초일불산입의 원칙에 따라 항소만기는 2012.6.13. 24:00이고, 원심법원에 항소장을 제출하여야 한다.

ⓛ 항소기간 만료 시에 확정된다.
ⓒ 이들 재판이 확정되었을 것을 전제로 항소기간 만료 시에 확정된다.
ⓔ 포기 시에 확정된다.

문25. 판결의 확정시기와 관련하여 다음 〈사례〉에 관한 〈보기〉의 설명 중
옳지 않은 것을 모두 모은 것은? (다툼이 있는 경우 판례에 의함)

<사례>

甲은 乙을 상대로 소유권이전등기청구의 소를 제기하여 甲 패소판결을 받고
甲은 2013.5.30. 판결정본을 송달받았다.

<보기>

㉠ 甲이 항소를 제기하였으나 항소기각판결을 받은 때에는 항소심판결선고
시에 확정된다.
㉡ 甲이 항소기각판결을 받고 상고를 제기하였으나 상고기각판결을 받은 때
에는 판결선고 시에 확정된다.
㉢ 甲이 항소기각판결을 받고 상고를 제기하였으나 심리불속행판결을 받거나
상고이유서부제출로 인한 상고기각판결을 받은 때에는 판결선고 시에 확
정된다.
㉣ 甲이 제기한 항소가 인용되어 1심판결이 취소되고 甲의 청구가 인용되자
乙이 상고를 제기하여 원심(2심)판결이 파기환송되었을 때에는 상고심판결
은 판결선고 시에 확정된다.
㉤ 甲은 2012.6.14. 00:00까지 항소를 제기하여야 한다.
㉥ 甲이 항소기간 내에 항소를 제기하여 항소심 계속 중에 항소를 취하한 경
우 항소는 소급적으로 효력을 잃게 되고 항소심절차는 종료된다.

① ㉠, ㉡, ㉢　　　② ㉠, ㉢, ㉣　　　③ ㉠, ㉢

④ ㉠, ㉢, ㉥　　　⑤ ㉢, ㉤, ㉥

〈해설〉 정답 ③

㉠ 항소심판결확정 시 즉 상고기간 만료 시에 확정된다.
㉢ 판결송달 시에 확정된다.

문26. 다음은 판결의 확정시기에 관한 설명이다. **옳지 않은** 것은? (다툼이 있는 경우 판례에 의함)

① 소유권이전등기말소청구와 금원청구를 모두 기각한 제1심판결에 대하여 원고가 말소청구부분에 관해서만 항소하였을 뿐 그 변론종결 시까지 항소취지를 확장한 바 없다면 항소심의 심판범위는 말소청구부분에 한하고 나머지 (금원청구) 부분에 관해서는 항소심판결의 선고와 동시에 확정된다.

② 甲이 乙을 상대로 1,000만 원의 대여금의 지급을 구하는 소를 제기하여 500만 원 부분은 승소하였으나, 나머지 500만 원 부분은 패소판결을 받았는데, 甲이 패소한 500만 원 부분에 대하여 불복 항소를 제기한 경우 甲의 승소부분 500만 원은 항소심판결선고 시에 확정된다.

③ 판결정본이 적법하게 송달된 바 없으면 상소기간이 진행되지 않으므로 상소권소멸의 문제는 생기지 않는다.

④ 판결정본의 송달 전에는 적법하게 상소를 제기할 수 없다.

⑤ 1심판결선고 전에 비약상고의 합의가 있는 때에는 상고기간의 만료 시에 확정된다.

〈해설〉 정답 ④

④ 판결선고 후에는 송달 전에도 상소를 제기할 수 있다.

문27. 다음은 기판력의 의의 및 본질에 관한 설명이다. **옳지 않은** 것은? (다툼이 있는 경우 판례에 의함)

① 甲이 乙에게 마쳐 준 근저당권설정등기의 말소를 구하는 소송을 제기아니 승소확정판결을 받고 丙에게 근저당권 설정등기를 마쳐 주고 이어 乙 명의의 근저당권설정등기 말소등기를 마쳤는데, 乙이 甲을 상대로 위 판결에 대한 재심의 소를 제기하여 "1. 재심대상판결 및 제1심판결을 각 취소한다. 2. 甲은 이 사건 청구를 포기한다. 3. 甲은 乙에게 근저당설정등기의 회복등기 절차를 이행한다"는 취지의 조정이 성립된 경우 위와 같은 조정조항도 유효하다.

② 乙이 甲을 상대로 하여 건물에 대한 전세금반환청구의 소를 제기하였다가 甲에게 대항할 전세금반환청구권을 인정할 수 없다는 이유로 청구기각의 판

결을 받고 확정된 경우, 그 후 甲이 乙을 상대로 건물소유권에 기한 가옥명도청구소송을 제기하자 乙이 바로 그 전세금반환청구권을 내세워 전세금을 반환받을 때까지 명도청구에 응할 수 없다는 동시이행의 항변을 할 수 없다.

③ 甲이 乙을 상대로 건물명도청구 시 乙이 전세금반환을 구하는 동시이행의 항변을 하였으나 그 항변이 배척되고 甲 승소의 판결이 확정된 후 乙이 甲을 상대로 전세금반환청구소송을 제기하는 경우에는 기판력저촉의 문제는 발생하지 아니한다.

④ 전소 확정판결에서 승소원고가 재소한 경우에는 소의 이익이 없다고 보아 소를 각하하고, 패소원고의 재소의 경우에는 청구를 기각한다.

⑤ 전소 확정판결의 존부는 당사자 주장이 없더라도 법원이 직권으로 조사하여 판단하지 않으면 안 되고, 더 나아가 당사자가 확정판결의 존재를 사실심 변론종결 시까지 주장하지 아니하였더라도 상고심에서 새로이 주장·증명할 수 있다.

〈해설〉 정답 ①

① 판례는 반대. 대법원 2012.9.13. 선고 2010다97846 판결

문28. 기판력에 관한 다음 설명 중 옳지 않은 것으로만 묶인 것은? (다툼이 있는 경우 판례에 의함)

> ㉠ 동일 소송물에 대하여 기판력이 있는 판단이 없어야 한다는 것은 소송요건이다.
> ㉡ 전소판결의 기판력과 모순되는 판결은 무효이다.
> ㉢ 재심대상판결을 취소시키는 조정조항은 당연무효이다.
> ㉣ 당사자 간의 합의에 의해 기판력을 부여하거나 취소·소멸시킬 수 없으며 기판력을 확장시킬 수 없다.
> ㉤ 기판력에 의하여 확정된 권리관계를 합의에 의해 변경하는 것은 허용되지 아니한다.
> ㉥ 기판력은 직권탐지사항이다.

① ㉠, ㉡, ㉢, ㉥   ② ㉡, ㉢, ㉥   ③ ㉡, ㉢

④ ㉢, ㉥   ⑤ ㉡, ㉢, ㉢, ㉥

〈해설〉 정답 ①

㉠ 반복금지설의 입장에서는 기판력은 그 자체로 소극적 소송요건이 되나, 판례는 모순금지설을 따르고 있다. 판례는 패소원고가 신소를 제기하면 전의 판결내용과 모순되는 판단을 하여서는 아니 되는 구속력 때문에 전소판결의 판단을 원용하여 청구기각판결을 하여야 한다는 입장이다. 이시윤, p.595 참조.

㉡ 무효는 아니고 상소로써 다툴 수 있으며 그것이 확정되었을 때 재심에 의해 취소할 수 있다.

㉢ 허용된다.

㉥ 직권조사사항이다.

문29. 기판력의 작용에 관한 다음 설명 중 <u>옳지 않은</u> 것은? (다툼이 있는 경우 판례에 의함)

① 甲이 乙을 상대로 소유권확인청구를 하여 승소확정판결을 받은 후 乙을 상대로 소유권에 기한 목적물인도청구를 한 경우 乙은 甲이 소유권자가 아니라고 주장할 수 없고 법원으로서도 이와 다른 판단을 할 수 없다.

② 甲·乙 간의 소유권이전등기이행청구에 대하여 乙에게 이행의무가 없다고 하여 기각판결이 확정된 뒤에 甲이 乙을 상대로 그와 같은 의무가 있음을 전제로 그 이행불능을 원인으로 손해배상청구를 하는 것은 허용되지 아니한다.

③ 甲의 소유권확인판결이 확정된 뒤에 동일한 물건에 대한 乙의 소유권확인청구는 전소의 기판력에 저촉된다.

④ 배당이의의 소에서 판단한 배당액수령권의 존부는 후소인 수령권이 없음을 전제로 한 부당이득반환청구의 소에서 선결문제가 되므로 전소의 기판력에 저촉된다.

⑤ 甲·乙 간의 확정판결로 甲 앞으로 소유권이전등기가 마쳐진 뒤에 乙이 그 등기가 원인무효임을 내세워 그 소유권이전등기의 말소를 구하는 것은 소송물이 다르므로 기판력에 저촉되지 아니한다.

〈해설〉 정답 ⑤

⑤ 확정된 이전등기청구권을 부인하는 것이 되어 기판력에 저촉된다.

문30. 기판력에 관한 다음 설명 중 <u>옳지 않은</u> 것은? (다툼이 있는 경우 판례에 의함)

① 甲이 乙을 상대로 소유권에 기하여 건물철거 및 대지인도청구소송을 제기한 결과, 甲이 대지의 실질적인 소유자가 아니라는 이유로 청구기각판결이 선고되어 확정되었고 위 패소확정된 사건의 변론종결 이후에 丙이 乙로부터 위 건물을 매수하였다. 그 후 甲이 乙을 상대로 소유권확인의 소를 제기하여 승소확정판결을 받고 丙을 상대로 소유권에 기하여 위 건물의 철거와 그 대지의 인도를 구하는 것은 위 패소확정판결의 기판력에 저촉된다.

② 매매계약의 무효 또는 해제를 원인으로 한 매매대금반환청구에 대한 화해조서의 기판력이 매매계약에 기한 소유권이전등기청구의 소에 미친다고 할 수 없다.

③ 甲이 乙을 대위하여 丙을 상대로 취득시효완성을 원인으로 한 소유권이전등기소송을 제기하였다가 乙을 대위할 피보전채권의 부존재를 이유로 소각하판결을 선고받고 확정된 후 丙이 제기한 토지인도 소송에서 甲이 다시 위와 같은 권리가 있음을 항변사유로서 주장하는 것은 기판력에 저촉되어 허용될 수 없다.

④ 채권채무의 존부에 관한 청구와 그 채권, 채무관계를 원인으로 한 등기의 말소청구권의 존부는 별개의 소송물이므로 채무부존재확인의 확정판결의 기판력은 그 채무부존재를 원인으로 하는 등기말소청구소송에 미칠 수 없다.

⑤ 甲이 乙을 상대로 X 토지를 대물변제받아 점유하기 시작하여 취득시효가 완성되었다는 사실을 그 이유로 하여 소유권이전등기청구를 하였다가 청구기각의 확정판결을 받은 후 乙이 甲을 상대로 X 토지상의 건물철거의 소를 제기하자 甲은 X 토지를 증여받아 점유하기 시작하여 취득시효가 완성되었다는 주장을 할 수 있다.

〈해설〉 정답 ⑤

① 丙은 乙의 지위를 승계한 변론종결 후의 승계인에 해당하므로, 甲이 다시 丙을 상대로 소유권에 기하여 위 건물의 철거와 그 대지의 인도를 청구하는 이 사건 소는 비록 그 사이에 甲이 乙을 상대로 위 대지에 관한 소유권확인소송을 제기하여 승소판결을 받아 확정되었고, 위 패소확정된 사건의 판결이 선고된 때로부터 10여 년이 지났다고 하여 그 판결의 기판력을 배제하여야 할 만한 사정변경이 있다고 볼 수도 없으므로 위 패소확정판결의 기판력에 저촉되어 기각

되어야 할 것이다(대법원 1991.3.27. 선고 91다650, 667 판결).

⑤ 주장불가.

문31. 기판력에 대한 다음 설명 중 옳지 않은 것으로만 묶인 것은? (다툼이 있는 경우 판례에 의함)

㉠ 乙을 상대로 건물소유권확인을 구하여 승소한 甲은 그 뒤 乙로부터 건물 철거와 대지인도청구를 당한 경우에 전소판결의 기판력에 의해 그 건물이 자기의 소유가 아니라고 주장할 수 없다.

㉡ 사찰재산의 양도계약에 기한 소유권등기이전청구권이 인낙조서에 의해 확정되었으나 양도계약이 관할청의 허가를 받지 못해 무효가 되어 유효한 소유권이전등기를 경료할 수 없게 되었다면, 위 인낙조서에 의해 확정된 소유권이전등기청구권의 시효중단을 위한 재소(再訴)는 소의 이익이 없어 부적법하다.

㉢ 甲이 乙을 상대로 소유권확인청구의 소를 제기하여 승소확정판결을 받고 다시 乙을 상대로 소유권에 기한 물권적 청구권을 청구원인으로 하는 인도소송을 제기한 경우에는 乙은 甲이 그 소유권자가 아니라고 주장할 수 없고, 법원도 이와 다른 판단은 할 수 없다.

㉣ 甲이 乙 상대로 제기한 매매대금청구소송에서 패소확정판결을 받은 뒤에 乙이 甲을 상대로 제기한 매매목적물인도청구소송에서 乙의 대금지급이 있어야 인도해주겠다는 동시이행의 항변을 하는 것은 기판력에 저촉된다.

㉤ 甲이 乙에게 X 토지에 관하여 신탁해지를 원인으로 한 소유권이전등기절차를 이행하기로 한 제소전화해가 성립되고 동 제소전화해조서에 기하여 乙 앞으로 소유권이전등기가 마쳐진 경우, 甲이 乙을 상대로 그 화해조서에 기하여 마쳐진 소유권이전등기가 원인무효라고 주장하며 말소등기절차의 이행을 청구하는 것은 위 제소전화해의 기판력에 저촉된다.

㉥ 甲이 乙을 상대로 乙은 甲에게 X 부동산에 관하여 가등기에 기하여 2013.5.20. 매매예약 완결을 원인으로 한 소유권이전등기절차를 이행하라는 내용의 소를 제기하여 승소확정판결을 받았다. 乙이 甲을 상대로 위 가등기가 원인무효임을 이유로 그 말소를 구하는 乙의 후소는 전소에서 매매예약을 원인으로 한 위 가등기가 유효함을 전제로 乙에게 이 사건 부

동산에 관하여 위 가등기에 기한 본등기절차를 이행할 것을 명하는 판결이 확정된 이상, 위 확정판결에 의하여 이미 확정된 법률효과와 정면으로 모순된 반대관계를 내용으로 한 것이어서 허용할 수 없다.

① ㉠, ㉢　　　② ㉽　　　③ ㉡

④ ㉣, ㉺　　　⑤ 답이 없다

〈해설〉 정답 ②

㉽ 가등기에 기한 소유권이전등기절차의 이행을 명한 전소판결의 기판력은 소송물인 소유권이전등기청구권의 존부에만 미치고 그 등기청구권의 원인이 되는 채권계약의 존부나 판결이유 중에 설시되었을 뿐인 가등기의 효력 유무에 관한 판단에는 미치지 아니한다고 할 것이고, 따라서 이 사건에서 만일 원고가 후소로써 위 가등기에 기한 소유권이전등기의 말소를 청구한다면 이는 1물 1권주의의 원칙에 비추어볼 때 전소에서 확정된 원고의 소유권이전등기청구권을 부인하고 그와 모순되는 정반대의 사항을 소송물로 삼은 경우에 해당하여 전소판결의 기판력에 저촉된다고 할 것이지만, 이와 달리 위 가등기만의 말소를 청구하는 것은, 전소에서 판단의 전제가 되었을 뿐이고 그로써 아직 확정되지는 아니한 법률관계를 다투는 것에 불과하여 전소판결의 기판력에 저촉된다고 볼 수 없는 것이다(대법원 1995.3.24. 선고 93다52488 판결).

문32. 확정판결의 기판력에 대한 다음 설명 중 옳지 않은 것으로만 모두 묶인 것은? (다툼이 있는 경우 판례에 의함)

㉠ 확인판결이나 형성판결에는 기판력이 없다.

㉡ 대표권의 흠을 이유로 소각하의 판결을 받아 확정된 뒤 새로 대표자를 선임보완하여 소를 제기하는 것은 기판력에 저촉되지 아니한다.

㉢ 소송물의 불특정을 이유로 청구기각한 판결에는 소송물인 권리관계의 존부에 기판력이 생기지 않는다.

㉣ 사망자를 상대로 한 판결에는 기판력이 없다.

㉺ 제1심판결이 공시송달의 방법에 의하여 피고에게 송달된 경우에도 항소기간의 도과로 기판력이 발생한다.

㉽ 상대방의 주소를 허위로 기재하여 얻은 승소판결에 기하여 소유권이전등기를 경료한 경우에도 기판력이 발생한다.

① ㉠, ㉽　　　② ㉡, ㉢, ㉣　　　③ ㉺, ㉽

④ ㉠　　　⑤ ㉽

〈해설〉 정답 ①

㉠ 이행판결, 확인판결, 형성판결 모두에 기판력이 생긴다.

㉥ 상대방의 주소를 허위로 기재하여 얻은 승소판결에 기한 소유권이전등기가 경료된 경우에는 동 등기는 실체적 권리관계에 부합될 수 있는 다른 사정이 없는 한 말소될 처지에 있는 것이므로 그 상대방이 기판력이 없는 위 판결에 대하여 항소를 제기하지 않고 별소로 그 등기의 말소를 구할 수도 있다.

문33. 다음 중 기판력이 <u>있는</u> 재판으로만 묶인 것은? (확정된 것을 전제로 하고, 다툼이 있는 경우 통설·판례에 의함)

㉠ 소송판결
㉡ 대법원의 환송판결
㉢ 간접강제를 위한 배상금의 지급결정
㉣ 확정된 지급명령·이행권고결정
㉤ 가압류·가처분
㉥ 소송비용액확정결정
㉦ 중재판정
㉧ 한정승인신고수리심판

① ㉠, ㉡, ㉢ ② ㉥, ㉦, ㉧ ③ ㉢, ㉥, ㉦, ㉧
④ ㉠, ㉢, ㉥, ㉦ ⑤ ㉢, ㉣, ㉤, ㉥, ㉦

〈해설〉 정답 ③

㉠ 소송판결의 기판력은 그 판결에서 확정한 소송요건의 흠결에 관하여 미친다.

㉡ 대법원의 환송판결도 동일절차에서 취소, 철회될 수 없다는 의미에서 기속력이 인정되고 하급심에 대한 특수한 기속력도 있지만 소송물에 관하여 직접적으로 재판하지 아니하고 원심을 파기하여 다시 심리판단하여 보라는 종국적 판단을 유보한 재판의 성질상 직접적으로 기판력이나 실체법상 형성력, 집행력이 생기지 아니한다.

㉢ 결정·명령이라도 실체관계를 종국적으로 해결하는 것에는 기판력이 생긴다.

㉣ 학설상 논란이 있으나, 민사집행법 제58조 제3항에서 지급명령에 대한 청구이의사유를 변론종결 후의 사유로 제한한 민사집행법 제44조 제2항의 적용을 배제하고 있고, 실무상 기판력이 인정되지 않아 준재심의 대상이 되지 않는 것으로 보고 있다. 이행권고결정도 확정된 지급명령과 마찬가지로 기판력이 없다.

㉤ 보전처분은 피보전권리의 존부를 확정함을 목적으로 하지 않고 소명에 의하여 보전처분의 허부를 판단하는 재판이므로 피보전권리의 존부에 관해서는 기판력이 생기지 않는다.

ⓗ 기판력이 있다.

ⓢ 중재법 제35조에 의해 중재판정이 있으면 기판력에 의하여 중재대상이 된 청구권의 존재가 확정된다.

ⓞ 가정법원의 한정승인신고 수리의 심판은 일응 한정승인의 요건을 구비한 것으로 인정한다는 것일 뿐 그 효력을 확정하는 것이 아니고 한정승인의 효력이 있는지의 최종적인 판단은 실체법에 따라 민사소송에서 결정할 문제이다. 대법원 2002.11.8. 선고 2002다1882 판결, 대법원 2006.10.13. 선고 2006다23138 판결 참조.

문34. 다음 중 기판력에 관한 판례의 입장이 <u>아닌</u> 것은? (다툼이 있는 경우 판례에 의함)

① 행정청의 위법한 처분의 취소나 변경을 구하는 소송에서 원고청구를 인용한 확정판결은 당사자 간에 기판력이 있는 것이므로 그 당사자인 행정청으로서는 그 판결의 사실심 변론종결 이전의 사유를 내세워 확정판결과 저촉되는 새로운 처분을 할 수 없고, 그러한 처분을 하였다면 그 새로운 처분은 명백하고도 중대한 하자가 있는 행정행위로서 당연무효이다.

② 상대방의 주소를 허위로 기재하여 얻은 승소판결에 기한 소유권이전등기가 경료된 경우에는 그 상대방이 기판력이 없는 위 판결에 대하여 항소를 제기하지 않고 별소로 그 등기의 말소를 구할 수는 없다.

③ 참가인이 독립당사자참가신청을 함에 있어 원고와 피고가 사해소송을 수행하고 있다는 등의 특별한 주장을 한 바 없다면 이는 민사소송법 제79조 제1항 전단의 이른바 사권리주장참가를 한 것으로 보아야 할 것이고, 제1심 판결이 참가인의 위 참가신청이 권리주장참가의 요건을 갖추지 못하였다 하여 이를 각하한 것이라면 위 확정된 각하판결은 원고의 피고에 대한 청구에 대하여 참가인의 권리주장참가는 그 참가요건을 갖추지 못하여 부적법하다는 점에 한하여 기판력을 가진다.

④ 공증인가 합동법률사무소가 작성한 약속어음 공정증서는 확정판결과 같은 기판력은 없다.

⑤ 보전소송절차는 피보전권리를 종국적으로 확정하는 것을 목적으로 하는 것이 아니므로 보전소송에서 피보전권리가 소명되어 보전신청이 판결에 의하여 인용되고, 동 판결이 확정되었다고 하더라도 그로써 그 피보전권리에 관해서 기판력이 생기는 것이 아니다.

〈해설〉 정답 ②

② 상대방의 주소를 허위로 기재하여 얻은 승소판결에 기한 소유권이전등기가 경료된 경우에는 동
등기는 실체적 권리관계에 부합될 수 있는 다른 사정이 없는 한 말소될 처지에 있는 것이므로
그 상대방이 기판력이 없는 위 판결에 대하여 항소를 제기하지 않고 별소로 그 등기의 말소를
구할 수도 있다. 대법원 1981.8.25. 선고 80다2831 판결; 대법원 1979.10.30. 선고 79다
1468 판결 참조.

문35. 외국판결의 승인 및 집행에 관한 다음 설명 중 옳지 않은 것은? (다툼이 있는 판례에 의함)

① 한국에 주소를 두고 있는 피고에 대한 미국 캘리포니아 주 법원의 이혼판결
은 우리나라에서 효력이 없다.

② 민사소송법 제217조의 요건을 구비하고 있는 외국법원의 이혼판결, 혼인취
소, 혼인무효나 이혼무효판결은 집행판결이 면제된다.

③ 동일 당사자 간의 동일 사건에 관하여 대한민국에서 판결이 확정된 후에 다
시 외국에서 판결이 선고되어 확정되었다면 그 외국판결은 대한민국판결의
기판력에 저촉되는 것으로서 대한민국에서는 효력이 없다.

④ 채무자 회생 및 파산에 관한 법률상의 '외국도산절차의 승인'은 민사소송법
제217조가 규정하는 '외국판결의 승인'과 달리 외국법원의 재판을 승인하는
것이 아니라 당해 외국도산절차를 승인하는 것으로서 그 승인에 의하여 외
국도산절차의 효력이 직접 대한민국 내에서 확장되거나 국내에서 개시된 도
산절차와 동일한 효력을 갖게 되는 것은 아니다.

⑤ 외국 판결이 사기적인 방법으로 편취된 경우 피고가 판결국 법정에서 사기
적인 사유를 주장할 수 없었고 또한 저벌받을 사기적인 행위에 대히어 유죄
판결과 같은 고도의 증명이 있는 경우에 한하여 승인거부사유가 된다.

〈해설〉 정답 ②

② 외국법원의 이혼판결에 대해서는 집행판결이 면제되나, 외국법원의 혼인취소, 혼인무효나 이혼
무효판결을 받은 경우에는 다시 국내법원의 집행판결을 받아야 한다.

문36. 외국법원의 확정판결과 관련하여 다음 설명 중 옳지 않은 것으로만 묶인 것은? (다툼이 있는 경우 판례에 의함)

> ㉠ 징벌적 손해배상을 명한 미국 법원의 판결은 우리의 공서양속에 반한다.
> ㉡ 외국판결에 기한 강제집행을 실시하기 위해서는 우리나라 법원에서 집행판결을 받아야 한다.
> ㉢ 외국판결 승인요건으로서의 송달의 적법성과 관련하여 여기의 송달은 공시송달은 물론 보충송달이나 우편송달이 아닌 통상의 송달방법에 의한 송달을 의미한다.
> ㉣ 외국판결승인 요건으로서의 공서양속과 관련하여 판결주문뿐만 아니라 이유도 심사의 대상이 되고, 판결내용뿐만 아니라 그 절차적인 면도 심사의 대상이 된다.
> ㉤ 상호의 보증은 외국의 법령, 판례 및 관례 등에 의하여 승인요건을 비교하여 인정되면 충분하고 반드시 당사국과의 조약이 체결되어 있을 필요는 없다.
> ㉥ 외국판결이 국내에서 승인을 받기 위해서는 피고가 내국인인지 외국인인지를 가리지 않는다.

① ㉠, ㉡, ㉢   ② ㉣, ㉥   ③ ㉢
④ ㉤   ⑤ 답이 없다

〈해설〉 정답 ⑤

전부 맞는 지문이다.

문37. 다음 중 판결의 법률요건적 효력의 예가 아닌 것으로 묶인 것은? (확정된 것을 전제로 하고, 다툼이 있는 경우 통설·판례에 의함)

> ㉠ 확정판결에 의한 시효의 중단
> ㉡ 단기소멸시효기간의 10년의 소멸시효로 되는 것
> ㉢ 가집행선고실효의 경우의 원상회복과 손해배상청구권
> ㉣ 소유권보존등기청구권의 발생
> ㉤ 보조참가인에 대한 참가적 효력의 발생
> ㉥ 청구이의의 소의 이의사유의 제한
> ㉦ 공탁물회수청구권의 발생

① ㉠, ㉡   ② ㉤, ㉥   ③ ㉣, ㉦
④ ㉢, ㉤   ⑤ 답이 없다

〈해설〉 정답 ⑤

모두 민법이나 민소법에 의하여 판결의 존재를 요건사실로 하여 일정한 법률효과의 발생을 규정한 경우이다.

문38. 판결의 집행력과 형성력에 관한 다음 설명 중 옳지 않은 것은? (다툼이 있는 경우 판례에 의함)

① 이행판결만이 집행권원이 되고, 확인판결과 형성판결은 소송비용의 재판부분에 한하여 집행력이 있다.

② 항고로써만 불복을 신청할 수 있는 결정·명령도 집행력이 있다.

③ 채권자대위소송판결의 기판력이 채무자에게 미치는 경우 집행력도 채무자에게 미친다.

④ 형성력은 형성판결의 확정과 동시에 법률요건을 이루고 당사자뿐만 아니라 제3자에게 효력이 생긴다.

⑤ 행정처분취소청구소송의 취소판결의 형성력은 당연히 제3자에게도 미친다.

〈해설〉 정답 ③

③ 이 경우에도 집행력은 원고와 피고 사이에서만 생기고, 원고와 채무자 사이에서는 생기지 않는다.

문39. 판결의 기판력과 반사적 효력과의 관계에 관한 다음 설명 중 옳지 않은 것은? (다툼이 있는 경우 판례에 의함)

① 기판력은 직권조사사항이나, 반사적 효력은 변론주의의 적용에 따라 이에 의하여 이익을 받을 제3자의 원용에 의해 비로소 고려힐 사항이다.

② 기판력은 절대불가쟁성을 가지나, 반사적 효력은 당해 소송이 사해소송일 경우에는 그 효력을 부정할 수 있다.

③ 기판력을 받는 사람은 공동소송참가 또는 공동소송적 보조참가를 할 수 있으나, 반사적 효력을 받는 사람은 공동소송적 보조참가를 할 수 있다.

④ 기판력은 판결주문에 발생하지만 반사적 효력은 판결이유에서의 판단에도 미친다.

⑤ 기판력 확장은 보통 집행력 확장을 수반하지만 반사적 효력은 집행력과 무관하다.

〈해설〉 정답 ③

③ 반사적 효력을 받는 자는 단순 보조참가를 할 수 있을 뿐이다.

문40. 다음 중 학설이 확정판결의 반사적 효력에 관한 예로 들지 않는 것은?

① 甲과 乙 간의 제소전화해에 의하여 甲 앞으로 이전등기가 된 경우에 乙이 그 등기가 원인무효임을 내세워 그 등기말소를 구할 수 없다.

② 합명회사와 그 채권자 사이의 소송에서 회사채무의 존부에 대한 판결이 행해진 경우에 그 사원은 회사패소의 판결을 승인하여야 하는 한편, 회사승소의 판결을 자기에 유리하게 원용할 수 있다.

③ 채권자와 주 채무자 사이의 소송에서 주 채무자 승소확정판결이 있었으면 보증채무의 부종성 때문에 보증인도 주 채무자 승소판결을 원용하여 자기의 보증채무이행을 거절할 수 있다.

④ 채무자와 제3자 사이에 채무자의 재산에 관한 소송에서 받은 패소판결은 그 채무자를 대위하여 제3자를 상대로 소를 제기하는 채권자에게도 미친다.

⑤ 공유자는 다른 공유자가 방해배제청구를 하여 제3자에 대하여 승소한 경우에는 이를 보존행위라고 하여 제3자에 대해 그 판결을 원용할 수 있다.

〈해설〉 정답 ①

① 기판력에 관한 판례의 입장이다.

문41. 다음 중 판결의 무효가 되는 것이 <u>아닌</u> 것으로만 모두 묶인 것은? (다툼이 있는 경우 판례에 의함)

> ㉠ 기판력 있는 전소판결과 저촉되는 후소판결이 그대로 확정된 경우
> ㉡ 일방이 사망한 부부에 대한 이혼판결
> ㉢ 청구의 교환적 변경 뒤 구 청구에 대한 판결
> ㉣ 현실적으로 집행불능의 판결

　　　　ⓜ 이혼사건에 있어서 기판력이 생기기 전에 당사자 한쪽이 사망한 경우

　　　　ⓗ 중복제소금지원칙에 위배되어 제기된 소에 대한 판결

　① ㉠, ㉣, ⓗ　　　② ㉣, ⓗ　　　③ ⓗ

　④ ㉡　　　　　　　⑤ ㉡, ㉢, ⓜ

〈해설〉 정답 ①

㉠ 이 경우에도 전소판결의 기판력이 실효되는 것은 아니고, 재심에 의하여 후소판결이 취소될 때까지 전소판결과 후소판결은 저촉되는 상태 그대로 기판력을 갖는다(대법원 1997.1.24. 선고 96다32706 판결).

㉣ 강제집행은 불가능하지만 기판력은 있다.

ⓗ 당연무효는 아니다.

문42. 판결의 무효와 관련하여 다음 설명 중 옳지 않은 것은? (다툼이 있는 경우 판례에 의함)

　① 무효인 판결은 그 내용상의 효력인 기판력, 집행력 및 형성력이 발생하지 않으나, 형식적 확정력은 있다.

　② 사망한 사람을 당사자로 하여 선고된 판결은 당연무효로서 확정력이 없어 이에 대한 재심의 소는 부적법하다.

　③ 이미 사망한 자를 채무자로 한 처분금지가처분신청은 부적법하고 그 신청에 따른 처분금지가처분결정이 있었다고 하여도 그 결정은 당연무효로서 그 효력이 상속인에게 미치지 않는다고 할 것이므로, 채무자의 상속인은 가처분결정에 대한 이의신청으로써 그 취소를 구할 수 없다.

　④ 당사자가 사망하였으나 소송대리인이 있어 소송절차가 중단되지 아니한 경우, 그 사건의 판결의 당사자 표시가 망인 명의로 되어 있다 하더라도 그 판결은 상속인들 전원에 대하여 효력이 있다.

　⑤ 당사자가 사망으로 소송절차가 중단사유가 발생하였음에도 이를 간과하고 진행한 끝에 판결이 선고된 경우 당연무효의 판결은 아니다.

〈해설〉 정답 ③

③ 대법원 2002.4.26. 선고 2000다30578 판결: 이미 사망한 자를 채무자로 한 처분금지가처

분신청은 부적법하고 그 신청에 따른 처분금지가처분결정이 있었다고 하여도 그 결정은 당연무효로서 그 효력이 상속인에게 미치지 않는다고 할 것이므로, 채무자의 상속인은 일반승계인으로서 무효인 그 가처분결정에 의하여 생긴 외관을 제거하기 위한 방편으로 가처분결정에 대한 이의신청으로써 그 취소를 구할 수 있다.

문43. 판결주문의 내용이 불명확한 경우에 관한 다음 설명 중 <u>가장 옳지 않은 것은</u>? (다툼이 있는 경우 판례에 의함)

① 판결주문의 내용이 불명확하다고 하여 이로써 곧 판결이 무효가 되는 것은 아니다.

② 판결확정 전에는 상소로써 취소할 수 있으나, 판결이 확정되는 경우에는 무효로 되지 아니한다.

③ 판결주문을 특정하여 명확히 하기 위하여 재소가 허용된다.

④ 판결주문이 불명확한 확정판결은 기판력이 없다.

⑤ 집행불능의 판결이라고 하여 당연무효의 판결이라고는 볼 수 없다.

〈해설〉 정답 ④

④ 판결주문이 불명확한 판결도 기판력은 있으나, 주문의 특정을 위한 재소 시 전소판결의 불명확한 범위 내에서는 기판력이 미치지 아니한다.

문44. 다음은 판결의 편취(사위판결)에 관한 설명이다. <u>옳지 않은 것은</u>? (다툼이 있는 경우 판례에 의함)

① 제소자가 상대방의 주소를 허위로 기재함으로써 그 허위주소로 소송서류가 송달되어 그로 인하여 상대방 아닌 다른 사람이 그 서류를 받아 무변론 승소의 판결이 선고되고 그 판결정본 역시 허위의 주소로 보내어져 송달된 것으로 처리된 경우에는 상대방은 아직도 판결정본의 송달을 받지 않은 상태에 있어 이에 대하여 상소를 제기할 수 있다.

② 원고가 소장에 피고의 주소를 허위로 기재하여 소송관계 서류 및 제1심 판결을 그곳으로 송달케 하였다면 그러한 송달은 효력이 없는 것이어서 불변기간인 상소제기 기간은 적법하게 진행될 수 없는 것이므로 소송행위의 추후보완의 문제는 나올 수 없다.

③ 피고의 대표자를 참칭대표자로 적어 그에게 소장부본 등이 송달되게 하여

자백간주판결이 난 경우에 적법한 대표자에게 송달된 것이 아니므로 피고는 언제든지 상소를 제기할 수 있다.

④ 공시송달에 의한 판결편취의 경우에는 판결정본의 송달이 유효한 것으로 보고 상소추후보완 또는 재심사유가 된다.

⑤ 확정판결에 기한 강제집행이 불법행위로 되는 것은 당사자의 절차적 기본권이 근본적으로 침해된 상태에서 판결이 선고되었거나 확정판결에 재심사유가 존재하는 등 확정판결의 효력을 존중하는 것이 정의에 반함이 명백하여 이를 묵과할 수 없는 경우로 한정하여야 한다.

〈해설〉 정답 ③

③ 판례는 재심설이다.

문45. 다음 〈사례〉에 관한 설명 중 옳지 않은 것은? (다툼이 있는 경우 판례에 의함)

<사례>
(1) 甲은 소장에 乙의 주소를 거짓으로 적어 그 주소로 소장부본을 송달하게 하여 실제로 乙이 아닌 사람이 송달받도록 함으로써 乙 자신이 송달받고서도 답변서를 제출하지 아니한 것으로 법원을 속여 무변론의 甲 승소판결을 받았다.
(2) 甲은 乙의 주소를 알고 있음에도 불구하고 소재불명으로 법원을 속여 공시송달로 재판이 진행되게 함으로써 乙 모르게 승소판결을 받았다.

① (1)의 경우 이러한 판결은 그 정본이 거짓 주소로 송달되었기 때문에 그 송달이 무효이고, 미확정의 판결이 되므로 乙은 어느 때나 항소를 제기할 수 있고, 추후보완상소나 재심의 소는 허용되지 않는다.

② (1)의 경우 乙은 확정된 사위판결에 기한 강제집행이 종료하기 전에 청구이의의 소에 의하여 그 집행의 배제를 구할 수 있다.

③ (2)의 경우 乙은 추후보완상소 또는 재심의 소에 의하여 구제받을 수 있다.

④ (2)의 경우 확정된 사위판결 등으로 손해가 생긴 경우에 乙은 甲을 상대로 직접 부당이득반환청구, 불법행위로 인한 손해배상청구를 할 수 있다.

⑤ (1)의 판결에 기하여 甲 앞으로 소유권이전등기가 경료된 경우 乙은 별소로

서 위 등기를 말소를 구할 수 있다.

〈해설〉 정답 ④

④ 일반적으로 편취된 판결에 의한 강제집행의 경우에 그 판결이 재심의 소로 취소되지 않는 한 강제집행에 의한 부당이득이 안 된다는 입장이다. 당사자의 절차적 기본권이 근본적으로 침해된 상태에서 판결이 선고되었거나 확정판결에 재심사유가 존재하는 등 확정판결의 효력을 존중하는 것이 정의에 반함이 명백하여 이를 묵과할 수 없는 경우에는 불법행위가 성립되어 바로 손해배상청구를 할 수 있으나, 그 외의 경우에는 재심의 소를 제기하여 확정판결을 취소하여야 한다.

제14장 기판력의 범위

문1. 다음 〈사례〉에 관한 설명 중 <u>옳지 않은</u> 것은? (다툼이 있는 경우 판례에 의함)

> 〈사례〉
> 甲은 X 건물을 점유하고 있는 乙을 상대로 소유권에 기한 건물명도청구의 소를 제기하였다가 법원으로부터 甲이 소유자가 아니라는 이유로 청구기각의 판결을 받고 이 판결이 확정되었다.

① 판결의 기판력은 주문에서 판단한 것에만 생기고 이유 중의 판단에는 생기지 않는 것이 원칙이다.

② 위 소송에서 甲이 구한 것은 건물을 명도받겠다는 것이고 이를 두고 甲과 乙이 다투었으며 소유권 등 다른 주장들은 각 당사자들의 주장을 이유 있게 하기 위한 것에 불과하다.

③ 위 확정판결 이유에서 甲이 소유자가 아니고 따라서 건물명도청구권이 없다는 판단을 하였고, 주문에서 甲의 청구를 기각한 것은 甲에게 건물명도청구권이 없다는 것을 나타낸 것이다.

④ 甲이 뒤에 乙을 상대로 다시 자기가 X 건물의 소유자임을 근거로 건물명도의 소를 제기하는 것은 전소판결의 기판력에 저촉된다.

⑤ 甲은 뒤에 乙을 상대로 X 건물이 자기 소유라고 주장하여 소유권확인의 소를 제기할 수 있으나, 법원은 甲이 소유자라고 인정하여 그 청구를 인용할 수 없다.

〈해설〉 정답 ⑤

⑤ 판결이유 중의 판단, 즉 甲이 소유자가 아니라는 판단에는 기판력이 미치지 않으므로 甲이 제기한 소유권확인의 소는 적법하고, 법원은 심리결과에 따라 甲이 소유자라고 인정하여 청구를 인용할 수 있다.

문2. 다음 〈사례〉에 관한 설명 중 <u>옳지 않은</u> 것은? (다툼이 있는 경우 판례에 의함)

> 〈사례〉
> X 토지에 관하여 A 명의의 소유권보존등기가 마쳐짐과 동시에 乙 명의의 소유권이전등기가 마쳐져 있다. 甲은 X 토지 중 甲 점유 부분에 대하여 A에게는 약정을 원인으로 한 소유권이전등기를 청구함과 동시에 乙에게는 가장매매에 기

한 소유권이전등기의 말소등기를 청구하였다가, A에 대한 청구는 기각되고, 乙에 대한 소는 각하되자 이에 불복하여 항소를 제기하였는데, 그 항소심에서 항소를 취하하여 소송이 종결되었다. 乙이 甲을 상대로 제기한 토지인도 등 소송에서 甲은 乙 명의의 소유권이전등기가 가장매매에 기한 원인무효의 것임을 내세워 乙의 소유권을 부인하고 있다.

① 확정판결의 기판력은 그 판결의 주문에 포함된 것 즉 소송물로 주장된 법률관계의 존부에 관한 판단의 결론 그 자체에만 미치는 것이고, 판결이유에서 설시된 그 전제가 되는 법률관계의 존부에까지 미치는 것이 아니다.

② 확정판결의 기판력은 주문에서 판단하지 않은 청구에 관해서는 기판력이 생기기 않는다.

③ 甲과 乙 사이에 확정된 전소판결의 기판력은 그 소송물이었던 A와의 약정에 기한 소유권이전등기청구권의 존부와 丙에 대한 소송요건의 흠결에 관하여 미치는 것이고, X 토지에 관한 乙의 소유권 자체의 존부에까지 미치는 것은 아니다.

④ 甲은 전소판결의 기판력에 의해 乙 명의의 소유권이전등기가 가장매매에 기한 원인무효의 것임을 내세워 乙의 소유권을 부인할 수 없다.

⑤ 확정판결의 기판력의 범위는 판결주문의 문언의 형식에만 의하여 판단할 것이 아니고 판결이유 중의 판단도 참조하여 결정하여야 한다.

〈해설〉 정답 ④

④ 甲과 乙 사이에 확정된 전소판결의 기판력은 그 소송물이었던 A와의 약정에 기한 소유권이전등기청구권의 존부와 乙에 대한 소송요건의 흠결에 관하여 미치는 것이고, X 토지에 관한 乙의 소유권 자체의 존부에까지 미치는 것은 아니다. 따라서 甲은 乙 명의의 소유권이전등기가 가장매매에 기한 원인무효의 것임을 내세워 乙의 소유권을 부인할 수 있다.

문3. 다음 〈사례〉에 관한 설명 중 옳지 않은 것은? (다툼이 있는 경우 판례에 의함)

<사례>
甲은 乙을 상대로 대여금 5,000만 원의 지급을 구하는 소송을 제기하였다. 乙은 이 소송에서 甲에 대한 물품대금채권 3,000만 원을 자동채권으로 하여 상계항변을 하였다.

① 법원이 乙의 상계항변을 받아들여 乙은 甲에게 2,000만 원의 지급을 명한 판결이 확정된 경우 乙은 후소로 甲을 상대로 3,000만 원의 물품대금청구의 소를 제기할 수 없다.

② 법원이 乙의 상계항변을 받아들여 乙은 甲에게 2,000만 원의 지급을 명한 판결이 확정된 경우 甲은 상계항변이 잘못임을 들어 乙을 상대로 3,000만 원의 부당이득반환청구를 할 수 없다.

③ 법원이 甲의 청구는 2,000만 원 한도에서 이유 있고 乙의 채권은 부존재한다는 이유로 乙은 甲에게 2,000만 원의 지급을 명한 판결이 확정된 경우 乙은 후소로 甲을 상대로 3,000만 원의 물품대금청구를 할 수 있다.

④ 법원이 乙의 재동채권의 존재는 인정하지만 甲의 청구는 이유 없다고 판단하여 甲의 청구를 기각한 판결이 확정된 경우 乙은 별소로 甲을 상대로 3,000만 원의 물품대금청구의 소를 제기할 수 있다.

⑤ 甲이 청구한 대여금채권이 2,000만 원이었는데, 乙이 상계를 주장한 3,000만 원 물품대금채권을 배척하여 乙은 甲에게 2,000만 원의 지급을 명한 판결이 확정된 경우 乙이 후소로 甲을 상대로 3,000만 원의 물품대금청구를 하였다면 2,000만 원은 전소판결의 기판력에 저촉되고, 나머지 1,000만 원 부분에 대해서만 심판할 수 있다.

〈해설〉 정답 ③

③ 상계를 주장한 청구의 '불성립'의 판단에도 기판력이 미치므로 乙은 甲을 상대로 3,000만 원의 물품대금청구를 할 수 없다.

문4. 다음 〈사례〉에 관한 설명 중 옳지 않은 것은? (다툼이 있는 경우 다수설 판례에 의함)

<사례>

甲은 2012.7.15. 乙과 사이에 乙 소유의 토지를 대금 6억 원에 매수하는 매매계약을 체결하면서, 계약보증금 6,000만 원은 계약 당일 지급하고, 중도금 및 잔금은 2012.9.30.까지 지급하되, 甲이 매매대금을 전액 지급하기 전에 이 사건 건물 등을 점유·사용하고자 할 때에는 乙의 승인을 받기로 하고, 만약 甲의 귀책사유로 매매계약이 해제되는 때에는 甲은 乙에게 지체 없이 위 건물 등을

명도하고점유·사용기간에 대하여 점유사용료를 乙에게 지급하기로 하고, 위 계약보증금은 乙에게 귀속되도록 약정하였다. 그런데 甲은 乙로부터 위 토지를 인도받아 점유·사용하였으나, 甲이 약정기일까지 잔금을 지급하지 아니하자 乙은 2012.10.14.경 甲에게 이 사건 매매계약의 해제를 통지하였다. 그 후 乙은 甲을 상대로 위 매매계약의 해제를 원인으로 위 토지의 인도를 청구하여 2013.2.8. 승소판결을 받고, 위 판결이 확정되었다.

한편 甲은 위 재판에서 이 사건 매매계약의 해제에 따른 원상회복으로서 甲이 乙에게 이미 지급한 계약금 및 중도금 합계 2억 원을 반환받을 때까지 乙의 위 인도청구에 응할 수 없다는 취지로 동시이행의 항변을 하였으나, 그중 계약금 6,000만 원은 이 사건 매매계약이 甲의 귀책사유로 해제됨으로써 乙에게 귀속되었고, 중도금 합계 1억 4,000만 원은, 甲이 위 토지를 점유·사용한 기간에 대한 점유사용료로 공제되어 위 계약금 및 중도금 반환채무가 존재하지 아니한다는 乙의 재항변이 받아들여져 결국 甲의 위 항변이 배척된 사실이 인정되었다.

① 판결이유 중에 판단되는 피고의 항변에 대해서는 상계의 항변을 제외하고 그것이 판결의 기초가 되었다고 하여도 기판력이 생기지 않는다.

② 민사소송법 제216조 제2항이 판결이유 중의 판단임에도 불구하고 상계 주장에 관한 법원의 판단에 기판력을 인정한 취지는, 만일 이에 대하여 기판력을 인정하지 않는다면, 甲의 청구권의 존부에 대한 분쟁이 나중에 다른 소송으로 제기되는 반대채권의 존부에 대한 분쟁으로 변형됨으로써 상계 주장의 상대방은 상계를 주장한 자가 그 반대채권을 이중으로 행사하는 것에 의하여 불이익을 입을 수 있게 될 뿐만 아니라 상계 주장에 대한 판단을 전제로 이루어진 甲의 청구권의 존부에 대한 전소의 판결이 결과적으로 무의미하게 될 우려가 있게 되므로, 이를 막기 위함이다.

③ 상계 주장에 관한 판단에 기판력이 인정되는 경우는, 상계 주장의 대상이 된 수동채권이 소송물로서 심판되는 소구채권이거나 그와 실질적으로 동일하다고 보이는 경우(가령 원고가 상계를 주장하면서 청구이의의 소송을 제기하는 경우 등)로서 상계를 주장한 반대채권과 그 수동채권을 기판력의 관점에서 동일하게 취급하여야 할 필요성이 인정되는 경우를 말한다.

④ 전소의 확정판결 중 甲이 동시이행항변으로 행사한 위 중도금 반환채권이 乙의 점유사용료 채권과 대등액에서 상계되어 소멸되었다고 판단한 부분에 기판력이

발생하므로 甲의 이 사건 청구는 전소의 확정판결의 기판력에 저촉된다.

⑤ 甲의 동시이행항변에 대하여 乙이 재항변으로서 상계항변을 한 경우, 그 상계항변에 대한 법원의 판단에는 기판력이 인정되지 않으므로 甲이 동시이행항변으로 주장한 채권을 나중에 다른 소송을 통하여 행사할 수 있다.

〈해설〉 정답 ④

④ 전소의 확정판결 중 甲이 동시이행항변으로 행사한 위 중도금 반환채권이 乙의 점유사용료 채권과 대등액에서 상계되어 소멸되었다고 판단한 부분에는 기판력이 미치지 않는다(대법원 2005.7.22. 선고 2004다17207 판결).

문5. 다음 〈사례〉에 관한 설명 중 옳지 않은 것은? (다툼이 있는 경우 판례에 의함)

<사례>

乙이 1993.11.경 甲 소유의 대지위에 건물을 신축하여 소유하면서 그 무렵부터 2011.3.29.까지 위 대지를 점유 사용하여 왔고, 丙은 2011.3.30. 乙로부터 이 사건 건물을 매수하여 등기하고 그날부터 지금까지 이 사건 대지를 점유하고 있다. 甲이 2000.8.29. 乙을 상대로 자신이 이 사건 대지의 소유권자임을 내세워 그 소유권에 기하여, 이 사건 대지 위에 세워져 있는 건물의 철거 및 대지의 인도를 청구함과 아울러, 乙이 1993.12.27.부터 위 대지의 인도 시까지 이 사건 대지를 법률상 원인 없이 점유함으로 인하여 甲에게 손해를 가하고 얻은 이 사건 대지의 임료에 상당하는 부당이득의 반환을 청구하는 소를 제기한 결과, 2001.3.20. 변론이 종결되어 4.10 甲이 이 사건 대지의 실질적인 소유자가 아니라는 이유로 甲의 청구를 기각하는 판결이 선고되어 그 무렵 확정되었다. 한편, 甲이 다시 2012.3.경 乙을 상대로 이 사건 대지가 甲의 소유임의 확인을 청구하는 소를 제기한 결과, 2012.7.18. 甲의 청구를 인용하는 판결이 선고되어 그 무렵 확정되었다.
甲이 이 사건 대지의 소유자임을 이유로 乙, 丙을 피고로 하여 丙에 대해서는 이 사건 건물의 철거와 대지의 인도를 구하고, 乙, 丙이 이 사건 대지를 불법점유함으로 인하여 甲이 그 임료에 상당하는 만큼의 손해를 입고 있음을 이유로 그 손해의 배상을 청구하는 소를 제기하였다.

① 丙은 甲의 패소로 확정된 위 건물철거 등 청구사건의 변론이 종결된 후인 2011.3.30. 乙로부터 이 사건 건물을 매수함으로써 그의 지위를 승계한 변론종결 후의 승계인에 해당한다.

② 甲의 이 사건 청구 중 丙에 대하여 이 사건 건물의 철거와 이 사건 대지의 인도를 청구하는 부분은, 상대방을 변론종결 후의 승계인인 丙으로 하였다는 점만 다를 뿐, 그 내용에 있어서는 甲의 패소로 확정된 전소 건물철거 등 청구사건과 동일한 내용의 소이다.

③ 전소 건물철거 등 사건의 판결이 선고된 때로부터 10여 년이 지났다고 하여, 그 판결의 기판력을 배제하여야 할 만한 사정변경이 있다고 볼 수도 없다.

④ 甲이 후에 乙을 상대로 제소한 사건에서 이 사건 대지가 甲의 소유임을 확인하는 판결이 선고되어 확정되었으므로 그 대지의 소유권에 기하여 그 대지 위에 세워져 있는 건물의 철거와 대지의 인도를 구할 수 있다.

⑤ 甲의 乙, 丙에 대하여 乙, 丙이 이 사건 대지를 불법점유함으로 인하여 甲이 그 임료에 상당하는 만큼의 손해를 입고 있음을 이유로 그 손해의 배상을 청구하고 있는 후소는 이 사건 토지의 임료에 상당하는 부당이득의 반환을 청구한 전소판결의 소송물과 소송물이 다른 별개의 소로서 전소판결의 기판력에 저촉된다고 볼 수 없다.

〈해설〉 정답 ④

④ 비록 甲이 후에 乙을 상대로 제소한 사건에서 이 사건 대지가 甲의 소유임을 확인하는 판결이 선고되어 확정되었다고 할지라도, 이와 같이 대지 소유권의 확인을 청구하는 소와 그 대지의 소유권에 기한 방해배제 내지는 소유물의 반환청구를 내용으로 하는 그 대지 위에 세워져 있는 건물의 철거와 대지의 인도를 청구하는 소는 소송물이 다른 별개의 소라고 할 것이고, 위와 같은 사정만으로는 이 사건 건물의 철거와 이 사건 대지의 인도를 청구하는 부분의 기초에 변경이 있다고 볼 수 없다.

문6. 기판력의 범위에 대한 다음 설명 중 옳지 않은 것으로만 묶인 것은? (다툼이 있는 경우 판례에 의함)

> ㉠ 부당이득반환청구에서 법률상의 원인 없는 사유로서 계약의 취소, 해제, 무효 중 한 가지 사유를 주장하여 패소한 경우 다른 사유에 의한 신 청구는 기판력에 저촉된다.

ⓛ 甲은 乙 명의의 소유권이전등기가 乙이 관련서류를 위조하여 乙 명의의 등기가 마쳐진 것이므로 원인무효라는 이유로 말소등기청구의 소를 제기하였다가 패소판결을 받고 이 판결이 확정된 경우, 甲이 후에 乙 명의의 소유권이전등기는 무권대리인에 의하여 마쳐진 것으로 원인무효라고 주장하면서 乙 명의의 소유권이전등기의 말소등기청구의 소를 제기할 수 없다.

ⓒ 甲이 乙을 대위하여 丙을 상대로 취득시효완성을 원인으로 한 소유권이전등기소송을 제기하였다가 乙을 대위할 피보전채권의 부존재를 이유로 소각하판결을 선고받고 확정된 후 丙이 제기한 토지인도 소송에서 甲이 다시 위와 같은 권리가 있음을 항변사유로서 주장하는 것은 기판력에 저촉된다.

ⓔ 소유권이전등기청구소송을 제기당하여 패소한 당사자도 그 이후 소유권이전등기를 경료한 등기명의자를 상대로 다시 소유권확인을 구하거나 진정한 소유자 명의의 회복을 위한 소유권이전등기를 구하는 소송을 제기할 수 있다.

ⓜ 진정한 등기명의의 회복을 원인으로 한 소유권이전등기절차의 이행을 구하는 경우, 그 소송물은 소유권에 기한 이전등기청구권이고 소유권 취득의 원인이 되는 각개의 사실은 별개의 소송물을 구성한다.

ⓗ 부동산에 관한 소유권이전등기가 원인무효라는 이유로 그 등기의 말소를 명하는 판결이 확정된 경우, 그 소송에서 패소한 당사자도 전소에서 문제 된 것과는 전혀 다른 청구원인에 기하여 상대방에 대하여 소유권이전등기청구를 할 수 있다.

① ㉠, ㉡, ㉢   ② ㉡, ㉤   ③ ㉤
④ ㉣, ㉤   ⑤ ㉤, ㉥

〈해설〉 정답 ③

ⓜ 판례는 진정한 등기명의의 회복을 원인으로 한 소유권이전등기절차의 이행을 구하는 경우, 그 소송물은 소유권에 기한 이전등기청구권이고 소유권 취득의 원인이 되는 각개의 사실은 공격방법에 불과할 뿐 별개의 소송물을 구성하지 아니한다고 본다(대법원 1999.7.27. 선고 99다9806 판결).

문7. 기판력의 범위에 관한 다음 설명 중 <u>옳지 않은</u> 것만으로 묶인 것은?
(다툼이 있는 경우 판례에 의함)

> ㉠ 임대차보증금의 지급을 명하는 판결이 확정되면 변론종결 전의 사유를 들어 당사자 사이에 수수된 임대차보증금의 수액 자체를 다투는 것이 허용되지 아니할 뿐만 아니라, 임대차보증금 반환청구권 행사의 전제가 되는 연체차임 등 피담보채무의 부존재에 대해서도 기판력이 미친다.
>
> ㉡ 소유권 이전등기절차를 명하는 확정판결에 의하여 소유권이전등기가 마치어진 경우에, 다시 원인무효임을 내세워 그 말소등기절차의 이행을 청구함은 확정된 이전등기청구권을 부인하는 것이어서 기판력에 저촉된다.
>
> ㉢ 甲이 乙에 대하여 전소에서 토지를 대물변제받아 점유하기 시작하여 취득시효가 완성되었다는 사실을 그 이유로 하여 소유권이전등기절차이행을 구하였다가 배척되었음에도 불구하고 후소에서는 이를 증여받아 점유하기 시작하여 취득시효가 완성되었다고 주장하는 것은 기판력에 저촉된다.
>
> ㉣ 부동산의 소유자에 대하여 소유권이전등기를 청구할 지위에 있기는 하지만 아직 그 소유권이전등기를 마치지 않은 상태에서, 제3자가 부동산의 소유자를 상대로 그 부동산에 관한 소유권이전등기절차이행의 확정판결을 받아 소유권이전등기를 마친 경우, 그 확정판결이 당연무효이거나 재심의 소에 의하여 취소되지 않는 한, 종전의 소유권이전등기청구권을 가지는 자가 부동산의 소유자에 대한 소유권이전등기청구권을 보전하기 위하여 부동산의 소유자를 대위하여 제3자 명의의 소유권이전등기가 원인무효임을 내세워 그 등기의 말소를 구하는 것은 확정판결의 기판력에 저촉된다.
>
> ㉤ 가등기에 기한 소유권이전등기절차의 이행을 명한 전소 확정판결이 있은 후 후소로써 위 가등기만의 말소를 청구하는 것은, 전소판결의 기판력에 저촉된다고 볼 수 없다.
>
> ㉥ 전소가 1필의 토지의 특정부분에 대한 소유권이전등기청구이고, 후소가 그 토지 중 일정 지분에 대한 소유권이전등기청구인 경우 전소판결의 기판력에 저촉되지 않는다.

① ㉠
② ㉢, ㉤
③ ㉡, ㉢
④ ㉠, ㉢
⑤ ㉣, ㉤, ㉥

<해설> 정답 ①

㉠ 임대차보증금의 지급을 명하는 판결이 확정되면 변론종결 전의 사유를 들어 당사자 사이에 수수된 임대차보증금의 수액 자체를 다투는 것은 허용되지 아니한다 하더라도, 임대차보증금 반환청구권 행사의 전제가 되는 연체차임 등 피담보채무의 부존재에 대하여 기판력이 작용하는 것은 아니다(대법원 2001.2.9. 선고 2000다61389 판결).

문8. 기판력의 범위에 관한 다음 설명 중 판례의 입장이 <u>아닌</u> 것은? (다툼이 있는 경우 판례에 의함)

① 甲은 乙을 상대로 소유권에 기한 방해배제청구권의 행사로서 乙 명의의 가등기 및 근저당권설정등기의 말소등기청구를 구하는 소를 제기하였다가 패소판결을 받고 이 판결이 확정된 경우 甲이 다시 乙을 상대로 계약해제에 따른 계약상의 권리에 기하여 원상회복으로 담보물의 반환을 받기 위하여 乙 명의의 가등기 및 근저당등기의 말소등기청구의 소를 제기한 경우 이 후소는 전소판결의 기판력에 저촉된다.

② 전소에서는 어음금청구를 하였다가 패소확정판결을 받고 후에 어음발행의 원인관계인 매매대금청구를 하는 것은 전소판결의 기판력에 저촉되지 않는다.

③ 등기원인의 무효사유인 무권대리, 불공정한 법률행위, 등기서류의 위조, 계약의 부존재, 해제, 취소 등의 개별적 사유는 모두 소송물인 소유권이전등기말소청구권을 뒷받침하는 공격방어방법으로서 이를 후소에서 주장하는 것은 기판력에 저촉된다.

④ 소유권이전등기청구소송을 제기당하여 패소한 당사자도 그 이후 소유권이전등기를 경료한 등기 명의자를 상대로 다시 소유권확인을 구하거나 진정한 소유자 명의의 회복을 위한 소유권이전등기를 구하는 소송을 제기할 수 있다.

⑤ 대지의 불법점유로 인한 임료 상당의 손해배상청구는 같은 대지의 임료 상당의 부당이득반환청구의 전소의 기판력에 저촉되지 않는다.

<해설> 정답 ①

① 소송물이 다르기 때문에 기판력에 저촉되지 않는다.

문9. 다음 〈사례〉에 관한 설명 중 <u>옳지 않은</u> 것은? (다툼이 있는 경우 통설·판례에 의함)

> <사례>
> 甲은 乙에 대한 1억 원의 손해배상채권 중 4,000만 원만 청구하여 승소확정판결을 받았다.

① 전소에서 甲이 당해청구가 일부임을 명시한 경우에는 소송물로 되는 것은 당해 일부뿐이고, 6,000만 원의 잔부에는 기판력이 미치지 않는다.

② 일부청구의 명시방법으로는 잔부청구를 유보하는 취지임을 밝혀야 할 필요는 없고, 잔부청구와 구별하여 그 심리의 범위를 특정할 수 있는 정도로 표시하면 된다.

③ 위 소송에서 일부청구임을 명시한 경우에는 甲의 乙에 대한 채권이 전혀 없다는 이유로 패소판결을 받고 잔부청구의 소를 제기할 수 있다.

④ 가분채권에 대한 이행청구의 소를 제기하면서 그것이 나머지 부분을 유보하고 일부만 청구하는 것이라는 취지를 명시하지 아니한 경우에는 그 확정판결의 기판력은 나머지 부분에까지 미치는 것이어서 별소로써 나머지 부분에 관하여 다시 청구할 수는 없으므로, 일부 청구에 관하여 전부 승소한 채권자는 나머지 부분에 관하여 청구를 확장하기 위한 항소의 이익이 인정된다.

⑤ 불법행위로 인한 적극적 손해의 배상을 명한 전 소송의 변론종결 후에 새로운 적극적 손해가 발생한 경우에 그 소송의 변론종결 당시 그 손해의 발생을 예견할 수 없었고 또 그 부분 청구를 포기하였다고 볼 수 없는 등 특별한 사정이 있다면 전 소송에서 그 부분에 관한 청구가 유보되어 있지 않다고 하더라도 이는 전 소송의 소송물과는 별개의 소송물이므로 전 소송의 기판력에 저촉되는 것이 아니다.

〈해설〉 정답 ③

③ 이 경우 잔부청구의 소를 제기하는 것은 신의칙에 반하여 허용될 수 없다. 이시윤, p.617 참조.

문10. 다음 사례에 관한 설명 중 <u>틀린</u> 것은? (다툼이 있는 경우 판례에 의함)

> <사례>
> A가 甲과 자동차종합보험계약을 체결한 자의 자동차운행으로 인하여 발생한 교통사고로 뇌손상 등의 상해를 입게 되자, A는 甲을 상대로 손해배상청구의 소

를 제기하였고, 위 소송에서 신체감정결과 A의 기대여명이 13년으로 평가된 것을 기초로 甲은 A에게 5억 원을 지급하라는 화해권고결정이 2010.12.20. 확정되었다.

甲은 위 화해권고결정에서 정한 돈을 A의 후견인인 乙에게 지급하였으나, A는 2012.9.21. 사망하였다.

甲은 乙을 상대로 A가 기대여명보다 일찍 사망하였으므로 이전 화해권고결정에서 확정된 손해배상금 중 일부를 부당이득으로 반환하라는 소를 제기하였다.

① 기대여명보다 오래 생존한 경우의 추가 손해의 배상청구와 관련하여 불법행위로 인한 적극적 손해의 배상을 명한 전 소송의 변론종결 후에 새로운 적극적 손해가 발생한 경우에 그 소송의 변론종결 당시 그 손해의 발생을 예견할 수 없었고 또 그 부분 청구를 포기하였다고 볼 수 없는 등 특별한 사정이 있다면 전 소송에서 그 부분에 관한 청구가 유보되어 있지 않다고 하더라도 이는 전 소송의 소송물과는 별개의 소송물이므로 전 소송의 기판력에 저촉되는 것으로 볼 수 없다.

② 피해자의 연장된 기대여명에 따른 손해는 전소의 변론종결 당시에는 예견할 수 없었던 새로운 중한 손해라 할 것이므로 기대여명기간 이후의 손해배상을 구하는 소는 전소와는 별개의 소송물로서 전소의 기판력에 저촉되지 않는다.

③ 불법행위로 인한 인신손해에 대한 손해배상청구소송에서 판결이 확정된 후 A가 그 판결에서 손해배상액 산정의 기초로 인정된 기대여명보다 일찍 사망한 경우 甲은 그 판결에 기하여 지급받은 손해배상금 중 일부를 법률상 원인 없는 이득이라 하여 반환을 구할 수 없다.

④ 인신사고에 따른 손해배상청구 사건에서 인정된 사실들과 이에 대한 전문가의 견해 등을 바탕으로 피해자의 기대여명을 평가하여 판결 등으로 확정한 이상, 그 이후 A가 기대여명보다 일찍 사망하게 되었다고 하여 확정판결 등의 기판력이 배제된다고 볼 수는 없다.

⑤ A가 기대여명보다 일찍 사망한 경우 甲은 전소판결에 대한 재심의 소에 부당이득반환청구의 소를 병합하여 제기할 수 있다.

〈해설〉 정답 ⑤

⑤ 판례는 재심의 소에 통상의 민사상의 청구를 병합할 수 없는 것으로 본다.

문11. 다음 〈사례〉에 관한 〈보기〉의 설명 중 옳지 않은 것을 모두 고른 것은? (다툼이 있는 경우 다수설·판례에 의함)

<사례>

甲은 X 부동산에 관한 乙 명의의 소유권이전등기가 원인무효라는 이유로 乙을 상대로 그 등기의 말소를 구하는 소송을 제기하였다가 청구기각의 판결을 선고받고 이 판결이 확정되었다. 등기부상 소유자로 등기되어 있지 아니한 甲이 다시 그의 소유권을 부인하는 乙에 대하여 계쟁 부동산이 원고의 소유라는 확인을 구하는 소를 제기하였다.

<보기>

㉠ X 부동산에 관한 乙 명의의 소유권이전등기가 원인무효라는 이유로 甲이 乙을 상대로 그 등기의 말소를 구하는 소송을 제기하였다가 청구기각의 판결을 선고받아 확정되었다고 하더라도, 그 확정판결의 기판력은 소송물로 주장된 말소등기청구권이나 이전등기청구권의 존부에만 미치는 것이지 그 기본이 된 소유권 자체의 존부에는 미치지 아니한다.

㉡ 甲이 비록 위 확정판결의 기판력으로 인하여 이 사건 부동산에 관한 등기부상의 소유명의를 회복할 방법은 없게 되었다 하더라도 그 소유권이 甲에게 없음이 확정된 것은 아니다.

㉢ 甲이 등기부상 소유자로 등기되어 있지 않으므로 소유권을 행사하는 것이 불가능하다.

㉣ 甲으로서는 그의 소유권을 부인하는 乙에 대하여 X 부동산이 甲의 소유라는 확인을 구할 법률상 이익이 있는 이상 특별한 사정이 없는 한 소유권확인 청구의 소제기 자체가 신의칙에 반하는 것이라고 단정할 수 없다.

㉤ 乙로서는 선결적 법률관계에 있는 소유권에 관하여 기판력 있는 판결을 받기 위해서는 중간확인판결을 받아야 한다.

㉥ 전소의 판결이유에서 판단된 선결관계는 후소에 미치지 않는다는 점과 전소와 후소의 소송물이 동일하지 아니하여도 전소의 기판력 있는 법률관계가 후소의 선결적 법률관계가 되는 때에는 전소판결의 기판력이 후소에 미쳐 후소 법원은 전에 한 판단과 모순되는 판단을 할 수 없다는 점을 구별해야 한다.

① ㄴ, ㄹ, ㅂ   ② ㄷ, ㄹ, ㅁ   ③ ㄷ, ㅁ
④ ㄷ   ⑤ 답이 없다

〈해설〉 정답 ④

ⓒ 甲이 비록 위 확정판결의 기판력으로 인하여 이 사건 부동산에 관한 등기부상의 소유명의를 회복할 방법은 없게 되었다고 하더라도 그 소유권이 甲에게 없음이 확정된 것은 아니다.

ⓜ 중간확인의 소를 제기하여 중간확인판결을 받아야 한다. 중간판결에는 기판력이 없다.

문12. 다음 〈사례〉에 관한 설명 중 옳지 않은 것은? (다툼이 있는 경우 판례에 의함)

> <사례>
> 甲이 乙을 상대로 제기한 매매계약의 무효 또는 해제를 이유로 매매대금의 반환을 구하는 소(전소)와 매매계약의 매수인으로서 소유권이전등기의 이행을 구하는 소(후소)가 동시에 계속되어 있던 중 乙이 전소의 청구에 대하여 인낙을 하고 그 인낙조서가 작성된 경우, 甲이 매매계약의 유효를 전제로 소유권이전등기청구를 하는 것은 전소에서 확정된 법률관계와 모순되는 법률관계의 확정을 구하는 것으로 위 인낙조서의 기판력에 저촉되는가?

① 전소와 후소의 소송물이 동일하지 않다고 하더라도, 후소의 소송물이 전소에서 확정된 법률관계와 모순되는 정반대의 사항을 소송물로 삼았다면 이러한 경우에는 전소판결의 기판력이 후소에 미친다.

② 확정판결의 기판력은 소송물로 주장된 법률관계의 존부에 관한 판단의 결론에만 미치고 그 전제가 되는 법률관계의 존부에까지 미치는 것이 아니므로, 전의 소송에서 확정된 법률관계란 확정판결의 기판력이 미치는 법률관계를 의미하는 것이지 그 선세가 되는 법률관계까지 의미하는 것은 아니다.

③ 매매계약의 무효 또는 해제를 원인으로 한 매매대금반환청구에 대한 인낙조서의 기판력은 그 매매대금반환청구권의 존부에 관해서만 발생할 뿐, 그 전제가 되는 선결적 법률관계인 매매계약의 무효 또는 해제에까지 발생하는 것은 아니다.

④ 전소의 인낙조서의 기판력이 미치는 법률관계는 甲이 乙에 대하여 매매대금반환청구권을 가진다는 것뿐이고 반면 후소의 소송물은 소유권이전등기청구

권의 존부이므로 후소가 전소에서 확정된 법률관계와 정반대의 모순되는 사항을 소송물로 하는 것이라 할 수 없다.

⑤ 기판력이 발생하지 아니하는 전소와 이 사건 후소의 소송물의 각 전제되는 법률관계가 매매계약의 유효 또는 무효로 서로 모순되므로 전소에서의 인낙조서의 기판력이 후소에 미친다.

〈해설〉 정답 ⑤

⑤ 기판력이 발생하지 아니하는 전소와 이 사건 소의 소송물의 각 전제되는 법률관계가 매매계약의 유효 또는 무효로 서로 모순된다고 하여 전소에서의 인낙조서의 기판력이 이 사건 소에 미친다고 할 수 없다(대법원 2005.12.23. 선고 2004다55698 판결).

문13. 다음 〈사례〉에 관한 설명 중 옳지 않은 것은? (다툼이 있는 경우 판례에 의함)

> <사례>
>
> 甲이 乙을 상대로 매매대금 500만 원의 지급을 구하는 소를 제기하자, 乙은 甲에 대한 1,000만 원의 대여금채권으로 상계항변을 하였다.

① 甲의 乙에 대한 채권이 수동채권이고, 乙의 甲에 대한 채권이 자동채권이다.

② 乙의 상계항변에도 불구하고 甲의 대여금채권이 인정되지 아니하여 양 당사자의 채권이 상계적상에 있지도 아니한 경우에는 기판력이 발생할 여지가 없다.

③ 상계항변에 대한 기판력은 자동채권의 존부에 관하여 실질적으로 판단을 한 경우에 한하고, 성질상 상계가 허용되지 않거나 부적상 등을 이유로 상계항변이 각하되거나, 배척된 경우에는 포함되지 않는다.

④ 상계항변에 의하여 전부 승소한 피고는 상소의 이익이 없다.

⑤ 자동채권의 존부에 관해서는 상계로써 대항한 액수에 한하여 기판력이 생기므로 그 상계항변이 인용되든, 배척되든 乙이 상계로 대항한 1,000만 원 중 500만 원에 대해서만 기판력이 생기고 잔액 500만 원은 기판력이 미치지 않는다.

〈해설〉 정답 ④

④ 이 경우에는 상소의 이익이 있다.

문14. 다음 중 기판력이 미치는 자로만 묶인 것은? (다툼이 있는 경우 판례에 의함)

> ㉠ 공동소송인
> ㉡ 변론종결 전의 승계인
> ㉢ 당해 소송의 법정대리인
> ㉣ 이행판결을 받은 채권의 양수인
> ㉤ 상호를 계속 사용하는 영업양수인
> ㉥ 독립참가의 경우 소송탈퇴자
> ㉦ 유언집행자가 받은 판결의 경우 상속인

① ㉠, ㉤, ㉥, ㉦, ㉧   ② ㉠, ㉥, ㉦, ㉧   ③ ㉣, ㉥, ㉦
④ ㉥, ㉦, ㉧   ⑤ ㉥, ㉦

〈해설〉 정답 ③

㉣ 민소법 제218조 제3항
㉤ 판례는 면책적 채무인수인이 아님을 들어 승계인이 아니라고 한다. 대법원 1979.3.13. 선고 78다2330 판결
㉥ 민소법 제80조

문15. 다음 중 기판력의 주관적 범위에 관한 판례의 태도와 <u>옳지 않게</u> 기술된 것만으로 모두 묶은 것은?

> ㉠ 종중 등 단체가 당사자로 받은 판결은 그 대표자나 구성원에게 미치지 않는다.
> ㉡ 소송에서 조합의 대표자로 된 자가 당시 조합의 적법한 대표자가 아닌 경우 그 판결의 효력은 그 조합에게 미치지 않는다.
> ㉢ 甲이 乙 종중을 상대로 부동산의 소유권에 기하여 제기한 분묘굴이 및 토지인도 등 청구가 인용되고 그 판결이 그대로 확정된 경우, 甲은 부동산의 소유권을 적법하게 취득하였음을 乙 종중의 종중원으로서 공동소송인인 丙에게도 주장할 수 있다.
> ㉣ 사해행위취소판결의 기판력은 그 취소권을 행사한 채권자와 그 상대방인 수익자 또는 전득자와의 상대적인 관계에서만 미칠 뿐 그 소송에 참가하

지 아니한 채무자 또는 채무자와 수익자 사이의 법률관계에는 미치지 아니한다.

    ⓜ 교통사고가 발생한 후 자동차종합보험의 보험자가 피보험자에 대하여 보험금채무부존재확인의 소를 제기하였다가 패소, 확정되자 피해자에게 직접 손해배상금을 지급하였으나 다른 원인으로 그 교통사고에 대하여 보험계약의 효력이 미치지 않아 출연의 목적 내지 원인을 결여하였음이 밝혀진 경우, 위 확정판결의 효력은 보험자와 피해자 사이에는 미치지 아니하므로 보험자는 피해자에게 부당이득반환을 구할 수 있다.

    ⓗ 부동산의 이중매수인이 매도인을 상대로 하여 얻은 소유권이전등기절차이행의 확정판결의 기판력은 당초의 매수인에게도 미친다.

① ㉠, ㉡, ㉢　　② ㉡, ㉢, ㉻　　③ ㉢, ㉻

④ ㉣, ㉤　　　　⑤ ㉢

〈해설〉 정답 ③

  ⓒ 甲이 乙 종중을 상대로 부동산의 소유권에 기하여 제기한 분묘굴이 및 토지인도 등 청구가 인용되고 그 판결이 그대로 확정되었다고 하더라도, 그 기판력은 소송물인 분묘굴이 및 토지인도 등 청구권에 한하여 생기고 판결이유 중에서 판단되었을 뿐인 소유권에 관하여 생기는 것은 아니고, 나아가 그 효력 또한 甲과 乙 종중 사이에만 미칠 뿐 乙 종중의 <u>종중원으로서 단순한 공동소송인의 관계에 있을 뿐인 丙에게는 미치지 아니하므로</u>, 甲의 乙 종중에 대한 제1심판결이 확정되었다는 이유만으로 甲이 부동산의 소유권을 적법하게 취득하였음을 丙에게도 주장할 수 있다고 한 원심판단에는 기판력의 범위에 관한 법리를 오해한 위법이 있다(대법원 2010.12.23. 선고 2010다58889 판결).

  ⓗ 당사자가 아닌 당초의 매수인에게 기판력이 미칠 이유가 없다.

문16. 다음 〈사례〉에 관한 설명 중 <u>옳지 않은</u> 것은? (다툼이 있는 경우 판례에 의함)

<사례>

X 토지는 원래 망 A의 소유였는데 B가 매수하여 동인이 乙에게 증여하였으나 각 소유권이전등기를 경료하지 아니하고 있던 중 A가 사망하자 甲은 A의 상속인들이 매수인에게 소유권이전등기를 해줄 임무가 있음을 알면서도 상속인 중의 한 사람인 D와 공모하여 甲 명의로 소유권이전등기를 한 다음 토지

를 처분, 이익을 분배하자고 제의하여 허위의 매매계약서를 작성하고 A의 상속인들을 상대로 소유권이전등기절차이행 청구의 소를 제기하여 승소판결을 받고 그 판결이 확정되자 이에 의하여 甲 명의로 소유권이전등기를 마쳤다. 그런데 위 甲 앞으로의 이전등기는 甲과 D의 배임행위로 인한 것이었다는 이유로 甲과 D가 배임죄로 기소되어 유죄판결을 선고받아 그 판결이 확정되었다. 甲이 乙을 상대로 건물철거청구의 소를 제기하자, 乙은 甲 명의의 소유권이전등기는 D의 배임행위에 적극 가담하여 이루어진 것으로서 무효라고 주장하고 있다.

① 위 확정판결의 기판력은 당사자인 甲과 매도인인 A의 상속인들에게만 미친다.

② 甲 명의의 소유권이전등기가 A의 상속인인 D의 배임행위에 적극 가담하여 이루어진 것으로 무효라고 하더라도 위 확정판결이 당연무효가 아닌 이상 乙로서는 甲 명의의 등기가 무효라고 주장할 수 없다.

③ 乙이 위 확정된 소유권이전등기절차이행판결의 기판력이 미치는 당사자(A의 상속인들)의 권리를 대위행사하는 것이 아닌 제3자의 지위에서는 확정판결의 내용과 저촉되는 주장을 하더라도 기판력에 저촉되지 아니한다.

④ 법원은 乙의 항변을 받아들여 확정판결에 기하여 이루어진 甲 명의의 소유권이전등기가 무효라고 판단할 수 있다.

⑤ 甲이 소유권이전등기 명의를 가지고 있음에도 불구하고 소유권의 행사를 제한받는 결과가 되더라도 이는 확정판결의 기판력이 미치는 범위를 제한하는 민사소송법 제216조, 제218조의 규정에 의하여 파생되는 것으로써 소유권의 법리에 배치되는 위법한 결론이라 할 수 없다.

〈해설〉 정답 ②

② 乙은 매도인에 대한 소유권이전등기청구권을 보전하기 위하여 매도인을 대위하여 甲 명의의 소유권이전등기의 말소를 구할 수는 없으나, 乙이 확정판결의 기판력이 미치는 매도인을 대위하지 아니한 경우까지 확정판결의 내용에 저촉되는 주장을 할 수 없는 것은 아니다.

문17. 법인격부인과 소송절차에 관한 다음 설명 중 옳은 것은? (다툼이 있는 경우 판례에 의함)

① 기존회사가 채무를 면탈할 목적으로 기업의 형태·내용이 실질적으로 동일

한 신설회사를 설립하였다면, 신설회사의 설립은 기존회사의 채무면탈이라는 위법한 목적달성을 위하여 회사제도를 남용한 것이므로, 기존회사의 채권자에 대하여 위 두 회사가 별개의 법인격을 갖고 있음을 주장하는 것은 신의성실의 원칙상 허용될 수 없다 할 것이어서 기존회사의 채권자는 위 두 회사 어느 쪽에 대하여서도 채무의 이행을 청구할 수 있다.

② 甲 회사와 乙 회사가 기업의 형태·내용이 실질적으로 동일하고, 甲 회사는 乙 회사의 채무를 면탈할 목적으로 설립된 것으로서 甲 회사가 乙 회사의 채권자에 대하여 乙 회사와는 별개의 법인격을 가지는 회사라는 주장을 하는 것이 신의성실의 원칙에 반하거나 법인격을 남용하는 것으로 인정되는 경우, 乙 회사에 대한 판결의 기판력 및 집행력의 범위를 甲 회사에까지 확장하는 것이 허용된다.

③ 회사가 외형적으로는 법인의 형식을 갖추고 있으나 법인의 형태를 빌리고 있는 것에 지나지 아니하고 실질적으로 그 배후인 타인기업에 불과한 경우에도 법인과 개인은 별개의 법인격을 가지고 있으므로 그 배후인에 대해서 회사의 행위책임을 물을 수 없다.

④ 폐업한 구회사가 채무나 세금면탈의 목적으로 기업의 형태와 내용이 실질적으로 동일한 신설회사를 설립한 것으로 인정되는 경우에도 실질적인 동일 당사자임을 전제로 구회사의 판결의 효력을 신설회사에 확장시킬 수 있다.

⑤ 두 개의 법인이 있는데 한쪽은 실체가 있는 법인이고, 다른 한쪽은 paper company일 때 서로 제3자관계가 아니므로 판결의 효력을 확장시킬 수 있다.

〈해설〉 정답 ①

② 甲 회사와 乙 회사가 기업의 형태·내용이 실질적으로 동일하고, 甲 회사는 乙 회사의 채무를 면탈할 목적으로 설립된 것으로서 甲 회사가 乙 회사의 채권자에 대하여 乙 회사와는 별개의 법인격을 가지는 회사라는 주장을 하는 것이 신의성실의 원칙에 반하거나 법인격을 남용하는 것으로 인정되는 경우에도, 권리관계의 공권적인 확정 및 그 신속·확실한 실현을 도모하기 위하여 절차의 명확·안정을 중시하는 소송절차 및 강제집행절차에 있어서는 그 절차의 성격상 乙 회사에 대한 판결의 기판력 및 집행력의 범위를 甲 회사에까지 확장하는 것은 허용되지 아니한다(판례).

③ 판례는 배후의 개인에 대해서도 회사의 행위에 대한 책임을 물을 수 있다는 입장이다.

④ 판례는 불허.

⑤ 판례는 불허.

문18. 다음 〈사례〉에 관한 설명 중 **옳지 않은** 것은? (다툼이 있는 경우 판례에 의함)

> **〈사례〉**
> 甲이 乙을 상대로 소유권에 기하여 건물철거 및 대지인도청구소송을 제기하였다.
> (1) 심리결과 甲이 승소판결을 받고 이 판결이 확정되었는데, 위 사건의 변론종결 후에 丙이 乙로부터 위 건물을 매수하였다.
> (2) 심리결과 甲이 대지의 실질적인 소유자가 아니라는 이유로 청구기각판결이 선고되어 확정되었다. 위 패소확정된 사건의 변론종결 이후에 丙이 乙로부터 위 건물을 매수하였다. 甲이 다시 丙을 상대로 소유권에 기하여 위 건물의 철거와 그 대지의 인도를 구한다.

① 변론종결한 뒤에 소송물인 권리관계에 관한 지위를 당사자(前主)로부터 승계한 제3자는 소송당사자는 아니나, 당사자 간에 내려진 판결의 기판력을 받는다.

② 승계인이란 변론종결 후에 당사자로부터 소송물인 실체법상의 권리의무를 승계한 자를 말하고, 계쟁물에 관한 당사자적격을 물려받은 자도 기판력을 받는 승계인에 해당한다.

③ (1)의 사례에서 甲은 승계집행문을 얻어 丙에 대하여 이를 집행하여야 한다.

④ (1)의 사례에서 甲은 丙에 대한 승계집행문을 얻지 않고 乙(위 확정판결의 피고)에 대해서도 집행할 수 있다.

⑤ (2)의 사례에서 丙은 乙로부터 그의 지위를 승계한 변론종결 후의 승계인에 해당하므로, 甲이 다시 피고 丙을 상대로 소유권에 기하여 위 건물의 철거와 그 대지의 인도를 청구하는 이 사건 소를 제기하는 것은 위 패소확정판결의 기판력에 저촉되어 기각되어야 한다.

〈해설〉 정답 ④

④ 계쟁물에 관한 당사자적격이 丙에게 이전된 경우에는 乙에 대해서는 집행할 수 없다.

문19. 변론을 종결한 뒤의 승계인에 관한 다음 설명 중 옳은 것은? (다툼이 있는 경우 판례에 의함)

① 집행권원상의 채권이 양도되어 대항요건을 갖춘 경우 집행당사자자격이 양수인으로 변경되고 양수인이 승계집행문을 부여받음에 따라 집행채권자는 양수인으로 확정된다.

② 채무의 중첩적 인수인도 소송물인 실체법상의 권리의무를 승계한 사람이다.

③ 신주발행무효의 소 계속 중 그 원고적격의 근거가 되는 주식이 양도된 경우에 그 양수인은 제소기간 등의 요건이 충족된다면 새로운 주주의 지위에서 신소를 제기할 수 있으나, 양도인이 이미 제기한 기존의 위 소송을 적법하게 승계할 수 없다.

④ 건물명도의 확정판결의 변론종결 후에 피고로부터 그 점유를 승계한 사람은 소송물인 실체법상의 권리의무를 승계한 사람으로 변론을 종결한 뒤의 승계인에 해당한다.

⑤ 소유권확인판결이 난 소유권의 양수인은 계쟁물에 관한 당사자적격을 승계한 사람으로 변론을 종결한 뒤의 승계인에 해당한다.

〈해설〉 정답 ①

② 민사집행법 제31조 제1항에서 "집행문은 판결에 표시된 채권자의 승계인을 위하여 내어 주거나 판결에 표시된 채무자의 승계인에 대한 집행을 위하여 내어 줄 수 있다"고 규정하고 있는 바, 채무자의 채무를 소멸시켜 당사자인 채무자의 지위를 승계하는 이른바 면책적 채무인수는 위 조항에서 말하는 승계인에 해당한다고 볼 수 있지만, 중첩적 채무인수는 당사자의 채무는 그대로 존속하며 이와 별개의 채무를 부담하는 것에 불과하므로 소극적으로 해석하여야 한다 (대법원 2010.1.14.자 2009그196 결정).

③ 신주발행무효의 소 계속 중 그 원고적격의 근거가 되는 주식이 양도된 경우에 그 양수인은 제소기간 등의 요건이 충족된다면 새로운 주주의 지위에서 신소를 제기할 수 있을 뿐만 아니라, 양도인이 이미 제기한 기존의 위 소송을 적법하게 승계할 수도 있다(대법원 2003.2.26. 선고 2000다42786 판결).

④ 계쟁물에 관한 당사자적격을 승계한 사람으로 변론을 종결한 뒤의 승계인이다.

⑤ 소송물인 실체법상의 권리의무를 승계한 사람으로 변론을 종결한 뒤의 승계인이다.

문20. 다음 중 판례가 변론종결한 뒤의 승계인으로 보는 사례로만 모은 것은?

㉠ 소유권에 기한 건물철거소송의 기각판결이 확정된 뒤 원고로부터 건물소유권을 취득한 자

㉡ 토지소유권에 기한 토지인도소송의 변론종결 후에 그 패소자인 토지소유자로부터 토지를 매수하고 등기를 마친 자

㉢ 소유권에 기한 건물철거의 소를 제기하였다가 피고를 위하여 그 부지에 대한 취득시효가 완성되었다는 이유로 패소의 확정판결을 받은 자로부터 그 후 그 토지를 매수하여 등기를 경료한 자

㉣ 원인무효를 이유로 소유권이전등기말소를 명하는 확정판결의 변론종결 후에 이로부터 다시 소유권이전등기를 경료한 자

㉤ 건물명도판결이 난 뒤에 피고로부터 당해 건물의 점유를 취득한 자

㉥ 소유권에 기한 건물명도판결이 난 뒤에 그 건물을 매수하거나 이전등기를 경료한 자

㉦ 제소전화해에 기한 가등기가 경료된 후에 그 가등기에 기한 본등기 절차를 마치기 전에 그 부동산의 소유권을 승계취득한 자

① ㉠, ㉡, ㉢, ㉣, ㉤, ㉥   ② ㉠, ㉡, ㉢, ㉣, ㉤

③ ㉠, ㉢, ㉣, ㉤   ④ ㉠, ㉢, ㉣

⑤ ㉢, ㉣, ㉤, ㉦

〈해설〉 정답 ③

㉠ 변론종결 후의 승계인이다. 대법원 1992.10.27. 선고 92다10883 판결

㉡ 변론종결 후의 승계인이 아니다. 대법원 1999.10.22. 선고 98다6855 판결: 건물소유권에 기한 물권적 청구권을 원인으로 하는 건물명도소송의 소송물은 건물소유권이 아니라 그 물권적 청구권인 건물명도청구권이므로 그 소송에서 청구기각된 확정판결의 기판력은 건물명도청구권의 존부 그 자체에만 미치는 것이고, 소송물이 되지 아니한 건물소유권의 존부에 관해서는 미치지 아니하므로, 그 건물명도소송의 사실심 변론종결 후에 그 패소자인 건물 소유자로부터 건물을 매수하고 소유권이전등기를 마침으로써 그 소유권을 승계한 제3자의 건물소유권의 존부에 관해서는 위 확정판결의 기판력이 미치지 않으며, 또 이 경우 위 제3자가 가지게 되는 물권적 청구권인 건물명도청구권은 적법하게 승계한 건물소유권의 일반적 효력으로서 발생된 것이고, 위 건물명도소송의 소송물인 패소자의 건물명도청구권을 승계함으로써 가지게 된 것이라고는 할 수 없으므로, 위 제3자는 위 확정판결의 변론종결 후의 승계인에 해당한다고 할 수 없다.

㉢ 변론종결 후의 승계인이다.

ⓔ 변론종결 후의 승계인이다.

ⓜ 변론종결 후의 승계인이다.

ⓑ 변론종결 후의 승계인이 아니다. 대법원 1999.10.22. 선고 98다6855 판결

ⓢ 변론종결 후의 승계인이 아니다. 대법원 1992.12.14. 선고 93다16802 판결

문21. 변론종결 뒤의 승계인에 관한 다음 설명 중 판례의 입장이 <u>아닌</u> 것은? (다툼이 있는 경우 판례에 의함)

① 원인무효임을 이유로 소유권이전등기말소를 명하는 확정판결의 변론종결 후에 이로부터 다시 소유권이전등기를 경료한 자는 변론종결 후의 승계인으로서 위 확정판결의 기판력을 받으므로 특별한 사정이 없는 한 이 자를 상대로 한 말소등기청구의 소는 소익이 없는 부적법한 소이다.

② 건물소유권에 기한 물권적 청구권을 원인으로 하는 건물명도소송의 사실심 변론종결 후에 그 패소자인 건물 소유자로부터 건물을 매수하고 소유권이전등기를 마침으로써 그 소유권을 승계한 제3자는 위 확정판결의 변론종결 후의 승계인에 해당한다.

③ 대지 소유권에 기한 방해배제청구로서 그 지상건물의 철거를 구하여 승소확정판결을 얻은 경우 그 지상건물에 관하여 위 확정판결의 변론종결 전에 소유권이전등기를 경료한 자는 변론종결 후의 승계인이다.

④ 甲이 乙을 상대로 하여 건물철거의 소를 하였다가 乙을 위하여 그 부지에 대한 취득시효가 완성되었다는 이유로 甲이 패소하여 그 판결이 확정되었고, 丙이 위의 소송의 사실심 변론종결일 이후에 위 토지를 매수, 등기한 경우, 丙은 변론종결 후의 승계인이 아니다.

⑤ 소유권이전등기말소청구를 인용한 확정판결 후 등기명의인을 상대로 처분금지가처분을 한 사람은 변론종결 후의 승계인이 아니다.

〈해설〉 정답 ②

② 판례는 반대. 대법원 1999.10.22. 선고 98다6855 판결; 대법원 1984.9.25. 선고 84다카148 판결

문22. 다음 중 변론종결 뒤의 승계인과 관련하여 판례의 입장이 <u>아닌</u> 것은?

① 원인 없이 이전된 소유권이전등기라 하여 그 등기를 말소하라는 판결이 확

정된 경우에 그 확정판결의 변론종결 후에 피고로부터 소유권이전등기 또는 담보권설정등기를 차례로 받은 자들은 이른바 변론종결 후의 승계인에 해당한다.

② 부동산에 대한 근저당권설정등기 말소청구사건의 사실심 변론종결일 후에 그 부동산의 소유권을 경락취득한 자 또는 이를 전득한 자는 그 확정판결의 효력이 미치는 변론종결 후의 승계인이다.

③ 소유권이전등기를 명하는 확정판결의 변론종결 후에 그 청구목적물을 매수하여 등기를 한 제3자는 변론종결 후의 승계인에 해당되지 아니한다.

④ 전소의 소송물이 채권적 청구권인 소유권이전등기청구권일 때에는 전소의 변론종결 후에 전소의 피고인 채무자로부터 소유권이전등기를 경료받은 자는 전소의 기판력이 미치는 변론종결 후의 제3자에 해당한다고 할 수 없다.

⑤ 건물명도소송에서의 소송물인 청구가 채권적 청구인 경우에도 그 판결의 기판력이나 집행력이 변론종결 후에 그 재판의 피고로부터 그 건물의 점유를 취득한 자에게도 미친다.

〈해설〉 정답 ⑤

① 대법원 1963.9.27. 선고 63마14 판결
② 대법원 1994.12.27. 선고 93다34183 판결
③ 대법원 1980.11.25. 선고 80다2217 판결
④ 대법원 1993.2.12. 선고 92다25151 판결
⑤ 신이론의 입장으로 판례는 건물명도소송에서의 소송물인 청구가 물권적 청구 등과 같이 대세적인 효력을 가진 경우에는 그 판결의 기판력이나 집행력이 변론종결 후에 그 재판의 피고로부터 그 건물의 점유를 취득한 자에게도 미치나 그 청구가 대인적인 효력밖에 없는 채권적 청구만에 그친 때에는 위와 같은 점유승계인에게 위의 효력이 미치지 아니하는 것으로 본다. 대법원 1991.1.15. 선고 90다9964 판결

문23. 다음 〈사례〉에 대한 다음 설명 중 옳지 않은 것은? (다툼이 있는 경우 판례에 의함)

<사례>
甲이 乙을 상대로 제기한 건물명도사건의 소송계속 중에 乙이 그 점유를 제3자인 丙에게 이전하였다. 甲은 위와 같은 점유승계사실을 모른 채 乙 상대의 승소확정판결을 받았다.

① 변론종결 전의 승계인에게는 기판력이나 집행력이 미치지 않는다.

② 乙이 승계사실을 진술하지 아니하여 甲으로 하여금 丙으로의 소송인수의 기회를 제공한 바 없다면(민사소송법 제82조) 반증이 없는 한 丙을 변론종결 뒤의 승계인으로 보아 丙에 대한 승계집행문을 부여받을 수 있다.

③ 이 경우 甲은 승계시기에 관해서는 증명할 필요가 없고 승계사실만 증명하면 된다.

④ 丙이 시기적으로 변론종결 전에 승계되었음을 주장·증명하여 기판력과 집행력에서 벗어날 수 없다.

⑤ 甲으로서는 乙을 상대로 건물명도청구의 소를 제기하기 전에 乙을 상대로 점유이전금지가처분으로 피고를 乙로 항정(恒定)시켜 놓을 필요가 있다.

〈해설〉 정답 ④

④ 丙을 승계인으로 보는 것은 추정에 불과하기 때문에 丙이 시기적으로 변론종결 전에 승계되었음을 주장·증명하여 기판력과 집행력에서 벗어날 수 있다.

문24. 기판력의 주관적 범위에 관한 다음 설명 중 옳지 않은 것은? (다툼이 있는 경우 판례에 의함)

① 회사의 직원으로서 건물부분에 대한 점유보조자에 불과할 뿐 독립한 점유주체가 아닌 사람은 회사를 상대로 한 명도소송의 확정판결에 따른 집행력이 미치는 것은 별론으로 하고, 소유물반환청구의 성질을 가지는 퇴거청구의 독립한 상대방이 될 수 없다.

② 채권자취소소송의 확정판결의 기판력이나 집행력이 채무자에게 미치지 않는다.

③ 피고가 아무런 권원 없이 계쟁건물을 점유하고 있는 이상 전 소유자이고 거주자인 남편은 그대로 둔 채 그의 처인 피고만을 상대로 한 명도청구를 그대로 인용하였다고 하여 잘못이라 할 수 없다.

④ 임차권자와 질권자 등 자기 고유의 이익을 위한 목적물의 소지자에 대해서는 기판력이 미치지 않는다.

⑤ 무변론판결의 경우에는 피승계인이 기일에 나가 승계사실을 진술할 수 없으므로 판결선고 시까지 승계사실을 진술하지 않더라도 추정승계인이 될 수 없다.

〈해설〉 정답 ⑤

① 회사의 직원으로서 건물부분에 대한 점유보조자에 불과할 뿐 독립한 점유 주체가 아닌 사람은 회사를 상대로 한 명도소송의 확정판결에 따른 집행력이 미치는 것은 별론으로 하고, 소유물반환청구의 성질을 가지는 퇴거청구의 독립한 상대방이 될 수는 없다.
② 채권자취소소송의 채권자는 소송담당자가 아니고 자기의 고유의 권리를 행사하는 것이므로(대법원 2005.11.25. 선고 2005다51457 판결 등) 그 확정판결의 기판력이나 집행력이 채무자에게 미치는 것은 아니다.
③ 대법원 1991.5.14. 선고 91다356 판결
④ 자기 고유의 이익을 위한 목적물의 소지자는 청구목적물의 소지자에 해당하지 않는다.
⑤ 민소법 제257조는 무변론판결의 경우에도 추정승계인 규정을 두고 있다.

문25. 다음 〈사례〉에 관한 설명 중 옳지 않은 것은? (다툼이 있는 경우 판례에 의함)

<사례>

甲은 乙에 대하여 1억 원의 대여금채권이 있는데 乙이 이행기 이후에도 변제를 하지 아니하여 乙이 丙에 대하여 갖고 있는 1억 원의 물품대금채권이 있는 것을 알고 乙을 대위하여 丙을 상대로 물품대금청구의 소를 제기하고 이 사실을 乙에게 통지하였다.

(1) 甲이 이 소송에서 청구기각판결을 받고 이 판결이 확정된 경우 乙이 丙을 상대로 같은 채무의 이행을 구하는 소를 제기하였다.

(2) 乙의 다른 채권자 丁이 자기의 채권을 보전하기 위하여 丙을 상대로 甲과 같은 소송을 제기하였다.

(3) 甲이 소를 제기하기 전에 乙이 먼저 丙을 상대로 물품대금청구소송을 제기하여 기각판결을 받고 확정된 경우 甲이 후에 丙을 상대로 을을 대위하여 채권자대위소송을 제기하였다.

① (1)의 사례에서 乙은 丙을 상대로 같은 채무의 이행을 구하는 소를 제기할 수 없다.
② (2)의 사례에서 丁의 소는 전소판결의 기판력을 받게 된다.
③ (2)의 사례에서 乙의 채권자 甲과 丁은 유사필수적 공동소송인의 관계에 있다.
④ (3)의 사례에서 乙이 丙을 상대로 제기하여 받은 판결이 당연무효이거나 재심에 의하여 취소되지 않는 한 이 확정판결의 효력은 甲이 후에 丙을 상대로 제기한 채권자대위소송에 미친다.

⑤ 甲이 채권자대위권의 법리에 의하여 乙에 대한 채권을 보전하기 위하여 乙의 丙에 대한 권리를 대위행사하기 위해서는 乙에 대한 채권을 보전할 필요가 있어야 할 것이고, 그러한 보전의 필요가 인정되지 아니하는 경우에는 채권자대위권의 법률요건의 불비로 甲의 청구를 기각하여야 한다.

〈해설〉 정답 ⑤

⑤ 소수설. 판례는 소각하설의 입장이다.

문26. 다음 중 판결의 효력이 일반 제3자에게 확장(대세효)되는 것이 <u>아닌</u> 것으로만 묶인 것은?

> ㉠ 가사소송에서의 청구인용판결
> ㉡ 주주총회결의무효확인판결
> ㉢ 민법상 법인 이사회결의 무효확인판결
> ㉣ 행정처분의 무효확인판결
> ㉤ 주주대표소송에 관한 판결
> ㉥ 파산채권확정소송의 판결

① ㉠, ㉡   ② ㉢, ㉥   ③ ㉥
④ ㉢   ⑤ ㉢, ㉣, ㉤

〈해설〉 정답 ②

㉢ 판례는 대세적 효력을 부인한다.
㉥ 대세효 부인.

문27. 기판력의 차단효(실권효, 배제효)에 관한 다음 설명 중 <u>옳지 않은</u> 것은? (다툼이 있는 경우 판례에 의함)

① 특정토지에 대한 소유권확인의 소에서 패소판결이 확정되면 그에 대한 권리 또는 법률관계가 그대로 확정되는 것이므로 그 사건의 변론종결 전에 그 확인원인이 되는 다른 사실이 있음을 들어 같은 소를 제기하는 것은 확정판결의 기판력에 저촉된다.

② 甲이 乙을 상대로 소유권확인청구소송을 제기하여 甲 승소의 판결을 받고 그 판결이 확정된 후 乙을 상대로 소유권에 기한 건물철거 및 토지인도청구를 하자, 乙이 비록 그 사건 변론종결 이전에 취득시효의 완성으로 소유권을 취득하였다고 주장한 경우 전소의 변론종결 전의 사유로 확정판결의 기판력에 저촉되는 판단을 할 수 없다.

③ 해고가 무효임을 이유로 임금 지급을 구하는 소송에서 사실심 법원이 청구를 인용하는 판결을 함에 있어 변론종결일인 이전에 이미 피고의 정년 퇴직일이 경과되었음에도 불구하고 피고가 그러한 주장을 하지 아니하여 근로자의 해고 시부터 근로자의 복직 시까지 임금의 지급을 명한 판결이 확정된 경우에 피고는 사실심 변론종결일 이후 부분에 대해서도 피고가 원고의 정년퇴직 사실을 전소의 변론종결일 이후의 사유로써 후소에서 다시 주장할 수 없다.

④ 채무자가 한정승인을 하고도 채권자가 제기한 소송의 사실심 변론종결 시까지 그 사실을 주장하지 아니하는 바람에 책임의 범위에 관하여 아무런 유보가 없는 판결이 선고되어 확정되었다고 하더라도, 채무자는 그 후 위 한정승인 사실을 내세워 청구에 관한 이의의 소를 제기하는 것이 허용된다.

⑤ 채무자가 상속포기를 하고도 채권자가 제기한 소송의 사실심 변론종결 시까지 그 사실을 주장하지 아니하는 바람에 채권자승소판결이 선고되어 확정된 경우, 채무자는 그 후 상속포기 사실을 내세워 청구에 관한 이의의 소를 제기할 수 없다.

〈해설〉 정답 ③

③ 대법원 1998.5.26. 선고 98다9908 판결: 일반적으로 해고가 무효임을 이유로 임금 지급을 구하는 소송에서 사실심 법원이 청구를 인용하는 판결을 함에 있어 근로자의 정년이 그 변론종결일까지 도래하지 아니하였기 때문에 해고 시부터 근로자의 복직 시까지 임금의 지급을 명한 경우에 '복직 시까지'란 당연히 '정년의 범위 내에서 복직 시까지'로 해석하여야 할 것인데, 이 사건에 있어서와 같이 기존 해고무효 사건의 항소심 변론종결일인 1993.5.4. 이전에 이미 원고의 정년 퇴직일이 경과되었음에도 불구하고 피고가 그러한 주장을 하지 아니한 경우 <u>정년 퇴직일로부터 변론종결일까지의 임금 지급</u>을 명한 부분은 위 사실심 변론종결 전의 사유로써 기판력에 의하여 차단되어 이 사건 소송에서 다시 주장할 수 없다 할 것이지만, 위 항소심 <u>변론종결일 이후 부분</u>에 대해서는 원고가 피고의 정년퇴직 사실을 전소의 변론종결일 이후의 사유로써 이 사건 소송에서 다시 주장할 수 있다.

문28. 다음 중 변론종결 후에 발생한 새로운 사유(사정변경)에 관한 설명 중 옳지 않은 것을 모두 묶은 것은? (다툼이 있는 경우 판례 내지 다수설에 의함)

㉠ 乙로부터 丙 앞으로 소유권이전등기가 경료되어 있기 때문에 乙의 甲에 대한 소유권이전등기의무가 이행불능이라는 이유로 甲이 乙을 상대로 한 소유권이전등기청구소송에서 청구기각판결이 확정된 후, 乙이 丙을 상대로 소유권이전등기 말소청구소송을 제기하여 승소판결을 받아 등기부상 소유권을 회복한 경우 甲은 乙을 상대로 소유권이전등기절차의 이행을 구할 수 있다.

㉡ 甲이 A를 대위하여 乙을 상대로 이 사건 부동산에 관하여 매매를 원인으로 한 소유권이전등기청구소송을 제기하였으나 그 사실심 변론종결 전에 이미 丙 앞으로 소유권이전등기가 넘겨졌으므로 乙의 A에 대한 소유권이전등기의무는 이행불능이 되었다는 乙의 항변이 받아들여지고 丙 명의의 소유권이전등기는 통정허위표시에 기한 원인무효의 등기라는 甲의 재항변은 배척되어 甲 패소판결이 확정되었다. 甲은 그 후 丙을 상대로 한 새로운 소송에서 丙 명의의 소유권이전등기는 통정허위표시에 해당되어 무효라는 승소판결을 받은 다음, 그것이 확정되었음을 이유로 乙을 상대로 매매를 원인으로 한 소유권이전등기청구를 할 수 있다.

㉢ 公傷을 입은 군인이 국가배상법에 의한 손해배상 청구소송을 제기하였으나 다른 법령에 의한 보상을 받을 수 있다는 이유로 패소판결이 선고되고 그 판결이 확정된 후 실제로 국가유공자예우 등에 관한 법률상의 보상을 받기 위한 신체검사에서 등외 판정을 받아 보훈수혜 대상자가 될 수 없음이 판명된 경우, 이는 종전의 확정판결이 있은 후에 비로소 그 판결에서 전제로 삼은 바와는 다르게 다른 법령에서 보상을 받을 수 없음이 객관적으로 판명되게 된 것이어서 판결확정 후에 새로운 사유가 발생하여 사정변경이 있은 경우에 해당한다고 할 수 있으므로, 종전의 확정판결과 동일한 청구원인으로 소를 제기하더라도 종전 확정판결의 기판력에 저촉된다고 할 수 없다.

㉣ 변론종결 이후에 발생한 법률의 변경, 판례의 변경 혹은 판결의 기초가 된 행정처분의 변경은 변론종결 후에 발생한 새로운 사유에 포함되지 아니한다.

　　ⓜ 전소에서 취득시효완성을 원인으로 한 소유권이전등기청구를 하였다가 그 점유가 타주점유라는 이유로 패소판결을 받은 당사자가 그 점유권원의 성질과 점유개시의 시기를 달리 주장하는 것은 전소판결의 기판력에 저촉된다.

　　ⓗ 판결확정 후에 그 판결의 전제가 된 법률에 관하여 헌법재판소의 위헌결정이 있는 경우 변론종결 후에 발생한 새로운 사유에 해당하지 않는다.

　　ⓢ 이행소송에서 원고의 청구가 인용되었을 때 피고는 변론종결 후에 발생한 사유인 변제, 면제, 소멸시효 등에 의해 집행채권이 이미 소멸되었음을 주장하여 제3자이의 소를 제기할 수 있다.

① ㉠, ㉡, ㉦　　　　② ㉠, ㉦　　　　③ ㉡

④ ㉡, ㉦　　　　　　⑤ 답이 없다

〈해설〉 정답 ④

㉠ 乙은 甲에 대하여 소유권이전등기의무를 부담한다고 봄이 신의성실의 원칙상 당연하므로, 종전의 甲 패소 판결확정 후 사정변경이 생긴 이상 乙에 대하여 甲 앞으로 소유권이전등기절차의 이행을 명할 수 있다고 본다(대법원 1995.9.29. 선고 94다46817 판결).

㉡ 甲의 후소는 동일 당사자 사이에 이미 패소판결이 확정된 사항에 관하여 다시 동일한 청구를 하는 것에 불과하여 전소의 판결의 기판력에 저촉된다. 丙 명의의 소유권이전등기가 통정허위표시에 해당되어 원인무효라는 것은 전소에서도 공격방법으로 주장할 수 있었던 것이고, 또 甲은 실제로 전소에서 통정허위표시라는 점을 주장하기도 한 것이어서 전소의 변론종결 이후에 그 등기가 원인무효라는 점이 별도의 확정판결에 의하여 확정되었다 한들 이것이 변론종결 이후에 새로 발생한 사유라고는 할 수 없다(대법원 1992.10.27. 선고 91다24847, 24854 판결).

㉦ 청구이의의 소를 제기할 수 있다.

문29. 다음 가 〈사례〉에 관한 설명 중 옳지 <u>않은</u> 것은? (다툼이 있는 경우 판례에 의함)

(1) 甲이 乙을 상대로 X 토지의 인도를 구하는 소를 제기하였으나, 甲이 乙에게 X 토지를 증여하였다는 이유로 청구기각판결을 받고 확정된 후, 甲이 후에 乙에 대한 증여는 서면에 의하지 않은 것이므로 증여의 해제권을 행사했다는 이유로 X 토지의 인도를 구한다.

(2) 甲은 乙을 상대로 1,000만 원의 대여금청구소송을 제기하였다. 乙은 甲에게 1,000만 원의 물품대금채권이 있었으나 위 소송에서 상계권을 행사하

지 아니하여 甲의 청구가 전부 인용되고 동 판결이 확정되었다. 甲이 위 확정판결을 집행권원으로 강제집행을 시작하자 乙이 甲에게 상계의 의사 표시를 하였다는 이유로 청구이의의 소를 제기한다.

(3) 甲은 乙을 상대로 토지인도 및 건물철거청구의 소를 제기하여 승소확정판 결을 받았다. 乙이 甲으로부터 건물의 소유를 목적으로 토지를 임차하였 으므로 건물에 대하여 건물매수청구권을 행사하여 별소로써 甲에 대하여 건물 매매대금의 지급을 구한다.

(4) 백지어음 소지인이 어음금 청구소송의 사실심 변론종결일까지 백지부분을 보충하지 않아 패소판결을 받고 그 판결이 확정된 경우, 백지보충권을 행 사하여 완성한 어음에 기하여 전소의 피고를 상대로 다시 동일한 어음금 의 지급을 구한다.

(5) 甲이 乙의 丙에 대한 채권가압류명령을 얻은 후에 위 가압류를 본압류로 이전하는 채권압류 및 전부명령을 받았다. 丙이 乙에 대해 가지고 있던 반대채권에 의한 상계로써 甲에게 대항하고자 한다.

① (1)의 사례에서 甲은 甲 패소판결이 확정된 후에 甲이 서면에 의하지 않은 증 여의 해제권을 비로소 행사한 경우 이는 전소판결의 기판력에 저촉되지 않는다.

② (2)의 사례에서 乙이 집행권원인 확정판결의 변론종결 전에 甲에 대하여 상 계적상에 있는 채권을 가지고 있었다 하더라도 집행권원인 확정판결의 변론 종결 후에 이르러 비로소 상계의 의사표시를 한 때에는, 乙이 집행권원인 확정판결의 변론종결 전에 자동채권의 존재를 알았는가 몰랐는가에 관계없 이 적법한 청구이의 사유로 된다.

③ (3)의 사례에서 건물의 소유를 목적으로 하는 토지 임대차에 있어서, 임대차 가 종료함에 따라 토지의 임차인인 乙이 임대인 甲에 대하여 건물매수청구 권을 행사할 수 있음에도 불구하고 이를 행사하지 아니한 채, 토지의 임대 인이 임차인에 대하여 제기한 토지인도 및 건물철거청구소송에서 패소하여 그 패소판결이 확정된 후에, 그 확정판결에 의하여 건물철거가 집행되지 아 니한 경우에는 토지의 임차인으로서는 건물매수청구권을 행사하여 별소로써 임대인에 대하여 건물 매매대금의 지급을 구할 수 있다.

④ (4)의 사례에서 약속어음의 소지인이 전소의 사실심 변론종결일까지 백지보충

권을 행사하여 어음금의 지급을 청구할 수 있었음에도 위 변론종결일까지 백지부분을 보충하지 않아 이를 이유로 패소판결을 받고 그 판결이 확정된 후에 백지보충권을 행사하여 어음이 완성된 것을 이유로 전소 피고를 상대로 다시 동일한 어음금을 청구하는 경우에는, 위 백지보충권 행사의 주장은 특별한 사정이 없는 한 전소판결의 기판력에 의하여 차단되어 허용되지 않는다.

⑤ (5)의 사례에서 제3채무자가 가압류채무자에 대해 가지고 있던 반대채권에 의한 상계로써 대항할 수 있기 위해서는 그 압류의 효력발생 당시에 양 채권이 상계적장에 있거나 반대채권이 그 가압류 효력발생 당시 변제기에 달하여 있지 않는 경우에는 그것이 피압류채권인 수동채권의 변제기와 동시에 또는 그보다 먼저 변제기에 도달하여야 한다.

〈해설〉 정답 ①

① 전소판결의 기판력에 저촉된다.

문30. 다음 사례에 관한 설명 중 옳은 것은? (다툼이 있는 경우 판례에 의함)

> <사례>
> 甲은 乙을 상대로 1,000만 원의 대여금청구소송을 제기하였다. 乙은 甲에게 1,000만 원의 물품대금채권이 있었으나 위 소송에서 상계권을 행사하지 아니하여 甲의 청구가 전부 인용되고 동 판결이 확정되었다. 甲이 위 확정판결을 집행권원으로 강제집행을 시작하자 乙이 甲에게 상계의 의사표시를 하였다는 이유로 청구이의의 소를 제기하였다.

① 乙이 상계권을 변론종결 후에 행사하면 그 후에 발생한 사유로 보고 실권되지 않는다.

② 변론종결 전에 상계권이 있다 하여도 변론종결 후에 행사하였으면 상계권의 존부를 알았든 몰랐든 변론종결 후의 사유로서 실권하지 않는다.

③ 상계권이 있음을 알면서도 전에 이를 행사하지 않은 경우에는 실권되지만 그렇지 않은 경우에는 달리 보아야 한다.

④ 상계권이 있음을 알았든 몰랐든 상계권을 비롯한 모든 형성권은 차단된다.

⑤ 판례는 전소의 변론종결 전에 발생한 취소권·해제권·상계권·매수청구권·

백지보충권 등 형성권을 행사하고 있지 않다가 변론종결 후에 이를 행사하여 청구이의의 소로써 확정판결을 뒤집을 수 없는 것으로 본다.

⟨해설⟩ 정답 ②

① 비실권설(소수설)
② 상계권비실권설(통설, 판례)
③ 제한적 상계실권설(소수설)
④ 상계권실권설(독일의 통설, 판례)

문31. 다음 ⟨사례⟩에 관한 설명 중 옳지 않은 것은? (다툼이 있는 경우 판례에 의함)

> ＜사례＞
> 甲은 乙을 상대로 대여금 1,000만 원의 지급을 구하는 소를 제기하였으나 2010.10.8. 이유 없다고 청구기각이 되어 원고(甲) 패소의 판결이 확정되었다. 甲이 다시 금 1,000만 원과 이에 대한 2010.5.2.부터 완제일까지 연 5푼의 비율에 의한 금원의 지급을 구하는 소를 제기하였다.

① 甲의 위 금 1,000만 원 청구부분은 위 확정판결의 기판력에 저촉된다.
② 甲의 위 금 1,000만 원에 대한 2010.5.2.부터 완제일까지 연 5푼의 비율에 의한 금원의 지급을 구하는 부분은 위 금 1,000만 원에 대한 乙의 지급의무를 전제로 하고 그에 대한 이행 지연으로 인한 손해배상청구임이 명백하다.
③ 확정판결의 기판력은 사실심의 최종변론종결 당시의 권리관계를 확정하는 것이므로 그중 위 확정판결의 사실심의 변론종결 시 후의 부분은 그 선결문제로서 위 금 1,000만 원에 대한 乙의 지급의무의 존재를 주장하게 되어 논리상 위 확정판결의 기판력의 효과를 받게 된다.
④ 甲의 위 지연손해금청구 전부도 위 확정판결의 기판력에 저촉된다.
⑤ 확정판결의 기판력은 변론종결 당시(표준시)의 권리관계의 존부에 대하여 미치므로 표준시 전의 과거의 권리관계에 관해서는 기판력이 생기지 아니한다.

⟨해설⟩ 정답 ④

④ 甲의 청구 중 변론종결 당시까지의 분의 청구는 위 확정판결의 기판력의 효과를 받을 리가 없게 되므로 막연히 위 지연손해금청구 전부를 위 확정판결의 기판력에 저촉된다고 할 수는 없

다. 2010.10.8.부터의 이자분은 기판력을 받아 청구할 수 없지만 2010.5.2.부터 2010.10.7. 까지의 이자청구는 가능하다(대법원 1976.12.14. 선고 76다1488 판결).

문32. 정기금판결에 대한 변경의 소에 대한 다음 설명 중 **옳은** 것으로만 묶인 것은? (다툼이 있는 경우 판례에 의함)

> ㉠ 정기금판결에 대한 변경의 소는 확정판결의 변경을 목적으로 하는 소로서 소송법상 형성의 소로서 청구이의의 소와 같은 성질의 소이다.
> ㉡ 확정판결 후 변제·공탁에 의한 권리소멸의 경우에도 변경의 소가 가능하다.
> ㉢ 변론종결 전에 발생한 손해에 대한 정기금판결에 한정되고, 장래 발생할 손해에 대하여 정기금의 지급을 명한 판결의 경우에는 허용되지 않는다.
> ㉣ 장래의 일실수입 손해에 관하여 일시금배상판결이 났을 때에는 변경의 소의 대상이 되지 않는다.
> ㉤ 변경의 소와 전소의 소송물은 동일하다.
> ㉥ 재판시점에서 예상치 못한 후유증에 의한 확대손해의 청구도 변경의 소의 대상이 된다.
> ㉦ 변경의 소는 판결확정 당시의 법원의 전속관할이다.

① ㉠, ㉢, ㉣   ② ㉣, ㉥   ③ ㉤
④ ㉥   ⑤ 답이 없다

〈해설〉 정답 ⑤

㉠ 변경의 소는 단순한 집행력의 배제를 구하는 소가 아닌 점에서 청구이의의 소와 구별된다.
㉡ 변경의 소가 아닌 청구이의의 사유가 된다.
㉢ 장래 발생할 손해에 대하여 정기금의 지급을 명한 판결의 경우에도 변경의 소가 허용된다.
㉣ 이 경우에도 변경의 소의 대상이 된다. 이시윤, p.596.
㉤ 판례는 정기금판결에 대한 변경의 소는 그 소제기 이후의 기간에 해당하는 부분의 변경을 구하는 소로서 전소의 소송물과는 다른 것으로 보고 있다. 대법원 2009.12.24. 선고 2009다64215 판결
㉥ 전소의 소송물과 별개의 소송물이 되므로 별도의 청구를 하면 된다.
㉦ 제1심판결법원의 전속관할이다.

문33. 기판력의 범위에 관한 다음 설명 중 옳지 않은 것은? (다툼이 있는 경우 판례에 의함)

① 매매를 원인으로 한 소유권이전등기청구소송에서 패소한 당사자는 동일 목적물에 대하여 전소의 변론종결 전에 생긴 사유인 취득시효완성을 원인으로 하여 다시 소유권이전등기청구를 할 수 없다.

② 부동산에 관한 소유권이전등기가 원인무효라는 이유로 그 등기의 말소를 명하는 판결이 확정되었다고 하더라도 그 확정판결의 기판력은 그 소송물이었던 말소등기청구권의 존부에만 미치는 것이므로, 그 소송에서 패소한 당사자도 전소에서 문제 된 것과는 전혀 다른 청구원인에 기하여 상대방에 대하여 소유권이전등기청구를 할 수 있다.

③ 확정판결의 변론종결 전에 이루어진 일부이행을 채권자가 변론종결 후 수령함으로써 변제의 효력이 발생한 경우에는 그 한도 내에서 청구이의 사유가 될 수 있다.

④ 소유권확인청구의 소송물은 소유권 자체의 존부이므로, 전소에서 원고가 소유권을 주장하였다가 패소판결이 확정되었다고 하더라도, 전소 변론종결 후에 소유권을 새로이 취득하였다면 전소의 기판력이 소유권확인을 구하는 후소에 미칠 수 없다.

⑤ 상속재산분할협의가 전소 변론종결 후에 이루어졌다면 비록 상속재산분할의 효력이 상속이 개시된 때로 소급한다 하더라도, 상속재산분할협의에 의한 소유권 취득은 전소 변론종결 후에 발생한 사유에 해당한다.

〈해설〉 정답 ①

① 기판력의 소극적 작용에 의한 실권효는 기판력의 객관적 범위 내에 한하여 작용하는 것이고, 기판력이 미치지 않는 객관적 범위 밖의 청구에 대해서는 아무런 작용을 하지 않는다. 이 경우에는 취득시효완성을 원인으로 하여 다시 소유권이전등기청구를 할 수 있다.

④⑤ 소유권확인청구의 경우 그 소송물은 소유권 자체의 존부라고 할 것이므로, 전소에서 원고가 소유권을 주장하였다가 패소판결이 확정되었다고 하더라도, 전소의 변론종결 후에 소유권을 새로이 취득하였다면 전소의 기판력이 소유권확인을 구하는 후소에 미칠 수 없는바, 상속재산분할협의가 전소의 변론종결 후에 이루어졌다면 비록 그 상속재산분할의 효력이 상속이 개시된 때로 소급한다 하더라도, 상속재산분할협의에 의한 소유권의 취득은 전소의 변론종결 후에 발생한 사유에 해당한다고 할 것이다. 따라서 전소에서 원고가 단독상속인이라고 주장하여 소유권확인을 구하였으나 공동상속인에 해당한다는 이유로 그 상속분에 해당하는 부분에 대해서만 원고의 청구를 인용하고 나머지 청구를 기각하는 판결이 선고되어 확정되었다

면, 전소의 기판력은 전소의 변론종결 후에 상속재산분할협의에 의해 원고가 소유권을 취득한 나머지 상속분에 관한 소유권확인을 구하는 후소에는 미치지 않는다고 보아야 한다. 대법원 2011.6.30. 선고 2011다24340 판결 참조.

문34. 다음 〈사례〉에 관한 설명 중 옳지 않은 것은? (다툼이 있는 경우 판례에 의함)

> 〈사례〉
> 토지에 관한 등기명의가 매매를 원인으로 甲으로부터 乙로 이전되었다. 甲은 乙 명의의 소유권이전등기가 원인무효라는 이유로 그 등기의 말소를 구하는 소를 제기하였으나, 패소판결을 받고 그 판결이 확정되었다.

① 甲은 전소에서 등기원인인 매매계약이 사기에 의한 의사표시이므로 이를 취소한다고 주장하였다가 패소하였는데, 甲이 그 후 애당초 乙과의 매매계약 자체가 체결된 사실이 없다고 주장하며 乙을 상대로 위 소유권이전등기의 말소를 구하는 후소를 다시 제기하였다. 후소는 전소확정판결의 기판력에 저촉된다.

② 甲은 전소에서 乙의 소유권이전등기가 乙이 관련서류를 위조하여 乙 명의의 등기가 마쳐진 것이므로 원인무효라는 이유로 말소등기청구의 소를 제기하였다가 패소하였는데, 甲이 그 후 乙 명의의 소유권이전등기는 무권대리인에 의하여 마쳐진 것으로 원인무효라고 주장하면서 乙을 상대로 위 소유권이전등기의 말소를 구하는 후소를 다시 제기하였다. 후소는 전소확정판결의 기판력에 저촉된다.

③ 그 후 甲은 乙을 상대로 위 토지에 관하여, 소유권에 기한 진정명의회복을 위한 소유권이전등기청구의 소를 제기하였다. 후소는 전소확정판결의 기판력에 저촉된다.

④ 乙이 위 토지상에 있는 甲 소유 건물의 철거와 위 토지의 인도를 요구하자, 甲은 乙을 상대로 위 토지가 甲의 소유라는 이유로 소유권확인의 소를 제기하였다. 후소는 전소확정판결의 기판력에 저촉된다.

⑤ 전소판결확정 후 丙이 乙로부터 위 토지를 매수하여 이전등기를 마친 경우 甲이 丙을 상대로 소유권이전등기말소의 소를 제기하였다. 후소는 전소확정판결의 기판력에 저촉된다.

〈해설〉 정답 ④

④ 확정판결의 기판력은 소송물로 주장된 법률관계의 존부에 관한 판단의 결론에만 미치고 그 전제가 되는 법률관계의 존부에까지 미치는 것은 아니므로, 계쟁 부동산에 관한 피고 명의의 소유권이전등기가 원인무효라는 이유로 원고가 피고를 상대로 그 등기의 말소를 구하는 소송을 제기하였다가 청구기각의 판결을 선고받아 확정되었다고 하더라도, 그 확정판결의 기판력은 소송물로 주장된 말소등기청구권이나 이전등기청구권의 존부에만 미치는 것이지 그 기본이 된 소유권 자체의 존부에는 미치지 아니한다. 따라서 원고가 비록 위 확정판결의 기판력으로 인하여 계쟁 부동산에 관한 등기부상의 소유명의를 회복할 방법은 없게 되었다고 하더라도 그 소유권이 원고에게 없음이 확정된 것은 아닐 뿐만 아니라, 등기부상 소유자로 등기되어 있지 않다고 하여 소유권을 행사하는 것이 전혀 불가능한 것도 아닌 이상, 원고로서는 그의 소유권을 부인하는 피고에 대하여 계쟁 부동산이 원고의 소유라는 확인을 구할 법률상 이익이 있으며, 이러한 법률상의 이익이 있는 이상에는 특별한 사정이 없는 한 소유권확인 청구의 소제기 자체가 신의칙에 반하는 것이라고 단정할 수 없는 것이다(대법원 2002.9.24. 선고 2002다11847 판결).

문35. 다음 〈사례〉에 관한 설명 중 옳지 않은 것은? (다툼이 있는 경우 판례에 의함)

> <사례>
> (1) 토지에 관한 등기명의가 甲으로부터 乙로 이전되었다. 甲은 乙 명의의 소유권이전등기가 원인무효라는 이유로 그 등기의 말소를 구하는 소를 제기하여, 승소판결을 받고 그 판결이 확정되었다.
> (2) 甲은 乙로부터 토지를 매수하였다고 주장하며 乙을 상대로 소유권이전등기청구의 소를 제기하여 승소판결을 받아 그 판결이 확정되었고, 甲은 이 확정판결에 따라 소유권이전등기를 마쳤다.

① (1)의 사례에서 乙은 그 후 '20년 이상 위 토지를 점유하여 전 소송의 변론종결 전에 이미 그 취득시효가 완성되었다'고 주장하며 甲을 상대로 취득시효완성을 원인으로 한 소유권이전등기청구의 소를 제기하였다. 후소는 전소 확정판결의 기판력에 저촉되지 않는다.

② (1)의 사례에서 甲은 위 확정판결에 따라 乙 명의의 소유권이전등기를 말소한 후 丙에게 소유권이전등기를 마쳐주었는데, 그 후 乙이 丙을 상대로 진정명의회복을 위한 소유권이전등기청구의 소를 제기하였다. 후소는 전소확정판결의 기판력에 저촉된다.

③ (2)의 사례에서 위 소송 전에 乙로부터 위 토지를 매수한 바 있는 丙은 그

후 乙을 대위하여 甲을 상대로 위 토지를 매도한 사실이 없으므로 甲 명의의 소유권이전등기는 원인무효라고 주장하면서 위 소유권이전등기말소청구의 소를 제기하였다. 후소는 전소확정판결의 기판력에 저촉된다.

④ (2)의 사례에서 위 소송 전에 乙로부터 위 토지를 매수한 바 있는 丙은 乙을 대위하여 甲 명의의 소유권이전등기의 말소에 갈음하여 진정명의회복을 위한 소유권이전등기청구를 구하는 것도 허용되지 않는다.

⑤ (2)의 사례에서 甲의 위 소유권이전등기청구소송이 가등기에 기한 본등기청구라고 가정할 경우 위 확정판결이 있은 후 乙은 甲을 상대로 가등기가 원인무효라는 이유로 가등기만의 말소를 구하는 소를 제기하였다. 후소는 전소확정판결의 기판력에 저촉된다.

〈해설〉 정답 ⑤

⑤ 확정판결의 기판력은 소송물로 주장된 법률관계의 존부에 관한 판단의 결론 자체에만 미치고 그 전제가 되는 법률관계의 존부에까지 미치는 것은 아니어서, 가등기에 기한 소유권이전등기절차의 이행을 명한 전소판결의 기판력은 소송물인 소유권이전등기청구권의 존부에만 미치고 그 등기청구권의 원인이 되는 채권계약의 존부나 판결이유 중에 설시되었을 뿐인 가등기의 효력 유무에 관한 판단에는 미치지 아니한다. 따라서 만일 후소로써 위 가등기에 기한 소유권이전등기의 말소를 청구한다면 이는 1물1권주의의 원칙에 비추어 볼 때 전소에서 확정된 소유권이전등기청구권을 부인하고 그와 모순되는 정반대의 사항을 소송물로 삼은 경우에 해당하여 전소판결의 기판력에 저촉된다고 할 것이지만, 이와 달리 위 가등기만의 말소를 청구하는 것은, 전소에서 판단의 전제가 되었을 뿐이고 그로써 아직 확정되지는 아니한 법률관계를 다투는 것에 불과하여 전소판결의 기판력에 저촉된다고 볼 수 없다(대법원 1995.3.24. 선고 93다52488 판결).

문36. 다음 〈사례〉에 관한 설명 중 옳은 것은? (다툼이 있는 경우 판례에 의함)

<사례>

(1) 甲은 乙로부터 토지를 매수하였다는 이유로 乙을 상대로 소유권이전등기청구의 소를 제기하였으나, 패소판결을 받고 그 판결이 확정되었다.

(2) 甲 종중은 乙의 조부인 丙에게 임야를 명의신탁하였음을 이유로 丙의 상속인인 乙을 상대로 명의신탁해지를 원인으로 한 소유권이전등기청구의 소를 제기하였으나, 소를 제기할 당시 甲 종중의 대표자인 A에게 대표권

> 이 없어 소가 부적법하다는 이유로 소각하판결이 선고되고 이 판결은 그대로 확정되었다. 그 후 적법한 종중총회를 거쳐 새로 대표자로 선출된 B가 甲 종중을 대표하여 다시 乙을 상대로 명의신탁해지를 원인으로 한 소유권이전등기청구의 소를 제기하였다.

① (1)의 사례에서 그 후 甲이 전소 사실심 변론종결 전에 乙로부터 토지를 증여받았다는 이유로 乙을 상대로 소유권이전등기청구의 소를 제기하였다. 후소는 전소확정판결의 기판력에 저촉된다.

② (1)의 사례에서 그 후 乙이 甲을 상대로 위 토지상의 甲 소유 건물의 철거를 구하는 소를 제기하자, 甲은 위 토지에 대한 취득시효가 완성되었으므로 乙의 청구에 응할 수 없다는 항변을 하였다. 후소에서의 항변은 전소확정판결의 기판력에 저촉된다.

③ (1)의 사례에서 甲은 위 소송에서 토지에 관한 등기명의가 乙로부터 丙으로 이전되었기 때문에 乙의 甲에 대한 소유권이전등기의무가 이행불능이라는 이유로 패소확정판결을 받았다. 그 후 乙이 丙을 상대로 소유권이전등기말소청구의 소를 제기하여 승소판결을 받아 등기부상의 소유명의를 회복하자, 甲이 다시 乙을 상대로 소유권이전등기청구의 소를 제기하였다. 후소는 전소확정판결의 기판력에 저촉된다.

④ (2)의 사례에서 후소는 전소의 기판력에 저촉된다.

⑤ (2)의 사례에서 전소판결에서 甲 종중이 실재하는 종중이라고 판단하였다면, 후소에서 甲 종중이 실재하지 아니한 종종으로서 당사자능력이 없다는 이유로 소각하판결을 할 수 있다.

〈해설〉 정답 ⑤

① 소유권이전등기청구사건에 있어서 등기원인을 달리하는 경우에는 그것이 단순히 공격방어방법의 차이에 불과한 것이 아니고 등기원인별로 별개의 소송물로 인정되므로 매매를 원인으로 한 소유권이전등기청구소송에서의 패소판결의 기판력은 그와 별개의 소송물인 증여를 원인으로 한 소유권이전등기청구의 소에 미치지 않는다.

② 매매를 원인으로 한 소유권이전등기청구소송과 취득시효완성을 원인으로 한 소유권이전등기 청구소송은 이전등기청구권의 발생원인을 달리하는 별개의 소송물이므로 전소의 기판력은 후소에 미치지 아니한다(대법원 1981.1.13. 선고 80다204, 205 판결). 전소에서 부존재한 것으로 확정된 바 있는 매매를 원인으로 한 소유권이전등기청구권이 후소 항변사유인 취득시효완성을 원

인으로 하는 소유권이전등기청구권의 존재와 모순된다거나 선결적 법률관계에 있다고 볼 수 없다(대법원 1995.9.29. 선고 94다46817 판결).

③ 기판력은 사실심 변론종결 당시에 있어서 권리관계의 존부에 관하여 생기기 때문에 후소 법원은 위 표준시에서의 기판력 있는 판단에 반하는 판결을 할 수 없고, 후소에서 전소의 표준시 이전에 존재하였던 사실 및 증거자료를 제출하여 전소에서 확정된 권리관계를 뒤엎을 수 없는 작용을 하는 것이지만, 표준시 이후에 생긴 법률관계에 관하여서까지 후소에서 주장할 수 없다는 것은 아니다(대법원 1995.9.29. 선고 94다46817 판결). 전소판결이 확정된 후, 乙이 丙을 상대로 소유권이전등기말소청구소송을 제기하여 승소판결을 받아 등기부상 소유권을 회복한 경우, 乙은 甲에 대하여 소유권이전등기의무를 부담한다고 봄이 신의성실의 원칙상 당연하므로, 후소는 전소판결의 기판력에 저촉된다고 볼 수 없다.

④ 소송판결의 기판력은 그 판결에서 확정한 소송요건의 흠결에 관하여 미치는 것이지만, 당사자가 그러한 소송요건의 흠결을 보완하여 다시 소를 제기한 경우에는 그 기판력의 제한을 받지 않는다(대법원 2003.4.8. 선고 2002다70181 판결).

⑤ 소송판결의 기판력은 각하의 이유로 된 소송요건에 관해서만 발생하고 다른 소송요건에 관해서는 발생하지 아니하므로 <u>전소에서 대표권 흠결에 대하여 판단하면서 그 전제로 甲 종중이 실재하는 종중이라고 판단하였다고 하더라도 그 판단에는 기판력이 미치지 아니한다</u>(대법원 2006.11.24. 선고 2004다46229 판결). 전소판결에서 甲 종중이 실재하는 종중이라고 판단하였더라도 후소에서 甲 종중이 실재하지 아니한 종종으로서 당사자능력이 없다는 이유로 소각하판결을 할 수 있다.

문37. 기판력의 범위에 관한 다음 설명 중 **옳지 않은** 것은? (다툼이 있는 경우 판례에 의함)

① 甲이 乙을 상대로 토지가 甲의 소유라고 주장하며 소유권확인청구의 소를 제기하였다가 패소확정판결을 받았다. 甲이 다시 위 토지가 甲의 소유임을 전제로 乙에 대하여 그 지상에 세워져 있는 乙 소유 건물의 철거를 구하는 소송을 제기하였다. 후소는 전소확정판결의 기판력에 저촉된다.

② 甲이 丙으로부터 토지를 대물변제받았으나 소유권이전등기를 마치지 않은 채 점유하기 시작하여 취득시효가 완성되었다는 이유로 등기명의인인 乙을 상대로 소유권이전등기청구의 소를 제기하였다가 패소판결을 받고 이 판결은 확정되었다. 그 후 乙이 甲을 상대로 외 토지상의 甲 소유 건물의 철거를 구하는 소를 제기하자, 甲은 丙으로부터 토지를 증여받아 점유하기 시작하여 취득시효가 완성되었다는 취지로 항변한 경우 甲의 항변은 전소의 기판력에 저촉된다.

③ 甲 명의로 소유권보존등기가 된 토지에 관하여 매매를 원인으로 乙 명의의

소유권이전등기가 마쳐졌는데, 위 토지의 점유자인 丙이 甲에 대해서는 위 토지를 甲으로부터 매수하였다고 주장하며 소유권이전등기를 구하고, 乙에 대해서는 甲, 乙 간의 매매가 가장매매라는 이유로 甲을 대위하여 소유권이전등기의 말소를 구하는 소를 제기하였다. 법원은 심리결과, 甲에 대한 청구는 甲과 丙 사이에 매매계약이 체결되었음을 인정할 증거가 없다는 이유로 기각하고, 乙에 대한 소는 피보전채권인 丙의 甲에 대한 이전등기청구권이 인정되지 않는다는 이유로 각하하는 판결을 선고하였고 그 판결은 그대로 확정되었다. 그 후 乙이 丙을 상대로 위 토지의 인도를 구하는 소를 제기하였다면 丙은 乙의 소유권이전등기가 가장매매에 기한 것으로서 무효라고 주장하며 乙의 소유권을 부인할 수 있다.

④ 甲이 乙을 상대로 하여, A가 1955.6.30.부터, B가 1963.7.31.부터 이 사건 토지를 각 점유하여 왔음을 이유로 '乙은 A, B의 점유를 순차로 승계한 甲에게 1975.6.30.자 취득시효완성을 원인으로 한 소유권이전등기절차를 이행하라'는 내용의 소를 제기하였다가, 그 소송에서 '甲의 주장에 의할지라도 취득시효완성시기인 1975.6.30. 당시의 점유자는 B이므로 그로부터 토지를 매수한 甲이 직접 乙에 대하여 시효취득을 원인으로 한 소유권이전등기청구를 구할 수 없다'는 이유로 청구기각판결이 선고되고, 위 판결은 확정되었다. 그 후 甲은 B의 점유를 승계하였음으로 이유로 1983.7.31. 위 토지에 관한 점유취득시효가 완성되었다고 하면서 다시 乙에 대하여 취득시효완성을 원인으로 한 소유권이전등기청구의 소를 제기하였다. 후소는 전소의 기판력에 저촉된다.

⑤ 甲 소유이던 부동산에 관하여 乙 명의로 근저당권설정등기가 마쳐졌는데, 甲이 乙을 상대로 위 근저당권설정등기가 丙의 서류위조행위에 의하여 이루어진 것으로서 무효라는 이유로 그 말소등기청구의 소를 제기하였으나, 甲 패소판결을 선고받고 그 판결은 확정되었다. 이후 甲이 丙을 사문서위조죄 등으로 고소하여 丙으로 하여금 유죄확정판결을 받게 한 다음, 위 패소판결에 대하여 재심의 소를 제기하였으나, 이 또한 재심기간이 도과되었다는 이유로 각하되어 확정되었다. 한편, 乙의 근저당권에 기하여 개시된 경매절차에서 丁이 위 근저당권설정등기말소청구소송의 사실심 변론종결일 후에 위 위 부동산을 취득하여 소유권이전등기를 마쳤다. 그 후 甲이 丁을

상대로 위 근저당권설정등기가 무효이어서 丁 명의의 소유권이전등기도 무효라는 이유로 소유권이전등기의 말소를 구하는 소를 제기하였다면, 이 소는 확정판결의 기판력에 저촉된다.

〈해설〉 정답 ④

④ 후소는 위 확정판결의 사안과는 취득시효의 기초가 되는 점유의 주체와 시효완성시기 및 시효취득으로 인한 효과의 귀속자를 달리하는 것으로서 양자를 동일한 소송이라 할 수 없고, 따라서 위 확정판결의 기판력에 저촉되는 것이라 할 수 없다(대법원 1994.2.8. 선고 93다41303 판결).

문38. 다음 〈사례〉에 관한 설명 중 옳은 것은? (다툼이 있는 경우 판례에 의함)

<사례>

(1) 甲은 乙에게 甲 소유의 토지를 대금 3억 원에 매도하면서 잔금 지급 시까지 위 토지상에 건립되어 있던 丙 소유의 건물을 철거해주기로 약정하고, 乙로부터 계약금 3,000만 원 및 중도금 1억 2,000만 원을 지급받았고 잔금지급기일에 잔금의 이행제공을 받았으나, 甲은 잔금 지급 시까지 위 철거약정을 이행하지 아니하였다.

(2) 甲은 그 소유의 다가구주택 중 1층을 乙에게, 2층을 丙에게 각 임대하였다. 乙은 그 임대차기간이 만료되자 甲을 상대로 1억 원의 임대차보증금의 반환을 구하는 소를 제기하였고, 법원은 甲에 대하여 위 다가구주택 1층의 인도와 동시에 임대차보증금 1억 원의 지급을 명하는 판결을 선고하였고 그 판결은 그대로 확정되었다.

① (1)의 사례에서 乙은 위 매매계약이 착오에 의하여 체결된 것이라고 주장하며 甲에 대하여 위 매매계약을 취소하고 계약금 및 중도금 합계 1억 5,000만 원의 반환을 구하는 소송을 제기하였으나, 법원은 乙의 착오사실을 인정할 증거가 없다는 이유로 乙의 청구를 기각하는 판결을 선고하였고 이 판결은 그대로 확정되었다. 그 후 乙은 甲을 상대로 위 건물철거 약정불이행을 이유로 위 매매계약을 해제한다고 주장하면서 해제에 의한 원상회복으로 위 계약금 및 중도금의 반환을 구하는 소를 제기하였다. 후소는 전소의 기판력

에 저촉된다.

② (1)의 사례에서 甲이 乙을 상대로 위 매매계약이 해제되었음을 이유로 乙에게 인도하였던 위 토지의 인도를 구하는 소송을 제기하였다고 가정할 경우, 이 소송에서 乙은 계약금 및 중도금 합계 1억 5,000만 원의 지급과의 동시이행항변을 하였고, 이에 대하여 甲은 乙에게 대여한 7,000만 원의 대여금채권을 자동채권으로 하여 乙의 위 계약금 및 중도금 지급채권과의 상계를 주장하였다. 법원은 乙과 甲의 주장을 모두 받아들여 위 계약금 및 중도금 지급채권 중 상계하고 남은 8,000만 원의 지급과 동시이행으로 위 토지의 인도를 명하는 판결을 선고하였고, 그 판결은 그대로 확정되었다. 그 후 甲이 乙을 상대로 위 대여금 7,000만 원의 지급을 구하는 소를 제기한 경우 위 소송은 위 확정판결의 기판력에 저촉되지 않는다.

③ (2)의 사례에서 그 후 乙은 甲에게 위 1층 부분을 인도하였음에도 불구하고 甲이 임대차보증금을 지급하지 않는다는 이유로 위 확정판결에 기해 위 다가구주택에 대한 강제경매를 신청하여 강제경매절차가 개시되었다. 이에 甲은 乙을 상대로 확정판결에 대한 청구이의의 소를 제기하여 전소에서 임대차보증금에서 공제되지 아니한 연체차임의 공제를 주장하였다. 甲의 이러한 주장은 전소 확정판결의 기판력에 저촉된다.

④ 위 강제경매절차는 정지되지 않은 채 계속 진행되어 매수인인 丁이 위 다가구주택의 소유권을 취득하였다. 이에 丙은 丁을 상대로 임대차보증금 1억 원의 반환을 구하는 소를 제기하였으나, 법원은 丙이 丁에게 대항할 수 있는 임차인이 아니라는 이유로 패소판결을 선고하여 그 판결이 확정되었다. 丁은 丙이 위 확정판결에도 불구하고 계속 임대차보증금의 반환을 요구하며, 위 다가구주택 2층에서 퇴거하지 않자 丙을 상대로 위 다가구주택 2층의 인도를 구하는 소를 제기하였다. 丙이 이 소송에서 丁으로부터 임대차보증금 1억 원의 반환을 받을 때까지는 인도청구에 응할 수 없다는 동시이행의 항변을 한 경우 법원은 이 항변을 전소확정판결에 저촉한다는 이유로 배척하여야 한다.

⑤ 위 강제경매절차에서 법원이 근저당권자인 戊에게 매각대금 중 3,000만 원을 배당하자, 甲은 戊의 근저당권은 피담보채무가 이미 전액 변제되어 소멸하였다고 주장하며 戊를 상대로 배당이의의 소를 제기하였다. 법원은 심리

결과 변제사실이 인정되지 않는다는 이유로 甲 패소판결을 선고하여 그 판결이 그대로 확정되었고, 이에 甲은 戊를 상대로 그의 배당금이 부당이득이라는 이유로 그 반환을 구하는 소를 제기하였다. 법원은 근저당권의 소멸여부에 대하여 다시 심리하여 戊의 배당금이 부당이득이라고 판단할 수 없다.

〈해설〉 정답 ②

② 상계 주장에 관한 판단에 기판력이 인정되는 경우는, 상계 주장의 대상이 된 수동채권이 소송물로서 심판되는 소구채권이거나 그와 실질적으로 동일하다고 보이는 경우(가령 원고가 상계를 주장하면서 청구이의의 소송을 제기하는 경우 등)로서 상계를 주장한 반대채권과 그 수동채권을 기판력의 관점에서 동일하게 취급하여야 할 필요성이 인정되는 경우를 말한다. 만일 상계 주장의 대상이 된 수동채권이 동시이행항변에 행사된 채권일 경우에는 그러한 상계 주장에 대한 판단에는 기판력이 발생하지 않는다. 위와 같이 해석하지 않을 경우 동시이행항변이 상대방의 상계의 재항변에 의하여 배척된 경우에 그 동시이행항변에 행사된 채권을 나중에 소송상 행사할 수 없게 되어 민사소송법 제216조가 예정하고 있는 것과 달리 동시이행항변에 행사된 채권의 존부나 범위에 관한 판결 이유 중의 판단에 기판력이 미치는 결과에 이르기 때문이다(대법원 2005.7.22. 선고 2004다17207 판결).

문39. 기판력의 범위에 관한 다음 설명 중 옳지 않은 것은? (다툼이 있는 경우 판례에 의함)

① 甲은 乙을 상대로 소유권에 기한 방해배제청구권의 행사로서 乙 명의의 가등기 및 근저당권설정등기의 말소등기청구를 구하는 소를 제기하였다가 패소판결을 받고 이 판결이 확정되었다. 甲이 다시 乙을 상대로 계약해제에 따른 계약상의 권리에 기하여 원상회복으로 담보물의 반환을 받기 위하여 乙 명의의 가등기 및 근저당등기의 말소등기청구의 소를 제기한 경우 이 후소는 전소판결의 기판력에 저촉된다.

② 전소에서 원고가 단독상속인이라고 주장하여 소유권확인을 구하였으나 공동상속인에 해당한다는 이유로 그 상속분에 해당하는 부분에 대해서만 원고의 청구를 인용하고 나머지 청구를 기각하는 판결이 선고되어 확정된 경우, 전소의 기판력은 전소의 변론종결 후에 상속재산분할협의에 의해 원고가 소유권을 취득한 나머지 상속분에 관한 소유권확인을 구하는 후소에는 미치지 않는다.

③ 원고가 자신이 진정한 상속인이고 후행 보존등기로부터 상속을 원인으로 이루어진 소유권이전등기의 명의인은 진정한 상속인이 아니므로 그 소유권이

전등기는 무효이고 그에 이어 이루어진 소유권이전등기도 무효라고 주장하여 소유권말소등기의 소를 제기하였다가 그 소가 상속회복청구의 소에 해당하고 제척기간이 경과하였다는 이유로 패소판결이 확정된 경우, 후행 보존등기가 중복등기에 해당하여 무효라는 이유로 말소등기를 구하는 원고의 후소는 전소의 기판력에 저촉되지 않는다.

④ 불법행위로 인한 인신손해에 대한 손해배상청구소송에서 판결이 확정된 후 피해자가 그 판결에서 손해배상액 산정의 기초로 인정된 기대여명보다 일찍 사망한 경우라도 그 판결이 재심의 소 등으로 취소되지 않는 한 그 판결에 기하여 지급받은 손해배상금 중 일부를 법률상 원인 없는 이득이라 하여 반환을 구하는 것은 그 판결의 기판력에 저촉되어 허용될 수 없다.

⑤ 전소의 소송물이 채권적 청구권의 성질을 가지는 소유권이전등기청구권인 경우에는 전소의 변론종결 후에 그 목적물에 관하여 소유권등기를 이전받은 사람은 전소의 기판력이 미치는 '변론종결 후의 승계인'에 해당하지 아니한다.

〈해설〉 정답 ①

① 전소의 청구원인은 소유권에 기한 방해배제청구권의 행사로서 말소등기청구이고, 후소의 청구원인은 계약해제에 따른 원상회복으로 말소등기청구이다. 이와 같이 청구취지는 같고 전소의 사실관계와는 별개의 사실관계에 기해 신소를 제기하는 경우 구 이론에 의하면 소송물이 다르기 때문에 기판력에 저촉되지 않는다. 사례에서 후소는 전소와 소송물을 달리하는 것으로서 전소의 확정판결의 기판력이 후소에 미칠 수 없다. 이 경우에는 말소등기청구권의 발생원인을 <u>등기원인의 무효</u>에서 구하는 것이 아니라 소유권에 기한 방해배제청구권 또는 계약해제에 따른 원상회복청구권으로서 청구원인 자체가 다르므로 서로 기판력이 미치지 않는다는 점을 유의.

② 대법원 2011.6.30. 선고 2011다24340 판결
③ 대법원 2011.7.14. 선고 2010다107064 판결
④ 대법원 2009.11.12. 선고 2009다56665 판결
⑤ 대법원 2012.5.10. 선고 2010다2558 판결

문40. 기판력의 범위에 관한 다음 설명 중 옳지 않은 것은? (다툼이 있는 경우 판례에 의함)

① 甲이 乙을 상대로 X 토지의 인도를 구하는 소를 제기하였으나, 甲이 乙에게 X 토지를 증여하였다는 이유로 청구기각판결을 받고 확정되었다. 甲이 후에 乙에 대한 증여는 서면에 의하지 않은 것이므로 증여의 해제권을 행사

했다는 이유로 X 토지의 인도를 구할 수 없다.

② 甲은 乙을 상대로 1,000만 원의 대여금청구소송을 제기하였다. 乙은 甲에게 1,000만 원의 물품대금채권이 있었으나 위 소송에서 상계권을 행사하지 아니하여 甲의 청구가 전부 인용되고 동 판결이 확정되었다. 甲이 위 확정판결을 집행권원으로 강제집행을 시작하자 乙이 甲에게 상계의 의사표시를 하였다는 이유로 청구이의의 소를 제기할 수 있다.

③ 甲은 乙을 상대로 토지인도 및 건물철거청구의 소를 제기하여 승소확정판결을 받았으나, 건물철거집행이 되지 않은 상태에서 乙이 甲으로부터 건물의 소유를 목적으로 토지를 임차하였으므로 건물에 대하여 건물매수청구권을 행사하여 별소로써 甲에 대하여 건물 매매대금의 지급을 구할 수 있다.

④ 백지어음 소지인이 어음금 청구소송의 사실심 변론종결일까지 백지부분을 보충하지 않아 패소판결을 받고 그 판결이 확정된 경우, 백지보충권을 행사하여 완성한 어음에 기하여 전소의 피고를 상대로 다시 동일한 어음금을 청구할 수 있다.

⑤ 甲은 乙을 상대로 대여금 1,000만 원의 지급을 구하는 소를 제기하였으나 2010.10.8. 이유 없다고 청구기각이 되어 원고(甲) 패소의 판결이 확정되었다. 甲이 다시 금 1,000만 원에 대한 2010.5.2부터 2010.10.7.까지의 이자를 청구할 수 있다.

〈해설〉 정답 ④

④ 약속어음의 소지인이 전소의 사실심 변론종결일까지 백지보충권을 행사하여 어음금의 지급을 청구할 수 있었음에도 위 변론종결일까지 백지부분을 보충하지 않아 이를 이유로 패소판결을 받고 그 판결이 확정된 후에 백지보충권을 행사하여 어음이 완성된 것을 이유로 전소 피고를 상대로 다시 동일한 어음금을 청구하는 경우에는, 위 백지보충권 행사의 주장은 특별한 사정이 없는 한 전소판결의 기판력에 의하여 차단되어 허용되지 않는다.

제15장 당사자의 행위에 의한 소송의 종료

문1. 다음 설명 중 옳지 않은 것은? (다툼이 있는 경우 판례에 의함)

① 청구의 포기·인낙, 화해, 화해, 조정의 무효 등의 흠은 재심사유가 있을 때 준
재심의 소로만 다툴 수 있을 뿐 원칙적으로 기일지정신청으로 그 무효를 다툴
수 없다.

② 화해권고결정에 이의신청기간이 도과되었음에도 법원이 이를 간과하고 소송심리
를 진행하여 판결을 선고한 경우 당연무효의 판결은 아니다.

③ 제1심에서 소가 취하간주되었음에도 이를 간과하고 진행한 끝에 본안판결을 한
경우 상급법원은 제1심판결을 취소하고 소송종료선언을 하여야 한다.

④ 예비적 공동소송이 아님에도 그러한 것으로 오해하여 어느 당사자에 의해서도
항소제기가 없어 끝이 난 예비적 피고에 대한 부분까지 항소심으로 이심된 것으
로 잘못 보고 항소심이 판단하였다면 대법원에서 그 부분을 파기하고 소송종료
선언을 한다.

⑤ 대립당사자구조의 소멸로 소송종료선언을 할 경우 소송비용부담자를 정하지 아
니한다.

〈해설〉 정답 ②

② 당연무효의 판결이다. 이시윤, p.534 참조.

**문2. 소의 취하에 관한 다음 설명 중 옳지 않은 것을 모두 모은 것은? (다툼
이 있는 경우에는 판례에 의함)**

> ㉠ 법률심인 상고심에서는 소의 취하를 할 수 없다.
>
> ㉡ 소의 일부취하는 공격방어방법의 일부철회와 구별된다.
>
> ㉢ 선정당사자가 소를 취하함에는 선정자들의 개별동의가 필요하다.
>
> ㉣ 소의 일부취하인지 청구의 일부포기인지 불분명한 경우에는 청구의 일부포기
> 로 본다.
>
> ㉤ 소유권확인청구에서 원시취득과 승계취득 두 가지를 주장하다가 그중 하나를
> 철회하는 경우 상대방의 동의를 요한다.
>
> ㉥ 소취하서가 상대방이 본안에 관하여 변론을 한 뒤에 법원에 제출된 경우 상
> 대방의 동의 여부가 결정되지 아니한 상태에서 종전의 청구에 대하여 재판
> 을 하여서는 아니 된다.

① ㉠, ㉢, ㉣, ㉤　　　② ㉠, ㉢, ㉣　　　③ ㉣, ㉤, ㉥

④ ㉢, ㉣　　　　　　　⑤ ㉣

〈해설〉정답 ①

㉠ 판결확정 전이면 상고심에서도 소의 취하 가능

㉢ 선정된 선정당사자는 선정자들로부터 소송수행을 위한 포괄적인 수권을 받은 당사자로서 선정자들 모두를 위한 일체의 소송행위를 할 수 있음은 물론 소송수행에 필요한 사법상의 행위도 할 수 있는 것이고, 이와 같은 행위를 함에 있어서 선정자의 개별적인 동의가 필요한 것은 아니라고 할 것이다(대법원 2012.3.15. 선고 2011다105966 판결).

㉣ 일부취하로 본다.

㉤ 공격방법의 일부철회의 경우에는 상대방의 동의가 필요 없다.

문3. 소의 취하에 관한 다음 설명 중 <u>옳지 않은</u> 것을 모두 모은 것은? (다툼이 있는 경우에는 판례에 의함)

㉠ 소의 취하가 사기·강박에 의한 의사표시에 의한 것인 경우 민법 제110조에 의해 취소할 수 있다.

㉡ 상소심에서의 소의 취하와 상소의 취하는 동일한 효과가 발생한다.

㉢ 소를 취하한다고 하여 실체법상의 권리의 포기나 상실로 볼 수 없다.

㉣ 甲 등이 乙 등을 상대로 소송을 제기하면서 그들 모두를 위한 선정당사자로 丙을 선정하여 소송을 수행하도록 하였는데, 丙이 선정당사자 지위에서 乙 등과 '乙 등은 연대하여 丙에게 500만 원을 지급하고, 丙은 소송을 취하하며 민·형사상의 책임을 묻지 않겠다'는 취지로 합의한 후 소를 취하한 경우, 丙이 소송 도중 乙 등과 한 합의는 甲 등에게 그 효력이 미친다.

㉤ 원고들에게 소취하를 종용 내지 강요하였다고 하여 그것만으로 상고이유가 되지 않는다.

㉥ 소의 취하나 상소의 취하의 경우 상대방의 동의를 필요로 한다.

① ㉠, ㉡, ㉤, ㉥　　　② ㉠, ㉡, ㉥　　　③ ㉠, ㉡

④ ㉤, ㉥　　　　　　　⑤ 답이 없다

〈해설〉정답 ②

㉠ 판례는 소송절차의 명확성과 안정성을 기하기 위해 불허.

ⓛ 상소심에서의 소의 취하는 이미 행한 판결을 실효케 하나, 상소의 취하는 원판결이 확정되게
되는 점에서 차이가 있다.

ⓗ 상소의 취하의 경우에는 피상소인이 응소하였다 하더라도 피상소인의 동의가 필요 없다.

문4. 다음 〈사례〉에 관한 설명 중 <u>옳지 않은</u> 것은? (다툼이 있는 경우 판례에 의함)

> <사례>
>
> 甲과 乙은 관련소송이 대법원에 계속 중이던 2011.6.1. 甲이 이 사건 소를 취하하기로 합의하였음에도 불구하고, 甲은 소취하서를 대법원에 제출하지 아니하고 乙도 소취하 합의서를 대법원에 제출하지 아니한 상태에서, 대법원은 2012.12.9. 원심판결을 파기환송하는 판결을 선고하였다. 환송 후 원심법원에서 2013.3.11. 열린 제2차 변론기일에서도 甲은 위 계약에 따라 소를 취하하지 않고 이를 그대로 유지하였고, 乙도 위 소송에서 그 변론종결일에 이르기까지 甲과의 소취하 합의 사실을 주장하지 않은 채 본안에 관하여 변론하는 등 계속 응소하였다. 乙은 甲과 乙 사이의 위 2011.6.1.자 소취하 합의가 아직도 유효함을 전제로 甲의 소는 각하되어야 한다고 주장하고 있다.

① 원고가 소취하계약에 위반하여 소송을 계속 유지하거나 재소를 하는 경우 피고가 이를 주장·증명하면 원고의 소는 권리보호이익의 흠결로 부적법 각하된다.

② 소취하계약에 의하여 소가 각하된 뒤라도 원칙적으로 재소를 할 수 있으나, 부제소합의까지 포함된 경우라면 다르다.

③ 소취하 계약도 당사자 사이의 합의에 의하여 해제할 수 있음은 물론이고 계약의 합의해제는 명시적으로 이루어진 경우뿐만 아니라 묵시적으로 이루어질 수도 있다.

④ 소취하계약은 소송계속의 소멸이라는 소송상의 효과를 목적으로 하는 소송계약으로서 위 사례에서 乙이 위 2011.6.1.자 소취하 합의를 항변으로 주장하면 甲의 소는 각하된다.

⑤ 소송을 소취하의 방법에 의하여 종료시키기로 한 의무에 소취하에 동의하지 아니하는 경우에는 청구를 포기하여서라도 그 소송을 종료시킬 의무가 포함되어 있다고 볼 수 없다.

《해설》 정답 ④

④ 위 사례에서 甲과 乙이 소취하 합의약정 후의 여러 가지 정황에 비추어 볼 때 甲과 乙은 위 합의약정이 성립된 후 그 실현을 포기하려는 의사로 이를 방치하였다고 할 것이므로, 위 합의약정은 특별한 사정이 없는 한 묵시적으로 합의해제되었다고 봄이 상당하다(대법원 2007.5.11. 선고 2005후1202 판결).

문5. 소취하의 요건에 관한 다음 설명 중 옳은 것을 모두 모은 것은? (다툼이 있는 경우에는 판례에 의함)

> ㉠ 가사소송이나 행정소송 등 직권탐지주의가 적용되는 소송물에 대해서는 소의 취하가 제한된다.
> ㉡ 유사필수적 공동소송에서 공동소송인 전원이 공동으로 취하하지 않으면 아니 된다.
> ㉢ 피고가 본안전 항변으로 소각하를, 본안에 관하여 청구기각을 각 구한 경우 원고는 피고의 동의 없이 소를 취하할 수 없다.
> ㉣ 일단 적법한 소취하의 서면이 제출된 이상 그 서면이 상대방에게 송달되기 전·후를 묻지 않고 원고는 이를 임의로 철회할 수 없다.
> ㉤ 형사책임이 수반되는 타인의 강요와 폭행에 의하여 이루어진 소취하의 약정과 소취하서의 제출은 무효이고, 이 경우 유죄의 확정판결까지 필요한 것은 아니다.
> ㉥ 당사자의 대리인이 문제 된 소의 취하와 관련하여 배임죄로 유죄의 확정판결을 받은 경우에는 바로 소취하의 무효·취소를 주장할 수 있다.

① ㉠, ㉡, ㉣   ② ㉡, ㉢, ㉣   ③ ㉣, ㉥
④ ㉣   ⑤ ㉠, ㉡, ㉥

《해설》 정답 ④

㉠ 가사소송이나 행정소송 등 직권탐지주의가 적용되는 소송물에 대해서도 자유롭게 소를 취하할 수 있다.
㉡ 고유필수적 공동소송이 아닌 한 단독으로 취하할 수 있다.
㉢ 청구기각의 본안판결을 구한 것은 예비적인 것에 그치므로 피고의 동의가 필요 없다.
㉤ 판례는 유죄의 확정판결이 있고 그 소송행위에 부합하는 의사 없이 외형적인 존재뿐일 때라야 효력을 부인할 수 있다고 좁게 해석하고 있다(確定判決必要說).
㉥ '형사상 처벌을 받을 다른 사람의 행위'에는 당사자의 대리인이 범한 배임죄도 포함될 수 있으

나, 이를 재심사유로 인정하기 위해서는 단순히 대리인이 문제 된 소송행위와 관련하여 배임죄로 유죄판결을 받았다는 것만으로는 충분하지 않고, 위 대리인의 배임행위에 소송의 상대방 또는 그 대리인이 통모하여 가담한 경우와 같이 대리인이 한 소송행위의 효과를 당사자 본인에게 귀속시키는 것이 절차적 정의에 반하여 도저히 수긍할 수 없다고 볼 정도로 대리권에 실질적인 흠이 발생한 경우라야 한다(대법원 2012.6.14. 선고 2010다86112 판결).

문6. 다음 〈사례〉에 관한 설명 중 옳지 않은 것은? (다툼이 있는 경우 다수설·판례에 의함)

> <사례>
> 甲이 乙을 상대로 건물철거청구의 소를 제기하였으나, 乙의 토지에 대한 취득시효항변으로 패소판결을 받고 항소 중에 乙이 甲의 소유를 인정하고 토지를 매수하겠다고 하여 甲은 위 소를 취하하였다.

① 재소금지에 저촉되는 자는 전소의 당사자로서 전소의 원고인 甲만이고, 피고 乙은 재소금지에 제한을 받지 않는다.
② 甲이나 그의 변론종결 후의 甲의 상속인 丙은 재소금지의 효과를 받는다.
③ 변론종결 전의 승계인으로서 특히 소송에 당사자로 참가하지 아니한 제3자를 재소금지의 효과를 받는 '소를 취하한 자'에 포함시킬 수 없다.
④ 변론종결 후 甲으로부터 이 사건 토지를 매수한 丁은 乙을 상대로 건물철거의 소를 제기할 수 없다.
⑤ 甲의 보조참가인에게는 재소금지의 효과가 생기지 않는다.

〈해설〉 정답 ④

ⓔ 판례 반대.

문7. 다음 〈사례〉와 관련한 설명 중 <u>옳지 않은</u> 것으로만 묶은 것은? (다툼이 있는 경우 판례에 의함)

> <사례>
> ㉠ 甲은 乙로부터 X 부동산을 매수하였음을 이유로 乙, 丙을 피고로 하여 乙에 대해서는 소유권이전등기청구를, 丙에 대해서는 乙에 대한 소유권이전등기청구권에 기하여 乙을 대위하여 시효취득을 원인으로 한 소유권이전등기

절차의 이행을 구하는 소를 제기하였다가 乙에 대해서는 승소판결을, 丙에 대해서는 패소판결을 선고받고 항소하였는데 항소심 계속 중 乙과의 매매계약을 해제하고 위 소를 취하하였다. 乙이 같은 청구원인에 기하여 직접 丙을 상대로 소유권이전등기절차의 이행을 구하는 소를 제기한 경우 乙은 재소금지의 효과를 받으므로 乙의 이 사건 후소는 부적법한 소이다.

ⓛ 甲은 乙을 상대로 X 대지는 甲의 소유이고 그 대지상에 세워진 이 사건 가건물은 A가 신축한 같은 A 소유임에도 乙이 위 가건물을 점유하고 있다고 하여 乙에게 그 철거를 구하는 소송을 제기하였다가 청구기각의 판결이 선고되자 이에 불복항소를 제기한 후 항소심에서 위 소를 취하하였다. 甲은 후에 乙이 이 사건 가건물을 신축하여 소유하고 있다고 주장하면서 건물철거청구의 소를 제기한 경우 甲의 전소와 후소는 다 같이 토지소유권에 기한 방해배제청구권을 소송물로 하는 것이어서 동일한 소에 해당하고, 결국 甲의 후소는 재소금지에 저촉되어 부적법한 것으로 각하된다.

ⓒ 甲은 乙학교법인이 경영하는 K대학에서 교수로 재직하다가 乙로부터 면직된 후 乙이 甲에게 면직사유가 없음에도 불구하고 적법한 절차도 거치지도 않고 위법하게 면직처분을 하였다는 이유로 乙을 상대로 위 면직처분무효확인을 구함과 아울러 면직 이후의 봉급액지급청구의 소를 제기하였다가 1심 법원으로부터 위 면직처분이 적법유효하다는 이유로 패소판결을 선고받고 항소하여 항소심 계속 중 사직원을 제출하고 위 소를 취하하였다. 그 후 3년이 지나 甲은 다시 소를 제기하여 乙은 甲에게 면직사유가 없음에도 불구하고 적법한 절차도 거치지 않고 위법하게 이 사건 면직처분을 함으로써 甲은 당연무효의 위 처분으로 말미암아 면직처분이 있은 날부터 사직원을 제출한 때까지의 본봉, 연구수당, 상여금 및 퇴직금 등을 지급받지 못하게 되는 손해를 입었으므로 주위적으로 乙은 고의 또는 과실로 인한 위 위법행위로 인하여 甲이 입은 위 금원 상당의 손해를 배상하고 예비적으로는 법률상 원인 없이 얻은 위 금원 상당의 이득을 반환할 의무가 있다고 주장하고 있다. 이 경우 甲의 후소는 주위적 청구나 예비적 청구 모두 전소와 소송물이 다르므로 재소금지의 효과를 받는 부적법한 소이다.

ⓡ 甲은 乙을 상대로 X 부동산에 대한 소유권이전등기의 말소를 구하는 소를 제기하여 1심에서 승소판결을 받았다. 乙의 항소로 항소심 계속 중 乙은 甲에게 위 부동산매수대금 1억 원을 甲에게 지급하기로 하여 甲은 乙의 동의를 받고 위 소를 취하하였다. 그런데 乙은 약정한 위 돈을 甲에게 지급하지

않고 있다. 甲이 다시 乙을 상대로 전소와 동일한 소유권이전등기말소를 구하는 소를 제기한 경우 甲의 후소는 재소금지원칙에 위배되는 부적법한 소이다.

ⓜ 甲은 이 사건 매점에 관한 관리권에 기하여 乙에 대하여 직접 甲에게로의 이 사건 매점의 명도를 구하는 소를 제기하였다가 제1심에서 甲 패소의 판결을 선고받은 다음 항소를 제기하였다. 甲은 항소심에 그 소가 계속 중에 청구취지 및 원인 변경신청서에 의하여 소를 교환적으로 변경하여 소외 서울특별시를 대위하여 소외 서울특별시에게로의 이 사건 매점의 명도를 구하였다가 다시 소를 변경하여 이 사건 매점을 주위적으로는 제1심처럼 직접 甲에게 명도를 구하고 예비적으로 서울특별시에게로 명도를 청구하는 것으로 변경하였다. 甲이 최종적으로 변경한 이 사건 주위적 청구는 결국 본안에 관한 종국판결이 있은 후 소를 취하하였다가 다시 동일한 소를 제기한 경우에 해당하여 이는 부적법하다.

① ㉠, ㉡   ② ㉢, ㉣, ㉤   ③ ㉣, ㉤
④ ㉣   ⑤ 답이 없다

〈해설〉 정답 ②

㉠㉢㉣ 판례 반대.

문8. 소송상화해에 대한 다음 설명 중 옳지 않은 것으로만 묶인 것은? (다툼이 있는 경우 판례에 의함)

㉠ 보전절차, 집행절차의 심리기일에서 본안의 소송물에 대해서는 소송상의 화해를 할 수 있다.

㉡ 소송당사자 아닌 보조참가인이나 제3자노 소송상화해의 당사자가 될 수 있다.

㉢ 소송상 화해를 함에 있어서 소송물 아닌 권리 내지 법률관계를 첨가할 수 없다.

㉣ 재판상 화해에서도 제3자의 이의가 있을 때에 화해의 효력을 실효시키기로 하는 약정이 가능하고 그 실효조건의 성취로 화해의 효력은 당연히 소멸된다.

㉤ 재판상 화해조서는 확정판결과 같은 효력이 있어 기판력이 생기는 것이므로 그 내용이 강행법규에 위반된다 할지라도, 화해조서가 준재심절차에 의하여

> 취소되지 아니하는 한, 그 당사자 사이에서는 그 화해가 무효라는 주장을
> 할 수 없다.
>
> ⒝ 주주총회결의의 하자를 다투는 소에 있어서 청구의 인낙이나 그 결의의 부
> 존재·무효를 확인하는 내용의 화해·조정은 할 수 없다.

① ㉠, ㉡ ② ㉢ ③ ㉢, ㉣

④ ㉤, ㉥ ⑤ ㉢, ㉥

〈해설〉 정답 ①

㉠ 권리자백이나 재판상 자백이고, 청구의 인낙은 아니다.

㉡ 인낙의 경우 법원의 사실·법률판단권 두 가지 모두가 배제되기 때문에 그대로 받아들여야 한다.

㉣ 상대방의 동의나 승낙 불요.

문9. 소송상 화해 관련하여 다음 설명 중 옳은 것은? (다툼이 있는 경우 판례에 의함)

① 독립참가의 경우 원·피고 사이에만 재판상 화해를 하는 것이 허용되지 않는다.

② 주주총회결의의 하자를 다투는 소에 있어서 청구의 인낙이나 그 결의의 부존재·무효를 확인하는 내용의 화해·조정은 할 수 없다.

③ 법률심인 상고심에서는 화해가 허용되지 않는다.

④ 재판상 화해가 성립하여 화해조서가 작성된 경우 더 이상 불복할 방법이 없다.

⑤ 제3자가 화해에 참가하는 경우에는 당사자와 제3자 사이에서도 소송상 화해가 된다.

〈해설〉 정답 ②

① 독립참가의 경우에는 원·피고 사이에만 재판상 화해를 하는 것이 허용되지 않는다.

③ 화해는 소송계속 중 어느 때나 가능하고, 상고심에서도 화해가 가능하다.

④ 준재심의 방법으로 불복할 수 있는 길이 있다.

⑤ 이 경우에는 제소전화해가 된다.

문10. 다음 〈사례〉에 관한 설명 중 <u>옳지 않은</u> 것은? (다툼이 있는 경우 다수설 내지 판례에 의함)

> **〈사례〉**
>
> 甲은 2011.6.14. 乙로부터 X 부동산을 대금 1억 원에 매수하면서 그날 계약금 1,000만 원을 乙에게 지급하고, 중도금 4,000만 원은 그해 6.25.에, 잔대금 5,000만 원은 그해 7.20에 이 사건 부동산의 소유권이전등기절차 이행과 동시에 지급하기로 약정하였다. 甲은 중도금 지급기일인 그해 6.25.보다 며칠 후인 그달 30. 乙에게 중도금 4,000만 원을 이행제공을 하였으나 乙이 그 수령을 거절하여 그해 7.5. 위 돈을 변제공탁하였다. 甲은 乙을 상대로 계약금의 배액에 해당하는 위약금의 지급을 구하는 소를 제기하였다가 그 소송의 계속 중 소를 취하하고 乙을 상대로 이 사건 계약에 기한 소유권이전등기청구의 소를 제기하였다.

① 소를 취하하면 처음부터 소를 제기하지 아니하였던 것과 같은 상태에서 소송이 종료한다. 따라서 소송을 더 이상 진행시킬 수도 없고 판결을 할 수도 없다.

② 소송에서 공격방어방법의 전제로서 최고나 해제, 해지 등 형성권을 행사한 경우 위와 같은 사법상의 행위는 소의 취하에도 불구하고 그 효과가 유지되며 아무런 영향이 없다.

③ 甲은 위 전소의 제기로서 이 사건 매매계약 해제의 의사표시를 명시적으로 하지 않았으므로 위 매매계약의 해제권을 행사하였다 볼 수 없다.

④ 甲이 전소에서 해제권을 행사하였다면 그 후에 甲이 그 소송을 취하하였다 하여 위 해제권 행사의 효력에 아무런 영향도 미치지 않는다.

⑤ 甲이 전소에서 해제권을 행사한 것으로 인정될 경우 乙의 계약해제의 항변에 따라 계약의 본지에 따른 甲의 이행청구는 배척된다.

〈해설〉 정답 ③

③ 甲은 위 전소의 제기로서 이 사건 매매계약 해제의 의사표시를 명시적으로 하지는 않았다 하더라도 甲이 乙에게 이 사건 매매계약의 존속과는 양립할 수 없는 위약금의 지급청구를 하고, 그 소장이 乙에게 송달됨으로써 해제권을 행사하였다 할 것이다.

문11. 다음 〈사례〉에 관한 설명 중 <u>옳지 않은</u> 것은? (다툼이 있는 경우 다수설 내지 판례에 의함)

<사례>

A는 S 직장주택조합의 조합원으로서 X 아파트의 수분양자로서의 지위를 甲에게 양도하였고, 甲은 이후 A의 명의로 분양대금 및 은행융자금 등을 납부하던 중 A를 대신하여 A 명의의 소유권보존등기를 마쳤다. 그 후 A의 처인 乙은 A를 상대로 서울가정법원에 이혼 및 위자료 청구소송을 제기함과 동시에 서울중앙지방법원에 이 사건 아파트에 관한 처분금지가처분신청을 하여 乙을 채권자로 하는 처분금지가처분등기를 마쳤고, 그 후에 X 아파트에 관하여 甲 명의로 소유권이전등기가 마쳐졌다. 乙은 위 이혼 등 청구사건의 제1회 변론기일에 A와 사이에, "A와 乙은 이혼한다. A는 乙에게 위자료로 금 1억 원을 지급한다. 乙은 A로부터 위 금 1억 원을 수령함과 동시에 X 아파트에 관한 가처분등기의 해제절차를 이행한다. 만약 A가 위 금 1억 원을 지급하지 아니하는 경우에는 그 대물변제로 乙에게 X 아파트에 관하여 대물변제를 원인으로 하는 소유권이전등기 절차를 이행한다"는 등의 내용으로 된 재판상 화해를 한 후, 위 재판상 화해에 기하여 X 아파트에 관하여 乙 앞으로 대물변제를 원인으로 한 소유권이전등기를 마쳤고, 이에 따라 위 처분금지가처분등기의 효력에 의하여 甲 명의의 위 소유권이전등기는 말소되었다. 甲이 X 아파트의 분양대금 및 은행융자금 등을 모두 납입한 반면 乙이나 A는 한 번도 분양대금 등을 납입하지 아니하였고, X 아파트에 대하여 입주가 시작되고 A 명의의 소유권보존등기가 마쳐졌는데, 乙은 그로부터 약 3년 6개월 정도 지난 시점에 X 아파트를 방문하여 그곳에 거주하는 임차인으로부터 X 아파트의 실제 소유자는 甲이라는 말을 듣고도 별다른 이의를 제기하지 아니하였으며, 甲은 A 명의의 소유권보존등기가 마쳐진 이래 현재까지 A 명의의 등기권리증 원본을 소지하고 있다. 甲이 A를 대위하여 乙을 상대로 乙 명의의 소유권이전등기의 말소를 구하는 청구는 받아들여질 것인가? 甲이 X 아파트의 진정한 소유자임을 주장하면서 직접 乙을 상대로 진정한 등기명의의 회복을 원인으로 한 소유권이전등기 절차의 이행을 구하는 경우에는 어떠한가?

① 화해의 내용이 강행법규에 위반되거나 반사회적인 경우에도 그 화해는 무효가 아니다.

② 재판상 화해조서는 확정판결과 같은 효력이 있어 기판력이 생기는 것이므로 그 내용이 강행법규에 위반된다 할지라도, 화해조서가 준재심절차에 의하여 취소되지 아니하는 한, 그 당사자 사이에서는 그 화해가 무효라는 주장을 할 수 없고, 재판상 화해조서의 기판력은 재판상 화해의 당사자가 아닌 제3자에 대해서까지 미친다고 할 수 없다.

③ 위 사례에서 甲이 A를 대위하여 乙을 상대로 乙 명의의 소유권이전등기의 말소를 구하는 것이라면 이는 위 화해조서의 기판력에 저촉되어 허용될 수 없다.

④ 소유권에 기한 등기말소청구나 진명명의회복을 원인으로 한 소유권이전등기나 모두 그 법적 성질이 동일하므로 甲이 X 아파트의 진정한 소유자임을 주장하면서 직접 乙을 상대로 진정한 등기명의의 회복을 원인으로 한 소유권이전등기 절차의 이행을 구하는 경우에도 위 화해조서의 기판력에 저촉된다.

⑤ 乙은 A를 상대로 이혼소송을 제기하기 이전에 이미 A가 X 아파트를 甲에게 양도하였고 甲이 X 아파트에 관하여 소유자로서 권리를 행사하던 사실을 알았음에도 A의 배임행위에 적극 가담하여 위와 같은 대물변제의 예약을 한 것이라고 봄이 상당하므로, 위 대물변제의 예약은 사회질서에 위반되는 법률행위로서 무효이고, 위와 같이 무효인 법률행위에 기하여 이 사건 부동산에 관하여 마쳐진 乙 명의의 소유권이전등기 또한 무효이다.

〈해설〉 정답 ④

④ 반대

문12. 제소전화해 관련하여 다음 설명 중 가장 옳지 않은 것은? (다툼이 있는 경우 판례에 의한)

① 공정증서로서는 금전채권뿐만 아니라 임대건물명도청구 등에 있어서는 집행권원을 만들 수 없다.

② 제소전화해는 청구금액의 다과에 불구하고 지방법원 단독판사의 직분관할이다.

③ 제소전화해를 위하여 자기 대리인의 선임권을 상대방에게 위임하는 것은 금지된다.

④ 제소전화해조서에도 확정판결과 같은 기판력과 집행력이 있다.

⑤ 제소전화해조서 작성 후에 발생한 사실을 들어 그 효력을 다투는 것은 모르되 그전의 사실로써 다툴 수 없다.

〈해설〉 정답 ①

① 공증인법 개정으로 건물명도청구 등의 경우에도 공정증서를 작성할 수 있게 되었다.

문13. 다음 〈사례〉에 관한 설명 중 <u>옳지 않은</u> 것은? (다툼이 있는 경우 다수설 내지 판례에 의함)

<사례>
甲은 乙에게 X 토지에 관하여 신탁해지를 원인으로 한 소유권이전등기절차를 이행하기로 한 제소전화해가 성립되었다. 乙은 이 제소전화해조서에 기해 乙 앞으로 소유권이전등기절차를 마쳤다.

(1) 甲이 乙을 상대로 乙 앞으로 마쳐진 소유권이전등기가 원인무효라고 주장하며 말소등기절차의 이행을 청구할 수 있는가?

(2) 甲이 X 토지에 관하여 진정명의회복을 원인으로 한 소유권이전등기절차의 이행을 청구하는 것은 어떠한가?

① 제소전화해조서는 확정판결과 동일한 효력이 있어 당사자 사이에 기판력이 생기는 것이므로, 거기에 확정판결의 당연무효 사유와 같은 사유가 없는 한 설령 그 내용이 강행법규에 위반된다 할지라도 그것은 단지 제소전화해에 하자가 있음에 지나지 아니하여 준재심절차에 의하여 구제받는 것은 별문제로 하고 그 화해조서를 무효라고 주장할 수는 없다.

② (1)의 경우 甲이 그 제소전화해에 기하여 마쳐진 소유권이전등기가 원인무효라고 주장하며 말소등기절차의 이행을 청구하는 것은 제소전화해에 의하여 확정된 소유권이전등기청구권을 부인하는 것이어서 그 기판력에 저촉된다.

③ 진정명의회복을 원인으로 한 소유권이전등기청구권과 무효등기의 말소등기청구권은 어느 것이나 진정한 소유자의 등기명의를 회복하기 위한 것으로서 두 청구권 모두 소유권에 기한 방해배제청구권으로서 그 법적 근거와 성질이 동일하므로, 그 소송물은 실질상 동일한 것으로 보아야 한다.

④ (2)의 경우 이 사건 제소전화해가 준재심에 의하여 취소되지 않은 이상 그에

기한 소유권이전등기의 효력을 다투는 것은 제소전화해의 기판력에 모순·저촉되어 허용되지 않는다.

⑤ 제소전화해의 효력에 대해서는 준재심 또는 기일지정신청의 방법으로 다툴 수 있다.

〈해설〉 정답 ⑤

⑤ 제소전화해의 효력에 대해서는 부활할 소송이 없으므로 기일지정신청의 방법으로 다툴 수 없다.

문14. 화해권고결정과 관련하여 다음 설명 중 가장 옳지 않은 것은? (다툼이 있는 경우 판례에 의함)

① 법원·수명법관 또는 수탁판사는 소송에 계속 중인 사건에 대하여 직권으로 당사자의 이익, 그 밖의 모든 사정을 참작하여 청구의 취지에 어긋나지 아니하는 범위 안에서 사건의 공평한 해결을 위한 화해권고결정을 할 수 있다.

② 화해권고결정을 우편송달 또는 공시송달의 방법으로 송달할 수 있다.

③ 화해권고결정정본 송달일부터 2주의 이의신청기간은 불변기간이다.

④ 화해권고결정에 대한 이의신청의 서면에 이의한다는 취지가 나타나면 되고, 준비서면 등 다른 명칭을 사용하더라도 무방하다.

⑤ 화해권고결정의 기판력의 기준시는 화해권고결정확정 시이다.

〈해설〉 정답 ②

② 불가. 제225조 제2항 단서 참조.

문15. 다음 중 재판상 화해와 같은 효력이 있는 것을 모두 모은 것은? (다툼이 있는 경우에는 판례에 의함)

> ㉠ 조정에 갈음하는 결정
> ㉡ 언론중재위원회의 조정조서
> ㉢ 소비자분쟁조정위원회의 분쟁조정조서
> ㉣ 건설분쟁조정위원회의 조정조서
> ㉤ 인터넷주소분쟁조정위원회의 조정조서

ⓗ 민사조정조서

ⓢ 개인정보분쟁조정위원회의 조정조서

ⓞ 저작권위원회의 조정조서

① ㉠, ㉡, ㉢, ㉣, ㉤, ㉥ ② ㉠, ㉡, ㉥ ③ ㉡, ㉢, ㉣, ㉤

④ ㉠, ㉡, ㉢, ㉥, ⓞ ⑤ ㉣, ㉤, ㉦, ⓞ

〈해설〉 정답 ④

㉠㉡㉢㉥ⓞ은 화해간주가 되는 것들이고 나머지는 당사자 사이에 합의와 같은 효력이 있는 경우이다.

제16장 **병합청구소송**

문1. 청구의 병합에 관한 다음 설명 중 <u>옳지 않은</u> 것은? (다툼이 있는 경우 판례에 의함)

① 소유권이전등기청구를 하면서 청구원인을 매매와 시효취득을 주장하는 경우 청구의 병합이다.

② 소유권이전등기말소청구소송에서 원인무효사유를 여러 개 주장하는 경우 청구의 병합이다.

③ 손해배상청구를 하면서 채무불이행과 불법행위를 청구원인으로 주장하는 경우 청구의 병합이다.

④ 손해배상청구를 하면서 민법 제750조와 자동차손해배상보장법 제3조를 주장하는 경우 청구의 병합이다.

⑤ 어음채권에 기한 청구와 원인채권에 기한 청구를 동시에 하는 경우 청구의 병합이다.

〈해설〉 정답 ②

① 구이론에 의하면 소송물이 2개이므로 청구의 병합으로 보게 되나, 신이론 중 一元說에 의하면 청구취지만을 기준으로 소송물을 식별하므로 소송물은 하나로 보게 되고, 따라서 청구의 병합이 아닌 공격방법의 복수로 보게 된다.

② 공격방법의 복수이다.

③ 청구권경합의 경우 구이론에 의하면 청구의 병합을 인정하고, 신이론은 공격방법으로서의 법률적 주장만이 다르다는 이유로 공격방법이 2개라고 본다.

④ 법조경합의 경우는 청구권경합의 경우와 달리 공격방법의 복수이다.

⑤ 구이론에 의하면 청구의 병합이다.

문2. 다음 중 청구의 병합으로 <u>옳은</u> 것을 모두 묶은 것은? (다툼이 있는 경우 판례에 의함)

㉠ 임대차계약관계의 종료를 원인으로 한 건물명도청구를 하면서 해지사유로 차임연체와 임대차기간 만료를 주장하는 경우

㉡ 대리인에 의해 체결된 계약의 이행청구를 하면서 대리권의 수여, 表見代理, 無權代理 追認 등의 주장을 하는 경우

㉢ 소유권확인청구의 소를 제기하면서 권리발생원인(소유권취득원인)을 매매, 취득시효, 상속 등으로 주장하는 경우

㉣ 부당이득반환청구를 하면서 법률상 원인이 없다는 근거로 계약의 불성립, 무효, 취소 등을 주장하는 경우

> ⑫ 매매계약의 취소사유로 착오와 사기를 주장하는 경우
>
> ⑭ 손해배상청구를 하면서 상법 제148조에 의한 손해배상청구권과 민법 제750조에 의한 손해배상청구권을 주장하는 경우

① ㉠, ㉡, ㉢, ㉣   ② ㉡, ㉢   ③ ㉣

④ ㉣, ⑫, ⑭   ⑤ 답이 없다

〈해설〉 정답 ⑤

㉠ 차임체불과 해지통지의 주장은 임대차계약의 해지를 뒷받침하는 사유에 불과하므로 공격방법의 복수에 불과하다.

㉡ 공격방법의 복수

㉢ 소유권확인의 소에서 권리발생원인을 매매, 취득시효, 상속 등으로 주장하는 것은 신이론 중의 이원설에 의하면 소송물의 복수라고 보나, 신이론 중의 일원설에 의하면 소송물을 한 개로 본다. 구이론도 확인의 소의 경우 확인을 구하는 권리관계는 청구취지만으로 소송물의 동일성이 특정되므로 소유권취득원인이 되는 매매, 시효취득, 상속 따위는 소송물의 특정을 위해 그 기재를 필요로 하지 않으며 공격방법의 복수에 불과하다고 본다.

㉣⑫ 공격방법의 복수.

⑭ 법조경합의 경우로 공격방법의 복수.

문3. 청구의 병합에 관한 다음 설명 중 옳지 않은 것은? (다툼이 있는 경우 판례에 의함)

① 청구의 병합은 같은 종류의 소송절차에 따르는 경우에만 허용된다.

② 매매대금청구와 건물인도청구를 병합하는 경우와 같이 아무런 관련성이 없는 청구를 병합할 수 없다.

③ 예비적 청구는 주위적 청구와 사이에서 양립할 수 없는 관계에 있어야 하고 기초되는 사실관계가 서로 관련성이 있어야 한다.

④ 성질상 선택적 관계에 있는 양 청구를 당사자가 주위적·예비적 청구병합의 형태로 제소함에 의하여 그 소송심판의 순위와 범위를 한정하여 청구하는 이른바, 부진정예비적 병합청구의 소도 허용된다.

⑤ 주위적 청구가 전부 인용되지 않을 경우에는 주위적 청구에서 인용되지 아니한 수액범위 내에서의 예비적 청구에 대해서도 판단하여 주기를 바라는 취지로 불가분적으로 결합시켜 제소할 수도 있다.

② 단순병합의 경우에는 병합하는 청구들 사이에 관련성이 요구되지 아니한다.

문4. 청구병합의 요건에 관한 다음 설명 중 옳은 것을 모두 묶은 것은? (다툼이 있는 경우 판례에 의함)

> ㉠ 통상의 민사사건과 가처분에 대한 이의사건을 병합할 수 있다.
> ㉡ 재심청구에 재심대상판결에 의하여 경료된 소유권이전등기의 말소를 구하는 청구를 병합하여 제기할 수 있다.
> ㉢ 정정보도청구의 소에 강제집행절차인 간접강제신청을 병합할 수 있다.
> ㉣ 이혼 및 재산분할청구에 부부간의 명의신탁해지를 원인으로 한 소유권이전등기청구와 부부공유재산분할청구를 예비적 청구로 병합할 수 있다.
> ㉤ 제권판결불복의 소에 다른 민사상 청구를 병합할 수 있다.
> ㉥ 중재판정취소의 소에 민사상청구를 병합할 수 있다.

① ㉠, ㉡, ㉢, ㉣ 　② ㉢, ㉤, ㉥ 　③ ㉡, ㉤, ㉥
④ ㉢, ㉤, ㉥ 　⑤ ㉤, ㉥

〈해설〉 정답 ④

㉠ 민사본안사건과 가압류·가처분사건은 같은 종류의 소송절차가 아니므로 병합할 수 없다.
㉡ 판례는 불허
㉢ 가능. 언론중재 및 피해구제 등에 관한 법률 제26조 제3항.
㉣ 병합불가(대법원 2006.1.13. 선고 2004므1378 판결).
㉤ 병합가능(대법원 1989.6.13. 선고 88다카7962 판결).
㉥ 병합가능(통설).

문5. 청구의 병합에 관한 다음 설명 중 옳지 않은 것은? (다툼이 있는 경우 판례에 의함)

① 재심의 소를 제기함에 있어서 재심청구가 인용될 것을 전제로 당초의 청구를 교환적으로 변경하는 것을 허용한다.

② 손해배상청구 등의 민사소송이 행정소송에 관련청구로 병합되기 위해서는 그 청구의 내용 또는 발생원인이 행정소송의 대상인 처분 등과 법률상 또는 사실상 공통되거나, 그 처분의 효력이나 존부 유무가 선결문제로 되는 등의 관계에 있

어야 한다.

③ 취소소송에 병합할 수 있는 당해 처분과 관련되는 부당이득반환소송에는 당해 처분의 취소를 선결문제로 하는 부당이득반환청구가 포함되고, 이러한 부당이득반환청구가 인용되기 위해서는 그 소송절차에서 판결에 의해 당해 처처분의 취소가 확정되어야 한다.

④ 부작위채무에 관한 판결절차에서도 민사집행법 제261조에 의하여 장차 채무자가 그 채무를 불이행할 경우에 일정한 배상을 할 것을 명할 수 있다.

⑤ 토지수용사건에서 손해배상청구를 병합할 수 있다.

〈해설〉 정답 ③

① 재심청구에 통상의 민사상청구를 병합할 수 있는지에 관하여 판례는 부정하나, 통설은 심급의 이익이 박탈되지 않는 제1심에서의 병합을 긍정한다. 다만 판례도 재심의 소를 제기함에 있어서 재심청구가 인용될 것을 전제로 당초의 청구를 교환적으로 변경하는 것을 허용한다.

③ 판례는 부정. 그 소송절차에서 판결에 의해 당해 처분이 취소되면 충분하고 그 처분의 취소가 확정되어야 하는 것은 아니다.

⑤ 병합가능(대법원 2000.10.27. 선고 99두561 판결)

문6. 다음 사례 중 단순병합으로만 묶인 것은? (다툼이 있는 경우 판례 및 실무례에 의함)

> ㉠ 행정처분에 대한 무효확인청구와 취소청구를 병합한 경우
> ㉡ 甲이 乙을 상대로 소유권확인청구와 소유권에 기한 목적물인도청구를 병합한 경우
> ㉢ 甲이 乙을 상대로 매매계약무효확인청구와 그 매매가 무효라고 하여 매매로 넘어간 목적물반환청구를 병합한 경우
> ㉣ 甲이 乙을 상대로 소유권이전등기청구를 하면서 집행불능 시에 대비하여 대상청구를 하는 경우
> ㉤ 甲이 乙을 상대로 특정물의 인도청구를 하면서 변론종결 시를 기준으로 하여 이행불능이 될 것을 대비한 대상청구를 병합한 경우
> ㉥ 피고 명의의 소유권이전등기가 원인무효임을 이유로 그 말소를 구하는 청구와 그 등기가 유효한 명의신탁등기나 신탁이 해지되었음을 이유로 한 소유권이전등기를 병합한 경우

① ㉠, ㉡, ㉢, ㉣　　　② ㉠, ㉡, ㉢　　　③ ㉡, ㉢

④ ㉣, ㉤　　　　　　　⑤ ㉤, ㉥, ㉦

〈해설〉 정답 ③

㉠ 서로 양립할 수 없는 청구로서 주위적·예비적 청구로서만 병합이 가능하고 선택적 청구로서의 병합이나 단순 병합은 허용되지 아니한다.

㉡㉢ 각 후자는 전자에 종속적 관계이기는 하지만 원고(甲)는 두 개의 승소판결을 함께 구하는 것이므로 단순병합이고, 부진정예비적 병합이다.

㉣ 현재의 이행의 소와 장래의 이행의 소의 단순병합이다.

㉤ 변론종결 시를 기준으로 하여 이행불능이 될 것을 대비한 대상청구는 현재이행의 소이고, 이는 인도청구와 양립이 불가능하므로 단순병합이 아니라 예비적 병합이다.

㉥ 이들 각 청구는 서로 양립할 수 없는 관계에 있으므로 이들 청구에 대해서는 선택적 병합에 의한 병합심리를 할 수 없다.

문7. 대상청구에 관한 다음 설명 중 옳지 않은 것은? (다툼이 있는 경우 판례에 의함)

① 채권자가 본래적 급부청구에 이를 대신할 전보배상을 부가하여 대상청구를 병합하여 소구한 경우 대상청구는 본래적 급부청구권이 현존함을 전제로 하여 이것이 판결확정 전에 이행불능되거나 또는 판결확정 후에 집행불능이 되는 경우에 대비하여 전보배상을 미리 청구하는 경우로서 양자의 병합은 현재 급부청구와 장래 급부청구의 단순병합에 속하는 것으로 허용된다.

② 이러한 대상청구를 본래의 급부청구에 예비적으로 병합한 경우에는 본래의 급부청구가 인용되는 때에는 예비적 청구에 대한 판단을 생략할 수 있다.

③ 부동산소유권 이전등기청구의 판결확정 후 그 소유권이전등기의무가 집행불능이 된 뒤에 별소로 그 전보배상을 구하는 것도 당연히 허용된다.

④ 부동산소유권이전등기 말소등기의무가 이행불능이 됨으로 말미암아 그 권리자가 입는 손해액은 원칙적으로 그 이행불능이 될 당시의 목적물의 시가 상당액이다.

⑤ 현재의 급부청구와 장래의 집행불능이 되는 경우에 대비한 대상청구가 병합된 경우가 아니라 그 현재의 급부청구의 이행을 명하는 판결이 확정된 뒤에 그 급부의무가 집행불능이 되는 경우의 전보배상액도 그 집행불능이 된 당시의 목적물의 시가 상당액이다.

〈해설〉 정답 ②

② 대상청구를 본래의 급부청구에 예비적으로 병합한 경우에도 본래의 급부청구가 인용된다는 이유만으로 예비적 청구에 대한 판단을 생략할 수는 없다(대법원 2011.8.18. 선고 2011다 30666, 30673 판결). — 甲이 乙을 상대로 주위적으로 근저당권설정등기의 회복등기절차 이행을 구하면서, 예비적으로 乙이 丙과 공모하여 등기를 불법말소한 데 대한 손해배상금과 지연손해금 지급을 구하였는데, 제1심법원이 주위적 청구를 인용하면서 예비적 청구를 기각하였고, 甲이 기각된 부분에 대하여 항소를 제기하자, 원심법원이 주위적 청구가 인용되어 전부 승소한 甲에게는 항소를 제기할 이익이 없다는 이유로 이 부분 항소를 각하한 사안에서, 위 예비적 청구는 주위적 청구인 근저당권설정등기 회복의무가 이행불능 또는 집행불능이 될 경우를 대비한 전보배상으로서 대상청구라고 보아야 하고, 이러한 주위적·예비적 병합은 현재 급부청구와 장래 급부청구의 단순병합에 속하므로, 甲이 항소한 부분인 예비적 청구의 당부를 판단하여야 함에도 주위적 청구가 인용된 이상 예비적 청구는 판단할 필요가 없다고 보아 이 부분 항소를 각하한 원심판결에는 법리오해 등의 위법이 있다고 한 사례.

문8. 선택적 병합에 관한 다음 설명 중 옳지 않은 것은? (다툼이 있는 경우 판례에 의함)

① 논리적으로 양립할 수 없는 수 개의 청구는 성질상 선택적 병합으로 동일 소송절차 내에서 동시에 심판될 수 없다.

② 피고 명의의 각 등기가 원인무효임을 이유로 그 말소를 구하는 청구와 그 등기가 유효한 명의신탁등기나 신탁이 해지되었음을 이유로 소유권이전등기를 구하는 청구는 서로 양립할 수 없는 관계에 있으므로 이들 청구에 대해서는 선택적 병합에 의한 병합심리를 할 수 없다.

③ 원고가 주위적으로 이 사건 계약의 권리금 상당 손해배상을 구하고, 예비적으로 이 사건 계약의 임대차보증금 상당 손해배상을 구하는 내용으로 청구를 병합한 것을 제1심 법원이 권리금 상당 손해배상청구 중 일부만을 인용하고 나머지 청구에 대한 심리·판단을 모두 생략하는 내용의 판결을 한 경우, 이에 대하여 피고만이 항소한 이 사건에서 제1심법원이 심리·판단하지 않은 임대차보증금 상당 손해배상청구도 항소심에 이심된다.

④ 제1심판결선고 전의 명예훼손행위에 관하여 손해배상청구를 하였으나 피고가 그 내용이 진실이라고 믿을 만한 상당한 이유가 있다는 이유로 청구를 기각당한 원고가 그 항소심에서 청구취지를 변경하지 아니한 채 피고가 제1심판결선고 후 행한 새로운 명예훼손행위를 청구원인으로 추가하였다면 이는 다른 특별한 사정이 없는 한 피고의 새로운 명예훼손행위를 원인으로 하는 손해배상청구를 선택

적으로 병합하는 취지라고 볼 것이다.

⑤ 선택적 청구 중 하나만을 기각하는 일부판결은 선택적 병합의 성질에 반하는 것으로서 법률상 허용되지 않는다.

〈해설〉 정답 ③

③ 논리적으로 전혀 관계가 없어 순수하게 단순병합으로 구하여야 할 수 개의 청구를 예비적 청구로 병합하여 청구하는 것은 부적법하여 허용되지 않는다. 따라서 원고가 주위적으로 이 사건 계약의 권리금 상당 손해배상을 구하고, 예비적으로 이 사건 계약의 임대차보증금 상당 손해배상을 구하는 내용으로 청구를 병합한 것을 제1심 법원이 단순병합 청구로 보정하게 하는 등의 조치를 취하지 아니하고 권리금 상당 손해배상청구 중 일부만을 인용하고 나머지 청구에 대한 심리·판단을 모두 생략하는 내용의 판결을 하였다 하더라도 그로 인하여 청구의 병합 형태가 예비적 병합 관계로 바뀔 수는 없다. 그러므로 이에 대하여 피고만이 항소한 이 사건에서 제1심법원이 심리·판단하지 않은 임대차보증금 상당 손해배상청구는 여전히 제1심에 남아 있게 된다(대법원 2009.12.24. 선고 2009다10898 판결).

문9. 다음 사례 중 예비적 병합으로만 묶인 것은? (다툼이 있는 경우 판례에 의함)

⊙ 甲이 乙을 상대로 주위적 청구로 매매계약이 유효함을 전제로 매매대금의 지급을 구하고, 예비적 청구로서 매매계약이 무효인 때를 대비하여 이미 인도해간 매매목적물의 반환을 구하는 경우

ⓛ 甲이 乙을 상대로 금 1,000만 원의 지급을 구하면서 주위적으로 소비대차상의 대여금채권에 기하여 구하고, 예비적으로 소비대차가 무효일 때를 대비하여 부당이득반환청구권에 기하여 청구하는 경우

ⓒ 甲이 乙을 상대로 금 1,000만 원의 지급을 구하면서 어음금청구를 하는 경우와 ⊙ 원인채권인 매매대금채권에 기하여 청구하는 경우

ⓔ 주위적으로 무조건적인 소유권이전등기절차의 이행을 구하고, 예비적으로 금전 지급과 상환으로 소유권이전등기절차의 이행을 구하는 경우

ⓜ 저작재산권 침해로 인한 손해배상청구에 저작인격권 침해로 인한 손해배상청구를 예비적으로 병합하여 추가하는 내용의 청구원인변경신청을 한 경우

ⓗ 논리적으로 전혀 관계가 없어 순수하게 단순병합으로 구하여야 할 수 개의 청구를 예비적 청구로 병합하여 청구하는 경우

① ㉠, ㉡, ㉢　　　　② ㉠, ㉡, ㉢, ㉣　　　③ ㉠, ㉡, ㉢, ㉣, ㉤

④ ㉠, ㉡, ㉢, ㉣, ㉤, ㉥　　⑤ ㉠, ㉡

〈해설〉 정답 ①

㉣ 이 사건 예비적 청구는 주위적 청구를 질적으로 일부 감축하여 하는 청구에 지나지 아니할 뿐, 그 목적물과 청구원인은 주위적 청구와 완전히 동일하므로 소송상의 예비적 청구라고는 볼 수 없다.

㉤ 저작인격권 침해로 인한 손해배상청구는 기존의 청구였던 저작재산권 침해로 인한 손해배상청구와 논리적으로 관련성이 없어 그와 예비적으로 병합할 수 없는 청구이다(대법원 2009.5.28. 선고 2007다354 판결).

㉥ 논리적으로 전혀 관계가 없어 순수하게 단순병합으로 구하여야 할 수 개의 청구를 선택적 또는 예비적 청구로 병합하여 청구하는 것은 부적법하여 허용되지 않는다. 따라서 원고가 그와 같은 형태로 소를 제기한 경우 제1심법원이 본안에 관하여 심리·판단하기 위해서는 소송지휘권을 적절히 행사하여 이를 단순병합 청구로 보정하게 하는 등의 조치를 취하여야 한다. 이러한 판결에 대하여 피고만이 항소한 경우 제1심법원이 심리·판단하여 인용한 청구만이 항소심으로 이심될 뿐, 나머지 심리·판단하지 않은 청구는 여전히 제1심에 남아 있게 된다(대법원 2008.12.11. 선고 2005다51495 판결).

문10. 병합청구에 대한 심판과 관련하여 다음 설명 중 옳지 않은 것은? (다툼이 있는 경우 판례에 의함)

① 논리적으로 전혀 관계가 없어 순수하게 단순병합으로 구하여야 할 수 개의 청구를 선택적 청구로 병합하여 청구하는 것은 부적법하여 허용되지 않는다.

② 일정한 물건의 인도를 명하는 판결을 구하고 동시에 위 물건의 인도가 장래에 불능이 될 경우를 예상하여 예비적으로 대가에 해당하는 금원의 지급을 명하는 판결을 구하는 예비적 청구(단순병합)는 주된 청구인 물건의 인도청구가 이유 없는 때에는 예비적 청구인 그 대가에 해당하는 금원의 지급청구에 관해서는 심리할 필요 없이 이를 배척하여야 함이 상당하다.

③ 선택적으로 병합된 수 개의 청구를 모두 기각하거나 소를 각하한 항소심판결에 대하여 원고가 상고한 경우, 상고법원이 선택적 청구 중 어느 하나의 청구에 관한 상고가 이유 있다고 인정할 때에는 원심판결을 전부 파기하여야 한다.

④ 원고의 주위적 청구원인이 이유 있다고 인정한 다음에 피고의 일부 항변을 받아들여 그 부분에 대한 원고의 청구를 기각하는 경우, 예비적 청구원인이 이유 있는지에 관하여 판단하여야 한다.

⑤ 선택적 병합의 경우 그중 하나만을 받아들여 청구를 인용하는 판결에 대하여 항소하면, 판단하지 않은 나머지 청구도 항소심으로 이심이 되고, 또 항소심의 심판대상으로 된다.

〈해설〉 정답 ④

④ 원고의 주위적 청구원인이 이유 있다고 인정한 다음에 피고의 일부 항변을 받아들여 그 부분에 대한 원고의 청구를 기각하는 경우, 원고가 주위적 청구의 일부를 특정하여 그 부분이 인용될 것을 해제조건으로 하여 그 부분에 대해서만 예비적 청구를 하였다는 등의 특별한 사정이 없는 한, 주위적 청구원인에 기한 청구의 일부가 기각될 운명에 처하였다고 하여 다시 그 부분에 대한 예비적 청구원인이 이유 있는지에 관하여 나아가 판단할 필요는 없다.

문11. 다음 사례에 관한 설명 중 <u>옳지 않은</u> 것은? (다툼이 있는 경우 판례에 의함)

> <사례>
> (1) 제1심 법원이 원고의 주위적 청구와 예비적 청구를 병합심리한 끝에 주위적 청구는 기각하고 예비적 청구만을 인용하는 판결을 선고하였다.
> (2) 위 사례에서 법원이 주위적 청구만을 배척하고 예비적 청구는 판단하지 아니하였다.

① 예비적 병합의 경우 여러 개의 청구가 하나의 소송절차에 불가분적으로 결합되기 때문에 변론의 분리나 일부판결을 할 수 없다.

② 위 각 사례의 경우 누락시킨 부분은 판단누락이 아니고 재판누락이므로 제1심에 그대로 남아 추가판결의 대상이 된다.

③ 사례(1)의 경우 피고만이 항소한 경우 항소제기에 의한 이심의 효력은 당연히 사건 전체에 미쳐 주위적 청구에 관한 부분도 항소심에 이심되고, 항소심의 심판범위도 주위적 청구부분에 미친다.

④ 피고가 위 항소심의 변론에서 원고의 주위적 청구를 인낙하여 그 인낙이 조서에 기재되면 그 조서는 확정판결과 동일한 효력이 있는 것이고, 따라서 그 인낙으로 인하여 예비적 청구에 관해서는 심판할 필요가 없어 사건이 그대로 종결된다.

⑤ 사례(2)의 경우 원고는 판단누락한 예비적 청구부분에 대하여 상소로 다투어

야 하고 별소로 다투는 것은 권리보호의 자격이 없어 부적법하고, 상소로서 지적하였음에도 오류가 시정되지 아니하였으면 재심사유가 된다.

⟨해설⟩ 정답 ③

③ 제1심 법원이 원고들의 주위적 청구와 예비적 청구를 병합심리한 끝에 주위적 청구는 기각하고 예비적 청구만을 인용하는 판결을 선고한 데 대하여 피고만이 항소한 경우, 항소제기에 의한 이심의 효력은 당연히 사건 전체에 미쳐 주위적 청구에 관한 부분도 항소심에 이심되는 것이지만, 항소심의 심판범위는 이에 관계없이 피고의 불복신청의 범위에 한하는 것으로서 예비적 청구를 인용한 제1심 판결의 당부에 그치고 원고들의 부대항소가 없는 한 주위적 청구는 심판대상이 될 수 없다(대법원 1995.2.10. 선고 94다31264 판결).

문12. 다음 중 병합청구의 심판에 관한 설명으로 옳지 않은 것을 모두 묶은 것은? (다툼이 있는 경우 판례에 의함)

㉠ 단순병합 청구의 경우 법원은 병합된 청구 모두에 대하여 하나의 전부판결로 재판하는 것이 원칙이고, 어느 하나의 청구에 대하여 재판누락을 하면 추가판결의 대상이 된다.

㉡ 단순병합청구사건에서 변론을 분리하여 일부판결을 한 경우 일부판결에 대해 상소하면 모든 청구에 대해 이심과 확정차단의 효력이 생긴다.

㉢ 선택적 병합의 경우 원고패소판결을 하면서 병합된 청구 중 어느 하나를 판단하지 아니한 경우 재판누락이 된다.

㉣ 선택적으로 병합된 수 개의 청구를 모두 기각하거나 소를 각하한 항소심판결에 대하여 원고가 상고한 경우, 상고법원이 선택적 청구 중 어느 하나의 청구에 관한 상고가 이유 있다고 인정할 때에는 원심판결을 전부 파기하여야 한다.

㉤ 청구의 예비적 병합의 경우에 주된 청구를 배척하고 예비적 청구를 인용한 때에는, 판결의 주문에 주된 청구를 기각한다는 뜻과 예비적 청구를 인용한다는 뜻을 다 같이 표시하여야 한다.

㉥ 주위적 청구기각·예비적 청구 인용 판결에 대하여 피고만이 패소부분에 대하여 상소한 경우 불복하지 않은 주위적 청구부분도 상소심에 이심은 되지만 상소심의 심판대상은 되지 아니한다.

① ㉠, ㉡, ㉢   ② ㉡, ㉢   ③ ㉡

④ ㉡, ㉢, ㉤, ㉥   ⑤ ㉢, ㉣

〈해설〉 정답 ②

㉡ 상소한 부분만 이심의 효력이 생긴다.

㉢ 원고패소판결을 하면서 병합된 청구 중 어느 하나를 판단하지 아니한 경우 판단누락이 되고, 원고가 이와 같은 판결에 항소한 이상 누락된 부분까지 선택적 청구 전부가 항소심에 이심된다.

문13. 청구의 변경 또는 공격방법의 변경에 관한 다음 설명 중 옳지 않은 것은? (다툼이 있는 경우 판례에 의함)

① 상환이행청구에서 단순이행청구로 바꾸는 질적 확장과 명시적 일부청구에서 잔부청구로 확장하는 경우 청구의 추가적 변경으로 본다.

② 일정 금원을 처음에는 대여금으로 구하다가 매매대금으로 바꾸어 청구하는 경우 공격방법의 변경이다.

③ 가등기에 기한 본등기청구를 하면서 그 등기원인을 매매예약완결이라고 주장하는 한편 위 가등기의 피담보채권을 처음에는 대여금채권이라고 주장하였다가 나중에는 손해배상채권이라고 주장한 경우 공격방법의 변경이다.

④ 동일 부동산에 대하여 이전등기를 구하면서 그 등기청구권의 발생원인을 처음에는 매매로 하였다가 후에 취득시효의 완성을 선택적으로 추가하는 경우 소의 변경이다.

⑤ 불분명하거나 잘못 기재한 청구취지를 고치는 청구취지의 정정이나 청구취지를 청구원위대로 변경하는 것은 소의 변경이 아니다.

〈해설〉 정답 ②

② 일정 금원을 처음에는 대여금으로 구하다가 매매대금으로 바꾸어 청구하는 경우 청구원인의 사실관계를 별개의 것으로 바꾸는 것이므로 신·구이론을 막론하고 소의 변경이 된다.

문14. 다음 중 청구의 변경이 아닌 것을 모두 묶은 것은? (다툼이 있는 경우 판례에 의함)

> ㉠ 1억 원 대여금청구에서 5,000만 원청구로 청구금액을 감축한 경우

ⓛ 1억 원을 처음에는 대여금으로 구하다가 매매대금으로 바꾸어 청구하는 경우

ⓒ A 건물 명도청구에서 B 건물 명도청구로 바꾸는 경우

ⓔ A 건물에 대한 명도청구에서 소유권확인청구로 바꾸는 경우

ⓜ 매매를 원인으로 하는 소유권이전등기청구에서 그 대상을 1필지 토지의 일부에서 전부로 확장한 경우

ⓗ 1억 원을 어음금채권에 기한 청구에서 원인채권인 매매대금채권에 기한 청구로 바꾸는 경우

① ㉠, ㉣, ㉴   ② ㉠, ㉴   ③ ㉠

④ ㉴   ⑤ ㉠, ㉡, ㉣

〈해설〉 정답 ③

㉠ 청구의 감축은 소의 변경이 아니고(이설 있음) 감축한 한도에서 소의 일부취하로 본다(판례).

㉡ 청구원인의 사실관계를 별개의 것으로 바꾸는 경우에는 소의 변경이 된다.

㉢ 심판의 대상이나 내용을 바꾸는 것은 소의 변경이 된다.

㉣ 청구원인의 변경 없이 소의 종류를 바꾸는 것도 청구취지의 변경이 되고 소의 변경이 된다.

㉤ 판례는 소의 추가적 변경으로 본다.

㉥ 판례는 소의 변경으로 본다.

문15. 청구의 변경에 관한 다음 설명 중 옳은 것은? (다툼이 있는 경우 판례에 의함)

① 원고가 매매계약해제를 원인으로 매매대금반환청구를 하였다가 매매계약무효에 의한 부당이득반환청구를 한다는 예비적 청구를 추가한 경우 소의 변경이다.

② 채권자가 사해행위의 취소를 청구하면서 그 보전하고자 하는 채권을 추가하거나 교환하는 것은 소의 변경이다.

③ 확인의 소에서 권리취득원인을 매매에서 취득시효로 달리 주장하는 경우 소의 변경이다.

④ 소유권이전등기절차 이행청구의 원인을 분재로 주장하다가 증여로 변경한 경우 소의 변경이다.

⑤ 불법행위를 원인으로 한 손해배상청구에서 자동차손해배상보장법 제3조에 의한 손해배상청구로 바꾸는 것은 소의 변경이다.

〈해설〉 정답 ④

④를 제외한 나머지는 소의 변경이 아니라 공격방법의 변경이다.

문16. 다음 사례에 관한 설명 중 옳지 않은 것은? (다툼이 있는 경우 판례에 의함)

> <사례>
>
> 원고는 제1심에서 이 사건 부동산에 대하여 피고에게 매매로 인한 지분소유권이전등기절차의 이행을 구하는 소송을 제기하여 원고 승소판결이 선고되었고, 이에 대하여 피고가 추완항소를 제기하여 사건이 항소심에 계류 중 항소심 제3차 변론기일에서 원고는 이 사건 부동산 거래에 대하여 관할관청에 대한 토지거래허가신청절차의 이행을 구하는 취지의 청구로 소의 교환적 변경을 하였다. 피고는 청구의 기초가 동일한 위 변경에 대하여 별다른 이의 없이 2주 이상을 경과함으로써 위 소의 교환적 변경은 적법하게 이루어졌다.

① 위 사례에서 피고가 항소를 취하하면 제1심판결이 확정된다.

② 원고가 다시 본래의 구 청구(지분소유권이전등기청구)로 교환적 변경을 한 경우에는 종국판결이 있은 후 소를 취하하였다가 동일한 소를 다시 제기한 경우에 해당하여 부적법하다.

③ 교환적인 청구의 변경에 있어서도 변경 전후의 청구의 기초사실의 동일성에 영향이 없으므로 구 청구와의 교환에 대하여 취하에 준하여 피고의 동의를 얻을 필요가 없다.

④ 소의 변경이 교환적인가 또는 추가적인가는 기본적으로 당사자의 의사해석에 의할 것이므로 당사자가 구 청구를 취하한다는 명백한 의사표시 없이 새로운 청구원인을 주장하는 등으로 그 변경 형태가 불명할 경우에는 사실심 법원으로서는 과연 청구변경의 취지가 무엇인가, 즉 교환적인가 또는 추가적인가의 점에 대하여 석명으로 이를 밝혀 볼 의무가 있다.

⑤ 청구의 교환적 변경의 경우에도 신 청구가 부적법하여 법원의 판단을 받을 수 없는 청구인 경우까지도 구 청구가 취하되는 소위 교환적 변경이라고 볼 수는 없다.

<해설> 정답 ①

① 판례는 이 경우 이 사건 제1심판결은 소의 교환적 변경에 의한 소취하로 실효되고, 항소심의 심판대상은 토지거래허가신청절차의 이행을 구하는 새로운 소송으로 바뀌지고, 항소심은 사실상 제1심으로 재판하는 것이 되므로, 그 뒤에 피고가 항소를 취하한다 하더라도 항소취하는 그 대상이 없어 아무런 효력을 발생할 수 없다고 한다.

문17. 청구변경의 요건으로서 청구기초의 동일성이 <u>없는</u> 것으로만 묶인 것은? (다툼이 있는 경우 판례에 의함)

> ㉠ 소유권이전등기청구를 원고의 직접 매수를 원인으로 하여 구하다가 채권자대위권에 기하여 대위청구로 바꾼 경우
> ㉡ 명의신탁해지를 원인으로 한 소유권이전등기절차이행청구의 소에서 피고의 소유권이전등기의무가 이행불능되었음을 전제로 하여 이행불능을 원인으로 한 손해배상청구를 한 경우
> ㉢ 명의신탁해지를 원인으로 한 소유권이전등기청구의 소에서 원인무효를 원인으로 피고 명의의 소유권이전등기의 말소를 구하는 경우
> ㉣ 매매를 원인으로 한 소유권이전등기청구의 소에서 매매계약해제로 인한 매매대금반환청구로 바꾼 경우
> ㉤ 원인관계상의 채권인 매매대금청구를 어음금청구로 바꾼 경우
> ㉥ 건물명도청구의 소에 임료 상당의 손해배상청구를 덧붙인 경우

① ㉠, ㉡, ㉢, ㉣   ② ㉠, ㉢, ㉣   ③ ㉠
④ ㉠, ㉣   ⑤ 답이 없다

<해설> 정답 ③

㉠ 이 경우는 청구의 기초에 동일성이 없다.
㉡ 신·구 청구 중 한쪽이 다른 쪽의 변형물·부수물인 경우에는 청구기초에 동일성이 있는 것으로 본다.
㉢ 양청구가 동일한 생활사실 또는 경제적 이익에 관한 분쟁에 있어서 그 해결을 위한 법률적 구성만을 달리하고 있음에 불과하여 청구의 기초에 변경이 있다고 할 수 없다.
㉣ 소유권이전등기와 계약금반환청구는 그 적용규범과 청구취지가 서로 다르지만, 동일 부동산의 매매를 둘러싼 분쟁에서 나온 것으로 동일한 생활사실관계에 해당하고, 이러한 경우에는 청구의 기초가 동일하여 소변경이 허용된다.
㉤ 어음금청구를 원인관계상의 채권의 지급청구로 바꾸거나, 원인관계상의 채권인 대여금청구를

어음금청구로 청구원인을 바꾸는 경우도 청구의 기초에 변경이 없다.

ⓑ 청구의 원인이 동일한데 청구취지만을 달리하는 경우 청구기초에 동일성이 있다.

문18. 소변경의 절차에 관한 설명 중 <u>맞는</u> 것만으로 묶인 것은? (다툼이 있는 경우 판례에 의함)

> ㉠ 상고심에서는 소의 변경이 허용되지 않는다.
>
> ㉡ 항소심에서는 상대방의 동의가 있어야 소의 변경을 할 수 있다.
>
> ㉢ 명시하지 않은 일부청구의 경우 전부승소한 원고는 나머지 잔부에 대한 확장청구를 하기 위해 항소를 할 수 있다.
>
> ㉣ 지방법원 항소부가 단독판사의 판결에 대한 항소심의 심판 도중에 지방법원합의부의 관할사건으로 청구확장한 경우 관할이 고등법원으로 바뀐다.
>
> ㉤ 재심의 소를 통상의 소로 변경할 수 있다.
>
> ㉥ 청구취지 및 청구원인의 변경은 서면에 의하여야 한다.
>
> ㉦ 소변경에 의한 시효중단·기간준수의 효과는 최초의 소제기 시에 발생한다.

① ㉠, ㉢ ② ㉠, ㉡, ㉢ ③ ㉠, ㉢, ㉤

④ ㉤, ㉥, ㉦ ⑤ ㉠, ㉡, ㉢, ㉣, ㉤, ㉥

〈해설〉 정답 ①

㉡ 항소심에서도 상대방의 동의 없이 소의 변경을 할 수 있다.

㉣ 심급관할은 제1심법원의 판결에 의하여 결정되는 전속관할이므로 더 이상 관할이 고등법원으로 바뀌는 것이 아니다.

㉤ 판례는 불가.

㉥ 청구원인의 변경은 반드시 서면에 의할 필요가 없다.

㉦ 소변경의 서면을 법원에 제출한 때에 발생한다.

문19. 청구의 변경의 모습에 관한 다음 설명 중 <u>옳은</u> 것은? (다툼이 있는 경우 판례에 의함)

① 청구의 교환적 변경은 종래의 청구취지나 청구원인의 철회를 전제로 한다.

② 소의 교환적 변경은 신 청구의 추가적 병합과 구 청구의 취하의 결합형태로 볼 것이므로 본안에 대한 종국판결이 있은 후 구 청구를 신 청구로 교환적 변경을 한 다음 다시 본래의 구 청구로 교환적 변경을 한 경우에는 종국판

결이 있은 후 소를 취하하였다가 동일한 소를 다시 제기한 경우에 해당하여 부적법하다.

③ 피고의 항소로 인한 항소심에서 소의 교환적 변경이 적법하게 이루어졌다면 제1심판결은 소의 교환적 변경에 의한 소취하로 실효되고, 항소심의 심판대상은 새로운 소송으로 바뀌고 항소심이 사실상 제1심으로 재판하는 것이 되므로, 그 뒤에 피고가 항소를 취하한다 하더라도 항소취하는 그 대상이 없어 아무런 효력을 발생할 수 없다.

④ 청구의 교환적 변경은 신 청구의 추가적 병합과 구 청구의 취하의 결합형태로 볼 것이므로 취하되는 구 청구의 경우 피고의 동의를 얻어야 한다.

⑤ 예비적 병합의 경우 구 청구를 예비적 청구로 하고 추가된 신 청구를 주위적 청구로 하는 것도 가능하다.

〈해설〉 정답 ④

④ 판례는 교환적인 청구의 변경에 있어서도 변경 전후의 청구의 기초사실의 동일성에 영향이 없으므로 구 청구와의 교환에 대하여 취하에 준하여 피고의 동의를 얻을 필요가 없다는 입장이다.

문20. 청구의 변경에 관한 다음 설명 중 <u>옳지 않은</u> 것을 모두 묶은 것은? (다툼이 있는 경우 판례에 의함)

> ㉠ 제1심에서 적법하게 반소를 제기하였던 당사자가 항소심에서 반소를 교환적으로 변경하는 청구의 변경은 허용되지 않는다.
>
> ㉡ 제1심에서 승소한 자는 부대항소의 제기에 의하지 않고 항소심에서 청구를 확장할 수 없다.
>
> ㉢ 일부 청구에 관하여 전부 승소한 채권자는 전부 승소한 판결에 대해서도 나머지 부분에 관하여 청구를 확장하기 위한 항소의 이익을 인정함이 상당하다.
>
> ㉣ 원고가 압류 및 전부명령에 터 잡아 제3채무자인 피고를 상대로 전부금의 지급을 청구하여 오다가 피고가 경합되는 압류 및 전부명령 채권자에게 피전부채권을 무단변제하고 원고가 손해를 입었음을 이유로 그 배상을 구하는 청구로 변경할 수 있다.
>
> ㉤ 압류처분의 취소청구에서 압류해제신청에 대한 보류처분의 취소청구로 소변경을 하는 경우 청구의 기초에 동일성이 있다.

ⓗ 청구의 변경에 대하여 상대방이 지체 없이 이의하지 아니하고 변경된 청구에 관한 본안의 변론을 한 때에는 상대방은 더 이상 그 청구 변경의 적법 여부에 대하여 다투지 못한다.

① ㉠, ㉡, ㉢   ② ㉠, ㉣, ㉢   ③ ㉡, ㉢

④ ㉠, ㉢, ⓗ   ⑤ ㉡, ㉢

〈해설〉 정답 ①

㉠ 대법원 2012.3.29. 선고 2010다28338, 28345 판결: 제1심에서 적법하게 반소를 제기하였던 당사자가 항소심에서 반소를 교환적으로 변경하는 경우에 변경된 청구와 종전 청구가 실질적인 쟁점이 동일하여 청구의 기초에 변경이 없으면 그와 같은 청구의 변경도 허용된다.

㉡ 제1심에서 승소한 자라도 부대항소의 제기에 의하지 않고 항소심에서 청구를 확장할 수 있다.

㉢ 청구의 기초에 동일성이 없는 사례이다.

문21. 중간확인의 소에 관한 다음 설명 중 옳지 않은 것은? (다툼이 있는 경우 판례에 의함)

① 소송계속 중에 본소청구의 판단에 대한 선결관계에 있는 법률관계의 존부에 기판력 있는 판단을 받기 위하여 중간확인의 소를 제기하거나 별소를 제기할 수 있다.

② 피고의 소송대리인이 중간확인의 소를 제기하는 경우 특별수권이 필요 없다.

③ 중간확인의 소는 일종의 소이므로 이에 대한 판단은 중간판결에 의할 것이 아니라 종국판결의 주문에 기재하여야 한다.

④ 재심사유가 인정되지 않아 재심청구를 기각하는 경우에는 재심전차에서 제기한 중간확인의 소는 각하하여야 한다.

⑤ 상고신에서는 중간확인의 소를 제기할 수 없으나, 항소심에서는 상대방의 동의 없이도 중간확인의 소를 제기할 수 있다.

〈해설〉 정답 ②

② 피고가 중간확인의 소를 제기하는 것은 반소제기에 준하므로 소송대리인에게 특별수권이 필요하나, 원고가 이를 제기하는 경우에는 본소청구의 대리권에 포함되는 것으로 본다.

문22. 다음 중 반소에 관한 설명으로 <u>옳지 않은</u> 것으로만 묶인 것은? (다툼이 있는 경우 판례에 의함)

> ㉠ 소유권존재확인의 본소에 그 부존재확인의 반소청구는 부적법하다.
>
> ㉡ 원고가 피고에 대하여 보험금채무의 부존재확인을 구하는 본소에, 피고가 그 후에 그 보험금지급을 구하는 반소를 제기한 경우 본소청구에 대한 확인의 이익이 소멸하여 본소가 부적법하게 된다.
>
> ㉢ 보험금지급의 본소에 대하여 동일 채권에 관한 채무부존재확인의 반소를 제기하는 것은 부적법하다.
>
> ㉣ 임대인의 차임청구의 본소가 계속한 법원에 임차인이 반소로서 차임의 감액을 청구할 수 있다.
>
> ㉤ 반소가 시기에 늦게 제출되어도 이를 이유로 각하할 수 없다.
>
> ㉥ 보조참가인도 반소를 제기할 수 있다.

① ㉠, ㉡, ㉣, ㉥   ② ㉠, ㉡, ㉢, ㉥   ③ ㉡, ㉣, ㉥

④ ㉡, ㉤   ⑤ ㉡, ㉥

〈해설〉 정답 ③

㉡ 판례는 이 경우 피고의 반소로 인하여 소송요건의 흠결이 생겨 부적법하게 되는 것은 아니라고 한다.

㉣ 민법 제628조에 의한 임차인의 차임감액청구권은 사법상의 형성권이지 법원에 대하여 형성판결을 구할 수 있는 권리가 아니므로 차임청구의 본소가 계속한 법원에 반소로서 차임의 감액을 청구할 수는 없다(대법원 1968.11.19. 선고 68다1882, 68다1883 판결).

㉥ 본소의 당사자가 아닌 자 사이의 반소는 부적법하다.

문23. 다음 사례에 관한 설명 중 <u>옳지 않은</u> 것은? (다툼이 있는 경우 판례에 의함)

> <사례>
> 甲이 乙을 상대로 매매를 원인으로 한 소유권이전등기청구의 소를 제기하였다.
> (1) 乙은 甲의 잔대금지급의무와 동시이행관계에 있다는 항변을 한다.
> (2) 乙은 甲을 상대로 잔대금지급청구의 반소를 제기한다.
> (3) 乙은 甲의 청구가 인용될 때를 대비하여 乙을 상대로 매매잔대금의 지급을 구하는 반소를 제기한다.

① 乙의 동시이행의 항변은 乙의 본소에 대한 방어방법일 뿐 반소가 아니다.

② 乙의 반소는 독립의 소이고 방어방법이 아니므로 판결서의 주문과 청구취지 란에 밝혀야 한다.

③ 乙의 예비적반소의 경우 甲의 본소청구가 각하·취하되면 반소청구는 소멸 되고, 본소청구가 기각되면 반소청구에 아무런 판단을 요하지 않는다.

④ 甲의 본소청구를 배척한 이상 乙의 예비적 반소는 법원의 심판대상이 될 수 없는 것이고, 이와 같이 심판대상이 될 수 없는 소에 대하여 법원이 판 단하였다고 하더라도 그 효력이 없다.

⑤ 예비적 반소에서 본소와 반소를 모두 각하한 경우 乙은 항소하지 아니하고 甲만 항소하였다면 乙의 반소청구는 심판의 대상이 되지 않는다.

〈해설〉 정답 ⑤

⑤ 판례는 이 경우에 반소청구도 심판의 대상이 된다는 입장이다(대법원 2006.6.29. 선고 2006 다19061, 19078 판결). 판례에 대한 비판으로는 이시윤, p.686 참조.

문24. 반소의 요건에 관한 다음 설명 중 옳지 않은 것만으로 모두 묶은 것 은? (다툼이 있는 경우 판례에 의함)

> ㉠ 원고의 이혼청구에 대하여 피고는 반소로서 이혼을 청구할 수 없다.
>
> ㉡ 원고의 건물명도청구에 대하여 피고가 항변으로서 유치권을 주장하면서 피 담보채무의 지급을 구하는 반소를 제기할 수 있다.
>
> ㉢ 임차인의 점유회복의 명도소송에 대하여 임대인의 소유권에 기한 명도의 반소가 허용된다.
>
> ㉣ 반소제기 후에 본소가 각하·취하되어도 반소에 영향이 없다.
>
> ㉤ 본소가 취하되면 피고는 원고의 응소 후라도 그의 동의 없이 반소를 취하 할 수 있다.
>
> ㉥ 피고가 본소에 대한 항소를 하면서 항소심에서 비로소 반소를 제기한 경우 에 항소가 부적법 각하되면 반소도 소멸한다.

① ㉠, ㉡, ㉢   ② ㉢, ㉣, ㉥   ③ ㉠, ㉤

④ ㉠   ⑤ 답이 없다

<해설> 정답 ④

㉠ 반소청구가 본소청구와 같은 법률관계의 형성을 목적으로 하는 경우에는 본소청구와 상호관련
성이 있다.

문25. 다음 중 항소심에서 상대방의 동의 없이 반소를 제기할 수 있는 경우
가 <u>아닌</u> 것은? (다툼이 있는 경우 판례에 의함)

① 중간확인의 반소를 제기하는 경우
② 항소심에서 상계항변을 하면서 이를 토대로 반소를 제기하는 경우
③ 본소와 청구원인을 같이 하는 반소를 제기하는 경우
④ 제1심에서 이미 충분히 심리한 쟁점과 관련된 반소를 제기하는 경우
⑤ 항소심에서 예비적 반소를 추가하는 경우

<해설> 정답 ②

② 항소심에서의 반소제기는 상대방의 심급의 이익을 해할 우려가 없는 경우 또는 상대방의 동의
를 얻은 경우라야 가능하고(제412조 제1항), 항소심에서 비로소 상계항변을 하면서 이를 토대
로 반소까지 제기하는 것은 원고의 동의가 없는 한 부적법하다(이시윤, p.689).

문26. 다음 사례에 관한 설명 중 틀린 것은? (다툼이 있는 경우 판례에 의함)

<사례>

甲은 乙과 乙이 A로부터 매수한 임야에 대한 매매계약을 체결하고 위 매매계
약의 이행확보를 위하여 甲을 근저당권자, 채무자를 A로 하는 근저당권설정등
기를 마쳤다. 그 후 乙 명의로 소유권이전등기를 마친 후 甲의 근저당권설정등
기가 말소된 다음 乙로부터 제3자 앞으로 위 임야에 관하여 소유권이전등기가
마쳐졌다.

甲이 乙을 상대로 주위적으로, ① 이 사건 근저당권설정등기가 위법하게 말
소되었음을 이유로 그 회복등기절차의 이행을, ② 아울러 甲이 매수한 임야에
대하여 토지거래허가신청절차의 이행을 각 구하고, 예비적으로, 이중매도에 가
담한 불법행위를 원인으로 한 손해배상을, 이 사건 근저당권설정등기가 말소
됨으로써 얻은 부당이득의 반환을, 매매계약의 이행불능으로 인한 매매대금의
반환을 금전지급으로 구하였다.

> 1심법원은, 주위적 청구 중 근저당권설정등기의 회복등기청구를 구하는 주위적 청구를 인용하고, 토지거래허가신청청구 및 예비적 청구를 모두 기각하였다. 이에 대하여 피고(乙)는 그 패소 부분에 관하여 항소하면서 그 부분 청구의 기각을 구하고, 원고(甲)도 항소하여 그 패소 부분의 취소와 함께 주위적 청구 중 기각된 부분을 다시 구하였다.
>
> 제2심법원은, 원고의 주위적 청구 중 근저당권설정등기의 회복등기청구를 기각하고, 토지거래허가신청청구의 소를 각하하면서, 예비적 청구에 대해서는 제1심에서 청구기각이 되었음에도 불구하고 원고가 이에 대하여 항소하지 아니하였으므로 따로 심리하지 아니한다고 하면서 아무런 판단을 하지 않았다.

① 주위적 청구를 인용하는 판결은 전부판결로서 이러한 판결에 대하여 피고가 항소하면 제1심에서 심판을 받지 않은 다음 순위의 예비적 청구도 모두 이심되고 항소심이 제1심에서 인용되었던 주위적 청구를 배척할 때에는 다음 순위의 예비적 청구에 관하여 심판을 하여야 한다.

② 청구의 예비적 병합의 경우 주위적 청구를 인용하게 되면 당연히 예비적 청구에 대하여 판단할 필요가 없으므로 주위적 청구를 인용한 판결은 예비적 청구에 대한 판단이 없더라도 전부판결이고, 따라서 이에 대하여 피고가 항소하면 심판을 받지 아니한 예비적 청구도 모두 이심이 된다.

③ 주위적 청구를 배척하면서 예비적 청구에 대하여 판단하지 아니한 판결에 원고가 상소하면 판단이 누락된 예비적 청구부분도 상소심으로 이심되는 것이지 재판의 누락이라 하여 원심에 남아 있다고 볼 것이 아니다.

④ 원고가 제1심에서 이 사건 주위적 청구 일부에 대하여 승소하였다면 적어도 그 승소 부분과 관련한 예비적 청구부분은 특별한 사정이 없는 한 제1심의 심판대상이 될 수 없는 것이고 이와 같이 심판대상이 될 수 없는 청구에 대하여 제1심이 판단하였다 하더라도 그 효력이 없다.

⑤ 乙은 제2심법원이 甲의 예비적 청구에 대하여 판단을 하지 아니한 것을 탓할 수 없다.

〈해설〉 정답 ⑤

⑤ 제2심으로서는 이 사건 주위적 청구인 근저당권설정등기의 회복등기청구 중 원고들이 일부 승소한 부분에 대하여 피고가 항소를 하여, 원심이 이 부분에 관한 제1심판결을 취소하고 취소

부분에 해당하는 원고의 주위적 청구를 기각하는 경우에는 나아가 이 부분과 관련된 예비적 청구를 심판대상으로 삼아 이를 판단하여야 한다(대법원 전원합의체2000.11.16. 선고 98다22253 판결).

문27. 반소에 관한 설명 중 옳지 않은 것은? (다툼이 있는 경우 판례에 의함)

① 원고의 소유권존재확인의 본소에 피고의 그 소유권존재확인의 반소는 적법하다.

② 독립참가의 경우 종전의 원·피고는 참가인 상대의 반소를 제기할 수 있다.

③ 피고의 예비적 반소는 본소청구가 인용될 것을 조건으로 심판을 구하는 것으로서 제1심이 원고의 본소청구를 배척한 이상 피고의 예비적 반소는 제1심의 심판대상이 될 수 없고, 이와 같이 심판대상이 될 수 없는 소에 대하여 제1심이 판단하였다고 하더라도 그 효력이 없다.

④ 제1심이 원고들의 본소 중 주위적 청구를 전부 인용하고, 피고의 반소 중 주위적 청구에 대한 소를 각하하고 예비적 청구를 일부 인용한 데 대하여, 피고는 반소의 예비적 청구를 일부 기각한 부분에 대해서만 항소를 제기하였을 뿐 본소에 대해서는 항소를 제기하지 아니하였으므로, 원고들의 본소는 주위적 청구뿐만 아니라 예비적 청구 역시 원심의 심판범위에서 제외된다.

⑤ 甲이 乙을 상대로 이혼 및 위자료, 재산분할청구의 소를 제기하자, 乙이 甲을 상대로 반소로 이혼청구의 소를 제기하였는데, 법원이 甲의 이혼 및 위자료 청구를 기각하고 을의 반소청구를 인용하는 경우 갑의 본소청구에 병합된 재산분할청구에 대하여 심판할 수 없다.

〈해설〉 정답 ⑤

⑤ 대법원 2001.6.15. 선고 2001므626, 633 판결: 원고가 본소의 이혼청구에 병합하여 재산분할청구를 제기한 후 피고가 반소로서 이혼청구를 한 경우, 원고가 반대의 의사를 표시하였다는 등의 특별한 사정이 없는 한, 원고의 재산분할청구 중에는 본소의 이혼청구가 받아들여지지 않고 피고의 반소청구에 의하여 이혼이 명하여지는 경우에도 재산을 분할해 달라는 취지의 청구가 포함된 것으로 봄이 상당하다고 할 것이므로(이때 원고의 재산분할청구는 피고의 반소청구에 대한 재반소로서의 실질을 가지게 된다), 이러한 경우 사실심으로서는 원고의 본소 이혼청구를 기각하고 피고의 반소청구를 받아들여 원·피고의 이혼을 명하게 되었다고 하더라도, 마땅히 원고의 재산분할청구에 대한 심리에 들어가 원·피고가 협력하여 이룩한 재산의 액수와 당사자 쌍방이 그 재산의 형성에 기여한 정도 등 일체의 사정을 참작하여 원고에게 재산분할을 할 액수와 방법을 정하여야 한다.

문28. 반소에 관한 설명으로 <u>옳지 않은</u> 것을 모두 묶은 것은? (다툼이 있는 경우 판례에 의함)

> ㉠ 상고심에서는 가집행선고의 실효에 대비한 가지급물반환신청을 할 수 없다.
> ㉡ 피고가 추후보완항소를 하면서 항소심에서 반소를 제기한 경우 그 항소가 부적법하면 반소는 소멸한다.
> ㉢ 본소가 각하된 경우 피고는 원고의 동의 없이 반소를 취하할 수 있다.
> ㉣ 항소심에서 상대방이 이의 없이 반소에 대해 본안변론을 한 때에는 반소제기에 동의한 것으로 본다.
> ㉤ 원고의 동의도 없고 심급의 이익을 해할 항소심의 반소는 부적법하다.
> ㉥ 반소에 대하여 재판을 누락하였으면 상소하더라도 반소 부분은 원심에 남고 본소 부분만 상소심에 이심된다.

① ㉠, ㉥   ② ㉠, ㉢   ③ ㉢, ㉥
④ ㉡, ㉣   ⑤ ㉠, ㉤

〈해설〉 정답 ②

㉠ 당사자 간에 다툼이 없어 사실심리를 요하지 않는 경우에는 상고심에서도 가지급물반환신청을 할 수 있다.
㉢ 판례 반대: 대법원 1984.7.10. 선고 84다카298 판결

제17장 다수당사자소송

문1. 통상공동소송에 관한 다음 설명 중 옳은 것은? (다툼이 있는 경우 판례에 의함)

① 공동소송인은 다른 공동소송인의 대리인이나 보조참가인이 될 수 없다.

② 공동소송인은 다른 공동소송인에 대한 관계에서 증인능력이 없다.

③ 공동소송인의 한 사람의 소송행위 중 유리한 것은 다른 공동소송인에게 효력이 생긴다.

④ 순차경료된 등기 또는 수인 앞으로 경료된 공유등기의 말소청구소송은 권리관계의 합일적인 확정을 필요로 하는 필요적 공동소송이다.

⑤ 공유자가 공동으로 그 표면상의 소유자를 상대로 지분권확인청구의 소를 제기한 경우에도 각 공유자는 자유로이 자기의 소를 취하할 수 있다.

〈해설〉정답 ⑤

① 각 공동소송인은 자신의 소송관계에 있어서만 당사자이므로 다른 공동소송인의 대리인이나 보조참가인이 될 수 있다.

② 자기의 주장사실에는 관계가 없고 다른 공동소송인의 이해에만 관계 있는 사항에 대해서는 증인능력이 있다.

③ 공동소송인의 한 사람의 소송행위는 유리불리를 가리지 않고 원칙적으로 다른 공동소송인에게 영향을 미치지 않는다(소송자료의 불통일).

④ 통상공동소송이다.

문2. 공동소송인독립의 원칙에 대한 다음 설명 중 옳지 않은 것으로 모두 묶인 것은?

> ㉠ 소송요건의 존부는 각 공동소송인마다 개별 심사·처리하여야 한다.
>
> ㉡ 공동소송인은 각자 청구의 포기·인낙, 자백, 화해, 소·상소의 취하, 상소의 제기 등의 소송행위를 할 수 있으니 그 행위를 한 자에 대해서만 효력이 미치고 다른 공동소송인에 대해서는 영향이 없다.
>
> ㉢ 기일에 불출석한 공동소송인만이 자백간주, 소취하간주 등의 불이익을 입게 된다.
>
> ㉣ 자백간주된 피고들과 원고의 주장을 다툰 피고들 사이에서 동일한 실체관계에 대하여 서로 배치된 내용의 판단을 내려도 위법이 아니다.
>
> ㉤ 공동소송인 중 일부만이 상고를 제기한 경우 피상고인은 상고인 이외의 다른 공동소송인을 상대로 부대상고를 제기할 수 있다.

ⓑ 공동소송인 사이에 서로 주장을 달리하는 경우 법원은 석명권을 행사할 의무가 있다.

① ㄱ, ㄴ, ㄷ   ② ㄹ, ㅁ, ㅂ   ③ ㅁ, ㅂ
④ ㅁ   ⑤ ㅂ

〈해설〉 정답 ③

ⓜ 상고를 제기하지 않은 다른 공동소송인을 상대로 부대상고를 제기할 수 없다(대법원 1994.12.23. 선고 94다40734 판결).

ⓑ 판례는 부정(대법원 1982.11.23. 선고 81다39 판결).

문3. 다음은 공동소송인독립의 원칙에 관한 설명이다. 판례의 입장이 <u>아닌</u> 것은?

① 공동소송인의 1인인 피고 A가 원고 주장사실을 자백한 경우에도 다른 공동소송인인 피고 B, C에게 대해서는 아무런 효력이 생기지 아니하므로 법원은 원고의 주장을 다투는 피고 B, C에게 대한 관계에 있어서는 그 사실을 증거에 의하여 확정하여야 한다.

② 공동소송의 한 사람에 대한 원고의 항소취하의 효력을 다른 피고가 다툴 수는 없다.

③ 원고의 주장사실을 명백히 다투지 아니한 피고 A에 대하여 이들의 각 등기가 무효라는 원고주장을 받아들이는 한편 이들로부터 이전받은 피고 B 명의의 등기에 대해서는 원고의 말소청구를 배척할 수 있다.

④ 피상속인이 사망한 경우 반드시 공동상속인 전원이 공동으로 수계하여야 하는 것은 아니며, 수계되지 아니한 상속인들에 대한 소송은 중단된 상태로 그대로 피상속인이 사망한 당시의 심급법원에 계속되어 있다.

⑤ 원고가 제1심의 패소판결에 대하여 항소나 부대항소를 제기하지 아니하여 그 제1심판결이 확정된 후, 일부 제1심 공동당사자의 항소에 의하여 제1심판결이 취소된 경우, 피고가 위 항소심판결 후에 원고에 대하여 위 확정판결의 강제집행을 할 당시 원고와 동일한 사실관계에 있는 제1심 공동소송인에 대한 피고 패소의 항소심판결에 의하여 원고에 대한 제1심판결의 내용이 부당하다는 것을 알고 있었다면 위 확정판결의 집행이 권리남용으로 되어 불법행위를 구성한다.

<해설〉 정답 ⑤

⑤ 동일한 사실관계가 청구원인으로 되어 있는 한 개의 소송에서 공동피고로 되어 있다 하더라도 그 소송관계는 각각 별개로 성립되고 당사자처분권주의 아래에서는 당사자마다 각각 상이한 판결이 선고되고 확정될 수 있는 것이므로 원고가 별다른 이유도 없이 제1심의 패소판결에 대하여 항소나 부대항소를 제기하지 아니하여 그 제1심판결이 확정된 이상, 가사 일부 제1심 공동당사자의 항소에 의하여 제1심판결이 취소되었다 하더라도 원고는 그 확정판결의 기판력과 집행력을 부인할 수 없는 것이며, 피고가 위 항소심판결 후에 원고에 대하여 위 확정판결의 강제집행을 할 당시 원고와 동일한 사실관계에 있는 위 이은복 등 제1심 공동소송인에 대한 피고 패소의 항소심판결에 의하여 원고에 대한 제1심판결의 내용이 부당하다는 것을 알고 있었다 하더라도 그것만으로는 확정판결의 집행이 권리남용으로 되어 불법행위를 구성한다고 할 수 없을 것이다(대법원 1992.12.11. 선고 92다18627 판결).

문4. 다음 〈사례〉에 관한 설명 중 판례의 입장으로 옳은 것은?

> <사례>
> 채권자 甲이 주 채무자 乙과 연대보증인 丙을 공동피고로 하여 연대하여 채무의 이행을 구하는 소를 제기한 경우 乙은 변제항변을 하면서 다투고 있으나, 丙은 불출석하거나 乙의 항변을 원용하지도 않고 있다.

① 乙의 주장이 丙에게 이익이 되는 한 그에게도 주장의 효력이 미치는 것으로 본다.

② 乙에 의하여 공통사실이 주장되었을 때 丙이 이와 저촉되는 행위를 적극적으로 하지 않고 그 주장이 丙에게 이익이 되는 한 丙에게도 효력이 미치는 것으로 본다.

③ 통상공동소송의 경우 주장공통의 원칙이 적용되지 아니하므로 甲의 乙에 대한 청구가 배척되는 경우에도 甲의 丙에 대한 청구가 인용될 것이다.

④ 수 채무자 乙에 대한 관계에서는 주 채무의 부존재·소멸을 이유로 청구를 기각하고, 항변 없는 보증채무자 丙에 대해서는 주 채무가 소멸되지 않고 존재함을 전제로 甲의 청구를 인용하게 되면 서로 모순 있는 사실인정으로 채택할 것이 못된다.

⑤ 乙에게는 주 채무가 소멸되었다고 하고 丙에게는 소멸되지 아니하였다고 하는 것은 서로 모순되는 사실인정으로 역사적 사실은 하나밖에 있을 수 없다는 논리의 거역이다.

〈해설〉 정답 ③

① 긍정설

② 한정적 긍정설(이시윤, p.699)
③ 판례는 부정설
④ 판례는 반대.
⑤ 증거공통의 원칙은 인정되나, 판례는 변론주의를 근거로 주장공통의 원칙을 인정하지 않고 있다.

문5. 다음 중 고유필수적 공동소송이 <u>아닌</u> 것을 모두 모은 것은? (다툼이 있는 경우에는 판례에 의함)

> ㉠ 조합재산의 보존행위에 관한 소송
> ㉡ 여러 사람의 파산관재인이 하는 소송
> ㉢ 비법인사단의 구성원이 제기하는 소송
> ㉣ 유언집행자가 수인인 경우 유언집행자에게 유증의무의 이행을 구하는 소송
> ㉤ 분할전 상속재산에 관한 소송
> ㉥ 제3자가 공유자에 대해서 하는 소유권확인 및 등기말소청구

① ㉠, ㉢, ㉤　　② ㉢, ㉤, ㉥　　③ ㉤, ㉥
④ ㉠, ㉤　　　　⑤ ㉠, ㉤, ㉥

〈해설〉 정답 ⑤

㉠ 합유인 조합재산에 관한 소송은 고유필수적 공동소송이나, 보존행위에 관한 소송이나 각 조합원의 개인적 책임에 기하여 조합채무의 이행을 구하는 소송은 필수적 공동소송이 아니다.
㉣ 대법원 2011.6.24. 선고 2009다8345 판결: 상속인이 유언집행자가 되는 경우를 포함하여 유언집행자가 수인인 경우에는, 유언집행자를 지정하거나 지정위탁한 유언자나 유언집행자를 선임한 법원에 의한 임무의 분장이 있었다는 등의 특별한 사정이 없는 한, 유증목적물에 대한 관리처분권은 유언의 본지에 따른 유언의 집행이라는 공동의 임무를 가진 수인의 유언집행자에게 합유적으로 귀속되고, 그 관리처분권 행사는 과반수의 찬성으로써 합일하여 결정하여야 하므로, 유언집행자가 수인인 경우 유언집행자에게 유증의무의 이행을 구하는 소송은 유언집행자 전원을 피고로 하는 고유필수적 공동소송으로 봄이 상당하다.
㉤ 공유관계로 필수적 공동소송이 아니다.
㉥ 판례는 필수적 공동소송이 아니라고 한다.

문6. 필수적 공동소송에 관한 다음 설명 중 <u>옳지 않은</u> 것은? (다툼이 있는 경우 판례에 의함)

① 제3자 제기의 친생자관계부존재확인의 소는 부모 및 자를 공동피고로 하는 필수

적 공동소송이다.

② 소수주주에 의한 청산인해임의 소는 그 법률관계의 당사자인 회사와 청산인을 공동피고로 해야 한다.

③ 공동상속인이 다른 공동상속인을 상대로 어떤 재산이 상속재산임의 확인을 구하는 소는 이른바 고유필수적 공동소송이다.

④ 공동상속재산의 지분에 관한 지분권존재확인을 구하는 소송은 필수적 공동소송이다.

⑤ 이사해임의 소는 회사와 이사를 공동피고로 하여야 하는 고유필수적 공동소송이다.

〈해설〉 정답 ④

④ 통상공동소송이다.

문7. 필수적 공동소송에 관한 다음 설명 중 옳지 않은 것은? (다툼이 있는 경우 판례에 의함)

① 토지경계의 확정을 구하는 소송은 관련된 공유자 전원이 공동하여서만 제소하고 상대방도 관련된 공유자 전원이 공동으로서만 제소될 것을 요건으로 하는 고유필수적 공동소송이다.

② 소송 외에서의 공유물의 분할계약을 원인으로 하여 피고들에 대하여 각각 지분이전등기절차를 구하는 소송은 필수적 공동소송이다.

③ 집합건물 관리인 해임의 소는 관리단과 관리인 모두를 공동피고로 하여야 하는 고유필수적 공동소송이다.

④ 제3자 제기의 혼인무효·취소의 소는 부부를 공동피고로 하는 필수적 공동소송이다.

⑤ 토지수용으로 인한 손실보상금증액청구의 소는 재결청과 사업시행자를 공동피고로 하는 필수적 공동소송이다.

〈해설〉 정답 ②

② 공유물분할청구의 소는 분할을 청구하는 공유자가 원고가 되어 다른 공유자 전부를 공동피고로 하여야 하는 고유필수적 공동소송이나, 소송 외에서의 공유물의 분할계약을 원인으로 하여 피고들에 대하여 각각 지분이전등기절차를 구하는 소송은 필수적 공동소송이 아니다.

문8. 다음에서 합유물에 관한 소송 중 필수적 공동소송이 <u>아닌</u> 것을 모두 모은 것은? (다툼이 있는 경우에는 판례에 의함)

> ㉠ 조합의 채권자가 조합원에 대하여 조합재산에 의한 공동책임을 묻는 것이 아니라 각 조합원의 개인적 책임에 기하여 당해 채권을 행사하는 경우
> ㉡ 동업자들이 동업약정에 따라 토지를 매수하여 그 동업자들이 소유권이전등기청구의 소를 제기하는 경우
> ㉢ 공동상속인들이 청약권을 공동상속하여 위 청약권에 기하여 의사표시를 구하는 소송
> ㉣ 주류제조면허의 공동면허명의자 중의 1인으로부터 면허를 양수한 자가 면허취소신청과 보충면허신청절차의 이행을 구하는 소를 제기하는 경우
> ㉤ 합유물에 관하여 경료된 원인 무효의 소유권이전등기의 말소를 구하는 소송
> ㉥ 피고 등의 합유로 소유권이전등기가 마쳐진 부동산에 대하여 원고의 명의신탁해지로 인한 소유권이전등기이행청구소송

① ㉠, ㉢, ㉣ ② ㉠, ㉥ ③ ㉢, ㉤, ㉥
④ ㉠, ㉤ ⑤ ㉡, ㉢, ㉤

〈해설〉 정답 ④

㉠ 필수적 공동소송이 아니다(대법원 1991.11.22. 선고 91다30705 판결).
㉡ 필수적 공동소송이다(대법원 1994.10.25. 선고 93다54064 판결).
㉢ 고유필수적 공동소송이다(대법원 2003.12.26. 선고 2003다11738 판결).
㉣ 필수적 공동소송이다(대법원 1993.7.13. 선고 93다12060 판결).
㉤ 필수적 공동소송이 아니다(대법원 1997.9.9. 선고 96다16896 판결).
㉥ 고유필수적 공동소송이다(대법원 1983.10.25. 선고 83다카850 판결).

문9. 합유재산에 관한 소송과 관련하여 다음 설명 중 <u>옳지 않은</u> 것은? (다툼이 있는 경우 판례에 의함)

① 수인이 부동산을 공동으로 매수한 경우, 매수인들 사이의 법률관계는 공유관계로서 단순한 공동매수인에 불과하여 매도인은 매수인 수인에게 그 지분에 대한 소유권이전등기의무를 부담하는 경우도 있을 수 있고, 그 수인을 조합원으로 하는 동업체에서 매수한 것으로서 매도인이 소유권 전부의 이전의무를 그 동업체에 대하여 부담하는 경우도 있을 수 있다.

② 공동매수의 목적이 전매차익의 획득에 있을 경우 그것이 공동사업을 위해 동업체에서 매수한 것이 되려면, 적어도 공동매수인들 사이에서 그 매수한 토지를 공유가 아닌 동업체의 재산으로 귀속시키고 공동매수인 전원의 의사에 기해 전원의 계산으로 처분한 후 그 이익을 분배하기로 하는 명시적 또는 묵시적 의사의 합치가 있어야만 할 것이고, 이와 달리 공동매수 후 매수인별로 토지에 관하여 공유에 기한 지분권을 가지고 각자 자유롭게 그 지분권을 처분하여 대가를 취득할 수 있도록 한 것이라면 이를 동업체에서 매수한 것으로 볼 수는 없다.

③ 민법상 조합의 채권자는 조합재산에 의한 공동책임을 들어 조합원 모두를 상대로 제소할 수 있을 뿐, 조합원 개인재산에 의한 개별책임을 들어 조합원 개인을 상대로 제소할 수 없다.

④ 조합이 해산된 경우 조합원이 가지는 조합의 잔여재산 분배청구권은 조합원 상호 간의 내부관계에서 발생하는 것으로서 각 조합원이 분배비율을 초과하여 잔여재산을 보유하고 있는 조합원을 상대로 개별적으로 행사하면 족한 것이지 반드시 조합원들이 공동으로 행사하거나 조합원 전원을 상대로 행사하여야 하는 것은 아니다.

⑤ 동업 목적의 조합체가 부동산을 조합재산으로 취득하였으나 합유등기가 아닌 조합원들 명의로 공유등기를 하였다면 그 공유등기는 조합체가 조합원들에게 각 지분에 관하여 명의신탁한 것에 불과하므로 부동산실권리자명의등기에 관한 법률 제4조 제2항 본문이 적용되어 명의수탁자인 조합원들 명의의 소유권이전등기는 무효이다.

〈해설〉 정답 ③

① 대법원 2009.12.24. 선고 2009다75635, 75642 판결
② 대법원 2007.6.14. 선고 2005다5140 판결
③ 조합재산에 의한 공동책임뿐만 아니라 조합원의 개인재산에 의한 책임(조합원이 부담하는 조합채무에 관한 분할채무, 민 제712조)을 들어 조합원 개인을 상대로 제소할 수도 있다. 이 경우 양자의 책임은 병존적인 것으로 본다.
④ 대법원 2000.4.21. 선고 99다35713 판결
⑤ 대법원 2002.6.14. 선고 2000다30622 판결

문10. 다음은 합유관계소송에 관한 설명이다. 옳지 않은 것은? (다툼이 있는 경우 판례에 의함)

① 조합재산에 속하는 채권에 관한 소송은 합유물에 관한 소송으로서 특별한 사정이 없는 한 조합원들이 공동으로 제기하여야 하는 고유필수적 공동소송이다.

② 조합재산에 속하는 권리에 관한 소송에 있어서는 다른 조합원 전원이 본건 채권의 추심을 원고에게 위임한 경우에는 원고 단독명의로 본건 소송을 제기할 권원이 발생한 것으로 볼 수 있다.

③ 파산관재인이 여럿인 경우에는 파산관재인 전원이 소송당사자가 되어야 하므로 그 소송은 필수적 공동소송에 해당한다.

④ 공동파산관재인 중 일부가 파산관재인의 자격을 상실한 때에는 남아 있는 파산관재인에게 관리처분권이 귀속되고 소송절차는 중단되지 아니한다.

⑤ 개인회생채권조사확정재판에 대하여 다른 개인회생채권자가 위 재판에 불복하여 이의의 소를 제기하는 때에는 채무자와 개인회생채권조사확정재판을 신청한 개인회생채권자 모두를 피고로 하여야 한다.

〈해설〉 정답 ②

② 조합재산에 속하는 권리에 관한 소송에 있어서는 다른 조합원 전원이 본건 채권의 추심을 원고에게 위임하였다는 사실만 가지고서는 원고 단독명의로 본건 소송을 제기할 권원이 발생하였다고는 볼 수 없고 본건 소송은 필수적 공동소송에 속한다 할 것이므로 원고 단독으로 제기한 본건소송은 부적법하다 하여 이를 각하하여야 할 것이다.

문11. 합유관계소송에 관한 다음 설명 중 옳지 않은 것을 모두 모은 것은? (다툼이 있는 경우 판례에 의함)

> ㉠ 광업권자가 광업권에 관한 소송을 수행하던 중 사망한 경우에는 상속인 전원이 공동으로 수계신청을 할 필요가 없다.
>
> ㉡ 공유지식재산권에 관한 소송은 고유필수적 공동소송이다.
>
> ㉢ 같은 선정자단에서 선정된 여러 사람의 선정당사자가 수행하는 소송은 고유필수적 공동소송이다.
>
> ㉣ 합유재산이라도 현실적으로 점유하고 있는 합유자만을 상대로 명도청구를

할 수 있고 합유자 전원을 상대로 할 필수적 공동소송이 아니다.

ⓜ 이주자택지의 공급계약체결의 청약권을 공동상속한 경우에 그 행사방법으로 제기하는 소는 공유관계에 관한 소송으로 필수적 공동소송이 아니다.

ⓗ 합유물에 관한 소송도 보존행위에 관한 소송은 필수적 공동소송이 아니다.

① ㄱ, ㄴ, ㄷ   ② ㄱ, ㅁ   ③ ㄱ, ㅁ, ㅂ

④ ㄹ, ㅁ   ⑤ 답이 없다

〈해설〉 정답 ②

ⓖ 광업법 제34조 제1항, 제19조 제6항의 규정에 의하면 광업권을 공유하는 자들 사이에는 조합계약을 한 것으로 본다고 규정하고 있으므로, 광업권자가 사망하여 상속인들이 그 광업권을 공동으로 상속하는 경우에도 그 상속인들 사이에 조합계약을 체결한 것으로 보아야 하므로, 그 합유인 공동광업권에 관한 소송은 합일확정을 요하는 필요적공동소송이고, 따라서 광업권자가 광업권에 관한 소송을 수행하던 중 사망한 경우에는 상속인 전원이 공동으로 수계신청을 하여야 한다(대법원 1995.5.23. 선고 94다23500 판결).

ⓜ 판례는 고유필수적 공동소송으로 본다. 대법원 2003.12.26. 선고 2003다11738 판결

문12. 다음 〈사례〉에 관한 설명 중 <u>옳지 않은</u> 것은? (다툼이 있는 경우 판례에 의함)

<사례>

甲과 乙은 A 은행에 공동명의로 예금계좌를 개설하였다. 甲과 乙 사이에 분쟁이 생겨 공동으로 예금채권을 행사할 수 없는 상황이다. 甲과 乙 사이가 조합체(동업)인지, 공농상속인들인지, 특정목적은 달성되기 전에는 공동명의예금주가 단독으로 예금을 인출할 수 없도록 방지 또는 감시할 목적으로 공동명의로 예금을 한 것인지는 명백하지 않다.

① 공동명의 예금채권자들의 은행에 대한 예금반환청구소송이 항상 필수적 공동소송으로서 그 예금채권자 전원이 당사자가 되어야만 하는 것은 아니다.

② 甲과 乙이 동업자로서 동업자금을 공동명의로 예금한 경우라면 채권의 준합유관계에 있어 합유의 성질상 은행에 대한 예금반환청구가 필수적 공동소송에 해당한다.

③ 공동명의 예금채권자들 중 1인이 전부를 출연하거나 또는 각자가 분담하여

출연한 돈을 동업 이외의 특정목적을 위하여 공동명의로 예치해둠으로써 그 목적이 달성되기 전에는 공동명의 예금채권자가 자신의 예금에 대해서도 혼자서는 인출할 수 없도록 방지, 감시하고자 하는 목적으로 공동명의로 예금을 개설한 경우에는 예금채권의 준공유관계에 있는 것으로 본다.

④ 甲과 乙이 동업체가 아닌 경우에는 예금주들이 은행을 상대로 소를 제기하기 위해서는 공동예금주 전원이 원고가 되거나 다른 공동예금주들의 동의서를 첨부하여 공동예금주 중 1인이 원고가 되는 방법을 쓸 수 있다.

⑤ 甲은 乙이 공동반환절차에 동의를 하지 않는 경우 乙을 상대로 단독으로 하는 반환청구에 승낙하라는 의사표시를 구하는 소를 제기할 수 있고, 이 경우 乙과 A 은행을 공동피고로 하여 제소할 수는 없다.

〈해설〉 정답 ⑤

⑤ 다른 공동명의 예금채권자가 그 공동반환청구절차에 협력하지 않을 때에는, 예금주는 먼저 그 사람을 상대로 제소하여 예금주 단독으로 하는 반환청구에 관하여 승낙의 의사표시를 하라는 등 공동반환절차에 협력하라는 취지의 판결을 얻은 다음 이 판결을 은행에 제시함으로써 예금을 반환받을 수 있다고 할 것이고, 이와 같은 방식에 의하여 약정에 의한 공동반환청구의 요건이 충족되었음에도 불구하고 은행이 정당한 이유 없이 예금의 반환을 거절하는 경우에는 그 예금주가 은행을 상대로 단독으로 예금의 반환을 소구할 수밖에 없을 것이고, 미리 청구할 필요가 있을 때에는 다른 공동명의 예금채권자와 은행을 공동피고로 하여 위와 같은 취지의 제소를 할 수도 있다고 보아야 할 것이다(대법원 1994.4.26. 선고 93다31825 판결).

문13. 공동명의예금에 관한 다음 설명 중 <u>옳지 않은</u> 것은? (다툼이 있는 경우 판례에 의함)

① 공동명의 예금채권자들의 은행 상대의 예금반환청구소송에 있어서 그 예금이 동업자들의 동업자금예금의 경우에는 필수적 공동소송이나 동업 이외의 목적의 공동예금일 때에는 필수적 공동소송이 아니다.

② 공동명의 예금채권자 중 1인에 대한 별개의 대출금채권을 가지는 은행으로서는 그 대출금채권을 자동채권으로 하여 그의 지분에 상응하는 예금반환채권에 대하여 상계할 수 있다.

③ 공동명의 예금채권자 중 1인에 대한 채권자가 그 1인의 지분에 상응하는 예금채권에 대한 압류 및 추심명령 등을 얻어 이를 집행한 경우, 이러한 압류 등을 송달받은 은행으로서는 압류채권자의 압류 명령 등에 기초한 단독 예금반환청구에

대하여, "공동명의 예금채권자가 공동으로 그 반환을 청구하는 절차를 밟아야만 예금청구에 응할 수 있다"는 공동명의 예금채권자들과 사이의 공동반환특약을 들어 그 지급을 거절할 수 있다.

④ 공동명의 예금채권자들 각자가 분담하여 출연한 돈을 동업 이외의 특정 목적을 위하여 공동명의로 예치해둔 경우에도 은행과 공동명의 예금채권자들 사이에 공동반환의 특약이 존재한다면 은행에 대한 지급청구만을 공동명의 예금채권자들 모두가 공동으로 하여야 하는 부담이 남는다.

⑤ 공동명의예금채권자들이 동업 이외의 특정 목적을 위하여 공동명의로 예치해둠으로써 그 목적이 달성되기 전에는 공동명의 예금채권자가 단독으로 예금을 인출할 수 없도록 방지·감시하고자 하는 등의 목적으로 공동명의로 예금을 개설한 경우에는 하나의 예금채권이 분량적으로 분할되어 각 공동명의 예금채권자들에게 귀속된다고 할 것이므로, 공동명의예금주 중 1인은 이 사건 예금을 법률상으로 지배·처분할 수 있는 지위에 있고, 따라서 횡령죄에서의 보관자에 해당한다.

〈해설〉 정답 ③

③ 은행에 공동명의로 예금을 하고 은행에 대하여 그 권리를 함께 행사하기로 한 경우에 만일 동업 자금을 공동명의로 예금한 경우라면 채권의 준합유관계에 있다고 볼 것이나, 공동명의 예금채권자들 각자가 분담하여 출연한 돈을 동업 이외의 특정 목적을 위하여 공동명의로 예치해둠으로써 그 목적이 달성되기 전에는 공동명의 예금채권자가 단독으로 예금을 인출할 수 없도록 방지·감시하고자 하는 목적으로 공동명의로 예금을 개설한 경우라면, 하나의 예금채권이 분량적으로 분할되어 각 공동명의 예금채권자들에게 공동으로 귀속되고, 각 공동명의 예금채권자들이 예금채권에 대하여 갖는 각자의 지분에 대한 관리처분권은 각자에게 귀속되는 것이고, 다만 은행에 대한 지급청구만을 공동반환의 특약에 의하여 공동명의 예금채권자들 모두가 공동으로 하여야 하는 것이므로, 공동명의 예금채권자 중 1인에 대한 채권자로서는 그 1인의 지분에 상응하는 예금채권에 대한 압류 및 추심명령 등을 얻어 이를 집행할 수 있고, 한편 이러한 압류 등을 송달받은 은행으로서는 압류채권자의 압류 명령 등에 기초한 단독 예금반환청구에 대하여, "공동명의 예금채권자가 공동으로 그 반환을 청구하는 절차를 밟아야만 예금청구에 응할 수 있다"는 공동명의 예금채권자들과 사이의 공동반환특약을 들어 그 지급을 거절할 수는 없다 (대법원 2005.9.9. 선고 2003다7319 판결).

문14. 다음은 총유관계소송에 관한 설명이다. 옳지 않은 것은? (다툼이 있는 경우 판례에 의함)

① 교회의 총유재산에 관한 소송은 권리능력 없는 사단인 교회 자체의 명의로

하거나 그 교회 구성원 전원이 당사자가 되어 할 수 있을 뿐이고, 후자의 경우에는 필수적 공동소송이다.

② 종중재산에 관한 소송은 종중이 그 명의로 종중총회의 결의를 거쳐 하거나 또는 그 종중원 전원이 당사자가 되어 필수적 공동소송의 형태로 할 수 있을 뿐이다.

③ 종중의 구성원은 총유재산의 보존행위로서 개별적으로 소를 제기할 수 없다.

④ 비법인사단은 어떠한 경우에도 사원총회의 결의 없이 소를 제기할 수 없다.

⑤ 비법인사단의 구성원은 설령 그가 그 사단의 대표자라거나 사원총회의 결의를 거쳤다 하더라도 그 소송의 당사자가 될 수 없다.

〈해설〉 정답 ④

④ 비법인사단이 총유재산에 관한 소송을 제기함에 있어서는 <u>정관에 다른 정함이 있다는 등의 특별한 사정이 없는 한</u> 사원총회의 결의를 거쳐야 하는 것이므로, 비법인사단이 이러한 사원총회의 결의 없이 그 명의로 제기한 소송은 소송요건이 흠결된 것으로서 부적법하다(대법원 2011.7.28. 선고 2010다97044 판결).

문15. 비법인사단의 소송관계에 관한 다음 설명 중 <u>옳지 않은</u> 것은? (다툼이 있는 경우 판례에 의함)

① 적법한 대표자 자격이 없는 비법인사단의 대표자가 한 소송행위는 후에 대표자 자격을 적법하게 취득한 대표자가 그 소송행위를 추인하면 행위 시에 소급하여 효력을 갖게 되고, 이러한 추인은 상고심에서는 할 수 없다.

② 총유재산의 보존행위로서 소를 제기하는 경우에도 사단의 구성원은 설령 그가 사단의 대표자라거나 사원총회의 결의를 거쳤다 하더라도 그 소송의 당사자가 될 수 없다.

③ 비법인사단이 당사자인 사건에서 대표자에게 적법한 대표권이 있는지는 소송요건에 관한 것으로서 법원의 직권조사사항이다.

④ 비법인사단이 총유재산에 관한 소송을 제기할 때에는 정관에 다른 정함이 있다는 등의 특별한 사정이 없는 한 사원총회 결의를 거쳐야 하는 것이므로, 비법인사단이 이러한 사원총회 결의 없이 그 명의로 제기한 소송은 소송요건이 흠결된 것으로서 부적법하다.

⑤ 비법인사단이 사원총회의 결의 없이 제기한 소송은 소제기에 관한 특별수권

을 결하여 부적법하다.

〈해설〉 정답 ①

① 적법한 대표자 자격이 없는 비법인사단의 대표자가 한 소송행위는 후에 대표자 자격을 적법하게 취득한 대표자가 그 소송행위를 추인하면 행위 시에 소급하여 효력을 갖게 되고, 이러한 추인은 상고심에서도 할 수 있다. 대법원 2010.3.25. 선고 2009다95387 판결

문16. 다음 공유관계소송 중 필수적 공동소송인 것을 모두 묶은 것은? (다툼이 있는 경우 판례 내지 다수설에 의함)

> ㉠ 공유물의 방해배제청구로서의 건물철거, 등기말소청구
> ㉡ 공유물의 불법점거로 인한 손해배상청구의 소
> ㉢ 제3자가 공유자에 대하여 하는 소유권확인 및 등기말소청구, 이전등기청구
> ㉣ 공유건물의 철거청구
> ㉤ 공유물 전체에 대한 소유권확인청구
> ㉥ 아파트하자 관련 손해배상청구

① ㉠, ㉡, ㉢   ② ㉢, ㉤   ③ ㉢, ㉣, ㉤
④ ㉤   ⑤ ㉢, ㉣, ㉤, ㉥

〈해설〉 정답 ④

㉤만 필수적 공동소송이고, 나머지는 필수적 공동소송이 아니다.

문17. 공유관계소송에 관한 다음 설명 중 <u>옳지 않는</u> 것을 모두 모은 것은? (다툼이 있는 경우 판례에 의함)

> ㉠ 공유물에 대한 방해가 있을 경우에 각 공유자의 지분권도 공유물 전부에 미치는 것이므로 각자의 지분권에 의거하여 방해의 제거를 청구할 수 있다.
> ㉡ 공유자는 특별한 사정이 없는 한 그 지분에 대응하는 비율의 범위 내에서만 그 차임상당의 부당이득반환 또는 손해배상의 청구권을 행사할 수 있다.
> ㉢ 2인이 부동산을 공동매수한 경우 매도인은 2인에게 각 1/2지분에 대한 소유권이전등기의무를 부담하고 이들 2인의 소송관계가 필수적 공동소송으로 되는 경우는 없다.

> ㉣ 공유자 일부가 제3자를 상대로 타 공유자의 지분의 확인을 구하는 것은 타인의 권리관계의 확인을 구하는 소에 해당한다고 보아야 할 것이므로 그 타인 간의 권리관계가 자기의 권리관계에 영향을 미치는 경우에 한하여 확인의 이익이 있다.
>
> ㉤ 공유물 전체에 대한 소유관계 확인도 이를 다투는 제3자를 상대로 공유자 전원이 하여야 하는 것이지 공유자 일부만이 그 관계를 대외적으로 주장할 수 없다.
>
> ㉥ 공유자가 공유관계 자체에 의거하여 방해제거를 청구하였을 경우에는 공유자 전원의 공동청구가 필요하다.

① ㉠, ㉢   ② ㉢   ③ ㉤, ㉥

④ ㉤   ⑤ 답이 없다

〈해설〉 정답 ②

㉢ 2인의 공동매수인이 이들을 조합원으로 하는 동업체가 매수인인 때에는 그들의 소송관계는 고유필수적 공동소송이다.

문18. 다음 설명 중 옳지 <u>않은</u> 것은? (다툼이 있는 경우 판례에 의함)

① 공유건물의 철거청구는 공유자 전원을 공동피고로 하여야 하는 필수적 공동소송이 아니고, 각 공유자에 대하여 '그 지분의 한도 내'에서 철거청구를 하는 것으로 본다.

② 아파트에 발생한 하자와 관련된 손해배상청구는 구분소유자들 전원이 원고가 되어 소를 제기해야만 하는 필수적 공동소송에 해당하지 아니한다.

③ 소수주주에 의한 이사해임의 소와 이사해임의 소를 본안으로 하는 가처분에 있어서는 회사와 이사를 공동피고 내지 공동피신청인으로 하여야 한다.

④ 공동명의로 담보가등기를 마친 수인의 채권자가 각자의 지분별로 별개의 독립적인 매매예약완결권을 가지는 경우, 채권자 중 1인은 단독으로 자신의 지분에 관하여 가등기담보 등에 관한 법률이 정한 청산절차를 이행한 후 소유권이전의 본등기절차 이행청구를 할 수 있다.

⑤ 甲이 乙에게 돈을 대여하면서 담보목적으로 乙 소유의 부동산 지분에 관하여 乙의 다른 채권자들과 공동명의로 매매예약을 체결하고 각자의 채권액 비율에 따라 지분을 특정하여 가등기를 마친 경우, 甲은 단독으로 자신의

지분에 관하여 가등기에 기한 본등기절차의 이행을 구할 수 있다.

〈해설〉 정답 ③

③ 본안소송은 회사와 이사를 공동피고로 하여야 하나, 가처분은 이사 개인만이 피신청인적격이 있다.

문19. 다음은 공유관계소송에 관한 설명이다. 옳지 않은 것은? (다툼이 있는 경우 판례에 의함)

① 공유물이 방해당하거나 그 점유를 빼앗긴 경우에 각 공유자는 공유물의 보존행위로서 건물철거, 등기말소청구 등 방해배제청구의 소를 제기할 수 있다.

② 공동상속인이 다른 공동상속인을 상대로 어떤 재산이 상속재산임의 확인을 구하는 소는 이른바 고유필수적 공동소송이다.

③ 공동상속인이 다른 공동상속인을 상대로 공동상속재산의 지분에 관한 지분권존재확인을 구하는 소는 필수적 공동소송이다.

④ 이주자택지에 관하여 공급계약을 체결할 수 있는 청약권을 공동상속한 경우에 그들이 제기하는 청약권에 기하여 청약의 의사표시를 하고, 그에 대한 승낙의 의사표시를 구하는 소송은 청약권의 준공유가 되고, 청약권의 준공유자 전원이 원고가 되어야 하는 고유필수적 공동소송이다.

⑤ 타인 소유의 토지 위에 설치되어 있는 공작물을 철거할 의무가 있는 수인을 상대로 그 공작물의 철거를 청구하는 소송은 필수적 공동소송이 아니다.

〈해설〉 정답 ③

③ 통상공동소송이다.

문20. 다음은 공유관계소송 중 능동소송에 관한 설명이다. 옳지 않은 것은? (다툼이 있는 경우 판례에 의함)

① 복수채권자의 채권을 담보하기 위하여 그 복수채권자 전원을 공동매수인으로 하여 채무자 소유의 부동산에 관한 매매계약을 체결하고 이에 따른 가등기를 경료한 경우에 그 복수채권자는 매매예약 완결권을 준공동소유하는 관계에 있기 때문에 말소된 그 가등기의 회복등기나 그 회복등기에 승낙을 받는 소의 제기 또는 가등기에 기한 본등기절차의 이행을 구하는 소의 제기

등은 반드시 그 복수채권자 전원이 하여야 하는 필수적 공동소송이다.

② 부동산 공유자의 1인이 자신의 공유지분이 아닌 '다른 공유자'의 공유지분을 침해하는 원인 무효의 등기가 이루어졌다는 이유로 공유물에 관한 보존행위로서 그 부분 등기의 말소를 구할 수 없다.

③ 공유물의 불법점거로 인한 손해배상청구의 소는 각 지분의 한도에서 단독으로 제기할 수 있다.

④ 공동상속인의 다른 공동상속인 상대의 상속재산확인의 소는 필수적 공동소송이다.

⑤ 지분을 소유하고 있는 공유자나 그 지분에 관한 소유권이전등기청구권을 가지고 있는 자라고 할지라도 다른 공유자와의 협의 없이는 공유물을 배타적으로 점유하여 사용 수익할 수 없는 것이므로, 다른 공유권자는 자신이 소유하고 있는 지분이 과반수에 미달되더라도 공유물을 점유하고 있는 자에 대하여 공유물의 보존행위로서 공유물의 인도나 명도를 청구할 수 있다.

〈해설〉 정답 ①

① 대법원 2012.2.16. 선고 2010다82530 전원합의체 판결에 의하여 변경된 판례임.

② 부동산의 공유자의 1인은 당해 부동산에 관하여 제3자 명의로 원인무효의 소유권이전등기가 경료되어 있는 경우 공유물에 관한 보존행위로서 제3자에 대하여 그 등기 전부의 말소를 구할 수 있으나, <u>공유자가 다른 공유자의 지분권을 대외적으로 주장하는 것을 공유물의 멸실·훼손을 방지하고 공유물의 현상을 유지하는 사실적·법률적 행위인 공유물의 보존행위에 속한다고 할 수 없으므로, 자신의 소유지분을 침해하는 지분 범위를 초과하는 부분에 대하여 공유물에 관한 보존행위로서 무효라고 주장하면서 그 부분 등기의 말소를 구할 수는 없다</u>(대법원 2010.1.14. 선고 2009다67429 판결).

문21. 다음은 공유관계소송 중 수동소송에 관한 설명이다. 옳지 않은 것은? (다툼이 있는 경우 판례에 의함)

① 제3자가 공유자에 대하여 하는 소유권확인 및 등기말소청구는 공유자 전원을 피고로 하여야 하는 필수적 공동소송이 아니다.

② 제3자가 공유자에 대하여 하는 공유물의 철거 또는 인도청구는 공유자 각자에 대하여 그의 지분권 한도 내에서의 철거 또는 인도를 구할 수 있다.

③ 공유토지의 일부에 대하여 취득시효완성을 원인으로 공유자들을 상대로 그 시효취득부분에 대한 소유권이전등기절차의 이행을 구하는 소송은 필수적

공동소송이 아니다.

④ 공동점유물의 인도청구는 필수적 공동소송이 아니다.

⑤ 공유자는 다른 공유자의 동의 없이 공유물의 처분·변경을 하지 못하므로(민법 제264조) 공유물 자체의 처분·변경에 해당하는 소송, 즉 공유자들에 대한 공유물의 철거 내지 소유권이전등기청구는 필수적 공동소송으로 보아야 한다.

〈해설〉 정답 ⑤

⑤ 소수설(이시윤, p.704)이다.

문22. 상속재산에 관한 소송과 관련하여 다음 설명 중 옳지 않은 것은? (다툼이 있는 경우 판례에 의함)

① 각 상속인은 각자 독립하여 상속재산의 공유관계의 확인을 구하는 소송을 제기할 수 있다.

② 소송계속 중 당사자인 피상속인이 사망한 경우 반드시 공동상속인 전원이 공동으로 소송을 수계하여야 하는 것은 아니다.

③ 소송계속 중 당사자인 피상속인이 사망한 경우 반드시 공동상속인 전원이 공동으로 수계하여야 하는 것은 아니며, 수계되지 아니한 상속인들에 대한 소송은 중단된 상태로 그대로 피상속인이 사망한 당시의 심급법원에 계속되어 있다.

④ 공동상속재산의 지분에 관한 등기말소를 구하는 소송은 필수적 공동소송이다.

⑤ 상속재산은 상속인들의 공유로 본다.

〈해설〉 정답 ④

④ 공동상속재산의 지분에 관한 등기말소와 지분권존재확인을 구하는 소송은 필요적 공동소송이 아니라 통상의 공동소송이다(대법원 1965.5.18. 선고 65다279 판결).

문23. 다음 〈사례〉에 관한 〈보기〉의 설명 중 옳지 않은 것을 모두 모은 것은? (다툼이 있는 경우 판례에 의함)

<사례>
甲과 乙이 공동소유하고 있는 토지를 丙이 불법점거하여 가건물을 짓고 카센터 영업을 하고 있다. 甲과 乙이 丙을 상대로 가건물철거를 구하거나, 불법점

유로인한 손해배상청구의 소를 제기하는 경우 또는 공유지분권에 기한 청구를 하는 경우와 공유관계 자체에 기한 청구를 하는 경우 어떠한 차이가 있는가?

<보기>

㉠ 공유물에 대한 방해가 있을 경우에 각 공유자의 지분권도 공유물 전부에 미치는 것이므로 각자의 지분권에 의거하여 방해의 제거를 청구할 수 있다.

㉡ 공유자는 특별한 사정이 없는 한 그 지분에 대응하는 비율의 범위 내에서만 그 차임상당의 부당이득반환 또는 손해배상의 청구권을 행사할 수 있다.

㉢ 공유자가 공유관계 자체에 의거하여 방해제거를 청구하였을 경우에는 공유자 전원의 공동청구가 필요하다.

㉣ 공유자 일부가 제3자를 상대로 타 공유자의 지분의 확인을 구하는 것은 타인의 권리관계의 확인을 구하는 소에 해당한다고 보아야 할 것이므로 그 타인 간의 권리관계가 자기의 권리관계에 영향을 미치는 경우에 한하여 확인의 이익이 있다.

㉤ 공유물 전체에 대한 소유관계 확인도 이를 다투는 제3자를 상대로 공유자 전원이 하여야 하는 것이지 공유자 일부만이 그 관계를 대외적으로 주장할 수 없다.

① ㉡, ㉢   ② ㉣, ㉤   ③ ㉣
④ ㉤   ⑤ 답이 없다

〈해설〉 정답 ⑤

전부 옳은 지문이다.

문24. 다음 〈사례〉에 관한 설명 중 옳지 않은 것은? (다툼이 있는 경우 판례에 의함)

<사례>

甲은 乙로부터 X 부동산을 매수하였는데 乙이 丙과 짜고 위 부동산의 등기명의를 丙에게 이전하였다. 甲의 사망 후 甲의 상속인 A와 B는 乙에 대해서는 소유권이전등기청구를, 丙에 대해서는 乙에 대한 소유권이전등기청구권에 기하여 乙을 대위하여 소유권이전등기의 말소를 구하는 소를 제기하였다.

① 수인의 채권자에 의한 채권자대위소송도 소송계속을 채무자가 알았으면 채무자도 기판력을 받으므로 유사필수적 공동소송이 된다.

② 제1심에서 유사필수적 공동소송관계에 있는 다수의 채권자들의 청구가 모두 기각되고, 그중 1인만이 항소한 경우 공동소송인 중 일부의 상소제기는 전원의 이익에 해당되므로 다른 공동소송인에 대해서도 그 효력이 미칠 것이며, 사건은 필수적 공동소송인 전원에 대하여 확정이 차단되고 상소심에 이심된다.

③ 위 소송에서 필수적 공동소송의 성질상 A만이 소를 취하할 수는 없다.

④ 공동소송인 가운데 한 사람이 제기한 항소는 다른 공동소송인에게도 그 효력이 미치는 것이므로 다른 공동소송인들도 항소심의 당사자로 되는 것이며 따라서 제1심의 공동소송인 가운데 항소를 제기하지 않은 공동소송인이 있는 경우에도 원심으로서는 제1심의 판결을 받은 공동소송인 전원에 대하여 변론기일에 소환을 하고 심리, 판단을 하여야 한다.

⑤ 상소기간은 각 공동소송인에게 판결정본이 송달이 있은 때부터 개별적으로 진행되나, 공동소송인 전원에 대하여 상소기간이 만료되기까지는 판결은 확정되지 않는다.

〈해설〉 정답 ③

③ 유사필수적 공동소송에서는 일부취하가 허용되며 취하한 당사자에게만 소송계속이 소멸한다.

문25. 다음 중 소송법상 판결의 효력(기판력, 형성력)이 다른 사람(제3자)에게도 미치기 때문에 여러 사람이 함께 소를 제기하는 경우에는 이기면 같이 이기고 지면 같이 지는 합일확정의 필수적 공동소송이 되는 경우가 아닌 것으로 모두 묶인 것은? (다툼이 있는 경우 판례에 의함)

> ㉠ 여러 사람이 제기하는 주주총회결의취소·무효확인의 소
> ㉡ 수인의 압류채권자가 공동으로 수행하는 추심소송
> ㉢ 수인의 주주에 의한 회사대표소송
> ㉣ 공동특허무효심결취소소송
> ㉤ 수인의 채권자에 의한 채권자대위소송
> ㉥ 여러 사람이 제기하는 혼인무효·취소의 소

① ㉠, ㉢, ㉤　　② ㉠, ㉣, ㉫　　③ ㉡, ㉢, ㉤

④ ㉢, ㉣, ㉤　　⑤ ㉠, ㉫

〈해설〉 정답 ②

㉡㉢㉤은 판결의 효력이 제3자에게 확장되는 경우가 아니라 권리귀속 주체를 통하여 판결의 반사효가 제3자에게 미치기 때문에 유사필수적 공동소송이 되는 예이다.

문26. 다음 설명 중 옳지 않은 것은? (다툼이 있는 경우 판례에 의함)

① 채권자 甲이 연대채무자 乙과 丙을 상대로 연대채무의 이행을 구하는 소를 제기한 경우 이 소송은 필수적 공동소송이 아니다.

② 동일 교통사고로 인한 다수의 피해자가 가해자를 상대로 제기한 손해배상청구의 소는 필수적 공동소송이 아니다.

③ 소유권자 甲이 乙→丙→丁으로 순차로 마쳐진 등기가 모두 원인무효임을 이유로 乙, 丙, 丁 3인을 상대로 각 등기말소를 구하는 소를 제기한 경우 이 소송은 필수적 공동소송이 아니다.

④ 어떤 물건에 대한 직접점유자와 간접점유자를 상대로 그에 대한 점유·사용으로 인한 부당이득반환청구를 하는 경우 이 소송은 필수적 공동소송이다.

⑤ 동일 어음의 수인의 배서인에 대한 상환청구소송은 필수적 공동소송이 아니다.

〈해설〉 정답 ④

④ 판례 반대: 대법원 2012.9.27. 선고 2011다76747 판결

문27. 다음은 이론적 합일확정소송에 관한 설명이다. 옳은 것은? (다툼이 있는 경우 판례에 의함)

① 공동점유자 전원을 상대로 점유물의 인도를 청구한 경우에, 서로 상반된 판결이 있으면, 사실상 인도 청구의 목적을 달성할 수 없는 경우가 있으므로, 이는 필수적 공동소송이다.

② 아파트하자와 관련하여 구분소유자들의 손해배상청구는 필수적 공동소송이다.

③ 부진정연대채무의 관계에 있는 채무자들을 공동피고로 하여 이행의 소가 제기된 경우 이는 필수적 공동소송이 아니다.

④ 연대채무관계에 있는 채무자들을 공동피고로 하여 이행의 소가 제기된 경우 이는 필수적 공동소송이다.

⑤ 동일 부동산에 대한 소유권이전등기가 수인에게 차례로 옮겨졌을 경우에 그 원인 없음을 이유로 그 소유권이전등기의 각 말소청구를 동시에 하는 경우에 이는 필수적 공동소송이다.

〈해설〉 정답 ③

① 공동점유자 각자는 그 점유물의 일부분씩만을 반환할 수는 없고, 그 점유물 전부에 대하여 반환하여야 함은 물론이나 그 점유물의 인도를 청구하는 경우에 그 공동점유자 각자에게 대하여 그 점유물의 인도를 청구하면 족하고, 반드시 그 공동점유자 전원을 상대로 하여야만 인도를 청구할 수 있다는 것이 법률상 요건은 아니므로 공동점유자 전원을 상대로 점유물의 인도를 청구한 경우에, 서로 상반된 판결이 있으면, 사실상 인도 청구의 목적을 달성할 수 없는 경우가 있을 것이나, 이와 같이 사실상의 필요가 있다는 점 만으로서는, 이를 필수적 공동소송이라고는 할 수 없다.

② 「구 집합건물법」 제9조에 의한 하자보수에 갈음하는 손해배상청구권은 특별한 사정이 없는 한 구분소유자 등의 권리자에게 그 전유부분의 지분비율에 따라 분할 귀속하는 것이 원칙이므로, 구분소유자 등 권리자는 각자에게 분할 귀속된 하자담보추급권을 개별적으로 행사하여 분양자를 상대로 손해배상청구의 소를 제기할 수 있다. 따라서 이 사건 아파트에 발생한 하자와 관련된 손해배상청구는 구분소유자들 전원이 원고가 되어 소를 제기해야만 하는 필수적 공동소송에 해당하지 아니한다(대법원 2012.9.13. 선고 2009다23160 판결).

③ 부진정연대채무의 관계에 있는 채무자들을 공동피고로 하여 이행의 소가 제기된 경우 그 공동피고에 대한 각 청구는 법률상 양립할 수 없는 것이 아니므로 그 소송은 민사소송법 제70조 제1항에서 규정한 본래 의미의 예비적·선택적 공동소송이라고 할 수 없으므로, 따라서 거기에는 필수적 공동소송에 관한 민사소송법 제67조는 준용되지 않는다고 할 것이어서 상소로 인한 확정차단의 효력도 상소인과 그 상대방에 대해서만 생기고 다른 공동소송인에 대한 관계에는 미치지 않는다(대법원 2012.9.27. 선고 2011다7674/ 판결).

④ 연대채무는 채권자가 채무자의 1인에 대하여 또는 동시 혹은 순차적으로 총채무자에 대하여 전부 또는 일부의 이행을 청구할 수 있는 것이므로 이에 관한 공동소송을 공동소송인 전원에 대하여 합일적으로 확정함을 요하는 것이라고는 할 수 없다.

⑤ 원인 없이 경료된 최초의 소유권이전등기와 이에 기하여 순차로 경료된 일련의 소유권이전등기의 각 말소를 구하는 소송은 필수적 공동소송이 아니다.

문28. 필수적 공동소송의 심판에 관한 다음 설명 중 옳지 않은 것은? (다툼이 있는 경우 판례에 의함)

① 필수적 공동소송에 있어서는 언제나 소송행위를 공동으로 하여야 하는 것은 아니고, 개별적으로 소송대리인을 선임할 수 있다.

② 고유필수적 공동소송이나 유사필수적 공동소송에서 공동소송인 중 한 사람에 소송요건에 흠이 있으면 전 소송을 부적법 각하하여야 한다.

③ 공동소송인 중 한 사람에 대한 상대방의 소송행위는 유리불리를 불문하고 다른 공동소송인 전원에 대해 효력이 발생한다.

④ 자백, 청구의 포기·인낙 또는 재판상 화해는 전원이 함께하지 않으면 그 효력이 생기지 않는다.

⑤ 공동소송인 중 일부가 제기한 상소는 다른 공동소송인에게도 그 효력이 미치는 것이므로 공동소송인 전원에 대한 관계에서 판결의 확정이 차단되고 그 소송은 전체로서 상소심에 이심되며, 상소심판결의 효력은 상소를 하지 아니한 공동소송인에게 미치므로 상소심으로서는 공동소송인 전원에 대하여 심리·판단하여야 하며, 패소되었음에도 불복하지 아니한 공동소송인에게 유리하게 변경될 수 있다.

〈해설〉 정답 ②

② 유사필수적 공동소송의 경우 당해 공동소송인의 부분에 대하여서만 일부 각하한다.

문29. 다음 〈사례〉에 관한 설명 중 옳지 않은 것은? (다툼이 있는 경우 다수설 내지 판례에 의함)

<사례>

(1) 망 A는 1955.3.17. B와 혼인하여, 그 사이에 甲, 乙, 丙을 둔 상태에서 1968.4.26. B와 이혼하고 1968.6.11. C와과 재혼하였는데, C는 재혼 후 A와 사이에 丁, 戊를 낳았다. A는 위 유족을 남기고 2001.4.3. 사망하였다. A가 사망할 당시 고가의 고서화 및 골동품은 A와 C가 함께 거주하던 삼청동 주택의 거실 및 현관 등에 각각 보관되어 있었고, A 사망 후에는 C가 위 장소에서 위 유체동산을 단독으로 점유하고 있다.

(2) 甲, 乙, 丁은 이 사건 유체동산이 A가 선조로부터 물려받거나 직접 구입한 A의 상속재산이라고 주장함에 대하여, C와 戊는 C가 A와 혼인할 당시 친가로부터 많은 재산을 물려받았고, 특히 고서화에 관심이 많았던 아버지로부터 많은 고서화를 물려받았는데, A와 혼인한 후에도 자신이 소유하던

> 고유재산으로 따로 구매하거나 아버지로부터 물려받은 고서화와 교환하는
> 등의 방법으로 이 사건 유체동산을 보유하게 되었으므로 이 사건 유체동
> 산은 C의 특유재산이라고 주장하고 있다.
>
> (3) 甲과 乙, 丁(원고)은 C와 丙, 戊(피고)를 상대로 이 사건 유체동산이 A의
> 상속재산에 포함된다는 이유로 상속재산분할심판을 청구한 후 서울가정법
> 원에 이 사건 유체동산들에 관하여 A의 상속재산임의 확인을 구하고 C에
> 게 위 유체동산의 인도를 구하는 소를 제기하였다.

① 이 사건 유체동산이 A의 상속재산임의 확인을 구하는 원고들의 이 사건 확
   인청구는 확인의 이익이 있다.

② 공동상속인이 다른 공동상속인을 상대로 어떤 재산이 상속재산임의 확인을
   구하는 소는 통상공동소송이다.

③ 고유필수적 공동소송에서는 원고들 일부의 소취하 또는 피고들 일부에 대한
   소취하는 특별한 사정이 없는 한 그 효력이 생기지 않는 것이므로 원고들이
   망 A의 공동상속인 중의 한 명인 C에 대하여 상속재산확인을 구하는 부분
   의 소를 취하하였다면, 위 소취하는 그 효력이 생기지 않는다.

④ 공유물의 지분을 소유하고 있는 공유자는 다른 공유자와의 협의 없이는 공
   유물을 배타적으로 점유할 수 없는 것이므로, 다른 공유자는 자신이 소유하
   고 있는 지분이 과반수에 미달되더라도 공유물을 점유하고 있는 자에 대하
   여 공유물의 보존행위로서 공유물의 인도나 명도를 청구할 수 있다.

⑤ 위 사례에서 이 사건 유체동산이 C의 고유재산이나 특유재산이 아니라면 A
   의 공동상속인들의 법정상속분은 원고들과 피고 丁 및 戊가 가 2/13, C가
   3/13이고, A의 상속재산인 이 사건 유체동산을 독점적·배타적으로 점유·
   관리하고 있는 C는 다른 공동상속인들인 원고들에게 이 사건 유체동산을 인
   도할 의무가 있다.

〈해설〉 정답 ②

② 통상공동소송이다.

문30. 다음 〈사례〉에 관한 설명 중 <u>옳지 않은</u> 것은? (다툼이 있는 경우 판례
에 의함)

> <사례>
> 1 필지의 X 토지는 甲·乙·丙·丁 4명의 공유인데, 甲이 이 토지를 분할
> 하여 단독소유로 하기 위하여 공유물분할청구를 하였으나, 피고를 乙, 丙으로
> 만 하고 丁을 누락하였다.

① 甲의 공유물분할청구의 소는 당사자적격의 흠으로 부적법하게 된다.

② 甲은 丁을 상대로 별소를 제기하여 계속 중인 乙, 丙 상대의 소송에다 변
론병합을 할 수 있다.

③ 甲은 乙, 丙 상대의 소송에다 丁을 추가할 수 없다.

④ 丁은 甲의 乙, 丙 상대의 소송에서 乙, 丙 측에 공동소송참가를 할 수 있다.

⑤ 공동소송인 중 1인에 소송요건의 흠이 있으면 전 소송이 부적법하게 된다.

〈해설〉 정답 ③

③ 소의 주관적 추가적 병합으로 필수적 공동소송인을 추가할 수 있다(제68조).

⑤ 대법원 2012.6.14. 선고 2010다105310 판결: 공유물분할청구의 소는 분할을 청구하는 공유
자가 원고가 되어 다른 공유자 전부를 공동피고로 하여야 하는 필수적 공동소송으로서(대법원
2001.7.10. 선고 99다31124 판결 등 참조) 공유자 전원에 대하여 판결이 합일적으로 확정되
어야 하므로, 공동소송인 중 1인에 소송요건의 흠이 있으면 전 소송이 부적법하게 된다.

문31. 다음은 필수적 공동소송의 심판에 관한 설명이다. <u>옳지 않은</u> 것은?
(다툼이 있는 경우 판례에 의함)

① 공동소송인 중 한 사람의 소송행위는 유리·불리를 불문하고 다른 공동소송
인 전원에 대하여 효력이 발생한다.

② 유사필수적 공동소송에서는 소의 일부취하가 가능하다.

③ 공동소송인 중 한 사람이라도 답변서를 제출하였으면 답변서를 제출하지 아
니한 공동소송인에 대해서도 무변론패소판결을 할 수 없다.

④ 착오로 일부판결을 하여도 추가판결을 할 수 없다.

⑤ 각 공동소송인에게 판결정본이 송달된 때부터 상소기간이 진행되나, 공동소
송인 전원에 대하여 상소기간이 만료되기까지는 판결이 확정되지 않는다.

〈해설〉 정답 ①

① 유리한 것만 전원에 대하여 효력이 생긴다.

문32. 소송계속 중에 원고 측이나 피고 측에 당사자가 추가되어 공동소송화되는 경우에 관한 다음 설명 중 옳은 것은? (다툼이 있는 경우 판례에 의함)

① 甲과 乙이 A가 운전하는 丙 회사의 택시를 타고 가다가 A의 과실로 가로수를 들이받는 사고가 발생하여 부상을 입고, 甲이 丙 회사를 상대로 손해배상청구의 소를 제기한 경우 乙이 자기도 같은 피해자로 주장하며 위 소송에 원고로 참가하여 丙 회사를 상대로 손해배상청구의 소를 제기할 수 있다.

② 위 ①의 사례에서 甲과 乙이 丙 회사를 상대로 손해배상청구소송 중 丙 회사가 자동차보험에 가입한 丁보험회사를 피고로 끌어들일 수 있다.

③ 필수적 공동소송이 아닌 사건에 있어 소송 도중에 원고나 피고를 추가하는 것은 그 경위가 어떻든 간에 허용될 수 없다.

④ 원고회사의 대표이사인 A가 제1심법원에 피고를 상대로 A 개인 명의로 소를 제기하였다가 원고회사를 원고로 추가하는 당사자추가신청은 가능하다.

⑤ 신당사자의 절차보장을 위하여 필수적 공동소송인의 추가에 있어서 추가될 원고나 피고의 동의가 있어야 한다.

〈해설〉 정답 ③

① 판례는 불허(이시윤, p.720).
② 판례는 부정적(이시윤, p.793).
④ 일반적으로 당사자표시정정신청을 하는 경우에도 실질적으로 당사자가 변경되는 것은 허용할 수 없다.
⑤ 원고 측을 추가하는 경우에만 추가될 신당사자의 동의를 얻어야 한다(제68조 제1항 단서 참조).

문33. 다음 중 현행법상 허용되는 공동소송의 형태가 <u>아닌</u> 것으로만 묶인 것은?

> ㉠ 채권양수인 甲이 제3채무자 丙을 상대로 양수금청구소송을 제기하면서 기각될 때를 대비하여 양도인(채무자) 乙이 예비적 원고가 되어 丙에게 채무이행을 구하는 경우

ⓛ 甲이 乙의 대리인 丙과 매매계약을 체결하고 乙을 피고로 하여 계약이행을 구하는 소를 제기하였는데, 乙은 丙에게 전혀 대리권을 수여한 바도 없고 丙이 乙의 인감을 위조하여 乙 명의의 계약을 체결한 것이라고 답변한 경우 甲이 위 소송에 丙을 예비적 피고로 추가하여 丙을 상대로 손해배상청구를 하는 경우

ⓒ 공작물의 설치보존에 하자가 있음을 이유로 점유자를 제1차적 피고로 하고, 그것이 인용되지 않을 것을 대비하여 소유자를 예비적 피고로 하여 각 청구하는 경우

ⓔ 경매목적물에 권리하자가 있는 경우에 매수인이 제1차적으로 채무자를 피고로 하여 매각대금반환청구를 하고, 제2차적으로 배당받은 채권자를 피고로 하여 배당금반환청구를 하는 경우

ⓜ 거래 상대방이 아파트대표자회의인지 아니면 아파트대표자회의의 구성원인 개인인지가 불분명하여 주위적으로 아파트대표자회의의 구성원인 개인을 상대로 계약책임을 구하는 소를 제기하고, 예비적으로 아파트대표자회의를 상대로 같은 책임을 구하는 소를 제기하는 경우

① ㉠, ㉡, ㉤   ② ㉢, ㉣, ㉤   ③ ㉡

④ ㉤   ⑤ 답이 없다

〈해설〉 정답 ⑤

예비적·선택적 공동소송으로 전부 허용되는 공동소송형태이다.

문34. 다음 중 주관적 예비적 공동소송이 허용되는 '법률상 양립할 수 없는 경우'에 <u>해당되는</u> 것으로만 모두 묶인 것은?

㉠ 거래 상대방이 회사인지 아니면 개인인지가 불분명하여 주위적으로 회사를 상대로 계약책임을 구하는 소를 제기하고, 예비적으로 개인을 상대로 같은 책임을 구하는 소를 제기하는 경우

㉡ 불법행위의 가해자가 A인지, B인지 모를 경우 A와 B 중의 하나라는 사실을 내세워 A와 B를 피고로 삼는 경우

㉢ 주위적 청구는 피고 카드회사가 피고 자동차판매회사에게 차량대금을 지급

하였음을 전제로 피고 자동차판매회사(주위적 피고)에 대하여 차량미인도로 인한 채무불이행책임 또는 사용자책임을 근거로 구하고, 예비적 청구는 피고 카드회사가 피고 자동차판매회사에게 차량대금을 지급하지 않았음을 전제로 피고 카드회사(예비적 피고)에 대하여 할부금 지급채무가 없음의 확인과 아울러 이미 납입한 할부금의 반환을 구하는 경우

ㄹ 부진정연대채무의 관계에 있는 채무자들을 공동피고로 하여 이행의 소가 제기된 경우

ㅁ 아파트 입주자대표회의의 구성원 개인을 피고로 삼아 제기한 동대표자지위 부존재확인의 소의 계속 중 아파트 입주자대표회의를 피고로 추가하는 경우

① ㄱ, ㄷ, ㅁ　　② ㄱ, ㄴ, ㄷ, ㄹ, ㅁ　　③ ㄷ, ㄹ, ㅁ
④ ㄱ, ㅁ　　　　⑤ 없다

〈해설〉 정답 ①

ㄱ 계약은 한 개밖에 없기 때문에 구체적으로 계약을 체결하였던 개인이 대표권을 가지는가 아니면 대표자의 자격 없이 계약을 체결하였는가에 의해 법인이 책임을 지든지 또는 개인이 책임을 지든지 어느 한쪽으로 결정이 되므로 법률상 양립할 수 없는 경우에 해당한다.

ㄴ 불법행위의 가해자가 A인지, B인지는 사실인정의 문제로서 상황에 따라 가해자가 A, B 어느 쪽도 아닌 제3자인 경우도 있어서 양자택일의 문제가 아니고 어느 쪽에게도 패소하는 것이 법률적으로 이상할 것이 없는 경우이므로 이때는 법률상 양립할 수 없는 경우에 해당하지 않는다.

ㄷ 두 청구는 법률상 양립할 수 없고 주관적 예비적 병합에 해당한다(대법원 2008.7.10. 선고 2006다57872 판결).

ㄹ 공동피고에 대한 각 청구가 서로 법률상 양립할 수 없는 것이 아니므로 그 소송을 민사소송법 제70조 제1항 소정의 예비적·선택적 공동소송이리고 할 수 없다(대법원 2009.3.26. 선고 2006다47677 판결).

ㅁ 법률상 양립할 수 없는 경우에 해당(대법원 2007.6.26. 선고 2007마515 판결)

문35. 다음 〈사례〉에 관한 설명 중 옳지 않은 것은? (다툼이 있는 경우 판례에 의함)

<사례>
甲 아파트의 입주자대표회의와 구분소유자들이, 사업 주체인 乙 주식회사에 대한 손해배상청구를 주관적·예비적 병합의 형태로 병합하여 청구하고, 이와

> 별도로 입주자대표회의가 건설공제조합을 상대로 하자보수보증계약에 기한 보증책임으로서 보증금 지급을 청구하였다.

① 집합건물의 소유와 관리에 관한 법률에 의하여 하자담보추급권으로 인정되는 손해배상청구권은 특별한 사정이 없는 한 구분소유자에게 귀속되는 것으로 입주자대표회의에는 권리가 없다.

② 주택법령에 의하여 입주자대표회의가 가지는 권리는 사업 주체에 대하여 하자보수의 이행을 청구할 수 있는 권리일 뿐이고 그에 갈음한 손해배상을 청구할 권리는 인정되지 않는다.

③ 입주자대표회의가 주택법령에 근거하여 건설공제조합에 대하여 가지는 보증금청구권은 사업 주체의 하자보수의무를 주 채무로 한 보증채무의 성격을 가지는 것일 뿐 집합건물법에 의한 구분소유자들의 손해배상청구권과는 무관한 것이다.

④ 입주자대표회의가 사업 주체에 대하여 주장하는 손해배상청구권과 건설공제조합에 대하여 주장하는 보증금지급청구권 사이에는 법률상의 직접적인 연계관계는 없다.

⑤ 위 사안에서 법원은 입주자대표회의의 乙 회사에 대한 청구는 기각하고 예비적 청구인 구분소유자들의 청구는 일부 인용하면서 입주자대표회의의 건설공제조합에 대한 보증금 지급청구를 인용할 수 없다.

〈해설〉 정답 ⑤

⑤ 능동형 예비적 공동소송의 사례이다. 대법원 2012.9.13. 선고 2009다23160 판결은 원심이 입주자대표회의의 건설공제조합에 대한 청구와 구분소유자들의 을 회사에 대한 청구를 병렬적으로 인용한 것을 잘못이라 할 수 없고, 다만 원심이 인정한 위 각 책임은 그 대상인 하자가 일부 겹치는 것이고 그렇게 겹치는 범위 내에서는 결과적으로 동일한 하자의 보수를 위하여 존재하는 것이므로, 향후 원고들이 그중 어느 한 권리를 행사하여 하자보수에 갈음한 보수비용 상당이 지급되면 그 금원이 지급된 하자와 관련된 한도 내에서 다른 권리도 소멸하는 관계에 있지만, 이는 의무이행 단계에서의 조정에 관한 문제일 뿐 의무의 존부를 선언하는 판결 단계에서 상호 배척 관계로 볼 것은 아니므로, 원심이 위 각 청구를 함께 인용한 것이 중복지급을 명한 것이라고 할 수 없다고 판시하였다.

문36. 다음은 민사소송법 제70조 제1항 소정의 예비적·선택적 공동소송의 허용요건에 관한 설명이다. 옳지 않은 것은? (다툼이 있는 경우 판례에 의함)

① 甲이 계약을 체결한 당사자가 乙인지 丙인지 확정할 수 없어 乙과 丙 중의 하나라는 사실을 내세워 乙과 丙을 피고로 삼을 수 없다.

② 법인 또는 비법인 등 당사자능력이 있는 단체의 대표자 또는 구성원의 지위에 관한 확인소송에서 그 대표자 또는 구성원 개인뿐 아니라 그가 소속된 단체를 공동피고로 하여 소가 제기된 경우에 있어서는, 누가 피고적격을 가지는지에 관한 법률적 평가에 따라 어느 한쪽에 대한 청구는 부적법하고 다른 쪽의 청구만이 적법하게 될 수 있으므로, 이는 예비적·선택적 공동소송의 요건인 각 청구가 서로 법률상 양립할 수 없는 관계에 해당한다.

③ 주위적 피고에 대해서는 통정허위표시 또는 반사회질서의 법률행위임을 이유로 소유권이전등기말소청구를, 예비적 피고에 대해서는 그것이 인정되지 않으면 이행불능을 이유로 전보배상청구를 할 수 있다.

④ 공탁이 무효임을 전제로 한 피고 甲에 대한 주위적 청구와 공탁이 유효임을 전제로 한 피고 乙 등에 대한 예비적 청구는 양 청구가 사실상 양립할 수 없는 경우로 주관적·예비적 공동소송이 허용될 수 없다.

⑤ 甲이 乙을 주위적 피고, 丙을 제1차적 예비적 피고, 丁을 제2차적 예비적 피고로 하는 축차적인 예비적 피고화는 허용되지 않는다.

〈해설〉 정답 ④

④ 대법원 2011.2.24. 선고 2009다43355 판결: 공탁이 무효임을 전제로 한 피고 갑에 대한 주위적 청구와 공탁이 유효임을 전제로 한 피고 을 및 제1심 공동피고들에 대한 예비적 청구가 공탁의 효력 유무에 따라 두 청구가 모두 인용될 수 없는 관계에 있거나 한쪽 청구에 대한 판단 이유가 다른 쪽 청구에 대한 판단 이유에 영향을 주어 각 청구에 대한 판단 과정이 필연적으로 상호 결합되어 있는 주관적·예비적 공동소송의 관계에서 모든 당사자들 사이에 결론의 합일확정을 기할 필요가 인정되므로, 피고 을만이 제1심판결에 대하여 적법한 항소를 제기하였다고 하더라도 피고 갑에 대한 주위적 청구부분과 제1심 공동피고들에 대한 예비적 청구부분도 함께 확정이 차단되고 원심에 이심되어 심판대상이 되었다고 보아야 함에도, 그 심판대상을 위 예비적 청구 중 제1심이 인용한 부분에 한정된다고 전제하여 그 부분에 관해서만 판단한 원심판결을 직권으로 전부 파기한 사례.

문37. 예비적·선택적 공동소송의 심판에 관한 다음 설명 중 <u>옳지 않은 것</u>은? (다툼이 있는 경우 통설·판례에 의함)

① 주위적 피고, 예비적 피고 한 사람의 소송행위 중 유리한 것은 전원에 대하여 효력이 생긴다.

② 주위적 피고·예비적 피고 중 한 사람이 자백하여도 효력이 없으며, 자백은 전원이 함께하지 않으면 안 된다.

③ 甲이 乙을 주위적 피고로 하고, 丙을 예비적 피고로 하여 소를 제기한 경우에 피고 丙이 자기에 대한 청구를 인낙하는 것은 허용되지 않는다.

④ 주위적 피고·예비적 피고 중 한 사람에 대하여 중단·중지의 원인이 발생하면 전체 소송의 진행이 정지된다.

⑤ 조정에 갈음하는 결정에 대하여 일부 공동소송인이 이의하지 않은 경우 원칙적으로 그 공동소송인에 대한 관계에서는 조정에 갈음하는 결정이 확정되나, 조정에 갈음하는 결정에서 분리 확정을 불허하고 있거나, 분리 확정을 허용할 경우 형평에 반하고 또한 이해관계가 상반된 공동소송인들 사이에서의 소송진행 통일을 목적으로 하는 민사소송법 제70조 제1항 본문의 입법취지에 반하는 결과가 초래되는 경우에는 분리 확정이 허용되지 않는다.

〈해설〉 정답 ③

③ 제70조 제1항 단서는 불리한 행위이지만 각자 청구의 포기·인낙, 화해 및 소의 취하를 할 수 있도록 하고 있다.

문38. 예비적·선택적 공동소송의 심판에 관한 다음 설명 중 <u>옳지 않은 것</u>은? (다툼이 있는 경우 판례에 의함)

① 甲이 주위적 피고 乙에 대해서는 패소, 예비적 피고 丙에 대해서는 승소하였는데 丙만이 상소한 경우 乙에 대하여 패소한 甲에 대해서도 상소의 효력이 미치고, 甲·乙 간의 청구부분도 심판의 대상이 되며 甲의 乙에 대한 패소부분은 甲이 불복하지 아니하였는데도 甲에게 유리하게 甲의 乙에 대한 청구가 인용될 수 있다.

② 예비적 공동소송에서는 주위적 피고에 대한 청구가 이유 있고, 예비적 피고에 대한 청구가 이유 없을 때에는 주위적 피고에 대한 인용판결과 예비적

피고에 대한 기각판결의 주문을 내어야 한다.

③ 일부 공동소송인에 대해서만 판결하거나 남겨진 공동소송인을 위한 추가판결은 허용되지 아니한다.

④ 착오로 일부 공동소송인에 대해서만 일부판결을 하여도 전부 판결을 한 것으로 보고 판단누락으로 보아 상소로써 다투어야 한다.

⑤ 제1심이 주위적 피고에 대한 청구 모두 기각, 예비적 피고에 대한 청구 모두 인용한 경우 주위적 피고는 예비적 피고에 대한 판결이유에 불복이 있는 경우 항소이익이 있다.

〈해설〉 정답 ⑤

⑤ 주위적 피고는 예비적 피고에 대한 청구에서 자신이 당사자가 아니므로 항소이익이 없다.

문39. 다음 〈사례〉에 관한 설명 중 옳지 않은 것은? (다툼이 있는 경우 판례에 의함)

<사례>

A는 피고 丙으로부터 목욕탕 건물을 매수한 후 내부시설을 새로 설치하여 목욕탕 영업을 시작하면서 피고 乙 회사와 화재보험계약을 체결하였다가 乙 회사와 사이에 보험계약 및 소유자를 원고 甲으로 변경하는 약정을 하였고, 보험기간 내에 위 목욕탕건물에서 화재가 발생하였다. 甲의 채권자들이 甲의 乙 회사에 대한 보험금채권을 가압류하고, 丙이 보험금청구를 하자 乙 회사는 채권가압류 및 압류경합 등의 사유로 과실 없이 채권자를 알 수 없다는 이유 들어 피공탁자를 甲 또는 丙 등으로 하여 보험금 1억 원을 공탁하였다.

원고 甲은 주위적 청구로, 이 사건 보험의 보험계약자는 원고 甲이므로 피고 乙 회사가 피공탁자를 원고 또는 피고 丙 등으로 한 변제공탁은 채무 본지에 따른 공탁이 아니어서 원고에 대하여 효력이 없고, 피고 乙 회사는 원고에게 이 사건 화재로 인한 보험사고에 대하여 합계 2억 원의 보험금을 지급할 의무가 있고, 위 변제공탁이 효력이 있다 하더라도, 예비적 청구로, 피고 乙 회사가 지급할 보험금 2억 원에서 변제공탁한 1억 원을 공제한 1억 원을 지급할 의무가 있고, 피고 丙 등은 원고의 위 공탁금의 출급청구에 대하여 승낙의 의사표시를 하고 이를 대한민국에 통지하여야 한다고 주장하였다.

제1심판결은 피고 乙 회사가 피공탁자를 원고 또는 피고 丙 등으로 한 공탁은 적법하므로 원고에 대해서도 효력이 있고, 피고 乙 회사는 그가 지급할 보험금을 전액 변제공탁한 이상 보험금변제의 효력이 있으므로 피고 乙 회사의 변제공탁이 변제로서의 효력이 없음을 전제로 한 원고의 주위적 청구 및 피고 乙 회사에 대한 예비적 청구는 이유 없고, 피고 丙 등은 이 사건 전체 건물의 소유자로서 이 사건 화재로 인하여 손해를 입었다 하더라도 이 사건 보험계약에 기한 화재보험이 책임보험 또는 타인을 위한 보험이 아니므로 피고 丙 등이 직접 피고 乙 회사에 이 사건 보험계약에 기한 보험금청구를 할 수 없고, 피고 丙 등은 원고가 피고 乙 회사가 한 공탁금의 출급청구를 함에 있어서 승낙의 의사표시를 하고 이를 대한민국에 통지할 의무가 있다고 판시하였다. 피고 丙만이 제1심판결에 대하여 적법한 항소를 제기하였다.

① 주관적·예비적 공동소송은 동일한 법률관계에 관하여 모든 공동소송인이 서로간의 다툼을 하나의 소송절차로 한꺼번에 모순 없이 해결하는 소송형태로서 모든 공동소송인에 대한 청구에 관하여 판결을 하여야 하고, 그중 일부 공동소송인에 대해서만 판결을 하거나 남겨진 자를 위하여 추가판결을 하는 것은 허용되지 않는다.

② 주관적·예비적 공동소송에서 주위적 공동소송인과 예비적 공동소송인 중 어느 한 사람이 상소를 제기하면 다른 공동소송인에 관한 청구부분도 확정이 차단되고 상소심에 이심되어 심판대상이 되고, 이러한 경우 상소심의 심판대상은 주위적·예비적 공동소송인들 및 상대방 당사자 간 결론의 합일확정 필요성을 고려하여 판단하여야 한다.

③ 이 사건 주위적 청구와 예비적 청구는 이 사건 공탁의 효력 유무에 따라 택일적으로 인정되는 법률상 양립할 수 없는 청구인데, 이 사건 예비적 청구 중 피고 乙 회사에 대한 보험금 청구는 이 사건 공탁이 보험금 전부의 공탁이어서 유효한 경우에는 그 자체로 받아들여질 수 없는 청구가 되므로, 피고 乙 회사에 대한 이 사건 주위적 청구와는 법률상 양립할 수 없는 관계에 있지 아니하다.

④ 이 사건 소송은 이 사건 공탁이 무효임을 전제로 피고 乙 회사에 대하여 보험금 2억 원의 지급을 구하는 주위적 청구와 이 사건 공탁이 유효임을 전제로 피고 丙 등에 대하여 공탁금 1억 원의 출급청구에 관한 승낙의 의사표시

와 그 통지를 구하는 예비적 청구가 민사소송법 제70조에서 정한 주관적·예비적 공동소송의 관계에 있다.

⑤ 제1심판결에 대하여 피고 丙만이 불복하여 항소하였으므로 원심의 심판대상은 예비적 청구 중 인용된 위 승낙의 의사표시와 그 통지를 구하는 부분에 한정된다.

〈해설〉 정답 ⑤

⑤ 피고 乙 회사에 대한 이 사건 주위적 청구와 피고 丙 등에 대한 이 사건 예비적 청구는 이 사건 공탁의 효력 유무에 따라 두 청구가 모두 인용될 수 없는 관계에 있거나 한쪽 청구에 대한 판단 이유가 다른 쪽 청구에 대한 판단 이유에 영향을 주어 각 청구에 대한 판단 과정이 필연적으로 상호 결합되어 있는 관계에 있어서 모든 당사자들 사이에 결론의 합일확정을 기할 필요가 인정되므로, 피고 丙만이 제1심판결에 대하여 적법한 항소를 제기하였다고 하더라도 피고 乙 회사에 대한 주위적 청구부분과 제1심 공동피고들에 대한 예비적 청구부분도 함께 확정이 차단되고 원심에 이심되어 그 심판대상이 되었다고 보아야 한다(대법원 2011.2.24. 선고 2009다43355 판결).

문40. 선정당사자에 관한 설명 중 옳은 것을 모두 모은 것은? (다툼이 있는 경우에는 판례에 의함)

> ㉠ 가압류·가처분절차, 배당절차뿐만 아니라 비송사건절차법이 적용되는 비송사건에는 선정당사자제도가 준용된다.
>
> ㉡ 주택의 임차인들인 원고를 포함한 이 사건 선정자들(이하 원고 등이라고 한다)이 피고를 이 사건 임대차계약상의 임대인이라고 주장하면서 피고에게 그 각 보증금의 전부 내지 일부의 반환을 구하고 있는 사안에서 원고 등은 공동의 이해관계가 있다고 인정되므로, 원고 등이 원고를 선정당사자로 선정할 수 있다.
>
> ㉢ 원고 등이 각 그 해당 근저당권자를 상대로 한 근저당권설정등기말소청구사건을 병합한 경우 다수자 상호 간에 공동소송인이 될 관계에는 있으나, 주요한 공격방어방법을 공통으로 하는 경우에는 해당하지 아니하여 공동의 이해관계가 있다고 볼 수는 없으므로 선정당사자를 선정할 공동의 이해관계가 있다고 할 수 없다.
>
> ㉣ 당사자선정서에 제1심 소송절차만을 수행케 하는 내용이 조건으로 붙어 있는 경우 그 선정의 효력은 제1심 소송에 한정된다.

⑩ 선정자들 전원이 공동으로 같은 사람을 선정당사자로 선정하여야 한다.

⑪ 선정당사자는 선정자의 대리인이다.

① ㉠, ㉡, ㉢   ② ㉡, ㉢   ③ ㉢

④ ㉡   ⑤ ㉡, ⑩, ⑪

〈해설〉 정답 ②

㉠ 비송사건절차법이 적용되는 비송사건에는 준용되지 않는다.

㉣ 이 경우에도 선정당사자는 소송의 종료까지 소송수행권을 갖는 것으로 본다.

⑩ 선정자단끼리 다른 선정당사자를 선정하는 것이 가능하다.

⑪ 선정당사자는 당사자 본인이다.

문41. 다음은 선정당사자에 관한 설명이다. 옳지 않은 것은? (다툼이 있는 경우 판례에 의함)

① 선정당사자는 일체의 소송행위는 물론 소송수행에 필요한 사법상의 행위도 할 수 있다.

② 선정당사자가 받은 판결의 집행을 위하여 선정자와의 관계에서 승계집행문이 필요하다.

③ 선정당사자는 동시에 선정자이다.

④ 선정은 각 선정자 개별적으로 하여야 하며, 다수결로 정할 수 없다.

⑤ 같은 선정자단이나 별개의 선정자단에서 수인의 선정당사자가 선정되었을 때 선정된 수인의 선정당사자 간의 소송관계는 필수적 공동소송관계이다.

〈해설〉 정답 ⑤

⑤ 같은 선정자단에서 수인의 선정당사자가 선정되었을 때 그 소송은 필수적 공동소송이 되나, 별개의 선정자단에서 각기 선정된 수인의 선정당사자 간의 소송관계는 통상소송관계이다.

문42. 다음 〈사례〉에 관한 설명 중 옳지 않은 것은? (다툼이 있는 경우 판례에 의함)

<사례>

원고(선정당사자) 및 선정자들은 제1심에서는 피고회사를 상대로 각 임대차계

약에 의한 각 임대보증금의 반환을 구하다가 항소심에 이르러 원고의 A 건설에 대한 위 대여금 또는 구상금 청구를 추가하면서 이를 주위적으로 구하고, 원고 및 선정자들의 위 각 임대보증금반환청구는 예비적으로 구하는 것으로 변경하였다. 이에 대하여 항소심은 위와 같이 원고의 대여금 청구를 전부 인용하면서, 원고 및 선정자들의 각 임대보증금반환청구에 관해서는 원고의 대여금 청구를 인용하는 이상 나아가 살펴볼 필요가 없다는 이유를 들어 판단하지 아니하였다.

① 원고(선정당사자)의 대여금 청구와 선정자들의 각 임대보증금반환청구는 민사소송법 제70조 소정의 주관적·예비적 공동소송의 관계에 있다.

② 주관적·예비적 공동소송은 동일한 법률관계에 관하여 모든 공동소송인이 서로간의 다툼을 하나의 소송절차로 한꺼번에 모순 없이 해결하는 소송형태로서 모든 공동소송인에 관한 청구에 관하여 판결을 하여야 하고, 그중 일부 공동소송인에 대해서만 판결을 하거나, 남겨진 자를 위한 추가판결을 하는 것은 허용되지 않는다.

③ 위 사례에서 주위적 원고인 선정당사자 자신의 청구가 인용되더라도 예비적 원고인 선정자들의 청구에 대해서도 판결을 하여야 함에도 이에 이르지 아니한 항소심판결에는 주관적·예비적 공동소송에 관한 법리 등을 오해하여 판결에 영향을 미친 위법이 있고, 이러한 위법은 소송요건에 준하여 직권으로 조사하여야 할 사항에 해당한다.

④ 위 사례에서 원고의 대여금 청구는 이유 있고, 원고의 대여금 청구를 인용하는 이상 이와 주관적·예비적 병합의 관계에 있는 선정자들의 각 임대보증금반환청구는 이유 없는 것이 된다.

⑤ 항소심에서도 후발적 예비적 공동소송이 허용된다.

〈해설〉 정답 ⑤

⑤ 제68조의 법문상 제1심 변론종결 시까지만 예비적 공동소송이 가능하다.

문43. 선정당사자에 관한 다음 설명 중 <u>옳지 않은</u> 것은? (다툼이 있는 경우 판례에 의함)

① 甲 등이 乙 등을 상대로 소송을 제기하면서 그들 모두를 위한 선정당사자로 丙을 선정하여 소송을 수행하도록 하였는데, 丙이 선정당사자 지위에서 乙 등과 '乙 등은 연대하여 丙에게 500만 원을 지급하고, 丙은 소송을 취하하며 민·형사상의 책임을 묻지 않겠다'는 취지로 합의한 후 소를 취하한 경우, 이는 선정당사자가 할 수 있는 소송수행에 필요한 사법상의 행위에 해당하고, 甲 등으로부터 개별적인 동의를 받았는지에 관계없이 그들 모두에게 그 효력이 미친다.

② 선정당사자가 변호사인 소송대리인과 사이에 체결하는 보수약정은 소송위임에 필수적으로 수반되는 것이므로 선정당사자가 그 자격에 기한 독자적인 권한으로 행할 수 있는 소송수행에 필요한 사법상의 행위라고 할 수 있다.

③ 선정당사자 선정 후 선정자의 사망은 선정당사자의 지위에 아무런 영향이 없다.

④ 선정당사자의 자격은 선정당사자의 사망, 선정취소에 의하여 상실된다.

⑤ 선정당사자의 자격 흠결을 간과하고 본안판결을 한 경우 상소의 대상은 되나 재심사유는 아니다.

⟨해설⟩ 정답 ②

② 변호사인 소송대리인과 사이에 체결하는 보수약정은 소송위임에 필수적으로 수반되어야 하는 것은 아니므로 선정당사자가 그 자격에 기한 독자적인 권한으로 행할 수 있는 소송수행에 필요한 사법상의 행위라고 할 수 없다. 따라서 선정당사자가 선정자로부터 별도의 수권 없이 변호사 보수에 관한 약정을 하였다면 선정자들이 이를 추인하는 등의 특별한 사정이 없는 한 선정자에 대하여 효력이 없다(대법원 2010.5.13. 선고 2009다105246 판결).

문44. 증권 관련 집단소송에 대한 다음 설명 중 <u>옳지 않은</u> 것으로만 묶인 것은?

> ㉠ 법원의 제소허가를 얻기 위해서는 피해집단의 구성원이 50인 이상이어야 하고, 피고회사의 발행증권 총수의 1/10,000 이상을 보유하여야 한다.
>
> ㉡ 대표당사자는 피해집단의 구성원이어야 하고 유가증권을 보유하는 주주여야 한다.

ⓒ 이 소는 피고의 보통재판적 소재지를 관할하는 지방법원 본원합의부가 전속관할이다.

ⓔ 대표당사자는 피해집단구성원의 대리인이 아니고 당사자 본인이다.

ⓜ 대표당사자가 받은 판결은 제외신고를 한 구성원이 아니면 기판력이 미친다.

ⓗ 제1심 수소법원이 분배법원이 되고, 권리신고한 구성원만이 분배절차에 참가할 수 있다.

① ㉠, ㉢, ㉣   ② ㉢, ㉢   ③ ㉢

④ ㉡, ㉢   ⑤ 답이 없다

〈해설〉 정답 ⑤

전부 맞는 답이다.

제18장 제3자의 소송참가

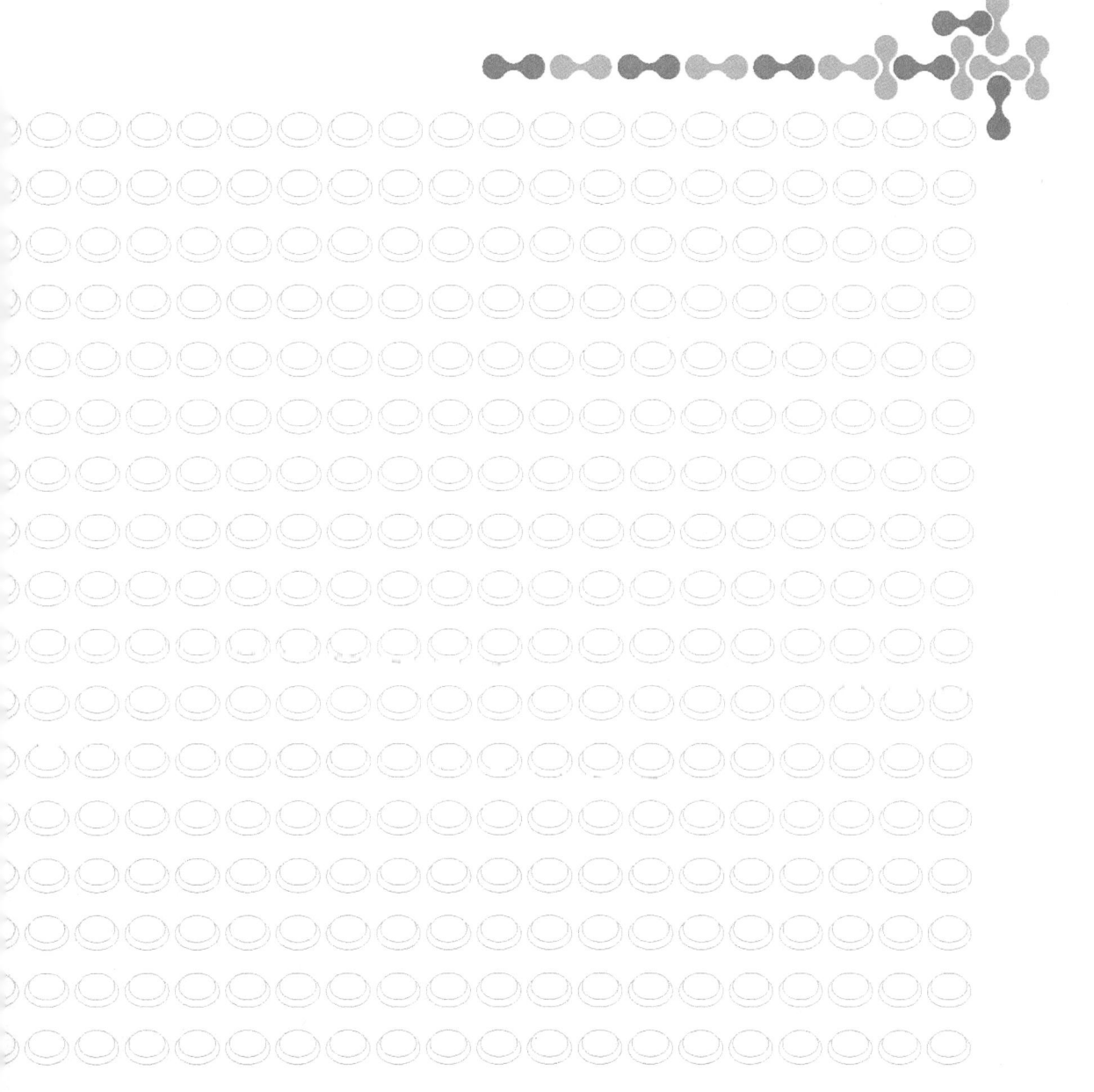

문1. 당사자참가와 보조참가의 관계에 관한 다음 설명 중 옳지 않은 것은? (다툼이 있는 경우 판례에 의함)

① 당사자참가를 하면서 예비적으로 보조참가를 할 수 있다.

② 참가인은 소송법상의 다른 구제수단(민소법 제79조, 제83조)이 있는 경우에도 참가가 허용된다.

③ 적법한 당사자참가신청을 보조참가신청으로 전환할 수도 있다.

④ 보조참가를 하고 있다가 독립당사자참가를 하면 보조참가가 종료된다.

⑤ 독립당사자참가가 가능하더라도 보조참가를 할 수 있다.

〈해설〉 정답 ①

① 당사자참가를 하면서 예비적으로 보조참가를 한다는 것은 허용될 수 없다(대법원 1994.12.27. 선고 92다22473, 22480 판결).

문2. 다음 중 판례가 보조참가의 참가이유가 없는 것으로 보는 것을 모두 묶은 것은?

> ㉠ 한국불교태고종 소속사찰의 도지사 상대의 사찰등록처분무효확인소송에서 상위종단인 한국불교태고종이 피고보조참가신청을 하는 경우
>
> ㉡ 대한아마추어복싱연맹의 구성원 甲 등이 대한체육회를 상대로 위 복싱연맹 회장인준취소통지를 구하는 소에서 위 복싱연맹과 회장 乙이 피고보조참가신청을 하는 경우
>
> ㉢ 교육부로부터 이사취임승인취소처분을 당한 A 학교법인 이사 甲이 교육부장관 상대로 그 취소를 구하는 소송에서 A 학교법인이 피고의 승소를 위해 보조참가를 하는 경우
>
> ㉣ 대학입시 합격자 甲의 A 대학을 설치·운영하는 乙학교법인 상대의 등록금환불청구의 소에서 사립대학경영자들이 피고보조참가를 한 경우
>
> ㉤ 건물의 조건부 매수자가 그 건물의 원시취득자의 소유권에 기한 건축주명의 변경청구사건에서 원고보조참가를 하는 경우
>
> ㉥ 공동불법행위로 손해배상책임을 지는 자가 피해자가 제기한 다른 불법행위자 상대의 손해배상청구소송에 원고보조참가를 하는 경우

① ㉠, ㉣, ㉤, ㉥   ② ㉠, ㉣   ③ ㉠, ㉢, ㉤, ㉥

④ ㉠, ㉥   ⑤ 답이 없다

〈해설〉 정답 ②

㉠ 보조참가이익 부정(대법원 1982.2.23. 선고 81누42 판결)

㉡ 참가이익 긍정(대법원 2010.10.14. 선고 2010다38168 판결)

㉢ 참가이익 긍정(대법원 2001.1.19. 선고 99두9674 판결)

㉣ 참가이익 부정(대법원 1997.12.26. 선고 96다51714 판결)

㉤ 참가이익 긍정(대법원 2007.4.26. 선고 2005다19156 판결)

㉥ 참가이익 긍정(대법원 1999.7.9. 선고 99다12796 판결)

문3. 보조참가에 관한 다음 설명 중 옳지 않은 것은? (다툼이 있는 경우 판례에 의함)

① 교육부로부터 학교법인 이사 및 이사장에 대한 임원취임승인취소처분을 당한 A 학교법인 이사 겸 이사장 甲이 교육부장관 상대로 그 취소를 구하는 소송에서 A 학교법인이사장 직무대행자가 이사회의 특별수권 없이 피고의 승소를 위해 보조참가를 할 수 있다.

② 행정소송에서 피고 행정청을 위해 보조참가할 수 있다.

③ 행정청도 민사소송법상의 보조참가를 할 수 있다.

④ 독립당사자참가인은 그의 상대방 당사자인 원, 피고의 어느 한쪽을 위하여 보조참가를 할 수는 없다.

⑤ 부동산매각허가결정에 대한 항고·재항고와 같이 대립하는 당사자구조를 갖지 못한 결정절차에 있어서는 보조참가를 할 수 없으나, 가압류·가처분절차에서는 보조참가를 할 수 있다.

〈해설〉 정답 ③

① 가능(대법원 2003.5.30. 선고 2002두11073 판결).

② 가능(행소 제16조).

③ 당사자능력이 없는 행정청은 행정소송법상의 참가는 별론, 민소법상의 보조참가는 불가(대법원 2002.9.24. 선고 99두1519 판결).

문4. 보조참가의 요건에 대한 다음 설명 중 옳은 것으로만 묶인 것은? (다툼이 있는 경우 통설·판례에 의함)

> ㉠ 법정대리인은 본인의 소송에 보조참가할 수 있다.
>
> ㉡ 상고심에서는 보조참가를 할 수 없다.
>
> ㉢ 판결확정 후라도 재심소송 제기와 동시에 보조참가를 할 수 있다.
>
> ㉣ 같이 교통사고를 당한 피해자 A, B 중 A만이 가해자 乙을 상대로 제기한 손해배상청구소송에서 다른 피해자 B도 A를 보조참가할 수 있다.
>
> ㉤ 당사자 한쪽이 패소하면 자기가 친족의 의무로서 부양하게 될 우려가 있는 경우 보조참가가 가능하다.
>
> ㉥ 간통을 원인으로 한 이혼소송에서 당사자가 패소하면 손해배상청구를 받을 염려가 있거나 간통죄의 소추를 받을 우려가 있는 사람은 보조참가할 수 있다.

① ㉠, ㉡, ㉢ ② ㉡, ㉢, ㉣, ㉥ ③ ㉢, ㉥
④ ㉢, ㉣ ⑤ ㉡, ㉢, ㉥

〈해설〉 정답 ③

㉠ 법정대리인은 소송수행상 당사자에 준하기 때문에 본인의 소송에 보조참가할 수 없다.
㉡ 다른 사람 사이의 소송계속 중인 한 상고심에서도 보조참가가 가능하다.
㉢ 가능(제72조 제3항).
㉣ 판결주문이 아니라 판결이유 속에서 판단되는 중요쟁점에 의하여 영향을 받는 것만으로는 참가할 수 없다고 보는 것이 통설이다(이시윤, p.743).
㉤ 불가(이시윤, p.743).
㉥ 가능(이시윤, p.743).

문5. 보조참가의 참가이유에 관한 다음 설명 중 판례의 입장이 <u>아닌</u> 것은?

① 어업권에 관한 명의신탁 관계는 보조참가의 요건으로서 요구되는 법률상의 이해관계에 해당하는 것이라 할 수 없다.

② 회사가 패소하면 회사의 재산이 감소되고 따라서 주주들의 이익배당이 줄어들 것이라는 정도의 이해관계만으로는 보조참가를 허용할 만한 이해관계가 되지 못한다.

③ 甲은 원심 변론종결 후 원고로부터 원고가 이 사건 소송에서 패소할 경우에는 매매계약이 해지되는 것을 조건으로 하여 이 사건 건물을 매수한 경우, 甲은 이

사건 건물의 원시취득자인 원고가 그 소유권에 기한 방해배제청구로서 피고에 대하여 건축주명의변경절차의 이행을 구하는 이 사건 소송의 결과에 대하여 법률상의 이해관계를 갖는다.

④ 본소송의 판결의 효력이 직접 제3자에게 미칠 경우의 참가는 통상의 보조참가이다.

⑤ 원고 종중의 분묘굴이청구가 인용될 경우 원고 종중의 규약으로 인해 묘지사용권을 상실할 상황에 처해 있다는 사정은 이 사건 소송에 관한 법률상 이해관계라고 할 수 없다.

〈해설〉 정답 ④

④ 통상의 보조참가가 아니고 공동소송적 보조참가이다. 대법원 2013.3.28. 선고 2011두13729 판결: 행정소송 사건에서 참가인이 한 보조참가가 행정소송법 제16조가 규정한 제3자의 소송참가에 해당하지 않는 경우에도, 판결의 효력이 참가인에게까지 미치는 점 등 행정소송의 성질에 비추어 보면 그 참가는 민사소송법 제78조에 규정된 공동소송적 보조참가이다.

문6. 보조참가 절차에 관한 다음 설명 중 옳은 것은? (다툼이 있는 경우 판례에 의함)

① 보조참가신청은 서면으로만 할 수 있다.

② 제1심에 관여하지 아니한 보조참가인이 참가신청과 동시에 항소를 제기한 경우, 법원은 보조참가인의 참가요건의 구비 여부를 직권으로 조사할 의무가 있다.

③ 보조참가신청에 대한 당사자의 이의신청이 있으면 본소송의 소송절차는 정지된다.

④ 참가인은 언제든지 피참가인이나 상대방 당사자의 동의 여부를 불문하고 참가신청을 취하할 수 있다.

⑤ 보조참가신청이 취하된 경우 참가인이 한 소송행위는 그 효력을 상실한다.

〈해설〉 정답 ④

① 말(구술)로도 가능.

② 피참가인 또는 그 상대방으로부터 보조참가인의 참가신청에 대한 이의가 없는 이상 항소심법원으로서는 항소의 적법요건인 항소권의 존부를 가려보기 위하여 보조참가인의 참가요건의 구비 여부를 직권으로 조사할 필요는 없다(대법원 1994.4.15. 선고 93다39850 판결).

③ 정지하지 않는다.

⑤ 반대설이 있으나, 참가인이 한 소송행위는 취하에 불구하고 그 효력을 상실하지 않으며 당사자의 원용이 없어도 판결자료로 할 수 있다(이시윤, p.746).

문7. 보조참가인의 소송상 지위에 관한 다음 설명 중 <u>옳은</u> 것만으로 모두 묶인 것은? (다툼이 있는 경우 판례에 의함)

> ㉠ 당사자와 별도로 보조참가인에게 기일의 통지나 소송서류의 송달을 하지 아니하여도 변론기일을 적법하게 개시할 수 있다.
>
> ㉡ 보조참가인은 증인이나 감정인능력이 없다.
>
> ㉢ 소송계속 중 보조참가인이 사망하면 본소송의 소송절차는 중단된다.
>
> ㉣ 피참가인은 보조참가인이 제기한 항소를 포기 또는 취하할 수 있다.
>
> ㉤ 보조참가인은 소의 취하, 청구의 포기·인낙, 화해, 상소의 포기와 취하 등을 할 수 없고, 피참가인의 사법상의 권리를 행사할 수 없다.
>
> ㉥ 보조참가인은 소의 변경을 할 수 없고, 반소도 제기할 수 없다.

① ㉠, ㉢, ㉣, ㉥   ② ㉣, ㉤, ㉥   ③ ㉣, ㉤

④ ㉢, ㉤, ㉥   ⑤ ㉤, ㉥

〈해설〉 정답 ②

㉠ 보조참가인도 당사자에 준하는 절차참여권이 인정되기 때문에 당사자와 별도로 이에 대하여 기일의 통지, 서류의 송달을 하지 아니하면 아니 되고 그에 대한 기일통지를 하지 아니하였을 때에는 변론기일을 적법하게 개시할 수 없다(대법원 2007.2.22. 선고 2006다75641 판결).

㉡ 참가인은 제3자로서 당사자도 공동소송인도 아니므로 증인이나 감정인능력이 있다.

㉢ 보조참가인은 피참가인인 당사자의 승소를 위한 보조자일 뿐 자신이 당사자가 되는 것이 아니므로 소송계속 중 보조참가인이 사망하더라도 본소의 소송절차는 중단되지 아니하고 참가인의 승계인이 수계하는 절차만 남는다.

문8. 보조참가인의 지위에 관한 다음 설명 중 <u>옳지 않은</u> 것은? (다툼이 있는 경우 판례에 의함)

① 보조참가인에게도 판결정본이 송달되므로 피참가인의 상소기간이 노과한 경우에도 보조참가인의 상소기간 내에는 적법한 상소를 제기할 수 있다.

② 피참가인이 상소를 제기하지 않은 경우 참가인이 상소를 제기하는 것이 피참가인의 행위와 저촉되는 것으로 볼 수 없으나, 피참가인이 상소권을 포기한 경우에는 보조참가인은 항소를 제기할 수 없다.

③ 보조참가인은 피참가인이 명백히 다투지 않은 사실을 참가인이 다투거나, 피참가인이 패소부분 가운데 일부는 상소를 하지 않고 있을 때에 참가인이 패소부분

전부에 대해 상소하는 것이 허용된다.

④ 피참가인인 피고가 원고가 주장하는 사실을 명백히 다투지 아니하여 민사소송법 제150조에 의하여 그 사실을 자백한 것으로 보게 될 경우라도 참가인이 보조참가를 신청하면서 그 사실에 대하여 다투는 것은 피참가인의 행위와 명백히 적극적으로 배치되는 경우라 할 수 없다.

⑤ 피참가인은 참가인이 제기한 항소를 포기·취하할 수 있다.

〈해설〉 정답 ①

① 참가인에 의한 상소는 피참가인의 상소기간 내에 한한다.

◎ 피참가인이 상소를 제기하지 않은 경우에 참가인이 상소를 제기하는 것이 피참가인의 행위와 저촉되는 것으로 볼 수 없으나, 피참가인이 상소권을 포기한 경우에는 보조참가인은 항소를 제기할 수 없다.

문9. 기판력과 보조참가의 참가적 효력의 차이에 관한 다음 설명 중 옳지 않은 것은? (다툼이 있는 경우 판례에 의함)

① 기판력은 승패에 불구하고 생기는 효력이나, 참가적 효력은 피참가인이 패소한 경우에만 문제 된다.

② 기판력은 원칙적으로 소송당사자 사이에 미치나, 참가적 효력은 당사자인 피참가인과 제3자인 참가인 사이에 그 효력이 미친다.

③ 기판력은 판결의 주문, 즉 판결의 결론부분인 소송물에 대한 판단에 미치나, 참가적 효력은 판결이유 속의 판단인 사실인정·법률판단에도 미친다.

④ 기판력은 당사자 간의 주관적 책임과 관계없이 효력이 생기나, 참가적 효력은 패소에 대해 피참가인의 단독책임으로 돌릴 사정이 있을 때에는 예외적으로 배제된다.

⑤ 기판력이나 참가적 효력이나 직권조사사항이다.

〈해설〉 정답 ⑤

⑤ 기판력은 직권조사사항이나, 참가적 효력은 항변사항이다.

문10. 다음 〈사례〉에 관한 설명 중 옳지 않은 것은? (다툼이 있는 경우 판례에 의함)

〈사례〉

甲은 乙이 운전하는 택시에 탑승하여 출근하다가 위 택시가 丙이 운전하는 승용차와 충돌하여 부상을 입었다. 甲이 乙이 자동차보험에 가입한 丁보험회사를 상대로 손해배상청구의 소를 제기하자 사고원인이 乙의 과실인지 丙의 과실인지 다투어졌고, 丙은 甲을 위해 보조참가를 하였다. 법원의 심리결과 위 사고는 乙의 과실로 인한 사고가 아니라는 이유로 패소판결을 받았다.

---

① 위 판결이 참가인에 丙에게 미치는 효력은 기판력과는 다른 특수한 효력 즉 보조참가인과 피참가인 甲 사이에 있어서 서로 그 판결이 부당하다고 다툴 수 없는 구속을 받게 한 것으로 따라서 이와 같은 판결의 참가적 효력은 보조참가인과 피참가인의 상대방 丁 사이에 발생하는 것은 아니다.

② 甲이 패소판결을 받고 항소심 계속 중 甲이 丙을 상대로 손해배상청구소송을 하였을 때 판결주문에 대해서뿐만 아니라 판결이유 중 패소가 되었던 사실상·법률상의 판단에 법관은 구속을 받게 된다.

③ 참가적 효력이 미치는 것은 판결이유 중 결론에 영향을 미칠 중요한 판결이유인 선결적 법률관계이다. 즉 위 사례에서 甲이 패소한 후, 甲이 다시 丙을 상대로 소를 제기한 경우, 甲, 丁 간의 판결주문에 판단된 것은 甲의 丁에 대한 손해배상청구권의 부존재이지만, 丙은 본소송의 판결이유의 판단과 다르게 사고원인이 乙의 과실이라고 주장할 수 없게 되는 참가적 효력을 받게 되는 것이다.

④ 참가적 효력은 참가인이 피참가인과 공동이익으로 주장하거나 다툴 수 있었던 사항일 것이 전제된다.

⑤ 위 판결에 대하여 피해자인 甲이 상소를 하지 않더라도 丙은 甲의 상소기간 내라면 상소를 제기할 수 있다.

〈해설〉 정답 ②

② 참가적 효력은 본안판결이 확정될 것을 요한다.

문11. 다음 중 보조참가인이 참가적 효력을 면하게 되는 사유가 <u>아닌</u> 것은?

① 참가인이 상고심에서 참가를 하여 사실자료를 제출하지 못한 경우

② 참가인이 사실을 다투는 데 피참가인이 자백이나 인낙한 경우

③ 참가인이 제기한 상소를 피참가인이 취하하거나 포기한 경우

④ 피참가인이 참가인이 알지 못하나 피참가인이 알고 있는 사실·증거의 제출을 게을리한 경우

⑤ 참가인의 피참가인의 상소기간 내에 상소를 제기하지 못한 경우

〈해설〉 정답 ⑤

⑤ 이 경우에는 참가적 효력을 받는다.

문12. 보조참가의 참가적 효력에 관한 다음 설명 중 <u>옳지 않은</u> 것은? (다툼이 있는 경우 판례에 의함)

① 甲이 원고가 되어 乙을 피고로 한 양도담보약정을 원인으로 한 지분권이전등기청구소송에 丙이 乙의 보조참가인으로 참가하여 그 사실을 부인하였음에도 불구하고 乙이 이를 인낙한 경우 그 인낙조서의 효력은 丙에게까지 미친다.

② 채권자 甲이 연대보증인 丙을 상대로 제기한 보증채무의 이행청구의 소에서 주 채무자 乙이 보조참가를 하였으나, 丙이 패소하였다. 丙이 乙을 상대로 구상금청구의 소를 제기한 경우 乙은 주 채무가 부존재한다고 주장할 수 없다.

③ 피고 甲이 피고 乙에 대하여 소외 丙으로부터 채권을 양수하였다고 주장하여 그 지급청구소송을 할 때 원고가 피고 乙을 위하여 보조참가를 하고 위 채권은 당사자 간에 양도금지의 특약이 있었고 피고 甲은 그 특약이 있는 정을 알고 채권을 양수하였으니 양수의 효력이 없다고 다투었으나 법원이 이를 채택하지 아니하고 피고 乙 패소로 확정되었다면 원고는 본건 소송에서 확정판결의 참가적 효력에 의하여 다시 피고 乙에 대하여서는 피고 甲이 소외인 丙으로부터 위 채권을 양도금지의 특약 있음을 알고 양수한 것이라는 사실을 주장할 수 없다.

④ 전소 확정판결의 참가적 효력은 전소 확정판결의 결론의 기초가 된 사실상 및 법률상의 판단으로서 보조참가인이 피참가인과 공동이익으로 주장하거나

다툴 수 있었던 사항에 한하여 미치고, 전소 확정판결에 필수적인 요소가 아니어서 결론에 영향을 미칠 수 없는 부가적 또는 보충적인 판단이나 방론 등에까지 미치는 것은 아니다.

⑤ 참가인이 소송수행에서 제약을 받아 피참가인의 패소에 대하여 책임을 분담시킬 수 없는 사유가 있는 경우에는 참가인에게 참가적 효력이 미치지 않는다.

〈해설〉 정답 ①

① 보조참가인이 피참가인을 보조하여 공동으로 소송을 수행하였으나 피참가인이 그 소송에서 패소한 경우에는 형평의 원칙상 <u>보조참가인이 피참가인에게 그 패소판결이 부당하다고 주장할 수 없도록 구속력을 미치게 하는</u> 이른바 참가적 효력이 있음에 불과하므로 피참가인과 그 소송 상대방 간의 판결의 기판력이 참가인과 피참가인의 상대방과의 사이에까지는 미치지 아니한다. 따라서 사례에서 그 인낙조서의 효력은 丙에게까지 미칠 수 없다.

문13. 다음 중 공동소송적 보조참가가 성립되는 경우가 <u>아닌</u> 것으로만 묶인 것은? (다툼이 있는 경우 통설·판례에 의함)

> ㉠ 유언집행자의 소송에 상속인이 참가하는 경우
> ㉡ 회생회사의 관리인의 소송에 회생회사가 참가하는 경우
> ㉢ 채권자대위소송에 채무자가 참가하는 경우
> ㉣ 혼인 외 출생자가 검사 상대로 제기한 인지청구소송에 생부의 친족들의 피고보조참가를 하는 경우
> ㉤ 회사를 피고로 한 이사선임결의무효확인의 소에서 이사가 참가하는 경우
> ㉥ 주주대표소송에 회사가 주주(원고) 측에 참가하는 경우

① ㉠, ㉡, ㉥   ② ㉢, ㉥   ③ ㉤, ㉥
④ ㉥   ⑤ ㉢, ㉤, ㉥

〈해설〉 정답 ④

㉠㉡ 제3자의 소송담당의 경우 권리귀속 주체인 자가 보조참가하면 공동소송적 보조참가가 된다.
㉢ 통설은 채권자대위소송에 있어서 채무자의 참가는 공동소송적 보조참가로 본다(호문혁 교수 이설).
㉣ 공동소송적 보조참가
㉤ 공동소송적 보조참가(이시윤, p.752)
㉥ 판례는 공동소송참가로 본다(대법원 2002.3.15. 선고 2000다9086 판결). 판례에 대한 비판

으로는 이시윤, p.753 참조.

문14. 공동소송적 보조참가에 관한 다음 설명 중 <u>옳지 않은</u> 것은? (다툼이 있는 경우 판례에 의함)

① 행정소송에 있어서 피고인 처분 행정청에 보조참가를 한 자의 소송법상의 지위는 행정소송의 성질에 비추어 공동소송적 보조참가인의 지위에서 소송을 수행하고 피참가인인 처분 행정청이 받는 확정판결의 기판력을 받는다.

② 제소기간의 제한을 두는 형성소송에서 판결의 효력을 받는 제3자가 제소기간 내에 참가하는 경우에는 공동소송적 보조참가이다.

③ 피참가인이 공동소송적 보조참가인의 동의 없이 소를 취하하였다 하더라도 이는 유효하다.

④ 甲 회사의 근로자 乙 등이 해고된 후 부당노동행위 구제신청을 하여 구제명령을 받았고, 甲 회사가 구제명령에 불복하여 중앙노동위원회에 재심신청을 하였다가 기각당하자 재심판정의 취소를 구하는 행정소송을 제기하였는데, 乙 등이 중앙노동위원회위원장을 위하여 보조참가하여 甲 회사의 주장을 적극 다투면서 자신의 권리를 주장한 것은 재판상 권리를 행사한 것으로 볼 수 있으므로, 乙 등의 부당해고기간 동안 임금지급청구권의 소멸시효는 행정소송과 관련한 '재판상 청구'로써 중단된다.

⑤ 공동소송적 보조참가는 그 성질상 필수적 공동소송 중에서는 이른바 유사필수적 공동소송에 준한다.

〈해설〉 정답 ②

② 소제기 기간의 제한을 두는 형성소송에서 판결의 효력을 받는 제3자는 제소기간 내에는 제83조의 공동소송참가를 할 수 있으나, 그 기간 경과 후에는 공동소송적 보조참가를 할 수 있다 (이시윤, p.754).

문15. 공동소송적 보조참가인의 지위에 대한 다음 설명 중 <u>옳지 않은</u> 것은? (다툼이 있는 경우 판례에 의함)

① 피참가인은 소의 취하는 할 수 있지만, 참가인의 동의가 없는 한 본안에 영향 있는 자백, 청구의 포기·인낙, 화해는 불리한 소송행위이므로 할 수 없다.

② 피고로부터 부동산을 매수한 참가인이 소유권이전등기를 미루고 있는 사이

에 원고가 피고에 대한 채권이 있다 하여 당시 피고의 소유명의로 남아 있던 위 부동산에 대하여 가압류를 하고 본안소송을 제기한 경우 참가인은 원고가 피고에게 구하는 채권이 허위채권으로 보이는데도 피고가 원고의 주장사실을 자백하여 원고를 승소시키려 한다는 사유를 들어 공동소송적 보조참가를 할 수 있다.

③ 참가인이 상소를 제기한 경우 피참가인이 상소취하 또는 상소권포기를 하여도 상소의 효력이 지속된다.

④ 참가인의 상소기간은 피참가인에 종속됨이 없이 참가인에 대한 판결송달 시부터 독자적으로 계산된다.

⑤ 참가인에게 소송절차의 중단·중지의 사유가 발생하여 참가인의 이익을 해할 우려가 있으면 소송절차는 정지된다.

〈해설〉 정답 ②

② 피고로부터 부동산을 매수한 참가인이 소유권이전등기를 미루고 있는 사이에 원고가 피고에 대한 채권이 있다 하여 당시 피고의 소유명의로 남아 있던 위 부동산에 대하여 가압류를 하고 본안소송을 제기하자 참가인이 피고보조참가를 한 사안에서, 원고가 승소하면 위 가압류에 기하여 위 부동산에 대한 강제집행에 나설 것이고 그렇게 되면 참가인은 그 후 소유권이전등기를 마친 위 부동산의 소유권을 상실하게 되는 손해를 입게 되며, **원고가 피고에게 구하는 채권이 허위채권으로 보이는데도 피고가 원고의 주장사실을 자백하여 원고를 승소시키려 한다는 사유만으로는 참가인의 참가가 이른바 공동소송적 보조참가에 해당하여 참가인이 피참가인인 피고와 저촉되는 소송행위를 할 수 있는 지위에 있다고 할 수 없다**(대법원 2000.1.19. 선고 2000다59333 판결). 따라서 위 사례에서 피고가 원고의 주장사실을 자백한 이상 보조참가인이 이를 다툴 수는 없다. 공동소송적 부조참가를 하려면 제3자의 소송담당이나, 가사소송, 행정소송, 회사관계소송 등 판결의 효력이 일반 제3자에게 확장되는 경우 등 본소재판의 효력이 참가인에게 미치는 경우라야 할 수 있고, 위 판례와 같은 사정이 있다는 점만으로는 공동소송적 보소참가를 할 수 없다.

문16. 소송고지의 요건과 절차에 관한 설명 중 <u>옳지 않은</u> 것만으로 묶인 것은? (다툼이 있는 경우 판례에 의함)

> ㉠ 소송이 상소심에 계속 중인 경우에도 소송고지를 할 수 있다.
>
> ㉡ 제소전화해절차, 조정절차, 가압류·가처분절차에서도 소송고지를 할 수 있다.
>
> ㉢ 추심의 소에 있어서 소송고지는 소제기요건이나 직권조사사항이 아니다.

ⓔ 소송고지서는 피고지자에게만 송달하면 된다.

ⓜ 소송고지는 서면뿐만 아니라 말(구술)로도 할 수 있다.

ⓗ 고지의 효력은 소송고지서가 피고지인에게 적법하게 송달된 때에 생긴다.

ⓢ 소송고지를 받을 수 있는 사람은 보조참가뿐만 아니라 공동소송적 보조참가, 당사자참가, 소송승계를 할 수 있는 제3자라도 상관없다.

① ㉠, ㉢, ㉣, ㉤, ㉥   ② ㉣, ㉤   ③ ㉡, ㉣, ㉤

④ ㉡, ㉢, ㉣, ㉤   ⑤ ㉡, ㉣, ㉤, ㉦

〈해설〉 정답 ③

㉡ 불가.

㉣ 피고지자만이 아니고 상대방 당사자에 대해서도 송달하여야 한다.

㉤ 소송고지서라고 하는 서면을 법원에 제출하여야 한다.

문17. 소송고지의 효과에 관한 설명으로 <u>잘못된</u> 것으로만 묶인 것은? (다툼이 있는 경우 판례에 의함)

㉠ 소송고지의 신청이 있는 경우에도 본소송에는 영향이 없다.

㉡ 피고지자가 고지를 받고도 소송에 참가하지 아니한 이상 당사자나 보조참가인이 아니기 때문에 피고지자에게 변론기일을 통지할 필요가 없다.

㉢ 피고지자는 고지자와의 소송에서 본소판결의 기초가 된 사실상·법률상의 판단과 상반되는 주장을 할 수 없다.

㉣ 소송고지의 요건이 갖추어진 경우에 그 소송고지서에 고지자가 피고지자에 대하여 채무의 이행을 청구하는 의사가 표명되어 있으면 민법 제174조에 정한 시효중단사유로서의 최고의 효력이 인정된다.

㉤ 고지자와 피고지자 사이에서 이해가 대립되는 사항에 대해서는 참가적 효력이 생기지 아니한다.

㉥ 고지자가 필요한 항변을 제기하지 아니하여 패소판결을 받았을 때에는 피고지자는 참가적 효력을 받지 아니한다.

① ㉠, ㉡, ㉥   ② ㉣   ③ ㉤, ㉥

④ ㉡   ⑤ 답이 없다

전부 통설, 판례의 입장이다.

문18. 독립참가의 참가요건에 관한 설명 중 <u>옳지 않은</u> 것을 모두 모은 것은? (다툼이 있는 경우 판례에 의함)

> ㉠ 강제집행절차나 제소전화해절차에서 독립참가를 할 수 있다.
>
> ㉡ 항소심에서는 독립참가를 할 수 있으나, 상고심에서는 독립참가를 할 수 없다.
>
> ㉢ 보조참가인도 독립참가를 할 수 있다.
>
> ㉣ 본소송의 당사자도 독립참가를 할 수 있다.
>
> ㉤ 재심절차에서도 참가할 수 있다.
>
> ㉥ 사해방지참가의 경우에도 참가인의 청구가 원고의 본소청구와 양립할 수 없어야 가능하다.

① ㉠, ㉢, ㉣ 　② ㉣, ㉤, ㉥ 　③ ㉠, ㉣, ㉥

④ ㉠, ㉣ 　　　⑤ ㉠, ㉥

〈해설〉 정답 ③

㉠ 판결절차 또는 이에 준하는 절차가 아닌 절차에서는 참가불가.
㉡ 판례는 상고심에서의 당사자참가를 불허하나, 학설은 허용한다(이시윤, p.762).
㉣ '다른 사람' 사이에 소송이 계속 중이어야 하므로 본소송의 당사자는 독립참가를 할 수 없다.
㉥ 사해방지참가의 경우에는 양립할 수 있더라도 상관없다.

문19. 다음 중 독립당사자참가 중 권리주장참가로 허용되지 <u>않는</u> 것은? (다툼이 있는 경우 판례에 의함)

① 소유권확인을 구하는 원고의 본소청구에 대하여 참가인은 피고에 대하여 토지에 대한 피고 명의의 소유권보존등기말소 및 그 토지가 참가인의 소유권임의 확인을 구하고 원고에 대해서도 위와 같은 소유권 확인을 구하는 경우

② 원고가 토지에 대한 점유취득시효가 완성되었음을 이유로 피고를 상대로 소유권이전등기를 구하는 본소에 대하여, 그 소유권의 귀속을 다투는 원고와 피고를 상대로 그 토지가 자신의 소유라는 확인을 구함과 아울러 원고에게 그 토지 중 원고가 점유하고 있는 부분의 인도를 구하는 독립당사자참가를

한 경우

③ 원고가 피고를 상대로 취득시효완성을 원인으로 한 소유권이전등기청구의 소를 제기하고, 참가인이 당해 토지상의 건물에 대한 명도청구를 한 경우

④ 원고는 피고와의 사이에 체결된 매매계약의 매수당사자가 원고라고 주장하면서 그 소유권이전등기절차 이행을 구하고 있고, 이에 대하여 참가인은 자기가 그 매수당사자라고 주장하면서 피고에 대하여 그 소유권이전등기절차의 이행을 구함과 동시에 원고에 대하여 소유권이전등기청구권 등 부존재확인의 소를 구한 경우

⑤ 원고는 부동산을 피고로부터 매수한 당사자가 소외 甲 회사라고 주장하면서 그 매매계약해제에 따라 위 회사가 피고에 대하여 취득한 중도금반환채권을 전부받은 자로서 피고에게 그 이행을 구하고 있고, 이에 대하여 참가인은 위 부동산의 매수인이 위 甲 회사 아닌 소외 乙 회사라고 주장하며 그 회사의 중도금반환채권을 참가인이 양도받았다 하여 원고에 대해서는 참가인의 권리확인을 구하고 피고에 대해서는 위 금원의 지급을 구하는 경우

〈해설〉 정답 ③

① 원고들의 청구와 참가인의 청구는 서로 양립할 수 없는 관계에 있으므로 독립당사자참가는 적법하다(대법원 1998.7.10. 선고 98다5708 판결).

② 원고의 본소청구와 참가인의 청구는 그 주장 자체에서 서로 양립할 수 없는 관계에 있어 그들 사이의 분쟁을 한 개의 판결로 모순 없이 일시에 해결할 경우에 해당하므로 독립당사자참가로서의 요건을 갖춘 적법한 것이다(대법원 1997.9.12. 선고 95다25886, 25893, 25909 판결).

③ 원고가 피고를 상대로 취득시효완성을 원인으로 한 소유권이전등기청구의 소를 제기하고, 참가인이 당해 토지상의 건물에 대한 명도청구를 한 경우 원고의 피고에 대한 청구와 참가인의 원고에 대한 청구는 서로 양립할 수 있는 관계에 있으므로 참가인의 참가신청은 부적법하다(대법원 1998.4.24. 선고 97다57863, 57870 판결).

④ 당사자참가가 인정되지 아니하는 이중매매 등 통상의 경우와는 달리 하나의 계약에 기초한 것으로서 어느 한쪽의 이전등기청구권이 인정되면 다른 한쪽의 이전등기청구권은 인정될 수 없는 것이므로 그 각 청구가 서로 양립할 수 없는 관계에 있다(대법원 1988.3.8. 선고 86다148 – 150, 86다카76 판결).

⑤ 원고의 피고에 대한 전부금채권과 참가인의 피고에 대한 양수금채권은 어느 한쪽의 채권이 인정되면 다른 한쪽의 채권은 인정될 수 없는 것으로서 각 청구가 서로 양립할 수 없는 관계에 있다(대법원 1991.12.24. 선고 91다21145, 21152 판결).

문20. 다음 사례에서 독립참가 중 권리주장참가가 허용되는 것으로만 묶인 것은? (다툼이 있는 경우 판례에 의함)

ㄱ 甲이 乙 명의로 된 부동산의 실질적인 소유자라고 주장하면서 乙에 대하여 명의신탁 해지로 인한 이전등기절차의 이행을 구하는 본소에 대하여, 丙이 자신이 실질적인 소유자로서 乙에게 명의신탁을 해 둔 것이라고 주장하면서 乙에 대해서는 명의신탁 해지로 인한 이전등기절차의 이행을 구하고 甲에 대해서는 이전등기청구권의 존재확인을 구하는 경우

ㄴ 甲 종중이 종중원인 乙 등에게 명의신탁하였음을 이유로 명의신탁해지를 원인으로 한 소유권이전등기를 청구한 데 대하여 丙 종중이 피고들 중 1인의 피상속인에게 명의신탁하였음을 이유로 그 상속인인 乙에 대해서는 명의신탁해지를 원인으로 한 이전등기를, 나머지 피고들에 대해서는 불법으로 등기를 경료하였음을 이유로 보존등기의 말소를 구함과 동시에, 甲과 乙 등에게 丙이 위 피상속인에게 명의신탁한 신탁권자라는 확인청구를 한 경우

ㄷ 甲이 乙에 대하여 취득시효완성을 원인으로 한 소유권이전등기를 구하는 본소에 대하여, 丙이 乙에 대해서는 취득시효완성을 원인으로 한 소유권이전등기를, 그리고 甲에 대해서는 관리위탁계약의 해제를 이유로 토지의 인도를 각 청구한 경우

ㄹ 부동산이중양도의 경우 매수인 A·B 가운데 제2매수인 B가 매도인 乙을 피고로 하여 제기한 소유권이전등기청구소송에서 A가 자기도 매수하였으므로 소유권이전등기청구권은 자기에게 있다고 주장하며 참가하여 등기청구를 하는 경우

ㅁ 甲이 乙은행에 대하여 자기가 예금채권자라고 주장하며 예금반환을 구하는 소송에서 제3자 丙이 자기가 진실한 예금채권자라고 주장하면서 예금반환을 구하는 경우

① ㄱ, ㄷ, ㅁ   ② ㄱ, ㄷ, ㄹ, ㅁ   ③ ㄱ, ㄴ, ㄹ, ㅁ

④ ㄴ, ㄹ   ⑤ ㄷ, ㅁ

〈해설〉 정답 ①

㉠ 甲의 乙에 대한 명의신탁 해지로 인한 이전등기청구권과 丙의 乙에 대한 명의신탁 해지로 인한 이전등기청구권은 어느 한쪽의 청구권이 인정되면 다른 한쪽의 청구권은 인정될 수 없는 것으로서 각 청구가 서로 양립할 수 없는 관계에 있다(대법원 1995.6.16. 선고 95다5905, 5912 판결).

㉡ 甲의 주장은 乙 등에게 명의신탁하였음을 전제로 직접 이전등기를 구하는 것이고, 丙의 주장은 위 피상속인에게 명의신탁하였음을 전제로 甲 및 乙 등에게 위와 같은 청구를 하는 것으로서 그와 같은 丙의 청구는 본소 소송목적의 전부나 일부가 자기의 권리임을 주장하는 것도 아니고, 또한 甲의 본소청구와 양립할 수 없는 것도 아니므로, 丙의 위 권리주장참가는 부적법하다(대법원 2001.9.28. 선고 99다35331, 35348 판결).

㉢ 甲의 乙에 대한 청구와 丙의 乙에 대한 청구는 주장하는 권리가 채권적인 권리인 등기청구권이기는 하나 어느 한쪽의 청구권이 인정되면 다른 한쪽의 청구권은 인정될 수 없는 것으로서 각 청구가 서로 양립할 수 없는 관계에 있으므로, 병의 독립당사자참가 신청은 적법하다(대법원 1996.6.28. 선고 94다50595, 50601 판결).

㉣ 독립참가 불가(甲의 청구와 丙의 청구가 양립할 수 없는 경우가 아니다)

㉤ 독립참가 가능(甲의 청구와 丙의 청구가 양립할 수 없는 경우이므로)

문21. 독립참가에 관한 설명 중 옳지 <u>않은</u> 것은? (다툼이 있는 경우 다수설 및 판례에 의함)

① 종전 당사자의 대리인은 참가인의 대리인을 겸할 수 있다.

② 당사자가 상소하지 않을 때에는 참가인은 상소제기와 동시에 참가신청을 할 수 있다.

③ 독립참가를 하면서 예비적으로 보조참가를 하는 것은 부적법하다.

④ 종전 당사자는 참가에 대하여 이의할 수 없다.

⑤ 종전 당사자는 참가인에 대하여 반소를 제기할 수 있다.

〈해설〉 정답 ①

① 보조참가와 달리 불가(대법원 1965.3.16. 선고 64다1691, 1692 판결).

문22. 권리주장참가에 관한 다음 설명 중 옳지 <u>않은</u> 것은? (다툼이 있는 경우 판례에 의함)

① 참가하려는 소송에 수 개의 청구가 병합된 경우(주위적 청구와 예비적 청구) 그중 어느 하나의 청구라도 독립참가인의 주장과 양립하지 않는 관계에 있

으면 그 본소청구에 대한 참가가 허용된다.

② 원고가 건물의 증축부분의 소유권에 터 잡아 명도를 구하는 소송에서 참가인이 증축부분이 자기 소유임을 이유로 독립참가신청을 한 경우, 주장 자체에 의해서는 원고가 주장하는 권리와 참가인이 주장하는 권리가 양립할 수 없으므로, 비록 본안에 들어가 심리한 결과 증축부분이 기존건물에 부합하여 원고의 소유로 되었고 참가인의 소유로 된 것이 아니라고 판단되더라도 이는 참가인의 청구가 이유 없는 사유가 될 뿐 참가신청이 부적법한 것은 아니므로 이를 각하하여서는 아니 된다.

③ 원고가 피고 甲에 대하여 소유권이전등기절차이행을, 피고 乙에 대해서는 피고 甲을 대위하여 소유권이전등기말소등기절차이행을 구하는 소송에서, 독립참가인이 피고 乙에 대하여 소유권이전등기청구권이 있다는 이유로 한 권리주장참가 및 사해방지참가가 모두 허용된다.

④ 공탁금수령권자가 누구냐를 다투는 경우 이의 확정을 구하기 위하여 권리주장참가를 할 수 있다.

⑤ 권리주장참가를 하기 위해서는 원고의 본소청구와 양립되지 않는 권리 또는 그에 우선할 수 있는 권리를 주장할 것을 요한다.

〈해설〉 정답 ③

③ 참가인이 피고 乙에 대하여 위 토지에 관하여 위 매매를 원인으로 한 소유권이전등기청구권을 가지고 있다고 하더라도 그와 같은 사유만으로는 제3자인 원고 및 피고 甲에 대하여 참가인이 그러한 청구권이 있다는 확인을 구할 법률상 이익이 있다고 보기 어렵고, 또 위 토지의 원래의 소유지인 피고 甲이 피고 乙에 대한 소유권이전등기말소 및 원고의 피고 甲에 대한 소유권이전등기절차 이행청구와 참가인의 피고 乙에 대한 소유권이전등기설차이행청구는 양립할 수 없는 별개의 청구도 아니어서 참가인의 권리주장참가는 부적법하다.

문23. 다음 〈사례〉에 관한 설명 중 틀린 것은? (다툼이 있는 경우 판례에 의함)

<사례>

X 부동산의 매도인 乙은 매수인 甲과 매매계약을 체결한 후 제2매수인 丙과도 매매계약을 체결하였다. 丙이 乙을 피고로 하여 매매로 인한 소유권이전등기절차의 이행을 구하는 소를 제기하였다.

---

(1) 甲이 자기가 먼저 매수하였으므로 이전등기청구권은 자기에게 있다고 주장하면서 丙을 상대로는 소유권이전등기청구권확인을, 乙을 상대로는 소유권이전등기를 구하는 독립참가를 하였다.

(2) 甲이 乙과 丙 간의 매매계약은 반사회질서의 계약으로 무효라고 주장하면서 진정한 이전등기청구권자는 丙이 아니라 자신이라고 주장하면서 乙만을 상대로 이전등기를 구하는 독립참가를 하였다.

(3) 乙과 丙이 甲과 독립된 매매계약을 체결한 것이 아니고 하나의 매매계약을 체결한 경우 丙이 乙을 상대로 이전등기를 구하는 소송에서 甲이 이 계약의 당사자는 丙이 아니고 자신이라고 주장하면서 丙을 상대로는 소유권이전등기청구권확인을, 乙을 상대로는 소유권이전등기를 구하는 독립참가를 하였다.

① (1)에서 甲과 丙 모두 乙에 대하여 소유권이전등기청구권을 가지므로 甲과 참가인 丙의 청구가 양립하는 경우에는 세 당사자 사이의 분쟁이 한꺼번에 통일적으로 해결될 수 없으므로 독립참가가 허용되지 않는다.

② (2)에서 丙의 주장과 甲의 주장이 양립이 불가능하므로 독립참가가 허용된다.

③ (2)의 경우 甲은 乙만을 상대로 이전등기를 구하는 편면참가를 할 수 없고, 丙을 상대로 별도의 청구를 하여야 한다.

④ 주장 자체에 의해서 丙이 주장하는 권리와 甲이 주장하는 권리가 양립할 수 없는 관계에 있으면 비록 본안에 들어가 심리한 결과 乙과 丙 간의 매매가 반사회질서계약이 아니라고 판단되더라도 이는 참가인의 청구가 이유 없는 사유가 될 뿐 참가신청이 부적법하게 되는 것은 아니다.

⑤ (3)에서 甲과 丙이 서로 乙과의 매매계약에서 진정한 매수인이 자신이라고 주장하고 있으므로 丙의 청구와 甲의 청구는 서로 양립할 수 없고, 이 경우에는 어느 한쪽의 청구권이 인정되면 다른 한쪽의 청구권은 인정될 수 없으므로 3자간의 분쟁을 일거에 해결할 수 있는 독립참가가 허용된다.

〈해설〉 정답 ③

③ 2002년 개정법에 의하면 편면참가가 가능하다.

문24. 독립참가소송의 심판에 관한 다음 설명 중 <u>옳지 않은</u> 것을 모두 묶은 것은? (다툼이 있는 경우 판례 내지 다수설에 의함)

> ㉠ 참가요건의 흠이 있을 때에는 참가신청은 부적법 각하한다.
>
> ㉡ 독립참가로 부적법한 참가신청을 보조참가로 전환시킬 수 있다.
>
> ㉢ 참가인이 주장하는 주요사실에 대하여 원고만이 다투고 피고는 자백을 한 경우 피고가 다툰 것과 같은 효력이 생긴다.
>
> ㉣ 원고와 피고 사이에서만 재판상 화해를 하는 것이 가능하다.
>
> ㉤ 참가인이 화해권고결정에 이의한 경우 이의의 효력은 원·피고 사이에 미치지 않는다.
>
> ㉥ 원·피고의 소송관계에 대하여 청구의 포기·인낙, 상소의 취하는 허용되지 않는다.
>
> ㉦ 상소기간과 같은 소송행위를 위한 기간은 각기 개별적으로 진행한다.

① ㉠, ㉡, ㉣, ㉤   ② ㉢, ㉣   ③ ㉤

④ ㉣, ㉤, ㉥   ⑤ ㉣, ㉤

〈해설〉 정답 ⑤

㉣ 두 당사자 사이의 소송행위는 나머지 1인에게 불이익이 되는 한두 당사자 간에도 효력이 발생하지 않는다고 할 것이므로, 원·피고 사이에만 재판상 화해를 하는 것은 3자 간의 합일확정의 목적에 반하기 때문에 허용되지 않는다.

㉤ 대법원 2005.5.26. 선고 2004다25901, 25918 판결 독립당사자참가인이 화해권고결정에 대하여 이의한 경우, 이의의 효력이 원·피고 사이에도 미친다고 한다. 이시윤, p.747. 각주 1)은 원·피고 사이에도 미치지 않는나고 되어 있으니, 화해권고결정이 효력이 미치지 않는다는 것인지, 이이의 효력이 미치지 않는다는 것인지 오해의 소지가 있다.

문25. 독립참가에 관한 다음 설명 중 <u>틀린</u> 것은? (다툼이 있는 경우 판례에 의함)

① 甲 회사는 A 아파트입주자대표회의(피고)와 관리계약을 체결하고 A 아파트를 관리해오던 중 관리기간이 만료된 후 피고가 乙 회사를 위탁관리업체로 선정하자 피고를 상대로 아파트위탁관리업체지위확인 등의 소를 제기하였고, 乙 회사는 자신이 A 아파트위탁관리업체라는 이유로 독립참가를 하였다. 그런데 피고의 회장 B가 원고(甲 회사)가 A 아파트에 대한 관리업자의 지위

에 있다는 점에 대하여 피고가 다투지 않는다는 취지로 기재된 준비서면을 진술하였다. 피고의 자백은 참가인인 乙 회사에 대해서도 효력이 있다.

② 당사자참가가 있는 후에도 원고와 참가인은 상대방의 동의를 얻어 소송 또는 참가신청을 취하함으로써 3면적 소송관계로부터 원시적으로 이탈할 수 있으나, 상소취하 또는 청구인낙과 같이 3면적 소송관계를 일부에 대하여서만 본질적으로 해결하는 소송행위는 할 수 없다.

③ 제1심에서 원고 승소, 피고 및 참가인 패소의 판결이 선고된 데 대하여 피고와 참가인이 항소한 이상, 항소심인 원심으로서도 변론을 일체로 진행하여 원고·피고와 참가인 간의 청구를 모두 항소심의 심판대상으로 하여 한 개의 판결을 하여야 한다.

④ 독립참가소송에서는 반드시 한 개의 전부판결로써 본소청구와 참가인의 청구 모두에 대하여 동시에 재판하지 않으면 안 되며, 일부판결은 허용되지 아니한다.

⑤ 같은 본소의 당사자를 상대로 여러 사람이 순차로 각각 독립당사자참가를 하고 참가인 사이에 아무런 청구도 없는 때에는 참가인 대 참가인과 소송당사자 간에 반드시 합일적 판결을 할 필요는 없다.

〈해설〉 정답 ①

① 참가인이 원·피고에 대하여 이 사건 아파트에 대한 관리업자로서의 지위의 확인을 구하고 있어 3당사자 사이에 판결의 합일확정을 필요로 하는 이 사건에 있어서 위와 같은 진술은 그 효력이 없다(대법원 2009.1.30. 선고 2007다9030, 9047 판결).

문26. 편면참가에 관한 다음 설명 중 옳은 것을 모두 모은 것은? (다툼이 있는 경우에는 통설·판례에 의함)

> ㉠ 참가인이 원·피고 중의 한쪽에 대해 청구하고 다른 쪽에 대해 청구하지 아니한 경우에도 편면참가가 허용된다.
> ㉡ 참가인이 피고에 대해서만 청구를 하고 원고에 대해서는 원고청구의 기각을 구할 뿐인 경우에도 편면참가가 허용된다.
> ㉢ 원·피고 양쪽에 대해 청구하였지만 그 한쪽에 대한 청구는 다툼이 없어 소의 이익이 없는 경우에도 편면참가가 허용된다.

　　　　ⓔ 권리주장참가에서만이 아니라 사해방지참가에서도 편면참가가 허용된다.

　　　　ⓜ 편면참가가 허용되는 경우에도 참가인이 쌍방 모두에 대하여 청구해야 한
　　　　　다는 것만 해소되었을 뿐, 권리주장참가의 경우 원고의 청구와 참가인의
　　　　　청구가 양립불가능한 것이어야 하는 점은 쌍면참가와 다를 바 없다.

　　　　ⓗ 편면참가의 법적 성질은 참가인과 피참가인의 소송관계와 피참가인과 상대
　　　　　방(원·피고)의 소송관계의 병합으로 본다.

① ㉠, ㉡, ㉢, ㉣, ㉤, ㉥　　　② ㉠, ㉡, ㉢

③ ㉠, ㉡, ㉢, ㉤, ㉥　　　　④ ㉠, ㉡, ㉢, ㉣　　　⑤ ㉤, ㉥

〈해설〉 정답 ①

전부 이시윤, p.743의 설명이다.

문27. 다음은 독립참가 중 사해방지참가에 관한 설명이다. <u>옳지 않은</u> 것은?
(다툼이 있는 경우 통설·판례에 의함)

① 사해방지참가의 경우는 원고와 피고가 당해 소송을 통하여 제3자를 해할 의
　사, 즉 사해의사를 갖고 있다고 객관적으로 인정되고 그 소송의 결과 제3자
　의 권리 또는 법률상의 지위가 침해될 염려가 있다고 인정되는 경우에 허용
　된다.

② 제3자인 참가인의 청구와 원고의 청구가 논리상 서로 양립할 수 있는 관계
　에 있는 경우에는 사해방지참가를 할 수 없다.

③ 권리주장참가를 하여 각하된 뒤에 사해방지참가를 해도 기판력을 받지 아니한다.

④ 참가인이 독립당사자참가신청을 함에 있어 원고와 피고가 사해소송을 수행
　하고 있다는 등의 특별한 주장을 한 바 없다면 이는 이른바 사해방지참가가
　아닌 이른바 권리주장참가를 한 것으로 보아야 할 것이고, 제1심 판결도 참
　가인의 위 참가신청이 권리주장참가의 요건을 갖추지 못하였다 하여 이를
　각하한 것이라면 위 확정된 각하판결은 원고의 피고에 대한 청구에 대하여
　참가인의 권리주장참가는 그 참가요건을 갖추지 못하여 부적법하다는 점에
　한하여 기판력을 가진다.

⑤ 통설은 사해방지참가는 본소의 당사자들이 당해 소송을 통하여 참가인을 해

할 의사 즉 사해의사를 갖고 있다고 객관적으로 판정할 수 있는 경우에 참가를 허용하고, 본소판결의 효력이 제3자에게 미칠 경우에 한하여 참가를 허용할 것은 아니라고 한다.

〈해설〉 정답 ②

② 참가인의 청구가 원고의 본소청구와 양립할 수 있더라도 상관없다.

문28. 다음 〈사례〉에 관한 설명 중 옳지 않은 것은? (다툼이 있는 경우 판례에 의함)

> <사례>
> 甲이 乙을 상대로 제기한 본소에 대하여 丙이 독립참가를 하였다.
> (1) 원고 甲의 청구가 인용되고 참가인 丙의 청구가 각하 또는 기각되자 피고 乙만이 항소를 제기하였다.
> (2) (1)의 사례에서 참가인 丙만이 항소를 제기하였다.
> (3) 원고 甲의 청구와 참가인 丙의 청구가 기각되자, 원고 甲만이 항소를 제기하였다.

① 제1심 판결에서 참가인의 독립당사자참가신청을 각하하고 원고의 청구를 기각한 데 대하여 참가인은 항소기간 내에 항소를 제기하지 아니하였고, 원고만이 항소한 경우 위 독립당사자참가신청을 각하한 부분은 원고의 항소에도 불구하고 피고에 대한 본소청구와는 별도로 이미 확정되었다.

② 당사자참가소송에서 제1심법원이 원고의 피고에 대한 청구를 인용하고 당사자참가인의 원·피고에 대한 청구를 전부 기각하는 판결을 하였는데 당사자참가인은 제1심판결에 대하여 아무런 불복을 하지 아니하고 패소한 피고만이 항소를 제기하였으나 항소심에서 항소기각판결이 선고된 경우에 당사자참가인은 위와 같은 항소심판결에 대해서는 불복하여 상고를 제기할 이익이 없다.

③ 독립당사자 참가인의 청구와 원고의 청구가 모두 기각되고 원고만이 항소한 경우에 제1심판결 전체의 확정이 차단되고 사건 전부에 관하여 이심의 효력이 생기는 것이므로 독립당사자참가인도 항소심에서의 당사자이다.

④ 원고승소의 판결에 대하여 참가인만이 상소를 했음에도 상소심에서 원고의

피고에 대한 청구인용 부분을 원고에게 불리하게 변경할 수 있는 것은 참가인의 참가신청이 적법하고 나아가 합일확정의 요청상 필요한 경우에 한한다.

⑤ 원고의 피고에 대한 청구를 인용하고 참가인의 참가신청을 각하한 제1심판결에 대하여 참가인만이 항소한 사건에서, 참가인의 참가신청이 부적법하다는 이유로 참가인의 항소를 기각하면서도, 제1심판결 중 피고가 항소하지도 않은 본소 부분을 취소하고 원고의 피고에 대한 청구를 기각할 수 있다.

〈해설〉 정답 ⑤

①②③④는 전부 판례의 입장이다.

⑤ 원심의 판단에는 독립당사자참가소송에서 패소한 당사자 중 일부만이 항소한 경우의 항소심의 심판대상에 관한 법리를 오해하여 판결에 영향을 미친 위법이 있다. 대법원 2007.10.26. 선고 2006다86573, 86580 판결은 제1심판결 중 원고의 본소청구를 인용한 부분은 참가인의 참가신청이 부적법하다는 이유로 참가인의 항소를 기각한 원심판결에 대하여 참가인이 상고를 제기하지 않고 상고기간을 도과한 때에 그대로 확정되었다고 할 것이므로 원심판결 중 본소청구에 관한 부분에 관한 소송은 참가인이 상고를 제기하지 않고 상고기간을 도과함으로써 소송종료선언을 하였다.

문29. 독립참가소송의 해소에 관한 다음 설명 중 옳지 않은 것을 모두 모은 것은? (다툼이 있는 경우에는 판례에 의함)

> ㉠ 참가 후에 원고가 본소를 취하함에는 참가인의 동의를 필요로 한다.
> ㉡ 독립당사자참가소송에서 본소가 피고 및 참가인의 동의를 얻어 적법하게 취하되면 참가신청의 요건인 타인 간의 소송계속이 소멸하였으므로 참가의 목적이 상실되어 참가신청도 소멸한다.
> ㉢ 독립참가신청을 취하함에는 상대방인 원·피고의 동의를 요하고, 취하한 뒤에는 원·피고간의 본소만 남는다.
> ㉣ 독립참가가 취하·각하되어 본소로 환원된 경우에도 참가인이 제출한 증거방법은 그 효력이 유지된다.
> ㉤ 권리주장참가의 경우뿐만 아니라 사해방지참가의 경우에도 제3자가 참가함으로써 원고 또는 피고가 그 소송에 머물 필요가 없게 된 때에는 그 소송에서 탈퇴할 수 있다.
> ㉥ 소송탈퇴를 할 때에는 상대방 당사자의 승낙 이외에 참가인의 승낙도 필요하다.

① ㉠, ㉡, ㉣, ㉤, ㉥　　② ㉣, ㉥　　③ ㉡, ㉣, ㉤

④ ㉡, ㉣, ㉥　　⑤ ㉡, ㉣, ㉤, ㉥

〈해설〉 정답 ④

㉡ 참가신청이 독립의 소로서의 요건을 갖추었으면 그대로 참가인의 원, 피고를 상대로 한 공동소
　송으로 남게 된다고 보는 것(공동소송잔존설)이 통설, 판례이다.

㉣ 당사자가 원용하지 않는 한 그 효력이 없다(통설 및 판례의 주류).

㉥ 상대방 당사자의 승낙 이외에 참가인의 승낙은 불필요하다.

문30. 독립참가에 관한 다음 설명 중 옳지 않은 것은? (다툼이 있는 경우 판례에 의함)

① 연예기획사 甲 주식회사가 가수 乙을 상대로 전속계약 해지에 따른 손해배
　상청구의 소를 제기하자, 소속사 지위 인수를 주장하는 다른 연예기획사 丙
　주식회사가 甲 회사를 상대로 甲 회사와 乙 사이의 전속계약 부존재확인을
　구하며 신청한 독립당사자 참가는 편면참가로서 허용된다.

② 甲·乙 간의 권리자확인을 구하는 본소가 계속 중 丙이 자기가 권리자라고
　제1참가를 한 뒤, 丁이 자신이 바로 권리자라고 제2참가를 한 경우 丁과 丙
　사이에 어떠한 판결도 할 수 없다.

③ 참가인의 피고에 대한 청구를 피고가 인낙해도 무효이다.

④ 소취하나 참가신청의 취하는 원고나 참가인 단독으로 할 수 있다.

⑤ 독립참가소송에서 일부판결을 한 경우 추가판결을 할 수 없고, 판단누락으로
　상소로 구제받아야 한다.

〈해설〉 정답 ①

① 대법원 2012.6.28. 선고 2010다54535, 54542 판결: 丙 회사가 자신과 乙 사이의 전속계
　약 존재확인을 구하지 않고 甲 회사와 乙 사이의 전속계약 부존재확인을 구하는 것은 확인의
　이익이 없어 부적법하다는 이유로, 丙 회사의 독립당사자 참가신청을 각하한 원심의 조치가 정
　당하다고 한 사례.

문31. 독립참가에 관한 다음 설명 중 <u>옳지 않은</u> 것은? (다툼이 있는 경우 판례에 의함)

① 3당사자 간의 3개 청구는 논리적으로 모순저촉이 없는 하나의 판결로서 해결하여야 하는 관계로 일부판결은 할 수 없다.

② 두 당사자 간의 소송행위는 다른 한 당사자에게 불리한 한 그 효력이 없으므로 한 당사자의 다른 한 당사자에게 대하여한 인낙, 자백은 남은 한 당사자가 이에 응하지 않은 한 그 효력이 없다.

③ 한 당사자가 종국판결에 대하여 상소를 하면 판결 전체의 확정은 차단되어 그 상소의 효력은 다른 한 당사자에게 대해서도 미친다.

④ 당사자참가가 있는 후에도 원고와 참가인은 상대방의 동의를 얻어 소송 또는 참가신청을 취하함으로써 3면적 소송관계로부터 원시적으로 이탈할 수 있으나, 상소취하 또는 청구인낙과 같이 3면적 소송관계를 일부에 대하여서만 본질적으로 해결하는 소송행위는 할 수 없다.

⑤ 원고와 피고뿐만 아니라 참가인도 소송탈퇴를 할 수 있다.

〈해설〉 정답 ⑤

⑤ 민사소송법 제79조의 규정상 독립당사자참가 소송에서 탈퇴할 수 있는 것은 원고 또는 피고이고, 참가인은 참가신청을 취하할 수 있을 뿐이라고 할 것이므로 원심에서 2009.3.18. 독립당사자참가신청서를 제출하였던 참가인이 같은 해 4.30. 소송탈퇴서를 제출한 것은 그 참가신청을 취하한 취지라고 보아야 할 것이다(대법원 2010.9.30. 선고 2009다71121 판결).

문32. 독립참가소송에서 패소하고도 상소하지 않은 당사자의 지위와 관련하여 다음 설명 중 <u>옳지 않은</u> 것을 모두 모은 것은? (다툼이 있는 경우에는 판례에 의함)

> ㉠ 상소인도 피상소인도 아닌 단순한 상소심당사자이다.
> ㉡ 상소취하권이 없다.
> ㉢ 상소심의 심판범위는 실제로 상소를 제기한 당사자의 불복범위에 한정되는 것은 아니다.
> ㉣ 상소를 제기한 당사자의 승패에 관계없이 상소비용을 부담하지 않는다.
> ㉤ 판결서에 상소인이나 피상소인 표시가 아니라 단순히 '독립당사자참가인'

으로 표시한다.

ⓑ 패소하고도 상소하지 않은 당사자의 패소부분이 유리하게 변경되지 아니한다.

① ㄱ, ㄷ, ㅂ   ② ㄷ, ㅂ   ③ ㄴ, ㄹ

④ ㄷ   ⑤ ㅂ

〈해설〉 정답 ②

ⓒ 상소를 제기한 당사자의 불복범위에 한정된다.

ⓑ 원고·피고·참가인 3자 간 합일확정의 요청으로 불이익변경금지의 원칙이 적용되지 아니한다.

문33. 공동소송참가에 관한 다음 설명 중 <u>옳지 않은</u> 것을 모두 모은 것은? (다툼이 있는 경우에는 판례에 의함)

ㄱ 공동소송참가는 항소심에서는 할 수 있으나, 상고심에서는 할 수 없다.

ㄴ 공동소송참가를 하는 제3자는 별도 소를 제기할 수 있는 당사자적격을 구비해야 한다.

ㄷ 채권자대위권을 행사하는 경우의 채무자는 공동소송참가가 허용되지 않는다.

ㄹ 주주대표소송에서 회사의 참가는 공동소송참가이지 공동소송적 보조참가가 아니다.

ㅁ 주주 한 사람이 회사를 상대로 주주총회결의부존재확인의 소를 제기한 경우에 그 판결의 효력을 받는 다른 주주가 공동원고로서 그 소송에 공동소송참가를 할 수 있다.

ㅂ 이사회결의무효확인의 소에서 제3자는 공동소송참가를 할 수 없다.

① ㄱ, ㄷ   ② ㄷ, ㅂ   ③ ㄴ, ㄹ, ㅁ

④ ㅂ   ⑤ 답이 없다

〈해설〉 정답 ⑤

ㄱ 학설은 상고심에서도 허용(이시윤, p.776). 전부 맞는 지문이다.

문34. 공동소송참가에 관한 다음 설명 중 옳지 않은 것은? (다툼이 있는 경우 통설·판례에 의함)

① 공동소송 참가에 있어서는 피참가인의 소송대리인은 동시에 참가인의 소송대리인이 될 수 있다.

② 선정당사자를 내세운 선정자는 공동소송참가가 허용되지 않는다.

③ 추심금소송에서 집행력 있는 정본을 가진 다른 채권자는 공동소송인으로 원고 측에 참가할 수 없다.

④ 고유필수적 공동소송이 될 경우에도 공동소송참가가 가능하다.

⑤ 당사자는 참가인의 공동소송참가에 대하여 이의를 신청할 수 없다.

〈해설〉 정답 ③

③ 공동소송참가 가능(이시윤, p.777).

문35. 필수적 공동소송인의 추가에 관한 다음 설명 중 옳지 않은 것은? (다툼이 있는 경우 판례에 의함)

① 고유필수적 공동소송이 아닌 사건에 있어 소송 도중에 피고를 추가하는 것은 그 경위가 어떻든 간에 허용될 수 없다.

② 원고 측이든 피고 측이든 추가가 허용되지만 원고이나 피고 측을 추가하는 경우 추가될 신당사자의 동의가 있어야 한다.

③ 필수적 공동소송인 추가신청의 기각결정에 대해서는 즉시항고할 수 있다.

④ 필수적 공동소송인의 추가결정이 있는 때에는 시효중단·기간준수의 효과는 처음 제소 시에 소급한다.

⑤ 피고저격자가 불확실하여 A를 피고로 한 소송계속 중에 B를 예비적 피고로 추가하여 예비적 공동소송으로 된 경우에도 적법하다.

〈해설〉 정답 ②

② 원고 추가의 경우에만 절차보장을 위해 원고의 동의가 필요하다.

문36. 임의적 당사자변경에 대한 다음 설명 중 옳지 않은 것으로만 묶인 것은? (다툼이 있는 경우 판례에 의함)

> ㉠ 이미 사망한 자를 사망한 것을 모르고 피고로 하여 제소하였을 경우 사실상의 피고는 사망자의 상속인이고 다만 그 표시를 그릇한 것에 불과하다.
>
> ㉡ 회사의 대표이사이었던 자의 개인 명의로 제기된 소송에서 그 개인을 회사로 당사자표시를 정정하는 것은 부적법하다.
>
> ㉢ 원고가 공사도급계약상의 수급인은 그 계약 명의인인 피고라고 하여 피고를 상대로 소송을 제기하였다가 심리 도중 변론에서 피고 측 답변이나 증거에 따라 이를 번복하여 수급인이 피고보조참가인이라고 하면서 피고경정을 구할 수 없다.
>
> ㉣ 피고의 경정으로 인한 시효중단·기간준수의 효과는 경정신청서의 제출 시에 발생한다.
>
> ㉤ 부인의 채무를 남편이 변제할 책임이 있는 것으로 알고 남편을 피고로 하여 대여금청구소송을 제기한 경우에 피고를 남편에서 부인으로 경정할 수 있다.
>
> ㉥ 법인격이 있어 회사를 피고로 하여야 할 것을 그 대표자 개인을 피고로 한 경우 피고를 회사로 경정할 수 있다.

① ㉡, ㉢, ㉤ ② ㉤ ③ ㉢, ㉤

④ ㉥ ⑤ 답이 없다

〈해설〉 정답 ⑤

전부 맞는 지문이다.

문37. 다음 설명 중 임의적 당사자변경에 관한 판례의 입장이 아닌 것은?

① 종회의 대표자로서 소송을 제기한 자가 그 종회 자체로 당사자표시변경신청을 한 경우, 그 소의 원고는 자연인인 대표자 개인이고 그와 종회 사이에 동일성이 인정된다고 할 수 없어 그 당사자표시 정정신청은 불허한다.

② 권리능력 없는 사단인 부락의 구성원 중 일부가 제기한 소송에서 당사자인 원고의 표시를 부락으로 정정함은 당사자의 동일을 해하는 것으로서 불허한다.

③ 개인이 설립 경영하는 학교시설에 불과한 Y 실업고등기술학교를 피고로 표

시하였다가 개인 명의로 피고표시를 정정하는 것은 당사자를 변경하는 것으로 불허한다.

④ 종래의 당사자에 곁들여서 새로운 당사자를 추가하는 것은 당사자표시변경으로서 불허한다.

⑤ 원고종중은 제1심에서는 '甲'을 공동선조로 하는 종중이라고 주장하다가 원심에 이르러 '甲'의 후손인 '乙'을 공동선조로 하는 종중이라고 주장하는 것은 결과적으로 원고를 별개의 실체를 갖는 당사자로 임의로 변경하는 것으로서 불허한다.

〈해설〉 정답 ③

③ 판례는 허용한다.

문38. 피고경정에 관한 다음 설명 중 옳지 않은 것은? (다툼이 있는 경우 판례에 의함)

① 피고의 경정은 사실심변론종결 시까지 할 수 있다.

② 증거조사결과 판명된 사실관계로 미루어 피고의 지정이 잘못된 경우에는 피고경정을 할 수 없다.

③ 경정허가결정이 있는 때에는 종전의 피고에 대한 소는 취하된 것으로 본다.

④ 시효중단기간준수의 효과는 경정신청서 제출 시에 발생한다.

⑤ 피고경정신청을 한 원고가 그 허가결정의 부당함을 내세워 불복하는 것은 히용될 수 없다.

〈해설〉 정답 ①

① 제1심변론종결 시까지만 가능하다.

문39. 다음 중 당연승계의 원인이 아닌 것을 모두 모은 것은? (다툼이 있는 경우에는 판례에 의함)

> ㉠ 당사자의 사망
> ㉡ 법인 등의 합병에 의한 소멸

© 명의신탁자의 명의신탁해지

② 일정한 자격에 기하여 당사자가 된 자의 자격상실

⑩ 선정당사자의 소송 중에 선정당사자 전원의 사망 또는 그 자격의 상실

ⓗ 파산의 선고 또는 해지

ⓢ 회생절차개시결정 또는 회생절차종료

① ©, ⓗ, ⓢ   ② ⓗ, ⓢ   ③ ⑩, ⓗ, ⓢ

④ ©   ⑤ 답이 없다

〈해설〉 정답 ④

© 제236조의 당사자인 수탁자의 임무종료는 신탁법에 의한 수탁자의 임무종료를 뜻하고 명의신탁해지는 포함되지 않는다.

문40. 당연승계의 소송상 취급에 관한 다음 설명 중 옳지 않은 것은? (다툼이 있는 경우 판례에 의함)

① 당사자의 사망으로 인한 소송수계 신청이 이유 있다고 하여 소송절차를 진행시켰으나 그 후에 신청인이 그 자격 없음이 판명된 경우에는 수계재판을 취소하고 소를 각하하여야 한다.

② 당사자인 피상속인이 사망한 경우 상속인 전원이 반드시 공동으로 수계하여야 하는 것은 아니다.

③ 당연승계가 있어도 소송절차가 중단되지 않는 경우에는 소송절차의 진행에 아무런 영향이 없다.

④ 당사자의 사망으로 인한 소송승계의 경우 상속인이 상속분에 맞추어 새로 청구취지정정신청을 하지 아니하여도 법원은 승계인들에게 상속분에 따른 분할지급의 판결을 할 수 있다.

⑤ 소송절차 중단사유를 간과하고 변론이 종결되어 판결이 선고된 경우 그 판결을 당연무효라 할 수 없다.

〈해설〉 정답 ①

① 학설은 소각하설이나(이시윤, p.787) 판례는 신청기각설이다. 당사자의 사망으로 인한 소송수계 신청이 이유 있다고 하여 소송절차를 진행시켰으나 그 후에 신청인이 그 자격 없음이 판명

된 경우에는 수계재판을 취소하고 신청을 각하하여야 하고 이 경우에 법원이 수계재판을 취소하지 아니하고 수계인이 진정한 재산상속인이 아니어서 청구권이 없다는 이유로 본안에 관한 실체판결을 하였다면 진정 수계인에 대한 관계에서는 소송은 아직도 중단상태에 있다고 할 것이지만 참칭수계인에 대한 관계에서는 판결이 확정된 이상 기판력을 가진다(대법원 1981.3.10. 선고 80다1895 판결).

문41. 참가승계에 대한 다음 설명 중 옳지 않은 것은? (다툼이 있는 경우 판례에 의함)

① 甲이 乙을 상대로 소유권에 기한 건물명도청구소송 중에 甲이 그 건물을 丙에게 양도한 경우 丙은 참가승계를 신청하여 새로운 원고가 될 수 있다.

② 권리승계인뿐만 아니라 의무승계인도 승계참가를 신청할 수 있다.

③ 참가승계신청은 상고심에서는 허용되지 않는다.

④ 전주인 원고의 대리인이 참가인의 대리인을 겸할 수 있다.

⑤ 승계인은 참가 시까지 전주가 한 소송행위의 결과에 구속되지 않는다.

〈해설〉 정답 ⑤

⑤ 승계인은 전주의 소송상의 지위를 승계하기 때문에 참가 시까지 전주가 한 소송수행의 결과에 구속된다.

문42. 다음은 인수승계에 관한 설명이다. 옳지 않은 것은? (다툼이 있는 경우 판례에 의함)

① 인수신청은 사실심의 변론종결 전에 한한다.

② 채권자가 점유이전금지가처분 등에 의하여 피고적격을 고정시켜 놓은 경우에는 채무자가 이에 위반하여 피고적격을 이전하여도 승계인에게 소송인수를 시킬 필요가 없다.

③ 소유권이전등기청구소송 중 제3자 앞으로 소유권이전등기가 경료되었을 때 그 말소를 구하기 위한 인수승계를 신청할 수 있다.

④ 심리결과 승계사실이 인정되지 않으면 청구기각의 본안판결을 한다.

⑤ 인수결정은 중간적 재판이기 때문에 독립하여 불복신청을 할 수 없다.

<해설> 정답 ③

③ 판례는 이 경우 소송의 목적인 채무를 승계한 경우가 아니므로 이러한 형태의 소송의 인수를 불허한다(대법원 1983.3.22. 선고 80마283 판결). 학설은 반대.

문43. 다음은 소송물의 양도에 관한 설명이다. 옳지 않은 것은? (다툼이 있는 경우 판례에 의함)

① 소제기 전에 권리관계의 변동이 있는 경우에는 소송물의 양도가 아니다.

② 신주발행무효의 소송 중 주식이 양도되는 경우도 소송물의 양도에 해당한다.

③ 매매계약의 매수인이 매도인에게 소유권이전등기청구를 한 경우에 소송 도중에 제3자가 매도인으로부터 목적물에 대해 등기이전을 받은 경우에도 당사자적격의 이전으로 보아 소송물의 양도에 해당한다.

④ 승계의 원인이 있어도 별소에 의할 것인지 소송승계에 의할 것인지는 당사자나 승계인의 자유선택이다.

⑤ 소송물의 양도에 의한 승계의 경우 전주는 상대방의 승낙을 얻어 소송에서 탈퇴할 수 있다.

<해설> 정답 ③

③ 구이론은 채권적 청구권에 기한 소송 중 계쟁물을 취득한 자는 여기의 승계인에 포함되지 않는다고 본다.

문44. 특정승계에 관한 다음 설명 중 옳지 않은 것은? (다툼이 있는 경우 판례에 의함)

① 건물철거소송에서 피고가 제3자 앞으로 그 건물에 대한 소유권이전등기를 넘긴 경우 그 건물에 대한 제3자 명의의 말소등기청구를 위하여 제3자의 인수를 신청한 것은 부적법하다.

② 피고에 대한 채권적 청구권에 기한 이 건 부동산 소유권이전등기청구의 소송계속 중 위 부동산에 대한 소유권이전등기가 피고로부터 상대방들 앞으로 경료되었다 하여 이를 가지고 민사소송법 제82조 제1항 소정의 그 소송의 목적이 된 채무를 승계한 때에 해당한다고 할 수 없고 이와 같은 상대방들에 대하여 위 경료된 상대방들 명의 각 등기의 말소를 구하기 위한 소송

의 인수는 허용되지 않는다.

③ 청구이의의 소의 계속 중 그 소송에서 집행력배제를 구하고 있는 집행권원에 표시된 청구권을 양수한 자는 위 청구이의의 소에 민사소송법 제81조에 의한 승계참가를 할 수 있다.

④ 청구이의소송이 제기되기 전에 그 집행권원에 표시된 청구권을 양수한 경우에도 승계참가가 허용된다.

⑤ 신주발행무효의 소 계속 중 그 원고적격의 근거가 되는 주식이 양도된 경우에 그 양수인은 제소기간 등의 요건이 충족된다면 새로운 주주의 지위에서 신소를 제기할 수 있을 뿐만 아니라, 양도인이 이미 제기한 기존의 위 소송을 적법하게 승계할 수도 있다.

<해설> 정답 ④

④ 소송이 제기되기 전에 그 집행권원에 표시된 청구권을 양수한 경우에는 특단의 사정이 없는 한 승계참가의 요건이 결여된 것으로서 그 참가인정은 부적법하다.

문45. 소송승계에 관한 다음 설명 중 옳지 않은 것은? (다툼이 있는 경우 판례에 의함)

① 승계참가신청은 일종의 소의 제기에 해당하고 참가요건은 소송요건에 해당하므로 참가요건에 흠이 있는 때에는 변론을 거쳐 판결로 참가신청을 각하하여야 한다.

② 승계참가가 부적법한 경우에는 피참가인의 소송탈퇴는 허용되지 않고 피참가인과 상대방 사이의 소송관계가 유효하게 존속된다.

③ 승계참가인의 참가신청이 부적법함에도 불구하고 법원이 이를 간과하여 승계참가인의 참가신청과 피참가인의 소송탈퇴가 적법함을 전제로 승계참가인과 상대방 사이의 소송에 대해서만 판결을 하였는데 상소심에서 승계참가인의 참가신청이 부적법하다고 밝혀진 경우, 상소심법원은 탈퇴한 피참가인의 청구에 관하여 심리·판단할 수 있다.

④ 원고가 소송의 목적인 손해배상채권을 승계참가인에게 양도하고 피고들에게 채권양도의 통지를 한 다음 승계참가인이 승계참가신청을 하자 탈퇴를 신청하였으나 피고들의 부동의로 탈퇴하지 못한 경우, 원고의 청구와 승계참가

인의 청구는 통상의 공동소송으로서 모두 유효하게 존속하는 것이므로 법원
은 원고의 청구 및 승계참가인의 청구 양자에 대하여 판단을 하여야 한다.

⑤ 소송계속 중 사망한 甲에게서 소송탈퇴에 관한 특별수권을 받은 소송대리인
은, 승계참가인 乙이 승계참가신청을 하자 소송탈퇴를 신청하였고 상대방
측 소송대리인이 위 탈퇴에 동의하였는데, 乙이 소송물과 관련한 甲의 재산
을 단독으로 상속하게 되었다면서 소송수계신청을 하였고 이후 乙은 승계참
가신청취하서를 제출하여 상대방 측 소송대리인이 위 취하에 동의한 경우,
甲의 소송대리인이 한 소송탈퇴신청은 상속인들 모두에게 그 효력이 미치므
로 甲과 상대방 사이의 소송관계, 즉 甲의 상속인들과 상대방 사이의 소송
관계는 소송탈퇴로 적법하게 종료되었다.

〈해설〉 정답 ③

③ 이 경우 피참가인과 상대방 사이의 소송은 여전히 탈퇴 당시의 심급에 계속되어 있으므로 상소
심법원은 탈퇴한 피참가인의 청구에 관하여 심리·판단할 수 없다(대법원 2012.4.26. 선고
2011다85789 판결).

제19장 상소

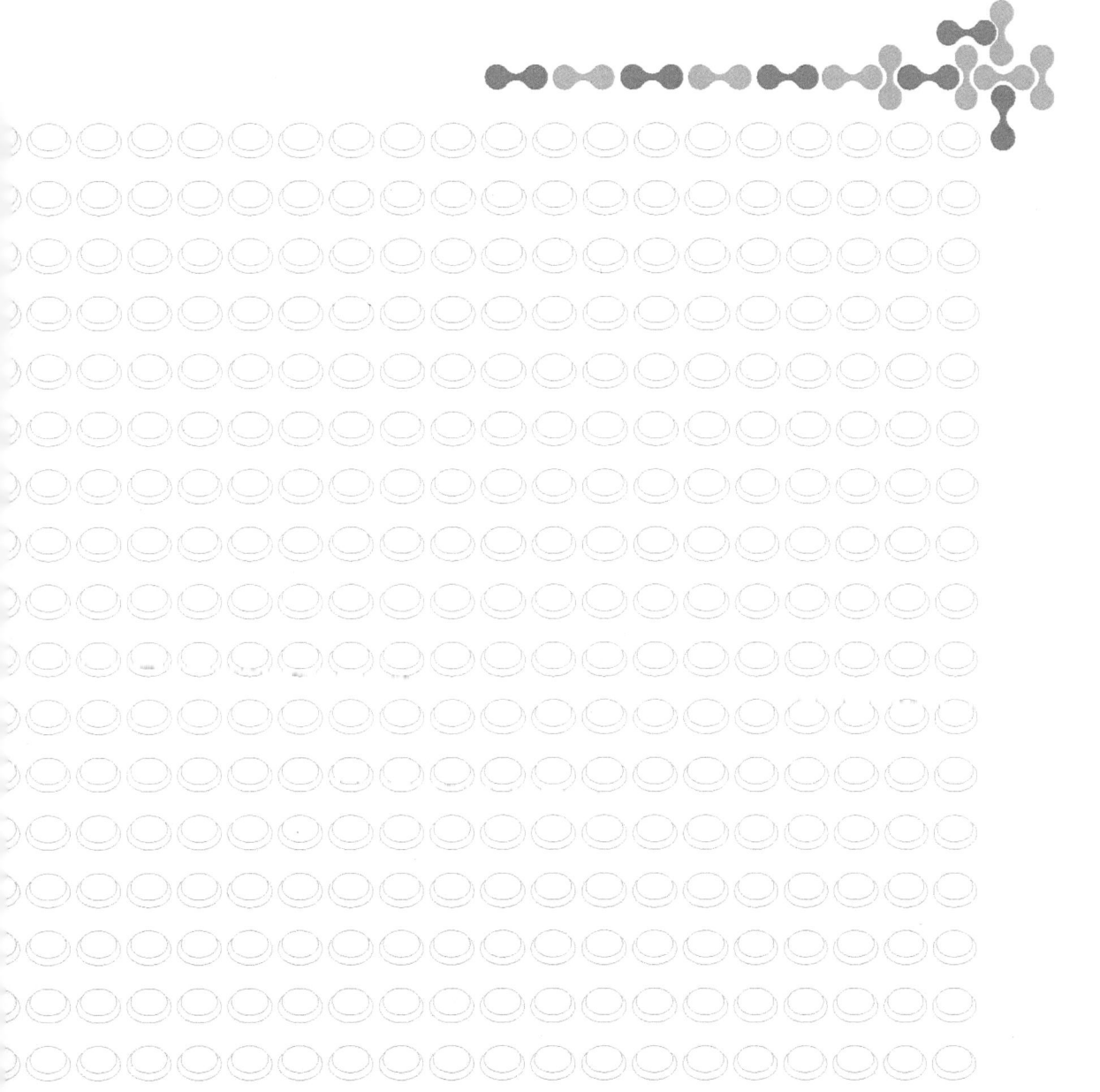

문1. 다음 설명 중 상소의 대상적격에 관한 판례의 입장이 <u>아닌</u> 것은?

① 소송비용의 재판에 대한 불복은 본안에 대한 상고의 전부 또는 일부가 이유 있는 경우에 한하여 허용되고, 본안에 대한 상고가 이유 없을 때에는 허용될 수 없다.

② 법원이 청구의 일부에 대하여 재판을 유탈한 때에는 그 청구부분은 아직 그 법원에 계속하는 것이므로, 이 부분에 대한 상고는 그 대상이 없는 상고로서 부적법하다.

③ 판결정본송달 전에 한 상소가 적법한 것과 마찬가지로 결정고지 전에 한 항고도 적법하다.

④ 가집행선고의 재판의 대해서는 본안재판의 불복과 더불어서만 불복할 수 있으며, 본안과 더불어 상소된 가집행선고의 재판에 비록 잘못이 있다 하더라도 본안사건에 대한 상고가 이유 없다고 판단되는 경우에 있어서는 가집행선고의 재판을 시정하는 판단을 할 수 없다.

⑤ 소송인수를 명하는 결정에 불복이 있으면 본안에 대한 판결과 함께 상소할 수 있을 뿐이고, 승계인이 위 결정에 대하여 독립하여 불복할 수 없다.

〈해설〉 정답 ③

③ 결정은 상당한 방법에 의하여 고지함으로써 그 효력이 발생하는 것이고 그 고지 전에는 결정의 효력이 발생하지 아니하여 항고권도 발생하지 않으므로 결정고지 전에 한 항고는 부적법하다 (대법원 1983.3.29.자 83스5 결정).

문2. 상소의 대상적격에 관한 다음 설명 중 <u>옳지 않은</u> 것을 모두 묶은 것은? (다툼이 있는 경우 판례에 의함)

㉠ 무효인 판결은 상소의 대상이 되지 않는다.

㉡ 매각허가결정이 선고되기 전에 존재하지도 아니한 매각허가결정을 대상으로 하여 제기된 항고는 부적법하나, 그 항고가 부적법하다는 이유로 각하되지 않고 있는 동안에 항고인에게 불이익한 매각허가결정이 선고된 경우에는 당해 항고는 적법한 것으로 된다.

㉢ 증인신문조서의 기재에 관하여 불복이 있어도 상소의 대상이 되지 않는다.

㉣ 항소심에서의 환송판결·이송판결은 독립한 상고의 대상이 되지 않는다.

ⓗ 참칭대표자를 대표자로 표시하여 소송을 제기하여 그 앞으로 소장부본 및 변
　　　론기일소환장이 송달된 결과 무변론 판결이 선고된 경우 상소의 대상이 된다.

① ㄱ, ㅁ, ㅂ　　　　② ㄱ, ㄴ, ㅁ, ㅂ　　　　③ ㄱ, ㄴ

④ ㄱ, ㄷ, ㄹ　　　　⑤ ㄴ, ㅂ

〈해설〉 정답 ②

ⓙ 무효인 판결도 상소의 대상이 된다. 허위주소로 인한 피고의 자백간주 편취의 판결은 미확정판
　결로 언제든지 상소의 대상이 된다.

ⓛ 매각허가결정이 선고되기 전에 존재하지도 아니한 매각허가결정을 대상으로 하여 제기된 항고
　는 부적법하고, 그 항고가 부적법하다는 이유로 각하되지 않고 있는 동안에 항고인에게 불이익
　한 매각허가결정이 선고되었다고 하여도 당해 항고는 적법한 것으로 되지 아니한다.

ⓜ 판례는 종국판결설에 따라 독립한 상고의 대상이 된다고 본다(대법원 전원합의체 1981.9.8.
　선고 80다3271 판결).

ⓑ 적법한 대표자가 변론기일소환장을 송달받지 못했기 때문에 실질적인 소송행위를 하지 못한 관
　계로 무변론판결이 선고된 것이므로 제451조 제1항 제3호 소정의 재심사유에 해당한다.

문3. 상소요건에 관한 다음 설명 중 옳지 않은 것을 모두 묶은 것은? (다툼 이 있는 경우 판례에 의함)

　　ⓙ 추가판결의 대상이 되는 재판누락의 경우에도 상소할 수 있다.

　　ⓛ 상소는 서면 또는 말(구술)로도 제기할 수 있다.

　　ⓒ 상소장을 원심법원이 아닌 상소법원에 잘못 제출하여 상소법원이 원심법원에
　　　송부한 경우에 상소기간의 준수 여부는 상소장이 원심법원에 접수된 때를
　　　기준으로 한다.

　　ⓡ 원고가 피고의 주소를 허위로 기재하여 소를 제기함으로써 그 허위주소로
　　　소송서류가 송달되어 피고 아닌 원고가 그 서류를 받아 무변론 원고승소의
　　　제1심판결이 선고되고 그 판결정본 역시 허위의 주소로 보내어져 송달된 것
　　　으로 처리되었다면, 이 사건 제1심 판결정본은 피고에게 적법하게 송달되었
　　　다고 할 수 없으므로 그 판결에 대한 항소기간은 진행을 개시하지 아니한다.

　　ⓜ 판결선고 후에는 송달 전이라도 적법하게 상소를 제기할 수 있다.

　　ⓑ 통상항고는 재판의 고지가 있는 날부터 1주일 내에 제기하여야 한다.

① ㉠, ㉢　　　　② ㉠, ㉡, ㉣　　　　③ ㉠, ㉡, ㉤
④ ㉠, ㉡, ㉢, ㉣　　⑤ ㉡, ㉣

〈해설〉 정답 ②

㉠ 재판누락이 발생한 경우 이 부분 소송은 아직 원심에 계속 중이므로 상소불허.
㉡ 상소는 상소장이라는 서면에 의하여야 하고 말로 할 수 없다.
㉣ 즉시항고나 특별항고의 경우는 재판의 고지 시부터 7일 내에 제기하여야 하고, 통상항고는 재판의 취소를 구할 이익이 있는 한 어느 때나 제기할 수 있다.

문4. 상소제기에 관한 다음 설명 중 가장 옳지 않은 것은? (다툼이 있는 경우 판례에 의함)

① 상고장이 대법원에 바로 제출되었다가 다시 원심법원에 송부된 경우에는 상고장이 원심법원에 접수된 때를 기준하여 상고제기기간 준수 여부를 따져야 한다.
② 상소장에는 불복신청의 범위나 상소이유를 기재하여야 한다.
③ 상소제기의 기간은 불변기간으로 이에 관한 규정은 강행규정이다.
④ 당사자에게 여러 소송대리인이 있는 경우 항소기간은 소송대리인 중 1인에게 최초로 판결정본이 송달되었을 때부터 기산된다.
⑤ 판결정본이 적법하게 송달된 바 없으면 항소기간이 진행되지 아니하므로 항소의 추후보완의 문제는 생길 수 없다.

〈해설〉 정답 ②

② 상소이유는 상소장의 필요적 기재사항은 아니다. 다만 상고의 경우 상고장에 상고이유를 기재하지 아니한 때에는 상고이유서를 정해진 기간 안에 제출하여야 한다.

문5. 상소권의 포기에 관한 다음 설명 중 옳지 않은 것은? (다툼이 있는 경우 판례에 의함)

① 판결선고 전에는 상소권을 포기할 수 없다.
② 항소포기의 의사를 표시하는 서면이 법원에 제출되기 전에 그 약정을 해제하기로 다시 합의하고 항소를 제기하였다면 그 합의 해제의 효력에 따라 위 항소는 적법하다.
③ 상소권 포기는 법원에 대한 단독행위로서 상소제기 전에는 원심법원에, 상소제

기 후에는 소송기록이 있는 법원에 서면 또는 말(구술)로 하여야 한다.

④ 상소권포기는 직권조사사항이나, 상소권포기계약은 피상소인의 항변사항이다.

⑤ 상대방이 전부 승소하여 항소의 이익이 없는 경우에는 항소권을 가진 패소자만 항소포기를 하면 비록 상대방의 항소기간이 만료하지 않았더라도 제1심판결은 확정된다.

〈해설〉 정답 ③

③ 서면으로 하여야 한다.

문6. 상소권의 포기에 관한 다음 설명 중 옳지 않은 것은? (다툼이 있는 경우 판례에 의함)

① 당사자는 판결선고 후 상대방의 동의 없이 상소권을 포기할 수 있다.

② 판결의 효력이 제3자에게 미치는 경우에는 상소권의 표기가 허용되지 아니한다.

③ 상소제기 후의 상소권의 포기는 상소취하의 효력도 있다.

④ 상소권포기계약이 있음에도 상소가 제기된 경우 법원은 직권으로 부적법한 상소로 상소를 각하하여야 한다.

⑤ 상소권을 포기한 당사자가 상소를 제기하면 법원은 직권으로 상소를 각하하여야 한다.

〈해설〉 정답 ④

④ 법원의 직권조사사항이 아니라 피상소인의 항변사항이다.

문7. 불항소의 합의에 대한 다음 설명 중 옳지 않은 것은? (다툼이 있는 경우 통설·판례에 의함)

① 제1심 판결선고 전이라도 불항소의 합의를 할 수 있다.

② 구체적인 어느 특정 법률관계에 관하여 당사자 쌍방이 제1심 판결선고 전에 미리 항소하지 아니하기로 합의하였다면 제1심 판결은 선고와 동시에 확정되는 것이므로 그 판결선고 후에는 당사자의 합의에 의하더라도 그 불항소 합의를 해제하고 소송계속을 부활시킬 수 없다.

③ 제1심의 종국판결에 대해서는 그 종국판결 후 당사자 쌍방이 상고할 권리를 유보하고 항소를 하지 아니하기로 합의한 때에 한하여 비약적 상고를 할 수 있을

뿐이며, 제1심 판결에 대하여 상고를 하면서 그 합의에 관한 서면을 제출한 바 없다면 상고는 부적법하다.

④ 불항소합의는 항변사항이다.

⑤ 불항소합의는 반드시 서면에 의하여야 할 것이며, 그 서면의 문언에 의하여 당사자 쌍방이 상소를 하지 아니한다는 취지가 명백하게 표현되어 있을 것을 요한다.

〈해설〉 정답 ④

④ 판례는 직권조사사항으로 본다.

문8. 상소의 이익에 관한 설명 중 옳은 것으로만 묶인 것은? (다툼이 있는 경우 판례에 의함)

> ㉠ 원고의 피고에 대한 청구가 제1심에서 모두 기각된 경우 피고의 원고에 대한 항소는 각하되어야 한다.
>
> ㉡ 잔부를 유보하지 않은 묵시적 일부청구의 경우 일부 청구에 관하여 전부 승소한 채권자는 나머지 부분에 관하여 청구를 확장하기 위한 항소의 이익을 인정한다.
>
> ㉢ 청구이의 소에서 전부승소자인 원고가 다른 이의사유를 추가하기 위한 항소는 인정되지 않는다.
>
> ㉣ 원고가 재산상 손해(소극적 손해)에 대해서는 형식상 전부 승소하였으나 위자료에 대해서는 일부 패소하였고, 이에 대하여 원고가 원고 패소부분에 불복하는 형식으로 항소를 제기한 경우에는, 위자료는 물론이고 재산상 손해(소극적 손해)에 관해서도 청구의 확장을 허용한다.
>
> ㉤ 甲이 乙에 대하여 A를 대위하여 소유권이전등기의 말소청구를 하면서 대위소송의 피보전권리이 발생원인을 甲과 A 사이의 매매계약으로 주장하였으나 원심이 이를 양도담보약정으로 인정하여 원고 승소판결을 선고한 경우 원심이 판결이유에서 A에 대한 원고의 피보전권리의 발생원인을 잘못 인정하였다 하더라도 그 사유만으로는 상소의 이익이 없다.
>
> ㉥ 피고의 예비적 상계의 항변이 받아들여져 피고가 승소판결을 받은 경우 승소한 피고는 상소의 이익이 없다.

① ㉠, ㉡, ㉢, ㉣　　　　　② ㉠, ㉡, ㉣, ㉮　　　　③ ㉠, ㉡, ㉣

④ ㉠, ㉡, ㉣, ㉤, ㉮　　　⑤ ㉠, ㉡, ㉣, ㉤

〈해설〉 정답 ⑤

㉠ 상소는 자기에게 불이익한 재판에 대하여 유리하게 취소·변경을 구하기 위한 것으로 승소판결에 대한 불복상소는 허용할 수 없다. 원고의 피고에 대한 청구는 제1심에서 모두 기각되어 피고로서는 제1심판결 중 원고에 관한 부분에 대해서는 항소를 제기할 아무런 이익이 없는 것이므로 원심으로서는 마땅히 피고의 원고에 대한 항소를 각하하여야 한다(형식적 불복설).

㉡ 판례(대법원 1997.10.24. 선고 96다12276 판결)는 이 경우 예외적으로 실질적 불복설을 취하여 항소의 이익을 인정한다.

㉢ 청구이의 소(민사집행법 제44조 제3항)에서 전부승소자인 원고가 다른 이의사유를 추가하기 위한 항소도 인정된다. 이시윤, p.807 참조.

㉣ 대법원 1994.6.28. 선고 94다3063 판결

㉤ 승소한 당사자는 판결이유 중의 판단에 불만이 있어도 상소의 이익이 없다. 대법원 1992.3.27. 선고 91다40696 판결

㉮ 이 경우에는 피고로서는 원고의 소구채권의 부존재를 이유로 승소한 것보다 불이익이 되기 때문에 상소의 이익이 있다. 이시윤, p.807 참조.

문9. 상소의 이익에 관한 다음 설명 중 옳지 않은 것은? (다툼이 있는 경우 판례에 의함)

① 소를 부적법한 것으로 각하한 항소심판결에 대하여 원고가 상고이유로 소를 각하할 것이 아니라 청구를 기각하여야 한다고 주장하는 것은 자신에게 오히려 불리한 사유를 주장하는 것이므로 받아들일 것이 못 된다.

② 소각하판결에 대하여 패소자인 원고는 상소할 수 있으나 승소자인 피고는 상소할 수 없다.

③ 소유권이전등기청구를 매매를 원인으로 청구한 데 대하여 양도담보약정으로 인용한 경우 원고의 상소이익이 긍정된다.

④ 피고의 동시이행항변이 없었음에도 상환이행판결을 한 경우 피고는 불복할 수 없다.

⑤ 원고 일부 승소의 제1심판결에 대하여 아무런 불복을 제기하지 않은 피고는 항소심이 변경판결을 한 경우에도 마찬가지로 제1심판결에서 원고가 승소한 부분에 관해서는 상고를 제기할 수 없다.

② 소각하판결은 원고에게 불이익일 뿐 아니라 만일 피고가 청구기각의 신청을 한 때에는 본안판결을 받지 못한 점에 피고에게도 불이익이 있기 때문에 원고나 피고 모두 상소할 수 있다(이시윤, p.808).

문10. 상소의 이익에 관한 다음 설명 중 옳지 않은 것은? (다툼이 있는 경우 판례에 의함)

① 전부승소한 피고가 반소의 제기를 위해 상소하는 것이 허용된다.

② 징계처분의 취소를 구하는 원고의 청구가 인용된 경우 그 판결이유 중에 원고에게 비위사실이 있다고 판시한 부분이 부당하다고 하여 이 부분 이유의 변경을 위하여 상소하는 것은 허용되지 아니한다.

③ 예비적 병합청구에서 주위적 청구기각, 예비적 청구인용 판결의 경우 원고는 주위적 청구에 대하여, 피고는 예비적 청구에 대하여 상소의 이익이 있다.

④ 예비적 공동소송의 경우 주위적 피고에 대하여 청구기각, 예비적 피고에 대해 청구인용의 경우 원고와 예비적 피고가 각기 상소의 이익이 있다.

⑤ 제1심에서 원고의 피고에 대한 청구와 피고의 원고에 대한 반소청구가 모두 기각되었는데 이에 대하여 피고만 반소에 대하여 항소를 제기하였고 원고는 항소나 부대항소도 제기하지 않고 있다가 피고의 항소가 기각되자 상고를 제기한 것은 상고할 이익이 없는 때에 해당하여 부적법하다.

〈해설〉 정답 ①

① 부대상소는 별문제이다. 전부승소한 피고가 반소제기를 위해 상소하는 것은 불허.

문11. 상소로 인한 이심의 효력에 관한 설명 중 옳지 않은 것은? (다툼이 있는 경우 판례에 의함)

① 수 개의 청구 중 각 일부를 인용한 제1심판결에 대하여 적법한 항소의 제기가 있으면 그 청구의 전부의 확정이 차단되어 항소심에 이심되고, 다만 불복하지 아니한 부분은 항소심의 심리판단의 대상이 될 수 없을 뿐이다.

② 사망자를 피고로 하여 제소한 제1심에서 원고가 상속인으로 당사자표시정정을 함에 있어서 일부상속인을 누락시킨 탓으로 그 누락된 상속인이 피고로

되지 않은 채 제1심판결이 선고된 경우에 원고는 항소심에서 그 누락된 상속인을 다시 피고로 정정 추가할 수 없다.

③ 제1심 원고이던 甲이 소송계속 중 사망하였고 그의 소송대리인도 없었는데 그 공동상속인들 중 1인인 제1심 공동원고 乙만이 甲을 수계하여 심리가 진행된 끝에 제1심법원은 乙만을 甲의 소송수계인으로 하여 판결을 선고한 경우, 만일 甲을 수계할 다른 사람이 있음에도 수계절차를 밟지 않았다면 그에 대한 관계에서는 그 소송은 중단된 채로 제1심법원에 계속되어 있다.

④ 원고가 주위적으로 이 사건 계약의 권리금 상당 손해배상을 구하고, 예비적으로 이 사건 계약의 임대차보증금 상당 손해배상을 구하는 내용으로 청구를 병합한 것을 제1심 법원이 단순병합 청구로 보정하게 하는 등의 조치를 취하지 아니하고 권리금 상당 손해배상청구 중 일부만을 인용하고 나머지 청구에 대한 심리·판단을 모두 생략하는 내용의 판결을 한 경우 이에 대하여 피고만이 항소한 이 사건에서 제1심법원이 심리·판단하지 않은 임대차보증금 상당 손해배상청구도 항소심에 이심된다.

⑤ 원고의 청구를 일부 인용하는 제1심판결에 대하여 원고는 항소하였으나 피고들은 항소나 부대항소를 하지 아니한 경우, 원고 일부 승소의 제1심판결에 대하여 아무런 불복을 제기하지 않은 피고들은 제1심판결에서 원고가 승소한 부분에 관해서는 상고를 제기할 수 없다.

〈해설〉 정답 ④

④ 이 사건에서 제1심법원이 심리·판단하지 않은 임대차보증금 상당 손해배상청구는 여전히 제1심에 남아 있게 된다. 대법원 2009.12.24. 선고 2009다10898 판결; 대법원 2008.12.11. 선고 2005다51495 판결 참조.

문12. 다음 중 상소불가분의 원칙에 관한 판례의 태도와 <u>다르게</u> 기술된 것만으로 모두 묶은 것은?

> ㉠ 주위적 청구를 배척하면서 예비적 청구에 대하여 판단하지 아니하는 판결을 한 경우에는 그 판결에 대한 상소가 제기되면 판단이 누락된 예비적 청구부분은 재판의 탈루에 해당하여 원심에 계속 중이라고 볼 것이다.
> ㉡ 선택적 병합에서 하나의 청구가 인용되어 나머지를 판단하지 아니한 경우

에도 판단하지 아니한 나머지 청구에도 이심의 효력이 미친다.

ⓒ 예비적 반소에서 본소가 배척됨으로써 반소청구를 판단하지 않은 경우에도 반소부분에 이심의 효력이 미친다.

ⓔ 청구의 일부에 대하여 불상소의 합의나 항소권·부대항소권의 포기가 있는 경우에는 그 부분만이 가분적으로 확정된다.

ⓜ 수 개의 청구를 모두 기각한 제1심판결에 대해 일부 청구에 대해서만 불복항소를 제기한 경우 항소심은 불복항소하지 않은 부분도 항소심으로 이심되고 심판의 대상이 된다.

ⓗ 주위적 청구를 인용한 제1심판결에 대하여 피고가 불복항소한 경우 항소가 이유 있을 때 주위적 청구를 배척하는 데 그치지 않고 예비적 청구에 대하여 심판하여야 한다.

① ㉠, ㉡, ㉢, ㉤   ② ㉣, ㉤, ㉥   ③ ㉠, ㉤

④ ㉠   ⑤ ㉤

〈해설〉 정답 ③

㉠ 주위적 청구를 배척하면서 예비적 청구에 대하여 판단하지 아니하는 판결을 한 경우에는 그 판결에 대한 상소가 제기되면 판단이 누락된 예비적 청구부분도 상소심으로 이심이 되고 그 부분이 재판의 탈루에 해당하여 원심에 계속 중이라고 볼 것은 아니다. 대법원 전원합의체 2000.11.26. 선고 98다22253 판결

㉤ 이심의 범위와 심판의 범위는 일치하지 않는다. 불복하지 않은 부분은 이심은 되었으나, 심판의 대상은 되지 않는다. 따라서 이 부분에 대하여 이유 있다고 받아들이는 인용판결을 할 수 없다.

문13. 상소의 효력에 관한 다음 설명 중 옳지 않은 것은? (다툼이 있는 경우 판례에 의함)

① 1심에서 주위적 청구를 기각하고 예비적 청구를 인용한 판결에 대하여 피고만이 항소한 때에는, 주위적 청구는 심판의 대상이 되지 않는다.

② 항소인은 항소심의 변론종결 시까지 어느 때나 심판의 범위를 확장할 수 있다.

③ 결정·명령에 대하여 통상항고가 제기된 경우 확정차단의 효력이 생긴다.

④ 본래의 예비적 공동소송이 아닌데 주위적 피고로 한국수자원공사에 대하여, 예비적 피고로 국가에 대하여 토지 상공의 점유로 인한 부당이득반환청구의

소를 제기하여 제1심이 주위적 피고에 대한 청구는 기각하고 예비적 피고에 대한 청구는 인용하자 원고가 위 공사에 대하여 항소를 제기하고 공사와 국가는 항소하지 않은 사안에서, 공사에 대한 청구만이 항소심의 심판대상이 되고 국가에 대한 제1심판결은 항소기간 만료일이 지남으로써 분리 확정된다.

⑤ 통상공동소송에서 공동소송인 중의 1인이 또는 1인에 대한 상소는 다른 공동소송인에 대한 청구에 상소의 효력이 미치지 않는다.

〈해설〉 정답 ③

③ 결정·명령에 통상항고를 제기한 경우에 확정차단효가 없다. 통상항고가 제기된 결정·명령에 대해 집행력을 저지하기 위해서는 별도의 집행정지조치를 요한다.
④ 대법원 2012.9.27. 선고 2011다76747 판결

문14. 항소심 당사자에 대한 다음 설명 중 <u>옳지 않은</u> 것으로만 묶인 것은? (다툼이 있는 경우 판례에 의함)

> ㉠ 보조참가인은 피참가인이 항소권을 포기하지 않은 한 스스로 항소를 제기할 수 있고, 이 경우에는 항소인이 된다.
> ㉡ 채권자는 채권자대위권에 기하여 당사자인 채무자 대신에 항소를 제기할 수 있다.
> ㉢ 가사소송의 당사자로 된 검사는 항소인이나 피항소인이 될 수 없다.
> ㉣ 제1심판결선고 후 승계인으로 수계를 마친 자는 항소인 또는 피항소인이 된다.
> ㉤ 제1심판결선고 후 승계할 자가 항소를 함과 동시에 항소법원에 수계신청을 한 때에는 수계신청이 부적법하지 않는 한 적법한 항소로 취급된다.
> ㉥ 판결선고 전에 항소권을 포기한 자도 항소를 제기할 수 있다.

① ㉠, ㉡, ㉢   ② ㉠, ㉡, ㉢, ㉥   ③ ㉠, ㉡, ㉢, ㉤, ㉥
④ ㉠, ㉡, ㉣   ⑤ ㉠, ㉢

〈해설〉 정답 ①

㉠ 보조참가인은 당사자가 아니기 때문에 항소를 제기한 경우에도 항소인은 되지 않는다.
㉡ 제1심의 원고나 피고가 아닌 제3자는 필수적 공동소송이나 독립참가, 공동소송참가, 예비적 선택적 공동소송의 경우를 제외하고 항소인이 될 수 없다.
㉢ 이 경우 검사가 당사자이기 때문에 항소인이나 피항소인이 될 수 있다.

문15. 항소의 제기에 관한 다음 설명 중 <u>옳지 않은</u> 것은? (다툼이 있는 경우 판례에 의함)

① 항소인의 기명날인 등이 누락되었다고 하더라도 기재에 의하여 항소인이 누구인지 알 수 있고, 그것이 항소인 의사에 기하여 제출된 것으로 인정되면 이를 무효라고 할 수 없다.

② 항소장 전체의 취지로 보아 제1심판결의 변경을 구한다는 내용임을 알 수 있는 경우라면, 제1심 또는 항소심 재판장이 항소취지 또는 항소이유를 명확히 하라는 보정명령을 하였는데도 항소인이 이에 불응하였다고 하더라도 이는 재판장의 항소장 각하명령에 관한 민사소송법 제399조 제2항 또는 제402조 제2항이 적용될 사유에는 해당하지 아니한다.

③ 항소인이 추완항소임을 명백히 하지 아니한 이상 법원이 항소각하판결을 하기 전에 반드시 추완사유의 유무를 심리하거나 이를 주장할 수 있는 기회를 주어야 하는 것은 아니다.

④ 항소장에 기재된 피항소인의 주소로 항소장부본과 제1차 변론기일통지서를 송달하였다가 '수취인 불명'으로 송달불능이 되자 원심 재판장이 항소인에게 주소보정을 명한 다음 주소보정을 하지 않았다는 이유로 항소장을 각하한 것은 적법하다.

⑤ 항소법원의 재판장이 항소장에 첩용할 인지의 부족액이 있음을 이유로 일정한 기간을 정하여 그 가첩을 명하였다가 당사자가 그 기간 내에 인지의 가첩을 하지 아니하여 그것을 이유로 항소장을 각하하는 명령을 한 경우, 그 후에 설사 그 당사자가 부족인지를 가첩하고 불복을 신청하였다 하더라도 항소법원으로서는 재도의 고려에 의하여 그 각하명령을 취소할 수 없다.

〈해설〉 정답 ④

① 대법원 2011.5.13. 선고 2010다84956 판결
② 대법원 2012.3.30.자 2011마2508 결정
③ 대법원 2011.9.29.자 2011마335 결정
④ 대법원 2011.11.11.자 2011마1760 결정: 소송기록에 나타나 있는 다른 주소로 송달을 시도해 보고 그곳으로도 송달이 되지 않는 경우에 주소보정을 명하였어야 하는데도, 이러한 조치를 취하지 않은 채 항소장에 기재된 주소가 불명하여 송달이 되지 않았다는 것만으로 송달불능이라 하여 주소보정을 명한 것은 잘못이므로, 주소보정을 하지 않았다는 이유로 항소장을 각하한 원

심명령은 위법하다고 한 사례.

⑤ 대법원 1971.6.23.자 71마410 결정

문16. 항소장심사에 관한 다음 설명 중 타당하지 않은 것은? (다툼이 있는 경우 판례에 의함)

① 재판장의 항소장 심사권에 의하여 한 재판장의 보정명령에 대하여서는 항소인이 이에 불응하여 항소장의 각하명령을 기다려 이에 대하여 즉시항고를 할 수 있을 뿐 보정명령 자체에 대하여서는 즉시항고를 할 수 없다.

② 항소권의 포기 등으로 제1심판결이 확정된 후에 항소장이 제출되었음이 분명한 경우도 원심재판장이 항소장 각하명령을 할 수 있다.

③ 항소심 재판장은 항소장의 송달이 불능하여 그 보정을 명하였음에도 항소인이 이에 응하지 아니한 경우에 항소장 각하명령을 할 수 있을 뿐이고, 항소장이 피항소인에게 송달되어 항소심의 변론이 개시된 후에는 피항소인에게의 기일통지서 등이 송달불능된다는 이유로 그 보정을 명하고 항소인이 이에 응하지 않는다고 항소장 각하명령을 할 수 없다.

④ 항소인에 대한 기일통지서가 송달불능되었다고 하더라도, 피항소인에게 항소장부본이 적법하게 송달된 이상, 항소심 재판장이 항소인에 대하여 항소인 자신의 주소를 보정할 것을 명하고, 이에 따른 보정이 없다고 하여 명령으로 항소장을 각하할 수는 없다.

⑤ 집행법원인 원심법원의 항고장 각하명령은 채권압류 및 전부명령을 1차적인 처분으로 한 원심법원이 그 채권압류 및 전부명령의 당부에 관하여 항고법원의 재판을 대신하여 판단하는 2차적인 처분이다.

〈해설〉 정답 ⑤

⑤ 집행법원인 원심법원의 항고장 각하명령은 채권압류 및 전부명령을 1차적인 처분으로 한 원심법원이 그 채권압류 및 전부명령의 당부에 관하여 항고법원의 재판을 대신하여 판단하는 2차적인 처분이 아니라, 위 채권압류 및 전부명령의 당부와는 무관하게 채무자가 이에 불복하여 제출한 즉시항고장에 필요적 기재사항이 기재되어 있는지, 소정의 인지가 첨부되어 있는지나 즉시항고 기간 내에 항고가 제기되었는지 등에 관하여 자기 몫으로 판단하는 1차적인 처분으로서, 그에 대한 불복방법인 즉시항고는 성질상 최초의 항고다(대법원 1995.5.15.자 94마1059, 1069 결정).

문17. 다음 중 항소의 취하에 관한 설명으로 <u>옳은</u> 것으로만 묶인 것은? (다툼이 있는 경우 판례에 의함)

> ㉠ 항소의 취하는 항소제기 후 항소심의 종국판결확정 시까지 할 수 있다.
> ㉡ 항소의 일부취하도 허용된다.
> ㉢ 필수적 공동소송의 경우에는 공동소송인 전원이 또는 전원에 대하여 항소를 취하할 것이 요구된다.
> ㉣ 항소취하는 취하서가 상대방에게 송달 시에 그 효력이 생긴다.
> ㉤ 항소의 취하에는 상대방의 동의가 필요 없다.
> ㉥ 항소의 취하 후에는 항소기간 만료 전이라도 다시 항소를 제기할 수 없다.

① ㉠, ㉡, ㉢   ② ㉢, ㉣, ㉤   ③ ㉢, ㉤
④ ㉢, ㉤, ㉥   ⑤ ㉠, ㉡, ㉤

〈해설〉 정답 ③

㉠ 항소취하는 항소심의 종국판결선고 전까지만 할 수 있다.
㉡ 항소불가분의 원칙상 항소의 일부취하는 허용되지 않는다.
㉣ 송달 시가 아니라 항소취하서가 항소법원에 제출된 때 그 효력이 발생한다.
㉥ 항소기간 만료 전이면 또 다시 항소를 제기할 수 있다.

문18. 항소취하에 관한 다음 설명 중 <u>옳지 않은</u> 것은? (다툼이 있는 경우 판례에 의함)

① 행위자의 의사의 흠을 이유로 항소취하의 무효 또는 취소를 주장할 수 없다.
② 보조참가인은 피참가인이 제기한 항소를 취하할 수 없으나, 피참가인은 보조참가인에 제기한 항소를 포기하거나 취하할 수 있다.
③ 항소취하로 원판결이 확정되나, 판결정본이 송달되기 전에 항소를 제기하였다가 취하되어도 원판결이 확정된다.
④ 일단 항소심의 종국판결이 있은 후라도 그 종국판결이 상고심에서 파기되어 사건이 다시 항소심에 환송된 경우에는 새로운 종국판결이 있기까지는 항소인은 피항소인이 부대항소를 제기하였는지에 관계없이 항소를 취하할 수 있다.
⑤ 피고의 항소로 인한 항소심에서 소의 교환적 변경이 적법하게 이루어졌다면 그 뒤에 피고가 항소를 취하한다 하더라도 항소취하는 그 대상이 없어 아무

런 효력을 발생할 수 없다.

〈해설〉 정답 ③

③ 판결선고 후 그 판결정본이 당사자에게 송달되지 않았다면 불변기간인 상소제기 기간은 적법하게 진행될 수 없으므로 당사자가 그 판결정본을 송달받기 전에 상소를 제기하였다가 그 후 취하하였다고 하여도 그 판결이 확정되지 않는다.

문19. 다음 〈사례〉에 관한 설명 중 <u>옳지 않은</u> 것은? (다툼이 있는 경우 판례에 의함)

> <사례>
> 甲 종중 대표자인 도유사 A가 2007.4.23. 원심판결에 대해 항소한 후, 2007.10.8. 甲 종중의 도유사로 새로 선임되었다는 B가 2007년 정기총회회의록, 참석자 명단, 위임장, 경과보고서와 이에 대한 인증서를 첨부하여 甲 종중의 대표자로서 항소취하서를 작성·제출하였다. 이에 대하여 甲 종중 소송대리인이 기일지정신청을 하면서 B를 도유사로 선임한 결의는 무효로서 甲 종중의 대표자는 여전히 A이므로 B가 甲 종중의 대표자로서 한 항소취하는 효력이 없다고 주장하는 경우 항소심법원은 어떻게 처리할 것인가?

① 종중의 대표자에게는 민사소송법 가운데 법정대리와 법정대리인에 관한 규정을 준용하고, 대표권이 있는 사실은 서면으로 증명하여야 한다.

② 종중 대표자가 대표권을 잃은 때에 소송절차는 중단되고, 이 경우 종중 대표자가 된 사람이 소송절차를 수계하여야 하나, 소송대리인이 있는 경우에는 소송절차가 중단되지 아니한다.

③ 소송대리인이 있어 소송절차가 중단되지 않는 경우에도 새로운 대표자는 소송절차를 수계할 수 있다.

④ 종중이 당사자인 사건에 있어서 대표자에게 적법한 대표권이 있는지는 소송요건에 관한 것으로서 법원의 직권조사사항이므로 법원으로서는 그 판단의 기초자료인 사실과 증거를 직권으로 탐지할 의무까지는 없다 하더라도 이미 제출된 자료에 의하여 그 대표권의 적법성에 의심이 갈 만한 사정이 엿보인다면 이에 관하여 심리·조사할 의무가 있다.

⑤ 법원의 심리결과 B의 대표권에 관한 적법성을 부정할 만한 사유를 찾아볼

수 없다면 甲 종중이 항소를 각하한다.

〈해설〉 정답 ⑤

⑤ 이 사건 소송은 B가 甲 종중의 대표자로서 한 위 상고취하에 의해 종료되었다 할 것이므로, 그 소송종료선언을 한다. 대법원 2008.4.10. 선고 2007다28598 판결 참조.

문20. 부대항소에 대한 다음 설명 중 옳지 않은 것으로만 묶인 것은? (다툼이 있는 경우 판례에 의함)

> ㉠ 피고만이 항소한 항소심에서 원고가 청구취지를 확장변경한 경우에는 그에 의하여 피고에게 불리하게 되는 한도에서 부대항소를 한 취지라고 볼 것이 므로, 항소심이 1심판결의 인용금액을 초과하여 원고청구를 인용하더라도 불이익변경금지의 원칙에 위배되는 것이 아니다.
> ㉡ 피항소인이 부대항소를 할 수 있는 범위는 항소인이 주된 항소에 의하여 불복을 제기한 범위에 의하여 제한을 받지 아니한다.
> ㉢ 당사자 양쪽이 모두 주된 항소를 제기한 경우에는 그 한쪽은 상대방의 항소에 부대항소를 할 수 없다.
> ㉣ 부대항소를 함에는 상대방의 동의를 요한다.
> ㉤ 부대항소는 주된 항소의 취하 또는 부적법 각하에 의하여 그 효력을 잃는다.
> ㉥ 통상공동소송에 있어 공동소송인 일부만이 상고를 제기한 때에는 피상고인 은 상고인인 공동소송인 이외의 다른 공동소송인을 상대방으로 하거나 상대방으로 보태어 부대상고를 제기할 수는 없다.

① ㉠, ㉡, ㉣   ② ㉢, ㉣   ③ ㉢
④ ㉣   ⑤ 답이 없다

〈해설〉 정답 ④

㉣ 상대방의 동의가 필요 없다.

문21. 부대항소에 관한 다음 설명 중 옳지 않은 것은? (다툼이 있는 경우 판례에 의함)

① 제1심에서 전부 승소한 피항소인이 반소의 제기를 위한 부대항소가 가능하다.

② 피고만이 항소를 한 경우에 원고가 항소심에서 청구취지를 확장하였다면 그 한도에서 부대항소를 한 것으로 의제된다.

③ 원고가 제1심에서 금원의 수령과 동시에 소유권이전등기의 말소를 구하여 승소판결을 받았는데 이에 대하여 피고만이 항소를 제기한 경우 항소심에서 원고가 금원 수령과의 동시이행부분을 철회한 것을 부대항소로 보아 등기말소 청구만을 인용하는 변경 판결을 한 것은 불이익변경금지의 원칙에 위배되지 아니한다.

④ 제1심이 원고들의 본소 중 주위적 청구를 전부 인용하고, 피고의 반소 중 주위적 청구에 대한 소를 각하하고 예비적 청구를 일부 인용한 데 대하여, 피고는 반소의 예비적 청구를 일부 기각한 부분에 대해서만 항소를 제기하였을 뿐 본소에 대해서는 항소를 제기하지 아니하였으므로, 원고들의 본소는 주위적 청구뿐만 아니라 예비적 청구 역시 원심의 심판범위에서 제외되는 것이고, 따라서 원고들이 원심에서 청구취지 및 청구원인변경신청서를 제출하여 예비적 청구에 불법행위에 의한 손해배상청구를 선택적으로 추가한 경우 이는 부대항소의 취지로 심판의 대상이 된다.

⑤ 항소심에서 교환적 변경에 의한 부대항소는 부정된다.

〈해설〉 정답 ④

④ 원고들이 원심에서 청구취지 및 청구원인변경신청서를 제출하여 예비적 청구에 불법행위에 의한 손해배상청구를 선택적으로 추가하였다고 하더라도 추가된 예비적 청구가 원심의 심판범위에 포함된다고 할 수 없다(대법원 2008.7.24. 선고 2008다18376 판결).

문22. 다음 중 부적법한 항소로서 변론 없이 판결로 항소를 각하할 수 있는 것이 <u>아닌</u> 것은? (다툼이 있는 경우 판례에 의함)

① 항소의 이익이 없는 항소

② 판결선고 전에 제기한 항소

③ 대리권소멸 후에 제기한 항소

④ 불항소의 합의가 있는데 제기한 항소

⑤ 사망자 상대의 판결에 대한 항소

<해설> 정답 ③

③ 추인의 여지가 있으므로 보정할 수 없는 경우에 해당되지 않으며, 일단 변론을 열고 본다.

문23. 항소심의 본안심리에 관한 설명으로 옳지 않은 것으로만 묶인 것은?
   (다툼이 있는 경우 판례에 의함)

> ㉠ 항소심 불복의 범위는 항소심의 변론종결 시까지 변경할 수 있으며, 피항
>   소인도 부대항소에 의하여 불복의 범위를 확장할 수 있다.
> ㉡ 주위적 청구기각·예비적 청구인용의 판결에 대하여 피고가 자기 패소의
>   예비적 청구부분에 항소한 경우 주위적 청구도 항소심에 이심되나, 심판의
>   범위는 예비적 청구에 국한된다.
> ㉢ 주위적 청구를 인용하고 예비적 청구를 심판하지 아니한 경우 예비적 청구
>   도 항소심에 이심되어 심판의 대상이 된다.
> ㉣ 원칙적으로 제1심판결로 심판하지 아니하고 누락한 부분은 추가판결의 대
>   상이고 항소심의 심판대상이 아니다.
> ㉤ 항소심의 심판대상이 되지 아니한 부분은 항소심 변론종결 시에 확정된다.
> ㉥ 항소심에서 피고의 경정이나 필수적 공동소송인의 추가는 허용되지 아니한다.

① ㉠, ㉡, ㉤, ㉥　　　② ㉢, ㉤　　　③ ㉤
④ ㉣, ㉤, ㉥　　　　　⑤ 답이 없다

<해설> 정답 ③

㉤ 판례는 항소심판결 시에 확정된다고 한다.

문24. 항소심의 변론에 대한 다음 설명 중 옳지 않은 것으로만 묶인 것은?
   (다툼이 있는 경우 판례에 의함)

> ㉠ 항소심에서 항소이유로 특별히 지적하거나 그 후의 심리에서 다시 지적하
>   지 않는다 하더라도 법원은 제1심에서의 주장을 받아들일 수 있다.
> ㉡ 항소심에서도 소의 교환적 변경이 가능하며 이 경우에는 구 청구의 취하의
>   효력이 발생할 때에 그 소송계속은 소멸되는 것이므로 항소심에서는 구 청
>   구에 대한 제1심 판결을 취소할 필요 없이 신 청구에 대해서만 제1심으로

서 판결을 하게 된다.

ⓒ 제1심에서의 재판상의 자백의 구속력은 항소심에서도 유지된다.

ⓔ 제1심에서 자백간주가 된 경우에는 항소심에서도 자백의 구속력이 유지된다.

ⓜ 채권자가 외화채권을 우리나라 통화로 환산하여 청구하는 경우 항소심의
변론종결 당시의 외국환시세를 기준으로 환산한 결과 제1심보다 증액된
경우에는 증액하여 판결한다.

ⓗ 제1심법원이 부적법한 변론기일에 변론을 종결하고 판결선고기일을 지정·
고지한 것은 제1심판결의 절차가 법률에 어긋날 때에 해당하므로 항소심
으로서는 제1심판결 전부를 취소하고 소장의 진술을 비롯한 모든 변론절
차를 새로 진행한 다음 본안에 대하여 다시 판단하여야 한다.

① ㉠, ㉢, ㉣, ㉤　　　　② ㉢　　　　③ ㉣

④ ㉣, ㉤, ㉥　　　　⑤ ㉣, ㉤

〈해설〉 정답 ⑤

㉣ 항소심 변론종결 시까지 다툰 이상 자백으로서의 구속력이 없다.

㉤ 환산결과 액수가 증가하더라도 불이익변경금지 때문에 증액하여 판결할 수는 없다.

문25. 항소심의 종국적 재판에 관한 설명으로 옳지 않은 것으로만 묶인 것은? (다툼이 있는 경우 통설·판례에 의함)

㉠ 항소심에서는 제1심과 달리 무변론의 항소기각판결을 선고할 수 없다.

㉡ 예비적 상계항변에 의하여 승소한 피고가 항소를 했을 때에 항소심이 상계
에 의할 필요 없이 청구를 기각할 수 있으면 원판결을 취소하고 다시 청
구기각의 판결을 선고하여야 한다.

㉢ 채권자대위소송에서 피보전채권이 존재하지 아니하여 각하할 것을 기각한
때에는 제1심법원으로 환송하여야 한다.

㉣ 항소심의 환송판결은 중간판결로 독립하여 상고할 수 없다.

㉤ 전속관할위반을 이유로 원판결을 취소하는 때에는 원심으로 환송하여야 한다.

㉥ 상고심에서 환송된 항소심의 판결서에는 환송 전의 항소심의 판결서를 인
용해서는 아니 된다.

① ㉠, ㉢, ㉣, ㉤   ② ㉠, ㉡, ㉢, ㉣, ㉤

③ ㉠, ㉢, ㉣, ㉤, ㉥   ④ ㉠, ㉣, ㉤   ⑤ ㉢, ㉣, ㉤

〈해설〉 정답 ①

㉠ 제1심에서 무변론판결을 받은 피고가 항소를 하였으나, 항소인이 첫 준비서면의 제출을 요구받았음에도 제출하지 아니한 때에는 제1심 절차를 준용하여 무변론 항소기각판결을 할 수 있다. 이시윤, p.834 참조.

㉢ 판례는 제1심판결을 취소하고 소를 각하하는 판결을 할 것이지 환송할 것은 아니라고 한다.

㉣ 판례는 중간판결설에서 종국판결설로 변경하였다.

㉤ 직접 관할 제1심법원으로 이송하여야 한다(제419조).

문26. 다음은 상소심의 심판범위(불이익변경금지)에 관한 판례의 입장이다. 옳지 않은 것은?

① 항소심은 당사자의 그 불복신청의 한도 내에서 제1심판결의 당부를 판단할 수 있을 뿐이므로 항소심으로서는 원고의 항소가 이유 없고 피고의 항소가 이유 있는 경우라도 피고가 제1심 판결에 대하여 불복하고 그 취소를 구한 범위 내에서 취소하고 그 부분 원고의 청구를 기각하여야 하고, 이를 초과하여 피고가 취소를 구하지 아니한 부분을 포함한 제1심 원고 승소부분 전부에 관한 원고의 청구를 기각할 수는 없다.

② 항소심이 청구기각 판결을 하여야 할 사건에 대하여 소각하판결을 하였으나 원고만이 상고한 경우, 소를 각하한 항소심판결을 파기하여 원고에게 더 불리한 청구기각의 판결을 할 수는 없으므로, 항소심판결을 그대로 유지하지 않을 수 없다.

③ 소유권이전등기말소청구와 금원청구를 모두 기각한 제1심판결에 대하여 원고가 말소청구부분에 관해서만 항소한 경우 항소심은 금원청구부분까지 심리하여 그것도 이유 있다고 원고에게 유리하게 인용판단할 수 있다.

④ 피고만이 항소한 항소심에서 원고가 청구취지를 확장변경한 경우에는 그에 의하여 피고에게 불리하게 되는 한도에서 부대항소를 한 취지라고 볼 것이므로, 항소심이 1심판결의 인용금액을 초과하여 원고청구를 인용하더라도 불이익변경금지의 원칙에 위배되는 것이 아니다.

⑤ 가집행선고가 붙지 아니한 제1심판결에 대하여 피고만이 항소한 항소심에서

항소를 기각하면서 가집행선고를 붙였어도 불이익변경금지의 원칙에 위배되지 아니한다.

〈해설〉 정답 ③

③ 수 개의 청구를 모두 기각한 제1심판결에 대하여 원고가 그중 일부의 청구에 대해서만 항소를 제기한 경우, 항소되지 않았던 나머지 부분도 항소로 인하여 확정이 차단되고 항소심에 이심은 되나 원고가 그 변론종결 시까지 항소취지를 확장하지 아니하는 한 나머지 부분에 관해서는 원고가 불복한 바가 없어 항소심의 심판대상이 되지 아니하므로 항소심으로서는 원고의 수 개의 청구 중 항소하지 아니한 부분을 다시 인용할 수는 없다. 지문의 경우 항소심의 심판범위는 말소청구부분에 한하고 금원청구부분에 관해서는 항소심판결의 선고와 동시에 확정되어 소송이 종료되었다고 볼 것이다(대법원 2005.4.29. 선고 2004다40160 판결).

문27. 불이익변경금지의 원칙에 대한 다음 설명 중 <u>옳지 않은</u> 것으로만 묶인 것은? (다툼이 있는 경우 판례에 의함)

㉠ 1,000만 원을 청구하여 500만 원이 인용된 경우에 원고만이 항소하였다면 불복하지 아니한 원고의 승소부분 500만 원마저 취소하여 원고의 청구 전부를 기각할 수 없다.

㉡ ㉠의 사례에서 피고만이 항소한 경우 불복하지 아니한 피고 승소부분 500만 원마저 취소하여 피고에게 1,000만 원 모두의 지급을 명하는 판결을 할 수 없다.

㉢ 상환이행판결에 대해 원고만이 항소한 경우 원고청구 모두 이유 없다고 청구기각판결을 할 수 없다.

㉣ 동시이행의 판결에 있어서는 원고가 그 반대급부를 제공하지 아니하고는 판결에 따른 집행을 할 수 없어 비록 피고의 반대급부이행청구에 관하여 기판력이 생기지 아니하더라도 반대급부의 내용이 원고에게 불리하게 변경된 경우에는 불이익변경금지 원칙에 반하게 된다.

㉤ 금전채무불이행의 경우에 발생하는 원본채권과 지연손해금채권에 관하여, 불이익변경에 해당하는지는 원본채권과 지연손해금채권을 합산한 전체 금액을 기준으로 판단하여야 한다.

㉥ 이혼과 위자료 두 가지 모두 패소한 피고가 그중 위자료 패소부분에 한하여 불복항소한 경우 불복하지 아니한 이혼패소부분이 부당하여도 피고에게 유리하게 변경할 수 없다.

① ㄷ, ㄹ ② ㄴ, ㅁ, ㅂ ③ ㄱ, ㄴ, ㅁ
④ ㅁ, ㅂ ⑤ ㅁ

〈해설〉 정답 ⑤

ㅁ 금전채무불이행의 경우에 발생하는 원본채권과 지연손해금채권은 별개의 소송물이므로, 불이익
변경에 해당하는지는 원금과 지연손해금 부분을 각각 따로 비교하여 판단하여야 하고, 별개의
소송물을 합산한 전체 금액을 기준으로 판단하여서는 아니 된다(대법원 2009.6.11. 선고
2009다12399 판결).

문28. 다음 〈사례〉에 관한 설명 중 판례의 입장인 것은?

<사례>

甲이 乙을 상대로 제기한 소가 부적법하다는 이유로 소각하판결을 받고 항소
를 제기하였다. 항소심은 소 자체는 적법하지만 어차피 본안에서 청구기각될
사안으로 판단하는 경우 항소심법원이 취할 조치는?

① 소각하판결로써는 甲에게 어떠한 이익이 생긴 것이 아니며 청구기각판결을
해도 불이익변경금지의 원칙에 저촉되지 않는다.

② 제1판결을 취소하고 甲의 청구를 기각하여야 한다.

③ 소각하의 제1심판결이 잘못되었으므로 제1심판결을 취소하고 제1심으로 환
송하여야 한다.

④ 소각하의 판결보다도 청구기각의 판결을 하는 것이 항소인인 甲에게 더 불
리하기 때문에 불이익변경금지의 원칙상 제1심판결을 취소하고 청구기각판
결을 하는 것은 허용될 수 없고 항소기각판결을 선고해야 한다.

⑤ 불이익변경금지의 예외일지라도 제1심에서 본안심리가 이루어졌거나 당사자
의 동의가 있으면 민소법 제418조 단서에 따라 제1심판결을 취소하고 청구
기각판결을 선고하고, 그렇지 않으면 동 조 본문에 따라 환송하여야 한다.

〈해설〉 정답 ④

① 독일의 통설, 판례.
② 청구기각설.
③ 환송설.

④ 판례가 취하는 항소기각설.
⑤ 절충설.

문29. 다음 〈사례〉에 관한 설명 중 옳은 것은? (다툼이 있는 경우 판례에 의함)

<사례>

甲이 乙을 상대로 1,000만 원의 대여금청구의 소를 제기하였으나, 乙의 甲에 대한 1,000만 원의 매매대금을 반대채권으로 한 상계항변이 인용되어 甲 패소판결을 받았다.

① 甲만이 항소를 제기한 경우 甲 주장의 대여금채권이 부존재한다는 이유로 甲의 항소를 기각할 수 있다.
② 甲만이 항소를 제기한 경우 제1심판결을 취소하고 甲의 소구채권 부존재라는 취지의 甲 청구기각판결을 선고한다.
③ 甲만이 항소를 제기한 경우 소구채권 부존재의 경우에도 제1심판결과 똑같은 이유를 달아 항소기각할 수밖에 없다.
④ 乙만이 항소를 제기한 경우 乙 주장의 반대채권이 부존재한다는 이유로 乙의 상계항변을 배척하면서 항소기각판결을 선고한다.
⑤ 乙만이 항소를 제기한 경우 乙 주장의 반대채권이 부존재한다는 이유로 제1심판결을 취소하고 甲의 청구를 인용하는 판결을 선고한다.

〈해설〉 정답 ③

③ 불이익변경금지의 원칙과 관련하여 ③이 옳은 답이고 나머지는 옳지 않다. 이시윤, p.839 참조.

문30. 다음 중 불이익변경금지의 원칙이 적용되는 것을 묶은 것은? (다툼이 있는 경우 판례에 의함)

㉠ 공유물분할청구소송, 경계확정소송 등 형식적 형성소송
㉡ 이혼의 경우 재산분할청구
㉢ 소송비용의 재판 및 소송비용액확정결정에 관한 이의신청
㉣ 소송요건의 흠 또는 판결절차의 위배

> ㉤ 예비적·선택적 공동소송
>
> ㉥ 독립당사자참가소송에서 패소하였으나 상소나 부대상소를 하지 아니한 당
> 사자의 판결부분
>
> ㉦ 항소심에서 피고 측의 상계항변이 이유 있다고 인정된 때

① ㉡, ㉢, ㉤   ② ㉢, ㉤, ㉦   ③ ㉢, ㉦

④ ㉢   ⑤ 답이 없다

〈해설〉 정답 ④

㉢ 소송비용의 재판이나 가집행선고에는 불이익변경금지의 원칙이 적용되지 않으나, 소송비용액확정결정에 관한 이의신청에는 불이익변경금지의 원칙이 적용된다는 하급심판결이 있다. 서울고법 2010.4.15.자 2010라79 결정(이시윤, p.837 각주 1)

문31. 상고에 관한 다음 설명 중 옳지 않은 것은? (다툼이 있는 경우 판례에 의함)

① 상고심에서도 사실심 변론종결 시 이후에 발생한 사실을 내세워 원심의 사실인정을 다툴 수 있다.

② 확정판결의 존부는 당사자의 주장이 없더라도 법원이 이를 직권으로 조사하여 판단하지 않으면 안 되고, 더 나아가 당사자가 확정판결의 존재를 사실심변론종결 시까지 주장하지 아니하였더라도 상고심에서 새로이 이를 주장, 입증할 수 있다.

③ 상고심에 이르러서는 원심에서 한 자백을 취소할 수 없다.

④ 상고심에서는 소의 변경이 허용되지 아니한다.

⑤ 원심에서 원고적격이 없다는 이유로 각하된 사건에서 본안의 당부에 관하여 다투는 것은 원고에게 원고적격이 있음을 전제로 한 것이어서 적법한 상고이유가 될 수 없다.

〈해설〉 정답 ①

① 상고심에서는 사실관계에 대하여 새로운 주장을 내세우거나 새로운 증거를 제출하여 원심의 사실인정을 다툴 수 없다. 사실심변론종결 시 이후에 발생한 사실도 마찬가지이다.

문32. 상고에 관한 다음 설명 중 옳지 않은 것으로만 묶인 것은? (다툼이 있는 경우 판례에 의함)

> ㉠ 비약상고는 제1심판결선고 전 서면으로 하여야 하므로 합의서면을 제출한 바 없다면 비약상고는 부적법하다.
>
> ㉡ 다툼이 없거나 공지의 사실이면 새로운 사실이라 해도 상고심이 이를 참작할 수 있다.
>
> ㉢ 상고심에서는 소의 변경이 허용되지 않는다.
>
> ㉣ 상고심에서도 직권조사사항인 소송요건이나 상소요건의 존부, 재심사유, 원심의 소송절차위배의 유무 등을 판단함에 있어서는 새로운 사실을 참작할 수 있으며, 필요한 증거조사를 할 수 있고, 당사자는 이에 관하여 새로 주장, 입증을 할 수 있다.
>
> ㉤ 상고심에서는 가집행선고의 실효로 인한 가지급물반환신청을 할 수 없다.
>
> ㉥ 제1심에서 자기의 청구가 기각되었는데도 이에 대한 항소나 부대항소를 하지 않았다가 항소심에서 상대방의 항소를 기각하는 판결이 선고된 경우에는 제1심에서 기각된 청구의 인용을 구하는 것이라 하더라도 부대상고를 제기할 수 없다.

① ㉠, ㉡, ㉣, ㉥   ② ㉠, ㉤   ③ ㉡, ㉢, ㉤

④ ㉤   ⑤ ㉤, ㉥

〈해설〉 정답 ②

㉠ 비약상고의 합의는 제1심판결선고 후에 하여야 한다.

㉤ 가지급물반환신청이유로서 주장하는 사실관계에 대하여 당사자 간에 다툼이 없어 사실심리를 요하지 아니하는 경우에는 상고심에서도 반환신청이 가능하다.

문33. 다음 중 절대적 상고이유가 아닌 것으로만 묶인 것은?

> ㉠ 판결법원 구성의 위법
>
> ㉡ 판결에 관여할 수 없는 법관의 관여
>
> ㉢ 대법원판례위반
>
> ㉣ 전속관할규정에 어긋날 때

ⓜ 명령·규칙 또는 처분의 법률위반 여부에 대한 부당판단

ⓑ 대리권의 흠

ⓢ 이유의 불명시·이유모순

① ⓒ, ⓜ, ⓑ　　② ⓒ, ⓜ, ⓢ　　③ ⓒ, ⓜ

④ ⓜ, ⓑ　　　　⑤ 답이 없다

〈해설〉 정답 ③

ⓒⓜ은 심리속행사유이다.

문34. 다음 중 일반적 상고이유인 '법령위반'에 관한 판례의 태도와 <u>다르게</u> 기술된 것만으로 모두 묶은 것은?

ㄱ 심리불속행 상고기각 판결에 대해 판단유탈, 대법원판례 위반 등의 사유를 들어 재심청구를 할 수 없다.

ㄴ 당사자가 항변을 제출할 수 있는 기회가 충분히 있었음에도 이를 하지 않다가 변론종결 후에 한 변론재개신청을 법원이 받아들이지 아니하였다 하여 이를 심리미진의 위법사유에 해당한다고 할 수는 없다.

ㄷ 계약을 합의해제할 때에 원상회복에 관하여 반드시 약정을 하여야 하는 것은 아니지만, 매매계약을 합의해제하는 경우에 이미 지급된 계약금, 중도금의 반환 및 손해배상금에 관해서는 아무런 약정도 하지 아니한 채 매매계약을 해제하기만 하는 것은 경험칙에 비추어 이례에 속하는 일이다.

ㄹ 경험법칙위반은 법령위반에 속하지 않는다.

ㅁ 약속어음을 채권자가 소지하고 있다면 채무이행을 하고도 반환하지 않은데에 대한 수긍할 만한 설명이 없는 한 아직도 채무이행은 안 된 것으로봄이 타당하다.

ㅂ 일반적으로 부동산의 소유자 명의만을 다른 사람에게 신탁한 경우에 등기필증과 같은 권리관계를 증명하는 서류는 실질적인 소유자인 명의신탁자가 소지하는 것이 상례이므로 명의신탁자라고 주장하는 사람이 이러한 권리관계 서류를 소지하고 있는 사실은 명의신탁을 뒷받침하는 유력한 자료가 되는 것이지만, 이와 같은 권리관계 서류를 명의수탁자가 소지하게 된

① ㉠, ㉣   ② ㉢, ㉣   ③ ㉠
④ ㉣   ⑤ 답이 없다

〈해설〉 정답 ④

㉣ 경험법칙은 판단의 대전제가 되는 것으로 법규에 준하는 것으로 보기 때문에 법령위반이 된다.

문35. 다음은 절대적 상고이유 중 대리권의 흠(제424조 제4호)에 관한 판례의 입장이다. 옳지 않은 것은?

① 민사소송법 제97조에 의하여 소송대리인에게 준용되는 같은 법 제60조에 의하면 소송대리권의 흠결이 있는 자의 소송행위는 후에 당사자 본인이나 보정된 소송대리인이 그 소송행위를 추인하면 행위 시에 소급하여 그 효력을 갖게 되는 것이고, 이러한 추인은 상고심에서는 할 수 없는 것이다.

② 변호사 아닌 지방자치단체 소속 공무원으로 하여금 소송수행자로서 지방자치단체의 소송대리를 하도록 한 것은 민사소송법 제424조 제1항 제4호가 정하는 '소송대리권의 수여에 흠이 있는 경우'에 해당한다.

③ 당사자 사망에 의한 소송절차중단을 간과하고 판결이 선고된 경우에는 그 판결은 소송에 관여할 수 있는 적법한 수계인의 권한을 배제한 결과가 되는 절차상 위법은 있지만 그 판결이 당연무효라 할 수는 없고, 다만 그 판결은 대리인에 의하여 적법하게 대리되지 않았던 경우와 마찬가지로 보아 대리권 흠결을 이유로 상소(민사소송법 제424조 제1항 제4호) 또는 재심(민사소송법 제451조 제1항 제3호)에 의하여 그 취소를 구할 수 있을 뿐이다.

④ 피고에게 소장부본부터 공시송달 등의 방법으로 송달됨으로써 그의 귀책사유 없이 소송이 제기된 사실조차 모르고 있었고, 이러한 상태에서 피고의 출석 없이 변론기일이 진행되어 피고가 자신의 주장에 부합하는 주장·입증을 할 기회를 상실함으로써 절차상 부여된 권리를 침해당하였다고 평가할 수 있다면, 이는 당사자가 대리인에 의하여 적법하게 대리되지 아니하였던 것과 같이 보아 민사소송법 제424조 제1항 제4호의 규정을 유추적용하여

절대적 상고이유에 해당한다.

⑤ 제3자가 피고를 참칭, 모용하여 소송을 진행한 끝에 판결이 선고되었다면 피모용자인 피고는 그 소송에 있어서 적법히 대리되지 않는 타인에 의하여 소송절차가 진행됨으로 말미암아 결국 소송관여의 기회를 얻지 못하였다 할 것이니 피고는 상소 또는 재심의 소를 제기하여 그 판결의 취소를 구할 수 있다.

〈해설〉 정답 ①

① 이러한 추인은 상고심에서도 할 수 있는 것이다(대법원 2005.4.29. 선고 2004재다344 판결).
② 대법원 2005.4.15. 선고 2004다66469 판결
③ 대법원 전원합의체 1995.5.23. 선고 94다28444 판결
④ 대법원 1997.5.30. 선고 95다21365 판결
⑤ 대법원 1964.11.17. 선고 64다328 판결

문36. 다음은 절대적 상고이유 중 이유불명시 · 이유모순(제424조 제6호)에 관한 판례의 입장이다. **옳지 않은 것은?**

① 판결이유에 주문에 이르게 된 경위가 명확히 표시되어 있는 이상 관계 법률이 위헌이라는 당사자의 주장을 판단하지 아니하였다는 사정만으로 판결에 이유를 명시하지 아니한 위법이 있다고 할 수 없고, 또한 당사자의 주장이나 항변에 대한 판단은 반드시 명시적으로만 하여야 하는 것이 아니고 묵시적 방법이나 간접적인 방법으로도 할 수 있다.

② 소송대리권의 존재는 소송요건으로서 법원의 직권조사사항이므로, 이에 관한 당사자의 주장은 직권발동을 촉구하는 의미밖에 없어 그 주장에 대하여 판단하지 아니하였다 하더라도 판단유탈의 상고이유로 삼을 수 없다.

③ 판결에 이유를 밝히지 아니한 위법이 이유의 일부를 빠뜨리거나 이유외 어느 부분을 명확하게 하지 아니한 정도가 아니라 판결에 이유를 전혀 기재하지 아니한 것과 같은 정도가 되어 당사자가 상고이유로 내세우는 법령 위반 등의 주장의 당부를 판단할 수도 없게 되었다면 그와 같은 사유는 당사자의 주장이 없더라도 법원이 직권으로 조사하여 판단할 수 있다.

④ 항소심이 교통사고로 인한 손해배상책임의 발생 및 원고 자신의 과실유무와 그 정도에 관하여 제1심판결의 이유를 그대로 인용한다고 하면서 제1심이

인정한 것보다 원고의 과실정도를 무겁게 다루어 이에 따라 과실상계를 하고 피고의 배상범위를 낮추었다면 이는 판결이유에 모순이 있는 경우에 해당한다.

⑤ 판결이유에서는 피고들의 부진정연대채무로 인정하면서 판결주문에서는 피고들에게 '각자' 아닌 '각기' 지급을 명하였다고 하여 이유모순이라고 할 수 없다.

〈해설〉 정답 ⑤

① 대법원 1995.3.3. 선고 92다55770 판결
② 대법원 1994.11.8. 선고 94다31549 판결
③ 대법원 2005.1.28. 선고 2004다38624 판결
④ 대법원 1974.6.2. 선고 73다1753 판결
⑤ 이유모순이 있는 경우이다. 대법원 1984.6.26. 선고 84다카88, 89 판결

문37. 상고심절차에 대한 다음 설명 중 틀린 것으로만 묶인 것은? (다툼이 있는 경우 판례에 의함)

> ㉠ 상고이유서제출기간은 불변기간이다.
> ㉡ 상고법원의 판단의 대상이 되는 상고이유는 상고이유서 제출기간 내에 제출된 상고이유에 한하고, 예외적으로 기간경과 후 새로운 상고이유가 생긴 경우와 직권조사사항은 그 후라도 추가제출할 수 있다.
> ㉢ 패소부분 전부에 대하여 상고하면서 그중 일부분, 예컨대 위자료 부분에 대하여 상고이유를 밝히지 않았다면 그 부분 상고는 당연히 기각된다.
> ㉣ 원판결에 사실오인 내지 채증법칙 위배가 있다고만 적시된 경우에는 적법한 상고이유의 기재라고 할 수 없다.
> ㉤ 전부승소자도 부대상고를 할 수 있다.
> ㉥ 부대상고는 상고인의 상고이유서제출기간 내에 제기하여야 한다.

① ㉠, ㉤   ② ㉠, ㉣, ㉤   ③ ㉣, ㉤
④ ㉤   ⑤ 답이 없다

〈해설〉 정답 ①

㉠ 불변기간이 아니다.
㉤ 부대항소와 달리 전부승소자는 부대상고를 할 수 없다.

문38. 심리불속행판결에 대한 다음 설명 중 옳지 않은 것으로만 묶인 것은?

> ㉠ 판결의 선고가 불필요하고 상고인에게 판결정본의 송달로서 고지를 갈음한다.
>
> ㉡ 판결의 효력발생시기는 상고인에게 송달 시이다.
>
> ㉢ 상고기록을 송부받은 날부터 4월이 지나면 따로 결정 없이 심리속행결정이 난 것이다.
>
> ㉣ 소액사건의 상고사건에도 심리불속행제도가 적용된다.
>
> ㉤ 심리불속행의 경우에는 상고장각하명령의 경우와 같이 인지 1/2이 환급된다.

① ㉡, ㉢, ㉤　　　② ㉣　　　③ ㉤

④ ㉣, ㉤　　　　　⑤ 답이 없다

〈해설〉 ②

㉣ 소액사건에 대한 상고사건과 특별항고 등에는 심리불속행제도의 적용이 배제된다.

㉤ 개정 인지세법에 의하여 납부 인지액의 1/2에 해당하는 금액을 환급청구할 수 있다.

문39. 다음은 상고심 환송판결 후의 심리절차에 관한 설명이다. 옳지 않은 것으로만 묶인 것은? (다툼이 있는 경우 판례에 의함)

> ㉠ 환송 후의 항소심의 변론은 환송 전의 종전변론을 재개하여 계속진행하는 것에 지나지 않는다.
>
> ㉡ 환송 전 항소심의 소송대리인의 대리권은 환송에 의하여 당연히 부활된다.
>
> ㉢ 환송 후의 속행절차에서는 새로운 공격방어방법의 제출을 할 수 없다.
>
> ㉣ 환송 후 판결결과가 환송 전의 원판결보다도 오히려 상고인에게 더 불리하게 바뀔 수도 있다.
>
> ㉤ 환송판결에 나타나지 아니한 사항에 대해서는 환송 전의 원심판결과 다른 판단을 할 수 있다.
>
> ㉥ 환송 후 환송심의 심판의 대상이 되는 청구는 원판결 중 파기되어 환송된 부분에 한정된다.
>
> ㉦ 주위적 청구기각, 예비적 청구인용의 원판결에 대하여 피고만이 불복상고하여 예비적 청구부분이 파기환송된 경우 주위적 청구부분도 환송심의 심판대상이 된다.

① ㉠, ㉡, ㉢, ㉣   ② ㉢, ㉣   ③ ㉢, ㉣, ㉣

④ ㉡, ㉢, ㉣   ⑤ 답이 없다

〈해설〉 정답 ②

㉢ 일체의 소송행위를 할 수 있다.

㉣ 주위적 청구부분은 환송심의 심판대상에서 제외된다.

문40. 다음 환송판결의 기속력에 관한 설명 중 가장 옳지 않은 것은? (다툼이 있는 경우 판례에 의함)

① 환송판결은 환송을 받은 법원 및 그 하급심에도, 또 그 사건이 재상고된 때에는 상고법원도 기속한다.

② 환송받은 법원은 본안에 관하여서는 새로운 증거에 의하여 새로운 사실을 인정할 수 있다.

③ 원판결을 파기하면서 파기사유와 논리적·필연적 관계가 없는 부분 즉 부수적으로 지적한 사항은 기속력이 없다.

④ 환송받은 법원은 파기의 이유로 든 잘못된 견해만 피한다면 당사자가 새로이 주장·증명한 바에 의한 가능한 견해에 따라 환송 전의 판결과 같은 결론의 판결을 하여도 기속력에 저촉되는 것이 아니다.

⑤ 환송판결에 나타난 법률상의 견해가 새로운 주장·증명이나 이의 보강으로 전제된 사실관계의 변동이 생긴 때에는 기속력을 잃는다.

〈해설〉 정답 ①

① 전원합의체는 환송판결의 법률판단을 변경할 수 있다(대법원 전원합의체 2001.3.15. 선고 98두15597 판결).

문41. 다음 중 항고로써 불복할 수 있는 결정·명령이 아닌 것으로만 묶인 것은?

㉠ 위헌제청신청기각결정

㉡ 기피결정

㉢ 집행절차에 관한 집행법원의 결정·명령

> ② 보전처분에 대한 이의·취소
>
> ⑩ 가압류·가처분결정
>
> ⑪ 소송절차에 관한 신청을 기각한 결정·명령
>
> ② 수명법관 또는 수탁판사의 재판

① ㉠, ㉣, ㉤　　　　② ㉠, ㉡　　　　③ ㉠, ㉤, ㉯

④ ㉢, ㉣, ㉤, ㉯　　　⑤ ㉠, ㉡, ㉤, ㉯

〈해설〉 정답 ⑤

㉠ 항고 이외의 불복신청방법(헌법소원)이 인정된다.

㉡ 명문상 불복할 수 없는 재판이다(제47조 제1항).

㉤ 가처분이의나 취소 등 다른 불복신청방법이 인정된다.

㉯ 준항고

문42. 항고에 대한 다음 설명 중 <u>옳지 않은</u> 것은? (다툼이 있는 경우 판례에 의함)

① 인지보정명령에 대해서는 독립하여 이의신청이나 항고를 할 수 없고 다만 보정명령에 따른 인지를 보정하지 아니하여 소장이나 상소장이 각하되면 그 각하명령에 대하여 즉시항고로 다툴 수밖에 없다.

② 재판부의 변론재개결정이나 재판장의 기일지정명령에 대해서는 항고를 할 수 없고, 또한 특별항고의 대상이 되는 불복할 수 없는 결정이나 명령에도 해당되지 않아, 결국 그에 대한 항고는 부적법하다.

③ 통상항고는 항고기간의 제한이 없고 즉시항고는 원재판을 고지한 날로부터 1주간의 불변기간 안에 제기하여야 한다.

④ 항고장에 반드시 상대방의 표시가 있어야 하는 것도 아니고, 항고장을 상대방에게 송달하여야 하는 것도 아니다.

⑤ 재항고장이 대법원에 우편제출되었다가 다시 원심법원에 송부된 경우에도 재항고기간의 준수 여부는 재항고장이 위 대법원에 접수된 때를 기준하여 따져야 한다.

〈해설〉 정답 ⑤

⑤ 판례는 원심법원에 항고장이 접수된 때를 기준으로 삼고 있다.

문43. 항고제기의 효력에 관한 설명 중 <u>옳지 않은</u> 것을 모두 모은 것은? (다툼이 있는 경우에는 판례에 의함)

> ㉠ 원심법원이 항고를 이유 있다고 인정하는 때에는 그 재판을 경정할 수 있고, 특별항고가 있는 경우에도 원심법원은 경정결정을 할 수 있다.
>
> ㉡ 원심법원의 경정에는 단순한 위산·오기의 경정에 한하고 원재판의 취소·변경은 포함하지 아니한다.
>
> ㉢ 부적법한 항고라도 항고이유가 있으면 재도의 고안에 의하여 경정을 할 수 있다.
>
> ㉣ 인지부족으로 소장각하한 경우 뒤에 인지를 더 납부하여도 재도의 고안에 의하여 각하명령을 경정할 수 있다.
>
> ㉤ 항고법원이 경정결정을 취소하면 경정결정이 없는 상태로 환원되어 당초의 항고가 존속된다.
>
> ㉥ 통상항고의 경우에는 집행정지의 효력이 없으나, 즉시항고의 경우에는 일단 발생한 집행력이 정지된다.
>
> ㉦ 증인에 대한 과태료·감치결정과 집행법원의 재판에 대한 즉시항고는 정지의 효력이 없다.

① ㉠, ㉡, ㉢   ② ㉠, ㉢, ㉤, ㉥, ㉦   ③ ㉣, ㉤, ㉥, ㉦
④ ㉠, ㉣, ㉤, ㉥, ㉦   ⑤ ㉤, ㉥, ㉦

〈해설〉 정답 ①

㉠ 원심법원이 항고를 이유 있다고 인정하는 때에는 그 재판을 경정할 수 있으나 통상의 절차에 의하여 불복을 신청할 수 없는 결정이나 명령에 대하여 특별히 대법원에 위헌이나 위법의 심사권을 부여하고 있는 특별항고의 경우에 원심법원에 반성의 기회를 부여하는 재도의 고안을 허용하는 것은 특별항고를 인정한 취지에 맞지 않으므로 특별항고가 있는 경우 원심법원은 경정결정을 할 수 없고 기록을 그대로 대법원에 송부하여야 한다.

㉡ 단순한 위기·오산의 경정에 한하지 않고 원재판의 취소·변경을 포함한다.

㉢ 판례는 적법한 항고의 경우에 경정이 허용되는 것으로 보고 있다.

문44. 재항고에 대한 다음 설명 중 **옳지 않은** 것으로만 묶인 것은? (다툼이 있는 경우 판례에 의함)

> ㉠ 고등법원이 제1심으로 한 결정·명령에 대해서도 재항고를 할 수 있다.
>
> ㉡ 최초의 항고가 즉시항고인 때에 항고심이 항고를 각하·기각하였으면 재항고는 즉시항고로 된다.
>
> ㉢ 재항고이유서의 제출은 독립된 서면에 의하여야 하며 다른 서면을 원용할 수 없다.
>
> ㉣ 재항고심에서 새로운 증거를 제출할 수 없다.
>
> ㉤ 재항고사건에는 상고심절차에 관한 특례법이 준용되지 않는다.
>
> ㉥ 항소법원인 지방법원 합의부의 법원사무관 등이 한 처분에 대한 이의신청을 기각한 결정에 대한 항고는 재항고이다.

① ㉠, ㉢, ㉣   ② ㉢, ㉤   ③ ㉤, ㉥
④ ㉤   ⑤ 답이 없다

〈해설〉 정답 ④

㉤ 특례법은 재항고사건에도 준용된다(가압류·가처분특례규정 준용).

문45. 다음은 특별항고에 관한 설명이다. 이 중 설명이 **잘못된** 것을 모두 모은 것은? (다툼이 있는 경우 판례에 의함)

> ㉠ 판결경정신청은 이유 없다 하여 기각한 결정에 대한 불복은 당사자가 특별항고라는 표시와 항고법원을 대법원이라고 표시하지 아니하였다 하더라도 그 항고장을 접수한 법원으로서는 이를 특별항고로 취급하여 소송기록을 대법원에 송부함이 마땅하다.
>
> ㉡ 피고경정신청을 기각하는 결정에 불복이 있는 원고는 통상항고를 제기할 수 있으므로 그 결정에 대하여 특별항고를 제기할 수는 없다.
>
> ㉢ 집행문부여에 대한 이의에 관한 재판에 대해서는 특별항고만 허용된다.
>
> ㉣ 채권압류 및 전부명령에 대하여 청구이의의 소를 제기하고 이를 본안으로 하는 잠정처분으로서의 강제집행정지를 신청하였다가 제1심법원이 기각결정을 하자 이에 대하여 항고를 한 경우, 위와 같은 잠정처분의 신청을 기

각하는 결정에 대해서는 불복이 허용되지 않으므로 이에 대하여 제기한 이
사건 항고는 민사소송법 제449조의 특별항고로 보아 처리할 수밖에 없다.
ⓜ 결정이 대법원판례위반이나 법률위반이 된다는 것은 특별항고사유가 된다.
ⓑ 특별항고의 제기로 원재판의 집행이 정지된다.

① ㄱ, ㄴ, ㄷ, ㅂ   ② ㅁ, ㅂ   ③ ㄴ, ㄷ, ㄹ, ㅁ

④ ㅂ   ⑤ 답이 없다

〈해설〉 정답 ②

ⓜ 특별항고사유가 아니다. 제449조 참조.
ⓑ 특별항고의 제기는 당연히 원재판의 집행을 정지시키지 못한다.

제20장 재심 및 간이소송

문1. 재심에 대한 다음 설명 중 옳지 않은 것은? (다툼이 있는 경우 판례에 의함)

① 확정된 판결에 대한 재심의 소는 확정된 판결의 취소와 본안사건에 관하여 확정된 판결에 갈음한 판결을 구하는 복합적 목적을 가진 것으로서 이론상으로는 재심의 허부와 재심이 허용됨을 전제로 한 본안심판의 두 단계로 구성된다.

② 제3자가 타인 간의 재심소송에 민사소송법 제76조에 의하여 당사자참가를 하였다면, 재심사유 있음이 인정되어 본안사건이 부활된 다음에 이르러서 비로소 위와 같은 주장을 할 수 있는 것이므로, 결국 제3자는 재심대상판결에 재심사유가 있음이 인정되어 본안소송이 부활되는 단계를 위하여 당사자참가를 하는 것이라고 할 것이다.

③ 재심제기기간 5년의 기간은 제척기간으로 불변기간이 아니므로 추후보완이 인정되지 않는다.

④ 선정당사자가 판결을 받은 경우 선정자도 재심의 소를 제기할 수 있다.

⑤ 재심의 소의 제기는 채권자대위권의 목적이 될 수 있다.

〈해설〉 정답 ⑤

⑤ 상소의 제기와 마찬가지로 종전 재심대상판결에 대하여 불복하여 종전 소송절차의 재개, 속행 및 재심판을 구하는 재심의 소제기는 채권자대위권의 목적이 될 수 없다(대법원 2012.12.27. 선고 2012다75239 판결).

문2. 다음 〈사례〉에 관한 설명 중 옳지 않은 것은? (다툼이 있는 경우 판례에 의함)

> **〈사례〉**
> 甲이 乙을 상대로 제기한 이혼청구소송에서 가정법원이 甲 승소판결이 선고되고 이 판결은 확정되었다. 乙은 위 확정판결에 대하여 재심사유가 있다는 것을 이유로 그 판결의 취소와 아울러 그 이혼청구의 기각을 구하였는데, 이 사건 재심사건이 제1심에 계속 중 甲이 사망하였다.

① 혼인관계와 같은 신분관계는 성질상 상속될 수 없는 것이고 그러한 신분관계의 재심당사자의 지위 또한 상속될 성질의 것이 아니므로 이혼소송의 재심소송에서 당사자의 일방이 사망하였더라도 그 재산상속인들이 그 소송절차를 수계할 까닭

이 없다.

② 이혼소송의 甲 승소의 확정판결 후 그 재심이 제기되어 그 재심절차가 진행 중 甲(재심피고)이 사망한 경우에는 아무도 이를 수계할 자가 없게 되었으므로 재심소송 자체가 종료된다.

③ 이혼판결이 확정된 경우에 그 판결에 재심사유가 있다면 그 확정판결에 의하여 형성된 신분관계(정당한 부부관계의 해소)는 위법한 것으로서 재심에 의하여 그 확정판결을 취소하여 그 효력을 소멸시키는 것이 공익상 합당하다.

④ 그 재심피고가 될 甲이 사망한 경우에는 검사를 상대로 재심의 소를 제기할 수 있고, 재심소송의 계속 중 본래 소송의 원고이며 재심피고이었던 당사자가 사망한 경우에는 검사로 하여금 그 소송을 수계하게 함이 합당하다.

⑤ 이 사건에 있어서는 재심소송의 제1심 계속 중 甲이 사망한 경우이므로, 제1심으로서는 甲의 상속인들로 하여금 청구인을 수계하도록 할 것이 아니라 검사로 하여금 청구인의 지위를 수계하도록 하여 재심사유의 존재 여부를 살핀 후 심리한 결과 재심사유가 있다고 밝혀진다면 재심대상판결을 취소하여야 하며 이 단계에서는 이미 혼인한 부부 중 일방의 사망으로 소송이 그 목적물을 잃어버렸기 때문에 이를 이유로 소송이 종료되었음을 선언하여야 한다.

〈해설〉 정답 ②

② 대법원 1992.5.26. 선고 90므1135 판결에 의하여 파기된 원심판결의 내용이다.

문3. 다음 〈사례〉에 관한 설명 중 옳지 않은 것은? (다툼이 있는 경우 판례에 의함)

> <사례>
> 甲이 乙을 상대로 근저당권설정등기말소의 소를 제기하였으나, 패소판결을 받고 甲의 소송대리인 A가 2012.9.1. 판결정본을 송달받았으나, 이 판결은 항소기간의 도과로 확정되었다. 甲은 2012.10.2. 위 판결에 영향을 미칠 중요한 사항에 대한 판단을 유탈한 재심사유가 있음을 이유로 재심의 소를 제기하였다.

① 판단유탈이라는 재심사유의 존재는 특단의 사유가 없는 한 재심대상판결의 정본을 읽어봄으로써 알 수 있는 것이므로, 이를 알지 못하였다는 특단의 사유에 대한 주장·입증이 없는 한 당사자는 재심대상판결의 정본을 송달받은 때에 재

심사유의 존재를 알았다고 봄이 상당하다.

② 판결정본이 소송대리인에게 송달되면 특별한 사정이 없는 한 그 소송대리인은 판결정본을 송달받았을 때에 그 판결이 판단을 유탈하였는지를 알게 되었다고 보아야 할 것이고, 소송대리인이 그 판결이 판단을 유탈하였는지를 안 경우에는 특별한 사정이 없는 한 소송당사자도 그 점을 알게 되었다고 보아야 할 것이다.

③ 위 사례에서 재심대상판결은 그 판결정본이 소송대리인에게 송달된 2012.9.1.부터 2주일의 항소기간이 경과한 2012.9.15.에 확정되었던 것이므로, 2012.10.2.에 제기된 위 재심의 소는 적법한 재심제기의 기간 내에 제기된 것이다.

④ 민사소송법 제456조 제1항 단서에 의하면 당사자가 상소에 의하여 재심사유를 주장하였거나 이를 알고 주장하지 아니한 때에는 재심의 소를 제기할 수 없는 것으로 규정되어 있고, 여기에서 '이를 알고 주장하지 아니한 때'라고 함은 재심사유가 있는 것을 알았음에도 불구하고 상소를 제기하고도 상소심에서 그 사유를 주장하지 아니한 경우뿐만 아니라, 상소를 제기하지 아니하여 판결이 그대로 확정된 경우까지도 포함하는 것으로 해석한다.

⑤ 甲이 재심대상판결에 대하여 항소를 제기하지 아니하여 그 판결이 그대로 확정된 경우에도 甲으로서는 그 판결이 판결에 영향을 미칠 중요한 사항에 관하여 판단을 유탈하였음을 재심사유로 삼아 재심의 소를 제기할 수 있다.

〈해설〉 정답 ⑤

⑤ 특별한 사정이 없는 한 소송당사자나 소송대리인이 판결정본을 송달받았을 때에 그 판결에 판단유탈의 재심사유가 있는 것을 알게 되었다고 보아야 할 것이므로, 甲이 재심대상판결에 대하여 항소를 제기하지 아니하여 그 판결이 그대로 확정된 이상, 甲으로서는 그 판결이 판결에 영향을 미칠 중요한 사항에 관하여 판단을 유탈하였음을 재심사유로 삼아 재심의 소를 제기할 수는 없게 되었고, 결국 甲의 재심의 소는 각하될 것이다.

문4. 다음 중 재심의 대상적격인 것을 모두 묶은 것은? (다툼이 있는 경우 판례 내지 다수설에 의함)

| ㉠ 확정된 소송판결 |
| ㉡ 대법원의 환송판결 |
| ㉢ 사망자를 상대로 한 판결 |
| ㉣ 중재판정 |

> ㉤ 소송비용 · 가집행의 재판
>
> ㉥ 확정된 지급명령과 이행권고결정

① ㉠, ㉡, ㉢   ② ㉠   ③ ㉠, ㉢, ㉥

④ ㉠, ㉥   ⑤ 답이 없다

〈해설〉 정답 ②

㉡ 대법원의 환송판결은 실질적으로 확정된 종국판결이라고 볼 수 없으므로 재심대상이 아니다(판례).

㉢ 종국판결이라도 내용상의 확정력이 없는 무효의 판결은 재심대상이 아니다.

㉣ 별도로 중재판정취소의 소가 마련되어 있으므로 재심대상이 아니다.

㉤ 독립한 불복방법이 인정되지 않는다.

㉥ 기판력이 없으므로 재심대상이 아니다.

문5. 재심의 대상에 대한 다음 설명 중 옳지 않은 것은? (다툼이 있는 경우 판례에 의함)

① 확정된 종국판결이면 전부판결이든 일부판결이든, 본안판결이든 소송판결이든 재심의 대상이 된다.

② 사망한 사람을 당사자로 하여 선고된 판결도 재심의 대상이 된다.

③ 하급심의 종국판결에 대하여 한 상소가 기각된 경우 하급심의 판결과 상급심의 판결은 개별적으로 재심의 대상이 된다.

④ 항소심에서 사건에 대하여 본안판결을 한 때에는 제1심판결에 대하여 재심의 소를 제기하지 못하므로 항소심판결이 아닌 제1심판결에 대하여 제1심법원에 제기된 재심의 소는 부적법한 소송이다.

⑤ 외국판결은 재심의 대상이 아니다.

〈해설〉 정답 ②

② 사망한 사람을 당사자로 하여 선고된 판결은 당연무효로서 확정력이 없어 이에 대한 재심의 소는 부적법하다.

문6. 재심사유에 관한 설명 중 옳지 않은 것을 모두 모은 것은? (다툼이 있는 경우에는 판례에 의함)

> ㉠ 재심대상 대법원판결에서 표시한 의견이 그 전에 선고된 대법원판결에서 표시한 의견을 변경하는 경우 4인의 대법관만으로 구성된 부에서 재심대상 판결을 심판하였다면 이는 재심사유에 해당된다.
>
> ㉡ 재심으로 불복이 제기된 재판 또는 그 상소심의 재판에 관여한 법관이 재심의 재판에 관여한 경우 재심사유에 해당한다.
>
> ㉢ 피고의 주소를 허위로 적어 제소함으로써 참칭피고에게 송달된 경우에는 그러한 판결정본의 송달까지 무효가 되어 판결은 항소대상이 되는 것이지 민사소송법 제451조 제1항 제3호 재심사유가 아니나, 피고가 아니라 참칭대표자(대리인)에게 송달된 경우에는 송달무효가 아니고 송달대리권의 흠결로 재심사유가 된다.
>
> ㉣ 대표이사가 주주총회의 특별결의사항에 관하여 그 결의 없이 제소전화해를 한 때에는 재심사유에 해당한다.
>
> ㉤ 대리권의 흠은 판결확정 후라도 본인이 추인하면 재심사유가 되지 않는다.
>
> ㉥ 타인의 범죄행위가 소송행위를 하는 데 착오를 일으키게 한 정도에 불과할 뿐 소송행위에 부합하는 의사가 존재할 때에는 재심사유에 해당하지 않는다.
>
> ㉦ '증인의 허위진술이 판결의 증거로 된 때'라 함은 증인이 직접 재심대상이 된 소송사건을 심리하는 법정에서 허위로 진술하고 그 허위진술이 판결주문의 이유가 된 사실인정의 자료가 된 경우뿐만 아니라 증인이 재심대상이 된 소송사건 이외의 다른 민·형사 관련사건에서 증인으로서 허위진술을 하고 그 진술을 기재한 조서가 재심대상판결에서 서증으로 제출되어 이것이 채용된 경우도 포함된다.

① ㉠, ㉡, ㉢, ㉣, ㉤   ② ㉡, ㉢   ③ ㉡, ㉦

④ ㉢, ㉦   ⑤ 답이 없다

〈해설〉 정답 ③

㉡ 재심사유 불해당(대법원 1990.12.11. 선고 90재다23 결정; 대법원 2000.8.18. 선고 2000재다87 판결)

㉦ '증인의 허위진술이 판결의 증거로 된 때'라 함은 증인이 직접 재심의 대상이 된 소송사건을

심리하는 법정에서 허위로 진술하고 그 허위진술이 판결주문의 이유가 된 사실인정의 자료가 된 경우를 가리키는 것이지, 증인이 재심대상이 된 소송사건 이외의 다른 민·형사 관련사건에서 증인으로서 허위진술을 하고 그 진술을 기재한 조서가 재심대상판결에서 서증으로 제출되어 이것이 채용된 경우는 위 제7호 소정의 재심사유에 포함될 수 없다(대법원 1997.3.28. 선고 97다3729 판결).

문7. 재심사유에 대한 다음 설명 중 옳지 않은 것은? (다툼이 있는 경우 판례에 의함)

① 재심사유는 민소법 제451조에 한정적으로 열거된 재심사유가 있는 경우에 한하여 허용된다.

② 법정 재심사유의 주장이 없거나 재심사유가 되지 아니하면 재심의 소는 기각된다.

③ 피의자의 소재불명을 이유로 검사가 기소중지결정을 한 경우에는 민소법 제455조 제2항의 요건에 해당하지 않는다.

④ 당사자가 재심사유를 상소로써 주장하였으나 기각된 때, 이를 알면서 상소심에서 주장하지 아니한 경우, 알면서 상소를 제기하지 아니함으로써 확정된 경우에 같은 사유로 재심의 소를 제기할 수 없다.

⑤ 공시송달에 의하여 판결이 선고되고 판결정본이 송달되어 확정된 이후에 추후보완항소의 방법이 아닌 재심의 방법을 택한 경우에는 추후보완항소기간이 도과하였다 하더라도 재심기간 내에 재심의 소를 제기할 수 있다.

〈해설〉 정답 ②

② 각하된다.

문8. 다음 중 민사소송법 제451조 제1항 제3호의 재심사유인 대리권 흠결에 해당하지 않는 것은? (다툼이 있는 경우 판례에 의함)

① 무권대리인이 대리인으로서 본인을 위하여 실질적인 소송행위를 하였을 경우뿐만 아니라 대리권의 흠결로 인하여 본인이나 그의 소송대리인이 실질적인 소송행위를 할 수 없었던 경우

② 본인의 의사와 관계없이 선임된 대리인에 의한 소송대리

③ 특별대리인의 선임 없이 소송을 수행한 경우

④ 피고 아닌 제3자가 피고를 참칭하여 소송을 진행하여 판결이 선고된 경우

⑤ 송달이 무권대리인에게 되어도 본인이나 적법한 대리인이 실질적인 소송행위를 할 기회가 박탈되지 아니한 경우

〈해설〉 정답 ⑤

⑤ 재심사유가 아니다(대법원 1992.12.22. 선고 92재다259 판결).

문9. 다음 중 민사소송법 제451조 제1항 제5호의 재심사유에 관한 설명으로 옳지 않은 것은? (다툼이 있는 경우 판례에 의함)

① '형사상 처벌을 받을 다른 사람의 행위'에는 당사자의 대리인이 범한 배임죄도 포함될 수 있고, 이를 재심사유로 인정하기 위해서는 단순히 대리인이 문제 된 소송행위와 관련하여 배임죄로 유죄판결을 받았다는 것만으로도 충분하다.

② 타인의 형사상 처벌받을 행위로 인하여 그 재심대상판결의 소송절차에서 당사자의 공격방어방법의 제출이 직접 방해받은 경우만을 의미한다.

③ 다른 사람의 범죄행위와 당사자의 자백 또는 공격방어방법의 제출이 방해받은 사실 및 불리한 판결 간에 인과관계를 필요로 한다.

④ 원고가 자백간주로 판결편취를 한 경우 사기죄로 처벌되었으면 민소법 제451조 제1항 5호와 11호의 경합적 재심사유가 된다.

⑤ 형사상 처벌을 받을 '다른 사람'에는 상대방 당사자 또는 제3자, 그 법정대리인, 소송대리인뿐만 아니라 재심청구한 당사자의 대리인도 포함한다.

〈해설〉 정답 ①

① 대법원 2012.6.14. 선고 2010다86112 판결: '형사상 처벌을 받을 나는 사람의 행위'에는 당사자의 대리인이 범한 배임죄도 포함될 수 있으나, 이를 재심사유로 인정하기 위해서는 단순히 대리인이 문제 된 소송행위와 관련하여 배임죄로 유죄판결을 받았다는 것만으로는 충분하지 않고, 대리인의 배임행위에 소송상대방 또는 그 대리인이 통모하여 가담한 경우와 같이 대리인이 한 소송행위 효과를 당사자 본인에게 귀속시키는 것이 절차적 정의에 반하여 도저히 수긍할 수 없다고 볼 정도로 대리권에 실질적인 흠이 발생한 경우라야 한다.

문10. 다음 중 민사소송법 제451조 제1항 제6호의 재심사유에 관한 설명으로 옳지 않은 것은? (다툼이 있는 경우 판례에 의함)

① 판결의 증거 된 문서라 함은 판결에서 그 문서를 채택하여 판결주문을 유지하는 근거가 된 사실인정의 자료로 삼은 경우를 말한다.

② '판결의 증거로 된 문서 기타 물건이 위조나 변조된 것인 때'라 함은 그 위조된 문서 등이 판결주문의 이유가 된 사실인정의 직접적 또는 간접적인 자료로 제공되어 법원이 그 위조문서 등을 참작하지 않았더라면 당해 판결과는 다른 판결을 하였을 개연성이 있는 경우를 말한다.

③ 문서의 위조에는 무형위조도 포함된다.

④ 본호의 재심사유는 사실심판결에 대한 재심사유이다.

⑤ 판결의 증거가 된 문서가 위조된 것이 분명하고 공소시효의 완성으로 그 문서의 위조행위의 범인에 대하여 유죄판결을 할 수 없게 되었다면, 그 위조행위의 범인이 구체적으로 특정되지 않았다고 하더라도 민사소송법 제451조 제2항의 '증거부족 외의 이유로 유죄의 확정판결을 할 수 없을 때'에 해당한다.

〈해설〉 정답 ③

③ 문서의 무형위조는 포함되지 않는다(대법원 1974.6.25. 선고 73다2008 판결).

문11. 다음 중 민사소송법 제451조 제1항 제7호의 재심사유에 관한 설명으로 옳지 않은 것은? (다툼이 있는 경우 판례에 의함)

① 증인의 허위진술 등이 판결의 증거로 된 때라 함은 그 허위진술이 판결 주문의 근거가 된 사실을 인정하는 증거로 채택되어 판결서에 구체적으로 기재되어 있는 경우를 말한다.

② 허위진술의 위증이라도 나머지 증거에 의하여 판결주문에 영향이 없을 때에는 재심사유가 아니다.

③ 두 사건 중의 하나의 사건에 관한 증언이 위증으로 확정된 경우에는 그 증인의 위증은 그 사건뿐만 아니라 동시 진행된 다른 사건의 재심사유도 될 수 있다.

④ 증인이 직접 재심의 대상이 된 소송사건을 심리하는 법정에서 허위로 진술하고 그 허위진술이 판결주문의 이유가 된 사실인정의 자료가 된 경우를 말하고 증인이 재심대상이 된 소송사건 이외의 다른 민·형사 관련사건에서 증인으로서 허위진술을 하고 그 진술을 기재한 조서가 재심대상판결에서 서증으로 제출되어 이것이 채용된 경우는 위 제7호 소정의 재심사유에 포함될 수 없다.

⑤ 허위진술이 직접증거일 때만이 아니라 대비증거로 사용한 때에도 재심사유에 해당한다.

〈해설〉 정답 ③

③ 판례는 부정(대법원 전원합의체 1980.11.11. 선고 80다642 판결).

문12. 다음 중 민사소송법 제451조 제1항 제9호의 재심사유인 판단누락에 관한 설명으로 옳지 않은 것은? (다툼이 있는 경우 판례에 의함)

① 판결에 영향을 미칠 중요한 사항에 관하여 판단을 누락한 때라 함은 당사자가 소송상 제출한 공격방어방법으로서 판결에 영향이 있는 것에 대하여 판결 이유 중에 판단을 명시하지 아니한 경우를 말하고, 그 판단이 있는 이상 그 판단에 이르는 이유가 소상하게 설시되어 있지 아니하거나 당사자의 주장을 배척하는 근거를 일일이 개별적으로 설명하지 아니하더라도 이를 위 법조에서 말하는 판단누락이라고 할 수 없다.

② 직권조사사항에 해당하는지를 불문하고 그 판단 여하에 따라 판결의 결론에 영향을 미치는 사항으로서 당사자가 구술변론에서 주장하거나 또는 법원의 직권조사를 촉구하였음에도 불구하고 판단을 하지 아니한 경우를 말하는 것이므로 당사자가 주장하지 아니하거나 그 조사를 촉구하지 아니한 사항은 이에 해당하지 아니한다.

③ 상고심절차에 관한 특례법 제4조 제1항 제3호, 제4호, 제5호에 해당하는 사건을 심리불속행으로 상고기각하였다는 사유는 적법한 재심사유가 되지 아니한다.

④ 상고법원의 판결에 당사자가 상고이유로 주장한 사항에 대한 구체적·직접적인 판단이 표시되어 있지 않았더라도 판결 이유의 전반적인 취지에 비추어 그 주장을 인용하거나 배척하였음을 알 수 있는 정도라면 판단누락이라고 할 수 없고, 설령 실제로 판단을 하지 아니하였다고 하더라도 그 주장이 배척될 경우임이 분명한 때에는 판결 결과에 영향이 없어 판단누락의 위법이 있다고 할 수 없다.

⑤ 재판누락도 재심사유가 된다.

〈해설〉 정답 ⑤

⑤ 재판누락은 추가판결의 대상이지 재심사유가 아니다.

문13. 재심절차에 대한 다음 설명 중 옳지 <u>않은</u> 것은? (다툼이 있는 경우 판례에 의함)

① 재심은 재심을 제기할 판결을 한 법원의 전속관할로 한다.

② 서증의 위변조나 허위진술 등 사실인정에 관한 것을 재심사유로 할 때는 상고심판결이 아니라 사실심법원의 판결에 대해 재심의 소를 제기하여야 한다.

③ 제1심의 종국판결에 대해 항소기각의 본안판결을 한 경우에는 제1심판결이 재심대상이다.

④ 제1심의 종국판결에 대해 항소각하판결을 한 경우에는 각기 재심사유가 있으면 각기 해당사유를 주장하여 해당 법원에 재심의 소를 제기하여야 한다.

⑤ 재심청구에 통상의 민사상 청구의 병합을 불허한다.

〈해설〉 정답 ③

③ 항소심판결이 재심대상이다.

문14. 소액사건심판절차에 대한 다음 설명 중 틀린 것으로만 묶인 것은? (다툼이 있는 경우 판례 내지 다수설에 의함)

> ㉠ 확정된 이행권고결정에 재심사유가 있어도 준재심의 소를 제기할 수 없고, 청구이의의 소나 집행완료 후 부당이득반환청구의 소를 제기할 수 있을 뿐이다.
>
> ㉡ 확정된 이행권고결정에 기한 강제집행을 하기 위해서는 집행문을 부여받아야 한다.
>
> ㉢ 소액사건이 제소된 때에는 이행권고결정이 선행된다.
>
> ㉣ 소액사건에는 상고심절차에 관한 특례법의 적용이 없다.
>
> ㉤ 판례위반을 내세워도 그 실질은 소송법규위반, 법리오해, 사실오인 등을 주장하는 것에 지나지 아니한 것이 명백하면 단순한 법령위반의 주장이므로 적법한 상고이유가 될 수 없다.

① ㉠, ㉢, ㉣ ② ㉡, ㉢ ③ ㉡
④ ㉢ ⑤ 답이 없다

<해설> 정답 ②

㉡ 조건성취나 승계집행문의 경우를 제외하고 집행문을 부여받을 필요가 없다.

㉢ 이행권고결정은 임의적 전치절차이다.

문15. 독촉절차에 관한 설명 중 옳지 않은 것을 모두 모은 것은? (다툼이 있는 경우에는 판례에 의함)

> ㉠ 확정된 지급명령은 집행력은 있으나 기판력은 없다.
>
> ㉡ 지급명령송달일부터 연 20%의 지연손해금이 가산된다.
>
> ㉢ 지급명령을 공시송달로 송달할 수 없다.
>
> ㉣ 청구금액의 다과를 불문하고, 청구의 발생원인에 관계없이 지급명령을 발할 수 있다.
>
> ㉤ 지급명령에 대한 2주간의 이의신청기간은 불변기간이다.
>
> ㉥ 지급명령으로 확정된 채권의 소멸시효기간은 10년이다.

① ㉠, ㉢, ㉣ ② ㉡, ㉣ ③ ㉢, ㉥
④ ㉡ ⑤ 답이 없다

<해설> 정답 ⑤

전부 맞는 지문이다.

문16. 지급명령에 대한 다음 설명 중 옳지 않은 것은? (다툼이 있는 경우 판례에 의함)

① 지급명령 신청이 각하된 경우라도 6개월 이내 다시 소를 제기한 경우라면 민법 제170조 제2항에 의하여 시효는 당초 지급명령 신청이 있었던 때에 중단된다.

② 지급명령이 송달된 후 이의신청 기간 내에 회생절차개시결정 등과 같은 소송중단사유가 생긴 경우에는 민사소송법 제247조 제2항이 준용되어 그 이의신청 기간의 진행이 정지된다.

③ 미확정 상태에 있는 지급명령은 유효한 집행권원이 될 수 없으므로 이에 대하여 집행력의 배제를 구하는 청구이의의 소를 제기할 수 없다.

④ 확정된 지급명령에 대한 청구이의 소송에서 원고가 피고의 채권이 성립하지 아니하였음을 주장하는 경우에는 그 채권의 불성립사실을 증명하여야 한다.

⑤ 채무자가 지급명령에 대하여 적법한 이의신청을 하여 지급명령신청이 소송으로 이행하게 되는 경우 지급명령신청 시의 청구금액을 소송목적의 값으로 하여 인지액을 계산함이 원칙이나, 소송기록이 관할법원으로 송부되기 전에 지급명령신청시의 청구금액을 기준으로 한 인지 부족액이 보정되지 않은 상태에서 채권자가 지급명령을 발령한 법원에 청구금액을 감액하는 청구취지변경서를 제출하는 등 특별한 사정이 있는 경우에는 변경 후 청구에 관한 소송목적의 값에 따라 인지액을 계산하여야 한다.

〈해설〉 정답 ④

① 대법원 2011.11.10. 선고 2011다54686 판결
②③ 대법원 2012.11.15. 선고 2012다70012 판결
④ 확정된 지급명령에 대한 청구이의 소송에서 원고가 피고의 채권이 성립하지 아니하였음을 주장하는 경우에는 피고에게 채권의 발생원인 사실을 증명할 책임이 있고, 원고가 그 채권이 통정허위표시로서 무효라거나 변제에 의하여 소멸되었다는 등 권리 발생의 장애 또는 소멸사유에 해당하는 사실을 주장하는 경우에는 원고에게 그 사실을 증명할 책임이 있다(대법원 2010.6.24. 선고 2010다12852 판결).
⑤ 대법원 2012.5.3.자 2012마73 결정

〈참고문헌〉

이시윤, 『신민사소송법(제7판)』, 박영사, 2013.

호문혁, 『민사소송법(제10판)』, 법문사, 2012.

김홍엽, 『민사소송법(제4판)』, 박영사, 2013.

정동윤/유병현, 『민사소송법(제3판 보정판)』, 법문사, 2010.

오창수, 『로스쿨 민사소송법 – 사례와 판례』, 한국학술정보, 2011.

오창수, 『로스쿨, 민사집행법, – 이론과 실무』, 한국학술정보, 2011.

오창수, 『민사실무의 주요쟁점, 한국학술정보』, 2012.

부 록

〈2012년 제1회 변호사시험〉

문1. 甲, 乙, 丙, 丁은 X 토지에 관하여 각 지분별로 등기를 마친 공유자이다. 다음 설명 중 **옳은** 것은? (다툼이 있는 경우에는 판례에 의함)

① 甲이 乙, 丙만을 상대로 공유물분할청구의 소를 제기한 경우, 甲은 丁을 상대로 별도의 공유물분할청구의 소를 제기하여 乙, 丙을 상대로 이미 제기한 공유물분할청구소송에 변론병합을 신청할 수 있으나, 乙, 丙을 상대로 이미 제기한 위 소송에 丁을 피고로 추가할 수는 없다.

② 제3자는 X 토지에 대한 소유권확인 청구의 소를 제기함에 있어 甲, 乙, 丙, 丁 전원을 피고로 하지 않으면 그 소는 부적법하다.

③ 제3자가 X 토지를 불법으로 점유하는 경우, 甲은 단독으로 제3자를 상대로 X 토지에 대한 인도청구의 소를 제기할 수 없다.

④ 甲, 乙, 丙, 丁이 X 토지를 戊에게 매도하고 소유권이전등기를 마쳐준 후에도 여전히 X 토지를 공동점유하고 있는 경우, 공동점유자 각자는 그 점유물의 일부분씩만을 반환할 수 없기 때문에 戊는 甲, 乙, 丙, 丁 전원을 피고로 하여 토지인도청구의 소를 제기하여야 한다.

⑤ X 토지에 대해서 甲, 乙, 丙, 丁으로부터 제3자 앞으로 원인무효의 등기가 마쳐진 경우, 甲은 그 제3자에 대하여 원인무효인 등기 전부의 말소를 구할 수 있을 뿐만 아니라, 각 공유자 앞으로 해당 지분별로 진정명의회복을 원인으로 한 소유권이전등기절차이행을 단독으로 청구할 수 있다

문2. 변론주의에 관한 기술 중 **옳지 않은** 것은? (다툼이 있는 경우에는 판례에 의함)

① 원고가 X 토지를 피고로부터 매수하였다고 주장하였으나, 증인신문을 신청하여 제3자가 원고를 대리하여 피고로부터 위 토지를 매수한 사실을 입증하고 있다면, 원고가 대리행위에 관한 명백한 진술을 하지 않았더라도 법원이 대리행위에 관한 간접적인 진술이 있었다고 보는 것은 변론주의에 위배되지 않는다.

② 불법행위로 인한 손해배상책임이 인정되는 경우, 법원은 손해액에 관한 아무런 입증이 없다고 하여 바로 청구기각을 할 것이 아니라 적극적으로 석명권을 발동하여 입증을 촉구할 의무가 있다.

③ 증여를 원인으로 한 부동산소유권이전등기청구에 대하여 피고가 시효취득을 주장하였다고 하여도 그 주장 속에 원고의 위 이전등기청구권이 시효소멸하였다는 주장까지 포함되었다고 할 수 없다.

④ 부동산의 시효취득에 있어서 그 점유가 자주점유인지를 가리는 기준이 되는 점유의 권원은 주요사실이므로 법원은 당사자의 주장과 달리 증거에 의하여 진정한 점유의 권원을 심리하여 취득시효의 완성 여부를 판단할 수 없다.

⑤ 대여금 채권자가 주 채무자와 그 보증인을 공동피고로 하여 대여금청구의 소를 제기하였는데 보증인인 피고가 항변을 전혀 하지 않았다면, 설사 위 채무가 변제되었고 주 채무자인 피고가 변제항변을 하였더라도 보증인인 피고에게는 변제항변의 효과가 미치지 않는다.

문3. 원고 측의 선정당사자에 관한 아래 설명 중 옳은 것을 모두 고른 것은? (다툼이 있는 경우에는 판례에 의함)

ㄱ. 선정당사자에 대해서는 소송대리인에 관한 규정이 준용되므로, 선정당사자가 소를 취하하려면 선정자들로부터 특별수권을 받아야 한다.

ㄴ. 선정당사자와 선정자들 사이에는 공동의 이해관계가 있어야 하는바, 선정자가 공동의 이해관계가 없는 자를 선정당사자로 선정한 경우, 이는 재심사유에 해당한다.

ㄷ. 선정당사자가 변경된 때 그 변경사실을 상대방에게 통지하지 않았더라도 그 사실이 법원에 알려진 경우, 종전의 선정당사자는 상대방의 동의를 얻었더라도 소를 취하하지 못한다.

ㄹ. 심급을 한정하여 선정을 할 수 없는 것은 아니나, 선정당사자의 지위는 제1심에 한하지 않고 소송이 종결될 때까지 유지되는 것이 원칙이다.

ㅁ. 선정은 소송계속 전·후를 불문하고 할 수 있고, 소송계속 후 선정을 하면 선정자는 당연히 소송에서 탈퇴한 것으로 본다.

① ㄴ, ㄷ 　　② ㄹ, ㅁ 　　③ ㄱ, ㄷ, ㅁ

④ ㄱ, ㄹ, ㅁ 　　⑤ ㄷ, ㄹ, ㅁ

문4. 증거조사에 관한 설명 중 옳지 않은 것은?

① 감정증인은 특별한 학식과 경험을 통하여 얻은 과거의 구체적 사실을 보고하는 사람을 말하는데, 경험을 보고하는 이상 증인이므로 법원은 증인과 마찬가지의 절차로 조사한다.

② 감정사항에 관한 진술이 있기 전부터 감정인이 성실하게 감정할 수 없는 사정이 있다는 것을 당사자가 알았다면, 그 당사자는 감정사항에 관한 진술이 이루어진 뒤에는 감정인을 기피할 수 없다.

③ 주신문에서는 특별한 경우가 아닌 한 유도신문이 금지되지만, 반대신문에서는 필요한 경우 유도신문이 허용된다.

④ 증인진술서가 제출되었으나 그 작성자가 증인으로 출석하지 않고, 당사자가 반대신문권을 포기하여 그 증인진술서의 진정성립을 다투지 않는 경우, 법원은 이를 서증으로 채택할 수 있으나, 그 증인진술서의 내용이 허위라고 하더라도 그 작성자에 대하여 위증죄의 책임을 물을 수 없다.

⑤ 법원은 다른 증거방법에 의하여 심증을 얻지 못한 경우에 한하여 직권 또는 당사자의 신청에 따라 당사자 본인을 신문할 수 있다.

문5. 소송대리인에 관한 설명 중 옳지 않은 것을 모두 고른 것은? (다툼이 있는 경우에는 판례에 의함)

> ㄱ. 병원을 운영하는 의료법인이 5,000만 원의 진료비를 청구하는 소송의 항소심에서, 변호사 자격이 없는 위 법인 소속 원무과 담당 직원은 법원의 허가를 얻어 위 법인을 대리하여 소송행위를 할 수 있다.
>
> ㄴ. 당사자에게 소송대리인이 선임되어 있는 경우, 그 당사자가 사망하면 소송대리권은 소멸되어 소송절차가 중단된다.
>
> ㄷ. 항소심 법원이 원고 소송대리인의 대리권 흠결을 이유로 소각하판결을 선고하자, 원고 소송대리인이 상고를 제기한 다음 상고심에서 원고로부터 대리권을 수여받아 자신이 종전에 한 소송행위를 모두 추인하였다면, 대법원은 항소심 판결을 파기하여야 한다.
>
> ㄹ. 무권대리인이 소송행위를 한 사건에 관하여 판결이 확정된 경우, 그 소송에서의 상대방이 이를 재심사유로 삼기 위해서는 그러한 사유를 주장함으로써 이익을 받을 수 있는 경우에 한한다.

ㅁ. 원고의 소송복대리인으로 변론기일에 출석하여 변론을 하였던 변호사가 같은 사건의 다른 변론기일에 피고의 소송복대리인으로 출석하여 변론한 경우, 원고가 이에 대하여 이의를 제기하지 않았다면 피고의 소송복대리인으로서 한 위 변론은 유효하다.

① ㄱ, ㄴ 　　② ㄱ, ㄷ 　　③ ㄴ, ㄹ

④ ㄷ, ㅁ 　　⑤ ㄹ, ㅁ

문6. 변론에서 당사자의 불출석에 관한 설명 중 옳지 않은 것은? (변호사를 선임하지 않고 당사자 본인이 소송을 수행하는 것으로 가정함)

① 당사자가 민사소송법 제144조에 의해 진술을 금지당한 경우, 변론속행을 위하여 정한 새 기일에 그 당사자가 출석하더라도 그 기일에 불출석한 것으로 취급될 수 있다.

② 변론기일에 한쪽 당사자가 결석한 경우, 변론을 진행할지 기일을 연기할지는 법원의 재량에 속한다.

③ 공시송달의 방법으로 기일통지서를 송달받은 당사자가 당해 변론기일에 출석하지 아니하고 아무런 준비서면도 제출하지 않은 경우, 법원은 그 당사자가 상대방의 주장을 자백한 것으로 본다.

④ 원고가 청구포기의 의사표시가 적혀 있는 준비서면에 공증사무소의 인증을 받아 이를 제출하고 변론기일에 결석한 경우, 변론이 진행되었다면 청구의 포기가 성립된 것으로 본다.

⑤ 제1심에서 당사자 쌍방이 변론기일에 결석하여 법원이 새로운 기일을 정하고 그것을 당사자 쌍방에게 통지하였지만 그 새로운 기일에도 쌍방 모두 결석한 후 1월 이내에 당사자의 기일지정신청이 없으면, 소를 취하한 것으로 본다.

문7. 甲은 乙에게 과실로 인한 손해배상으로 3,000만 원을 청구하는 이 사건 소를 제기하였고, 이에 대해 乙은 甲에 대하여 가지는 5,000만 원의 대여금채권으로 상계한다는 항변을 하였다. 다음 설명 중 옳지 않은 것은? (다툼이 있는 경우에는 판례에 의함)

① 乙이 이 사건에서 위 상계항변을 제출할 당시 이미 甲을 상대로 위 대여금

5,000만 원의 지급을 구하는 별소를 제기한 경우, 위 상계항변은 중복제소에 해당한다는 이유로는 배척되지 않는다.

② 이 사건 소송에서 乙의 상계항변이 인정되어 甲의 전부패소판결이 선고된 경우, 乙은 甲의 3,000만 원의 손해배상채권이 원래부터 부존재함을 이유로 항소할 수 있다.

③ 만약 乙의 위 대여금채권 성립 전에 甲의 채권자 丙에 의하여 甲의 위 손해배상채권이 가압류되고 그 가압류결정이 乙에게 송달되었다면, 乙은 丙에게 위와 같은 상계로 대항할 수 없다.

④ 만약 이 사건 소송에서 乙의 상계항변 없이 甲의 승소판결이 확정된 경우, 그 후 乙의 상계권 행사를 허용한다면 甲이 위 확정판결에 기하여 강제집행할 수 있는 지위가 무너지게 되어 부당하므로, 乙은 상계권을 행사하여 甲의 집행을 저지할 수 없다.

⑤ 만약 법원이 이 사건 소송의 심리결과 수동채권인 甲의 손해배상채권액은 5,000만 원, 자동채권인 乙의 대여금채권액은 1,000만 원이라는 심증을 형성하였다면, 이 사건 청구에 대하여 3,000만 원 전부를 인용하는 판결을 하게 된다.

문8. 불요증사실에 관한 기술 중 옳은 것을 모두 고른 것은? (다툼이 있는 경우에는 판례에 의함)

> ㄱ. 불요증사실로서 법원에 현저한 사실은 판결을 하여야 할 법원의 법관이 직무상 경험으로 그 사실의 존재에 관하여 명확한 기억을 하고 있는 사실뿐만 아니라, 기록 등을 조사하여 곧바로 그 내용을 알 수 있는 사실도 포함한다.
>
> ㄴ. 피해자의 장래수입상실액을 인정하는 데 이용되는 고용형태별근로(직종별임금)실태조사보고서와 한국직업사전의 각 존재 및 그 기재 내용을 법원에 현저한 사실로 보아, 법원은 그것을 기초로 피해자의 일실수입을 산정할 수 있다.
>
> ㄷ. 원고가 주장한 사실에 대해서 자백간주가 되었다면, 피고는 그 뒤 변론종결 시까지 그 사실을 다투더라도 자백간주의 효과를 번복할 수 없다.
>
> ㄹ. 자백의 취소에 있어 그 자백이 진실에 부합하지 않는 것임이 증명된 경우라도 나머지 요건인 그 자백이 착오로 인한 것이라는 점은 변론 전체의 취지만에 의하여 인정할 수 없다.

① ㄴ, ㅁ   ② ㄹ, ㅁ   ③ ㄱ, ㄴ, ㄷ
④ ㄱ, ㄴ, ㅁ   ⑤ ㄱ, ㄷ, ㄹ

문9. 甲은 乙을 상대로 불법행위를 원인으로 한 손해배상금 1억 원의 지급
    을 구함과 동시에 X 토지에 관하여 매매를 원인으로 한 소유권이전등
    기절차의 이행을 구하는 소를 제기하였다. 제1심 법원은 乙로 하여금
    불법행위로 인한 손해배상금 1,000만 원을 甲에게 지급할 것을 명하
    고, 甲의 나머지 청구는 모두 기각하는 판결을 선고하였다.
    甲은 제1심 판결정본을 송달받은 후 항소에 따른 인지대 납부에 부담
    을 느껴, 기각된 불법행위로 인한 손해배상금 청구(9,000만 원 청구
    부분) 중 2,000만 원 부분에 대해서만 항소기간 내에 항소를 제기하
    였다. 이후 항소심 소송계속 중 甲이 적법하게 할 수 있는 것으로 옳
    은 것을 모두 고른 것은?

ㄱ. 甲은 제1심에서 기각된 9,000만 원의 손해배상금 청구부분 전부에 대하여
    다투는 것으로 항소취지를 변경(확장)할 수 있다.
ㄴ. 甲은 제1심에서 기각된 9,000만 원 부분뿐만 아니라 동일한 불법행위로 인
    한 손해배상으로 그 청구액을 2억 원으로 변경(확장)할 수 있다.
ㄷ. 불복하지 않은 청구도 항소심에 함께 이심된다는 입장에 따르면, 甲은 제1
    심에서 기각된 소유권이전등기청구부분에 대하여 다투는 것으로 항소취지를
    변경(확장)할 수 있다.

① 없음   ② ㄱ   ③ ㄱ, ㄷ
④ ㄴ, ㄷ   ⑤ ㄱ, ㄴ, ㄷ

문10. 채권자취소소송에 관한 설명 중 옳지 않은 것은? (다툼이 있는 경우에는 판례에 의함)

① 채권자취소권은 법원에 소를 제기하는 방법으로 행사하여야 하고, 피고가 소송에서 항변으로 행사할 수는 없다.

② 채권자취소소송은 사해행위로 인하여 이익을 받은 자나 그로부터 전득한 자를 피고로 하여야 하고, 채무자는 피고적격이 없다.

③ 사해행위취소판결의 기판력은 그 취소권을 행사한 채권자와 그 상대방인 수익자 또는 전득자에게 미치고, 채무자에게는 그가 소송계속 사실을 알았을 경우라도 미치지 않는다.

④ 채권자가 사해행위의 취소 및 원상회복을 구함에 대하여 법원이 원상회복으로 원물반환이 아닌 가액배상을 명하고자 할 경우, 청구취지의 변경 없이 곧바로 가액배상을 명하는 것은 처분권주의에 반한다.

⑤ 채무자 乙의 사해행위에 대하여 채권자 甲이 제기한 채권자취소소송의 계속 중, 다른 채권자 丙이 제기한 채권자취소소송은 중복소송에 해당하거나 권리보호의 이익이 없는 것으로 볼 수 없다.

문11. 甲은 乙에 대하여 대여금 반환채권을 갖고 있다. 그런데 乙이 사망하였고, 유일한 상속인 丙은 상속포기기간 내에 상속을 포기하였다. 다음 설명 중 옳지 않은 것을 모두 고른 것은? (다툼이 있는 경우에는 판례에 의함)

ㄱ. 상속을 포기한 丙은 처음부터 상속인이 아니었던 것이 되는데, 상속의 포기는 丙의 채권자의 입장에서 그의 기대를 저버리는 측면이 있더라도 상속인의 재산을 현재의 상태보다 악화시키지 않으므로 사해행위취소의 대상이 되지 않는다.

ㄴ. 만약 丙이 한정승인을 하고 상속재산에 대하여 상속을 원인으로 한 소유권이전등기를 마친 뒤 B에게 근저당권을 설정하여 준 경우, 상속채권자 A는 상속재산에 관하여 丙으로부터 담보권을 취득한 B에게 우선적 지위를 주장할 수 있다.

ㄷ. 丙이 상속포기를 하였으나, 甲이 丙을 상대로 제기한 대여금청구소송에서

사실심 변론종결 시까지 丙이 이를 주장하지 않고 甲의 승소판결이 확정된 경우, 위 상속포기는 적법한 청구이의의 사유가 되지 못한다.

ㄹ. 甲이 乙의 사망사실을 모르고 乙을 피고로 하여 대여금청구의 소를 제기하였다가, 乙의 사망사실을 알고 피고의 표시를 상속인 丙으로 정정하였는데 丙의 상속포기사실을 알게 된 경우, 甲이 의도한 실질적 피고의 동일성이 충족되는 상황이라도 이제는 2순위 상속인인 丁으로 피고의 표시를 정정할 수 없고, 피고의 경정을 하여야 한다.

① ㄱ, ㄴ　　　② ㄱ, ㄹ　　　③ ㄴ, ㄷ
④ ㄴ, ㄹ　　　⑤ ㄱ, ㄷ, ㄹ

문12. 甲과 乙이 골재채취업을 동업하다가 2005.3.20. 甲이 위 동업관계에서 탈퇴하게 되자 乙은 甲에게 정산금으로 3,000만 원을 지급하기로 하되 같은 날 이를 甲으로부터 차용한 것으로 하고 변제기를 2005.6.20.로 약정하였다('이 사건 약정'). 그 후 甲은 2011.9.27. 乙을 상대로 (1) 위 3,000만 원의 지급을 구하는 대여금청구의 소를 제기하면서, (2) 이 사건 약정 당시 위 3,000만 원에 대하여 연 10%의 이자도 정하였다고 주장하며 위 3,000만 원에 대한 약정이자 및 지연손해금으로 이 사건 약정일인 2005.3.20.부터 다 갚는 날까지 연 10%의 비율에 의한 금원의 지급도 아울러 청구하였다. 이에 대하여 乙은, 甲의 청구원인사실 중 (1) 이 사건 약정의 존재에 관해서는 다투지 아니하나 (2) 이자지급 약정의 존재에 관해서는 부인하는 주장을 함과 아울러, 이 사건 약정에 의하여 발생한 甲의 채권은 상사채권으로서 위 소제기 시 이미 변제기로부터 5년의 상사시효가 경과하여 소멸하였다고 항변하였다. 한편 甲은 그 주장하는 바와 같은 이자지급 약정의 존재를 증명하지 못하였다. 이 경우 법원이 내려야 할 판단에 관한 설명 중 <u>옳은</u> 것을 모두 고른 것은? (다툼이 있는 경우에는 판례에 의함)

ㄱ. 이 사건 약정을 경개 또는 준소비대차 중 어느 것으로 볼 것인가는 일차적으로 당사자의 의사에 따라 결정되고, 만약 당사자의 의사가 명백하지 않을 때에는 특별한 사정이 없는 한 준소비대차로 보아야 한다.

ㄴ. 이 사건 약정과 같은 동업자 사이의 계산은 상행위라 하더라도 계산상 부담할 채무를 현실로 수수함이 없이 소비대차로 전환한 것인 이상 민사행위가 되어 위 차용금채무에 대해서는 일반 민사채권의 시효기간인 10년이 적용되므로, 乙의 소멸시효 항변은 배척되어야 한다.

ㄷ. 甲이 주장하는 이자지급 약정이 인정되지 않는 이상, 법원은 甲의 이자 및 지연손해금 청구를 모두 배척할 수밖에 없다.

ㄹ. 甲이 주장하는 이자지급 약정이 인정되지 않는다 하더라도 법원은 乙에게 3,000만 원의 지급을 명하는 판결을 선고하면서 위 3,000만 원에 대하여 판결선고 다음 날부터는 소송촉진 등에 관한 특례법이 정한 연 20%의 비율에 의한 지연손해금의 지급도 아울러 명하여야 한다.

ㅁ. 만약 甲이 위 소를 제기하기 전에 甲의 채권자 丙의 신청에 의하여 이 사건 약정에 기한 채권 중 1,000만 원 부분에 대한 압류 및 전부명령이 확정되었다면, 甲의 소 중 1,000만 원의 지급을 구하는 부분은 원고적격의 흠결을 이유로 각하되어야 한다.

① ㄱ   ② ㄱ, ㅁ   ③ ㄱ, ㄴ, ㅁ
④ ㄱ, ㄷ, ㄹ   ⑤ ㄴ, ㄷ, ㄹ

문13. 주식회사의 신주발행과 그 하자를 다투는 소송에 관한 설명 중 옳지 않은 것은? (다툼이 있는 경우에는 판례에 의함)

① 대표이사가 이사회의 결의를 거치지 아니하고 신주를 발행한 경우, 그 신주를 인수한 자가 이사회결의가 없음을 알았거나 알 수 있었다면 신주발행은 효력이 없다.

② 신주발행의 무효는 제소기간을 준수하여 소로써만 이를 주장할 수 있다고 상법이 규정하고 있는바, 위 규정의 취지에 비추어 제소기간을 경과한 후에는 새로운 무효사유를 추가하여 주장할 수 없다.

③ 신주발행무효소송의 계속 중 그 원고적격의 근거가 되는 주식이 양도된 경

우, 양수인이 법률상의 제소기간 도과 후 위 소송에 참가하였더라도 양도인의 소제기 시 제소기간 요건이 충족되었다면, 양수인은 소송을 적법하게 승계할 수 있다.

④ 주식의 양수인이 명의개서절차를 거치지 않은 채 신주발행무효의 소에 승계참가를 신청하여 소송절차가 진행되었더라도, 변론종결 이전에 주주명부에 명의개서를 마친 후 명의개서 이전의 소송행위를 추인할 수 있다.

⑤ 혼인하지 않은 미성년자인 주주가 변호사를 소송대리인으로 선임하여 신주발행무효의 소를 제기한 경우, 위 변호사선임에 있어서 부모의 동의를 얻었더라도 그 소는 부적법하다.

문14. 甲은 자신의 소유인 X 부동산에 관하여 乙 명의로 소유권이전등기가 되어 있는 것을 발견하고, 소유권에 기하여 乙을 상대로 소유권이전등기 말소등기청구의 소를 제기하였다. 다음 설명 중 <u>옳지 않은</u> 것은? (각 지문은 독립적이고, 다툼이 있는 경우에는 판례에 의함)

① 乙이 甲의 대리인인 丙으로부터 X 부동산을 매수하여 그 이전등기를 마친 것이라고 주장하는 경우, 甲이 丙의 대리권 없음을 증명하여야 한다.

② 甲이 乙의 등기원인을 증명하는 서면인 매매계약서가 위조된 사실을 증명한 경우, 乙은 다른 적법한 등기원인의 존재를 주장·증명하여야 한다.

③ 甲이 변론을 통해 자신이 소유자라는 주장을 하자 乙이 이를 인정하는 진술을 한 경우, 그 진술을 甲의 소유권의 내용을 이루는 사실에 대한 것으로 보아 자백의 구속력을 인정할 수 있다.

④ 甲으로부터 丁을 거쳐 乙 명의로 순차 소유권이전등기가 경료되었다면 甲은 丁과 乙 전원을 피고로 삼아야 하고, 그렇지 않을 경우에는 소의 이익을 인정할 수 없어 부적법한 소송이 된다.

⑤ 甲이 말소등기청구소송에서 패소 확정판결을 받은 후, 乙을 상대로 진정명의회복을 원인으로 하는 소유권이전등기청구의 소를 제기하는 경우, 청구취지가 다르더라도 그 소송물은 실질상 동일하므로 기판력에 저촉된다.

문15. 乙 주식회사는 2010.8.1. 임시주주총회를 소집하여, (1) 이사선임의 결의, (2) 영업양도의 결의를 하였는데, 乙 주식회사의 주주인 甲은 위 주주총회결의의 효력을 다투려고 한다. 다음 설명 중 옳지 않은 것은? (각 지문은 독립적이고, 다툼이 있는 경우에는 판례에 의함)

① 甲이 2010.8.31. 이사선임결의의 부존재확인을 구하는 소를 제기하였다가 2010.10.5. 위 이사선임결의의 취소를 구하는 소로 청구를 변경한 경우, 변경된 청구는 제소기간을 준수한 것으로 취급된다.

② 甲이 이사선임결의의 무효확인을 구하는 소를 제기하였다가 영업양도결의의 무효확인을 구하는 소를 추가하는 것으로 청구를 변경하는 경우, 제소기간의 제한을 받지 않는다.

③ 甲은 자신 이외의 다른 주주에 대하여 소집통지가 누락되었음을 이유로 위 임시주주총회 결의의 효력을 다툴 수 있다.

④ 甲이 다른 주주 丙과 공동으로 위 임시주주총회 결의의 취소를 구하는 소를 제기하였는데, 그 후 위 소를 취하하고자 할 때에는 단독으로 취하할 수 없고 丙과 공동으로 하여야 한다.

⑤ 위 임시주주총회 결의의 효력을 다투는 소송에서 피고적격자는 乙 주식회사이지만, 甲이 이사직무집행정지 가처분신청을 하는 경우에는 당해 이사가 피신청인으로서의 당사자적격을 갖는다.

문 16. 甲은 친구 소유의 화물차(丙 보험회사의 업무용 자동차 책임보험에 가입되어 있음)의 조수석에 동승하여 가다가 위 화물차의 추돌사고로 상해를 입게 되었다. 한편 甲은 위 사고 이전에 자신 소유의 승용차에 대하여 乙 보험회사와 사이에, 위와 같은 책임보험만으로는 보상되지 않는 손해를 보상하는 내용의 상해담보특약을 포함하는 자동차 종합보험계약을 체결하였다. 이에 기해 甲은 위 사고를 이유로 乙 보험회사를 상대로 보험금('이 사건 보험금')을 청구하고자 한다. 다음 설명 중 밑줄 친 부분이 옳지 않은 것을 모두 고른 것은? (각 지문은 독립적이고, 다툼이 있는 경우에는 판례에 의함)

ㄱ. 甲은 乙 보험회사에 대한 이 사건 보험금 청구에 앞서 위 화물차의 책임보험자인 丙 보험회사를 상대로 위 사고로 인한 손해배상청구의 소를 제기하였는데, 丙 보험회사가 부담하여야 할 책임보험금의 한도액에 따라 乙 보험회사의 보험금 지급책임의 범위가 정해지므로 甲은 丙 보험회사를 상대로 한 위 손해배상청구소송 도중 그 소송결과에 이해관계가 있는 乙 보험회사에게 소송고지를 할 수 있다.

ㄴ. 가령 위 ㄱ.에서 甲의 소송고지가 적법하다면, 그 소송고지가 이 사건 보험금청구권의 소멸시효완성 전에 행하여졌고, 그 고지서에 피고지자에 대한 채무이행청구의 의사가 나타나 있는 경우, 그 소송고지는 이 사건 보험금청구권에 대한 민법 제174조의 시효중단사유로서의 최고의 효력이 인정된다.

ㄷ. 이 사건 보험금청구권은 책임보험만으로는 전보되지 못하는 손해를 보상하는 것이라고 하더라도 그 소멸시효기간을 일반 불법행위로 인한 손해배상청구권의 경우와 같이 그 손해 및 가해자를 안 날로부터 3년간이라고 볼 것은 아니고, 상법 제662조에서 정한 보험금액의 청구권과 같이 2년간 행사하지 않으면 소멸시효가 완성된다고 보아야 한다.

ㄹ. 만약 乙 보험회사가 이미 甲을 상대로 이 사건 보험금채무부존재확인청구의 소를 제기하여 계속 중, 이에 대해 甲이 乙 보험회사를 상대로 이 사건 보험금청구의 반소를 제기한 경우, 반소가 제기되었다는 사정만으로 위 본소청구에 대한 확인의 이익이 소멸한다고는 볼 수 없다.

① 없음   ② ㄴ   ③ ㄷ

④ ㄱ, ㄷ   ⑤ ㄷ, ㄹ

문17. 각 괄호 안에 들어갈 용어로서 옳은 것은?

ㄱ. 소송의 이송이라 함은 일단 소송계속된 사건을 법원의 (A)에 의해 다른 법원으로 이송하는 것을 말한다.

ㄴ. 법원의 관할은 (B)를 표준으로 정한다.

ㄷ. 소제기에 따른 시효중단은 (C)에 그 효력이 생긴다.

ㄹ. 항소는 항소장을 (D) 법원에 제출함으로써 한다.

	A	B	C	D
①	판결	제소 시	제소 시	항소심
②	결정	제소 시	제소 시	제1심
③	결정	제소 시	소장부본 송달 시	제1심
④	판결	변론종결 시	소장부본 송달 시	항소심
⑤	결정	변론종결 시	소장부본 송달 시	제1심

문1. 중복된 소제기의 금지에 관한 설명 중 옳고 그름의 표시(○, ×)가 옳게 조합된 것은? (다툼이 있는 경우에는 판례에 의함)

> ㄱ. 채권자가 채무자를 대위하여 제3채무자를 상대로 제기한 채권자대위소송이 계속 중 채무자가 제3채무자를 상대로 채권자대위소송과 소송물이 같은 소를 제기하여 소송이 계속된 경우, 후소는 중복된 소제기에 해당한다.
>
> ㄴ. A소가 제기되어 그 소송계속 중 A소와 당사자 및 소송물이 동일한 B소가 제기되고 양 소에 대한 판결이 선고되어 확정된 경우, 양 판결의 내용이 서로 모순·저촉될 때에는 뒤에 확정된 판결은 무효가 된다.
>
> ㄷ. A가 B의 폭행으로 상해를 입고 B를 상대로 이로 인한 손해배상으로 치료비를 청구하는 소송계속 중에 B를 상대로 동일한 상해에 기한 일실임금을 청구하는 별소를 제기한 경우, 후소는 중복된 소제기에 해당하지 않는다.
>
> ㄹ. A소의 소장 제출일은 2012.11.5.이고 소장부본 송달일은 2012.12.26.이며, B소의 소장 제출일은 2012.11.7.이고 소장부본 송달일은 2012.12.24.인 경우 중복된 소제기에 해당하는 소는 B소이다(단, A소와 B소는 당사자 및 소송물이 동일함).
>
> ㅁ. 동일한 사건에 관하여 전소가 소송계속 중이라면 설령 그 전소가 소송요건을 흠결하여 부적법하다고 할지라도 후소의 변론종결 시까지 취하·각하 등에 의하여 그 소송계속이 소멸되지 아니하는 한 후소는 중복된 소제기에 해당한다.

① ㄱ(○), ㄴ(×), ㄷ(○), ㄹ(×), ㅁ(○)

② ㄱ(○), ㄴ(×), ㄷ(×), ㄹ(×), ㅁ(○)

③ ㄱ(×), ㄴ(○), ㄷ(×), ㄹ(×), ㅁ(○)

④ ㄱ(×), ㄴ(○), ㄷ(×), ㄹ(○), ㅁ(×)

⑤ ㄱ(○), ㄴ(×), ㄷ(○), ㄹ(○), ㅁ(×)

문2. 다음 설명 중 옳지 않은 것은? (다툼이 있는 경우에는 판례에 의함)

① 피고경정의 경우에는 경정신청서의 제출 시에 시효중단의 효과가 생기지만, 피고 표시정정의 경우에는 소제기 시에 시효중단의 효과가 생긴다.

② 전속적 관할의 합의가 유효하더라도 합의한 법원이 아닌 다른 법원에 변론관할이 생길 수 있고, 법원은 사건을 다른 법정관할법원으로 이송할 수 있다.

③ 실효의 원칙은 항소권과 같은 소송법상의 권리에 대해서도 적용될 수 있지만, 법원은 구체적으로 권리불행사 기간의 장단·당사자 쌍방의 사정·객관적으로 존재한 사정 등을 모두 고려하여 사회통념에 따라 위 원칙의 적용 여부를 합리적으로 판단하여야 한다.

④ 업무에 관한 포괄적 대리권을 가진 상법상 지배인은 법률상 인정된 임의대리인이며, 소액사건의 경우 당사자의 배우자는 법원의 허가를 받아 소송대리인이 될 수 있다.

⑤ 소 또는 상소를 제기한 사람이 진술금지의 명령과 함께 변호사선임명령을 받고 새 기일까지 변호사를 선임하지 않은 때에는 법원은 결정으로 소 또는 상소를 각하할 수 있다.

문3. 기판력에 관한 설명 중 <u>옳지 않은</u> 것을 모두 고른 것은? (다툼이 있는 경우에는 판례에 의함)

> ㄱ. 甲이 乙을 상대로 X 토지의 소유권에 기한 방해배제로써 X 토지에 관하여 乙 명의로 마쳐진 소유권이전등기의 말소를 구하는 소송 중에 甲과 乙 사이에 "乙은 甲에게 X 토지에 관하여 진정명의회복을 원인으로 한 소유권이전등기절차를 이행한다"라는 내용의 화해권고결정이 확정되었다. 그 후 乙이 丙에게 X 토지에 관한 소유권이전등기를 마쳐준 경우, 위 화해권고결정이 기판력은 丙에 대하여 미치지 아니하다.
>
> ㄴ. 甲이 乙을 상대로 X 토지에 관한 매매계약의 무효를 원인으로 하여 매매대금의 반환을 구하는 소송에서 乙이 甲의 청구를 인낙하는 내용의 인낙조서가 작성된 경우, 위 인낙조서의 기판력은 乙이 甲을 상대로 위 매매계약을 원인으로 한 소유권이전등기절차의 이행을 구하는 소에 미친다.
>
> ㄷ. 甲이 乙에게 X 토지에 관하여 신탁해지를 원인으로 한 소유권이전등기절차를 이행하기로 한 제소전화해에 기하여 X 토지에 관하여 乙 명의의 소유권이전등기가 마쳐진 경우, 위 제소전화해의 기판력은 甲이 乙을 상대로 위 소유권이전등기가 원인무효라고 주장하며 그 말소등기절차의 이행을 구하는 소에 미친다.

ㄹ. 甲이 乙을 대위하여 丙을 상대로 제기한 취득시효완성을 원인으로 한 소유권이전등기절차의 이행을 구하는 소송에서 乙을 대위할 피보전채권의 부존재를 이유로 한 소각하판결이 확정된 후, 丙이 甲을 상대로 제기한 토지인도청구소송에서 甲이 다시 乙에 대한 위 피보전채권의 존재를 항변사유로 주장하는 것은 위 확정판결의 기판력에 저촉되어 허용될 수 없다.

ㅁ. 甲이 乙을 상대로 X 토지에 관한 임대차계약이 기간 만료로 종료되었음을 원인으로 하여 제기한 임대차보증금반환청구소송에서 임대차보증금의 지급을 명하는 판결이 확정된 경우, 위 확정판결의 기판력은 乙이 甲을 상대로 위 임대차계약에 기한 차임의 지급을 구하는 소에 미친다.

① ㄱ, ㄷ, ㄹ   ② ㄴ, ㄷ, ㄹ   ③ ㄱ, ㄹ, ㅁ
④ ㄱ, ㄴ, ㅁ   ⑤ ㄴ, ㄷ, ㅁ

문4. 청구의 객관적 병합에 관한 설명 중 옳지 않은 것은? (다툼이 있는 경우에는 판례에 의함)

① 소송목적의 값의 산정은 단순병합의 경우에는 원칙적으로 병합된 청구의 값을 합산하나, 선택적·예비적 병합의 경우에는 병합된 청구의 값 중 다액을 기준으로 한다.

② 甲이 乙에 대한 확정판결에 기하여 X 토지에 관한 소유권이전등기를 마친 경우, 乙이 甲을 상대로 위 확정판결에 대한 재심의 소를 제기하면서 위 소유권이전등기의 말소청구를 병합하는 것은 허용되지 아니한다.

③ 수 개의 청구가 제1심에서 선택적으로 병합되고 그중 어느 하나의 청구에 대한 인용판결이 선고되어 피고가 항소를 제기한 경우, 항소심에서는 선택적으로 병합된 위 수 개의 청구 중 어느 하나를 임의로 선택하여 인용할 수 있다.

④ 제1심에서 이미 충분히 심리된 쟁점과 관련한 반소를 항소심에서 제기하는 것은 상대방의 심급의 이익을 해할 우려가 없는 경우에 해당되므로 허용된다.

⑤ 선택적 병합에서 원고 패소판결을 하면서 병합된 청구 중 어느 하나를 판단하지 않은 경우, 판단되지 않은 청구부분은 재판의 누락으로서 제1심 법원에 그대로 계속되어 있다고 볼 것이다.

문5. 다음 설명 중 <u>옳지 않은</u> 것은? (다툼이 있는 경우에는 판례에 의함)

① 원고가 건물인도청구 및 손해배상청구의 소를 제기하여 건물인도청구인용·손해배상청구기각의 판결을 받은 후 패소한 손해배상 부분에 대하여 항소한 경우, 승소한 건물인도 부분도 확정이 차단되고 항소심으로 이심된다.

② 소가 부적법하다는 이유로 각하를 한 제1심 판결에 대하여 원고만이 항소하고 피고는 부대항소를 하지 않은 경우, 항소심이 소 자체는 적법하지만 청구기각할 사안이라고 판단할 때에는 항소기각 판결을 해야 한다.

③ 손해배상청구소송에서 원고가 재산상 손해에 대해서는 전부승소, 위자료에 대해서는 일부패소하였다. 이에 원고가 위자료 패소부분에 대하여 항소한 경우, 전부승소한 재산상 손해에 대한 청구의 확장도 허용된다.

④ 甲이 주 채무자 乙과 보증인 丙을 공동피고로 삼아 제기한 소송에서 甲이 전부승소하자 乙만이 항소한 경우, 丙에 대한 판결은 그대로 확정된다.

⑤ 소송요건과 참가요건을 모두 갖춘 독립당사자참가소송에서 원고 甲 승소, 피고 乙 패소, 참가인 丙 패소의 경우, 丙만이 항소하여 항소심에서 심리한 결과 乙이 권리자로 판단되더라도 불이익변경금지의 원칙상 乙 승소판결을 할 수 없다.

문6. 甲은 乙을 상대로 3억 원의 지급을 구하는 대여금청구의 소를 제기하였다. 다음 설명 중 <u>옳은</u> 것을 모두 고른 것은?

ㄱ. 법원은 乙이 소장부본을 송달받은 날부터 30일 이내에 답변서를 제출하지 아니한 때에는 직권으로 조사할 사항이 있더라도 청구의 원인이 된 사실을 자백한 것으로 보고 변론 없이 판결할 수 있다.

ㄴ. 乙이 소장부본을 송달받은 날부터 30일이 지난 뒤라도 판결이 선고되기까지 甲의 청구를 다투는 취지의 답변서를 제출하면 법원은 더 이상 무변론 판결을 할 수 없다.

ㄷ. 乙이 청구의 원인이 된 사실을 모두 자백하는 취지의 답변서를 제출하고 따로 항변을 하지 아니한 때에도 특별한 사정이 없는 한 법원은 무변론 판결을 할 수 있다.

ㄹ. 甲이 출석하지 아니한 변론기일에 乙은 자신의 준비서면에 적지 않았다고 하더라도 상계항변을 할 수 있다.

ㅁ. 乙이 준비서면을 제출한 후 변론기일에 불출석하여도 법원은 乙이 그 준비서면에 적혀 있는 사항을 진술한 것으로 보고 출석한 甲에게 변론을 명할 수 있다.

① ㄱ, ㄷ   ② ㄴ, ㅁ   ③ ㄷ, ㄹ
④ ㄱ, ㄴ, ㄹ   ⑤ ㄴ, ㄷ, ㅁ

문7. 석명권과 관련된 설명 중 옳지 않은 것은? (다툼이 있는 경우에는 판례에 의함)

① 원고가 피고에 대하여 부당이득금반환을 구한다는 청구를 하다가, 제3자로부터 그 부당이득반환채권을 양수하였으므로 그 양수금의 지급을 구한다고 주장하여 청구원인을 변경하는 경우, 법원은 청구의 교환적 변경인지 추가적 변경인지를 석명으로 밝혀볼 의무가 있다.

② 사해행위취소소송에서 그 소의 제척기간의 경과 여부가 당사자 사이에 쟁점이 된 바가 없음에도 당사자에게 의견진술의 기회를 부여하거나 석명권을 행사하지 않고 제척기간의 경과를 이유로 사해행위취소의 소를 각하한 것은 법원이 석명의무를 위반한 것이다.

③ 지적의무를 게을리한 채 판결을 한 경우에는 소송절차의 위반으로 절대적 상고이유가 된다.

④ 증거로 제출된 차용증에 피고는 보증인, 채무자는 제3자로 기재되어 있고, 원고는 피고에 대하여 보증채무의 이행이 아니라 주 채무의 이행을 구하고 있는 경우, 이는 당사자의 주장과 그 제출증거 사이에 모순이 있는 경우에 해당하므로 법원이 석명권을 행사하여 이를 밝혀보지 아니하고 원고의 주장사실을 인정하였다면 석명권 불행사로 인한 심리미진의 위법이 있다.

⑤ 당사자가 전혀 주장하지 아니하는 공격방어방법, 특히 독립한 항변사유를 당사자에게 시사하여 그 제출을 권유하는 것과 같은 행위는 변론주의의 원칙에 위배되는 것이어서 석명권의 한계를 일탈한 것이다.

문8. 증거조사에 관한 설명 중 <u>옳은</u> 것은? (다툼이 있는 경우에는 판례에 의함)

① 문서의 일부를 제출하여 서증을 신청하고자 할 때에는 원칙적으로 그 일부의 원본, 정본 또는 인증이 있는 등본을 제출하여야 한다.

② 당사자 또는 제3자가 문서제출명령에 따르지 아니한 때에는 법원은 그 문서의 성질, 내용, 성립의 진정 등에 관한 상대방의 주장을 진실한 것으로 인정할 수 있다.

③ 증인의 신문은 증인신문신청을 한 당사자의 신문, 상대방의 신문, 증인신문신청을 한 당사자의 재신문, 상대방의 재신문의 순서로 하고, 그 신문이 끝난 후에는 당사자는 재판장의 허가를 받은 때에만 다시 신문할 수 있다.

④ 법인이 당사자인 소송에서 법인의 대표자에 대하여 당사자 본인신문의 방식에 의하여 증거조사를 하여야 하나, 증인신문방식에 의하여 증거조사를 하였다고 하더라도 상대방이 이에 대하여 지체 없이 이의하지 아니하면 이의권 포기·상실로 인하여 그 하자가 치유된다.

⑤ 자백이 진실에 반하는 것임이 증명되면 그 자백은 착오로 인한 것이라고 추정된다.

문9. 증명책임의 소재에 관한 설명 중 <u>옳은</u> 것을 모두 고른 것은? (다툼이 있는 경우에는 판례에 의함)

> ㄱ. 甲이 乙을 상대로 확정된 지급명령에 대한 청구이의의 소를 제기한 경우, 甲이 乙의 채권이 성립하지 아니하였음을 주장하면 乙은 채권의 발생원인 사실을 증명하여야 한다.
>
> ㄴ. 甲이 채권자 乙로부터 채무자 丙에 대한 채권을 양수할 낭시 ㄱ 새권에 판한 양도금지 특약의 존재를 알고 있거나 그 특약의 존재를 알지 못함에 중대한 과실이 있다면 丙은 甲에 대하여 ㄱ 특약으로써 대항할 수 있고, 甲의 악의 내지 중과실은 채권양도금지의 특약으로 甲에게 대항하려는 丙이 증명하여야 한다.
>
> ㄷ. 甲이 乙을 상대로 피담보채권이 성립되지 아니하였음을 원인으로 하여 X 토지에 관하여 乙 명의로 마쳐진 근저당권설정등기의 말소를 구하는 경우, 근저당권의 성립 당시 근저당권의 피담보채권을 성립시키는 법률행위가 없었다는 사실은 근저당권설정등기의 말소를 구하는 甲이 증명하여야 한다.

ㄹ. 상대방과 통정한 허위의 의사표시는 무효이나, 그 의사표시의 무효는 선의의 제3자에게 대항하지 못하는데, 제3자가 선의라는 사실은 그 허위표시의 유효를 주장하는 자가 증명하여야 한다.

ㅁ. 임대인 甲이 임차인 乙을 상대로 임차건물이 화재로 소실되어 목적물 반환의무가 이행불능이 되었음을 원인으로 한 손해배상을 구하는 소를 제기한 경우, 甲은 乙의 귀책사유로 위 목적물 반환의무가 이행불능이 되었음을 증명하여야 한다.

① ㄱ   ② ㄱ, ㄴ   ③ ㄱ, ㄴ, ㄷ
④ ㄴ, ㄷ, ㄹ   ⑤ ㄴ, ㄷ, ㄹ, ㅁ

문10. 송달에 관한 설명 중 옳지 않은 것은? (다툼이 있는 경우에는 판례에 의함)

① 원칙적으로 송달담당기관과 송달실시기관은 다르다.

② 소송서류는 특별한 규정이 없는 한 원본으로 송달하여야 하며, 소송대리인이 있는 경우에도 당사자 본인에게 한 송달은 유효하다.

③ 송달의 방법은 교부송달이 원칙이고, 우편송달의 경우 발송 시에 송달된 것으로 본다.

④ 공시송달은 직권 또는 당사자의 신청에 따라 재판장의 명령으로 한다.

⑤ 공시송달에 의한 판결편취의 경우, 이로 인해 패소한 당사자는 추후보완상소 또는 재심의 소를 통해 구제받을 수 있다.

문11. 甲은 乙에 대한 대여금 채무를 담보하기 위하여 甲 소유의 X 토지에 관하여 근저당권설정등기를 마쳐주었다. 甲은 대여금 채무가 모두 변제되어 소멸되었다고 주장하며 근저당권설정등기 말소등기절차의 이행을 구하는 소를 제기하였다. 다음 설명 중 옳은 것은? (각 지문은 독립적이고, 다툼이 있는 경우에는 판례에 의함)

① 甲의 소제기에 앞서 위 대여금 채권이 양도되어 丙 앞으로 근저당권 이전의 부기등기가 마쳐진 경우에도, 위 소송에서 피고적격을 갖는 자는 근저당권설정등기의 전(前) 등기명의인이었던 乙이다.

② 乙의 신청으로 X 토지에 관하여 담보권 실행을 위한 경매절차가 개시된 경우, 甲이 공탁원인이 있어 공탁에 의하여 채무를 면하고자 한다면 특별한 사정이 없는 한 피담보채권액이 근저당권의 채권최고액을 초과하더라도 채권최고액과 집행비용을 공탁하면 된다.

③ 위 소송에서 변제액수에 관한 다툼이 있어 심리한 결과 대여금 채무가 남아 있는 것으로 밝혀지면, 법원은 특별한 사정이 없는 한 甲의 청구를 기각하여서는 아니 되고, 잔존채무의 변제를 조건으로 甲의 청구를 일부 인용하는 판결을 선고하여야 한다.

④ 위 소송 중에 위 근저당권설정등기가 경매절차에서의 매각을 원인으로 하여 말소된 경우에는 더 이상 근저당권설정등기의 말소를 구할 법률상 이익이 없게 되어 법원은 甲의 청구를 기각하여야 한다.

⑤ 甲이 乙을 상대로 한 위 소송에서 甲의 승소판결이 확정되었고, 이에 甲이 丁에게 근저당권설정등기를 마쳐주고 이어 乙 명의의 근저당권설정등기 말소등기를 마쳤는데, 乙이 甲을 상대로 위 판결에 대한 재심의 소를 제기하여 '재심대상판결을 취소한다'라는 취지의 조정이 성립한 경우, 丁은 乙에 대하여 乙 명의의 근저당권설정등기의 회복등기절차에 대하여 승낙할 의무를 부담한다.

문12. 미성년자인 甲 명의의 소유권이전등기가 마쳐진 X 토지에 관하여 매매를 원인으로 하여 乙 명의로 소유권이전등기가 마쳐졌다. 甲이 乙을 상대로 X 토지에 관한 乙 명의의 소유권이전등기 말소등기절차이 이행을 구하는 소를 제기하였다. 다음 설명 중 옳지 않은 것은? (각 지문은 독립직이고, 다툼이 있는 경우에는 판례에 의함)

① 甲의 법정대리인이 없는 경우, 이해관계인은 소송절차가 지연됨으로써 손해를 볼 염려가 있음을 소명하여 수소법원에 특별대리인의 선임을 신청할 수 있다.

② 전(前) 등기명의인인 甲이 미성년자이기는 하나 일단 乙 명의로 소유권이전등기가 마쳐진 이상, 그 이전등기에 관하여 필요한 절차를 적법하게 거친 것으로 추정된다.

③ 법원은 기간을 정하여 甲의 소송능력을 보정하도록 명하여야 하며, 설령 보

정하는 것이 지연됨으로써 손해가 생길 염려가 있는 경우에도 甲에게 소송행위를 하게 할 수 없다.

④ 甲이 직접 소송대리인을 선임하여 제1심의 소송수행을 하게 하였으나 항소심에서 甲의 친권자인 丙이 다른 소송대리인을 선임하여 소송행위를 하면서 아무런 이의를 제기한 바 없이 제1심의 소송결과를 진술한 경우에는 무권대리에 의한 소송행위를 묵시적으로 추인한 것으로 보아야 한다.

⑤ 친권자 丙이 甲을 대리하여 제기한 소송 중에 甲이 성년에 도달하더라도 그 사실을 乙에게 통지하지 아니하면 甲은 丙의 대리권 소멸의 효력을 乙에게 주장하지 못한다.

문13. 척추 이상으로 허리 통증이 있던 甲은 의료법인 A 병원에서 2008.4.3. 입원진료계약을 체결하고, 같은 달 30.에 수술을 받았다. 척추수술 직후, 甲에게 하반신마비 장애가 발생하였다. 다음 설명 중 **옳지 않은** 것은? (각 지문은 독립적이고, 다툼이 있는 경우에는 판례에 의함)

① A 병원의 치료비 채권은 특약이 없는 한 개개의 진료가 종료될 때마다 각각의 진료에 필요한 비용의 이행기가 도래하여 그에 대한 소멸시효가 진행된다.

② 甲이 A 병원을 상대로 제기한 손해배상청구소송에서 일실이익의 현가산정 방식에 관한 甲의 주장은 기초사실에 관한 주장에 속하므로, 법원이 甲의 주장과 다른 산정방식을 채용하는 것은 변론주의에 반한다.

③ 甲이 A 병원을 상대로 불법행위를 원인으로 한 손해배상청구의 소를 제기하였는데, 법원이 진료계약상의 의무불이행을 원인으로 한 손해배상금을 지급하도록 판결한 것은 처분권주의에 반한다.

④ A 병원이 진료기록을 변조할 가능성이 있는 경우, 甲은 소제기 전이나 후에 증거보전절차를 신청할 수 있으며, 예외적으로 소송계속 중에는 법원이 증거보전을 직권으로도 결정할 수 있다.

⑤ A 병원이 진료기록을 사후에 변조한 것으로 밝혀진 경우라고 하더라도 곧바로 A 병원에 의료상의 과실이 있다는 甲의 주장사실이 증명된 것으로 볼 수는 없다.

문14. 다음 설명 중 옳지 않은 것을 모두 고른 것은? (다툼이 있는 경우에는 판례에 의함)

> ㄱ. A 아파트 입주자대표회의의 대표자를 피고로 삼아 제기한 대표자 지위부존재확인의 제1심 소송 중에 위 아파트 입주자대표회의에 대하여 같은 내용의 확인을 구하기 위하여 위 아파트 입주자대표회의를 예비적 피고로 추가하는 신청은 적법하다.
>
> ㄴ. 甲이 주위적으로 B 보험회사가 한 공탁이 무효임을 전제로 B 보험회사에 대하여 보험금의 지급을 구하고, 예비적으로 위 공탁이 유효임을 전제로 乙에 대하여 공탁금의 출급청구에 관한 승낙의 의사표시와 대한민국에 대한 통지를 구하는 소를 제기한 경우, B 보험회사에 대한 판결을 먼저 한 다음 나중에 乙에 대하여 추가판결을 할 수 있다.
>
> ㄷ. 甲, 乙, 丙의 합유로 소유권이전등기가 된 X 토지에 관하여 丁이 甲, 乙, 丙을 피고로 명의신탁해지를 원인으로 한 소유권이전등기절차의 이행을 구하는 소를 제기한 경우, 甲만이 변론기일에 출석하더라도 乙과 丙은 기일해태의 불이익을 받지 않는다.
>
> ㄹ. 공동상속인 甲, 乙, 丙 중 甲과 乙 사이에 X 토지가 상속재산에 속하는지에 관하여 다툼이 있어, 甲이 乙을 피고로 하여 X 토지가 상속재산임의 확인을 구하는 제1심 소송 중에 丙을 피고로 추가하는 신청은 부적법하다.
>
> ㅁ. 甲, 乙, 丙의 공유인 X 토지에 관하여 甲이 乙, 丙을 피고로 삼아 제기한 공유물분할청구의 소송 중에 丙에 대한 소를 취하하는 것은 허용되지 아니한다.

① ㄱ, ㄴ   ② ㄴ, ㄹ   ③ ㄴ, ㄷ, ㄹ

④ ㄱ, ㅁ   ⑤ ㄴ, ㄹ, ㅁ

문15. 다음 중 변론종결 후의 승계인에 해당하는 것을 모두 고른 것은? (다툼이 있는 경우에는 판례에 의함)

> ㄱ. 확정판결의 변론종결 후 그 확정판결상의 채무자로부터 채무인수 여부에 관한 약정 없이 영업을 양수하여 양도인의 상호를 계속 사용하는 영업양수인
>
> ㄴ. 확정판결의 변론종결 후 그 확정판결상의 채무자인 회사를 흡수합병한 존속회사
>
> ㄷ. 확정판결의 변론종결 후 그 확정판결상의 채무자인 회사가 신설합병되어 설립된 회사
>
> ㄹ. 확정판결의 변론종결 후 그 확정판결상의 채무자로서 금전지급채무만을 부담하고 있는 회사가 그 채무를 면탈할 목적으로 기업의 형태·내용을 실질적으로 동일하게 하여 설립한 신설회사

① ㄷ   ② ㄱ, ㄴ   ③ ㄴ, ㄷ

④ ㄴ, ㄹ   ⑤ ㄷ, ㄹ

문16. 다음 주식회사 관련 소송 중 고유필수적 공동소송이 될 수 있는 것은? (다툼이 있는 경우에는 판례에 의함)

① 상법상 소수주주의 요건을 갖춘 주주 甲이 청산인과 회사를 상대로 제기하는 청산인해임의 소

② 대표이사가 이사회결의 없이 주주총회를 소집한 하자를 이유로 주주 甲이 대표이사와 회사를 상대로 제기하는 주주총회결의취소의 소

③ 상법상 소수주주의 요건을 갖춘 주주 甲·乙이 제기하는 주주대표소송

④ 주주 甲·乙이 제기하는 회사합병무효의 소

⑤ 주주 甲·乙이 제기하는 회사설립무효의 소

모의고사 - 1

〈2010년 법무부 제1회 모의고사〉

문1. 甲이 乙을 피고로 하여 소송을 진행하던 중 본인소송을 하던 피고 乙이 사망을 하였다. 피고 乙에게는 유일한 상속인 丙이 있었다. 이 경우 원고 甲이나 丙이 취할 수 있는 방법으로서 가장 <u>부적절한</u> 것은?

① 원고 甲은 丙으로 하여금 소송을 승계하도록 인수승계신청을 하고자 한다.

② 원고 甲은 丙으로 소송수계신청을 하고자 한다.

③ 丙은 참가승계신청을 하고자 한다.

④ 丙은 자신의 이름으로 소송수계신청을 하고자 한다.

⑤ 원고 甲이나 丙은 소송중단신청을 하고자 한다.

문2. 甲은 乙에 대해 1억 원의 물품대금채권이 있으나, 집행권원을 취득한 바 없다. 乙은 丙에 대한 1억 원의 대여금채권 외에는 다른 재산이 전혀 없는 상태이다. 甲이 취할 수 있는 방법으로 <u>적절하지 않은</u> 것은?

① 채무자 乙을 대위하여 丙에게 1억 원의 대여금 채무를 乙에게 지급하라고 소구한다.

② 채무자 乙을 대위하여 丙에게 1억 원의 대여금 채무를 甲에게 지급하라고 소구한다.

③ 채무자 乙의 丙에 대한 채권을 압류하고 추심명령을 신청한다.

④ 채무자 乙을 대위하여 丙에게 내용증명을 보내 조속히 乙에게 채무를 변제하라고 독촉한다.

⑤ 채무자 乙의 丙에 대한 채권을 가압류한다.

문3. 甲이 乙에 대한 차용금반환청구의 소를 제기하고 그 증거로 乙 명의의 인영이 찍힌 차용증을 증거로 제출하였고, 乙은 차용사실 자체를 부인하면서 차용증이 위조되었다고 다투면서도 그 인영이 자신의 인감도장

인영과 동일하다고 진술하였다. 이와 관련된 소송관계에 관한 설명 중 옳지 않은 것은?

① 乙은 그 날인자가 제3자임을 본증으로 입증하여야 한다.

② 누가 날인하였는지가 불분명한 경우에는 법원은 차용증의 내용에 따라 乙의 차용사실을 인정하여야 한다.

③ 제3자가 날인한 사실이 밝혀진 경우에는 甲은 그 날인행위가 乙로부터 위임받은 정당한 권원에 의한 것이라는 사실을 입증할 책임이 있다.

④ 제3자가 날인한 사실이 밝혀졌지만 제3자의 대리권이 입증되지 아니한 경우 甲은 乙에 대하여 표현대리책임을 추궁하는 방법을 취할 수 있다.

⑤ 차용증의 인영이 자신의 인감도장에 의한 인영과 동일하다고 한 乙의 진술은 보조사실에 관한 자백이므로 乙이 이를 자유롭게 철회할 수 있다.

문4. 채권자 甲은 채무자인 乙을 대위하여 丙을 상대로 소유권이전등기말소청구소송을 제기하여 전부승소판결을 받았고 피고 丙이 항소를 제기하였다. 甲은 계쟁부동산에 대해서는 아무런 권원이 없었으나 채권의 보전을 위해 이러한 소송을 제기한 것이다. 그런데 항소심에서 원고 甲은 진정명의회복을 원인으로 한 이전등기청구로 청구변경을 하면서 丙으로 하여금 직접 자신에게 이전등기해줄 것을 청구하였다. 이러한 상황에 대한 설명으로 적절하지 않은 것은?

① 청구변경은 항소심에서도 가능하다.

② 원고 甲의 청구변경은 종전의 청구인 이전등기말소청구를 취하하고 새로운 이전등기청구소송을 제기한 것으로 보는 것이 일반적인 견해이다.

③ 甲의 청구변경에 따라 새로운 청구 자체가 이유 없게 되는 상황이라면 법원은 법적관점지적의무에 따라 甲에게 석명을 구하는 것이 적절했을 것이다.

④ ②의 견해에 따르면 원고 甲이 그 후의 항소심 절차에서 다시금 종전 청구인 이전등기말소청구로 청구변경을 하는데도 아무런 제한이 없을 것이다.

⑤ 이 사건에서와 같이 소유권이전등기말소청구와 진정명의회복을 원인으로 한 이전등기청구는 상호 소송물이 동일하다는 것이 대법원의 확립된 입장이다.

문5. 甲은 乙을 상대로 대여금 1억 원의 지급을 구하는 소를 제기하였다. 그런데 법원은 甲에게 승소판결을 선고하면서도 원고 甲이 구하는 금원은 대여금이 아닌 매매대금이라고 판시하였고 아울러 매매대금 금 2억 원의 지급을 명하는 판결을 선고하였다. 이에 대해 甲과 乙 모두 항소를 제기하고자 한다. 다음 설명 중 가장 적절하지 못한 것은?

① 乙은 항소이유로 1심판결이 처분권주의를 위반하였다고 주장한다.
② 乙은 항소이유로 1심판결이 변론주의를 위반하였다고 주장한다.
③ 甲은 1심 법원에 판결경정을 신청하고자 한다.
④ 甲에게도 항소권이 인정될 수 있다.
⑤ 乙의 항소에 따라 1심 판결이 취소될 가능성이 높다.

문6. 채권자 甲은 채무자 乙 소유 부동산에 대해 가처분신청을 하면서 동 재판을 관할하는 법원을 찾느라 매우 고민을 하였다. 이러한 관할법원과 성격이 다른 하나는?

① 재판상 이혼을 구하는 소의 관할법원
② 외국판결의 강제집행을 구하는 소의 관할법원
③ 법정관할 법원 중 전속적 관할합의에 따라 정해진 관할법원
④ 공시최고사건을 관할하는 법원
⑤ 지급명령사건을 관할하는 법원

문7. 임대인 甲은 임차인 乙에게 건물의 일부를 임대하면서 제소전화해 조서를 받아두었다. 다음 중 위 화해조서와 성격이 다른 것 하나는?

① 수소법원에서 이루어진 조정조서
② 준비절차에서 이루어진 화해권고결정
③ 소액사건심판법상의 이행권고결정
④ 민사조정법상의 조정에 갈음하는 결정
⑤ 청구의 포기조서

문8. 다음 중 동업관계에 있는 甲(대표자), 乙, 丙 3인이 10억 원의 물품 대금청구소송을 제기하면서 당사자와 대리인을 정하고자 한다. 그중 **적절하지 않은** 방법은?

① 대표자 甲에게 소송수행권을 수여하는 임의적 소송신탁을 하여 甲만을 당사자로 한다.

② 평소 알고 지내던 변호사 丁을 소송대리인으로 선임한다.

③ 甲, 乙, 丙 모두를 당사자로 한다.

④ 甲과 乙을 선정당사자로 선정하여 이들로 하여금 소송수행을 하게 한다.

⑤ 乙과 丙이 甲으로 하여금 단독적인 소송수행을 할 수 있도록 소제기 전에 자신들의 권리를 甲에게 양도한다.

문9. 甲은 현재 고등학교 1학년 학생이지만(만 15세 9개월) 외견상으로는 30세 가까운 모습을 보이고 있는 조숙한 학생이다. 아마 이미 벗겨지기 시작한 머리 때문이 아닌가 본인은 늘 생각하고 있었다. 甲은 학교 생활에 염증을 낸 나머지 홀어머니 乙에게 어머니가 경영하는 '행당분식'을 자신이 맡아 운영하고 싶다고 말하였으며 아울러 돈 1억 원을 주면 투자를 하여 돈을 벌고 싶다고도 말하였다. 모친 乙은 아버지 없이 혼자 생활하는 甲이 딱하였고 공부에 취미도 없는 자식에게 공부를 강요하는 것도 마음 아픈 일이라 여기고 행당분식의 운영을 甲에게 맡기면서 돈 1억 원 역시 아들에게 주었다. 甲은 돈 1억 원을 대머리 치료제를 개발하고 있는 B에게 투자한 후 가게를 맡아 1년간 열심히 경영을 하여 돈을 모았다. 자신을 얻은 甲은 점포를 확장하면서 음식 제조와 식기 세척을 자동으로 해준다는 기계를 C로부터 5천만 원에 매입하였다. 그러나 얼마 지나지 않아 B가 엉터리 개발전문가였을 뿐 아니라 자신을 속였다는 사실, C가 납품한 기자재 역시 하자가 있어 도저히 그 물건을 통해서는 음식점 영업을 할 수 없다는 사실을 알게 되었다. 이에 甲은 만 18세 되던 날에 B를 상대로 투자금의 반환을 구하고, C를 상대로는 매매계약을 해제하고 매매대금의 반환은 물론

하자 있는 기계로 인해 영업을 하지 못함으로 인해 발생한 손해배상을 청구하고자 한다. 甲은 자신을 믿어준 어머니에게 걱정을 끼치고 싶지 않은 생각에 동부지방법원 앞에 있는 변호사 사무실을 홀로 찾아가기에 이른다.

다음 중 변호사의 자문 내용으로 적절하지 않은 것은?

① 법정대리인 乙이 동의하지 않으면 甲은 B, C를 상대로 단독으로 소를 제기할 수 없다.

② 법정대리인의 동의를 조건으로 서울남부지방법원에 B, C를 공동피고로 하여 소를 제기할 수 있다.

③ 변호사는 법정대리인을 통해 甲이 무능력자임을 이유로 B, C와의 계약을 모두 취소할 수 있다.

④ 법정대리인의 동의 없이도 B, C에 대한 소송에 대한 소송대리권은 甲으로부터 수여받을 수 있다.

⑤ 일단 법정대리인 모르게 소를 제기하고자 한다면 C만을 상대로 소를 제기하자고 甲에게 권유한다.

문10. 서울시는 2006.6.7. 甲의 소유 대지 부근을 통과하는 도로를 개설하면서 동 대지를 침범하여 도로포장을 하고 공용에 제공하였다(육안으로도 침범한 면적이 약 50평방미터 정도 되는 듯하다). 이에 甲은 서울시를 상대로 신중하게 소제기할 것을 결심하고 여러 Law Firm에 의견을 구하였다. 다음은 여러 Firm이 보내온 의견서 중 핵심부분을 발췌한 것이다. 귀하가 甲의 입장이라면 어느 Law Firm에 사건을 의뢰할 것인지 선택하시오(학설과 판례가 대립할 경우 판례에 따름).

① 침범당한 대지를 반드시 찾을 수 있고 2006.6.7.부터 대지인도완료일까지 월 임료상당액을 부당이득으로서 청구할 수 있다.

② 침범당한 대지는 현재로서 반드시 찾을 수는 없지만 2006.6.7.부터 서울시가 당해 대지를 수용할 때까지 월 임료상당액을 부당이득으로서 청구할 수 있다.

③ 침범당한 대지는 현재로서 반드시 찾을 수는 없지만 2006.6.7.부터 서울시가

당해 대지를 매수할 때까지의 월 임료상당액을 부당이득으로서 청구할 수 있다.

④ 침범당한 대지는 현재로서 반드시 찾을 수는 없지만 2006.6.7.부터 도로폐쇄에 의한 점유종료일까지 월 임료상당액을 부당이득으로서 청구할 수 있다.

⑤ 침범당한 대지를 반드시 찾을 수 있고 도로폐쇄에 의한 점유종료일 혹은 甲의 소유권 상실일까지 월 임료상당액을 부당이득으로서 청구할 수 있다.

문11. 甲이 乙을 상대로 채권 1,000만 원의 지급을 구하는 소송에서 乙이 甲에 대한 1,000만 원의 반대채권을 자동채권으로 상계항변을 한 경우를 전제로 하여 다음 중 옳은 것은?

① 판례에 따르면, 乙이 甲을 상대로 위 반대채권, 즉 1,000만 원의 지급을 구하는 별도의 소를 제기하는 것은 부적법하여 허용되지 않는다.

② 위 소송에서 乙의 상계항변이 인정되더라도 이는 판결주문에 표시되지 않으므로 기판력이 생기지 않는다.

③ 甲의 乙에 대한 채권과 乙의 甲에 대한 반대채권이 모두 양자의 격투에 기한 손해배상채권인 경우에, 乙의 상계항변은 인용되어야 한다.

④ 乙의 甲에 대한 채권에 관하여 소멸시효가 완성되었다 하더라도, 그 완성 전에 상계적상에 있었다면, 乙의 상계항변은 인용되어야 한다.

⑤ 甲의 乙에 대한 채권과 乙의 甲에 대한 채권이 모두 매매계약의 해제에 따른 원상회복의무에 기한 것인 경우에, 양자 사이에 동시이행관계가 인정되므로, 乙의 상계항변은 인용될 수 없다.

문12. 채무초과상태에 있는 甲이 乙에 대하여 손해배상채권을 가지고 있음에도 이를 행사하지 않고 있을 뿐만 아니라, 처 丙과 이혼하면서 재산분할 명목으로 자기의 유일한 재산인 아파트에 관한 소유권이전등기를 丙 앞으로 경료하여 주었다. 이러한 경우에 甲의 채권자 丁의 구제책에 관하여 다음 중 옳지 않은 것은? (채권자취소권의 법적 성질에 관하여 판례의 입장을 따를 것)

① 丁이 甲을 대위하여 乙에 대하여 채권의 지급을 구하는 소를 제기하였는데, 甲의 채권에 관하여 이미 소멸시효가 완성되었다면, 위 소는 부적법하므로

각하되어야 한다.

② 丁이 乙을 상대로 채권자대위소송을 제기한 경우에, 甲이 다시 乙을 상대로 채권의 지급을 구하는 소를 제기하는 경우뿐만 아니라 甲의 다른 채권자 戊가 다시 乙을 상대로 채권자대위소송을 제기하는 경우에도 중복소송에 해당하여 허용되지 않는다는 것이 판례의 입장이다.

③ 丁이 위 아파트에 관한 소유권이전행위를 사해행위로 취소하고 원상회복을 구하기 위해서는 丙을 피고로 하여야 하고, 그 범위는 재산분할이 상당한 정도를 벗어나 과대하다고 인정되는 경우에 그 과대한 부분에 한정된다.

④ 丁이 사해행위취소소송을 제기한 후에 다른 채권자 戊가 다시 사해행위취소소송을 제기하면 戊의 소송은 언제나 중복소송에 해당한다.

⑤ 丁이 사해행위취소소송이 인용되어 위 아파트의 소유권이 甲에게 회복된 경우에, 丙의 甲에 대한 재산분할청구권은 회복된다.

문13. 甲은 2009.1.1. 사망하였고, 그의 아들로 乙, 丙, 丁이 있다. 甲은 생전에 서울 서초구 서초동에 대지 300㎡를 소유하고 있었고, 乙, 丙, 丁이 이를 상속하였다. 乙, 丙, 丁은 위 대지를 분할하여 각자 소유하고자 한다. 다음 설명 중 옳은 것은?

① 상속재산은 각자 지분별로 소유하기 때문에 乙은 丁만을 상대로 소송을 제기할 수 있다.

② 상속재산은 각자 지분별로 소유하기 때문에 법원은 소송진행 중 합의 의사가 있는 丙, 丁 사이에서만 화해로 해결하고, 합의 의사가 없는 乙에 대해서는 乙과 丙, 乙과 丁 사이의 분할판결을 할 수 있다.

③ 대지분할은 상속재산분할로서 반드시 현물로서만 가능하고, 현금이나 경매분할은 불가능하다.

④ 대지분할이 불가능하면 경매절차에 의한 현금분할이 가능한데, 상속지분권자들은 공유자로서의 우선매수권이 주어지지 아니한다.

⑤ 법원은 그 토지의 형상, 가격 등을 고려하여 임의로 분할판결을 할 수 있다.

문14. 김 변호사는 금융기관으로부터 프로젝트 파이낸싱(PF)을 받아 그 사업자금으로 사업부지를 매수하여 아파트를 건축하고 이를 분양하는 사업을 추진하는 甲과 乙의 의뢰를 받아 사업시행자인 분양사업자, 시공자인 건설회사, 사업자금 대여기관인 금융기관 사이의 법률관계에 관하여 다음과 같은 내용의 의견서를 작성하였다. 다음 의견서의 밑줄 친 내용 중 타당하지 않은 것은?

의견서

본건 사업의 당사자는 분양사업자, 건설회사 및 금융기관이기 때문에 본건 사업의 근간이 되는 사업약정서는 원칙적으로 3당사자 사이의 약정이 될 것입니다. 이때, 분양사업자가 2인 이상인 본건 사업의 경우 (ㄱ) 이들 사이에 내부약정이 체결되어 그에 따라 본건 사업에 관한 공동의 출자지분과 사업이익 분배에 관한 지분을 가지고 있다면, 이는 일응 민법상의 조합(체)의 관계로 보는 것이 타당할 것이기 때문에 甲과 乙 중 어느 1인이 불가피한 사정으로 분양사업자 지위에서 탈퇴하거나 그 지위를 상실하게 되더라도 나머지 1인으로서는 여전히 사업약정을 이행하여야 한다고 봄이 타당한 것으로 사료됩니다.

또한, 건설회사가 약정된 공사기간 내에 공사를 완료하지 못하는 경우에 대비하여 공사도급계약을 체결하면서 지체상금 약정을 하였을 경우, 이러한 지체상금 약정은 통상적으로 민법상 손해배상액의 예정으로 봅니다. 즉, 이와 같이 (ㄴ) 손해배상액의 예정으로 보기 때문에 별도로 면책규정을 두어 그러한 면책사유에 해당하는 경우가 아닌 한 귀책사유 여부를 불문하고 지체상금 책임을 부담하는 취지로 약정하였다면, 위와 같이 공사기간 내에 공사가 완료되지 않았다는 사정이 발생한 것만으로도 지체상금의 지급을 청구할 수 있을 것입니다.

한편, 분양사업자의 사업약정불이행에 대비하여 통상적으로 금융기관은 분양사업자가 매수한 사업부지를 곧바로 신탁회사에 신탁하도록 하고 있으나, 이러한 (ㄷ) 신탁약정의 종료 내지 해지 등을 사유로 하는 분양사업자의 신탁회사에 대한 사업부지에 관한 소유권이전등기청구권은 재산상 가치가 인정되기 때문에 분양사업자의 일반채권자들에 의하여 가압류의 대상이 될 수 있으므로, 신탁약정에 따른 신탁회사로의 등기이전절차가 완료되었더라도 위와 같은 가압류로 인하여 사업이 지연되지 않도록 각별히 주의할 필요가 있다고 할 것입니다.

나아가, 건설회사나 금융기관은 상대적으로 변제자력이 충분하지 않은 분양사업자와 사이에 사업약정 및 그에 따른 공사도급계약과 PF 대출약정을 체결하면서, 분양사업자가 사업약정 및 PF 대출약정을 불이행하였을 경우 이를 분양사업자에 대한 각종 약정 내지 계약의 해지사유로 보아 분양사업자를 사업에서 탈퇴시키고, 동시에 분양사업자가 가지고 있던 사업시행권을 금융기관이 지정하는 제3자에게 양도하도록 미리 약정을 하는 경우가 있습니다. 그런데 분양사업자의 사업시행권이란, 본건 사업을 추진하면서 가지는 각종 공법상의 지위(건축주 지위, 인허가권자 지위 등)와 사법상 약정당사자의 지위(사업약정의 당사자, 공사도급계약의 도급인, PF 대출약정의 차주, 사업부지 매매계약상 매수인 지위, 신탁약정의 신탁자 지위 등)를 의미하는 것이므로, 결국 공법상 지위의 변경은 관계 법령에서 정한 바에 따른 지위변경절차를 거치면 될 것이지만, ㉣ <u>각종 사법상 약정당사자의 지위의 양도는 계약인수의 방법에 따라야 하기 때문에 사업시행권 양수인과의 합의는 물론 이미 사업시행권 양도에 동의한 것으로 볼 수 있는 금융기관 외에도 각 약정들의 상대방 당사자들의 승낙 내지 동의도 받아야 할 필요가 있다고 할 것입니다(설령 개별 권리의 양도방식에 의하더라도 적어도 사업부지 취득에 관한 소유권이전등기청구권의 양도에 관해서는 매도인의 승낙 내지 동의를 요합니다).</u>

다만, 아직 본건 사업이 완료되지 아니한 상태에서 건설회사의 귀책사유로 사업약정이나 공사도급계약을 불이행하였을 경우, 분양사업자로서는 건설회사에 대하여 민법 제390조에 따라 이행이익의 배상을 청구할 수 있음이 원칙이라 하겠으나, 이와 같은 아파트 건축 및 분양사업의 경우에는 실제로 아파트 분양이 완료되고 공사가 완료되어 입주까지 마무리된 다음 정산절차를 거쳐야만 비로소 분양사업자의 이행이익이라고 할 수 있는 사업이익의 규모가 정해질 수 있는바, ㉤ <u>아직 사업이 완료되지 아니한 상태에서 구체적인 사업이익의 입증이 어려울 뿐만 아니라 건설회사가 무자력이기 때문에 소의 이익이 없어서 부적법 각하될 것으로 사료됩니다.</u>

① ㉠　　　② ㉡　　　③ ㉢　　　④ ㉣　　　⑤ ㉤

문15. 甲 소유의 토지 위에 丙이 무단으로 건물을 신축하여 점유하던 중 이 토지에 관하여 乙 명의의 소유권이전등기가 경료된 경우의 법률관계에 관하여 다음 중 <u>옳은</u> 것은? (각 지문은 독립적이다)

① 乙 명의의 등기가 유효한 명의신탁에 기한 것이라면, 대내적 소유권을 가진 甲이 丙을 상대로 건물철거 및 대지인도를 청구할 수 있다.

② 乙이 丙을 상대로 제기한 건물철거 및 대지인도소송에서 丙이 사실심 변론

종결 후에 위 건물을 丁에게 인도하여 현실적으로 점유하고 있지 않다면 乙
이 위 소송에서 승소하였더라도 집행할 수 없다.

③ 乙이 종중이고 乙의 대표자가 개인자격에서 총유재산의 보존행위로 丙을
상대로 건물철거 및 대지인도소송을 제기하였다면, 그 소는 기각되어야 한다.

④ 丙이 乙과 위 토지에 관하여 매매계약을 체결한 경우에, 丙 명의의 소유권
이전등기가 경료되지 않았다면 乙은 丙을 상대로 건물철거 및 대지인도를
구할 수 있다.

⑤ 丙을 상대로 건물철거 및 대지인도소송을 제기하여 1심에서 승소판결을 받
은 후 항소심에서 소를 취하한 甲으로부터 위 토지의 소유권을 취득한 乙
은 다시 동일한 청구를 소로써 제기할 수 있다.

〈2011년 법무부 제2회 모의고사〉

문1. 甲은 만 17세인 고등학생으로서 A 회사에 대하여 9천만 원의 대여금
채권을 가지고 있는데, A 회사가 채무를 변제하지 아니하여 A 회사를
상대로 대여금청구의 소를 제기하려 한다. 甲의 가족으로는 지체장애
인으로서 거동이 불편한 아버지 乙과 현재 25살인 형 丙이 있다. 이
경우 소송상의 대리인에 관한 설명으로 옳은 것은? (다툼이 있는 경우
에는 판례에 의함)

① 甲은 미성년자이므로 甲에 대한 소송서류의 송달은 법정대리인인 乙에게만 할
수 있다.

② 乙이 강제집행, 가압류, 가처분에 관한 소송행위를 하고자 하는 경우에는 甲으
로부터 특별수권을 받아야 한다.

③ 이 사건이 단독판사에 의하여 심판되는 경우에 丙은 법원의 허가를 받아 소송대
리인으로 선임될 수 있다.

④ 丙이 소송행위에 대한 수권을 받았다는 사실에 관한 증명을 반드시 서면으로 할
필요는 없다.

⑤ 변호사 丁이 제1심에서 소송대리인으로 선임되어 소송하였으나 패소하여 항소
하였고, 항소심에서 乙이 소송을 대리한 결과, 항소심에서 취소되어 환송되더라
도 丁의 소송대리권은 부활하지 않는다.

문2. 甲의 乙에 대한 대여금청구소송의 제1심에서 일부 변론과 증거조사가
진행되다가, 법관의 인사이동에 의하여 A 판사가 N 판사로 바뀌었다.
그 후 N 판사는 심리를 속행하여 원고승소 판결을 하였고 이에 乙이
항소하였다. 그런데 항소심 재판부가 A, B, C 판사로 구성되어 있음
을 알게 된 乙은 A 판사에 대하여 제척신청을 하였다. 이에 관한 설명
중 옳지 않은 것은?

① 법관의 제척이란 재판의 공정성을 유지하기 위하여 법관이 구체적인 사건에 대
하여 법률에서 정한 특수한 관계에 있는 때에는 법률에 의하여 특별한 절차 없
이 당연히 그 사건에 관한 직무집행에서 배제되는 경우를 말하는 것으로 乙의

신청은 법원에 대하여 직권발동의 의미가 있을 뿐이다.

② 법관이 불복사건의 이전심급의 재판에 관여한 경우에 법관은 제척된다. 이는 예단을 배제하여 재판의 공정성을 유지하는 한편, 심급제도의 실효성을 확보하기 위함이다.

③ 불복사건의 이전심급의 재판이라 함은 하급심재판을 말하며, 종국판결뿐 아니라 상급심의 판단을 받을 중간적 재판도 포함하고 상고심의 경우 간접적으로 불복대상이 된 제1심도 전심재판이다.

④ 전심 관여는 최종변론, 판결의 합의나 판결의 작성 등 깊이 있게 관여한 경우를 말하고, 최종변론 전의 변론이나 증거조사는 포함되지 않기에 A 판사가 관여한 항소기각 판결은 유효하다.

⑤ 본안사건의 재판장에 대한 기피신청사건의 재판에 관여한 법관이 다시 위 본안사건에 관여한다 하더라도 이는 민사소송법 제37조 제5호 소정의 전심재판관여에 해당하지 아니한다.

문3. 민사소송상 송달에 관한 설명 중 옳지 않은 것은?

① 민사소송법에 의한 우편송달은 송달기관이 송달할 장소에서 송달받을 자를 만나지 못하여 통상의 교부송달을 할 수 없고, 나아가서 그 대행인인 사무원, 고용인, 동거자도 만나지 못하여 보충송달이나 유치송달도 할 수 없는 경우 또는 수송달자와 대행인이 수령을 완강히 거부하여 보충송달이나 유치송달도 할 수 없었던 경우에 인정된다.

② 민사소송법에 의한 우편송달은 보충송달이나 유치송달이 불가능한 경우에 할 수 있는 것이므로 폐문부재와 같이 송달을 받을 자는 물론 그 사무원, 고용인 또는 동거자 등 서류를 수령할 만한 자를 만날 수 없는 경우라면 모르거니와 단지 송달을 받을 자만이 장기출타로 부재중이어서 그 밖의 동거자 등에게 보충송달이나 유치송달이 가능한 경우에는 우편송달을 할 수 없다.

③ 송달한 기관이 송달에 관한 사유를 서면으로 작성하여 법원에 제출하는 송달보고서는 송달사실에 대한 단순한 증거방법에 지나지 않는다고 봄이 상당하므로 그 기재내용이 송달의 실질적 내용과 다르더라도 다른 증거방법에 의하여 적법한 송달이 증명된다면 그 송달은 유효하다.

④ 보충송달의 경우 소장에 피고의 주소로 표시된 곳이 피고가 도피하기 전까지 거주하던 곳이고 그곳에 피고의 아버지 등이 거주하고 있다면 비록 피고가 행방을

감추어 6개월가량 경과하였고, 피고의 처자도 이미 다른 곳으로 이사하여 피고의 주민등록까지 그곳으로 옮겨졌다고 하더라도 종전 주소지에서 피고의 가족이나 고용인이 소장 등을 수령하였다면 이는 피고에 대한 적법한 송달이다.

⑤ 민사소송법 제185조 제1항의 '송달장소'및 제2항의 '종전에 송달을 받던 장소'에는 실제로 송달을 받았던 장소뿐만 아니라 최초의 송달이 실시되기 전이라면 기록상 신고된 송달장소, 송달장소의 변경신고가 있었다면 그 변경신고된 송달장소도 이에 해당하는 것이고, 당사자가 종전의 송달장소에 대하여 변경신고를 한 경우에 그 변경된 송달장소에서의 송달이 불능되는 경우에도 위 규정에 따라 발송송달을 할 수 있는 것으로 보아야 한다.

문4. 민사소송의 변론주의에 관한 설명으로 옳지 않은 것은?

① 당사자가 준비서면에 기재하고 변론절차에서 주장하였더라도 법원이 당사자의 주장에 대하여 반드시 판단해야 하는 것은 아니다.

② 간접사실은 변론에서 당사자의 주장이 없더라도 증거로써 이를 인정할 수 있고, 자백하더라도 구속력이 없다.

③ 당사자 사이에 다툼이 없는 사실은 법원이 이에 구속되어 증거조사를 할 필요 없이 그대로 판결의 기초로 삼아야 한다.

④ 법원은 당사자가 주장하지 아니한 법률효과에 관한 요건사실이나 독립된 공격방어방법에 관하여 새롭게 주장하도록 시사하거나 증거를 제출하도록 권유해서는 안 된다.

⑤ 증거조사의 방식에 관한 규정에 위배한 경우에는 소송절차에 관한 이의권의 포기 또는 상실이 허용되지 않는다.

문5. 중복제소 금지에 관한 설명 중 옳지 않은 것은? (다툼이 있는 경우에는 판례에 의함)

① 중복제소금지의 원칙이란 이미 법원에 소송계속된 사건과 동일한 사건에 관하여 당사자는 다시 소를 제기하기 못함을 말하는바, 그 이유는 중복제소가 심리의 중복으로 소송경제에 반하고 판결의 모순·저촉 우려가 있기 때문이다.

② 중복제소의 여부는 직권조사사항이므로 이에 해당하면 피고의 항변을 기다릴 필요 없이 판결로써 후소를 부적법 각하해야 한다.

③ 채권자대위소송이 제기된 후 채무자가 같은 내용의 후소를 제기한 경우 후소가

중복제소에 해당하는지에 대해 견해가 대립하고 있다. 부정설은 대위소송이 제3자의 소송담당이 아님을 전제로 중복소송이 아니라고 보며, 긍정설은 대위소송을 법정소송담당으로 보아 중복제소로 보고, 한정적 긍정설은 채무자가 채권자대위소송이 계속 중임을 알았을 경우에 한하여 중복제소로 본다.

④ 채권자대위소송이 계속 중 다른 채권자가 채권자대위소송을 제기하는 경우 각 채권자는 고유권리로서 채권자대위권을 행사하는 것이어서 소송물을 같이하는 것이라도 중복제소에 해당하지 않는다.

⑤ 회사가 대표소송에 당사자로서 참가하는 것은 소송경제가 도모되고 판결의 모순·저촉을 유발할 가능성도 없으며 회사의 권익을 보호하려한 상법 제404호 제1항 입법취지상 중복제소가 아니다.

문6. 소의 취하에 관한 설명에 대하여 옳고 그름의 표시(O, X)가 옳게 조합된 것은?

가. 소의 취하는 원고의 소제기 후 판결이 확정되기까지 어느 때라도 할 수 있으나, 반드시 서면으로 하여야 한다.

나. 가사소송, 행정소송과 같이 직권탐지주의의 적용을 받는 소송물에 대해서도 상대방의 동의만 있으면 취하할 수 있으나, 증권관련 집단소송에서는 법원의 허가를 얻어야 한다.

다. 고유필수적 공동소송에 있어서는 공동소송인 전원이 공동으로 취하하지 않으면 소취하의 효력이 없다.

라. 본안에 대한 종국판결이 선고된 후 소를 취하한 경우에도 처음부터 소송이 계속되지 않았던 것과 같은 상태로 소송이 종료된다.

마. 당사자가 소취하의 무효를 주장하면서 기일지정신청을 한 경우에는 소의 취하가 유효하다고 판단되면 따로 변론을 열 필요 없이 종국판결로써 소송을 종료할 수 있다.

---

① 가(O), 나(X), 다(O), 라(X), 마(O)
② 가(O), 나(X), 다(O), 라(O), 마(X)
③ 가(O), 나(O), 다(X), 라(X), 마(O)
④ 가(X), 나(O), 다(X), 라(O), 마(O)
⑤ 가(X), 나(O), 다(O), 라(O), 마(X)

문7. 증거 중 서증(書證)에 대한 설명으로 옳지 않은 것은?

① 사문서의 진정성립에 관한 입증책임은 그 문서의 제출자가 지게 되는데 입증방법에는 아무런 제한이 없으며 변론 전체의 취지만으로 이를 인정할 수 있다.

② 문서의 진정성립에 관하여 당사자 사이에 다툼이 없다고 하더라도 법원이 그 자백에 구속되는 것은 아니므로 그 형식적 증거력을 인정하지 않을 수 있다.

③ 처분문서의 진정성립이 인정되면 특별한 사정이 없는 한, 그 내용이 되는 법률행위의 존재가 인정되어 그 법률행위가 있었던 것으로 추정된다.

④ 문서제출명령의 신청자가 문서소지자에 대하여 실체법상 인도나 열람을 구할 권리가 없더라도 문서소지자는 원칙적으로 문서제출명령에 응하여 그 문서를 제출할 의무가 있다.

⑤ 당사자가 문서제출명령을 받고서도 이에 응하지 아니한 경우에 법원은 문서의 기재에 대한 상대방의 주장을 진실한 것으로 인정할 수 있다.

문8. 재판의 누락에 관한 판례의 설명으로 옳지 않은 것은?

① 항소심이 재판을 탈루한 경우에 그 부분은 아직 항소심에 소송이 계속 중이라고 볼 것이므로, 그에 대한 상고는 불복의 대상이 부존재하여 부적법하고 결국 각하를 면할 수 없다.

② 3필지의 토지에 대한 소유권이전등기의 말소청구사건에서, 청구취지에 3필지의 토지 중 1필지 토지에 관한 기재가 누락되어 있고, 판결이유에도 나머지 2필지의 토지에 관한 설시만 있고 1필지의 토지에 관해서는 아무런 설시가 없다면, "원고의 청구를 기각한다"는 주문을 청구 전부에 대한 판단이라고 볼 수는 없으므로 청구취지와 판결이유에서 누락된 1필지 토지에 관해서는 판단이 없다고 보아야 한다.

③ 예비석 병합의 경우에 주위석 청구를 배척하면서 예비석 청구에 대하여 판단하지 아니하는 판결을 한 경우에는 그 판결에 대한 상소가 제기되면 판단이 누락된 예비적 청구부분도 상소심으로 이심이 되고 그 부분이 재판의 탈루에 해당하여 원심에 계속 중이라고 볼 것은 아니다.

④ 재판의 누락이 있는지는 우선 주문의 기재에 의하여 판정하여야 하고, 판결이유에서 청구가 이유 없다고 설시하고 있더라도 주문에서 설시가 없으면 특별한 사정이 없는 한 재판의 누락이 있다고 보아야 한다.

⑤ 제1심법원이 원고의 선택적 청구 중 하나만을 판단하여 기각하고 나머지 청구에

대해서는 아무런 판단을 하지 아니한 위법한 제1심판결에 대하여 항소한 경우, 선택적 청구 중 판단되지 않은 청구부분은 독립적인 것이어서 재판의 탈루로서 제1심법원에 그대로 계속되어 있다.

문9. 甲, 乙, 丙, 丁은 A 회사에 대하여 각 1억 원의 손해배상채권을 가지고 있는데, A 회사를 상대로 손해배상청구의 소를 제기하면서 甲과 乙을 선정당사자로 선정하였다. 이 경우 선정당사자에 관한 설명으로 <u>옳지 않은</u> 것은?

① 甲과 乙은 丙과 丁의 대리인이 아니라 丙과 丁의 소송수행권을 신탁받은 임의적 소송담당자로서 소송의 당사자이다.

② 甲과 乙은 소송당사자로서 일체의 소송행위를 할 수 있고, 소의 취하, 화해, 청구의 포기·인낙 등에 관해서도 丙과 丁으로부터 특별한 수권을 받을 필요가 없다.

③ 甲과 乙이 선정당사자에 선정되었다는 것은 반드시 선정서와 같은 서면으로 증명하여야 한다.

④ 甲과 乙은 소송수행권을 공동으로 수행하는 관계에 있기 때문에 그 소송은 필수적 공동소송으로 된다.

⑤ 甲과 乙 중 1인이 죽거나 그 자격을 잃은 경우에 선정자들이 다시 선정당사자를 선정할 때까지 소송절차는 중단된다.

문10. 채권자취소소송에 관한 설명으로 <u>옳지 않은</u> 것은? (다툼이 있는 경우에는 판례에 의함)

① 사해행위의 취소와 원상회복은 취소채권자의 개인적 채권 만족을 위한 것이 아니라 '모든 채권자'를 위하여 채무자의 책임재산을 보전함을 직접적인 목적으로 하는 것이다.

② 사해행위취소에는 상대적 효력만 인정되므로 사해행위취소의 효과는 당사자인 취소채권자와 수익자 또는 전득자에게만 미치고, 소송에 참가하지 아니한 채무자 또는 다른 채권자에 대해서는 미치지 아니한다.

③ 취소채권자는 채권만족에 관한 일반원칙에 따라 책임재산이 채무자에게 회복된 후 채무자로부터 임의변제를 받거나 강제집행에 의하여 채권내용을 실

현할 수밖에 없다.

④ 사해행위의 목적물이 금전이어서 금전의 반환을 청구하는 경우나 원물반환이 불가능하거나 현저히 곤란하여 가액배상을 청구하는 경우, 취소채권자는 그 금전을 채무자가 아닌 자기에게 직접 반환하거나 지급할 것을 청구할 수 있다.

⑤ 취소채권자가 승소하여 금전을 수령한 경우에는 사실상 우선변제받는 결과를 초래하므로 일반채권자에게도 취소채권자에 대하여 위 금전에 대한 분배청구권을 허용하여야 한다.

문11. 甲은 乙로부터 乙 소유의 A 건물을 매수하고 소유권이전등기까지 경료하였는데, 위 건물은 소유권이 이전되기 전부터 丙이 점유하고 있다. 甲은 丙을 상대로 위 건물의 소유권자로서 명도소송을 제기하였으나, 丙은 甲이 이를 매수하기 전부터 임차하기 시작한 정당한 임차인이라고 주장하며 명도에 응하지 않고 있다. 이때 甲의 공격방어방법으로 옳지 않은 것은?

① A 건물이 원래 용도가 주택이 아닐 뿐 아니라 丙은 현재 이 건물의 대부분을 주거가 아닌 점포로서 사용하고 있다.

② 丙은 A 건물에 대한 점유를 시작할 당시에는 전입신고를 경료하였으나, 그 후 다른 곳으로 전출하여 현재 주민등록이 되어 있지 않다.

③ 乙이 이미 종전 임대차계약기간이 종료하기 1년 전에 丙에게 내용증명우편을 통하여 임대차계약의 갱신거절의 통지를 하였다.

④ 丙은 甲이 매수한 이후에 3개월분의 월세를 연체하여 甲은 丙에게 해지통고를 하였다.

⑤ 丙이 乙로부터 A 건물을 임차할 당시 부도가 난 회사의 나머지 물건을 염가 처분하기 위하여 일시적으로 임차한다는 사실을 명백히 고지하고 점유를 시작하였다.

문12. 부대항소에 관한 판례의 설명으로 옳지 않은 것은?

① 제1심에서 전부 승소한 원고도 항소심 계속 중 피고만이 항소를 한 경우에

그 청구취지를 확장·변경할 수 있고, 그것이 피고에게 불리하게 되는 한도 내에서는 부대항소를 한 취지로도 볼 수 있어 청구취지의 확장에 따라 제1심보다 항소심의 인용액이 늘어났다고 하여서 불이익변경금지 원칙에 어긋난다고 볼 수 없다.

② 항소심에서, 제1심 사실인정에 따르는 경우에 전부승소한 원고의 부대항소가 있는 경우에도 원고의 과실상계 정도를 제1심과 달리 새로이 정할 수는 없다 할 것이므로 제1심의 과실상계 정도와 다르게 인정하는 것은 위법하다.

③ 통상의 공동소송에 있어 공동당사자 일부만이 상고를 제기한 때에는 피상고인은 상고인인 공동소송인 이외의 다른 공동소송인을 상대방으로 하거나 상대방으로 보태어 부대상고를 제기할 수는 없다.

④ 피고의 추완항소를 받아들여 심리 결과 본안판단에서 피고의 항소가 이유 없다고 기각하자 추완항소를 신청했던 피고 자신이 상고이유에서 그 부적법을 스스로 주장하는 것은 종전의 태도와 지극히 모순되는 소송행위를 하는 것으로서 신의칙상 허용될 수 없다.

⑤ 원고가 제1심에서 금원의 수령과 동시에 소유권이전등기의 말소를 구하여 승소판결을 받았는데 이에 대하여 피고만이 항소를 제기한 경우 항소심에서 원고가 금원 수령과의 동시이행부분을 철회한 것을 부대 항소로 보아 등기 말소 청구만을 이용하는 변경 판결을 한 것은 불이익변경금지의 원칙에 위배되지 아니한다.

문13. 다음 설명 중 옳은 것은? (다툼이 있는 경우에는 판례에 의함)

① 법인격이 부인되면 회사에 대한 채무명의로서 사원의 재산에 대한 강제집행을 할 수 있다.

② 회사의 물적 분할에 있어서 단순 분할로 설립되는 회사는 1인회사가 된다.

③ 타인의 승낙을 얻어 그 명의로 주식인수의 청약을 한 경우에는 명의대여자만 주식인수인으로 주주가 된다.

④ 주주가 소수주주권의 행사로서 회계장부열람청구권을 행사한 경우에는 회사가 그 청구가 부당함을 입증하여도 이를 거부할 수 없다.

⑤ 평이사는 이사회에 부의되지 않은 사항, 즉 회사의 업무전반에 대해서는 일반적인 감시의무를 부담하지 않는다.

〈2011년 법전원협의회 모의고사〉

문1. 다음 설명 중 가장 <u>옳은</u> 것은?

> 가. 종회의 대표자로서 소를 제기한 자가 그 종회 자체로 당사자표시 변경신청을 한 경우, 우리 판례는 그 당사자표시 정정신청을 허용하였다.
>
> 나. 소장에 표시된 원고에게 당사자능력이 인정되지 않는 경우에는 소장의 전취지를 합리적으로 해석한 결과 인정되는 올바른 당사자능력자로 그 표시를 정정하는 것은 허용되지 않는다.
>
> 다. 원고 甲을 제외한 나머지 원고들을 상고인으로 표시한 상고장을 제출하였다가 원고 甲을 상고인으로 추가하는 내용으로 한 당사자표시정정도 허용된다.
>
> 라. 원고가 사망자를 피고로 표시하여 소를 제기한 경우, 사망자의 상속인이 처음부터 실질적인 피고이고 다만 그 표시를 잘못한 것으로 인정된다면, 사망자의 상속인으로 피고의 표시를 정정할 수 있다는 것이 대법원판례이다.
>
> 마. 소제기 전의 사망자 상대 소송의 경우에 표시설을 관철하더라도 신의칙상 언제나 상속인에게 그 소송수행의 결과나 판결의 효력을 인수시킴이 마땅하다.

① 가　　② 나　　③ 다　　④ 라　　⑤ 마

문2. 다음 서술 중 가장 <u>옳은</u> 것은?

① 제3자가 문서제출명령에 불응한 경우, 법원은 신청당사자의 주장을 진실한 것으로 인정할 수 있다.

② 당사자신문에서의 진술은 증거자료이지 소송자료가 아니다.

③ 민사소송규칙에서는 전자증거의 내용을 구분하지 않고 증거조사를 동일하게 시행하도록 하고 있다.

④ 조사의 촉탁(민사소송법 제294조)의 결과를 증거자료로 하려면 따로 서면증거로 제출하여야 한다.

⑤ 당사자가 감정을 신청하는 경우에는 감정인을 지정하여 신청하여야 한다.

문3. 다음 설명 중 가장 옳은 것은?

> 가. 채권자대위소송에 있어서 대위에 의하여 보전될 채권자의 채무자에 대한 권리가 인정되지 아니할 경우에는 채권자가 스스로 원고가 되어 채무자의 제3채무자에 대한 권리를 행사할 당사자적격이 없게 되므로 그 대위소송은 부적법하여 각하할 수밖에 없다는 것이 우리 판례의 입장이다.
>
> 나. 공동의 이해관계를 가진 여러 사람이 선정당사자를 선정함에 있어 필요한 경우에는 법원의 허가를 얻어 제3자를 선정당사자로 선정할 수 있다.
>
> 다. 천연기념물로 보호되는 동물은 당사자능력이 있다.
>
> 라. 소제기 당시 이미 소송능력이 없다는 것이 판명된 경우에는 변론 없이 소를 부적법 각하하여야 한다.
>
> 마. 변호사강제주의란 변호사가 아니면 다른 사람의 소송에 소송대리인으로서의 변론능력이 없다는 것을 의미한다.

① 가　　② 나　　③ 다　　④ 라　　⑤ 마

문4. 다음 중 옳지 않은 것은?

① 합의약정이 불공정한 법률행위로서 무효라는 취지의 주장에 대하여 착오에 기한 의사표시로서 취소를 구하는 취지로 해석한 것은 당사자가 주장하지도 아니한 사실을 기초로 삼아 판결한 것으로서 변론주의원칙에 위배된다.

② 당사자 한쪽의 소유권이전등기 채무가 이행불능이라 하더라도 변론을 종결할 때까지 이행불능의 항변을 하지 않은 경우, 변론주의의 원칙상 법원이 이행불능이라는 이유로 상대방의 청구를 배척할 수 없다.

③ 판례에 의하면 유권대리에 관한 주장 가운데 무권대리에 속하는 표현대리의 주장이 포함되어 있다고 볼 수 없으며, 따로 표현대리에 관한 주장이 없는 한 법원은 나아가 표현대리의 성립 여부를 심리 판단할 필요가 없다.

④ 변론주의는 법원과 당사자 사이의 역할분담 문제이므로 주장책임을 지는 당사자가 주장하는 사실만 판결의 기초로 삼을 수 있다.

⑤ 甲이 중도금을 乙에게 직접 지급하였느냐 또는 그 수령권한 수임자로 인정되는 자를 통하여 지급하였느냐는 결국 변제사실에 대한 간접사실에 지나지 않는 것이어서 반드시 당사자의 구체적인 주장을 요하는 것은 아니다.

문5. 다음 중 옳지 않은 것은?

① 판례에 따르면 소멸시효의 기산점은 주요사실이나 취득시효의 기산점은 간접사실에 해당한다.

② 은행이 영업행위로서 한 대출금에 대한 변제기 이후의 지연손해금은 그 원본채권과 마찬가지로 상행위로 인한 채권으로서 5년의 소멸시효를 규정한 상법 제64조가 적용된다.

③ 하나의 금전채권의 원금 중 일부가 변제된 후 나머지 원금에 대하여 소멸시효가 완성된 경우 변제로 소멸한 원금 부분으로부터 그 변제 전에 발생한 이자 또는 지연손해금에는 미치지 않는다.

④ 금전채권자가 채무자의 재산을 가압류한 경우에는 소멸시효 진행이 중단되지만 가압류결정이 추후 취소된 경우에는 종전에 중단된 시효기간이 다시 진행하게 된다.

⑤ 소제기에 따른 피고의 응소행위도 재판상 청구로 볼 수 있는 경우가 있어 시효 중단 사유가 될 수 있다.

문6. 甲은 乙을 상대로 하여 1억 원 대여금 청구의 소를 제기였다. 다음 중 옳은 것은?

① 이 소송은 원칙적으로 지방법원 합의부의 사물관할에 속한다.

② 법원은 甲의 청구에 관계없이 이자까지 지급을 명할 수 있다.

③ 법원은 증거조사 결과 甲의 채권이 시효로 소멸되었다는 심증을 형성한 경우에는 乙의 소멸시효 항변이 없어도 청구기각판결을 할 수 있다.

④ 乙이 이미 甲을 상대로 대여금 채무부존재확인의 소를 제기한 뒤에 甲이 그 채무의 이행을 구하는 반소를 제기한 경우에는 전소인 부존재확인의 소는 소의 이익이 없게 된다는 것이 판례의 입장이다.

⑤ 甲이 대여금반환청구의 소에 대하여 乙은 甲에 대한 1억 원의 매매대금채권으로 상계의 항변을 제출하고 동시에 이 채권에 기하여 반소를 제기할 수도 있다.

문7. 甲은 乙을 상대로 A 부동산에 관하여 매매계약을 원인으로 한 소유권이전등기청구의 소를 제기하였다. 다음 중 옳은 것은?

① 甲이 승소확정판결을 받고 그 판결에 기하여 이전등기를 마친 뒤에 乙이 다시 甲을 상대로 그 부동산에 대하여 원인무효에 기한 소유권이전등기말소 청구의 소를 제기하는 경우에는 기판력에 어긋나지 아니한다.

② 甲이 승소확정판결을 받은 뒤에 乙이 甲을 상대로 하여 위 매매계약에 기한 대금지급청구의 소를 제기하면 전소법원에서 판단한 매매계약이 유효라는 사실에는 기판력이 있다.

③ 甲이 乙에 대한 소송계속 중 취득시효완성사실을 추가로 주장하는 것은 공격방법의 추가에 불과하다는 것이 판례의 입장이다.

④ 甲의 소송대리인 丙은 甲으로부터 특별한 권한 수여가 없더라도 A 부동산에 관하여 처분금지가처분신청을 할 수 있다.

⑤ 甲의 소송상 대리인인 丙에게 소송대리권이 없을 경우에 甲과 乙 사이의 판결은 당연무효이다.

문8. 다음 중 옳지 않은 것은?

① 소송법상 감정인 신문 등의 방법에 의하여 소송에 현출되지 않고 소송 외에서 전문적인 학식과 경험이 있는 자가 작성한 감정의견이 기재된 서면(사감정: 私鑑定)이 서증의 방법으로 제출된 경우라도 사실심법원이 이를 합리적이고 믿을 만하다고 인정하여 사실인정의 자료로 삼는 것을 위법하다고 할 수 없다.

② 민사소송에서 사실의 증명은 자연과학적 증명이 아니라 통상인이라면 의심을 품지 않을 정도의 역사적 증명이다.

③ 판례에 따르면 공동상속재산의 지분에 관한 지분권존재확인을 구하는 소송은 필수적 공동소송이다.

④ 보조참가인이 항소를 제기한 경우 피참가인은 항소심 진행 도중에 항소를 취하할 수 있다.

⑤ 판례에 따르면 법인 아닌 사단인 종중이 그 총유재산에 대한 보존행위로서 소송을 하는 경우에도 특별한 사정이 없는 한 종중 총회의 결의를 거쳐야 한다.

문9. 乙 회사는 2009.4.29. 임시주주총회에서 A를 이사로, B를 감사로 선임하였으며, 아울러 정관도 변경하였다. 乙 회사의 주주인 甲은 위 3개 안건에 대한 각 결의에 대하여 그 결의의 날로부터 2개월 내에 주주총회결의무효확인의 소를 제기하였다. 그 뒤 원고 甲은 2009.11.1. 위 각 결의에 대한 주주총회결의 무효확인청구를 주주총회결의 취소청구로 변경하였다. 다음 중 옳지 않은 것은?

① 주주총회결의 취소의 소는 주주, 이사, 감사에 한하여 제기할 수 있다.

② 판례에 따르면 주주총회에서 여러 개의 안건이 상정되어 각기 결의가 행하여진 경우 제소기간의 준수 여부는 각 안건에 대한 결의마다 별도로 판단되어야 한다고 본다.

③ 판례에 따르면 주주총회결의무효확인의 소를 주주총회결의취소의 소로 바꾸는 것은 청구의 변경에 해당한다.

④ 판례에 따르면 청구변경의 경우는 변경신청서를 제출한 때에 기간준수의 효과가 발생하므로 위 각 결의에 대한 주주총회결의취소의 소는 제소기간을 넘긴 것으로 부적법하다.

⑤ 주주총회결의취소의 소는 법원의 허가 없이도 취하할 수 있다.

문10. 甲이 乙을 상대로 乙 명의의 A 토지에 관하여 소유권확인청구 및 원인무효를 이유로 소유권이전등기말소청구의 소를 제기하여 승소 확정판결을 받았다. 그 후 乙은 甲을 상대로 새로이 소를 제기하면서 확정된 위 소송의 변론종결 이전에 이미 자기가 A 토지에 대하여 시효취득하였음을 주장하였다. 다음 중 옳지 않은 것은? (다툼이 있는 경우 판례에 의함)

① 乙이 전소의 패소확정 후 甲에게 A 토지를 인도하였더라도, 점유취득시효의 완성을 주장할 수 있다.

② 乙은 전소 변론종결 전에 점유취득시효의 완성사실을 주장하지 아니하였으므로 뒤늦게 이늘 수상하면서 소를 제기하는 것은 전소판결의 기판력에 어긋난다.

③ 乙이 전소변론종결 전에 취득시효가 완성되었음을 항변으로 주장하였으면 甲의 청구는 기각될 수 있었다.

④ 소유권확인판결의 기판력이 후소인 취득시효완성에 기한 이전등기청구에 미치는 것은 아니다.

⑤ 乙이 甲을 상대로 A 토지에 관하여 소유권확인의 소를 제기하는 경우 전소판결의 기판력에 어긋난다.

문11. 甲은 乙에 대하여 손해배상청구의 소를 제기하여 제1심 소송계속 중 乙이 사망한 경우의 소송관계에 대한 설명으로 <u>옳지 않은</u> 것은?

① 甲이 乙의 단독상속인인 경우 소송절차는 종료된다.

② 제1심 법원이 소송절차의 중단을 간과하고 절차를 진행하여 甲의 청구를 인용한 판결을 선고하더라도 그 판결은 당연무효로 되는 것은 아니다.

③ 판례에 따르면, 乙을 위한 소송대리인이 있어 소송절차가 중단되지 않은 경우, 乙의 공동상속인 丙과 丁 중 소송수계절차를 밟은 丙만을 당사자로 표시한 판결의 효력은 丁에게 미치지 않는다.

④ 乙을 위한 소송대리인이 있으나 그 소송대리인에게 상소제기에 관한 특별한 권한 수여가 없는 경우, 제1심 판결정본이 소송대리인에게 송달된 때 소송절차는 중단된다.

⑤ 乙을 위한 소송대리인이 있으나 그 소송대리인에게 상소제기에 관한 특별한 권한 수여가 있는 경우, 제1심 판결정본이 소송대리인에게 송달된 후 상소제기기간이 경과하면 甲의 乙에 대한 판결은 확정된다.

문12. 공유관계의 소송관계에 대한 설명 중 <u>옳지 않은</u> 것은? (다툼이 있는 경우 판례에 의함)

① 공유자 가운데 한 사람은 공유물에 되어 있는 원인무효의 등기에 관하여 각 공유자에게 해당 지분별로 진정명의회복을 원인으로 한 소유권이전등기를 이행할 것을 단독으로 청구할 수 있다.

② 공유물에 끼친 불법행위를 이유로 하는 손해배상청구권은 특별한 사유가 없는 한 각 공유자가 자신의 지분에 대응하는 비율의 한도 내에서만 이를 행사할 수 있다.

③ 상속에 의하여 수인의 공유로 된 부동산에 관하여 공유자 중 1인이 부정한 방법으로 공유물 전부에 관한 소유권이전등기를 단독명의로 마친 경우 다른 공유자 중 1인은 공유물의 보존행위로서 공유지분 전부에 관하여 소유권이전등기말소등기절차의 이행을 구할 수 있다.

④ 공동상속인이 다른 공동상속인을 상대로 어떤 재산이 상속재산임의 확인을 구하는 소는 고유필수적 공동소송이다.

⑤ 복수의 채권자들이 채무자가 변제기까지 채권을 변제하지 못하면 당연히 매

매예약완결의 의사표시가 있는 것을 약정하고 채무자 소유의 부동산에 관하여 채권자를 공동명의로 하여 소유권이전등기청구권보전의 가등기를 마친 경우, 변제기 이후 채권자들이 채무자를 상대로 소유권이전등기절차 이행을 구하는 소는 고유필수적 공동소송이다.

문13. 회사관계소송에 관한 다음의 설명 중 옳지 않은 것은?

① 상법 제190조는 설립무효의 판결 또는 설립취소의 판결은 제3자에 대해서도 효력이 있다고 규정하고 있는데, 원고패소판결의 경우에는 제3자에게 효력이 없다는 것이 통설 및 판례이다.

② A 주식회사가 B 주식회사와 C 주식회사로 분할되어 각 분할등기가 된 경우 등기일로부터 6개월 이전에 B와 C 주식회사의 주주 甲이 분할무효의 소를 제기하는 경우에 B 주식회사와 C 주식회사를 공동 피고로 하여야 한다는 것이 통설이다.

③ 1주의 주식을 가진 주주라도 이사해임의 소를 제기할 수 있다.

④ 판례에 따르면, A 주식회사의 주주 甲이 A 주식회사의 이사 乙을 상대로 제기한 주주대표소송에 A 주식회사는 공동소송참가할 수 있다.

⑤ 甲 주식회사가 채무자 乙을 상대로 한 대여금청구의 소에 甲의 주주는 甲의 승소를 위하여 보조참가할 수 없다.

문14. 대지 소유자인 원고 甲이 대지 위에 건물을 신축하여 사용하던 피고 乙을 상대로 소유권에 기한 건물철거 및 대지인도청구의 소를 제기하자 피고 乙은 이를 다투는 취지의 답변서를 제출하였다. 제1회 변론준비기일에 재판장은 피고 乙에게 이 사건 대지의 소유자가 원고임은 인정하느냐고 석명하자 "그렇다"라고 답하였다. 다음 내용 중 가장 틀린 것은?

① 피고 乙의 진술은 자백으로 취급될 수도 있다.

② 피고 乙의 진술은 선결적 법률관계에 대한 권리자백에 불과하다고 볼 수도 있다.

③ 피고 乙의 진술은 변론준비기일에서 한 것이므로 자백으로 취급되지 않는다.

④ 재판장의 석명은 석명권의 행사 범위를 일탈한 것은 아니다.

⑤ 원고 甲은 피고 乙의 진술을 이익으로 원용할 수 있다.

문15. 공유자 甲, 乙, 丙은 균분하여 이 사건 부동산을 소유하고 있다. 甲은 乙, 丙에 대해 분할할 것을 요구하였으나 乙로부터는 명시적으로 거절당하고, 丙으로부터는 명백한 답변을 듣지 못했다. 이에 甲은 乙만을 상대로 공유물을 현물로 분할해 달라는 공유물분할청구의 소를 제기하였다. 다음 설명 중 가장 <u>틀린</u> 내용은?

① 甲의 이 사건 소는 각하될 수 있다.

② 법원은 이 사건 부동산에 대하여 대금 분할을 명할 수 없다.

③ 甲은 소송진행 도중 丙을 원고나 피고 쪽으로 끌어들일 수 있다.

④ 원고 甲의 소취하에 대해서는 피고 乙만 동의하면 효력이 발생된다.

⑤ 이 사건 소는 비송사건으로 제기할 수는 없다.

문16. 원고 甲은 피고 乙을 상대로 무조건의 단순이행을 구하는 소유권이전등기청구의 소를 제기하였으나 다음과 같은 내용의 주문을 가진 판결을 선고받았다.

---

1) 피고는 원고로부터 1억 원을 지급받음과 동시에 원고에게 이 사건 부동산에 관하여 2010.3.3.자 매매를 원인으로 한 소유권이전등기절차를 이행하라.

2) 소송비용은 피고의 부담으로 한다.

아래 내용 중 가장 <u>틀린</u> 것은?

① 원고는 원칙적으로 항소이익이 있다.

② 피고는 원칙적으로 항소이익이 있다.

③ 피고는 소송비용 부담부분에 대해서만 불만이 있더라도 항소할 수는 없다.

④ 피고가 항소를 제기하더라도 원고의 가집행을 면할 수는 없다.

⑤ 위 판결이 확정된 후 피고는 원고에게 이전등기의무에 대한 이행의 제공을 하더라도 금전지급을 위한 강제집행을 할 수는 없다.

문17. 다음 내용은 변론준비절차를 거치는 민사사건에 대한 일반적인 진행 과정을 설명한 것이다. 다음 내용을 읽고 물음에 답하시오.

수소법원의 재판장은 사건을 배당 받은 후 소장을 검토한 결과 화해·조정의 가능성이 높다고 판단하여 변론기일을 지정하지 않고 제1회 변론준비기일을 지정하였다. 아울러 준비기일에는 대리인 외에 당사자 본인들도 출석하도록 명하였다. 재판장의 명을 받은 우배석 B 판사는 판사실에서 준비기일을 연 후 대리인과 본인들로부터 모든 진술을 듣고 원고에게는 청구원인을 구성하는 내용에 대한 구체적인 근거와 증거는 무엇인지, 그리고 피고에게는 다투는 취지의 답변서를 제출한 구체적인 근거는 무엇인지 밝히도록 석명하였다. 제2회 변론준비기일에서(우배석 B 판사 주재) 원고는 청구원인 관련 서면증거를 보관하고 있다는 소외 X를 증인으로 신청하였고, 피고는 세무 신고자료가 자신의 손실을 정확히 반영하고 있다고 주장하면서 관할세무서에 관련서류에 대한 사실조회를 신청함과 아울러 원·피고 간의 거래를 잘 아는 소외 Y가 작성하였다는 확인서를 乙호증으로 제출하였다. 그러나 원고대리인 나임대 변호사는 서증인부를 함에 있어 동 확인서에 대해 "알지 못한다"(不知)라고 답하였다. 이에 피고대리인 나임차 변호사는 동 Y를 증인으로 신청하였다. B 판사는 X, Y에 대한 증인신청에 대해 이를 채택하고 증인들의 증인진술서를 제출하도록 양 당사자에게 명하였다. 아울러 사실조회 신청에 대해서도 이를 채택하고 사실조회 신청서를 제출하도록 피고에게 명하였다. B 판사가 각 대리인에게 더 제출할 증거가 있느냐고 묻자 각기 더 이상의 증거는 없다고 진술하였다. 제1회 변론기일에 출석요구를 받은 증인 X, Y가 모두 불출석하였다. 원고대리인은 증인 X가 현재 병원에 입원 중이므로 법원에 출석하기 어렵다고 진술했고, 피고대리인은 증인 Y가 현재 리비아에 상사 주재원으로 근무하는데 지정된 변론기일까지 출석이 어려울 뿐 아니라 무사히 탈출할 수 있을지 알 수 없다고 진술하였다.

위 사안에 대한 아래의 설명 중 가장 틀린 것은?

① 합의부 사건에서 우배석 판사 단독으로 준비기일을 주재하는 것은 법률상 근거가 있다.

② 심문실이 아닌 판사실에서 준비기일을 진행하는 것은 법률상 근거는 없어

부적절하지만 위법하다고 보기는 어렵다.

③ 법원은 증인으로 신청된 X, Y에 대해 신문이 어렵다고 판단해서 증거결정을 취소하여야 한다.

④ 제출된 증인진술서를 이용해 주신문을 대체하고 동 진술서를 서면증거로 활용하는 것은 민사소송법 제310조의 증언에 갈음하는 서면과 달리 법률상 근거는 없지만 현재의 실무 관행이다.

⑤ 사실조회는 조사의 촉탁에 대한 실무상의 용어인데 공공기관뿐만 아니라 개인이나 사적인 단체에 대해서도 허용된다.

문18. 甲, 乙, 丙(이하 3인이라 함)은 공동으로 빌라 신축 공사를 하기로 하는 동업체를 결성하였다. 위 3인은 각자 파산을 하더라도 조합에서 탈퇴할 수 없으며 최종적인 손익분배는 공사완료 후에 하기로 결의하였다. 위 3인은 빌라 건축을 위한 자재를 소외 X로부터 구입하였는데 그 대금은 1억 원에 달하였다. 한편 3인은 발주자로부터 선금을 받게 되자 노후대비를 위해 양평 부근에 1억 원 상당의 임야를 소외 Y로부터 매입을 하였는바, 각기 1/3에 해당하는 금원을 출연하였다. 3인은 Y에게 매매대금 전액을 지불하였으나 아직 이전등기를 하지는 않았으며 가등기조차 하지 않은 상태이다. 소외 Y는 개인 사정상 이전등기를 나중에 해 주겠다고 했기 때문이다. 소외 X는 3인에게 물품대금을 지급해 줄 것을 요구하고 있으나 아직 받지 못하고 있는 상태이다. 한편 3인 중 甲은 임야에 대해 이전등기를 해 놓지 못한 것이 못내 불안하여 乙, 丙에게 이전등기를 해 놓자고 제안하였으나 거절당하였다. 다음 설명 중 가장 틀린 것은? (다툼이 있는 경우 판례에 의함)

① 소외 X는 동업체에 대한 책임을 묻기 위해서는 3인을 상대로 소를 제기하여야 한다.

② 甲은 단독으로 Y를 상대로 자신의 지분을 이전해 달라는 소를 제기할 수 있다.

③ 소외 X는 甲의 Y에 대한 공유지분이전등기청구권을 가압류할 수 있다.

④ 3인은 丙 1인을 당사자로 내세워 소외 X를 상대로 채무부존재확인청구의 소를 제기할 수 있다.

⑤ 甲은 위 상황에서 소외 Y를 상대로 보존행위에 근거하여 임야 전체에 대한 소유권이전등기청구의 소를 제기할 수 있다.

모의고사 - 2

〈2012년 제1회 법전원협의회 모의고사〉

문1. 관할에 관한 설명 중 옳지 않은 것은? (다툼이 있는 경우 판례에 의함)

① 법원의 관할은 소를 제기한 때를 표준으로 정한다.

② 국가의 보통재판적은 그 소송에서 국가를 대표하는 관청 또는 대법원이 있는 곳으로 한다.

③ 당사자가 관할위반을 이유로 한 이송신청을 한 경우에도 이는 단지 법원의 직권발동을 촉구하는 의미밖에 없는 것이고, 따라서 법원은 이 이송신청에 대해서는 재판을 할 필요가 없고, 설사 법원이 이 이송신청을 거부하는 재판을 하였다고 하여도 항고가 허용될 수 없으므로 항고심에서는 이를 각하하여야 한다.

④ 법인, 그 밖의 사단 또는 재단의 보통재판적은 이들의 주된 사무소 또는 영업소가 있는 곳에 따라 정하고, 사무소와 영업소가 없는 경우에는 주된 업무담당자의 주소에 따라 정한다.

⑤ 관할의 합의는 임의관할에서는 물론 전속관할에 대해서도 가능하다.

문2. 당사자적격에 관한 설명으로 옳은 것을 모두 고른 것은? (다툼이 있는 경우 판례에 의함)

> ㄱ. 급부의 소에 있어서는 원고의 청구 자체로서 당사자적격이 판가름되고 자기의 급부청구권을 주장하는 자가 정당한 원고이고, 의무자라고 주장된 자가 정당한 피고이다.
>
> ㄴ. 등기의무자, 즉 등기부상의 형식상 그 등기에 의하여 권리를 상실하거나 기타 불이익을 받을 자(등기명의인이거나 그 포괄승계인)가 아닌 자를 상대로 한 등기의 말소절차이행을 구하는 소는 말소등기청구권의 실체법상 의무가 피고에게 없는 경우이므로 청구기각 판결을 하여야 한다.
>
> ㄷ. 주주총회결의취소소송에 있어서는 주주, 이사 또는 감사가 원고적격을 갖는다.
>
> ㄹ. 종중 대표자라고 주장하는 자가 종중을 상대로 하지 않고 종중원 개인을 상

대로 하여 대표자 지위의 적극적 확인을 구하는 소송은, 만일 그 청구를 인용하는 판결이 선고되더라도 그 판결의 효력은 당해 종중에는 미친다고 할 수 없기 때문에 대표자의 지위를 둘러 싼 당사자들 사이의 분쟁을 근본적으로 해결하는 가장 유효 적절한 방법이 될 수 없고 따라서 확인의 이익이 없어 부적법하다.

ㅁ. 당사자적격에 관한 사항은 소송요건에 관한 것으로서 사실심의 변론종결 시를 기준으로 법원이 이를 직권으로 조사하여 판단하여야 하고 비록 당사자가 사실심 변론종결 시까지 이에 관하여 주장하지 아니하였다고 하더라도 상고심에서 새로이 이를 주장, 입증할 수 있다.

① ㄱ, ㄴ, ㄹ   ② ㄱ, ㄷ, ㅁ   ③ ㄱ, ㄷ, ㄹ, ㅁ
④ ㄴ, ㄷ, ㄹ, ㅁ   ⑤ ㄱ, ㄴ, ㄷ, ㄹ, ㅁ

문3. 처분권주의에 관한 설명에 대하여 옳고 그름의 표시(O, X)가 옳게 조합된 것은? (다툼이 있는 경우 판례에 의함)

ㄱ. 법원은 당사자가 특정하여 신청한 사항에 대하여 신청의 범위 내에서만 판단하여야 한다.

ㄴ. 매매계약 체결과 대금완납을 청구원인으로 하여 무조건 소유권이전등기를 구하는 청구취지에는 대금 중 미지급금이 있을 때에는 위 금원의 수령과 상환으로 소유권이전등기를 구하는 취지도 포함되어 있다고 할 것이다.

ㄷ. 인고기 매매를 원인으로 한 소유권이전등기를 청구한 데 대하여 양도담보약정을 원인으로 한 소유권이전등기를 명한 경우 처분권주의에 위반되지 않는다.

ㄹ. 불법행위를 원인으로 한 손해배상청구에 대하여 채무불이행을 인정하여 손해배상을 명한다면 이는 결국 당사자가 신청하지 아니한 사항을 판결한 것이 되어 위법하다.

ㅁ. 피담보채무의 전부 소멸을 이유로 하거나 또는 잔존 채무의 변제와 상환으로 담보목적으로 경료된 소유권이전등기의 회복을 구하는 청구에는 소송 과정에서 밝혀진 잔존 피담보채무의 지급을 조건으로 회복을 구하는 취지까지 포함되었다고는 볼 수 없다.

① ㄱ(O), ㄴ(X), ㄷ(O), ㄹ(O), ㅁ(O)

② ㄱ(O), ㄴ(O), ㄷ(X), ㄹ(O), ㅁ(X)

③ ㄱ(X), ㄴ(O), ㄷ(O), ㄹ(X), ㅁ(X)

④ ㄱ(X), ㄴ(O), ㄷ(X), ㄹ(O), ㅁ(X)

⑤ ㄱ(O), ㄴ(X), ㄷ(O), ㄹ(X), ㅁ(O)

문4. A 토지에 관하여 공유자 甲이 다른 공유자 乙, 丙을 상대로 공유물분할청구의 소를 제기하였다. 다음 설명 중 **옳지 않은** 것은? (다툼이 있는 경우 판례에 의함)

① 공유물을 공유자 중의 1인의 단독소유 또는 수인의 공유로 하되 현물을 소유하게 되는 공유자로 하여금 다른 공유자에 대하여 그 지분의 적정하고도 합리적인 가격을 배상시키는 방법에 의한 분할도 현물분할의 하나로 허용된다.

② 공유물분할청구의 소에서 분할청구자 지분의 일부에 대해서만 공유물 분할을 명하고 일부 지분에 대해서는 이를 분할하지 아니한 채 공유관계를 유지하도록 할 수도 있다.

③ 위 소송에서 공유자 중 한 사람인 乙이 甲의 청구사실에 대하여 다투는 경우 피고들 전원이 다투는 것으로 된다.

④ 또 다른 공유자 丁이 있을 경우, 甲은 위 소송에 丁을 추가하기 위해 소의 주관적 추가적 병합을 할 수 있다.

⑤ 또 다른 공유자 丁이 있을 경우, 丁은 위 소송에 공동소송참가를 할 수 있다.

문5. 甲은 乙을 상대로 금 1억 원의 대여금 청구의 소를 제기하였고 이에 대한 증거로 乙 명의의 차용증을 제출하였다. 다음 설명 중 **옳지 않은** 것은? (다툼이 있는 경우 판례에 의함)

① 위 차용증의 진정성립에 대해서는 제출자인 甲이 증명하여야 한다.

② 인영의 진정성립, 즉 날인행위가 작성명의인의 의사에 기한 것이라는 추정은 사실상의 추정이므로, 인영의 진정성립을 다투는 자가 반증을 들어 인영의 날인행위가 작성명의인의 의사에 기한 것임에 관하여 법원으로 하여금 의심을 품게 할 수 있는 사정을 입증하면 그 진정성립의 추정은 깨어진다.

③ 백지로 된 문서를 교부받아 후일 그 백지부분을 작성명의자가 아닌 자가 보충한

차용증이라도 乙의 날인이 되어 있고 그 인영이 乙의 인장에 의한 것임이 인정 되다면 위 차용증의 진정성립은 인정된다.

④ 위 차용증의 진정성립이 인정되면 소비대차계약의 존재나 내용은 위 차용증대로 인정하여야 한다.

⑤ 乙이 차용증서의 진정성립을 인정한 경우 그 취소에 관해서는 다른 간접사실에 관한 자백취소와는 달리 주요사실의 자백취소와 동일하게 처리하여야 할 것이므 로 문서의 진정성립을 인정한 당사자는 자유롭게 이를 철회할 수 없다.

문6. 다음 중 민사집행에 관한 판례의 입장과 다른 것은?

① 채권가압류가 된 경우 가압류채무자가 제3채무자를 상대로 이행의 소를 제기하 여 집행권원을 얻을 수 있으나 이에 기하여 제3채무자에 대하여 강제집행을 할 수는 없다.

② 채권에 대한 압류 및 추심명령이 있으면 제3채무자에 대한 이행의 소는 추심채 권자만이 제기할 수 있고 채무자는 피압류채권에 대한 이행소송을 제기할 당사 자적격을 상실한다.

③ 소유권이전등기청구권에 압류나 가압류가 되어 있는 경우라도 채무자는 제3채무 자를 상대로 그 이행을 구하는 소송을 제기할 수 있고 법원은 가압류가 되어 있 음을 이유로 이를 배척할 수는 없고 가압류의 해제를 조건으로 하여 소유권이전 등기절차를 명하는 판결을 하여야 한다.

④ 대항력과 우선변제권을 겸유하고 있는 임차인이 임대인을 상대로 보증금반환청 구소송을 제기하여 승소판결을 받고 그 확정판결에 기하여 강제경매를 신청하 였으나 그 경매절차에서 보증금 전액을 배당받지 못한 경우, 후행 경매절차에서 우선변제권에 의한 배당을 받을 수는 없다.

⑤ 채무자가 상속포기를 하였으나 채권자기 제기한 소송에서 사실심 변론종결 시까 지 이를 주장하지 않은 경우, 채권자의 승소판결확정 후 이를 사유로 청구이의 의 소를 제기하더라도 이는 적법한 청구이의사유가 된다.

문7. 변론기일에 양쪽 당사자가 불출석한 경우이다. 다음 설명 중 옳지 않 은 것은?

① 양쪽 당사자가 변론기일에 한 번 출석하지 아니한 때에는 재판장은 다시 변론기

일을 정하여 양 쪽 당사자에게 통지하여야 한다.

② 양쪽 당사자가 제1심 변론기일에 2회 출석하지 아니한 때에는 1월 이내에 기일지정신청을 하지 아니하면 소를 취하한 것으로 본다.

③ 기일지정신청에 따라 정한 변론기일 또는 그 뒤의 변론기일에 양쪽 당사자가 출석하지 아니하거나 출석하였다 하더라도 변론하지 아니한 때에는 소를 취하한 것으로 본다.

④ 양쪽 당사자가 변론준비기일에 한 번, 변론기일에 두 번 불출석하였다고 하더라도 변론준비기일에서 불출석의 효과가 변론기일에 승계되지 아니하므로 소를 취하한 것으로 볼 수 없다.

⑤ 항소심 변론기일에 당사자 쌍방이 2회 불출석한 때에는 1월 이내에 기일지정신청을 하지 않으면 소를 취하한 것으로 본다.

문8. 송달에 관한 설명으로 <u>옳지 않은</u> 것을 고른 것은? (다툼이 있는 경우 판례에 의함)

> ㄱ. 송달은 받을 사람의 주소·거소·영업소 또는 사무소에서 한다. 다만, 법정대리인에게 할 송달은 본인의 영업소나 사무소에서도 할 수 있다.
>
> ㄴ. 판사의 공시송달명령에 의하여 공시송달을 한 이상 공시송달의 요건을 구비하지 않은 흠결이 있다 하더라도 공시송달의 효력에는 영향이 없다.
>
> ㄷ. 서류를 송달받을 사람 또는 보충송달에 의하여 서류를 넘겨받을 사람이 정당한 사유 없이 송달받기를 거부하는 때에는 송달할 장소에 서류를 놓아둘 수 있다.
>
> ㄹ. 당사자의 주소 등 또는 근무장소를 알 수 없는 경우 또는 외국에서 하여야 할 송달에 관하여 민사소송법 제191조의 규정에 따를 수 없거나 이에 따라도 효력이 없을 것으로 인정되는 경우에는 재판장은 직권으로 또는 당사자의 신청에 따라 공시송달을 명할 수 있다.

① 없음   ② ㄱ   ③ ㄴ   ④ ㄷ   ⑤ ㄹ

문9. 소의 취하에 관한 설명 중 <u>옳지 않은</u> 것은? (다툼이 있는 경우 판례에 의함)

① 소의 취하는 상대방이 본안에 관하여 준비서면을 제출하거나 변론준비기일에서 진술하거나 변론을 한 뒤에는 상대방의 동의를 받아야 효력을 가진다.

② 본안에 대한 종국판결이 있은 뒤에 소를 취하한 사람은 같은 소를 제기하지 못한다.

③ 필수적 공동소송에서 공동소송인 일부에 대해서만은 소를 취하할 수 없다.

④ 예비적·선택적 공동소송에서 원고는 예비적 피고만을 상대로 소를 취하할 수 없다.

⑤ 독립당사자 참가 소송에 있어 원고의 본소취하에는 피고의 동의 외에 당사자 참가인의 동의를 필요로 한다.

문10. 불법행위의 피해자인 甲이 가해자인 乙을 상대로 손해배상청구의 소를 제기하면서 우선 치료비 중 금 1억 원을 청구하였다. 다음 설명 중 <u>옳지 않은</u> 것은? (다툼이 있는 경우 판례에 의함)

① 甲은 위 소송에서 반드시 전체 손해액을 특정하여 그중 일부만을 청구하고 나머지 손해액에 대한 청구를 유보하는 취지임을 밝혀야 할 필요는 없고 일부청구하는 손해의 범위를 잔부청구와 구별하여 그 심리의 범위를 특정할 수 있는 정도의 표시를 하여 전체 손해의 일부로서 우선 청구하고 있는 것임을 밝히는 것으로 족하다.

② 위 소송에서 판결의 기판력은 청구의 인용 여부에 관계없이 청구의 범위에 한하여 미치고 잔부청구에는 미치지 않는다.

③ 위 소송의 계속 중에 동일한 불법행위를 원인으로 유보한 나머지 치료비청구를 별도소송으로 제기하였다 하더라도 중복제소에 해당하지 아니한다.

④ 甲의 청구에 과실상계를 함에 있어서는 손해의 전액에서 책임감경사유나 책임제한비율을 적용하여 산정한 손해배상액이 일부청구액을 초과하지 않을 경우에는 손해배상액을, 일부청구액을 초과할 경우에는 일부청구액을 인용하여 줄 것을 구하는 것이 당사자의 통상적인 의사라고 보아야 할 것이다.

⑤ 1심에서 甲이 청구한 1억 원에 대해 전부 승소판결을 받았다 하더라도 이러한 경우에는 예외적으로 전부 승소한 판결에 대해서도 나머지 부분에 관하여 청구를 확장하기 위한 항소의 이익을 인정함이 상당하다.

<2012년 제2회 법전원협의회 모의고사>

문1. 甲과 乙은 甲 소유 아파트에 관하여 매매대금 5억 원에 매매계약을 체결하였다. 위 계약상의 잔대금 지급일에 乙이 잔대금 3억 원을 지급하지 않자 甲이 위 잔대금 및 이에 대한 민법상의 연 5% 비율에 의한 지연이자의 지급을 구하는 소를 제기하였다. 위 소송과 관련한 아래의 설명 중 옳지 <u>않은</u> 것은? (다툼이 있는 경우에는 판례에 의함)

① 위 소송은 매매대금청구와 이에 대한 지연이자청구가 병합된 것이고 각 청구의 요건사실도 별개라 할 것이므로 원고 甲이 이에 관하여 주장 및 증명하여야 할 책임이 있다.

② 위 소송에서 甲이 乙에 대하여 매매대금청구만 하는 경우에는 甲은 甲이 乙에게 甲 소유의 아파트를 이전하기로 하고, 乙이 위 아파트 이전에 대한 대가로서 대금 5억 원을 지급하기로 약정한 사실을 주장·증명할 책임이 있다.

③ 위 매매계약상 乙은 甲이 소유권이전등기에 필요한 서류를 준비하여 두고 乙에게 매매대금의 지급과 아울러 이를 수령하여 갈 것을 최고하여 올 때까지 잔대금지급의무를 이행하지 않아도 이행지체의 책임을 지지 않는다.

④ 위 매매계약상 甲의 매매대금채권은 乙에 대한 소유권이전등기의무와 동시이행관계에 있는 것이기는 하지만 위 계약상의 잔대금지급일 이후에는 甲이 언제든지 잔대금의 지급을 청구할 수 있으므로 소멸시효도 잔대금 지급기일 이후 진행된다.

⑤ 甲의 위 청구 중 매매잔대금에 대한 법정이율 상당의 지연손해금의 지급청구를 배척하기 위하여 乙은 위 잔대금지급의무와 소유권이전등기의무가 동시이행관계에 있어서 이행지체의 책임이 없다는 항변을 하여야 한다.

문2. 甲이 乙을 피고로 A 부동산에 대한 소유권확인의 소를 제기하고, 丙은 乙을 위하여 보조참가를 하였다. 위 소송에서 甲·乙·丙의 상호관계에 관한 아래의 설명 중 옳지 <u>않은</u> 것은? (다툼이 있는 경우에는 판례에 의함)

① 丙은 乙의 소송행위와 저촉되지 않는 한 독자적으로 증인신청을 할 수 있고, 그

증인이 법정에 출석하여 甲에게 유리 한 증언을 할 경우에 법원은 그 증언내용에 따라 甲에게 승소판결을 할 수 있다.

② 甲에 대한 승소판결 정본이 乙과 丙에게 각각 다른 날에 송달된 경우에 상소기간은 乙이 송달받은 날을 기준으로 한다.

③ 甲에 대한 승소판결이 선고되자 丙이 그 판결에 불복하여 상소를 제기하였더라도 乙은 독자적으로 상소를 포기하면서 동시에 丙이 제기한 항소를 취하할 수 있다.

④ 제1심 법원이 甲 승소판결을 선고하고 그 판결정본이 乙에게 송달된 뒤 丙이 보조참가신청을 취하함과 동시에 제1심 법원에 독립당사자참가 신청을 하면서 위 판결에 대하여 항소를 할 수 있다.

⑤ 제1심 법원이 甲 승소판결을 선고하고 그 판결이 확정된 뒤에 丙이 甲을 피고로 하여 A 부동산에 대한 소유권확인의 소를 제기한 경우에 위 확정판결에서 한 사실인정이나 법률판단은 후소 법원을 구속한다.

문3. 미성년자 甲이 그의 소유인 악기를 乙에게 매도하고 乙이 약속한 날짜에 그 대금을 지급하지 않자 甲이 乙을 상대로 제기한 매매대금 청구소송에 관하여 아래의 각 설명 중 <u>옳지 않은</u> 것은? (다툼이 있는 경우에는 판례에 의함)

① 법원은 소장 심사단계에서 법정대리인의 기재 누락을 지적하여 보정을 명하여야 하며, 이에 불응하면 소장각하명령을 하여야 한다.

② 甲의 소송행위는 친권자에 의한 추인이 가능하며, 추인이 있는 경우에는 甲의 소송관여를 배제하고 친권자에 의한 소송을 계속하여야 한다.

③ 甲이 친권자의 동의하에 위 악기 매매계약을 체결하였다가 매수인 乙이 그 대금을 지급하지 않은 경우에는 甲이 단독으로 소를 제기할 수 있다.

④ 제1심 법원이 甲의 소송능력의 흠을 간과하고 甲 패소의 본안판결을 한 경우에 상소 또는 재심을 통하여 취소되지 않는 한 판결의 당연무효를 주장할 수 없다.

⑤ 제1심 법원이 甲 승소판결을 한 경우에 乙은 甲이 소송무능력자라는 이유로 상소 또는 재심의 소를 제기하여 그 판결의 취소를 주장할 수 없다.

문4. 甲이 乙·丙·丁으로부터 각 3,000만 원씩 합계 9,000만 원을 차용하고 그 담보의 뜻으로 甲 명의로 소유권이전등기가 되어 있던 A 건물에 대하여 乙·丙·丁 앞으로 가등기에 기한 소유권이전등기를 경료하여 주었다. 그 후 甲은 위 채무원리금을 모두 변제하였다고 주장하면서 乙·丙·丁을 공동피고로 하여 乙·丙·丁 명의의 각 소유권이전등기말소청구의 소를 제기하였다. 위 소송에 관한 아래의 각 설명 중 옳은 것은? (다툼이 있는 경우에는 판례에 의함)

① 乙은 답변서를 제출하지 않고 변론기일에도 불출석한 반면에 丙·丁이 甲의 주장사실을 다투고 새로운 항변을 하고 있는 경우에 乙도 甲의 주장을 다투고 항변한 것으로 본다.

② 위 소송계속 중 乙이 사망한 경우에 乙의 상속인들이 소송수계절차를 밟을 때까지 丙·丁과 甲 사이의 소송도 중단된다.

③ 법원은 甲의 乙에 대한 청구만 인용하고 丙과 丁에 대한 청구는 기각하는 판결을 할 수 없다.

④ 제1심 법원에서 甲의 청구를 인용하는 판결이 선고되었으나 丙·丁만 항소한 경우에 甲·乙 사이의 제1심 판결도 그대로 확정되지 않고 항소심으로 이심된다.

⑤ 위 소송에서 법원은 심리한 결과 甲이 피담보채권 전액을 변제하지는 못한 것으로 인정한 경우에 그 잔존 채무액을 확정한 다음 甲의 잔존채무 변제를 조건으로 하여 일부 승소판결을 할 수 있다.

문5. 다음 중 청구의 변경이 아닌 것은? (다툼이 있는 경우에는 판례에 의함)

① 물건의 인도만 청구하다가 집행불능의 경우에 금전의 지급청구를 추가하는 경우

② 손해배상청구의 금액을 5,000만 원에서 7,000만 원으로 증액하는 경우

③ 소유권확인소송에서 소유권취득의 원인을 매매에서 취득시효로 바꾸는 경우 또는 소유권이전등기말소소송에서 무효의 원인을 변경하는 경우

④ 원본청구에 이자청구를 추가하는 경우

⑤ 토지인도청구에 그 토지상의 가건물철거청구를 추가하는 경우

문6. 관할에 관한 다음 기술 중 <u>옳지 않은</u> 것은? (다툼이 있는 경우에는 판례에 의함)

① 심급관할은 비약상고의 경우를 제외하고 원칙적으로 전속관할이다.

② 관할합의는 소송법상의 행위로서 합의 당사자 및 그 일반승계인을 제외한 제3자에게 그 효력이 미치지 않는 것이 원칙이다.

③ 전속적 관할합의도 전속관할이므로 소송의 이송은 허용되지 않는다.

④ 피고의 불출석으로 답변서 등이 진술간주되어도 변론관할은 생기지 아니한다.

⑤ 법원의 관할은 소를 제기한 때를 표준으로 정한다.

문7. 소송요건에 관한 다음 기술 중 <u>옳지 않은</u> 것은? (다툼이 있는 경우에는 판례에 의함)

① 전소 확정판결의 존부는 당사자의 주장이 없더라도 법원이 직권으로 조사하여 판단하여야 한다.

② 법인이 당사자인 사건에서 그 법인의 대표자에게 적법한 대표권이 있는지는 직권조사사항이다.

③ 종중소송에서 그 종중의 대표자에게 적법한 대표권이 있는지는 자백의 대상이 될 수 없다.

④ 채권자대위소송에서 피보전채권이 존재하는지에 관하여 법원으로서는 그 판단의 기초자료인 사실과 증거를 직권으로 탐지할 의무가 있다.

⑤ 소송판결의 기판력은 그 판결에서 확정한 소송요건의 흠에 관하여 미친다.

문8. 甲은 乙을 상대로 5,000만 원 대여금반환청구의 소를 제기하였다. 다음 설명 중 <u>옳지 않은</u> 것은? (다툼이 있는 경우에는 판례에 의함)

① 甲의 청구를 전부 인용하는 판결이 선고되고 그 판결정본이 甲에게 송달된 경우에는 소를 취하할 수 없다.

② 乙이 본안에 관한 사항을 적은 준비서면을 제출한 경우에는 乙의 동의가 있어야 소를 취하할 수 있다.

③ 乙이 甲에게 3,000만 원을 지급하기로 하는 내용의 소송상 화해를 하였는데도 乙이 채무를 이행하지 아니하면 甲은 그 화해조서로 강제집행을 신청할 수 있다.

④ 乙이 甲에게 3,000만 원을 지급하기로 하되 제3자 丙의 이의가 있으면 화해는

실효되는 것으로 하는 소송상 화해도 가능하다.

⑤ 甲이 청구를 전부 포기한 뒤에 다시 동일한 5,000만 원 대여금반환청구의 소를 제기하면 법원은 청구를 기각한다.

문9. A 부동산은 甲으로부터 乙에게 매매를 원인으로 소유권이전등기가 되어 있다. 이 부동산에 관하여 甲은 乙을 상대로 등기의 원인무효를 주장하며 A 부동산에 관한 소유권이전등기말소청구의 소를 제기하려고 한다. 다음 중 옳지 않은 것은? (다툼이 있는 경우에는 판례에 의함)

① 매매계약이 무효라는 사실에 대하여 甲에게 증명책임이 있다.

② 등기원인의 무효를 뒷받침하는 개개의 사유는 별개의 청구원인을 구성하지 않는다.

③ 乙이 甲의 대리인 丙과 매매계약을 체결하였다고 주장하는 경우에 甲은 丙의 대리권의 부존재에 대하여 증명책임이 있다.

④ 부동산등기의 적법성은 추정되는데 이는 반증이 허용되는 강력한 사실상추정이다.

⑤ 형식적 증거력이 인정된 매매계약서는 합리적 이유가 없는 한 그 내용을 배척하여서는 아니 된다.

문10. 다음 중 옳지 않은 설명은? (다툼이 있는 경우에는 판례에 의함)

① 법정대리인은 증인능력이 없다.

② 감정증인은 감정인이므로 감정인과 같은 절차로 증거조사를 한다.

③ 감정은 원칙적으로 당사자의 신청에 의하여 한다.

④ 감정인은 법원이 지정한다.

⑤ 증인신문은 원칙적으로 당사자의 신청에 의하여 한다.

문11. A 토지를 취득한 甲은 건물 소유자인 乙과 매월 20만 원의 차임을 받기로 하는 임대차계약을 체결하였다. 다음 중 옳지 않은 것은? (다툼이 있는 경우에는 판례에 의함)

① 甲은 계약 후 3년간 임료를 한 번도 지급한 적이 없다는 사실을 근거로 甲과 乙 사이의 임대차 계약을 해지할 수 있다.

② 乙은 甲의 임대차계약 체결과 관계없이 기존에 가지고 있던 관습법상의 법

정지상권을 행사할 수 있다.

③ 토지임차인인 乙이 차임을 지급하지 않아 임대차계약이 해지된 경우 乙은 지상물의 매수청구권을 행사할 수 없다.

④ 甲의 건물철거 및 토지인도청구소송에서 건물철거와 그 토지인도청구에는 건물매수대금지급과 동시에 건물인도를 구하는 청구가 포함되어 있다고 볼 수 없다.

⑤ 甲의 건물철거 및 토지인도청구소송에서 甲과 乙이 모두 법원의 화해권고결정에 대하여 이의를 하지 않은 경우 그 화해권고결정은 확정판결과 동일한 효력을 갖는다.

문12. 공유물분할에 관한 다음 기술 중 옳지 않은 것은? (다툼이 있는 경우에는 판례에 의함)

① 공유물을 공유자 간에 협의로 분할할 때에는 그 방법을 임의로 선택할 수 있다.

② 재판에 의한 공유물분할의 경우 법원은 그 분할방법에 관하여 당사자의 신청에 구애받지 아니하고 재량에 따라 공유지분 비율에 따른 합리적인 분할을 하면 된다.

③ 재판에 의하여 공유물을 분할하는 경우에는 법원은 현물로 분할하는 것이 원칙이다.

④ 현물분할하는 경우 분할을 원하지 않는 나머지 공유자를 공유로 남겨두는 방법은 허용되지 않는다.

⑤ 공유물분할청구의 소의 승소확정판결에는 기판력이 있다.

문13. 사해행위취소의 소에 관한 다음 기술 중 옳지 않은 것은? (다툼이 있는 경우에는 판례에 의함)

① 채권자가 채권자취소권을 행사하려면 사해행위로 인하여 이익을 받은 자나 전득한 자를 상대로 그 법률행위의 취소를 구하는 소를 제기하여야 한다.

② 각 채권자가 동시 또는 시기를 달리하여 채권자취소 및 원상회복의 소를 제기한 경우 이들 소송이 중복제소에 해당하는 것은 아니다.

③ 여러 명의 채권자가 사해행위취소 및 원상회복청구의 소를 제기하여 수익자가 가액배상을 하여야 할 경우 수익자가 반환하여야 할 가액 범위 내에서

각 채권자의 피보전채권액 전액의 반환을 명하여야 한다.

④ 사해행위취소판결의 기판력은 그 취소권을 행사한 채권자와 그 상대방인 수익자 또는 전득자와의 상대적인 관계에서만 미친다.

⑤ 어느 한 채권자가 채권자취소 및 원상회복청구를 하여 승소판결을 받아 그 판결이 확정되었다면 그 후에 제기된 다른 채권자의 동일한 청구는 권리보호의 이익이 없어지게 된다.

문14. 다음 중 <u>옳은</u> 것은? (다툼이 있는 경우에는 판례에 의함)

① 민법상 법인의 이사의 임기가 만료되었음에도 불구하고 후임이사가 선임되지 아니한 경우에는 임기만료된 이사는 후임이사가 선임될 때까지 종전의 직무를 수행할 수 있다.

② 민법상 법인의 임기만료된 이사는 후임이사를 선임한 이사회결의무효확인의 소를 제기할 수 없다.

③ 사실혼배우자가 이미 사망한 경우에는 사실혼관계존부확인의 소의 이익이 있을 수 없다.

④ 근저당권설정등기의 말소를 구할 수 있는 자는 근저당권설정계약에 기한 피담보채무가 존재하지 아니함의 확인을 구할 수 있다.

⑤ 장래에 발생할 청구권에 관한 장래이행의 소가 적법하기 위해서 그 청구권 발생의 기초가 되는 법률상·사실상 관계가 변론종결 당시 존재할 필요는 없다.

문15. 甲은 乙에게 대여금채권이 있다. 채무초과상태인 乙은 丙에 대한 물품대금채권과 자기 소유의 유일한 부동산인 아파트를 가지고 있었는데, 위 아파트에 관한 강제집행을 우려하여 丁과 허위로 매매계약을 체결하고 丁 명의로 소유권이전등기를 마쳤다. 다음 설명 중 <u>옳지 않</u>은 것은? (다툼이 있는 경우에는 판례에 의함)

① 甲이 乙을 대위하여 丙을 상대로 물품대금지급청구의 소를 제기하였는데, 甲의 대여금채권이 없는 것으로 밝혀진 경우 甲의 소는 각하된다.

② 甲이 乙을 대위하여 丙을 상대로 물품대금지급청구의 소를 제기하였는데,

乙의 물품대금채권이 없는 것으로 밝혀진 경우 위 甲의 청구는 기각된다.

③ 甲이 乙을 대위하여 丙을 상대로 물품대금지급청구의 소를 제기하였는데, 乙이 이미 丙을 상대로 물품대금지급청구의 소를 제기하여 승소확정판결을 받은 경우 甲의 소는 각하된다.

④ 甲이 乙을 대위하여 丙을 상대로 물품대금지급청구의 소를 제기하였는데, 乙이 이미 丙을 상대로 물품대금지급청구의 소를 제기하여 패소확정판결을 받은 경우 甲의 청구는 기각된다.

⑤ 甲이 대여금채권을 피보전채권으로 丁을 상대로 사해행위취소의 소를 제기하였는데, 甲의 대여금채권이 없는 것으로 밝혀진 경우 위 甲의 청구는 기각된다.

문1. 증명책임에 관한 다음 기술 중 판례의 입장과 일치하지 <u>않는</u> 것은?

① 소유권이전등기에 의하여 대리권의 존재도 추정된다.

② 선의취득에서의 무과실은 점유자가 그 증명책임을 부담한다.

③ 소유권이전등기의 추정력은 권리변동의 당사자 간에도 미친다.

④ 건물소유권보존등기의 명의자가 이를 신축한 것이 아니라면 그 등기의 권리추정력은 깨어진다.

⑤ 등기부취득시효에서 점유자의 선의·무과실은 추정되므로 점유자에게 과실이 있었음을 상대방이 증명하여야 한다.

문2. 甲의 채무자 乙이 자신의 유일한 재산인 X 토지를 丙에게 처분하여 소유권이전등기가 경료된 경우, 甲이 丙을 상대로 사해행위취소소송을 제기할 때의 설명으로 <u>옳지 않은</u> 것은? (다툼이 있는 경우에는 판례에 의함)

① 甲은 X 토지를 乙 명의로 회복시키기 위하여 丙 명의의 등기말소를 청구하는 대신 丙을 상대로 직접 소유권이전등기절차의 이행을 청구할 수도 있다.

② 甲이 丙에 대하여 원상회복을 청구하지 아니한 채 사해행위의 취소만을 먼저 청구하는 것은 허용되고, 이 경우 사해행위취소청구가 민법 소정의 제척기간 내에 제기되었다면 원상회복의 청구는 그 기간이 지난 뒤에도 할 수 있다.

③ 甲이 丙을 상대로 사해행위취소의 소를 제기한 경우, 원물반환이 가능한 때에는 가액배상은 허용되지 않으며, 원물반환이 불가능하거나 현저히 곤란한 경우에만 예외적으로 가액배상이 허용된다.

④ 가액배상의 방법으로 원상회복을 하는 경우, 그 배상액은 甲의 乙에 대한 채권액의 범위로 제한되고, 이때 甲의 채권액에는 사해행위 이후 사실심 변론종결 시까지 발생한 이자나 지연손해금은 제외된다.

⑤ 甲이 丙을 상대로 사해행위취소소송을 제기하여 丙으로부터 직접 가액배상을 받을 경우, 丙이 乙에 대한 반대채권으로 상계를 주장할 수는 없다.

문3. A 주식회사는 B 주식회사와 사이에 A 회사의 일부 영업점에 대한 권리·의무를 B 회사에게 양도하는 내용의 계약을 체결하였다. 주주 甲은 위 계약은 상법 제374조 제1항 소정의 '영업의 전부 또는 중요한 일부의 양도' 등에 해당함에도 주주총회의 결의를 거치지 아니하여 위 계약은 무효라고 주장하면서 위의 계약을 체결한 A 주식회사의 前 대표이사인 乙에 대하여 손해배상을 청구하는 주주대표소송을 제기하였다. 위 소송에 관한 설명 중 옳지 않은 것은? (다툼이 있는 경우에는 판례에 의함)

① 甲은 일정한 요건에 따라 대표소송에 의하여 이사 乙의 책임을 추궁하는 소를 제기할 수 있을 뿐, 직접 A, B 회사의 거래관계에 개입하여 회사가 체결한 계약의 무효를 주장할 수는 없다.

② 주식회사의 이사가 다른 업무담당이사의 업무집행이 위법하다고 의심할 만한 사유가 있음에도 불구하고 이를 방치한 때에는 이사에게 요구되는 선관주의의무 내지 감시의무를 해태한 것이므로 이로 말미암아 회사가 입은 손해에 대하여 배상책임을 면할 수 없다.

③ 甲이 제기한 주주대표소송은 제3자의 소송담당에 해당하므로 판결이 선고되면 그 판결의 효력은 甲의 승패 여부와는 관계없이 당연히 A 회사에게 미친다.

④ 원고 甲이 제대로 소송수행을 하지 못하거나 혹은 상대방이 된 乙과 결탁함으로써 회사의 이익이 침해될 염려가 있는 경우에는 상법 제404조 제1항에 따라 회사가 그 소송에 참가할 수도 있으며, 이러한 회사의 참가는 공동소송참가를 의미하는 것으로 보아야 한다.

⑤ 甲이 제기한 주주대표소송에 A 주식회사가 소송참가한 경우에 그 소송참가 후에 甲이 주주대표소송의 요건을 결여하게 되었다면 A 주식회사의 소송참가는 소급하여 부적법한 것으로 된다.

문4. 甲은 乙을 상대로 약속어음금청구의 소를 제기하였다. 소송진행과정에서 검토된 다음 내용 중 옳지 않은 것은? (다툼이 있는 경우에는 판례에 의함)

① 약속어음금청구는 청구금액과 상관없이 단독판사의 사물관할에 속한다.

② 기존채무의 이행을 위하여 제3자 발행의 어음을 교부한 경우 어음상의 주 채무

자와 원인관계상의 채무자가 동일하지 않은 경우에는 제3자인 어음상의 주 채무자에 의한 지급이 예정되고 있으므로 이 어음은 지급을 담보하기 위하여 교부된 것으로 추정된다.

③ 어음채무자로 기재되어 있는 사람이 자신의 기명날인이 위조되었다고 주장하는 경우에는 그 사람에 대하여 어음채무의 이행을 구하는 어음의 소지인이 그 기명날인이 진정한 것임을 증명하여야 한다.

④ 권한 없이 기명날인을 대행하는 방식에 의하여 약속어음을 위조한 경우에 피위조자가 이를 묵시적으로 추인하였다고 인정하려면 추인의 의사가 표시되었다고 볼 만한 사유가 있어야 한다.

⑤ 백지어음 소지인이 어음금 청구소송의 사실심변론종결일까지 백지부분을 보충하지 않아 패소판결을 받고 그 판결이 확정된 경우 어음소지인은 백지보충권을 행사하여 완성한 어음으로 전소의 피고를 상대로 동일한 청구를 할 수 없다.

문5. 상법상 이사선임의 주주총회결의취소소송에 관한 다음 설명으로 **옳은** 것은? (다툼이 있는 경우에는 판례에 의함)

① 주주총회결의취소의 소는 주주, 이사, 감사 외에 이해관계인도 제기할 수 있다.

② 이사 선임의 주주총회결의에 대한 취소판결이 확정된 경우에도 그 결의에 의하여 이사로 선임된 이사들에 의하여 구성된 이사회에서 선정된 대표이사는 소급하여 그 자격을 상실한다.

③ 대표이사 선임의 주주총회결의에 대한 취소판결이 확정되어 그 결의가 소급하여 무효가 되면 대표이사는 소급하여 자격을 상실하므로 그 대표이사를 통한 등기는 회사의 등기라고 볼 수 없게 되어 거래 상대방은 상법 제39조의 부실등기 규정으로 보호될 수 없다.

④ 주주총회에서 여러 개의 안건이 상정되어 각기 결의가 행하여진 경우, 주주총회결의취소의 소의 제소기간 준수 여부는 마지막 안건에 대한 결의를 기준으로 판단하여야 한다.

⑤ 주주총회결의취소소송에서 소송상화해를 하기 위해서는 법원의 허가를 얻어야 한다.

문6. 다음 중 **옳은** 설명만으로 묶인 것은? (다툼이 있는 경우에는 판례에 의함)

> ㄱ. 공동상속인을 상대로 하여 상속채무의 이행을 구하는 소를 제기할 경우에는 공동상속인 전원을 피고로 하여야 하며, 일부상속인이 누락된 경우에는 민사소송법 제68조 1항에 따라 누락된 상속인을 추가하는 신청을 할 수 있다.
>
> ㄴ. 공유자들을 상대로 한 공유물에 대한 소유권이전등기청구, 공유물의 철거 또는 반환청구의 소는 모두 공유자 전원을 상대로 하는 고유필수적 공동소송이다.
>
> ㄷ. 동업자들이 공동명의로 동업자금을 은행에 예금한 경우에는 채권의 준합유 관계가 성립하고, 은행을 상대로 하여 예금반환청구의 소를 제기할 경우에는 전원이 공동으로 원고가 되어야 한다.
>
> ㄹ. 유언집행자가 여러 사람인 경우 피상속인의 유증을 원인으로 한 소유권이 전등기의무의 이행을 구하는 소는 유언집행자 전원을 공동피고로 하여야 하는 고유필수적 공동소송이다.
>
> ㅁ. 여러 사람이 하나의 동산이나 부동산을 공동으로 사실상 점유하고 있는 경우에는 공동점유자 전원을 피고로 하여 소를 제기하여야 한다.

① ㄱ, ㄴ   ② ㄴ, ㄷ   ③ ㄷ, ㄹ
④ ㄹ, ㅁ   ⑤ ㄱ, ㅁ

문7. 당사자표시정정에 관한 아래의 설명 중 **옳지 않은** 것은? (다툼이 있는 경우에는 판례에 의함)

① 당사자표시정정은 심급의 여하에 관계없이 허용된다.

② 소장에 표시된 원고에게 당사자능력이 인정되지 않는 경우에는 올바른 당사자능력자로 그 표시를 정정하는 것은 허용되고, 법원은 적극적으로 당사자표시를 정정케 하는 조치를 취함이 없이 바로 소를 각하할 수는 없다.

③ 원고가 사망자를 피고로 표시하여 소를 제기한 경우에 상속인으로 피고표시를 정정할 수 있고 이러한 법리는 원고의 경우에도 적용된다.

④ 소제기 전 피고가 사망한 경우 제1순위 상속인이 상속을 포기한 경우에는 후순위 상속인을 실질적 당사자로 보아 그의 명의로 당사자표시정정을 할 수 있다.

⑤ 소제기 당시에 소장에 표시된 피고가 이미 사망하였을 경우에 법원이 이러한 사실을 간과하고 그대로 판결을 선고한 경우에 그 판결은 당연무효이다.

문8. 병합소송의 심판방식에 대한 다음 설명 중 옳지 않은 것은? (다툼이 있는 경우에는 판례에 의함)

① 병합소송을 심리할 때 법원은 먼저 병합에 특유한 소송요건인 병합요건이 구비되었는지를 직권으로 조사하여야 한다.

② 단순병합에서 전부판결을 할 의사로 판결을 하였으나 일부에 관한 재판을 누락한 경우 직권 또는 당사자의 신청에 따라 원심법원이 추가판결을 하여야 하며 상소로 시정을 구할 수는 없다.

③ 예비적 병합에서 주위적 청구를 배척하는 판결만 하고 예비적 청구를 판단하지 않거나, 주위적 청구를 제쳐놓고 예비적 청구를 먼저 판단하는 경우에는 재판의 누락으로 보아 원심법원이 추가판결을 하여야 한다.

④ 예비적 병합의 경우에 주위적 청구를 기각하고 예비적 청구를 인용한 원판결에 대하여 피고가 그 패소부분에 대하여 항소한 때에는 불복하지 아니한 주위적 청구의 기각부분도 이심하지만 원고가 항소나 부대항소를 하지 아니하는 한 항소심의 심판의 대상이 되지 않는다.

⑤ 선택적 병합의 경우 원고청구가 전부 기각되었는데 기각된 청구 중 일부에 대하여 원고만이 항소하였다면 항소하지 아니한 부분은 항소심으로 이심하지만 심판의 대상은 되지 아니한다.

문9. 반소 및 중간확인의 소에 관한 다음 설명 중 옳지 않은 것은? (다툼이 있는 경우에는 판례에 의함)

① 본소청구가 인용되거나 기각되는 것을 조건으로 하여 반소청구에 관한 심판을 구하는 것도 허용된다.

② 본소가 부적법각하된 때에 피고는 원고의 동의 없이 반소를 취하할 수 있다.

③ 상대방의 심급의 이익을 해할 우려가 없는 경우에는 항소심에서도 상대방의 동의 없이 반소를 제기할 수 있다.

④ 중간확인의 소를 원고가 제기하는 경우에는 청구의 추가적 변경에 해당하고 피고가 제기하는 경우에는 일종의 반소라고 할 수 있다.

⑤ 반소는 소송절차를 현저히 지연시키는 경우에는 허용되지 않는다.

문10. 소송의 이송에 관한 다음 기술 중 옳지 않은 것은? (다툼이 있는 경우에는 판례에 의함)

① 지방법원 단독판사는 소송에 대하여 관할권이 있는 경우라도 전속관할에 속하는 것이 아닌 한 상당하다고 인정하면 직권 또는 당사자의 신청에 따른 결정으로 소송의 전부 또는 일부를 같은 지방법원 합의부에 이송할 수 있다.

② 지방법원 합의부는 소송에 대하여 관할권이 없는 경우라도 전속관할에 속하는 것이 아닌 한 상당하다고 인정하면 직권 또는 당사자의 신청에 따라 소송의 전부 또는 일부를 스스로 심리 재판할 수 있다.

③ 본소가 단독사건인 경우에 피고가 반소로 합의사건에 속하는 청구를 한 때에는 법원은 직권 또는 당사자의 신청에 따른 결정으로 본소와 반소를 합의부에 이송하여야 하지만, 반소에 관하여 변론관할이 생긴 때에는 그러하지 아니하다.

④ 소송을 이송받은 법원은 전속관할위반의 이송의 경우에도 이송결정에 따라야 하므로 이송결정의 기속력은 이송받은 상급심 법원에도 미친다.

⑤ 이송결정이 확정된 때에는 소송은 처음부터 이송받은 법원에 계속된 것으로 보므로 기간준수의 여부는 처음 법원에 소가 제기된 때를 기준으로 한다.

문11. 권리보호의 이익에 관한 다음 기술 중 옳지 않은 것은? (다툼이 있는 경우에는 판례에 의함)

① 특정한 권리나 법률관계에 관하여 분쟁이 있어도 제소하지 아니하기로 합의한 경우 이에 위반하여 제기한 소는 권리보호의 이익이 없다.

② 근저당권설정등기의 말소등기절차의 이행을 구하는 소송 도중에 그 근저당권설정등기가 경락을 원인으로 말소된 경우에는 더 이상 근저당권설정등기의 말소를 구할 법률상 이익이 없다.

③ 물상보증인이 근저당권자의 채권에 대하여 다투고 있을 경우 근저당권자가 근저당권의 피담보채무의 확정을 위하여 스스로 물상보증인을 상대로 확인의 소를 제기하는 것은 부적법하다.

④ 채권자대위권행사의 요건인 피보전권리가 인정되지 아니한다면 이 부분 청

구에 관한 소를 각하하여야 한다.

⑤ 권리보호의 이익의 존부가 불분명한 경우에는 청구가 이유없음이 분명하여
도 청구기각 판결을 할 수 없다.

문12. 다음 중 옳지 않은 것은? (다툼이 있는 경우에는 판례에 의함)

① 부동산의 시효취득에서 법원은 점유권원에 관한 당사자의 주장에 구속되지
아니하고 소송자료에 의하여 진정한 권원을 심리하여 취득시효완성 여부를
판단할 수 있다.

② 소멸시효의 기산일에 관한 당사자의 주장에 법원이 구속된다.

③ 피고가 이행불능의 항변을 하지 않는 이상 법원이 이행불능이라는 이유로
원고청구를 배척할 수 없다.

④ 당사자 본인신문에서의 진술은 소송상 당사자의 주장과 같이 취급할 수 없다.

⑤ 당사자가 법원에 서증을 제출하며 그 증명취지와 함께 서증에 기재된 사실
을 진술하는 경우에도 그 사실의 주장이 있는 것으로 볼 수 없다.

문13. 당사자가 기일에 출석하지 아니한 경우의 효과에 관한 다음 설명 중
옳은 것은? (다툼이 있는 경우에는 판례에 의함)

① 법원은 한쪽 당사자가 변론기일에 결석한 경우에는 반드시 변론을 진행하여
야 한다.

② 법원은 원고와 피고가 모두 변론기일에 결석한 경우에는 원고가 책임질 수
없는 사유로 출석하지 못한 경우에 한하여 새 기일을 지정한다.

③ 항소심에서 양 당사자가 결석한 경우에는 소취하가 간주되므로 동일한 소의
제기는 허용되지 않는다.

④ 당사자 한쪽이 결석한 경우에 결석자의 준비서면에 상대방의 주장사실을 인
정한다는 기재가 있고 이것이 진술간주되면 재판상 자백이 성립한다.

⑤ 원고가 관할권 없는 법원에 소를 제기하고 피고가 결석한 경우에 본안에 관한
사항을 적은 피고의 답변서가 진술간주되면 그 법원에 변론관할이 생긴다.

문14. 다음 중 옳지 않은 설명은? (다툼이 있는 경우에는 판례에 의함)

① 공시송달로 소송서류가 송달된 경우에는 당사자에게 과실이 있는 경우에도

소송행위의 추후보완을 할 수 있다.

② 송달받을 사람의 주소·거소·영업소 또는 사무소에서 송달할 수 없는 경우에는 송달받을 사람의 근무장소에서 송달할 수 있다.

③ 전자소송의 이용에 동의한 자에게는 전자적인 방법으로 송달할 수 있다.

④ 소송대리인이 있는 경우에는 소송대리인에게 송달하는 것이 실무상의 원칙이다.

⑤ 판결의 송달이 무효인 경우에는 당사자가 이의권을 포기하더라도 그 흠은 치유되지 아니한다.

문15. 판결의 효력에 대한 다음 설명 중 옳지 않은 것은? (다툼이 있는 경우에는 판례에 의함)

① 전소의 소송물이 채권적 청구권의 성질을 가지는 소유권이전등기청구권인 경우, 화해권고결정이 확정된 후 그 목적물에 관하여 소유권이전등기를 받은 사람은 화해권고결정의 기판력이 미치는 승계인으로 볼 수 없다.

② 전소에서 조건의 미성취로 패소판결이 확정된 경우에는 후에 조건이 성취되더라도 다시 소를 제기할 수 없다.

③ 토지의 임대인이 임차인에 대하여 제기한 토지인도 및 건물철거청구소송에서 패소하여 그 패소판결이 확정되었다고 하더라도 건물철거가 집행되지 않은 이상 임차인은 후소에서 건물매수청구권을 행사할 수 있다.

④ 전소에서 피고의 과실을 증명하지 못하여 손해배상청구소송에서 패소한 원고가 사고를 목격한 증인을 발견하였더라도 동일한 사고를 원인으로 하는 손해배상청구의 후소에서 그를 증인으로 신청하여 피고의 과실을 증명하는 것은 허용되지 아니한다.

⑤ 전후 양소의 소송물이 동일하지 않다고 하더라도 후소의 수송물이 전소에서 확정된 법률관계와 모순되는 정반대의 사항을 소송물로 삼았다면 전소판결의 기판력이 후소에 미친다.

문16. A 신도시의 빌라에 입주한 B 아파트 주민 50명(이하 甲이라 칭함)은 새로이 확장된 고속도로로부터의 소음이 심하여 피해가 발생하였다는 것을 근거로 한국도로공사를 상대로 손해배상청구의 소를 제기

하였다. 다음 중 <u>옳지 않은</u> 것은? (다툼이 있는 경우에는 판례에 의함)

① 甲은 공작물책임에 기한 손해배상청구와 일반불법행위에 기한 손해배상청구를 할 수 있다.

② 甲은 소유권이나 점유권에 기하여 소음발생의 중지나 예방을 위한 유지청구(또는 금지청구)를 할 수 있다.

③ 소음이 장래에도 계속될 것이 예상되는 경우인지는 의무이행기가 장래에 도래하는 것뿐만 아니라 채무불이행사유가 그때까지 계속하여 존재한다는 것을 변론종결 당시에 확정적으로 예정할 수 있어야 한다.

④ 甲은 한국도로공사의 도로확장으로 생활이익이 침해되고 그 침해가 사회통념상 일반적으로 수인할 정도를 넘어선다고 인정되는 경우, 甲은 위 도로가 특정 규정에 위반하여 건설되거나 또는 그 건설으로 인하여 직접적인 침해가 있거나 그 우려가 있다는 점을 증명하여야 한다.

⑤ 甲은 공동소송의 요건을 충족하므로 공동소송인이 되어 소송을 진행할 수 있다.

문17. 채권자대위소송에 관한 다음 기술 중 <u>옳지 않은</u> 것은? (다툼이 있는 경우에는 판례에 의함)

① 채권자대위소송 사이에서의 중복소송의 금지는 전소가 적법한 경우에만 적용된다.

② 채권자대위소송의 제기로 인한 소멸시효 중단의 효력은 채무자에게 미친다.

③ 채권자대위소송의 계속 중 채무자와 제3채무자 사이에 소송물을 같이하는 내용의 소가 제기된 경우 중복소송이 된다.

④ 채권자대위소송에서 피보전채권이 존재하는지는 소송요건으로서 법원의 직권조사사항이다.

⑤ 채권자대위소송의 기판력은 어떤 사유로든 채무자가 대위소송이 제기된 사실을 알았을 경우에 채무자에게 미친다.

문18. 甲은 A 부동산의 소유권자 乙과 A 부동산에 관한 매매계약을 체결하고 중도금까지 지급하였다. 그런데 그 후 甲은 잔금지급일자에 잔금을 지급하고 소유권이전등기에 필요한 서류를 교부받고자 하였으나

乙이 이를 거부하므로 乙을 상대로 매매를 원인으로 소유권이전등기 청구의 소를 제기하였다. 다음 중 옳은 것은? (각 지문은 독립적이며 다툼이 있는 경우에는 판례에 의함)

① 乙이 답변서를 제출하면서 "이 답변서가 甲에게 송달됨과 동시에 매매계약은 사기를 원인으로 취소한다"라고 적었는데, 甲이 乙의 답변서를 받고 곧바로 소를 취하한 경우에 매매계약은 취소되지 아니한다.

② 甲이 승소판결을 받은 뒤에 이전등기를 하지 않고 있는 사이 乙로부터 丙, 丁에게 순차로 소유권이전등기가 되었다면, 甲은 乙에 대한 승소판결에 승계집행문을 부여받아 丁으로부터 직접 이전등기를 받을 수 있다.

③ 甲이 승소 확정판결을 받고 그 판결에 의하여 甲 명의로 소유권이전등기를 마쳤더라도, 乙이 매매계약의 무효를 주장하면서 소유권이전등기말소청구의 소를 제기하여 승소판결을 받을 수도 있다.

④ 甲의 소유권이전등기청구소송에서 법원은 乙의 항변이 없는 한 잔금을 지급하지 아니한 사실을 고려함이 없이 무조건의 소유권이전등기절차의 이행을 명하는 판결을 하여야 한다.

⑤ 甲의 소유권이전등기청구소송의 계속 중 乙이 A 부동산을 丙에게 등기이전하여 준 경우에 甲은 승소판결을 받으면 그 판결에 승계집행문을 부여받아 丙으로부터 이전등기를 받을 수 있다.

문19. 甲 소유의 부동산에 대하여, 乙은 甲의 주소를 허위로 기재하여 그 주소에 소상부몬늘 송달케 한 후 자신이 송달받아 법원으로 하여금 甲이 송달받고도 답변서를 제출하지 않는 것으로 속게 만들었다. 乙은 甲의 자백긴주로 무변론으로 승소판결을 받았고, 甲의 허위주소로 판결정본이 송달되어 항소기간이 도과되었다. 乙은 위 판결에 기하여 자기 앞으로 소유권이전등기를 마쳤다. 위 부동산은 그 후 丙, 丁에게 순차 매도되고 그에 따른 소유권이전등기가 마쳐졌다. 丁의 채권자인 戊는 위 부동산에 관한 가압류결정을 받았고, 위 결정에 따른 가압류등기가 경료되었다. 다음 중 옳지 않은 것은? (다툼이 있는 경우에는 판례에 의함)

① 甲은 언제든지 항소를 제기할 수 있다.

② 甲은 乙, 丙, 丁에 대하여 소유권이전등기말소를 청구할 수 있다.

③ 甲은 丁에 대하여 진정한 등기명의의 회복을 원인으로 하여 직접 소유권이전등기를 청구할 수 있다.

④ 甲이 乙, 丙, 丁에 대한 소유권이전등기말소청구소송과 甲의 丁에 대한 진정한 등기명의의 회복을 원인으로 하는 소유권이전등기청구의 실체법상의 근거는 동일하다.

⑤ 甲이 丁만을 피고로 하여 소유권이전등기말소청구의 소를 제기하는 것은 부적법하다.

문20. 甲은 乙 명의로 소유권보존등기가 경료된 A 토지를 30년간 점유해 오고 있다. 그런데 위 토지는 원래 丙에게 사정된 토지로서 乙 명의의 등기는 원인무효임이 밝혀졌다. 丙은 사망한 것으로 밝혀졌고, 丙의 상속인들의 행방은 찾기 어려운 상태이다. 甲은 변호사에게 취득시효완성을 원인으로 위 토지의 소유권을 취득하는 방법을 문의하였다. 변호사는 다음과 같은 의견서를 작성하였다. 다음 의견서의 밑줄 친 내용 중 타당하지 않은 것은? (다툼이 있는 경우에는 판례에 의함)

귀하가 보내주신 사실관계에 따르면 이 사건 토지는 원래 丙에게 사정된 토지로서 이 사건 토지에 관한 乙의 소유권보존등기는 그 추정력이 번복되어 원인무효입니다. 따라서 (ㄱ) 귀하는 丙을 대위하여 취득시효완성을 원인으로 乙의 소유권보존등기의 말소를 청구할 수 있고, 다시 丙을 상대로 취득시효완성을 이유로 한 소유권이전등기를 청구할 수 있습니다.

(ㄴ) 귀하는 소유권이전등기에 관한 승소확정판결을 받은 후 그 등기청구권에 터 잡아 丙의 등기신청권을 대위행사하여 단독으로 소유권보존등기를 마칠 수 있으므로, 丙을 상대로 소유권이전등기 외에 소유권보존등기를 청구하는 것은 소의 이익이 없습니다.

한편 (ㄷ) 丙은 사망하였고 토지조사부에 丙의 주소나 본적 등의 기재가 없어 丙의 상속인을 찾을 수 없는 이 사건과 같은 경우에는, 乙이 진정한 소유자가 아니지만 소유명의를 가지고 있으므로 이러한 경우 乙에 대하여 직접 취득시효완성을 원인으로 하는 소유권이전등기를 청구할 수 있습니다.

그리고 (ㄹ) 토지에 대한 취득시효완성으로 인한 소유권이전등기청구권은 그 토지에 대한 점유가 계속되는 한 시효로 소멸하지 않습니다.

귀하가 위 토지의 점유를 상실하였다고 하더라도 이를 시효이익의 포기로 볼 수 있는 경우가 아닌 한 이미 취득한 소유권이전등기청구권은 바로 소멸되는 것은 아니나, (ㅁ) 귀하가 점유를 상실한 때로부터 10년간 등기청구권을 행사하지 아니하면 소멸시효가 완성합니다.

① (ㄱ)　　② (ㄴ)　　③ (ㄷ)　　④ (ㄹ)　　⑤ (ㅁ)

<2013년 제1회 법전원협의회 모의고사>

문1. 민사소송법규에 대한 다음 설명 중 옳지 않은 것은?

① 민사소송에 적용되는 법규정은 크게 효력규정과 훈시규정으로 나눌 수 있다.

② 효력규정에는 강행규정과 임의규정이 있다.

③ 민사소송법에서 임의규정의 의미는 민법에서의 임의규정의 의미와 같다.

④ 민사소송에 신의칙이 적용된다.

⑤ 판결선고 기간에 관한 규정은 훈시규정이다.

문2. 소취하에 대한 다음 설명 중 옳은 것은?

① 소취하는 서면으로만 하여야 한다.

② 1심에서 소각하판결이 선고된 이후 소가 취하되면 재소금지의 효과가 발생한다.

③ 소취하는 상대방에 대한 소송행위이다.

④ 민사소송규칙에 의하면 소취하가 무효인 경우에 기일지정신청을 할 수 있다.

⑤ 원고가 제출한 준비서면에 소취하의 의사표시가 적혀 있어도 공증사무소의 인증을 받지 아니하면 소취하의 효력이 발생하지 아니한다.

문3. 소송대리인의 권한에 관한 다음 설명 중 옳지 않은 것은?

① 청구의 변경은 특별수권사항이 아니다.

② 소송대리인의 권한은 서면으로 증명하여야 한다.

③ 소의 취하는 특별수권사항이다.

④ 반소의 제기는 특별수권사항이다.

⑤ 소제기를 대리한 변호사는 언제나 강제집행도 대리할 위임계약상 의무를 당사자에 대하여 부담한다.

문4. 甲이 乙을 상대로 A, B, C의 세 청구를 병합한 소를 제기하여 원고 전부 승소판결을 선고받자(가집행선고는 없었음), 乙은 B, C 청구만을 다투는 항소를 제기하였다. 항소심이 乙의 항소를 모두 기각하고, 乙이 상고하면서 C 청구만 다툰 경우 판례의 입장에 입각할 때 옳은 것은?

① 甲은 1심 판결에 대한 항소기간이 도과된 이후부터는 A 청구에 관하여 강제집행을 신청할 수 있다.

② 甲은 항소심 판결에 대한 상고기간이 도과된 이후부터는 B 청구에 관하여 강제집행을 신청할 수 있다.

③ 甲은 항소심 변론종결 시부터 A 청구에 관하여 강제집행을 신청할 수 있다.

④ 甲은 항소심판결이 선고된 때에 A 청구에 관하여 강제집행을 신청할 수 있다.

⑤ 만약 甲이 乙과 연대채무자 丙을 공동피고로 하여 소를 제기하고 승소하였는데, 丙이 상소를 하지 않고 乙만 상소를 한 경우, 甲은 丙에 대하여 甲과 乙 사이의 상소절차가 모두 종료된 때에 비로소 丙에 대하여 강제집행을 신청할 수 있다.

문5. 기일의 운영에 관한 다음 설명 중 옳지 않은 것은?

① 소취하 후의 기일지정신청에 대하여 법원은 변론을 연 후 판결의 형식으로 재판하여야 한다.

② 일단 지정된 첫 변론기일을 바꾸는 것은 당사자들의 합의 이외에 특별한 사정이 존재하여야 법원이 이를 허가한다.

③ 법원이 불변기간에 대해 부가기간을 정하려면 불변기간이 경과하기 전에 정하여야 한다.

④ 통상기간이라도 신축이 불가능한 경우가 있다.

⑤ 변호사를 선임한 당사자가 소송행위의 추후보완을 하려면 소송대리인만이 아니라 그 변호사사무소의 업무보조원에게도 과실 없이 불변기간을 준수할 수 없었던 경우이어야 한다.

문6. 甲은 乙을 상대로 원인무효의 등기말소청구소송을 제기하였는데 제1심 소송계속 중 사망하였다. 甲은 소제기 시부터 변호사 B를 소송대리인으로 선임하고 있었고, 甲에게는 복수의 상속인들이 있다. 이러한 사실관계에 대한 다음의 설명 중 옳은 것은?

① 甲이 사망한 때 소송절차는 중단된다.

② B의 소송대리권이 1심에 한하고 상소를 제기할 수권을 받지 않은 경우, 소송절차가 중단되는 시점은 1심법원이 종국판결을 선고한 때이다.

③ 1심판결이 甲의 공동상속인 중 소송수계절차를 밟은 일부만을 당사자로 표시한 것이라도 수계하지 않은 나머지 공동상속인들에게도 그 효력이 미친다.

④ 甲의 상속인들은 甲이 사망한 후 언제든지 소송절차를 수계할 수 있다.

⑤ 甲의 상속인들이 소송수계를 하려면 공동상속인 전원이 수계를 하여야 한다.

문7. 재판상의 자백에 관한 다음 설명 중 옳은 것은? (다툼이 있으면 판례에 의함)

① 자백된 사실이 진실에 반하는 것이 증명되면 자백이 착오에 기한 것이라는 점이 추정된다.

② 주요사실에 대한 자백의 효력만이 인정되므로, 문서의 진정성립에 대해 당사자가 자백하여도 법원은 여기에 구속되지 아니한다.

③ 자백도 소송행위의 하나라는 점에서 자백의 취소는 반드시 명시의 방법으로 하여야 하고, 전에 한 자백과 상충된 사실을 주장하는 등 묵시적으로는 할 수 없다.

④ 甲은 乙 회사의 주주라고 주장하며 乙이 불법하게 소집하고 개최한 임시주주총회의 결의의 무효의 확인을 구하는 소를 제기하고, 乙은 준비서면에서 甲이 명의상으로만이 아니라 실질적으로도 주주임을 자백한다는 취지의 주장을 하였는데, 乙은 그 후의 또 다른 준비서면에서 甲이 주주명부에 등재된 명의상의 주주에 불과하고 실질적인 주주가 아니므로 위 주주총회의 결의는 유효하다는 취지의 주장을 하였다면, 乙은 자백을 적법하게 취소한 것이 된다.

⑤ 재판상 자백의 취소사유로서 착오의 유무에 대해 법원은 변론 전체의 취지로 그 유무를 인정할 수 있다.

문8. 판결의 무효 및 편취에 관한 설명 중 옳지 않은 것은? (다툼이 있는 경우에는 판례에 의함)

① 제소 전에 사망한 자를 당사자로 한 판결은 무효이다.

② 무효인 판결이라도 유효한 판결처럼 보이는 외관을 제거하기 위한 상소는 허용된다.

③ 원고가 피고의 주소를 허위로 기재함으로써 그 허위주소로 소송서류가 송달되어

그로 인하여 피고가 아닌 다른 사람이 그 서류를 받아 무변론원고승소판결이 선고되고 그 판결정본 역시 허위의 주소로 보내어져 송달된 것으로 처리된 경우에는, 피고는 아직도 판결정본의 송달을 받지 않은 상태에 있어 이에 대하여 상소를 제기할 수 있을 뿐만 아니라, 위 편취판결에 기하여 부동산에 관한 소유권이전등기가 경료된 경우에는 별소로 그 등기의 말소를 구할 수 있다.

④ 공시송달에 의한 판결 편취의 경우에는 판결정본의 송달이 유효한 것으로 보고 상소추후보완, 재심을 청구할 수 있다.

⑤ 참칭대표자를 대표자로 표시하여 소를 제기한 결과 그 앞으로 소장부본 및 변론기일 소환장이 송달되어 변론기일에 참칭대표자의 불출석으로 무변론원고승소판결이 선고된 경우, 이는 적법한 대표자가 변론기일소환장을 송달받지 못하였기 때문에 실질적인 소송행위를 하지 못한 관계로 위 의제자백 판결이 선고된 것이므로, 민사소송법 제422조 제1항 제3호 소정의 재심사유에 해당한다.

문9. 청구의 포기·인낙에 관한 설명으로 <u>옳지 않은</u> 것은? (다툼이 있는 경우에는 판례에 의함)

① 청구의 포기는 변론 또는 변론준비기일에서 원고가 자기의 소송상의 청구가 이유 없음을 자인하는 법원에 대한 일방적 의사표시이다.

② 甲이 乙을 상대로 한 소유권에 기한 건물인도청구의 소에서 乙이 그 건물소유권자가 甲이라고 인정하는 진술을 하면 인낙이 된다.

③ 당사자가 변론기일에 출석하지 아니하더라도 민사소송법 제148조 제1항(한쪽 당사자가 출석하지 아니한 경우)의 규정에 따라 당사자가 진술한 것으로 보는 답변서, 그 밖의 준비서면에 청구의 포기 또는 인낙의 의사표시가 적혀 있고 공증사무소의 인증을 받은 때에는 그 취지에 따라 청구의 포기 또는 인낙이 성립된 것으로 본다.

④ 甲이 乙을 상대로 한 인지청구의 소에서 乙이 甲의 청구가 이유 있음을 자인하는 인낙은 허용되지 않는다.

⑤ 포기조서나 인낙조서는 확정판결과 같은 효력이 있으므로 조서확정 후에 다투려면 준재심의 소를 제기하여야 한다.

문10. 판결의 확정 및 상소에 대한 설명 중 옳고 그름의 표시(○, ×)가 옳게 조합된 것은? (다툼이 있는 경우에는 판례에 의함)

> ㄱ. 판결은 상소를 제기할 수 있는 기간 중 또는 그 기간 이내에 적법한 상소제기가 있을 때에는 확정되지 아니한다.
>
> ㄴ. 항소를 한 뒤 소송기록이 있는 제1심 법원에 항소권 포기서를 제출한 경우에는 항소기간이 도과되어야 항소권 포기의 효력이 발생한다.
>
> ㄷ. 제1심 판결정본이 적법하게 송달된 바 없으면 그 판결에 대한 항소기간은 진행되지 아니하므로 그 판결은 형식적으로도 확정되었다고 볼 수 없다.
>
> ㄹ. 항소제기기간의 준수 여부는 항소장이 제1심 법원에 접수된 때를 기준으로 하여 판단하여야 하며, 비록 항소장이 항소제기기간 내에 제1심 법원 이외의 법원에 제출되었다 하더라도 항소제기의 효력이 있는 것은 아니다.
>
> ㅁ. 항소는 1심법원이 선고한 판결서가 송달된 날부터 2주 이내에 하여야 하지만, 그 판결서 송달 전에는 할 수 없다.

① ㄱ(○), ㄴ(○), ㄷ(×), ㄹ(○), ㅁ(×)

② ㄱ(×), ㄴ(○), ㄷ(○), ㄹ(○), ㅁ(×)

③ ㄱ(○), ㄴ(×), ㄷ(○), ㄹ(×), ㅁ(○)

④ ㄱ(×), ㄴ(○), ㄷ(○), ㄹ(×), ㅁ(○)

⑤ ㄱ(○), ㄴ(×), ㄷ(○), ㄹ(○), ㅁ(×)

문11. 복수청구소송에 대한 다음 설명 중 옳은 것은? (다툼이 있는 경우 판례에 의함)

① 여러 개의 청구는 같은 종류의 소송절차에 따르는 경우에만 하나의 소로 제기할 수 있다.

② 목적물의 인도청구와 함께 판결확정 후 집행불능이 될 것을 대비하여 전보배상으로 그 목적물 가액상당의 금전의 지급을 구하는 대상청구를 병합하는 것은 소의 예비적 병합에 해당한다.

③ 선택적 병합에 대하여 원고패소판결을 하면서 병합된 청구 중 일부에 대하여 판단을 하지 않은 경우에는 재판의 누락이므로 추가판결을 하여야 한다.

④ 예비적 병합에서 주위적 청구는 제쳐놓고 예비적 청구만을 먼저 하는 일부

판결은 재판누락이므로 추가판결을 하여야 한다.

⑤ 예비적 병합의 경우 주위적 청구를 기각하고 예비적 청구에 대하여 법원이 판결을 하지 아니하였으나 당사자가 다투지 아니하여 판결이 확정되었다면 판결하지 않은 부분은 별소로 다툴 수 있다.

문12. 다음 중 판례에 의하여 고유필수적 공동소송으로 인정되는 것이 <u>아닌</u> 것은?

① 공유자가 다른 공유자들을 상대로 제기하는 공유물분할 청구의 소

② 제3자가 부부를 공동피고로 하여 제기하는 혼인 무효·취소의 소

③ 공유건물의 철거청구의 소

④ 공동상속인이 다른 공동상속인을 상대로 어떤 재산이 상속재산임의 확인을 구하는 소

⑤ 법인 아닌 사단의 구성원 전원이 당사자가 되어 제기하는 소유권말소등기청구의 소

문13. 채권자대위소송에 관한 설명 중 <u>옳지 않은</u> 것은? (다툼이 있는 경우에는 판례에 의함)

① 채권자대위소송에서 대위에 의하여 보전될 채권자의 채무자에 대한 권리(피보전채권)가 존재하는지는 소송요건으로서 법원의 직권조사사항에 속한다.

② 채권자대위소송의 계속 중 같은 채무자의 다른 채권자가 동일 소송물에 대하여 대위권에 기한 소를 제기한 경우에는 중복소송이 된다.

③ 채권자대위소송에 있어서 대위에 의하여 보전될 채권자의 채무자에 대한 권리가 인정되지 아니할 경우, 채권자가 스스로 원고가 되어 채무자의 제3채무자에 대한 권리를 행사할 당사자적격이 없게 되므로 그 대위소송은 부적법 각하할 수밖에 없다.

④ 채권자대위소송에서 제3채무자는 채무자가 채권자에 대하여 가지는 항변으로 채권자에게 대항할 수 없고, 피보전채권의 소멸시효가 완성되어도 시효이익을 직접 받지 않는 제3채무자는 소멸시효의 완성을 원용할 수 없다.

⑤ 채권자가 채무자를 대위하여 제3채무자의 부동산에 대한 처분금지가처분을 신청하여 처분금지가처분 결정을 받았고 채무자가 그러한 채권자대위권의

행사 사실을 알게 된 이후에 그 부동산에 대한 매매계약의 합의해제로 채권자대위권의 객체인 그 부동산의 소유권이전등기청구권을 소멸시켰다면 채무자는 채권자에게 그 등기청구권이 소멸되었다고 주장할 수 있다.

문14. 丙이 A 아파트 분양권을 甲에게 양도하여 甲이 실질적인 소유자로서 권리를 행사하고 있었다. 그런데 이를 잘 알고 있는 乙이 丙의 배임행위에 적극 가담하여 재판상 화해를 통하여 그 아파트에 관한 대물변제예약을 하고 이에 기하여 소유권이전등기를 하였다. 이에 甲이 A 아파트의 진정한 소유자임을 주장하면서 직접 乙을 상대로 진정한 등기명의의 회복을 원인으로 한 소유권이전등기청구의 소를 제기하였다. 다음 설명 중 옳지 <u>않은</u> 것은? (다툼이 있는 경우에는 판례에 의함)

① 乙은 甲이 A 아파트에 관하여 소유자로서 권리를 행사하던 사실을 알았음에도 丙의 배임행위에 적극 가담하여 위와 같은 대물변제의 예약을 한 것이므로 위 대물변제예약은 사회질서에 위반되는 법률행위로서 무효이다.

② 위와 같이 무효인 법률행위에 기하여 A 아파트에 관하여 경료된 乙 명의의 소유권이전등기 또한 무효이다.

③ 재판상 화해의 내용이 강행법규나 사회질서에 위반된다면 재판상 화해는 무효이기 때문에, 이 사건 재판상 화해도 그 내용이 사회질서에 위반된 것이어서 무효이다.

④ 재판상 화해조서는 확정판결과 같은 효력이 있어 기판력을 갖는다.

⑤ 기판력은 재판상 화해의 당사자가 아닌 제3자에 대해서까지 미친다고 할 수 없으므로 이 사건 소와 같이 甲이 이 사건 아파트의 진정한 소유자임을 주장하면서 직접 乙을 상대로 진정한 등기명의의 회복을 원인으로 한 소유권이전등기 절차의 이행을 구하는 경우에까지 위 화해조서의 기판력이 미친다고 볼 수는 없다.

문15. 약속어음 소지인 甲이 어음 발행인 乙을 상대로 어음요건의 일부를 흠결한 이른바 백지어음에 기하여 어음금 청구소송(이하 '전소'라고 한다)을 제기하였다가 위 어음요건의 흠결을 이유로 청구기각의 판결을 받고 위 판결이 확정된 후 위 백지부분을 보충하여 완성한 어음에 기하여 다시 전소의 피고인 乙에 대하여 어음금 청구소송(이하 '후소'라고 한다)을 제기한 사례에서, 다음 설명 중 <u>옳지 않은</u> 것은? (다툼이 있는 경우에는 판례에 의함)

① 약속어음의 의무이행을 구하는 소송의 토지관할권은 지급지를 관할하는 법원에 있고 채권자의 주소지를 관할하는 법원에 있는 것이 아니다.

② 원고가 전소에서 어음요건의 일부를 오해하거나 그 흠을 알지 못했다고 하더라도, 전소와 후소는 동일한 권리 또는 법률관계의 존부를 목적으로 하는 것이어서 그 소송물은 동일한 것이라고 보아야 한다.

③ 확정판결의 기판력은 동일한 당사자 사이의 소송에 있어서 변론종결 전에 당사자가 주장하였거나 주장할 수 있었던 모든 공격 및 방어방법에 미친다.

④ 약속어음의 소지인이 전소의 사실심 변론종결일까지 백지보충권을 행사하여 어음금의 지급을 청구할 수 있었음에도 위 변론종결일까지 백지부분을 보충하지 않아 이를 이유로 패소판결을 받고 그 판결이 확정된 후에 백지보충권을 행사하여 어음이 완성된 것을 이유로 전소 피고를 상대로 다시 동일한 어음금을 청구하는 경우에는, 위 백지보충권 행사의 주장은 특별한 사정이 없는 한 전소판결의 기판력에 의하여 차단되어 허용되지 않는다.

⑤ 어음에 어음채무자로 기재되어 있는 乙이 자신의 기명날인이 위조된 것이라고 주장하는 경우에는 그 사람에 대하여 어음채무의 이행을 청구하는 어음의 소지인 甲이 그 기명날인이 진정한 것임을 증명할 필요가 없고 乙이 위조된 것이라는 것을 증명하여야 한다.

문16. A 은행의 대표이사 B는 C 회사로부터의 신규내출신정에 대해 신중한 판단을 하지 않은 채 대출결정을 하였다. 그 후 C가 도산에 처하자 B도 대표이사직에서 해임되었다. 이에 A의 주주 甲은 B를 상대로 주주대표소송을 제기하였다. 이에 관한 다음의 설명 중 <u>옳지 않은</u> 것은? (다툼이 있는 경우에는 판례에 의함)

① 甲이 A의 주식을 인수하면서 타인의 승낙을 얻어 그 명의로 출자하여 주식대금을 납입한 경우라도 이 사건 주주대표소송을 제기할 수 있다.

② 甲이 제소 후 발행주식을 전혀 보유하지 않게 된 경우에는 X가 한 제소는 부적법한 것이 된다.

③ 이 소송에서 당사자는 법원의 허가를 얻지 아니하고 소의 취하, 청구의 포기·인낙, 화해를 할 수 없다.

④ A가 이 소송에서 공동소송참가를 하는 경우 A를 대표하는 것은 대표이사가 아닌 감사이다.

⑤ 甲이 A에 대해 파산절차가 진행 중에 이 사건 주주대표소송을 제기하였다면 부적법 각하된다.

⟨2013년 제2회 법전원협의회 모의고사⟩

문1. 변론관할에 대한 다음 설명 중 옳은 것은?

① 피고가 소각하판결을 구한 경우에는 변론관할이 성립되지 않는다.

② 심급관할에는 변론관할이 성립될 수 있다.

③ 답변서 등이 진술간주된 경우에는 변론관할이 성립될 수 있다.

④ 사물관할에는 변론관할이 성립될 수 없다.

⑤ 토지관할에는 변론관할이 성립될 수 없다.

문2. 관할의 합의에 관한 다음 설명 중 옳은 것은?

① 당사자는 관할의 합의로 항소심 관할법원을 정할 수 있다.

② 대상 사건이 반드시 특정되어 있을 필요는 없다.

③ 관할합의는 반드시 서면으로 하여야 한다.

④ 심급관할에 대해서도 원칙적으로 관할의 합의를 할 수 있다.

⑤ 관할에 관한 전속적 합의를 한 경우에는 당사자가 합의하지 아니한 법원으로 이송할 수 없다.

문3. 법관의 기피와 제척에 대한 설명 중 옳지 않은 것은?

① 기피신청은 그 이유가 있음을 알게 된 이후 지체 없이 하여야 한다.

② 제척이유에 관하여 민사소송법이 구체적으로 열거하고 있지만 기피이유에 관해서는 구체적으로 열거하고 있지 않다.

③ 소송지연을 목적으로 한 것이 분명한 경우에는 결정으로 기피신청은 물론 제척신청도 각하할 수 있다.

④ 기피신청이 있으면 그 소송절차는 정지된다.

⑤ 항소심 판사가 항소의 대상이 된 1심에서 수탁판사로서 증인신문절차를 진행한 것은 제척의 이유가 된다.

문4. 변론에 관한 다음 설명 중 옳지 않은 것은?

① 같은 심급의 변론과정에서 법관이 바뀐 경우뿐만 아니라 소송이송이나 항소에 의하여 법관이 바뀐 경우에도 변론의 갱신이 필요하다.

② 변론의 재개는 법원이 직권으로 하지만, 재개하지 않으면 위법한 절차가 되는 경우가 있다.

③ 변론공개의 유무에 대해서는 원칙적으로 변론조서에 의해서만 증명할 수 있다.

④ 항소심에서 양쪽 당사자가 2회 이상 불출석하고 1월 이내에 기일지정신청이 없는 경우 소가 취하된 것으로 간주된다.

⑤ 준비서면에 적지 아니하여 상대방이 출석하지 아니한 변론기일에서 주장하지 못하는 사실에는 주요사실만이 아니라 간접사실도 포함된다.

문5. 증명과 관련된 다음 설명 중 옳지 않은 것은?

① 외국법이나 관습법은 증명의 대상이 되고 이 경우의 증명은 자유로운 증명이다.

② 법관이 공지의 사실에서 문제 되는 공지성에 확신을 갖지 못하면 당사자는 당해 사실이 공지라는 점을 증명하여야 한다.

③ 간접사실이나 보조사실은 증명의 대상이 되지만 자백의 대상이 되지 않는 것이 원칙이다.

④ 정지조건부 법률행위에 해당한다는 사실은 그 법률행위로 인한 법률효과의 발생을 다투려는 자가 증명하여야 한다.

⑤ 판례에 의하면 의료과오소송에서 피고인 의사가 제출한 진료기록(차트)기재 중 환자인 원고에 대한 진단명의 일부가 흑색 볼펜으로 가필되어 원래의 진단명을 식별할 수 없도록 변조되어 있는 경우, 피고인 의사는 자기에게 과실이 없음을 증명하여야 한다.

문6. 증거조사에 관한 다음 설명 중 옳지 않은 것은?

① 유일한 증거인지는 쟁점단위가 아니라 사건 전체 차원에서 판단한다.

② 사실조회에 대한 결과(회보)가 제출되면, 법원은 이를 양 당사자에게 전화나 팩스 등의 간이한 방법으로 그 사실을 고지하고, 동시에 변론기일에서 당사자에게 의견진술의 기회를 부여하는 절차를 거쳐야 한다.

③ 증언거부권이 있는 증인이 그 증언거부권을 포기하고 증언을 하는 조건으로, 증인이 증언을 위하여 법원에 출석함으로써 입게 되는 손해의 전보와 이에 더하여 수고료 명목으로 일정한 대가를 제공받기로 하는 약정은 무효이다.

④ 소송 외에서 당사자가 직접 의뢰하여 작성된 감정서가 법원에 제출되면, 법원은 서증으로서 사실인정의 자료로 삼을 수 있다.

⑤ 특정한 사실을 증명하기 위해 판결서를 서증으로 제출하여 당해 판결서 중에 기재된 사실판단을 이용하는 경우 당해 판결서는 보고문서에 해당된다.

문7. 소취하에 관한 설명 중 <u>옳은</u> 것만 묶은 것은? (다툼이 있는 경우에는 판례에 의함)

> ㄱ. 상대방이 본안에 대하여 준비서면을 제출하거나 변론을 한 뒤에는 상대방의 동의를 받아야 소취하의 효력이 생긴다.
>
> ㄴ. 소는 종국판결이 선고될 때까지만 그 전부나 일부를 취하할 수 있다.
>
> ㄷ. 원고들 소송대리인으로부터 원고 중 1인에 대한 소취하를 지시받은 사무원이 착오로 원고들 소송대리인의 의사에 반하여 원고들 전원의 소를 취하하였다 하더라도 이를 무효라 볼 수는 없다.
>
> ㄹ. 소취하의 서면이 송달된 날부터 1주 이내에 상대방이 이의를 제기하지 아니한 경우에는 소취하에 동의한 것으로 본다.

① ㄱ, ㄴ   ② ㄱ, ㄷ   ③ ㄴ, ㄷ

④ ㄴ, ㄹ   ⑤ ㄷ, ㄹ

문8. 판결·결정·명령에 대한 설명 중 <u>옳지 않은</u> 것은?

① 판결은 법원의 재판이고, 결정이나 명령은 재판장 등 법관의 재판이다.

② 판결은 원칙적으로 변론을 열어야 하지만, 결정이나 명령은 변론을 열 것인지가 법원의 재량에 달려 있다

③ 판결의 경우 판결서를 작성하여 그에 기하여 선고할 것을 요하나, 결정이나 명령은 상당한 방법으로 고지하면 된다.

④ 판결에 대한 불복방법은 항소·상고이고, 결정이나 명령에 대한 불복방법은 이의 또는 항고·재항고이다.

⑤ 판결의 경우 법원은 자기의 판결에 기속되나, 결정이나 명령의 경우는 그렇지 아니하다.

문9. 기판력에 관한 다음 설명 중 판례의 입장과 <u>다른</u> 것은?

① 소송판결도 그 판결에서 확정한 소송요건의 흠결로 소가 부적법하다는 판단에

기판력이 발생하나, 종전 소송의 원고 종중 대표자로서 소를 제기한 자가 자신이 종전 소송판결의 확정 후에 소집된 종중총회에서 새로이 대표자로 선임되었음을 들어 새로 원고 종중의 대표자로서 소를 제기한 경우 종전 확정판결의 기판력이 미칠 여지가 없다.

② 기판력은 그 소송의 변론종결 전에 주장할 수 있었던 모든 공격 및 방어방법에 미치는 것이며 그 당시 알 수 있었거나 또는 알고서 이를 주장하지 않았던 사항에 한하여 미친다고는 볼 수 없다.

③ 채무자가 확정판결의 변론종결 전에 상대방에 대하여 상계적상에 있는 채권을 가지고 있었으나 상계의 의사표시는 그 변론종결 후에 한 경우, 위 상계권은 변론종결 후의 사유로서 실권되지 않고 적법한 청구이의 사유가 된다.

④ 말소등기청구사건의 소송물은 당해 등기의 말소등기청구권이고 그 동일성 식별의 표준이 되는 청구원인, 즉 말소등기청구권의 발생원인은 당해 등기원인의 무효라 할 것으로서 등기원인의 무효를 뒷받침하는 개개의 사유는 독립된 공격방어방법에 불과하여 별개의 청구원인을 구성하는 것이 아니라 할 것이므로, 전소에서 원고가 주장한 사유나 후소에서 주장하는 사유들은 모두 등기의 원인무효를 뒷받침하는 공격방법에 불과한 것일 뿐 그 주장들이 자체로서 별개의 청구원인을 구성한다고 볼 수 없고, 모두 전소의 변론종결 전에 발생한 사유라면 전소와 후소는 그 소송물이 동일하여 후소에서의 주장사유들은 전소의 확정판결의 기판력에 저촉되어 허용될 수 없는 것이다.

⑤ 식물인간 피해자의 여명이 종전의 예측에 비하여 수년 연장되어 그에 상응한 향후치료, 보조구 및 개호 등이 추가적으로 필요하게 된 것은 전소의 변론종결 당시에는 예견할 수 없었던 새로운 중한 손해라고 할지라도, 확정된 전소인 손해배상청구의 소와 별도로 새로운 손해배상청구의 소를 제기하였다면 이 소는 전소의 기판력에 저촉된다.

문10. 항소심에서의 청구의 변경에 대한 다음 설명 중 옳지 않은 것은? (다툼이 있는 경우에는 판례에 의함)

① 5,000만 원의 청구를 인용한 제1심 판결에 대한 항소심에서 원고가 청구를 감축하여 3,000만 원을 청구한 경우, 법원이 제1심 판결이 정당하다고 보는 때에는 주문에서 항소기각을 하면서 집행의 범위를 명확히 하기 위하여 "원판결의 주문 제1항은 당심에서 청구의 감축에 의하여 다음과 같이 변경되었

다. 피고는 원고에게 금 3,000만 원을 지급하라"는 주문표시를 한다.

② 제1심에서 원고가 5,000만 원의 청구에 대하여 전부 승소하자 피고가 항소하였고 이에 다시 원고가 부대항소를 하면서 청구를 7,000만 원으로 확장한 경우, 법원이 원고를 전부 승소시킬 경우에는 "원 판결을 다음과 같이 변경한다. 피고는 원고에게 금 7,000만 원을 지급하라"는 주문표시를 할 수 있다.

③ 원고가 제1심에서 가옥인도청구가 인용되었는데 피고가 항소하자 항소심에서 손해배상청구를 추가한 경우, 법원이 새 청구까지 인용할 때에는 제1심 판결에 대한 항소를 기각하고 새 청구를 인용하는 주문표시를 한다.

④ 제1심에서 청구기각판결이 있은 후 항소심에 이르러 새로운 청구가 추가된 경우, 항소심법원이 기존의 청구와 항소심에서 추가된 청구를 모두 배척할 경우에는 일괄적으로 "항소를 기각한다"는 주문표시를 한다.

⑤ 항소심에서 청구가 선택적으로 병합되고 새로 병합된 청구가 이유 있다고 법원이 인정할 경우, 법원은 항소기각이 아니라 제1심판결을 취소하고 새 청구를 받아들이는 주문표시를 한다.

문11. 예비적·선택적 공동소송에 대한 다음 설명 중 옳지 않은 것은? (다툼이 있는 경우에는 판례에 의함)

① 예비적·선택적 공동소송에서는 필수적 공동소송에 관한 규정이 준용된다.

② 원고가 아파트 입주자대표회의 구성원 개인을 상대로 '동대표지위부존재확인'의 소를 제기하였다가, 소송계속 중에 아파트 입주자대표회의를 피고로 예비적으로 추가할 수 있다.

③ 예비적·선택적 공동소송의 각 공동소송인은 단독으로 소의 취하, 청구의 포기·인낙, 소송상의 화해를 할 수 없다.

④ 주위적 공동소송인과 예비적 공동소송인 중 어느 한 사람에 대하여 상소가 제기되면 다른 공동소송인에 대한 청구부분도 상소심에 이심되어 상소심의 심판대상이 된다.

⑤ 예비적·선택적 공동소송의 상소심에서는 합일확정이 필요한 한도에서 불이익변경금지의 원칙이 적용되지 않는다.

문12. 선정당사자제도에 대한 다음 설명 중 <u>옳지 않은</u> 것은? (다툼이 있는 경우에는 판례에 의함)

① 선정당사자제도는 공동소송인 사이에 공동의 이해관계가 있는 경우에 한하여 이용할 수 있다.

② 선정행위는 소송행위이기 때문에 선정에는 조건을 붙일 수 없다.

③ 동일 선정자들이 여러 사람의 선정당사자를 선정한 때에 그 여러 선정당사자들이 하는 소송의 형태는 통상공동소송이다.

④ 선정당사자는 소송상의 화해, 포기·인낙, 소의 취하, 상소 등의 권한을 갖는다.

⑤ 선정당사자가 수행한 소송의 판결문에서 당사자로 선정당사자만 적고 선정자를 적지 아니하며 선정자목록을 판결문 뒤에 별지로 붙인다.

문13. 甲과 乙은 공동으로 丙으로부터 丙 소유의 대지와 丙이 신축한 미등기건물을 함께 매수한 다음 대지에 대해서만 각각 1/2지분에 관하여 소유권이전등기를 경료하고 건물에 대해서는 등기를 마치지 아니한 채 사실상 처분권한을 가지고 있었다. 그리고 위 건물에는 丁이 임차인으로 거주하고 있다. 그 후 甲과 乙의 채권자에 의하여 위 대지에 관하여 강제경매절차가 진행되었고 戊가 위 대지를 낙찰받아 그 대금을 납부하였다. 이 사례와 관련된 설명 중 <u>옳지 않은</u> 것은? (다툼이 있는 경우에는 판례에 의함)

① 甲과 乙은 위 건물을 위한 관습상의 법정지상권을 취득할 수 없다.

② 대지소유자인 戊는 甲과 乙을 상대로 건물철거를 청구할 수 있다.

③ 대지소유자인 戊는 甲과 乙을 상대로 건물철거청구소송 중 이 소송에 건물임차인으로 건물을 점유하고 있는 丁을 상대로 건물퇴거를 구하기 위해 丁을 피고로 추가할 수 있다.

④ 대지소유자인 戊는 건물 공유자 중 甲만을 상대로 건물철거를 청구할 수 있다.

⑤ 대항요건을 갖춘 丁은 미등기 주택의 임차인일지라도 임차주택 대지의 현금화대금에 대하여 주택임대차보호법상의 우선변제권을 행사할 수 있다.

문14. 甲은 乙로부터 乙 소유의 A 토지를 건물소유의 목적으로 차임 월 100만 원, 기간 5년으로 정하여 임차하였다. 그러나 A 토지에는 丙이 乙로부터 A 토지를 임차하여 가건물을 세워 거주하고 있고 차임을 2기 이상 연체하고 있다. 또한 A 토지의 일부에는 丁이 폐기물을 놓아두고 불법으로 점유하고 있다. 이러한 사례에 관한 다음 설명 중 옳지 않은 것은? (다툼이 있는 경우에는 판례에 의함)

① 甲은 임차권에 기하여 丁에 대해 A 토지의 인도를 청구할 수 없지만, 甲은 乙을 대위하여 丁에 대하여 A 토지의 인도를 청구할 수 있다.

② 甲은 乙을 대위하여 임대차계약을 해지한 다음 丙에 대하여 이 사건 건물의 철거 및 A 토지의 인도를 요구하고, 丙이 이에 응하지 아니하면 乙을 대위하여 丙을 피고로 하여 건물철거 및 토지인도소송을 제기할 수 있다.

③ 甲이 丙에 대하여 채권자대위권에 기한 건물철거 및 토지인도청구소송을 제기한 후에 乙도 丙에 대하여 건물철거 및 토지인도청구소송을 제기하면 乙이 제기한 소는 부적법 각하된다.

④ 甲이 丙에 대해 지문 ③에서의 소를 제기하고 그 계속 중에 丙은 자신의 친구 戊에게 이 사건 가건물을 매각하고 인도하였다면, 甲은 戊에 대하여 소송인수를 신청할 수 있다.

⑤ 지문④에서 戊는 의무를 승계한 것이므로 甲과 丙 사이의 소송에 스스로 참가승계를 할 수 없다.

문15. 주주대표소송에 대한 다음 설명 중 옳지 않은 것은? (다툼이 있는 경우에는 판례에 의함)

① 소수주주는 상법에 근거하여 회사를 위하여 소를 제기하는 것이므로 그 법률상 성질은 법정소송담당이라고 할 수 있다.

② 퇴직한 감사도 주주대표소송의 피고가 될 수 있다.

③ 이사와 회사 간의 소송에서는 감사가 회사를 대표한다.

④ 퇴임한 이사를 상대로 대표소송을 하는 경우에는 대표이사가 회사를 대표한다.

⑤ 주주대표소송에서 원고 주주가 원고로서 제대로 소송수행을 하지 못하거나 상대방이 된 이사와 결탁하여 회사의 이익이 침해될 염려가 있다고 하여 회

사가 원고 측에 공동소송참가를 하는 경우 그 참가는 중복된 소제기에 해당한다.

문16. Y 회사의 주주 X는 Y 회사에서 이루어진 A 임원 선임의 임시주주총회결의의 부존재확인을 구하는 소를 제기하였다. 이에 관한 다음의 설명으로 옳은 것은? (다툼이 있는 경우에는 판례에 의함)

① 판례에 의하면 X가 제기한 부존재확인의 소는 그 성질에서 보아 확인소송이 아닌 형성소송이다.

② 이 사건 소송에서 Y만이 피고적격을 갖는 것은 아니다.

③ 주주총회결의 부존재확인의 소는 주주, 이사, 감사만 제기할 수 있다.

④ A는 이 사건 소송계속 중에 공동소송적 보조참가를 할 수 없다.

⑤ 이 사건 소송에서 승소판결이 내려지고 확정되면 판결의 효력은 소급하여 발생한다.

〈2013년 제3회 법전원협의회 모의고사〉

문1. 채권자대위권에 관한 설명 중 <u>옳지 않은</u> 것은? (다툼이 있는 경우에는 판례에 의함)

① 이혼으로 인한 재산분할청구권은 협의 또는 심판에 의하여 그 구체적 내용이 형성되기 전에는 채권자대위권의 피대위권리가 될 수 없다.

② 채권자취소권도 채권자가 채무자를 대위하여 행사할 수 있다.

③ 특정채권을 보전하기 위하여 채권자대위권을 행사하는 경우에 채무자의 무자력은 요구되지 않는다.

④ 채권자대위소송에 있어서 대위에 의하여 보전될 채권자의 채무자에 대한 권리가 인정되지 않는 경우에 대위청구는 기각된다.

⑤ 채권자대위권을 재판상 행사함에 있어 채권자인 원고가 채무자를 상대로 그 보전되는 채권에 기한 이행청구의 소를 제기하여 승소판결이 확정되면 제3채무자인 피고는 그 채권의 존재를 다툴 수 없다.

문2. 다음 설명 중 <u>옳은</u> 것을 모두 고른 것은? (다툼이 있는 경우에는 판례에 의함)

> 甲이 사망하여 X 토지를 배우자인 乙과 유일한 직계비속인 丙이 상속하였다. 乙이 丙과 협의 없이 그 토지 위에 Y 건물을 신축하였다.
>
> ㄱ. 乙의 법정상속분은 2/3이고 丙의 법정상속분은 1/3이다.
> ㄴ. 乙은 丙과 협의 없이 건물을 신축할 수 있다.
> ㄷ. 丙의 乙에 대한 Y 건물의 철거청구는 기각된다.
> ㄹ. 丙은 乙에게 X 토지의 자신의 지분에 해당하는 임료 상당의 부당이득을 청구할 수 있다.

① ㄱ, ㄴ, ㄷ, ㄹ   ② ㄴ, ㄷ, ㄹ

③ ㄷ, ㄹ   ④ ㄱ, ㄹ

⑤ ㄹ

문3. 甲은 乙로부터 돈을 빌리면서 丙에게 부탁하여 甲 채무에 대한 연대보증계약을 체결하도록 하였다. 甲이 사실상 파산상태에 빠지게 되자 丙은 연대보증책임을 지게 될 것을 우려하여 자신의 유일한 재산인 부동산을 丁에게 매도하고 소유권을 이전하였다. 丁은 위 부동산에 A은행을 위한 저당권을 설정하고 1억 원을 차용하였다. 이 사안에 대한 다음 설명 중 옳지 않은 것은? (다툼이 있는 경우에는 판례에 의함)

① 乙은 丙을 상대로 채권자취소소송을 제기할 수 없다.

② 乙이 丁을 상대로 채권자취소소송을 제기하여 그 승소확정판결에 따라 丁의 소유권이전등기를 말소하였다면 A의 저당권설정등기는 직권 말소된다.

③ 乙의 丁을 상대로 한 채권자취소소송에서 丁이 자신의 선의를 입증하지 못하면 乙에 대한 관계에서 丙과의 매매계약은 취소된다.

④ 乙은 악의의 丁을 상대로 채권자취소소송을 제기하여 사실심 변론종결 당시 부동산 시가 상당액을 금전으로 청구할 수 있다.

⑤ 乙이 사해행위의 취소와 원상회복을 반드시 하나의 소로 청구하여야 하는 것은 아니다.

문4. 甲은 乙에 대한 1억 원의 채권을 丙에게 양도하였다. 그 후 이 채권 전부에 대해 甲의 채권자 丁의 신청에 따른 압류 및 전부명령의 결정이 乙에게 도달하였는데, 같은 날 甲의 확정일자 있는 증서에 의한 채권양도통지도 乙에게 도달하였다. 甲의 다른 채권자 戊의 신청에 의한 압류 및 추심명령의 결정이 그 다음날에 乙에게 도달하였다. 이 사안에 대한 다음 설명 중 옳지 않은 것은? (다툼이 있는 경우에는 판례에 의함)

① 丙은 乙에게 1억 원을 청구할 수 있다.

② 丁은 乙에게 1억 원을 청구할 수 있다.

③ 채권양도의 통지에도 민사소송법의 송달장소에 관한 규정을 유추적용 할 수 있다.

④ 戊가 받은 압류 및 추심결정은 무효이다.

⑤ 乙이 1억 원을 변제공탁한 경우, 丙과 丁은 각 채권액에 안분하여 공탁금을 배당받을 수 있다.

문5. 전속관할에 관한 다음의 설명 중 <u>옳지 않은</u> 것은? (다툼이 있는 경우에는 판례에 의함)

① 토지관할, 사물관할은 원칙적으로 전속관할이 아니다.

② 심급관할은 전속관할이다.

③ 어떤 사건이 단독재판부의 직분관할이라고 하는 것은 그 사건이 단독재판부의 전속관할에 해당한다는 의미이다.

④ 전속관할을 위반한 경우에도 관할위반을 이유로 이송을 신청할 권한이 당사자에게 없다.

⑤ 어떤 사건에 관하여 전속관할이 있다는 것은 단 하나의 법원에만 관할이 있다는 것을 의미한다.

문6. 甲은 乙에 대해 금전의 지급을 구하는 소를 제기하려고 한다. 甲의 청구액이 1억 원인 경우 <u>옳은</u> 지문만을 모두 고른 것은? (각 지문은 별개의 사안이며, 다툼이 있는 경우에는 판례에 의함)

> ㄱ. 원고 甲의 매매대금청구에 지연손해금 5백만 원을 병합청구해도 단독판사의 관할사건이다.
>
> ㄴ. 소송 중 원고 甲이 청구취지를 2억 원으로 확장할 경우 피고 乙이 이의 없이 본안에 관하여 변론 하더라도 합의부로 이송하여야 한다.
>
> ㄷ. 원고 甲이 대여금청구에 이자 5백만 원을 병합청구하면 합의부로 이송하여야 한다.
>
> ㄹ. 원고 甲의 청구에 피고 乙이 2억 원의 손해배상금을 구하는 반소를 제기한 경우 합의부로 이송하는 것이 원칙이다.
>
> ㅁ. 원고 甲이 1억 원의 어음금을 청구한다면 이는 난녹판사의 관할사건이다.

① ㄷ, ㄹ   ② ㄱ, ㄴ   ③ ㄴ, ㄷ, ㄹ

④ ㄱ, ㄹ, ㅁ   ⑤ ㄴ, ㅁ

문7. 다음의 토지관할에 관한 설명으로 <u>옳은</u> 것은? (다툼이 있는 경우에는 판례에 의함)

① 사무소·영업소에 계속 근무하는 사람의 편의를 위해 마련된 근무지 특별재판적

에 관한 규정에 따라 원고는 자신이 근무하는 곳을 관할구역으로 하는 법원에 소를 제기할 수 있다.

② 피고가 국내에 주소를 두고 있지 않은 경우에도 국내에 재산이 존재하면 그 재산이 있는 곳을 관할하는 법원에 소를 제기할 수 있다.

③ 불법행위에 따른 손해배상청구소송에서 가해행위지와 손해발생지가 다를 경우에는 가해행위지만이 재판적이 된다.

④ 부동산에 관한 임대료지급청구의 소는 그 부동산이 있는 곳을 관할하는 법원에만 제기할 수 있다.

⑤ 지식재산권에 관한 소는 관할에 관한 민사소송법에 따라 정해지는 관할법원의 소재지를 관할하는 고등법원이 있는 곳의 지방법원에만 소를 제기할 수 있도록 하여 관할의 집중을 꾀하고 있다.

문8. 소의 객관적 병합에 관한 설명으로 옳지 않은 것은? (다툼이 있는 경우에는 판례에 의함)

① 여러 개의 청구는 같은 종류의 소송절차에 따르는 경우에만 하나의 소로 제기할 수 있다.

② 성질상 선택적 관계에 있는 양 청구를 당사자가 주위적, 예비적 청구 병합의 형태로 제소함에 있어서 그 심판의 순위와 범위를 한정하여 청구하는 경우 법원은 합리적 필요성이 있다고 판단되면 그 순서에 따라 판단한다.

③ 채권자가 본래적 급부청구에다가 집행불능에 대비한 전보배상청구를 병합하여 제소한 경우 양자는 주위적, 예비적 병합 관계에 있다.

④ 화주(貨主)는 화물이 훼손된 경우 운송인에 대하여 운송계약불이행으로 인한 손해배상과 불법행위로 인한 손해배상을 경합적으로 청구할 수 있고 이는 선택적 병합에 해당한다.

⑤ 제1심 법원이 원고의 주위적 청구를 기각하고 예비적 청구만을 인용하는 판결을 선고한 데 대하여 피고만이 항소한 경우, 원고의 부대항소가 없는 한 주위적 청구는 항소심의 심판대상이 될 수 없다.

문9. 반소에 관한 설명으로 옳지 않은 것은? (다툼이 있는 경우에는 판례에 의함)

① 소송의 목적이 된 청구가 다른 법원의 관할에 전속되지 아니하고 본소의 청구 또는 방어의 방법과 서로 관련이 있어야 한다.

② 원고가 피고에 대하여 손해배상채무의 부존재확인의 소를 제기하였는데 피고가 그 후에 그 손해배상채무의 이행을 구하는 반소를 제기하였다 하더라도 그러한 사정만으로 본소청구에 대한 확인의 이익이 소멸하여 본소가 부적법하게 된다고 볼 수는 없다.

③ 반소가 적법하게 제기된 이상 그 후 본소가 취하되더라도 예비적 반소의 경우를 제외하고 반소의 소송계속에는 아무런 영향이 없다.

④ 본소가 취하된 때에는 피고는 원고의 동의를 얻어야 반소를 취하할 수 있다.

⑤ 원고의 본소청구와 피고의 예비적 반소청구에 대해 제1심 법원이 원고의 본소청구를 기각하는 판결을 선고하였고 이에 원고만이 항소한 경우 항소심 법원은 원고의 항소를 받아들여 원고의 본소청구를 인용한 이상 피고의 예비적 반소청구를 심판대상으로 삼아 이를 판단하여야 한다.

문10. A 토지의 소유자는 甲이고 인접한 B 토지의 소유자는 乙, 丙이다. 甲이 乙, 丙을 상대로 경계확정의 소를 제기하고자 한다. 아래 설명 중 옳지 않은 것은? (다툼이 있는 경우에는 판례에 의함)

① 甲이 乙만을 피고로 소를 제기하였는데, 그대로 변론종결 된다면 법원은 소 각하판결을 하여야 한다.

② 甲이 乙만을 피고로 소를 제기하였는데, 소송계속 중 甲은 丙을 피고로 추가할 수 있다.

③ 甲이 乙만을 피고로 소를 제기하였는데, 소송계속 중 丙은 공동소송참가를 할 수 있다.

④ 甲이 乙, 丙을 피고로 소를 제기하였는데, 변론기일에 乙이 불출석하였더라도 丙이 출석하여 변론하였다면 乙에게도 기일 불출석의 불이익은 없다.

⑤ 甲이 乙, 丙을 피고로 소를 제기하였는데, 1심 판결선고 후 甲만이 항소하였다면 항소심 법원은 불이익변경금지의 원칙상 甲에게 1심보다 더 불리한 내용의 판결을 선고할 수 없다.

문11. 원고 甲은 피고 乙을 상대로 별지목록기재 부동산에 대한 소유권이전 등기청구소송을 제기하면서 아래와 같은 청구취지를 기재하였다. 그런데 아래와 같은 1심 판결을 선고 받았다. 이 판결에 대한 설명 중 옳지 않은 것은? (다툼이 있는 경우에는 판례에 의함)

> 판결주문
>
> 1. 피고는 원고에게 별지목록 기재 부동산에 관하여 2010. 3. 3. 매매를 원인 으로 한 소유권이전등기절차를 이행하라.
> 2. 소송비용은 피고의 부담으로 한다.
>
> 주위적 청구취지
>
> 1. 피고는 원고에게 별지목록 기재 부동산에 관하여 2010. 3. 3. 매매를 원인 으로 한 소유권이전등기절차를 이행하라.
> 2. 소송비용은 피고의 부담으로 한다.
>
> 예비적 청구취지
>
> 1. 피고는 원고에게 1억 원 및 이에 대한 2009. 4. 5.부터 다 갚는 날까지 연 10%의 비율에 의한 금원을 지급하라.
> 2. 소송비용은 피고의 부담으로 한다.

① 원고는 원칙적으로 항소 이익이 없다.

② 피고는 소송비용 부담 재판에 대해서만 불만이 있더라도 항소할 수는 없다.

③ 1심 법원이 원고의 주위적 청구를 기각하는 경우에는 당연히 예비적 청구부분 에 대해서도 판단하여야 한다.

④ 피고가 위 판결에 대해 항소를 제기한 경우 예비적 청구부분도 항소심으로 이 심된다.

⑤ 피고가 위 판결에 대해 항소를 제기한 경우 항소법원은 원고의 주위적 청구가 이유 없다고 판단하는 경우에도 이심된 예비적 병합청구에 대해서는 원칙적으 로 판단을 할 수 없다.

문12. 甲이 변호사 X를 선임하여 乙을 상대로 A토지에 관하여 매매계약을 원인으로 한 소유권이전등기청구의 소를 제기하였다. 다음 중 옳은 것은? (다툼이 있는 경우에는 판례에 의함)

① 甲이 승소확정판결을 받고 그 판결에 기하여 이전등기를 마친 뒤에 乙이 다시 甲을 상대로 매매계약이 무효라고 주장하면서 소유권이전등기말소청구의 소를 제기하는 경우 기판력이 작용하지 않는다.

② 甲이 소송계속 중 사망한다면 그 상속인이 수계할 때까지 소송절차는 중단된다.

③ 甲이 乙에 대한 소송계속 중 취득시효완성을 이유로 하는 이전등기청구를 추가하는 것은 공격방어방법의 추가에 불과하다는 것이 판례의 입장이다.

④ 소송대리인 X는 甲으로부터 특별한 권한 수여가 없더라도 A부동산에 관하여 처분금지가처분신청을 할 수 있다.

⑤ 소송대리인 X에게 소송대리권이 없을 경우 甲과 乙 사이의 판결은 무효이다.

문13. 소장에 기재된 청구취지와 그에 대한 1심 판결주문을 보고 설명한 내용 중 옳지 않은 것은? (다툼이 있는 경우에는 판례에 의함)

> 청구취지
> 1. 피고는 원고에게 별지목록 기재 부동산에 관하여 2010. 3. 3. 매매를 원인으로 한 소유권이전등기절차를 이행하라.
> 2. 소송비용은 피고의 부담으로 한다.
>
> 판결주문
> 1. 피고는 원고에게 별지목록 기재 부동산에 관하여 2010. 3. 3. 증여를 원인으로 한 소유권이전등기절차를 이행하라.
> 2. 소송비용은 피고의 부담으로 한다.
> 3. 제1항은 가집행할 수 있다.

① 원고는 소송 진행 중 청구취지 제1항과 관련해서 청구를 변경했을 가능성이 있다.

② 1심 법원은 청구취지 제1항과 관련해서 처분권주의를 위반해서 판결했을 가능성도 배제할 수 없다.

③ 1심 법원이 판결 주문 제3항과 관련하여 직권으로 가집행선고를 명한 것은 적법하다.

④ 피고가 항소할 경우 피고는 1심 법원에 항소장을 접수하여야 한다.

⑤ 원고는 위 소 제기 전은 물론 제기 후에도 계쟁 부동산에 대해 처분금지가처분을 신청할 수 있다.

문14. 재심과 관련된 다음 설명 중 옳지 않은 것은? (다툼이 있는 경우에는 판례에 의함)

① 1심판결이 확정된 후 동 확정판결에 대해 재심을 제기할 때는 1심 법원의 바로 위 상급법원에 하여야 한다.

② 재심의 사유가 있는 경우라도 판결이 정당하다고 인정한 때에는 법원은 재심청구를 기각하여야 한다.

③ 재심관할 법원을 당사자 간의 합의로 변경할 수는 없다.

④ 재심사유는 법정된 사유 이외에는 인정되지 않는다.

⑤ 재심제기와 함께 원상회복청구를 병합하는 것은 허용되지 않는다는 것이 판례의 입장이다.

문15. 다음 사례와 관련하여 옳지 않은 것을 고르시오. (다툼이 있는 경우에는 판례에 의함)

<사례>

甲은 의류 도매상을 운영하는 乙에게 5천만 원을 이자는 년 5%, 변제기의 정함은 없이 대여하였다. 같은 날, 위 대여금 채무에 대해 丙이 연대 보증하였고, 丁이 甲에게 위 대여금 채권을 피담보채권으로 하여 시가 1억 원의 丁소유 부동산에 채권최고액 7천만 원의 근저당권을 설정하였다. 그 후, 丁의 부동산에는 戊가 2순위 저당권을 설정하였다.

① 丁의 부동산에 대한 후순위 저당권자 戊는 乙의 채무를 변제할 정당한 이익이 있다.

② 丁이 甲을 상대로 채무부존재확인 및 근저당권말소등기청구를 병합하여 제기한다면 채무부존재확인의 소는 원칙적으로 확인의 이익이 없다.

③ 저당권의 실행으로 丁의 부동산이 경매로 매각된 경우 丁은 乙과 丙에 대해
　채권자 甲의 지위를 대위한다.

④ 채무자 乙이 먼저 위 대여금채권 부존재확인의 소를 제기한 후 그 소송계속
　중 채권자 甲이 대여금 청구의 소를 제기한 경우, 乙의 부존재확인의 소는 확
　인의 이익이 소멸하여 각하된다.

⑤ 만일 甲의 대여금 채권이 시효 소멸하였으나 乙이 시효이익을 포기한 경우라
　도 丙은 소멸시효를 원용할 수 있다.

문16. 다음 사례에 관한 설명 중 <u>옳지 않은</u> 것은? (다툼이 있는 경우에는 판례에 의함)

<사례>

甲은 乙에게 3천만 원을 대여하고 그 대여금 채무의 지급을 확보하기 위하여
乙로부터 지급지와 지급받을 자 부분이 백지로 된 어음을 교부받았다. 乙은
변제기가 지나도 대여금을 변제하지 않고 있다.

ㄱ. 甲이 乙에게, 어음금청구의 소를 제기하면 대여금 채권의 시효는 중단되
　나, 대여금청구의 소를 제기하여도 어음금 채권의 시효는 중단되지 않는
　것이 원칙이다.

ㄴ. 甲이 지급기일로부터 3년의 소멸시효기간이 완성되기 전에 백지 부분을
　보충하지 않은 채 어음금청구의 소를 제기하면 어음금 채권의 소멸시효는
　중단되지 않는다.

ㄷ. 甲이 대여금청구소송을 제기한 후, 그 변론종결 전에 乙이 교통사고로 사
　망하여 소송이 중단되었음에도 불구하고 1심 법원은 이를 간과한 채 원고
　전부 승소판결을 선고하였다. 이 경우 그 판결은 위법하나 유효하므로 乙
　의 상속인들은 상소나 재심을 통해 다툴 수 있다.

ㄹ. 甲이 어음금청구의 소를 제기한 경우, 甲이 별소로 어음에 대한 증서진부
　확인의 소를 제기하는 것은 확인의 이익이 없다.

① ㄱ　　　② ㄱ, ㄷ　　　③ ㄴ

④ ㄴ, ㄹ　　　⑤ ㄴ, ㄷ, ㄹ

문17. 甲이 乙에게 1억 원을 대여하였고 위 대여금 채무에 대해 丙이 보증을 하였다. 甲은 丙을 상대로 1억 원의 보증채무 이행을 구하는 소를 제기하였고, 이 소송에서 丙은 甲의 청구를 부인하면서 乙에게 소송고지를 하였다. 다음 설명 중 <u>옳지 않은</u> 것은? (다툼이 있는 경우에는 판례에 의함)

① 丙의 채무는 乙의 채무와 동일한 급부를 목적으로 함이 원칙이지만 甲과 丙 간에 다른 특약을 할 수 있다.

② 변제, 대물변제, 공탁 등 甲에게 만족을 주는 사유를 제외하고 丙에게 생긴 사유는 乙에게 효력을 미치지 않는다.

③ 丙이 乙에게 한 소송고지는 민법 제174조에 정한 시효중단사유로서 최고의 효력이 인정되고 6월 내에 재판상의 청구 등을 하면 소멸시효 중단의 효력이 발생하는데 그 기산일은 소송고지일이다.

④ 소송고지를 받은 乙이 위 소송에 참가하지 않더라도 丙이 패소한 경우에는 참가적 효력이 미친다.

⑤ 소송고지를 받은 乙은 참가할 수 있는 제3자에게 다시 소송고지를 할 수 있다.

변호사시험 및 모의고사 기출문제 정답

제1, 2회 변호사시험

〈2012년 제1회 변호사시험〉

문1. ⑤ 문2. ④ 문3. ⑤ 문4. ⑤ 문5. ①
문6. ③ 문7. ④ 문8. ④ 문9. ⑤ 문10. ④
문11. ④ 문12. ① 문13. ① 문14. ④ 문15. ④
문16. ③ 문17. ②

〈2012년 제2회 변호사시험〉

문1. ① 문2. ④ 문3. ④ 문4. ⑤ 문5. ⑤
문6. ⑤ 문7. ③ 문8. ④ 문9. ② 문10. ②
문11. ③ 문12. ③ 문13. ② 문14. ② 문15. ③
문16. ①

모의고사 - 1

〈2010년 법무부 1회 모의고사〉

문1. ⑤ 문2. ③ 문3. ⑤ 문4. ④ 문5. ③
문6. ③ 문7. ③ 문8. ⑤ 문9. ⑤ 문10. ④
문11. ④ 문12. ④ 문13. ⑤ 문14. ⑤ 문15. ⑤

문1. ①　　　문2. ①　　　문3. ④　　　문4. ⑤　　　문5. ④
문6. ⑤　　　문7. ②　　　문8. ⑤　　　문9. ⑤　　　문10. ⑤
문11. ③　　　문12. ②　　　문13. ②

〈2011년 법전원협의회 모의고사〉

문1. ④　　　문2. ②　　　문3. ①　　　문4. ④　　　문5. ④
문6. ⑤　　　문7. ④　　　문8. ③　　　문9. ④　　　문10. ②
문11. ③　　　문12. ③　　　문13. ③　　　문14. ③　　　문15. ②
문16. ④　　　문17. ③　　　문18. ⑤

모의고사-2

〈2012년 제1회 모의고사〉

문1.: 정답 ⑤

① 법 33조 ② 법 6조 ③ 대법원 1993.12.6.자 93마524 전원합의체 결정 ④ 법 5조 ⑤ 전속관할이 정하여진 소에는 합의관할의 규정을 적용하지 않는다(31조).

문2.: 정답 ③

① 대법원 1994.6.14. 선고 94다14797 판결 ② 등기의무자, 즉 등기부상의 형식상 그 등기에 의하여 권리를 상실하거나 기타 불이익을 받을 자(등기명의인이거나 그 포괄승계인)가 아닌 자를 상대로 한 등기의 말소절차이행을 구하는 소는 당사자적격이 없는 자를 상대로 한 부적법한 소이다(대법원 1994.2.25. 선고 93다39225 판결) ③ 상법 376조 ④ 대법원 1998.11.27. 선고 97다4104 판결 ⑤ 대법원 2008.9.25. 선고 2007다60417 판결

문3.: 정답 ②

ㄱ. 법 203조 ㄴ. 대법원 1979.10.10. 선고 79다1508 판결 ㄷ. 원고가 매매를 원인으로 한 소유권이전등기를 청구한 데 대하여 원심이 양도담보약정을 원인으로 한 소유권이전등기를 명한 경우 원심판결에 처분권주의를 위반한 위법이 있다(대법원 1992.3.27. 선고 91다

40696 판결). ㄹ. 대법원 1989.11.28. 선고 88다카9982 판결 ㅁ. 피담보채무의 전부 소멸을 이유로 하거나 또는 잔존 채무의 변제와 상환으로 담보목적으로 경료된 소유권이전등기의 회복을 구하는 청구에는 소송 과정에서 밝혀진 잔존 피담보채무의 지급을 조건으로 회복을 구하는 취지도 포함되었다고 볼 수 있다(대법원 1996.11.12. 선고 96다33938 판결).

문4.: 정답 ②

① 대법원 2004.10.14. 선고 2004다30583 판결 ② 공유물분할청구의 소에서 분할청구자 지분의 일부에 대해서만 공유물 분할을 명하고 일부 지분에 대해서는 이를 분할하지 아니한 채 공유관계를 유지하도록 할 수는 없다(대법원 2011.3.10. 선고 2010다92506 판결). ③ 법 67조 ④ 법 68조 ⑤ 법 83조

문5.: 정답 ③

① 법 357조 ② 대법원 2003.2.11. 선고 2002다59122 판결 ③ 문서에 날인된 작성명의인의 인영이 작성명의인의 인장에 의하여 현출된 것임이 인정되는 경우에는 특단의 사정이 없는 한 그 인영의 진정성립 및 그 문서 전체의 진정성립까지 추정되는 것이기는 하나, 이는 어디까지나 먼저 내용기재가 이루어진 뒤에 인영이 압날된 경우에만 그러한 것이며 작성명의인의 날인만 되어 있고 그 내용이 백지로 된 문서를 교부받아 후일 그 백지부분을 작성명의자가 아닌 자가 보충한 문서의 경우에 있어서는 문서제출자는 그 기재 내용이 작성명의인으로부터 위임받은 정당한 권원에 의한 것이라는 사실을 입증할 책임이 있으며…
(대법원 2000.6.9. 선고 99다37009 판결) ④ 대법원 1997.4.11. 선고 96다50520 판결 ⑤ 대법원 2001.4.24. 선고 2001다5654 판결

문6.: 정답 ⑤

① 대법원 1989.11.24. 선고 88다카25038 판결 ② 대법원 2000.4.11. 선고 99다23888 판결 ③ 대법원 1999.2.9. 선고 98다42615 판결 ④ 대법원 2006.2.10. 선고 2005다21166 판결 ⑤ 채무자가 한정승인을 하였으나 채권자가 제기한 소송의 사실심 변론종결 시까지 이를 주장하지 아니하는 바람에 책임의 범위에 관하여 아무런 유보 없는 판결이 선고·확정된 경우라 하더라도 채무자가 그 후 위 한정승인 사실을 내세워 청구에 관한 이의의 소를 제기하는 것이 허용되는 것은, 한정승인에 의한 책임의 제한은 상속채무의 존재 및 범위의 확정과는 관계없이 다만 판결의 집행 대상을 상속재산의 한도로 한정함으로써 판결의 집행력을 제한할 뿐으로, 채권자가 피상속인의 금전채무를 상속한 상속인을 상대로 그 상

속채무의 이행을 구하여 제기한 소송에서 채무자가 한정승인 사실을 주장하지 않으면 책임의 범위는 현실적인 심판대상으로 등장하지 아니하여 주문에서는 물론 이유에서도 판단되지 않는 관계로 그에 관해서는 기판력이 미치지 않기 때문이다. 위와 같은 기판력에 의한 실권효 제한의 법리는 채무의 상속에 따른 책임의 제한 여부만이 문제 되는 한정승인과 달리 상속에 의한 채무의 존재 자체가 문제 되어 그에 관한 확정판결의 주문에 당연히 기판력이 미치게 되는 상속포기의 경우에는 적용될 수 없다(대법원 2009.5.28. 선고 2008다79876 판결).

문7.: 정답 ⑤

① 법268조 1항 ② 법268조 2항 ③ 법268조 3항 ④ 대법원 2006.10.27. 선고 2004다69581 판결 ⑤ 법268조 4항 다만, 상소심에서는 상소를 취하한 것으로 본다.

문8.: 정답 ①

ㄱ. 법183조 1항 ㄴ. 대법원 1984.3.15.자 84마20 ㄷ. 법186조 3항 ㄹ. 법194조 1항

문9.: 정답 ④

① 법266조 2항 ② 법267조 2항 ③ 법67조 1항 ④ 제70조(예비적·선택적 공동소송에 대한 특별규정) ① 공동소송인 가운데 일부의 청구가 다른 공동소송인의 청구와 법률상 양립할 수 없거나 공동소송인 가운데 일부에 대한 청구가 다른 공동소송인에 대한 청구와 법률상 양립할 수 없는 경우에는 제67조 내지 제69조를 준용한다. 다만, 청구의 포기·인낙, 화해 및 소의 취하의 경우에는 그러하지 아니하다. ⑤ 대법원 1972.11.30.자 72마787 결정

문10.: 정답 ⑤

① 대법원 1989.6.27. 선고 87다카2478 판결 ② 상동 판결 ③ 대법원 1985.4.9. 선고 84다552 판결 ④ 대법원 2008.12.11. 선고 2006다5550 판결 ⑤ 전부 승소한 판결에 대해서는 항소를 허용하지 아니하는 것이 원칙이고, 재판이 항소인에게 불이익한 것인지는 원칙적으로 재판의 주문을 표준으로 하여 판단해야 하며, 다만 가분채권에 대한 이행청구의 소를 제기하면서 그것이 나머지 부분을 유보하고 일부만 청구하는 것이라는 취지를 명시하지 아니한 경우에는 그 확정판결의 기판력은 나머지 부분에까지 미치는 것이어서 별소로써 나머지 부분에 관하여 다시 청구할 수는 없는 것이므로, 일부 청구에 관하여 전부 승소한 채권자는 나머지 부분에 관하여 청구를 확장하기 위한 항소가 허용되지 아니한다면 나머지

부분을 소구할 기회를 상실하는 불이익을 입게 된다 할 것이고, 따라서 이러한 경우에는 예외적으로 전부 승소한 판결에 대해서도 나머지 부분에 관하여 청구를 확장하기 위한 항소의 이익을 인정함이 상당하다고 할 것이다(대법원 1997.10.24. 선고 96다12276 판결 등 참조). - <u>설문의 사안은 명시적 일부청구이어서 항소의 이익이 없음.</u>

〈2012년 제2회 모의고사〉

문1. ⑤   문2. ⑤   문3. ③   문4. ⑤   문5. ③
문6. ③   문7. ④   문8. ①   문9. ④   문10. ②
문11. ②   문12. ④   문13. ⑤   문14. ①   문15. ④

〈2012년 제3회 모의고사〉

문1. ⑤   문2. ④   문3. ⑤   문4. ②   문5. ②
문6. ③   문7. ③   문8. ③   문9. ②   문10. ④
문11. ③   문12. ⑤   문13. ④   문14. ①   문15. ②
문16. ④   문17. ①   문18. ④   문19. ⑤   문20. ③

모의고사 - 3

〈2013년 제1회 모의고사〉

문1. ③   문2. ④   문3. ⑤   문4. ④   문5. ②
문6. ③   문7. ⑤   문8. ②   문9. ②   문10. ⑤
문11. ①   문12. ③   문13. ⑤   문14. ③   문15. ⑤
문16. ④

〈2013년 제2회 모의고사〉

문1. ①   문2. ③   문3. ⑤   문4. ④   문5. ⑤
문6. ①   문7. ②   문8. ①   문9. ⑤   문10. ④
문11. ③   문12. ③   문13. ③   문14. ⑤   문15. ⑤
문16. ⑤

〈2013년 제3회 모의고사〉

문1. ④	문2. ⑤	문3. ②	문4. ③	문5. ⑤
문6. ④	문7. ②	문8. ③	문9. ④	문10. ⑤
문11. ⑤	문12. ④	문13. ③	문14. ①	문15. ④
문16. ③	문17. ③			

오창수 ───

  경희대학교 법과대학 및 동 대학원 졸업(법학석사)
  경희대학교 대학원 박사과정 수료
  제25회 사법시험 합격
  제16기 사법연수원 수료
  서울지방변호사회 소속 변호사(동아합동법률사무소)
  대한변호사협회 법제위원
  서울지방경찰청 행정심판위원
  경희대학교 법과대학 강사
  숙명여자대학교 강사
  한국소비자원 소비자분쟁조정위원회 전문위원
  제주지방검찰청 수사심의위원
  제주특별자치도 인재개발원 강사
  한국금융연수원 강사
  변호사시험 출제위원
  현) 제주대학교 법학전문대학원 교수
      제주특별자치도 행정심판위원
      제주도 선거관리위원회 선거방송토론위원회 위원
      제주일보 논설위원
      『법조』 편집위원

저서
『법의 그물망 1, 2』
『민사실무의 주요 쟁점』
『로스쿨 민사소송법 - 사례와 판례』
『로스쿨 민사집행법 - 이론과 실무』
『부동산경매와 법』
『금융거래와 법』
『각종사고와 손해배상』
『민사거래와 법』
『가족생활과 법』
『시민생활의 법률지식』
『민사분쟁해결의 법률지식』
『소비자피해구제의 법률지식』
외 논문 다수

변호사시험 대비

민사소송법 연습

선택형 문제 및 해설

초 판 인 쇄 | 2013년 11월 20일
초 판 발 행 | 2013년 11월 20일

지 은 이 | 오창수
펴 낸 이 | 채종준
펴 낸 곳 | 한국학술정보㈜
주   소 | 경기도 파주시 문발동 파주출판문화정보산업단지 513-5
전   화 | 031) 908-3181(대표)
팩   스 | 031) 908-3189
홈 페 이 지 | http://ebook.kstudy.com
E - m a i l | 출판사업부 publish@kstudy.com
등   록 | 제일산-115호(2000. 6. 19)

ISBN   978-89-268-5344-3 93360